Em louvor a "Engenharia de Software como um Serviço"

É um prazer ver o texto para estudantes que enfatiza a produção, realmente útil, software. Eu também aplaudo a ênfase em obter resultados prévios no processo. Nada estimula mais a moral e atividade do estudante.

—Frederick P. Brooks, Jr., ganhador do Turing Award e autor de *O Mítico Homem-Mês*

Eu seria mais favorável a graduados por esse programa do que qualquer outro que já vi.

—Brad Green, Gerente de Engenharia, Google Inc.

Muitos engenheiros de software da C3 Energy relatam, constantemente, que esse livro e seu curso online os capacitou rapidamente para alcançar a proficiência no desenvolvimento SaaS. Eu recomendo esse livro e curso para qualquer um que deseja desenvolver ou melhorar suas habilidades de programação SaaS.

—Thomas M. Siebel, CEO, C3 Energy, fundador e antigo CEO, Siebel Systems (a empresa líder software CRM)

Uma cobertura ampla e profunda de tudo que é preciso para começar nos negócios de SaaS.

—Vicente Cuellar, Chefe Executivo, Wave Crafters, Inc.

O livro preenche uma lacuna em meu conhecimento sobre computação em nuvem e as aulas foram fáceis de seguir. Talvez a parte mais empolgante tenha sido escrever uma aplicação para nuvem e implantá-la no Heroku.

—Peter Englmaier, Universidade de Zürich, Switzerland

Um excelente ponto de partida no Ruby, Rails e em métodos guiados por testes. Os fundamentos foram cobertos com grande profundidade e experiência; é a introdução perfeita para o desenvolvimento moderno da web. Este livro deve ser um pré-requisito para novos engenheiros.

—Stuart Corbishley, Clue Technologies/CloudSeed, África do Sul.

Um livro excelente que lhe orientará a construir e executar, progressivamente, aplicativos SaaS em poucos dias. Os screecasts e as seções Pastebin são de grande valor. Um método muito prático para o desenvolvimento ágil de software. Você não se dará conta, mas irá incorporar técnicas de engenharia de software sem nem mesmo saber que está fazendo isso!

—Rakhi Saxena, Professor Assistente, Universidade de Delhi, Índia

Os autores realizaram uma síntese muito bem vinda sobre teoria e prática, para qualquer curso moderno, do básico ao avançado, da Engenharia de Software. Por um lado, eles abrangeram os fundamentos chave da Engenharia de Software, incluindo processos de desenvolvimento, engenharia de requisitos, testes, arquitetura de software, gerenciamento de configuração, implementação e implantação. Por outro lado, eles trouxeram tudo desse mundo soterrado para o método do "mundo real", centrado no Ruby/Rails e seu rico ecossistema ágil, ferramentas e técnicas de desenvolvimento guiados por testes e comportamento, em um caminho direto para a implantação em nuvem de software funcional e de qualidade. Eu me utilizei da edição Beta desse livro, obtendo muito sucesso, em meu curso universitário de engenharia de software, onde encontrei os complementos necessários tanto para as minhas palestras quanto para o projeto em equipe.

—Ingolf Krueger, Professor, Universidade da Califórnia, San Diego

Construindo Software como Serviço:
Uma Abordagem Ágil
Usando Computação em Nuvem
Primeira Edição, 1.1.2

Armando Fox e David Patterson

Editado por Samuel Joseph

Tradução: Daniel Cordeiro e Fabio Kon

6 de novembro de 2017

Versão do livro: 1.1.2

A foto de fundo da capa é referente ao ***Aqueduto de Segovia***, Espanha. Nós a escolhemos como exemplo de um projeto bonito e de longa duração. O aqueduto completo tem, aproximadamente, 20 milhas (32 Km) de comprimento e foi construído pelos romanos no século primeiro ou segundo d.C. Essa foto é relativa a meia-milha (0,8 Km) de comprimento e 92 pés (28 m) acima do solo construídos com o uso de blocos de granito e argamassa. Os projetistas seguiram os princípios de arquitetura presentes em uma série de dez volumes conhecida como ***De Architectura*** ("Sobre Arquitetura"), escrita em 15 a.C. por Marcus Vitruvius Pollio. Essa obra foi intocada até os anos 1500, quando o rei Ferdinand e a Rainha Isabella realizaram a primeira reconstrução dos arcos. O aqueduto foi utilizado, até recentemente, para o abastecimento de água.

Tanto o livro impresso quanto o *ebook* foram preparados com LaTeX, `tex4ht` e scripts Ruby que usam o Nokogiri (baseado no **libxml2**) para "massagear" a saída XHTML e a HTTParty para manter, automaticamente, o Pastebin e as URIs dos *screencasts* atualizados no texto. Os Makefiles, arquivos de estilo e a maioria dos scripts necessários estão disponíveis como software livre sob licença BSD em `http://github.com/armandofox/latex2ebook`.

Arthur Klepchukov fez o design gráfico das capas e outros materiais para todas as versões do livro.

Ficha Catalográfica

Fox, Armando.
Construindo Software como Serviço:
Uma Abordagem Ágil Usando Computação em Nuvem /
Armando Fox e David Patterson; tradução Daniel Cordeiro e Fabio Kon.
-- Primeira edição.
page cm
Inclui referências bibliográficas e índice.
Tradução de Engineering Software as a Service: An Agile Approach Using Cloud Computing
ISBN 978-0-9848812-7-7
ISBN 978-0-9848812-8-4

1. Engenharia de Software. 2. Computação em Nuvem.
I. Patterson, David A. II. Título.
QA76.758.F69 2014 005.1
QBI14-600139

Sobre os autores

Armando Fox é professor de Ciência da Computação e docente conselheiro do MOOCLab na Universidade da California em Berkeley. Foi nomeado um dos *Scientific American 50* em 2003 e recebeu o prêmio NSF CAREER e Gilbreth Lectureship da Academia Nacional de Engenharia dos Estados Unidos. Anteriormente, ajudou a projetar o microprocessador Intel Pentium Pro e fundou uma startup de sucesso para comercializar sua pesquisa de doutorado, desenvolvida na UC Berkeley, sobre computação móvel, a qual abrangeu o primeiro navegador gráfico executado em um aparelho móvel (Top Gun Wingman no Palm Pilot). Recebeu seus outros diplomas em Engenharia Elétrica e Ciência da Computação do MIT e da Universidade de Illinois e é um ACM Distinguished Scientist. Armando Fox também é um músico clássico treinado, diretor de música autônomo e um novaiorquino bilíngue/bicultural (Cubano-Americano) transplantado para São Francisco.

David Patterson é o Professor Pardee de Ciência da Computação na UC Berkeley. Anteriormente, foi presidente da Divisão de Ciência da Computação de Berkeley, presidente da *Association for Computing Machinery*, ACM, e da Associação de Pesquisas sobre Computação. Seus projetos mais conhecidos são o RISC (*Reduced Instruction Set Computers*), RAID (*Redundant Arrays of Inexpensive Disks*), e NOW (*Networks of Workstations*). Suas pesquisas levaram a muitos artigos, seis livros e mais de 35 prêmios, incluindo a eleição para a Academia Nacional de Engenharia, a Academia Nacional de Ciências, e para o *Hall* da Fama de Engenharia do Vale do Silício, bem como ser nomeado um *Fellow* do Museu de História da Computação, ACM, IEEE e ambas as organizações AAAS. Seus prêmios em ensino incluem o *Distinguished Teaching Award* (UC Berkeley), o Prêmio Karlstrom de Educador Notável (ACM), a Medalha Mulligan de Educação (IEEE) e o Prêmio de Ensino de Graduação (IEEE). Cresceu na Califórnia e, por diversão, participa de eventos esportivos com seus dois filhos adultos, incluindo jogos semanais de futebol, percursos de bicicleta para caridade anuais, triatlos sprint e um ocasional levantamento de peso.

Sobre o editor

Samuel Joseph é um professor associado da Universidade do Pacífico do Havaí (HPU) e foi, previamente, um pesquisador associado da Universidade do Havaí de Manoa (UHM). Recebeu o prêmio Raymond Hide de Astrofísica e o Toshiba Fellowship. Leciona em cursos *online*, projetos de programação de jogos e aparelhos móveis, engenharia de software e métodos de pesquisa científica, em Londres, Reino Unido. Executa a competição "o computador mais engraçado" como parte de sua pesquisa a cerca da criação de *chatbots* bem humorados, a qual se encaixa muito bem com seus outros interesses de pesquisa sobre software para o apoio da aprendizagem colaborativa *online*, especialmente programação em par a distância. Realiza o grupo Agile Ventures, responsável pela coordenação de desenvolvedores de aprendizagem que contribuem com projetos de software livre para organizações sem fins lucrativos. Seus diplomas em Astrofísica, Ciência Cognitiva e Ciência da Computação são da Universidade de Leicester, Universidade de Edinburgh e UHM. Cresceu no Reino Unido e viveu no Japão e no Havaí antes de voltar ao Reino Unido com sua esposa japonesa e seus três filhos nascidos no Havaí. Em seu tempo livre se dedica ao ciclismo, corrida, seu violão, bateria e jogos de futebol com seus filhos.

Sobre os tradutores

Daniel Cordeiro é doutor em *Mathématiques et en Informatique* pela Université de Grenoble, França e Mestre e Bacharel em Ciência da Computação pela Universidade de São Paulo. Atualmente é Professor Doutor do curso de Sistemas de Informação (SI) da Escola de Artes, Ciências e Humanidades (EACH) da Universidade de São Paulo (USP).

Há mais de 10 anos investiga problemas relacionados a áreas que incluem Computação de Alto Desempenho, Computação Distribuída e Teoria do Escalonamento (e todas as aplicações dessas áreas a métodos de Otimização Multiobjetivo, Algoritmos de Aproximação, Teoria dos Jogos Algorítmica, etc.).

Fabio Kon é professor titular do Departamento de Ciência da Computação do IME-USP. Ele iniciou sua carreira trabalhando em Composição Algorítmica, Sistemas de Arquivos Distribuídos e Middleware Reflexivo. Após concluir seu PhD na Universidade de Illinois em Urbana-Champaign, Fabio retornou ao Brasil no final de 2000 e, no ano seguinte, ministrou a primeira disciplina de Desenvolvimento Ágil de Software do Brasil. A disciplina é oferecida todos os anos até hoje no IME-USP para alunos de graduação e pós.

Após liderar projetos de pesquisa na área de Computação em Grade e Computação Musical, Fabio ajudou a fundar o Centro de Competência em Software Livre do IME-USP e passou a realizar também pesquisas em Software Livre, Qualidade de Software e Métodos Ágeis de Desenvolvimento de Software. Mais recentemente, tem liderado projetos na área de Composição de Serviços Web, Computação em Nuvem e Empreendedorismo Digital e Ecossistemas de Startups de Software. Em 2015, está começando a investigar a área de Cidades Inteligentes aplicando sua experiência e conceitos trabalhados nos últimos 20 anos.

Atualmente, além de dar aulas e ajudar startups de tecnologia, Fabio é o editor-chefe do *SpringerOpen Journal of Internet Services and Applications* (JISA), Vice-Diretor do Centro de Competência em Software Livre do IME-USP e Coordenador Adjunto de Pesquisa para Inovação na FAPESP.

Fabio toca vibrafone, é vegetariano, adora música, especialmente Jazz, e gosta de passar seu tempo livre com sua esposa e filhos a quem dedica este trabalho!

Daniel e Fabio gostariam de agradecer aos tradutores assistentes Bruno Bezerra, Gabriela Figueiredo, Nelson Lago, Sabrina Leitzke, Mariana Rugerri e Carolina Sartorato pela preciosa ajuda que recebemos para a tradução deste livro.

Sua ajuda também é bem-vinda! Se você tem uma sugestão, encontrou algum problema com a tradução ou quer nos dizer a sua opinião sobre o livro, mande um e-mail para `esaas.brasil@gmail.com`.

Dedicatória

Armando Fox dedica este livro a sua mulher e melhor amiga Tonia, cujo apoio enquanto escrevia fez toda a diferença, e a Pogo, cuja supervisão cuidadosa acompanhou muito do que foi escrito e cujo espírito resoluto sempre habitará seu lar e coração.

David Patterson dedica esse livro a seus pais e a todos os seus descendentes:

— Para meu pai David, de quem herdei inventividade, atletismo e coragem para lutar pelo o que é certo;

— Para minha mãe Lucie, de quem herdei inteligência, otimismo e meu temperamento;

— Para nossos filhos David e Michael, que são amigos, companheiros de atletismo e minhas inspirações para ser um bom homem;

— Para nossas filhas adotivas Heather e Zackary, que são inteligentes, divertidas e mães cuidadosas para nossos netos;

— Para nossos netos Andrew, Grace e Owyn, que nos dão nossa chance de imortalidade (e quem nos ajudou com a propaganda deste livro);

— Para meus irmãos mais novos Linda, Don e Sue, que proporcionaram minha primeira chance de lecionar;

— Para seus descendentes, que fazem a tribo Patterson tão grande quanto divertida de se estar;

— E para minha compreensiva e bela esposa, que é minha melhor amiga e o amor de minha vida.

Resumo do Conteúdo

Sumário

Prefácio

Por que tantas citações? Acreditamos que citações fazem a leitura do livro mais divertida, mas as citações são também mecanismos eficientes para transmitir conhecimento, para fazer os mais novos aprenderem dos mais velhos e ajudar a estabelecer normas culturais para uma boa engenharia de software. Nós também gostaríamos que os leitores fossem expostos a um pouco da história da área, que é a razão que nos fez adicionar citações de vencedores do Prêmio Turing para abrir cada capítulo e resumir o texto.

Se você quer construir um navio, não chame as pessoas para juntar madeira e dividir o trabalho e dê ordens, mas sim, ensine-as a desejar a imensidão do mar.

—Antoine de Saint-Exupéry, *Citadelle*, 1948

Bem-vindo!

Houve dois grandes avanços no mundo do software na última década que formam as duas partes deste livro.

A primeira parte explica ***Software como Serviço*** (Software as a Service ou ***SaaS***), que está revolucionando a indústria de software. Possuir uma única cópia do programa na nuvem, com milhões de clientes em potencial, estabelece requisitos diferentes e oferece novas oportunidades se comparado ao software de prateleira convencional, que faz com que os clientes tenham que instalar milhares de cópias do programa em seus computadores.

O entusiasmo dos desenvolvedores e clientes, causado pelo SaaS, levou a novas estruturas altamente produtivas para o desenvolvimento de SaaS. Utilizamos ***Ruby on Rails*** neste livro porque ela é considerada a linguagem de programação que possui as melhores ferramentas para SaaS; porém, existem muitos outros bons exemplos de linguagens de programação e estruturas para SaaS, por exemplo, Python/Django, JavaScript/Sails, Java/Enterprise e o Java Beans.

A questão então é qual metodologia de desenvolvimento de software é a melhor para SaaS. Por existir apenas uma cópia do programa que é implantada em um ambiente controlado, é fácil implantar novos recursos rapidamente, de modo que o SaaS é aprimorado muito mais rapidamente que os programas de prateleira. Portanto, precisamos de uma metodologia de desenvolvimento de software no qual a mudança é a regra e não a exceção.

Uma vez que a indústria frequentemente se queixa do ensino precário de desenvolvimento de software, nós também conversamos com muitos representantes de companhias de software líderes de mercado, incluindo a Amazon, o eBay, o Facebook, o Google e a Microsoft. Ficamos impressionados com a unanimidade do pedido principal de cada companhia: que estudantes aprendam como melhorar código legado escassamente documentado. Em ordem de prioridade, outros pedidos foram tornar testes de software um cidadão de primeira classe, aprimorar a capacidade de trabalhar com clientes não técnicos e de trabalhar em equipes. As habilidades sociais necessárias para trabalhar de forma eficaz com clientes não técnicos e o trabalho em equipe são úteis, com certeza, para todas as carreiras de desenvolvedores; a questão é como reuni-las em um livro. Similarmente, ninguém questiona a ênfase nos testes; a questão é como fazer os novos desenvolvedores adotarem essas práticas. Portanto, nós precisávamos de uma metodologia de desenvolvimento de software que também funcionasse com código legado, que enfatizasse os testes, integrasse clientes não familiarizados com a terminologia técnica e que priorizasse o trabalho em equipe ao invés do trabalho individual.

Coincidentemente, quase no mesmo momento em que o SaaS surgiu, um grupo de desenvolvedores propôs ***O Manifesto Ágil*** em 2001, que foi uma mudança radical, se comparada com métodos anteriores. Um dos princípios originais dos Métodos Ágeis é "responder a mudanças ao invés de seguir um plano," portanto é muito melhor se adequar à natureza de fácil evolução do SaaS, do que a metodologias tradicionais de "Planos e Documentos" como Cascata, Espiral ou o RUP. Outro princípio dos Métodos Ágeis é a "colaboração com o cliente ao invés de negociações contratuais," que leva a reuniões semanais com clientes não técnicos. Duas das principais bases dos Métodos Ágeis são ***desenvolvimento guiado por comportamento*** e o ***desenvolvimento guiado por testes***, que significa que os testes são escritos *antes* do código, portanto os testes são realmente um objeto essencial nos Métodos Ágeis. Ideias dos Métodos Ágeis como a ***programação em pares*** e o ***scrum*** enfatizam o trabalho em equipe. As técnicas dos Métodos Ágeis são também uma boa alternativa para melhorar o código legado, como veremos.

Portanto, a segunda parte deste livro explica os Métodos Ágeis no contexto da construção e implantação de uma aplicação SaaS criada através de Ruby on Rails. Além disso, cada capítulo oferece a perspectiva das metodologias de Planos-e-Documentos em tópicos como requisitos, testes, gerenciamento e manutenção. Esse contraste permite ao leitor decidir por si mesmo quando cada metodologia é apropriada para aplicações que se utilizam do SaaS ou não.

Atendendo as Normas de Currículo Mais Recentes

O Manual do Instrutor, disponível para download no site `http://esa.as`, trata dos assuntos desse capítulo mais profundamente.

Da perspectiva de um professor, essa visão dupla do desenvolvimento de software permite a utilização do livro em cursos de Engenharia de Software. Por exemplo, nos certificamos de que o material estivesse de acordo com todos os requisitos da norma do currículo de 2013 da ACM/IEEE para Engenharia de Software; de fato, cerca de 50 dos exercícios no fim dos capítulos vem diretamente dos resultados de aprendizado dessa norma. (Marcamos esses exercícios com um ícone especial na margem das páginas.) Dizendo de outra maneira, em média 40% dos resultados de aprendizado da norma são exercícios específicos e outros 40% estão localizados diretamente nos capítulos ou seções do livro, que juntos ultrapassam o mínimo de 45% que um curso precisa para estar de acordo com a norma.

Curso Online Aberto e Massivo (MOOC)

Nós já havíamos decidido escrever um livro quando fomos recrutados em outubro de 2011 para oferecer a primeira parte do curso da Universidade da Califórnia em Berkeley como um Curso Online Aberto e Massivo (MOOC). Desenvolvemos então dois MOOCs através do BerkeleyX (a parceria entre a UC Berkeley e o edX) cobrindo o material introdutório e avançado: o CS169.1x e o CS169.2x, disponíveis no site saas-class.org[1]. Como resultado, o MOOC influenciou o livro, e vice versa. Os segmentos em vídeo do MOOC estabelecem uma relação bem próxima com as seções do livro. De fato, como os segmentos do MOOC, cada seção do livro termina com uma ou duas pequenas questões de "Auto Avaliação", que vem acompanhadas da resposta. A inscrição nos cursos é gratuita; até o momento, mais de cem mil pessoas assistiram aos MOOCs e mais de dez mil ganharam certificados de conclusão de curso, o que fez o livro e os material terem os seus testes Beta realizados por uma quantidade de pessoas que jamais poderíamos imaginar!

Os MOOCs são uma ferramenta de apoio valiosa para os professores. Alguns deles tiveram alunos inscritos no MOOC para se beneficiar dos exercícios de programação que são avaliados automaticamente. Alguns professores pediram para seus alunos assistir os vídeos do MOOC e dedicavam o tempo na sala de aula para resolver problemas e outras atividades, enquanto outros professores usaram os vídeos para preparar seu próprio material. As ferramentas de avaliação automática são constantemente melhoradas e novas atividades são criadas para se beneficiarem dessas ferramentas.

De fato, professores que estiverem interessados podem conseguir uma versão privada do MOOC – um SPOC, ou Pequeno Curso Online Privado – que pode ser organizado de acordo com as necessidades do professor, e além disso possui a vantagem das tarefas de programação que são avaliadas automaticamente e de outras funcionalidades do MOOC. A página de recursos para instrutores[2] no site do livro possui instruções para solicitar um SPOC, como também um relatório que descreve a experiência de outros professores com os SPOCs em suas salas de aula. Os professores do SPOC podem também participar de conferências duas vezes na semana para discutir problemas e ideias com colegas que usam o mesmo material, como por exemplo, criar novas tarefas que se beneficiam da atribuição automática de notas.

Organização

O livro é organizado em duas partes principais: a primeira trata das ideias principais e as tecnologias essenciais do desenvolvimento ágil e do SaaS, enquanto a segunda foca nas ferramentas e técnicas para utilizar o ciclo de vida ágil e gerenciar efetivamente o desenvolvimento, construção e implantação do do SaaS.

Essas partes correspondem a duas unidades principais do material, com um projeto, opcional mas recomendado, para os estudantes que é a terceira parte. A Unidade 1, que corresponde ao conteúdo do MOOC CS169.1x, trata do básico da construção de um aplicativo SaaS simples usando o Rails e o ciclo de vida ágil. A Unidade 2 introduz mais conceitos avançados de engenharia de software como padrões de desenvolvimento, trabalhar com código legado, e o básico sobre a segurança e desempenho do SaaS ("DevOps"), correspondendo ao conteúdo do BerkeleyX CS169.2x. Cada uma dessas unidades possuem tarefas de avaliação automática, materiais online suplementares para professores, como banco de questões e testes e assim por diante. Na Unidade 3, os estudantes utilizam o conhecimento adquirido na primeira e/ou segunda parte para desenvolver um projeto em equipe. No momento, não existe um MOOC correspondente (embora estejamos pensando sobre isso) mas o Manual do Professor detalha a lição que aprendemos, facilitando projetos bem sucedidos (e outros nem tanto) dos estudantes.

Em Berkeley, tratamos dos três componentes em um curso único de quatorze semanas (três horas de aula expositiva, uma hora de seminários/discussões e oito horas de trabalho além da aula por semana), das quais quatro iterações do desenvolvimento ágil do projeto em grupo sobrepuseram parcialmente a Unidade 2. O Manual do Professor descreve nosso programa de estudos, como também muitas outras opções, por exemplo:

- Uma sequência de dois cursos sobre as Unidades 1 e 2 no primeiro curso e deixando a segunda parte do curso para um projeto de três a quatro meses.

- Um único curso cobrindo apenas as Unidades 1 e 3, limitando a complexidade do projeto às habilidades aprendidas na Unidade 1
- Um único curso sobre as três unidades, mas omitindo elementos específicos devido ao tempo reduzido, como o JavaScript (Capítulo 6) ou o DevOps (Capítulo 12).

Mesmo o curso sendo dividido, a correspondência entre as seções do livro e as leituras e vídeos dos MOOC/SPOC, tornam mais fácil a combinação dos módulos do curso em qualquer que seja o melhor método em sua sala de aula.

Projetos dos Estudantes e Aprendendo com a Prática

As orientações de currículo de Engenharia de Software da ACM/IEEE enfatizam a importância da abordagem iterativa na qual os estudantes avaliam e revisam seu trabalho continuamente. Percebemos que os estudantes tendem a realmente utilizar as práticas dos Métodos Ágeis graças à existência das ferramentas do Ruby on Rails, que introduzimos neste livro e que, junto com os conselhos e dicas que damos, são genuinamente úteis para seus projetos. Acreditamos que os Métodos Ágeis oferecem conhecimentos e habilidades que, se aplicados em projetos que antes não os utilizavam, ofereceriam grandes melhorias. Mostramos também como usar as técnicas dos Métodos Ágeis em código legado que não havia sido desenvolvido dessa maneira; ou seja, o desenvolvimento ágil é útil para mais do que apenas começar um novo código desde o começo. Para facilitar a aprendizagem pela prática, o site do livro fornece links de download para uma imagem de Máquina Virtual (VM) pré-configurada e que pode ser implantada nos computadores dos alunos ou em nuvem. Os screencasts[3] livres podem ser úteis para os professores e alunos, como demonstração de como usar suas ferramentas.

As orientações de currículo de Engenharia de Software da ACM/IEEE também enfatizam os projetos em equipe como um mecanismo de aprendizagem para estudantes de engenharia de software. A experiência de muitos professores (incluindo nós mesmos) é que os estudantes gostam de aprender sobre os Métodos Ágeis e utilizá-los em seus projetos. Por ser baseado em iterações, e por sua abordagem que possui ciclos menores de planejamento, é muito útil para a agenda lotada de alunos da graduação e de cursos rápidos. Estudantes super-ocupados irão, por natureza, procrastinar e precisarão passar noites em claro às vésperas da data final de entrega para criar um demo do projeto dentro do prazo; os Métodos Ágeis não apenas frustram essa prática (uma vez que os estudantes são avaliados pelo progresso em cada iteração), mas em nossa experiência, na verdade promovem um progresso real usando práticas responsáveis de forma mais regular.

Para ajudar na execução de projetos bem sucedidos, o Manual do Professor possui sugestões detalhadas para organização e escalonamento das metas do projeto durante o curso e fornece exemplos de rubricas para dar notas aos projetos baseados tanto naquilo que foi produzido quanto nos processos utilizados na criação, aproveitando de todas as vantagens da possibilidade de realizar múltiplas iterações em um único curso. Também avaliamos cada turma de estudantes para determinar o que eles aprenderam através dos projetos e no que eles tiveram dificuldade; o Manual do Professor detalha os "sete hábitos de projetos de alta eficácia" baseado em vários oferecimentos do curso na UC Berkeley e em outros lugares.

Por que Escrever um Novo Livro?

Autores em potencial não escreveriam um novo livro se eles estivessem satisfeitos com os livros anteriores. Nossa insatisfação é diferente em cada parte do livro.

Na Parte 1, o problema não é a existência de poucos livros bons sobre tópicos do SaaS, mas sim que existem muitos deles! O primeiro passo para escrever foi ler todos esses livros. As Figuras 1 e 2 mostram apenas 24 dos mais de 50 livros que consultamos, e apenas esses 24 representam mais de dez mil páginas! A grande quantidade desses livros pode intimidar iniciantes. Entretanto, uma razão que nos fez escrever um novo livro é simplesmente oferecer uma introdução coerente e revisar todos os tópicos do SaaS em um volume único, barato e relativamente pequeno. Como um dos críticos da primeira versão do livro queixou-se, não há nada de novo na Parte 1, mas contanto que você tenha dinheiro e tempo para comprar e ler dezenas de livros, nós aceitamos essa crítica!

Quanto à Parte 2, existem poucas escolhas de livros convencionais sobre engenharia de software, mas nenhum deles poderia ser chamado de pequeno ou barato. Enquanto as críticas de livros sobre SaaS que lemos são, geralmente, excelentes – 4 de 5 estrelas, ou mais na Amazon.com – este não é caso com os livros de engenharia de software. Os dois livros mais utilizados tem uma nota média de 2 a 3 estrelas e os comentários dos avaliadores não são os mais gentis.

Uma razão pode ser o tamanho desses livros e o fato de serem simples resenhas qualitativas da literatura – eles listam muitas opções em cada tópico, baseados em trabalhos de pesquisa publicados e livros – que oferecem poucas dicas sobre como escolher entre diferentes métodos de criação de software. Outra razão é que as primeiras edições desses livros foram escritas muito antes do surgimento do SaaS e dos Métodos Ágeis e é difícil adicionar diferentes perspectivas em um material mais antigo.

Esse déjà vu, foi o mesmo que um dos autores deste livro também sentiu sobre os livros de Arquitetura de Computadores há 25 anos; eles eram apenas grandes, resenhas qualitativas de produtos relacionados e artigos científicos, sem nenhum arcabouço para os leitores escolherem entre as opções de implantação. Além disso, houve uma mudança controversa e dramática (na época) na Arquitetura de Computadores que não foi refletida nesses livros. Essa insatisfação fez com que um dos autores deste livro, junto com um amigo, escrevesse um livro que fosse muito diferente dos livros de arquitetura de computadores convencionais.

Repetindo a história, a Parte 2 é muito diferente dos livros de Engenharia de Software convencionais. Ela trata os Métodos Ágeis como um objeto essencial e indica exemplos concretos de códigos e ferramentas para acompanhar os processos de Métodos Ágeis e que podem realmente levar à criação de um produto que supra as necessidades do cliente. Como mencionado acima, cada capítulo na Parte 2 também mostra a perspectiva dos métodos convencionais baseados em Planos e Documentos para ajudar os leitores a entender os Métodos Ágeis e perceber quando utilizá-los ou não.

Nossa meta para cada parte é relacionar diversos tópicos em uma *única narrativa*, para ajudar o leitor a entender as ideias mais importantes através do uso de exemplos concretos. Por essa razão, conseguimos imaginar alguém já familiarizado com os Métodos Ágeis da Parte 2, que vai ler o livro apenas para aprender sobre o SaaS da Parte 1, ou vice versa. Se você não tem nenhum conhecimento sobre esses assuntos – ou se sua educação precede o desenvolvimento do SaaS e dos Métodos Ágeis – você tem então uma introdução sinergética a essa nova e excitante era de software. Essa abordagem levou a um livro que cobre tanto o desenvolvimento de SaaS quanto o desenvolvimento ágil, em aproximadamente metade dos

Figura 1: Esses doze livros contém mais de cinco mil páginas. Os autores desta obra leram mais de cinquenta livros para preparar este texto. A maioria desses livros está listada na Seção "Para Aprender Mais"no final dos capítulos apropriados.

Figura 2: Outros doze livros que os autores leram também contém mais de cinco mil páginas. A maioria desses livros está listada na seção "Para Aprender Mais"no final dos capítulos apropriados.

capítulos e páginas, e um quarto do preço dos livros de Engenharia de Software convencional.

Errata e Conteúdo Suplementar

Da perspectiva de um autor, uma funcionalidade muito útil de um livro digital é que podemos atualizar todas as cópias eletrônicas de uma edição quando os leitores encontram algum erro no livro. Nós temos adicionado dados à Errata e lançado atualizações algumas vezes durante o ano.

O site do livro mostra a versão mais atualizada do livro e uma breve descrição das mudanças feitas a partir da versão anterior. As erratas anteriores podem ser revisadas, e novas podem ser adicionadas no site do livro. Nós nos desculpamos pelos erros que você encontrar nesta edição e aguardamos o seu parecer sobre como melhorar este material.

História deste Livro

O material neste livro começou como um subproduto do projeto de pesquisa de Berkeley[4] que estava desenvolvendo tecnologias para facilitar a criação do próximo grande serviço da Internet. Nós resolvemos que os jovens eram mais propensos a idealizar um serviço assim, portanto nós começamos a dar aulas a alunos de Berkeley sobre Software como um Serviço usando técnicas dos Métodos Ágeis em 2007. A cada ano, o curso aumentava seu alcance, ambição e popularidade, abraçando as rápidas melhorias nas ferramentas do Rails no decorrer do tempo. Entre 2007 e 2012, nossas matrículas seguiram a Lei de Moore: 35, 50, 75, 115, e 165.

Um colega sugeriu que esse seria um excelente material para o curso de Engenharia de Software que há muitos anos era ministrado em Berkeley, então um de nós (Fox) passou a dar aulas no curso com o novo conteúdo. Os resultados foram tão impressionantes que o segundo de nós (Patterson) sugeriu que escrever um livro faria com que outras universidades se beneficiassem desse poderoso currículo.

Essa ideia amadureceu com a emergente viabilidade de livros digitais e a possibilidade de evitar os custos e atrasos de uma publicação tradicional. Em março de 2011, nós fizemos o acordo de escrever o livro juntos. Estávamos igualmente animados pela possibilidade de distribuir o material amplamente e sobre repensar como um livro digital deveria ser, já que até então eles eram essencialmente apenas arquivos em PDF de livros impressos.

Conversamos com outras pessoas sobre o conteúdo. Nós participamos de conferências como a SIGCSE (Grupo de Interesse Especial em Educação de Ciência da Computação), a Conferência sobre Educação e Treinamento de Engenharia de Software, e a Conferência Federada de Pesquisa em Computação tanto para conversar com colegas quanto para enviar a eles um questionário e receber o seu parecer.

De acordo com a perspectiva de educadores e colegas da indústria, nós propusemos um esboço, que pensávamos que abordava todas essas preocupações, e começamos a escrever em junho de 2011. Dada a maior experiência de Fox no assunto, o plano era que ele escrevesse aproximadamente dois terços dos capítulos, e que Patterson escrevesse o resto. Nós dois colaboramos na organização e fomos os primeiros críticos para os capítulos de cada um. Acabamos escrevendo algumas seções dos capítulos um do outro, então o livro é um pouco mais misturado do que esperávamos. Fox escreveu os Capítulo 2, 3, 4, 5, 6, 8, 9, 11, 12, o Apêndice A, e as Seções de 10.4 a 10.6 enquanto Patterson escreveu os Capítulos 1, 7, 10, o Prefácio, o Posfácio, o Manual do Professor e as Perspectivas dos Planos e Documentos nas Seções 7.10, 8.9, 9.7, 10.7, 11.8, e 12.10. Fox também criou a ferramenta em LaTeX que nos permitiu produzir os vários formatos dos livros para vários tipos eletrônicos e impressos. Grande parte dessa ferramenta está disponível em github.com/armandofox/latex2ebook[5], para os autores que queiram seguir os passos de Fox.

Oferecemos uma versão Alpha do livro para 115 estudantes de Berkeley e milhares de estudantes do MOOC no primeiro semestre de 2012. O processo de escrita se tornou mais lento enquanto ministrávamos o curso, mas ele recomeçou baseado no *feedback* dos alunos em junho de 2012. O próximo passo foi oferecer a versão Beta do livro, no segundo semestre de 2012, que foi utilizado por outros colegas e por universidades além de Berkeley no final de 2012 e no primeiro semestre de 2013. Tomando como base o *feedback* do teste Beta e depois de estudar cuidadosamente as normas de currículo da ACM/IEEE de 2013, o livro recebeu uma segunda edição Beta em maio de 2013, levando a esta (muito bem testada) primeira edição.

Empresas e Produtos SaaS Específicos

Sempre que possível, preferimos utilizar software livre e serviços abertos para que os estudantes possam realizar as tarefas de exemplo sem custo extra. Algumas empresas de SaaS concordaram em oferecer ferramentas e serviços especiais; o site do livro lista as várias ofertas especiais disponíveis para professores e estudantes que utilizarem este livro. Nenhuma delas alterou o conteúdo do livro, que estava pronto muito antes desses acordos serem firmados.

Entretanto, quando usamos sites, ferramentas, produtos ou marcas específicas para tornar os exemplos mais próximos da realidade, a não ser em casos especificados explicitamente, nós não possuímos qualquer conexão formal a qualquer um desses sites, ferramentas ou produtos e os exemplos são para informar apenas e não uma forma de propaganda. Qualquer marca mencionada é propriedade de seus respectivos donos e são mencionados apenas com o propósito de informar.

As opiniões dos autores são próprias e não necessariamente iguais as de seu empregador.

Agradecimentos

Agradecemos nossos colegas que trabalham na indústria e que nos deram um retorno sobre nossas ideias, sobre o curso e o livro, especialmente essas pessoas incríveis, listados alfabeticamente pela companhia que fazem parte: Peter Vosshall, da Amazon Web Services; Tony Ng, do eBay; Tracy Bialik, Brad Green, e Russ Rufer do Google Inc.; Peter Van Hardenberg, do Heroku; Jim Larus da Microsoft Research; Brian Cunnie, Edward Hieatt, Matthew Kocher, Jacob Maine, Ken Mayer, e Rob Mee, dos Laboratórios Pivotal; Jason Huggins, do SauceLabs; e Raffi Krikorian, do Twitter.

Nós agradecemos nossos colegas acadêmicos pelo seu retorno sobre nossa abordagem e ideias, especialmente Fred Brooks, da Universidade da Carolina do Norte em Chapel Hill; Marti Hearst e Paul Hilfinger, da UC em Berkeley; Timothy Lethbridge, da Universidade de Ottawa; John Ousterhout, da Universidade de Stanford; e Mary Shaw, da Universidade Carnegie Mellon.

Nós agradecemos imensamente os especialistas em conteúdo que revisaram capítulos específicos: Danny Burkes, do Pivotal Labs; Timothy Chou, de Stanford; Daniel Jackson, do

MIT ; Jacob Maine, dos Laboratórios Pivotal; John Ousterhout, da Universidade de Stanford; e Ellen Spertus, da Universidade Mills .

Obrigado também a Alan Fekete da Universidade de Sydney por nos indicar o currículo de Engenharia de Software da ACM/IEEE de 2013 em tempo de nós a considerarmos.

Somos especialmente gratos àqueles que fizeram os testes na versão Beta e que utilizaram versões mais recentes do nosso livro em suas salas de aula: Daniel Jackson, do MIT; Richard Ilson, da Universidade da Carolina do Norte em Charlotte; Samuel Joseph, da Universidade Hawaii Pacific, que foi também um grande facilitador para o CS169.1x e o CS169.2x MOOCs[6] e contribuiu imensamente com o desenvolvimento e melhorias tanto do material do curso quanto do material que utilizamos na nossa obra, e que é agora o editor do livro; Ingolf Krueger, da Universidade da California em San Diego; Kristen Walcott-Justice, da Universidade do Colorado em Colorado Springs; Rose Williams, da Universidade Binghamton; e Wei Xu, da Universidade Tsinghua, que foi o primeiro a testar esse material em uma sala de aula fora dos Estados Unidos e que facilitou nossa relação com a Editora da Universidade de Tsinghua para produzir uma edição em chinês do livro.

Parte do "material de estudo" é um conjunto de excelentes sites que são compatíveis com o desenvolvimento de SaaS. Por sua ajuda em nos indicar os produtos e serviços certos, que poderiam ser oferecidos gratuitamente para os estudantes em classe e pela discussão valiosa sobre como utilizá-los em um ambiente educacional, nós agradecemos a John Dunham, do SauceLabs; Maggie Johnson e Arjun Satyapal, do Google Inc.; Dana Le, do Salesforce; James Lindenbaum, do Heroku; Kami Lott e Chris Wanstrath, do GitHub; Rob Mee, dos Laboratórios Pivotal; Ann Merrihew, Kurt Messersmith, Marvin Theimer, Jinesh Varia, e Matt Wood, do Amazon Web Services; e Juan Vargas e Jennifer Perret, da Microsoft.

Agradecemos nossos instrutores Kristal Curtis e Shoaib Kamil por nos ajudar a reinventar as aulas no campus, o que nos levou a este esforço, e os instrutores Michael Driscoll e Richard Xia por nos ajudar a fazer a correção automática uma realidade para os milhares de estudantes que se inscreveram nos cursos online. Por último, mas de maneira nenhuma menos importante, agradecemos nossos monitores de laboratório dedicados em diversas iterações de aulas desde 2008: Alex Bain, Aaron Beitch, Allen Chen, James Eady, David Eliahu, Max Feldman, Amber Feng, Karl He, Arthur Klepchukov, Jonathan Ko, Brandon Liu, Robert Marks, Jimmy Nguyen, Sunil Pedapudi, Omer Spillinger, Hubert Wong, Tim Yung, e Richard Zhao.

Decidir publicar de forma independente foi uma decisão que teve que ser bem pensada – não apenas pela enorme quantidade de trabalho, mas sim porque tivemos que inventar modelos para fazer o marketing, promoção e tivemos que construir uma comunidade em torno do livro. Aprendemos muitas coisas, mas o sucesso do livro se deve em grande parte aos conselhos e a assistência dados por Mark Korver, da Amazon Web Services; Chris Carlin, Brian Carver, e Dan Mucha, da Editora Amazon Kindle Direct; e Mike Morgan, da Editora Morgan & Claypool.

Nós também gostaríamos de agradecer Andrew Patterson, Grace Patterson e Owyn Patterson por sua ajuda com o marketing do livro, como também pelos seus gestores Heather Patterson, Michael Patterson, David Patterson e Zackary Patterson.

Finalmente, agradecemos as centenas de alunos da UC Berkeley, e os milhares de estudantes do MOOC por sua ajuda na depuração e seu contínuo interesse neste material.

Armando Fox e David Patterson
Março de 2014
Berkeley, California

Notas

[1]http://www.saas-class.org
[2]http://www.saasbook.info/instructors
[3]http://screencast.saasbook.info
[4]http://radlab.cs.berkeley.edu
[5]http://github.com/armandofox/latex2ebook
[6]http://saas-class.org

1 Introdução ao Software como um Serviço e ao Desenvolvimento Ágil de Software

Sir Maurice Wilkes (1913 – 2010), contemplado com o Prêmio Turing de 1967 por construir o EDSAC em 1949, um dos primeiros computadores com programas armazenados. O Prêmio Turing[1] é o maior prêmio em Ciência da Computação, concedido anualmente pela *Association for Computing Machinery* (ACM) desde 1966. É uma homenagem ao pioneiro da computação Alan Turing e é conhecido, informalmente, como o "Prêmio Nobel da Ciência da Computação".
(este livro usa caixas de texto laterais, com o intuito de complementar o texto principal, para incluir o que seus autores pensam ser interessante ou biografias curtas de pioneiros da computação. Esperamos que os leitores gostem.)

Foi em uma das minhas jornadas entre a sala do EDSAC e a perfuradora de cartões que, "hesitando nos ângulos das escadas", a realização me veio, cheia de força, de que boa parte do resto da minha vida seria gasta à procura de erros em meus próprios programas.

—Maurice Wilkes, Memórias de um pioneiro da computação, 1985

Conceitos

Cada capítulo inicia-se com seus grandes conceitos em um sumário de uma página. Para este capítulo introdutório, eles são:

- Processos de desenvolvimento de software ou ***ciclos de vida*** do tipo Planeje-e-Documente dependem de um cuidadoso planejamento inicial que deve ser detalhadamente documentado e gerenciado para fazer com que o desenvolvimento do software seja mais previsível. Alguns exemplos proeminentes são os ciclos de vida em ***Cascata***, ***Espiral*** e o ***Processo Unificado*** (***RUP***).

- Diferentemente, o ciclo de vida ***Ágil*** depende do desenvolvimento incremental de protótipos que envolvem retorno (*feedback*) contínuo do cliente em cada ***iteração***, cada uma levando de uma a quatro semanas.

- A ***Arquitetura orientada a serviços*** (*Service Oriented Architecture* — ***SOA***) cria aplicativos a partir de componentes que agem como serviços interoperáveis que permitem que novos sistemas sejam construídos com muito menos esforço. O mais importante, de uma perspectiva da engenharia de software, é que o SOA permite a construção de grandes serviços com base em pequenos serviços que, segundo a história nos ensina, são normalmente mais bem sucedidos do que um único grande projeto. Uma razão para isso está relacionada ao pequeno tamanho permitir o uso do desenvolvimento ágil, que possui um histórico superior.

- O ***software como um serviço*** (*Software as a Service* — ***SaaS***) é um caso especial do SOA que implanta o software em um único site, porém, o faz disponível a milhões de usuários da Internet em seus dispositivos móveis, proporcionando benefícios tanto para os usuários quanto para os desenvolvedores. A cópia única do software e o ambiente competitivo para produtos SaaS levam a uma ***evolução de software*** mais rápida para o SaaS do que para o software de prateleira.

- A evolução do ***Código Legado*** é vital no mundo real, ainda que, frequentemente, ignorada em livros e cursos de engenharia de software. As práticas ágeis melhoram o código a cada iteração; consequentemente, as habilidades adquiridas também beneficiam o código legado.

- A ***Computação em Nuvem*** fornece computação e armazenamento confiável, passível de serem escalados, por meio de **Warehouse Scale Computers** ("computadores em escala de depósitos"), contendo até 100.000 servidores. A economia de escala permite que a Computação em Nuvem seja oferecida como uma utilidade, onde se paga apenas pelo uso real.

- A ***qualidade do software*** é definida por prover valor de negócio tanto para clientes quanto para desenvolvedores. A ***garantia de qualidade*** do software se origina de muitos níveis de testes: ***teste de unidade***, **módulo**, ***teste de integração*** e ***teste de aceitação***.

- A **clareza via concisão**, *síntese*, *Reúso* e a **automação via ferramentas** são quatro caminhos para melhorar a ***produtividade do desenvolvimento de software***. O arcabouço de programação ***Ruby on Rails*** segue esses caminhos para tornar desenvolvedores SaaS produtivos. O ***Don't Repeat Yourself (DRY)***, adverte a não usar repetição para alcançar o Reúso, deve haver apenas uma representação de cada pedaço de conhecimento.

Como mudança é a norma para os Métodos Ágeis, eles são excelentes para o desenvolvimento de SaaS, e é nesse tipo de desenvolvimento que este livro se concentra.

Tópico	Amazon.com	ACA Out	ACA Nov	ACA Dez
Clientes/Dia (Objetivo)	–	50.000	50.000	30.000
Clientes/Dia (Real)	>10.000.000	800	3.700	34.300
Tempo de resposta médio (segundos)	0,2	8	1	1
Tempo fora do ar/Mês (horas)	0,07	446	107	36
Disponibilidade (% no ar)	99,99%	40%	85%	95%
Taxa de erros	–	10%	10%	–
Seguro	Sim	Não	Não	Não

Figura 1.1: Comparação entre a Amazon.com e o Healthcare.gov durante seus primeiros três meses. (Thorp 2013) Depois de suas complicações começarem, o prazo de entrega foi estendido de 15 de dezembro de 2013 para 31 de Março de 2014, o que explica a meta inferior de clientes por dia em Dezembro. Repare que a disponibilidade para o ACA *não* inclui tempo para a "manutenção programada" que a Amazon inclui (Zients 2013). A taxa de erros foi devido a erros significativos nos formulários enviados a companhias de seguro (Horsley 2013). O site foi amplamente rotulado, por especialistas em segurança, como inseguro, pois os desenvolvedores estavam sob tanta pressão em obter a funcionalidade adequada que reservaram apenas uma pequena parcela de atenção à segurança (Harrington 2013).

1.1 Introdução

Agora, isso é muito simples. É um website onde você pode comparar e adquirir planos de saúde acessíveis, lado a lado, do mesmo jeito que você compra uma passagem de avião no Kayak, ou uma TV na Amazon (...) A partir de terça-feira, todos os americanos podem visitar o HealthCare.gov para encontrar o que chamamos de mercado de seguros (...) Portanto, conte aos seus amigos e sua família. (...) Certifique-se de que eles se inscrevam. Vamos ajudar nossos colegas americanos a se protegerem. (Aplausos.)

—Presidente Barack Obama, observações sobre o *Affordable Care Act*, Community College de Prince George, Maryland, 26 de Setembro de 2013.

(...) faz seis semanas que a plataforma do Affordable Care Act abriu para negócios. Acho justo dizer que o lançamento tenha sido difícil até agora e acho que todos entendem que eu não estou feliz com o fato do lançamento ter enfrentado, como vocês sabem, uma grande variedade de problemas que têm me preocupado profundamente.

—Presidente Barack Obama, afirmações sobre o *Affordable Care Act*, sala de imprensa da Casa Branca, 14 de Novembro de 2013.

Quando o ***Affordable Care Act*** (***ACA***), foi aprovado em 2010, ele pareceu ser o programa social mais ambicioso dos EUA em décadas e, talvez, tenha sido o coroamento da administração Obama. Assim como milhões de compras de itens na Amazon.com, esperava-se que o HealthCare.gov — também conhecido como o website Affordable Care Act — permitisse que milhões de americanos sem planos de saúde comprassem apólices de seguro saúde. Apesar de ter levado três anos para sua construção, o ACA "caiu de cara no chão" quando foi lançado no dia 1o de Outubro de 2013. A Figura 1.1 compara a Amazon.com com o Heathcare.gov nos primeiros três meses de operação, demonstrando que o ACA não foi apenas lento, propenso a erros e inseguro, mas foi insatisfatório a maior parte do tempo.

Por que companhias como a Amazon.com podem construir um software que serve melhor uma base de clientes muito maior? Enquanto a mídia descobriu muitas decisões questionáveis, uma quantidade surpreendente de críticas foram feitas à *metodologia* usada para desenvolver o software (Johnson and Reed 2013). Dada a abordagem utilizada pela equipe de desenvolvimento, segundo um comentarista, "a verdadeira surpresa teria sido se ele realmente tivesse funcionado". (Johnson 2013a)

Estamos honrados por ter a chance de explicar como as companhias de Internet, e outras, constroem serviços de software bem sucedidos. Como esta introdução ilustra, esse campo não é uma disciplina acadêmica chata onde poucos se importam com o que acontece; projetos de software fracassados podem adquirir má fama internacional e até derrubar presidentes de países. Por outro lado, projetos de software bem sucedidos podem criar serviços que milhões de pessoas usam todos os dias, levando a empresas como a Amazon, o Facebook e o Google, que se tornaram nomes do cotidiano em todo o mundo. Todos os envolvidos com tais serviços estão orgulhosos de serem associados a eles, ao contrário da ACA.

Além disso, este livro *não* é apenas uma visão geral bem intencionada sobre o que fazer e o que não fazer em cada fase do desenvolvimento do software. Este livro torna concretos conceitos recentes com uma demonstração prática de como projetar, implementar e organizar uma aplicação na nuvem. A imagem de uma máquina virtual associada a este livro vem pré-carregada com todo o software necessário para a realização desses princípios (veja o apêndice A). Para complementar a leitura do que escrevemos, é possível ver nossas demonstrações e escutar nossas vozes como parte dos 27 *screencasts* presentes nos capítulos seguintes. Você pode até mesmo nos assistir ensinando esse material, pois este livro está associado a um ***curso on-line aberto*** (*Massive Open Online Course* — ***MOOC***), do EdX.org[2]. O CS169.1x e o CS169.2x oferecem segmentos de vídeos de 6 a 10 minutos que, geralmente, correspondem, um a um, a todas as seções deste livro, incluindo esta. Esses MOOCs proporcionam rápida autocorreção de tarefas de programação e disponibilizam perguntas, para que se tenha um retorno do quão bem o material foi aprendido, assim como um fórum online para propor e responder questões.

O resto deste capítulo explica porque desastres, como o ACA, podem acontecer e como evitá-los. Começamos nossa jornada com as origens da engenharia de software em si, originada de metodologias de desenvolvimento de software que colocaram forte ênfase no planejamento e documentação. Em seguida, revisamos as estatísticas sobre o quão bem as metodologias do tipo Planeje-e-Documente funcionam, mostrando que resultados como os do ACA são muito comuns, mesmo que não bem conhecidos. Os resultados frequentemente desapontadores de se aplicar o senso comum em engenharia de software, inspiraram alguns desenvolvedores a realizar uma revolta palaciana. Apesar do ***Manifesto Ágil*** ter sido bastante controverso quando anunciado, ao longo do tempo, o desenvolvimento ágil superou seus críticos. Os métodos ágeis permitem que pequenas equipes vençam os gigantes industriais, especialmente em relação a pequenos projetos. Nosso próximo passo demonstra como a ***Arquitetura orientada a serviços*** (SOA), permite a composição bem sucedida de muitos serviços de software, como a Amazon.com, originados em muitos serviços de software menores através de pequenas equipes ágeis.

Como último porém crítico ponto, na prática, é raro para programadores desenvolverem sistemas do zero, começando sem nenhum código inicial. É muito mais comum utilizar grandes bases de código existentes, adicionando novas funcionalidades. O próximo passo em nossa jornada é observar que ao contrário dos métodos do tipo Planeje-e-Documente, que buscam primeiro um projeto perfeito para, em seguida, o implementar, um processo ágil investe todo o tempo trabalhando no desenvolvimento incremental de código que funciona em todos os momentos. Portanto, ao se aperfeiçoar nos métodos ágeis, você também pratica as habilidades que precisa para trabalhar com bases de código existentes.

Para começar nossa jornada, introduzimos a metodologia de software utilizada para desenvolver o HealthCare.gov.

1.2 Processos de desenvolvimento: Planeje e Documente

Se construtores construíssem prédios do mesmo jeito que programadores escrevem programas, o primeiro pica-pau que viesse destruiria a civilização.

—Gerald Weinberg, A Segunda Lei de Weinberg

A falta de previsibilidade do desenvolvimento de software no final dos anos 1960, em conjunto com os desastres de software similares ao ACA, levou a estudos sobre como um software de alta qualidade poderia ser desenvolvido com um orçamento e planejamento previsíveis. Projetando a analogia a outros campos de engenharia, o termo ***Engenharia de Software*** foi adotado (Naur and Randell 1969). O objetivo era descobrir métodos para construir software que fossem previsíveis em relação à qualidade, preço e tempo, como aqueles usados para construir pontes na engenharia civil.

Um impulso determinante da engenharia de software foi trazer uma disciplina de engenharia para o que era, frequentemente, um desenvolvimento de software não planejado. Antes de começar a codificar, elabore um plano para o projeto, incluindo uma documentação extensa detalhada de todas as fases desse plano. O progresso é, então, avaliado em relação ao plano. Alterações no projeto devem ser refletidas na documentação e, possivelmente, no plano.

O objetivo desses processos de desenvolvimento de software baseados em planos e documentos é melhorar a previsibilidade via a documentação extensa, que deve ser alterada sempre que os objetivos mudam. Veja como essa ideia é colocada por autores de livros didáticos (Lethbridge and Laganiere 2002; Braude 2001):

A documentação deve ser escrita em todos os estágios de desenvolvimento, e inclui requisitos, design arquitetural, manuais de usuário, instruções para testadores e os planos do projeto.

—Timothy Lethbridge e Robert Laganiere, 2002

A documentação é a força vital da engenharia de software.

—Eric Braude, 2001

Esse processo é ainda incluído em um padrão oficial de documentação: IEEE/ANSI padrão 830/1993.

Governos como os EUA têm regulamentos elaborados para prevenir a corrupção quando adquirem um novo equipamento, o que leva a longas especificações e contratos. Como o objetivo da engenharia de software era fazer a desenvolvimento de software tão previsível quanto a construção de pontes, incluindo especificações de elaboração, os contratos do governo foram um ambiente natural para o desenvolvimento dos processos do tipo Planeje-e-Documente. Portanto, como em muitos países, os regulamentos de aquisição dos EUA deixaram aos desenvolvedores do ACA poucas escolhas a não ser seguir um ciclo de vida Planeje-e-Documente.

Certamente, como em outros campos da engenharia, o governo tem cláusulas de escape nos contratos que permitem que o produto seja adquirido mesmo com atraso. Ironicamente, quanto mais extenso for o desenvolvimento do software maior será o lucro do contratante. Portanto, a arte se encontra em negociar o contrato e as cláusulas de penalidade. Como um comentarista observou sobre o ACA (Howard 2013), "As empresas que, normalmente, fecham contratos são boas em consegui-los mas não em executá-los." Outro comentário diz

O grupo CGI ganhou o contrato para a etapa final do website ACA. O custo subiu da estimativa inicial de \$94M até \$292M (Begley 2013). Essa mesma companhia estava envolvida em um sistema para registro de armas de fogo canadense cujos custos dispararam, de uma estimativa inicial de \$2M para \$2B. Quando a empresa MITRE investigou os problemas com o website ACA de Massachusetts, foi constatado que o grupo CGI não teve a habilidade para construir o site, perdeu os dados, falhou em testar as funções adequadamente e gerenciou o projeto de maneira pobre (Bidgood 2014).

que a abordagem Planeje-e-Documente não é muito adequada para as práticas modernas, especialmente quando os contratantes do governo apostam na maximização dos lucros (Chung 2013).

Uma das primeiras versões do processo de desenvolvimento de software Planeje-e-Documente foi criada em 1970 (Royce 1970). Ele segue essa sequência de etapas:

1. Análise e especificação de requisitos
2. Projeto arquitetural
3. Implementação e Integração
4. Verificação
5. Operação e manutenção

Considerando que quanto mais cedo um erro for encontrado mais barato será consertá-lo, a filosofia desse processo propõe que a próxima etapa se inicie após a anterior ter sido finalizada, removendo, desse modo, muitos erros o mais cedo possível. Ao se completar corretamente as etapas iniciais, seria possível evitar trabalho desnecessário nas etapas seguintes. Como esse processo pode levar anos, a documentação extensa ajuda a garantir que uma informação importante não seja perdida caso uma pessoa deixe o projeto e que novas pessoas possam alcançar, rapidamente, uma boa velocidade quando entrarem no projeto.

O Windows 95 foi anunciado através de uma festa de US$300 milhões[3], para a qual foi contratado o comediante Jay Leno, realizada no prédio Empire State, em Nova York, com as cores do logotipo do Microsoft Windows e com a música "Start Me Up" licenciada da banda Rolling Stones como música tema da celebração.

Devido ao fluxo descendente até a conclusão, esse processo é chamado de processo de desenvolvimento de software em ***Cascata*** (*Waterfall*) ou ***ciclo de vida*** de desenvolvimento de software em Cascata. Compreensivelmente, dada a complexidade de cada estágio no ciclo de vida em Cascata, os lançamentos de produto são os principais acontecimentos para os quais os engenheiros trabalham arduamente e são acompanhados por muita festa.

No ciclo de vida em cascata, a vida prolongada do software é reconhecida por uma fase de manutenção que repara erros assim que são descobertos. Novas versões do software desenvolvido no modelo em cascata passam através das mesmas fases e levam, normalmente, de 6 a 18 meses.

O modelo em cascata pode trabalhar de maneira satisfatória com tarefas bem especificadas, como voos espaciais da NASA, porém, ele é prejudicado quando clientes mudam de ideia sobre o que querem. Um ganhador do Prêmio Turing incorpora essa observação:

> *Planeje jogar uma [implementação] fora; Você jogará, de qualquer jeito.*
>
> —Fred Brooks, Jr.

Ou seja, é mais fácil para os clientes compreenderem o que querem ao olharem para um protótipo e para os engenheiros entenderem como construir melhor, ao passo que já realizaram isso uma primeira vez.

Essa observação levou ao ciclo de vida de desenvolvimento de software, produzido nos anos 1980, que combina protótipos com o modelo Cascata (Boehm 1986). A ideia é interagir através de uma sequência de quatro etapas, onde cada iteração resulta em um protótipo refinado da versão anterior. A Figura 1.2 ilustra esse modelo de desenvolvimento através das quatro fases que dão a esse ciclo de vida o seu nome: o ***Modelo em Espiral***. As etapas são

1. Determinar objetivos e restrições desta iteração

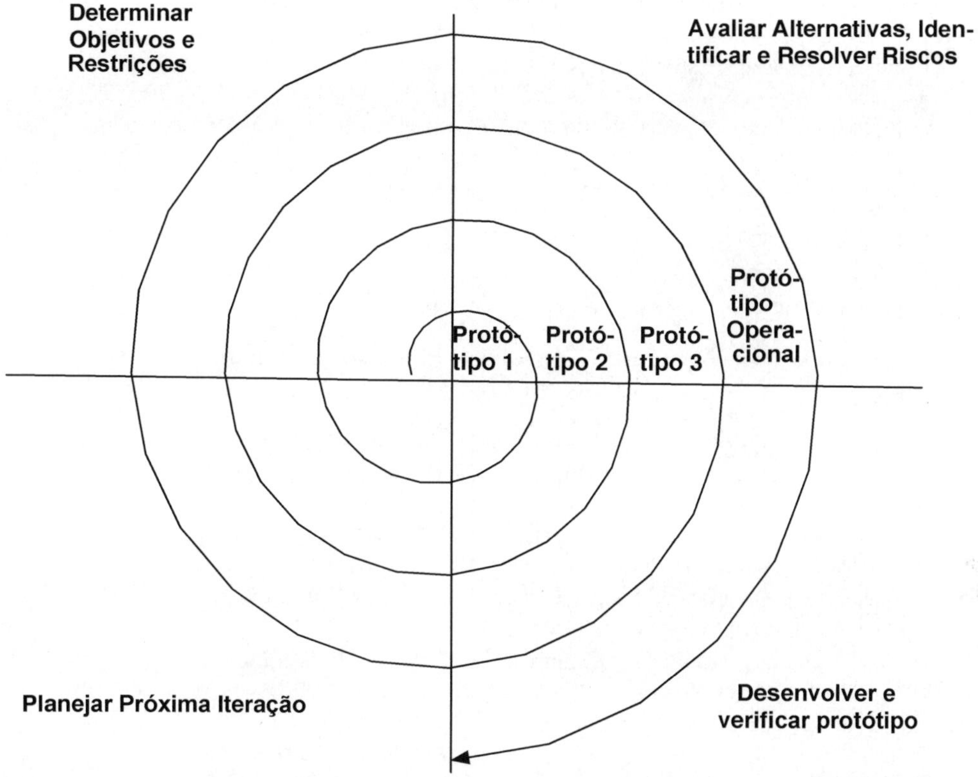

Figura 1.2: O ciclo de vida em Espiral combina a Cascata com prototipação. Essa combinação começa no centro, com cada iteração em torno da espiral passando por quatro etapas e resultando em um protótipo revisado até que o produto esteja pronto para ser lançado.

2. Avaliar alternativas, identificar e resolver riscos
3. Desenvolver e verificar o protótipo para esta iteração
4. Planejar a próxima iteração

Big Design Up Front (Grande Projeto no Início, abreviado como ***BDUF***) é o nome usado por alguns para processos como Cascata, Espiral e o RUP, que dependem de um planejamento extenso e documentação inicial. Eles também são conhecidos como processos ***pesos-pesados***, ***guiados por planos***, ***disciplinados*** ou processos ***estruturados***.

Ao invés de documentar todos os requisitos no início como no modelo em Cascata, os documentos de requisitos são desenvolvidos ao longo da iteração, de acordo com a necessidade e evolução do projeto. Iterações envolvem o cliente antes do produto ser finalizado, o que reduz as chances de mal-entendidos. No entanto, como imaginado originalmente, essas iterações duram de 6 a 24 meses; portanto, há muito tempo para que os clientes alterem suas opiniões durante uma iteração! Consequentemente, o modelo em Espiral ainda depende de planejamento e documentação extensiva, mas espera-se que o plano evolua em cada iteração.

Dada a importância do desenvolvimento de software, muitas variações de metodologias Planeje-e-Documente foram propostas além dessas duas. Uma mais recente é chamada de ***Processo Unificado da Rational*** (*Rational Unified Process*, ***RUP***) (Kruchten 2003), que combina funcionalidades de ambos os ciclos de vida, Cascata e Espiral, assim como padrões para diagramas e documentação. Usaremos o RUP como representante do pensamento mais recente nos ciclos de vida Planeje-e-Documente. Ao contrário do modelo em Cascata e Espiral, o RUP é mais estreitamente aliado às questões do negócio do que questões técnicas.

Como a Cascata e a Espiral, o RUP possui etapas:

1. Iniciação: Define o negócio do software e delineia seu escopo para definir o cronograma e o orçamento, utilizados para julgar o progresso e justificar despesas e a avaliação inicial de riscos para ambos.

2. Elaboração: Trabalha com as partes interessadas para identificar os casos de uso, projeta uma arquitetura de software, estabelece o plano de desenvolvimento e constrói um protótipo inicial.

3. Construção: Codifica e testa o produto, resultando em um primeiro lançamento externo.

4. Transição: Desloca o produto do desenvolvimento para a produção no ambiente real, incluindo testes de aceitação do cliente e treinamento do usuário.

Ao contrário da Cascata, cada etapa envolve iteração. Por exemplo, um projeto pode ter uma iteração de fase inicial, duas iterações de fase de elaboração, quatro iterações de fase de construção e duas iterações de fase de transição. Como o Espiral, um projeto também poderia iterar pelas quatro fases, repetidamente.

Além das etapas de mudanças dinâmicas do projeto, o RUP identifica seis "disciplinas de engenharia" (também conhecidas como fluxos de trabalho), as quais as pessoas que trabalham no projeto devem, coletivamente, cobrir:

1. Modelagem de negócios

2. Requisitos

3. Análise e Projeto

4. Implementação

5. Teste

6. Implantação

Essas disciplinas são mais estáticas do que as fases, elas existem durante toda a vida do projeto. De qualquer maneira, algumas disciplinas são mais usadas em fases anteriores (como a modelagem de negócios), algumas, periodicamente, durante todo o processo (como o teste), e algumas mais para o fim (Implantação). A Figura 1.3 mostra a relação entre as fases e disciplinas, com a área indicando a quantidade de esforço em cada disciplina ao longo do tempo.

Um aspecto negativo em ensinar usando métodos do tipo Planeje-e-Documente é o fato dos estudantes poderem achar o desenvolvimento de software entediante (Nawrocki et al. 2002; Estler et al. 2012). Dada a importância do desenvolvimento de software previsível, essa não é uma razão forte o suficiente para não ensiná-los; a boa notícia é que existem alternativas que funcionam tão bem quanto eles para muitos projetos mas que se encaixam melhor num ambiente educacional, como descreveremos na próxima seção.

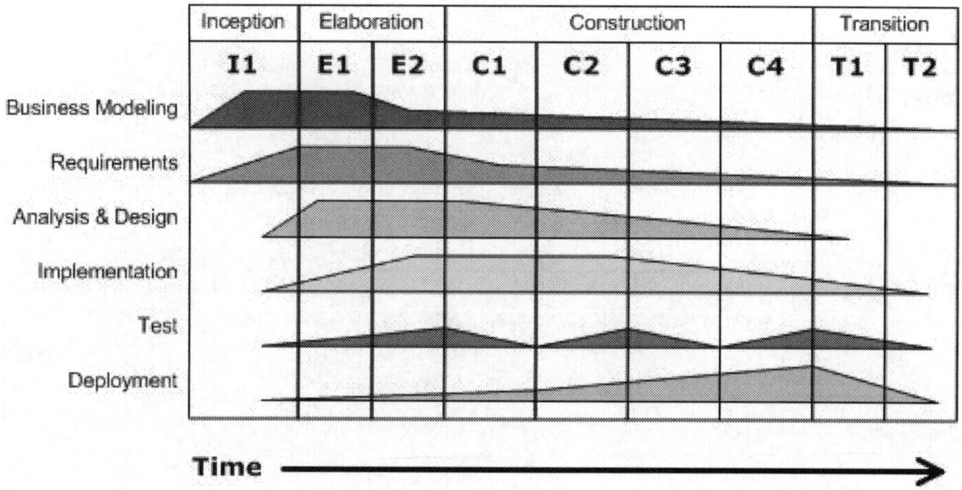

Figura 1.3: O ciclo de vida do Processo Unificado da Rational (RUP) permite que o projeto tenha múltiplas iterações em cada etapa e identifique as habilidades necessárias para a equipe do projeto, que variam em relação ao esforço ao longo do tempo. O RUP também possui três "disciplinas de suporte" não mostradas na figura: Gestão de Configuração e Mudanças, Gestão de Projeto e Ambiente. (Imagem do Wikimedia Commons, por Dutchgilder.)

Sumário: As *atividades* básicas da engenharia de software são as mesmas em todos os processos de desenvolvimento ou ***ciclos de vida***, mas suas interações ao longo do tempo, em relação aos lançamentos do produto, diferem entre os modelos. O ciclo de vida em Cascata é caracterizado por uma grande parte do projeto (*design*) ser realizado antes da codificação e por ter cada etapa finalizada antes de passar para a próxima etapa. O ciclo de vida em Espiral itera através de todas as fases de desenvolvimento para produzir protótipos. Porém, como no modelo em Cascata, os clientes apenas se envolvem em períodos de 6 a 24 meses. O ciclo de vida do Processo Unificado da Rational é mais recente e inclui fases, iterações e protótipos, enquanto identifica as habilidades necessárias para as pessoas do projeto. Tudo depende de um planejamento cuidadoso e uma documentação completa e o progresso é medido em relação a um plano.

Auto-avaliação 1.2.1. *Qual uma principal semelhança e uma principal diferença entre processos como o Espiral e o RUP versus um processo em Cascata?*

◇ Todos dependem do planejamento e da documentação, porém, o Espiral e o RUP usam iteração e protótipos para evoluir ao longo do tempo ao invés de um único caminho longo para o produto. ■

Auto-avaliação 1.2.2. *Quais são as diferenças entre as fases desses processos do tipo Planeje-e-Documente?*

◇ As fases da Cascata separam o planejamento (requisitos e projeto arquitetural), da implementação. A próxima fase é testar o produto antes do lançamento e, em seguida, uma fase separada de operações. As fases da Espiral objetivam uma iteração: defina os objetivos da iteração, explore alternativas, desenvolva e verifique o protótipo desta iteração e planeje a próxima iteração. As fases do RUP são ligadas aos objetivos do negócio: a criação define o negócio e estabelece um cronograma e orçamento; a elaboração trabalha com clientes para construir um protótipo inicial; a construção desenvolve e testa a primeira versão; e a transição implanta o produto. ■

■ ***Elaboração: Modelo de Maturidade CMM do SEI***

O Instituto de Engenharia de Software (SEI) da Universidade de Carnegie Mellon propôs o ***Capability Maturity Model*** (CMM) (Paulk et al. 1995), em português "modelo de maturidade de capacidade", para avaliar processos de desenvolvimento de software de organizações baseados em metodologias do tipo Planeje-e-Documente. A ideia é que ao modelar o processo de desenvolvimento do software uma organização possa melhorá-lo. Os estudos do SEI observaram cinco níveis de maturidade nos processos de desenvolvimento de software:

1. Inicial ou caótico — não documentado / ad hoc / desenvolvimento de software instável.
2. Repetível — não segue disciplinas rigorosas, mas alguns processos repetíveis com resultados consistentes.
3. Definido — processos padrão definidos e documentados que melhoram ao longo do tempo.
4. Gerenciado — o gerenciamento pode controlar o desenvolvimento do software usando métricas de processos, adaptando os processos a diferentes projetos com sucesso.
5. Em otimização — melhorias de otimização deliberadas nos processos como parte do processo de gestão.

O CMM encoraja, implicitamente, uma organização para subir nos níveis de maturidade. Apesar de não ser proposto como uma metodologia de desenvolvimento de software, muitos o consideram como uma. Por exemplo, Nawrocki et al. 2002 compara o nível 2 do CMM aos Métodos Ágeis (veja a próxima seção).

1.3 Processos de desenvolvimento de software: O Manifesto Ágil

Se um problema não tem solução, ele pode não ser um problema, mas sim um fato – não a ser resolvido, mas sim para lidarmos com ele ao longo do tempo.

—Shimon Peres

Enquanto os processos do tipo Planeje-e-Documente trouxeram disciplina ao desenvolvimento do software, ainda havia projetos de software que falharam tão desastrosamente que até hoje vivem em infâmia. Histórias tristes como a explosão do foguete ***Ariane 5***, uma dose muito forte da radiação letal ***Therac-25***, e os abandonos de projetos do ***Arquivo de casos virtual*** do FBI, são tão frequentes que chegam a ser clichês. Nenhum engenheiro de software gostaria de um desses projetos em seu currículo.

Ariane 5, voo 501. Em 4 de Junho de 1996, um estouro (*overflow*) aconteceu 37 segundos após uma decolagem em um sistema de orientação, com consequências impressionantes[4], quando um número em ponto flutuante foi convertido para um inteiro menor. Essa exceção não poderia ocorrer no foguete Ariane 4 que era mais lento, portanto, o Reúso de componentes de sucesso sem os devidos testes para o novo contexto foi cara: perderam-se satélites avaliados em $370M.

Um artigo ainda listou um "muro da vergonha do software" (*Software Wall of Shame*), com dezenas de projetos de software altamente notáveis que, coletivamente, foram responsáveis por perdas de $17B, sendo que a maioria desses projetos foram abandonados (Charette 2005).

A Figura 1.4 introduz quatro pesquisas de projetos de software. Com apenas 10% a 16% dentro do prazo e do orçamento, mais projetos foram cancelados ou abandonados do que os que atingiram seus objetivos. Ao olhar atenciosamente aos 13% de sucesso da pesquisa, b) é ainda mais sério como menos de 1% dos novos projetos de desenvolvimento cumprindo seus cronogramas e orçamentos. Embora as três primeiras pesquisas tenham de 10 a 25 anos, esse levantamento é de 2013. Aproximadamente 40% desses grandes projetos foram cancelados ou abandonados e 50% estavam atrasados, fora do orçamento ou não continham

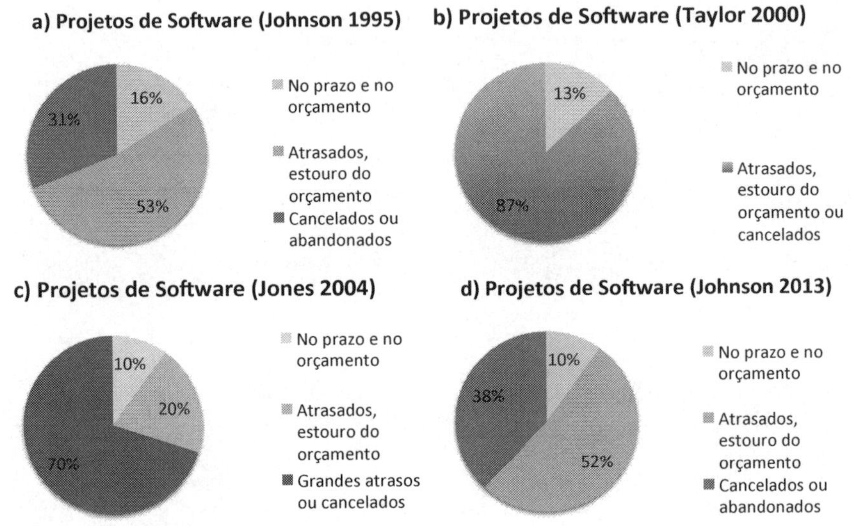

Figura 1.4: a) Um estudo de projetos de software concluiu que 53% dos projetos excedem seus orçamentos por um fator de 2,9 e ultrapassam seu prazo por um fator de 3,2 e outros 31% de projetos de software foram cancelados antes da conclusão (Johnson 1995). O custo anual estimado nos Estados Unidos para estes projetos de software foi de $100B. b) A pesquisa com membros da *British Computer Society* descobriu que apenas 130 de 1027 projetos cumpriram seus cronogramas e orçamentos. Metade deles eram projetos de manutenção e conversão de dados e a outra metade eram novos projetos de desenvolvimento, porém, os processos bem sucedidos estavam divididos em 127 do primeiro tipo e apenas 3 nos novos projetos (Taylor 2000). c) Um levantamento de 250 grandes projetos, cada um com o equivalente a mais de um milhão de linhas de código C, encontrou resultados igualmente decepcionantes (Jones 2004). d) Pesquisa lista apenas exemplos grandes de 50.000 projetos, custando no mínimo $10M para desenvolvimento (Johnson 2013b). Ela apresenta os resultados mais desanimadores, sugerindo que o HealthCare.gov tinha apenas 10% de chances de sucesso.

funcionalidades importantes. Usando a história como nosso guia, o pobre Presidente Obama tinha apenas uma chance em dez de que o HealthCare.gov tivesse uma estreia de sucesso.

Talvez o "Momento da Reforma" para a engenharia de software tenha sido o ***Manifesto Ágil*** de fevereiro de 2001. Um grupo de desenvolvedores de software se encontraram para desenvolver um ciclo de vida de software mais leve. Eis, exatamente, o que a ***Agile Alliance*** afixou na porta da " Igreja Planeje-e-Documente":

Métodos Ágeis também são conhecidos como processos ***leves*** ou ***sem disciplina***.

"Estamos descobrindo maneiras melhores para se desenvolver software e de ajudar as pessoas a fazê-lo. Ao longo desse trabalho viemos a valorizar mais:

- **Indivíduos e interações** *ao invés de processos e ferramentas*
- **Software que funciona** *ao invés de documentação extensa*
- **Colaboração com o cliente** *ao invés de negociação de contratos*
- **Resposta a mudanças** *ao invés de seguir um plano*

Isto é, enquanto há valor nos itens da direita, nós damos mais valor aos itens da esquerda."

Esse modelo de desenvolvimento alternativo é baseado na percepção de que devemos abraçar as mudanças como um fato da vida: desenvolvedores devem aperfeiçoar continuamente um protótipo incompleto, mas que funcione, até que o cliente esteja feliz com o resultado. Além disso, o cliente deve oferecer seu *feedback* em cada iteração. O desenvolvimento ágil enfatiza o ***desenvolvimento guiado por testes (TDD)***, para reduzir os erros por meio da escrita dos testes *antes* de escrever o código, ***histórias de usuário*** para chegar a um acordo e validar os requisitos do cliente e ***velocidade*** para pedir o progresso do projeto. Cobriremos esses tópicos detalhadamente em capítulos seguintes.

Variantes de Métodos Ágeis Existem muitas variantes do desenvolvimento ágil de software (Fowler 2005). A que usamos neste livro é a ***Programação Extrema*** (*Extreme Programming*, abreviado como ***XP***) atribuída a Kent Beck.

Em relação à vida do software, o ciclo de vida Ágil é tão rápido que novas versões são disponibilizadas a cada uma ou duas semanas – às vezes até mesmo diariamente – portanto, elas não são eventos especiais como no caso do modelo Planeje-e-Documente. O que se propõe é, basicamente, melhoria contínua ao longo da vida do projeto.

Mencionamos na seção anterior que os recém-chegados podem achar os processos do tipo Planeje-e-Documente tediosos, mas esse não é o caso dos Métodos Ágeis. Essa perspectiva é compreendida através de uma crítica inicial, feita por um instrutor de engenharia de software sobre os métodos ágeis:

> *Se lembra de quando programação era legal? Foi assim que se interessou primeiro por computadores e depois por ciência da computação? É por isso que muitos estudantes entraram nesta disciplina – por que eles gostam de programar computadores? Bom, podem haver metodologias de desenvolvimento de software respeitáveis e promissoras que são, perfeitamente, adequadas a esses tipos de pessoas. (...) Os métodos ágeis são divertidos e eficazes, pois não apenas fazem com que não atolemos o processo nas montanhas de documentação, mas também permitem que os desenvolvedores trabalhem "cara a cara" com os clientes ao longo do processo de desenvolvimento e produzam o software que funciona desde o começo.*
>
> —Renee McCauley, "Métodos de desenvolvimento ágeis prontos para contrariar o status quo," *SIGCSE Bulletin*, 2001

Ao tirar a ênfase no planejamento, na documentação e nas especificações vinculadas contratualmente, o Manifesto Ágil se voltou contra o senso convencional de inteligência na engenharia de software e, portanto, não foi universalmente aceito de braços abertos (Cormick 2001):

Questão	**Resposta Não sugere um Método Ágil; Sim sugere Planeje-e-Documente**
1	Especificação é necessária?
2	Os clientes estão indisponíveis?
3	O sistema a ser construído é grande?
4	O sistema a ser construído é complexo (p. ex., tempo real)?
5	Ele vai ter uma vida longa?
6	Você está usando ferramentas de software pobres?
7	O time do projeto é geograficamente distribuído?
8	O time está inserido numa cultura orientada por documentação?
9	O time possui habilidades de programação fracas?
10	O sistema a ser construído está sujeito a regulações e normas?

Figura 1.5: Dez questões para ajudar a decidir quando usar um ciclo de vida Ágil (a resposta é "não"), ou um ciclo de vida Planeje-e-Documente (a resposta é "sim") (Sommerville 2010). Achamos surpreendente que ao fazermos essas questões para projetos feitos por equipes de estudantes em sala, praticamente todas as respostas apontaram para métodos ágeis. Como este livro certifica, ferramentas de software livre são excelentes e, consequentemente, disponíveis para estudantes (questão 6). Nossa pesquisa sobre a indústria (veja o prefácio), concluiu que recém-formados em ciência da computação têm, realmente, boas habilidades de programação (questão 9). A resposta para as outras oito questões é claramente "não" para projetos de estudantes.

> *O Manifesto Ágil é uma tentativa a mais de minar a disciplina de engenharia de software. (...) Na profissão da engenharia de software existem engenheiros e hackers. (...) Me parece que isso não é nada mais do que uma tentativa de legitimar o comportamento do hacker. (...) A profissão de engenharia de software apenas mudará para melhor quando os clientes se recusarem a pagar por um software que não cumpre o esperado. (...) Mudar de uma cultura que encoraje a mentalidade do hacker para uma que seja baseada em práticas de engenharia de software previsíveis apenas ajudará a transformar a engenharia de software em uma disciplina de engenharia respeitada.*
>
> —Steven Ratkin, "Manifesto Elicits Cynicism", *IEEE Computer*, 2001

Um par de críticos até publicaram um ataque contra os métodos ágeis na forma de um livro de 432 páginas! (Stephens and Rosenberg 2003)

A comunidade de pesquisa de engenharia de software passou a comparar os ciclos de vida Planeje-e-Documente ao ciclo de vida Ágil em campo e descobriu – para a surpresa de alguns cínicos – que os métodos ágeis poderiam, de fato, funcionar bem, dependendo das circunstâncias. A Figura 1.5 mostra 10 questões de um livro didático popular de engenharia de software (Sommerville 2010), cujas respostas sugerem quando usar Métodos Ágeis e quando usar os métodos baseados em Planeje-e-Documente.

Lembre-se que a última, e mais recente, pesquisa na Figura 1.4 mostra os resultados desanimadores para projetos de software grandes, que não utilizaram métodos ágeis. A Figura 1.6 apresenta o sucesso de pequenos projetos de software — caracterizados por custarem menos que $1M — que, geralmente, se utilizam de desenvolvimento ágil. Com 3/4 desses projetos dentro do prazo, do orçamento e sendo completamente funcionais, os resultados estão em forte contraste com a Figura 1.4. O sucesso incentivou a popularidade do desenvolvimento ágil e pesquisas recentes o identificaram como o principal método de desenvolvimento para 60% a 80% de todas as equipes de programação em 2013 (ET Bureau 2012, Project Management Institute 2012). Um artigo ainda descobriu que métodos ágeis foram usados pela maioria das equipes de programação geograficamente distribuídas, um resultado surpreendente (Estler et al. 2012).

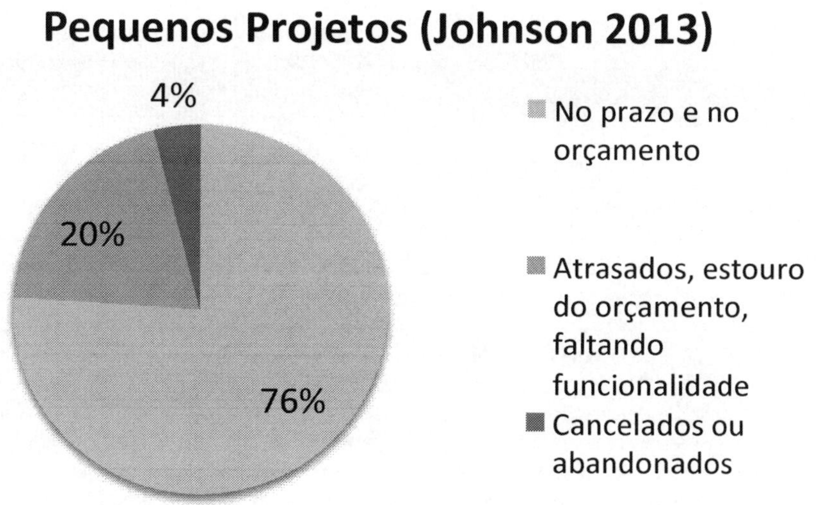

Figura 1.6: Pesquisa sobre pequenos exemplos de 50.000 projetos, custando menos de $1M em desenvolvimento (Johnson 2013b). Esses projetos funcionam muito melhor do que os da Figura 1.4.

Portanto, nos concentramos no desenvolvimento ágil nos seis capítulos de desenvolvimento de software na segunda parte do livro; contudo, cada capítulo proporciona a perspectiva dos métodos Planeje-e-Documente em tópicos como requisitos, testes, gerenciamento de projetos e manutenção. Esse contraste permite que os leitores decidam, particularmente, qual metodologia é mais apropriada em cada caso.

Enquanto vislumbramos agora como construir alguns sistemas com sucesso, nem todos os projetos são pequenos. Em seguida, mostramos como projetar software para permitir composições a fim de construir serviços como o Amazon.com.

Sumário: Ao contrário dos ciclos de vida do tipo Planeje-e-Documente, o desenvolvimento ágil trabalha juntamente com os clientes para adicionar funcionalidades continuamente aos protótipos funcionais até que eles estejam satisfeitos, permitindo que os clientes alterem o que querem conforme o projeto se desenvolve. A documentação é realizada principalmente através das histórias dos usuários e dos casos de testes, e não se mede o progresso em relação a um plano pré-definido inicialmente. O progresso é medido calculando-se a ***velocidade***, que é, essencialmente, o ritmo em que um projeto implementa funcionalidades.

Auto-avaliação 1.3.1. *Verdadeiro ou falso: A grande diferença entre o modelo em Espiral e os Métodos Ágeis é a construção de protótipos e a interação com clientes durante o processo.*

◇ Falso: Ambos constroem protótipos de trabalho, embora incompletos, cujo cliente ajuda a avaliar. A diferença é que os clientes são envolvidos, no mínimo, a cada duas semanas nos Métodos Ágeis enquanto no Espiral esse período pode chegar até dois anos. ■

■ ***Elaboração: Versões de Métodos Ágeis***

Não existe apenas um único ciclo de vida Ágil. Estamos seguindo a ***Programação Extrema (XP)***, que inclui iterações de uma a duas semanas, projeto guiado por comportamento (veja o Capítulo 7), desenvolvimento guiado por testes (veja o Capítulo 8) e Programação em Pares (veja a Seção 10.2). Outra versão popular é o ***Scrum*** (veja a Seção 10.1), onde equipes auto-organizadas se utilizam de iterações de duas a quatro semanas, chamadas de ***sprints***, e, posteriormente, reúnem-se para planejar o próximo *sprint*. Uma característica fundamental está relacionada às reuniões diárias para identificar e superar obstáculos. Enquanto existem vários papéis na equipe Scrum, a regra é que deve haver uma rotação constante entre eles. O método ***Kanban*** é derivado do processo de produção *just-in-time* da Toyota, que, nesse caso, trata o desenvolvimento do software como uma linha de produção (*pipeline*). Nesse contexto, os membros da equipe têm papéis fixos, onde o objetivo é equilibrar o número de membros da equipe a fim de que não existam gargalos com tarefas acumuladas à espera de processamento. Uma parede de cartões é uma característica comum para ilustrar o estado de todas as tarefas na linha de produção. Há também ciclos de vida híbridos que tentam combinar o melhor dos dois mundos. Por exemplo, o ***ScrumBan*** se utiliza de encontros diários e *sprints* do Scrum, porém, substitui a etapa de planejamento pelo controle mais dinâmico da linha de produção do Kanban.

■ ***Elaboração: Reforma de regulamentos de aquisição***

Muito antes do website ACA, existiam chamadas para reformar aquisições do software, como nesse estudo do Departamento de Defesa (DOD) dos EUA, observa:

"O DOD foi imobilizado por uma cultura e por práticas de aquisição que favorecem grandes programas, análises superficiais deliberadas e métodos seriais para desenvolver e testar (o modelo em Cascata). Programas encarregados de entregar, completamente, soluções quase perfeitas, que levam anos para se desenvolver, são a norma no DOD. (...) Esses métodos trabalham contra as práticas de aquisição ágeis, nas quais o produto é o foco principal e os usuários finais são envolvidos previamente e frequentemente, a fiscalização do desenvolvimento do produto incrementalmente desenvolvido é delegada ao nível mais baixo possível e a equipe de gerenciamento do programa tem a flexibilidade de ajustar o conteúdo dos incrementos com o objetivo de cumprir os prazos de entrega. (...) As abordagens ágeis têm permitido que seus adeptos superem os gigantes industriais que ficaram para trás com seus processos lentos e estruturas da era industrial. Os métodos ágeis foram bem sucedidos pois seus adeptos reconheceram as questões que contribuem para os riscos em um programa de TI e modificaram seus processos e estruturas de gerenciamento para aliviar os riscos."(National Research Council 2010)

Até o Presidente Obama reconheceu, embora tardiamente, as dificuldades da aquisição de software. Em 14 de Novembro de 2013, foi dito em um de seus discursos: "(...) Quando eu faço uma autoavaliação dos fatos, umas das coisas que eu reconheço é o jeito com que compramos tecnologia no governo federal: embaraçoso, complicado e desatualizado. (...) Essa é umas das razões pelas quais programas de TI federais estão acima do orçamento e com o planejamento atrasado. (...) Agora eu sei que o governo federal não tinha sido bom em relação a esses aspectos no passado, dois anos atrás quando pensávamos sobre isso (...) nós deveríamos ter feito mais para nos certificarmos de que estávamos quebrando o molde de como estávamos configurando esse desenvolvimento."

1.4 Arquitetura orientada a serviços

Há muito tempo que o SOA sofria com a falta de clareza e direção. (...) O SOA poderia, de fato, morrer – não devido à falta de substância ou potencial, mas, simplesmente, devido a uma proliferação, aparentemente, interminável de desinformação e confusão.

—Thomas Erl, *Sobre o Manifesto SOA*, 2010

O sucesso de pequenos projetos na Figura 1.6 pode ser repetido por grandes projetos através do uso da arquitetura de software, projetada para fazer serviços compostos: a Arquitetura Orientada a Serviços (***Service Oriented Architecture* — *SOA***). Infelizmente, o SOA foi um daqueles termos mal definidos e muito exagerados, porém tão usados, que alguns imaginaram ser apenas uma expressão de *marketing* vazia, como ***Modular***. SOA, na verdade, significa que os componentes de uma aplicação agem como serviços interoperáveis, podendo ser utilizados, independentemente, e recombinados em outras aplicações. O contrário disso é um "*silo de software*", que raramente possui interfaces de programação para aplicações (***Application Programming Interfaces* — *APIs***), externas para componentes internos.

Se você não estimar o que o cliente realmente quer, o preço é muito mais baixo com o SOA do que com o software em silos para se recuperar do erro e tentar outra coisa ou produzir uma variante similar, porém não idêntica, com o objetivo de satisfazer um grupo de usuários.

Por exemplo, a Amazon começou em 1995 com o software em silos para seu site de varejo online. De acordo com o blog do antigo "Amazoniano" Steve Yegge[5], em 2002 o diretor e fundador da Amazon coordenou uma mudança para o que hoje chamamos de SOA. Yegge diz que Jeff Bezos enviou um email para todos os empregados com os seguintes tópicos:

1. *Todas as equipes, de agora em diante, exibirão seus dados e funcionalidade através de interfaces dos serviços.*

2. *As equipes devem se comunicar entre si através dessas interfaces.*

3. *Não haverá nenhuma outra forma de comunicação permitida entre processos: nenhuma conexão direta, nenhuma leitura direta do estoque de dados de outras equipes, nenhum modelo de memória compartilhada e nenhuma exceção de qualquer outra natureza. A única comunicação permitida é através das chamadas às interface dos serviços através da rede.*

4. *Não importa de quais tecnologias elas se utilizam. HTTP, CORBA, Pub/Sub, protocolos customizados – não importa. O Bezos não se importa.*

5. *Todas as interfaces dos serviços, sem exceção, devem ser projetadas a partir do zero para serem exteriorizadas. Isto é, a equipe precisa planejar e projetar para ser capaz de exibir a interface para desenvolvedores do mundo exterior. Sem exceções.*

6. *Qualquer um que não fizer isso será despedido.*

7. *Obrigado; Tenham um bom dia!*

Uma revolução de software similar aconteceu no Facebook em 2007 – três anos depois da companhia entrar *online* – quando a plataforma do Facebook foi lançada. Valendo-se do SOA, a plataforma do Facebook permitiu que desenvolvedores de terceiros criassem aplicações que interagissem com as funcionalidades centrais do Facebook, tais como o que as

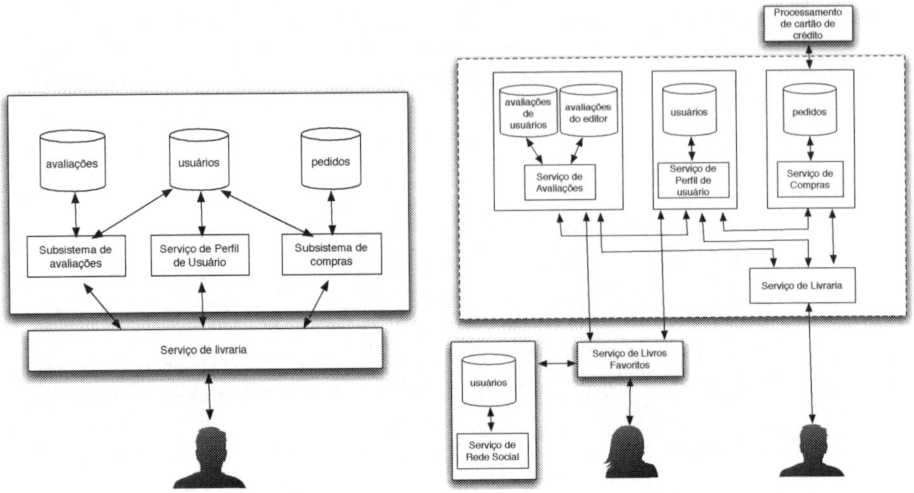

Figura 1.7: Esquerda: Versão em silo de um serviço fictício de livraria, com todos os subsistemas atrás de uma única API. Direita: Versão SOA de um serviço fictício de livraria, onde todos os três subsistemas são independentes e disponíveis através de APIs.

pessoas curtem, quem são seus amigos, quem é marcado em suas fotos e assim por diante. Por exemplo, o New York Times online, em 24 de Maio de 2007, noticiou repentinamente que eles poderiam ver quais artigos seus amigos estavam lendo e quais seus amigos haviam curtido. Em contrapartida, como exemplo de rede social que se utiliza de um software em silo, o Google+ não tinha APIs quando foi lançado, em 28 de Junho de 2011, e só teve uma API leve após três anos: seguindo o fluxo completo de tudo o que um usuário do Google+ vê.

Para tornar essas noções mais concretas, suponha que queremos criar, primeiramente, um serviço de livraria como um silo e, posteriormente, como SOA. Ambos irão conter os mesmos três subsistemas: avaliações, perfis de usuários e compras.

O lado esquerdo da Figura 1.7 mostra a versão em silo. O silo se refere a subsistemas que podem compartilhar, internamente e diretamente, acessos aos dados em diferentes subsistemas. Por exemplo, o subsistema de avaliações pode obter as informações do perfil do usuário. De qualquer forma, todos os subsistemas estão dentro de uma única API externa ("a livraria").

O lado direito da Figura 1.7 apresenta a versão SOA do serviço de livraria, onde todos os subsistemas são separados e independentes. Mesmo que todos estejam dentro dos limites do datacenter da livraria que é exibido como um retângulo pontilhado, os subsistemas interagem entre si como se estivessem em diferentes datacenters. Por exemplo, se o subsistema de revisões quer alguma informação sobre um usuário, ele não pode apenas pesquisar diretamente dentro da banco de dados de usuários, portanto, o subsistema precisa solicitar ao ***serviço*** de usuários, através de qualquer API com essa função. Uma restrição similar é verdadeira para compras.

A "app de livraria" é, portanto, apenas uma composição particular desses serviços. Consequentemente, outros serviços podem combinar os serviços com outros serviços para criar novas apps. Por exemplo, uma app "meus livros favoritos" deve combinar o serviço de usuários e o serviço de avaliações com uma rede social, para que se possa ver o que seus amigos, de redes sociais, pensam sobre os livros que você avaliou (veja a Figura 1.7).

A distinção crítica do SOA é que nenhum serviço pode nomear ou acessar dados de qualquer outro serviço; ele pode, apenas, fazer requisições por dados através de APIs externas. Se o dado que ele quer não está disponível através da API, então sinto muito. Perceba que o SOA não coincide com o modelo tradicional de camadas de software, no qual cada camada mais elevada é construída, diretamente, a partir das camadas inferiores imediatas, como em um software em silo. O SOA envolve muitas fatias através de muitas camadas e essas fatias são conectadas entre si para formar um serviço. Enquanto o SOA, geralmente, significa um pouco mais de trabalho comparado à construção de um serviço em silo, o retorno é tremendamente reutilizável. Outra vantagem do SOA está relacionada às APIs explícitas que tornam os testes mais fáceis.

Existem duas desvantagens amplamente aceitas para SOA. Em primeiro lugar, cada invocação de um serviço envolve o custo maior de percorrer os níveis mais profundos da pilha de protocolos de rede e, portanto, há um impacto negativo no desempenho do SOA. Em segundo lugar, mesmo que seja muito provável que um sistema em silos venha completamente abaixo quando há uma falha, engenheiros de software que se utilizam do SOA devem lidar também com o caso complicado de falhas parciais. Algumas partes do sistema podem falhar, enquanto que outras continuam funcionando normalmente. SOA faz com que o planejamento de confiabilidade seja um pouco mais desafiador.

A enorme vantagem do SOA é a possibilidade de usar pequenos serviços construídos com sucesso, em parte porque podemos utilizar desenvolvimento ágil para construí-los e, posteriormente, combiná-los para construir serviços maiores.

Infelizmente, se o Presidente Obama tivesse lido este capítulo a tempo de mandar um email, ao estilo Bezos, aos contratantes do ACA antes dele ser lançado, a história poderia se lembrar dele como um presidente mais bem sucedido. Para os futuros presidentes entre nossos leitores: Um homem prevenido vale por dois!

> **Sumário:** Embora o termo tenha sido quase perdido em um mar de confusão, a ***Arquitetura orientada a serviços*** (***SOA***), apenas representa uma abordagem para o desenvolvimento de software, na qual todos os subsistemas estão disponíveis apenas como serviços externos, o que significa que outros podem recombiná-los de diferentes maneiras. Seguir as ferramentas e diretrizes deste livro garante que seus aplicativos serão bem adaptados ao SOA.

Auto-avaliação 1.4.1. *Outra opinião sobre o SOA diz que ele é apenas uma abordagem de senso comum para melhorar a produtividade do programador. Qual mecanismo de produtividade otimiza o SOA: Clareza via concisão, Síntese, Reúso, ou Automação e Ferramentas? Exemplificar.*

◇ Reúso! A razão de tornar APIs internas visíveis exteriormente é para que os programadores possam subir nos ombros de outros, e chegar mais longe. ■

1.5 Software como um Serviço

O poder do SOA combinado ao poder da Internet levou a um caso especial do SOA com seu próprio nome: ***Software as a Service (SaaS)***, em português "Software como um

Serviço". Ele entrega o software e os dados como um serviço na Internet, geralmente por meio de um programa leve, como um navegador Web que é executado em dispositivos dos clientes, ao invés de um aplicativo binário que deve ser instalado e executado inteiramente no dispositivo. Alguns exemplos utilizados todos os dias incluem buscas, redes sociais e assistir a vídeos. As vantagens para o cliente e para o desenvolvedor do software são amplamente elogiadas:

1. Considerando que os clientes não têm que instalar o aplicativo, eles não precisam se preocupar se o software é da marca certa ou rápido o suficiente, nem se eles possuem a versão correta do sistema operacional.

2. O dado associado ao serviço é, geralmente, mantido com o serviço, portanto, os clientes não precisam se preocupar em fazer backups, sua perda devido a um defeito de hardware, ou até mesmo a perda de um dispositivo inteiro, como um celular ou tablet.

3. Quando um grupo de usuários deseja interagir coletivamente com os mesmos dados, o SaaS é um veículo natural.

4. Quando os dados são grandes e/ou se atualizam frequentemente, pode fazer mais sentido centralizar os dados e oferecer acesso remoto através do SaaS.

5. Uma única cópia do software do servidor é executada de maneira uniforme em um hardware e sistema operacional firmemente controlado e selecionado pelo desenvolvedor, o que evita as dificuldades de compatibilidade da distribuição de binários que deve ser executados em computadores de amplo alcance e em vários sistemas operacionais diferentes. Além disso, os desenvolvedores podem testar temporariamente novas versões da aplicação com uma pequena fração dos clientes reais sem perturbar os demais. (Se o cliente SaaS é executado em um navegador ainda existem desafios de compatibilidade, os quais descrevemos no Capítulo 2.)

SaaS: Inovar ou morrer? Antes que você pense que a necessidade de melhorar um serviço bem sucedido é apenas uma paranoia da engenharia de software, lembre-se que o motor de busca mais popular era o AltaVista e o site de rede social mais utilizado era o MySpace.

6. As companhias SaaS competem, regularmente, na criação de novas funcionalidades para ajudar a garantir que seus clientes não os abandonem por um competidor que ofereça serviços melhores.

7. Como apenas os desenvolvedores possuem uma cópia do software, eles podem atualizar, frequentemente, o hardware e o software subjacentes, com a condição de não violar as interfaces de programação externas (API). Além do mais, os desenvolvedores não precisam incomodar os usuários com pedidos, aparentemente intermináveis, para permissão de atualização de seus aplicativos.

Ao combinar as vantagens do cliente e do desenvolvedor, fica explicado o porquê do SaaS estar crescendo rapidamente e por que os produtos de software tradicionais estão se transformando, cada vez mais, em ofertas de versões SaaS. Um exemplo recente é o Microsoft Office 365, que permite a utilização dos populares programas de produtividade Word, Excel e PowerPoint, como serviços remotos pagos pelo uso ao invés de um software de compra prévia e uma instalação no computador local do cliente. Outro exemplo é o TurboTax Online, que oferece as mesmas vantagens para outro software de prateleira de grande sucesso comercial, neste caso um aplicativo para auxiliar no preenchimento de impostos na América do Norte.

Sem nenhuma surpresa, considerando a popularidade do SaaS, a Figura 1.8 lista os muitos arcabouços (*frameworks*) de programação que oferecem auxílio. Neste livro, usamos o *Ruby*

Arcabouço de Programação SaaS	*Linguagem de Programação*
Active Server Pages (ASP.NET)	C#, VB.NET
Django	Python
Enterprise Java Beans (EJB)	Java
JavaServer Pages (JSP)	Java
Rails	Ruby
Sinatra	Ruby
Spring	Java
Zend	PHP

Figura 1.8: Exemplos de arcabouços de programação SaaS e suas linguagens de programação.

on Rails ("Rails"), embora as ideias que cobrimos funcionem com outros arcabouços de programação. Escolhemos o Rails porque ele vem de uma comunidade que já adotou o ciclo de vida Ágil e, portanto, as ferramentas suportam o desenvolvimento ágil particularmente bem.

O Ruby é um modelo típico de linguagens de script modernas, incluindo gerenciamento de memória automática e tipagem dinâmica. Por incluir avanços importantes da área de linguagens de programação, o Ruby vai além de linguagens como o Perl no suporte a vários paradigmas de programação, tais como orientação a objetos e programação funcional.

Funcionalidades adicionais úteis que auxiliam na produtividade através de Reúso incluem ***mix-ins***, que agrupam comportamentos relacionados e facilitam a adição deles em muitas classes diferentes, e ***metaprogramação***,que permite que programas Ruby sintetizem o código em tempo de execução. O Reúso também é melhorada com o suporte do Ruby para ***fechamentos*** (*closures*) através de ***blocos*** e do comando ***yield***. O Capítulo 3 é uma pequena descrição do Ruby para os que já conhecem o Java, ao passo que o Capítulo 4 introduz o Rails.

Além da nossa opinião sobre o Rails ser tecnicamente superior para desenvolvimento ágil e o SaaS, o Ruby e o Rails são amplamente usados. Por exemplo, o Ruby aparece frequentemente entre as 10 linguagens de programação mais populares. Um aplicativo SaaS, muito conhecido, associado ao Rails é o Twitter, que começou como um aplicativo Rails em 2006 e cresceu de 20.000 *tweets* por dia, em 2007, para 200.000.000 *tweets* em 2011, período durante o qual vários outros arcabouços substituíram partes do sistema.

Se você ainda não está familiarizado com o Ruby ou o Rails, isso lhe dá uma chance para que pratique uma habilidade de engenharia de software importante: use a ferramenta correta para o trabalho, mesmo que isso signifique aprender uma nova ferramenta ou uma nova linguagem! De fato, uma característica atrativa da comunidade Rails é que seus contribuintes melhoram, corriqueiramente, a produtividade ao inventarem novas ferramentas para automatizar tarefas que eram anteriormente feitas de forma manual.

Repare que atualizações frequentes do SaaS — devido ao fato de ter apenas uma única cópia do software — se alinham, perfeitamente, com o ciclo de vida Ágil. Consequentemente, a Amazon, o eBay, o Facebook, o Google, e outros provedores SaaS, dependem do ciclo de vida ágil, e companhias de software tradicionais, como a Microsoft, estão, gradativamente, usando métodos ágeis no desenvolvimento de seus produtos. O processo ágil é um excelente companheiro para as mudanças de natureza rápida das aplicações SaaS.

Sumário: O ***Software como um Serviço*** (*Software as a Service* — SaaS) é atraente tanto para os clientes quanto para os provedores, pois o cliente universal (o navegador Web), facilita aos clientes o uso do serviço e a versão única do software facilita para o provedor enviar e melhorar o serviço. Dada a capacidade e o desejo de atualizar frequentemente o SaaS, o processo de desenvolvimento ágil de software é popular para o SaaS e, portanto, existem muitos arcabouços para dar suporte ao desenvolvimento ágil e o SaaS. Este livro usa Ruby on Rails.

Auto-avaliação 1.5.1. *Qual dos exemplos de aplicativos SaaS do Google – Busca, Mapas, Gmail, Calendário, Notícias, Youtube e Documentos – é o* mais *adequado, para cada um dos seis argumentos dados nesta seção para o SaaS, reproduzidos abaixo?*

◇ Pode-se questionar os mapeamentos, mas a nossa resposta está abaixo. (Repare que trapaceamos e colocamos alguns aplicativos em várias categorias)

1. Nenhuma instalação de usuário: Documentos
2. Não pode perder dados: Gmail, Calendário.
3. Cooperação de usuários: Documentos.
4. Conjunto de dados grandes/em mutação: Busca, Mapas, Notícias e YouTube.
5. Software centralizado em um único ambiente: Busca.
6. Sem atualizações em campo quando o aplicativo é melhorado: Documentos.

■

Auto-avaliação 1.5.2. *Verdadeiro ou falso: Se você está utilizando um processo ágil para desenvolver aplicativos SaaS, você poderia usar Python e o Django, ou linguagens baseadas no arcabouço .NET e ASP.NET da Microsoft ao invés do Ruby e Rails.*

◇ Verdadeiro. Dentre os arcabouços de programação para desenvolvimento ágil e SaaS temos o Django e o ASP.NET. ■

Dado o caso do SaaS e que ele depende de uma Arquitetura orientada a serviços (SOA), estamos prontos para ver o hardware fundamental que torna o SaaS possível.

1.6 Computação em Nuvem

Se os computadores do tipo que eu defendi se tornarem os computadores do futuro, a computação pode, algum dia, ser organizada como uma utilidade pública assim como o sistema de telefone. (...) A utilidade do computador poderia se tornar as bases de uma indústria nova e importante.

—John McCarthy, no centenário de celebração MIT, em 1961

John McCarthy (1927 – 2011) recebeu o Prêmio Turing em 1971, foi o inventor do Lisp e um pioneiro do tempo compartilhado em grandes computadores. Grandes aglomerados de hardware de baixo custo e a popularização das redes de alta velocidade ajudaram a tornar realidade a sua visão de tempo compartilhado na "utilidade pública da computação".

O SaaS coloca três demandas sobre nossa infraestrutura de Tecnologia da Informação (TI):

1. Comunicação, para permitir que qualquer cliente interaja com um serviço.
2. Escalabilidade, na qual a instalação central que executa o serviço deve lidar com as flutuações de demanda durante o dia e durante períodos populares do ano para aquele serviço, assim como facilitar que novos serviços adicionem usuários rapidamente.
3. Disponibilidade, na qual tanto o serviço quanto o veículo de comunicação devem estar continuamente disponíveis: todos os dias, 24 horas por dia ("24×7").

A Internet e a banda larga para a casa resolvem facilmente a demanda de comunicação do SaaS. Embora alguns serviços da Web recentes tenham sido implantados em computadores de larga escala caros – por um lado porque tais computadores eram mais confiáveis e por outro porque é mais fácil operar poucos computadores grandes – uma abordagem oposta logo abocanhou a indústria. Conjuntos de computadores de pequena escala conectados por comutadores (*switches*) Ethernet, conjuntos conhecido como ***aglomerados ou clusters***, ofereceram várias vantagens em relação à abordagem de hardware de alto custo:

O padrão de ouro estabelecido pelo sistema de telefone público dos EUA é 99,999% de disponibilidade ("cinco noves"), ou aproximadamente 5 minutos de indisponibilidade por ano. A Amazon.com espera alcançar quatro noves.

- Devido ao seu aproveitamento dos comutadores Ethernet para interconexão, *clusters* são mais escaláveis do que servidores convencionais. Os *clusters* iniciais reuniam 1000 computadores, sendo que os datacenters de hoje contêm 100.000 ou mais.
- A seleção cuidadosa do tipo de hardware para se colocar no datacenter e o controle cuidadoso do estado do software tornaram possível fazer com que um número muito pequeno de operadores cuidem de milhares de servidores. Em particular, alguns datacenters dependem de ***máquinas virtuais*** para simplificarem a operação. O monitor de uma máquina virtual é um software que imita um computador real tão bem que é possível até executar um sistema operacional corretamente no topo da abstração que a máquina virtual fornece (Popek and Goldberg 1974). O objetivo é imitar com baixa sobrecarga e um uso popular é simplificar a distribuição do software em um *cluster*.
- Dois arquitetos experientes do Google mostraram que o preço do valor equivalente dos processadores, memória e armazenamento é muito menor para *clusters* do que para grandes servidores de alto desempenho, talvez por um fator de 20 (Barroso and Hoelzle 2009).
- Embora os componentes do *cluster* sejam menos confiáveis do que os servidores convencionais e sistemas de armazenamento, a infraestrutura do software do *cluster* faz todo o sistema ser confiável através do uso extensivo de redundância tanto no hardware quanto no software. O preço baixo do hardware faz a redundância no nível do software

acessível. Provedores de serviço modernos também se utilizam de muitos datacenters distribuídos geograficamente, portanto, um desastre natural não poderia derrubar um serviço tornando-o *offline*.

Como os datacenters da Internet cresceram, alguns provedores de serviço perceberam que seus preços per capita estavam substancialmente abaixo do preço para os outros criarem seus próprios datacenters menores, em grande parte devido às economias de escala adquiridas e a operação de 100.000 computadores por vez. Eles também se beneficiam de uma maior utilização, uma vez que muitas companhias poderiam compartilhar esses datacenters gigantes, que (Barroso and Hoelzle 2009) chamam de ***Computadores em escala de depósitos*** (*Warehouse Scale Computers* — WSCs), considerando que datacenters menores normalmente executam com apenas de 10% a 20% da utilização. Portanto, essas companhias perceberam que poderiam lucrar com a disponibilização do hardware de seus datacenters baseados no pagamento prévio.

O resultado é chamado de ***serviços públicos de nuvem*** ou ***computação de utilidade***, que oferece computação, armazenamento e comunicação em troca de alguns centavos por hora (Armbrust et al. 2010). Além disso, não existe nenhum custo adicional por escala: O preço ao se usar 1000 computadores por uma hora não é maior do que o uso de um computador por 1000 horas. A Amazon Web Services, o Google AppEngine e o Microsoft Azure lideram exemplos de computação pré-paga "infinitamente escalável". A nuvem pública simboliza que, hoje em dia, qualquer um com um cartão de crédito e uma boa ideia pode começar uma companhia SaaS que pode adquirir milhões de clientes sem antes ter que construir e operar um datacenter.

O crescimento rápido do FarmVille O maior recorde relacionado ao número de usuários de um jogo de rede social foi de 5 milhões. O FarmVille teve 1 milhão de jogadores após 4 dias depois de seu anúncio, 10 milhões em 2 meses, 28 milhões de jogadores diários e 75 milhões de jogadores mensais depois de 9 meses. Felizmente, o FarmVille utilizou o Elastic Compute Cloud (EC2), da Amazon Web Services e conseguiu funcionar bem, mesmo com sua alta popularidade, simplesmente pagando para usar grandes *clusters*.

Hoje, chamamos esse grande sonho realizado da computação como uma utilidade de ***Computação em Nuvem***. Acreditamos que a Computação em Nuvem e o SaaS estão transformando a indústria da computação, com o impacto completo dessa revolução acontecendo ainda até o final desta década. De fato, essa revolução é uma das razões pela qual decidimos escrever este livro, pois acreditamos que a engenharia SaaS para Computação em nuvem é radicalmente diferente da engenharia do software de prateleira para PCs e servidores.

Sumário

- A Internet fornece a comunicação para SaaS.
- A ***Computação em nuvem*** fornece o hardware e armazenamento escalável e seguro para o SaaS.
- A Computação em nuvem é composta por ***aglomerados (clusters)*** de servidores de baixo custo conectados por comutadores de redes locais (*switches*), com uma camada de software fornecendo redundância o suficiente para tornar o hardware de baixo custo confiável.
- Esses grandes *clusters* ou ***Computadores em escala de depósito*** oferecem economia de escala.
- Aproveitando-se de economia de escala, alguns provedores de Computação em nuvem oferecem essa infraestrutura de hardware como uma ***computação utilitária*** a baixo custo, a qual todos podem se utilizar através de pagamento-pelo-uso, adquirindo imediatamente recursos conforme a demanda de seus clientes cresce e liberando-os, instantaneamente, quando a mesma diminui.

Auto-avaliação 1.6.1. *Verdadeiro ou Falso: datacenters internos poderiam obter as mesmas reduções de custo, como os computadores em escala de depósito (Warehouse Scale Computers — WSCs), caso elas adotassem o SOA e adquirissem o mesmo tipo de hardware.*

◇ Falso. Ao passo que imitar as práticas do WSC poderia reduzir os custos, a maior vantagem de custo dos WSCs se origina das economias de escala, que hoje em dia representam 100.000 servidores, tornando anões muitos datacenters internos. ■

Para mim programar é mais do que uma arte prática importante. É também um enorme empreendimento nos fundamentos do conhecimento.

—Grace Murray Hopper

Grace Murray Hopper (1906 – 1992), foi uma das primeiras programadoras, desenvolveu o primeiro compilador e era chamada de "Graça maravilhosa" ("Amazing Grace"). Ela se tornou contra-almirante da Marinha dos EUA e, em 1997, um navio de guerra foi nomeado em sua homenagem: O USS Hopper.

1.7 Código Belo vs. Legado

Ao contrário do hardware, espera-se que o software cresça e evolua ao longo do tempo. Enquanto os projetos de hardware devem ser finalizados antes que possam ser manufaturados e entregues, os projetos iniciais de software podem ser facilmente enviados e posteriormente atualizados ao longo do tempo. Basicamente, o valor da atualização em campo é extremamente grande para o hardware e acessível para o software.

Consequentemente, o software pode alcançar uma versão de alta tecnologia da imortalidade, melhorando potencialmente no decorrer do tempo enquanto gerações de hardware tornam-se antiquadas. Os condutores da ***evolução do software*** não estão apenas consertando falhas, mas também adicionando novas funcionalidades solicitadas pelos clientes, ajustando-o a mudanças nos requisitos de negócio, melhorando seu desempenho e adaptando-se a ambientes em constante modificação. Os clientes de software esperam ter notícias e versões melhoradas do software durante o tempo em que ele é utilizado e talvez até mesmo submeter relatórios de erro para os desenvolvedores consertarem seus códigos. Eles podem até precisar pagar uma taxa de manutenção anual por esse privilégio!

O programa vivo mais antigo deve ser o MOCAS[6] ("Mechanization of Contract Administration Services"), originalmente adquirido pelo departamento de defesa dos EUA, em 1958, e ainda em uso em 2005.

Assim como os romancistas esperam que suas criações sejam lidas o suficiente para serem rotuladas como um clássico – que para um livro são 100 anos! –, os engenheiros de software devem esperar que suas criações também sejam duradouras. Claro, o software tem vantagens sobre os livros pois podem ser melhorados ao longo do tempo. De fato, um software de longa vida pressupõe que outros o mantenham e o melhorem, deixando os criadores do código original livre de obrigações.

Isso nos leva a alguns termos que usaremos ao longo do livro. O termo ***código legado*** refere-se a um software que, apesar de sua idade, continua sendo usado pois atende às necessidades dos clientes. 60% dos custos de manutenção de software são para adicionar uma nova funcionalidade ao software legado, contra apenas 17% para resolver os erros de programação; portanto, o software legado é um software bem sucedido.

O termo "legado" tem uma conotação negativa pois indica que o código possui dificuldade em evoluir devido à deselegância de seu projeto ou uso de uma tecnologia antiquada. Em contraste com o código legado, utilizamos o termo ***código belo*** para representar um código duradouro que seja fácil de evoluir. O pior caso não é o código legado mas sim ***código de curta duração inesperada***, que é brevemente descartado pois não atende às necessidades dos clientes. Vamos destacar alguns exemplos que levam ao código belo com o ícone da Mona Lisa. Da mesma forma, iremos destacar o texto que leva ao código legado através do ícone do ábaco que, apesar de duradouro, é um dispositivo de cálculo que não tem mudado muito. Nos próximos capítulos, mostraremos exemplos tanto de código legado quanto de código belo que, esperamos, irão inspirá-lo a fazer designs que sejam mais simples de serem evoluídos.

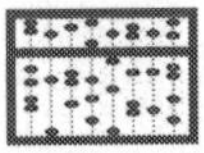

O ábaco ainda é utilizado hoje em dia em muitas partes do mundo, apesar de ter milhares de anos.

Surpreendentemente, apesar da importância amplamente aceita de sermos capazes de modificar o software legado para melhorá-lo, esse tópico é ignorado, tradicionalmente, em cursos universitários e livros didáticos. Incluímos tal software neste livro por três razões. Primeira: é possível reduzir os esforços ao construir um programa através do Reúso de um código existente. Um possível fornecedor é o software livre. Segunda: é vantajoso aprender a construir um código que possa ser facilmente melhorado por sucessores, como o aumento das chances do software se tornar duradouro. Terceira: finalmente, ao contrário do Planeje-e-Documente, no desenvolvimento ágil é possível revisar o código constantemente para melhorar o projeto e adicionar funcionalidade a partir da segunda iteração. Portanto, as habilidades desenvolvidas com métodos ágeis são, exatamente, as mesmas que são necessárias para a evolução do código legado – não importa como o mesmo foi criado – e o uso dual de técnicas ágeis torna muito mais fácil cobrir o código legado em um único livro.

Sumário: O software bem sucedido pode viver por décadas e deve ser melhorado e evoluído, ao contrário do hardware que é finalizado na manufatura e possivelmente considerado obsoleto em poucos anos. Um objetivo deste livro é ensinar como aumentar as chances de se produzir código belo para que o software tenha uma vida longa e útil.

Em seguida, definimos qualidade de software e vemos como testá-lo para aumentar nossas chances de escrever código belo.

1.8 Garantia de qualidade do software: Testes

E os usuários exclamaram com risadas e sarcasmo:
"É exatamente o que pedimos, mas não o que queremos." (Anônimo)

—

Começamos esse tópico com uma definição de qualidade. Uma definição padrão de ***qualidade*** para qualquer produto é o quão "apropriado para o uso" ele é; o produto deve proporcionar um valor de negócio tanto para o cliente quando para o fabricante (Juran and Gryna 1998). Para o software, qualidade significa satisfazer as necessidades do cliente – uso fácil, fornece respostas corretas, não trava e assim por diante — *e* seja fácil para o desenvolvedor resolver os erros de programação e melhorá-lo. O controle de qualidade (***Quality Assurance — QA***), também se origina na manufatura e se refere aos processos e padrões que levam à manufatura de produtos de alta qualidade e à introdução de processos de manufatura que a melhorem. O controle de qualidade do software, portanto, significa tanto assegurar que os produtos em desenvolvimento tenham uma alta qualidade quanto criar processos e padrões em uma organização que leva ao software de alta qualidade. Como iremos ver, alguns processos do tipo Planeje-e-Documente possuem uma equipe de QA para testar a qualidade do software (Seção 8.9).

Determinar a qualidade do software envolve dois termos que são, tipicamente, alternados mas apresentam diferenças sutis (Boehm 1979):

- ***Verificação***: Você construiu *corretamente* a coisa? (Você seguiu a especificação?)
- ***Validação***: Você construiu a *coisa* certa? (Isso é o que os clientes querem? Isto é, a especificação é correta?)

Os protótipos de software, essenciais aos métodos ágeis, auxiliam, geralmente, a validação ao invés da verificação, considerando que os clientes mudam frequentemente de ideia sobre o que querem uma vez que começam a ver o produto funcionar.

A principal abordagem para verificação e validação é o ***teste***; a motivação para o teste está relacionada ao fato de que quanto mais cedo os erros forem encontrados, mais barato é repará-los. Dado o vasto número de diferentes combinações de entradas, os testes não podem ser exaustivos. Uma maneira de reduzir o espaço é realizar diferentes testes em etapas distintas do desenvolvimento do software. Começando de baixo para cima, o ***teste de unidade*** assegura que um certo procedimento ou método faça o que dele é esperado. O próximo nível é o ***teste de módulo***, que faz testes embarcando várias unidades de um mesmo módulo. Por exemplo, o teste de unidade trabalha com uma única classe enquanto o teste de módulo trabalha com relacionamentos entre as classes. Acima desse nível, está o ***teste de integração***, garantindo que as interfaces entre as unidades tenham pressupostos consistentes e se comuniquem corretamente. Esse nível não testa a funcionalidade das unidades. No nível mais alto está o ***teste de sistema*** ou ***teste de aceitação***, que verificam se o programa integrado atende às suas especificações. No Capítulo 8 descreveremos uma alternativa para testes chamada de ***métodos formais***.

> **Inviabilidade de testes exaustivos**
> Suponha que leve apenas 1 nanossegundo para testar um programa e que esse programa tenha apenas uma entrada 64-bit que queremos testar exaustivamente. (Obviamente, a maioria dos programas demoram mais para serem executados e possuem mais entradas.) Apenas esse caso simples levaria 2^{64} nanossegundos, ou 500 anos!

Como mencionado brevemente na Seção 1.3, a abordagem para testes adotada pela versão XP do ciclo de vida Ágil recomenda a escrita dos testes *antes* que o código seja escrito. Em seguida, o código mínimo necessário para passar no teste é escrito, o que assegura que o código seja sempre testado e reduz as chances de escrever um código que posteriormente será descartado. O XP divide essa primeira filosofia de teste em duas partes em relação ao nível do teste. Para testes de integração, aceitação e sistema, o XP usa ***Projeto guiado por comportamento*** (*Behavior-Driven Design* — ***BDD***), tópico do Capítulo 7. Para testes de unidade e de módulo, o XP usa ***Desenvolvimento guiado por testes*** (*Test-Driven Development* — ***TDD***), tópico do Capítulo 8.

Sumário: Os testes reduzem os riscos de erros no design.

- Em suas muitas formas, os testes ajudam a ***verificar*** se o software atende à especificação e a ***validar*** se o design faz o que o cliente quer.
- Contra a inviabilidade de testes exaustivos, dividimos o processo em ***testes de unidade***, ***testes de módulo***, ***testes de integração*** e ***testes de sistema*** ou ***testes de aceitação***. Cada teste de nível superior delega os testes mais detalhados para os níveis inferiores.
- O desenvolvimento ágil ataca a questão dos testes recomendando a sua escrita antes da escrita do código, usando tanto o ***Projeto guiado pelo comportamento*** quanto o ***Desenvolvimento guiado por testes***, dependendo do nível do teste.

Auto-avaliação 1.8.1. *Considerando que todos os seguintes testes auxiliam na verificação, qual forma de teste é mais apropriada para validação: Unidade, Módulo, Integração ou Aceitação?*

◇ A validação se preocupa em fazer o que o cliente realmente quer ao invés de verificar se o código alcançou a especificação através do software. Portanto, o teste de aceitação é o mais apropriado para ressaltar a diferença entre fazer a coisa certa e fazer certo a coisa. ■

■ ***Elaboração: Testes: Planeje-e-Documente vs. ciclo de vida Ágil***

Para o processo de desenvolvimento em Cascata, os testes ocorrem depois de cada nível ser finalizado em uma etapa de verificação final que inclui testes de aceitação. Para o Espiral, esse processo ocorre em cada iteração, que pode levar um ou dois anos. Controle de qualidade para a versão XP do ciclo de vida Ágil provém do desenvolvimento guiado por testes, no qual os testes são escritos *antes* do código, quando um projeto é começado do zero. Quando o projeto envolve melhorias em código pré-existente, o design guiado por testes significa escrever os testes antes de escrever as melhorias. A quantidade de testes depende de se estamos trabalhando com código belo ou código legado, sendo que o último requer uma quantidade de testes muito maior.

Após essa revisão sobre controle de qualidade, veremos como fazer desenvolvedores produtivos.

1.9 Produtividade: Concisão, Síntese, Reúso e ferramentas

Hoje, a maioria do software se assemelha a uma pirâmide egípcia com milhões de tijolos amontoados uns em cima dos outros, sem nenhuma integridade estrutural, mas apenas produzidos por força bruta e milhares de escravos.

—Alan Kay, *ACM Queue*, 2005

A lei de Moore se referia aos recursos de hardware que dobraram a cada 18 meses nos últimos 50 anos. Esses computadores rápidos com memórias muito maiores poderiam executar programas, igualmente, muito maiores. Para construir grandes aplicações que poderiam ter vantagem sobre computadores mais poderosos, os engenheiros de software precisaram melhorar sua produtividade.

Os engenheiros desenvolveram quatro mecanismos fundamentais para melhorar sua produtividade:

1. Clareza via concisão
2. Síntese
3. Reúso
4. Automação através de ferramentas

Uma das ideias principais por trás da melhoria de produtividade dos programadores é que se os programas forem facilmente compreendidos, consequentemente, eles terão poucos erros e poderão ser evoluídos mais facilmente. Capturamos essa noção em nosso lema "Clareza via concisão".

Linguagens de programação realizam isso de duas maneiras. A primeira é, simplesmente, oferecendo uma sintaxe que permite que os programadores expressem ideias naturalmente em poucos caracteres. Por exemplo, abaixo estão dois modos para se expressar uma simples afirmação:

```
assert_greater_than_or_equal_to(a, 7)
a.should be >= 7
```

John Backus (1924 – 2007), recebeu o Prêmio Turing de 1977, devido a "contribuições influentes, profundas e duradouras ao projeto de sistemas de programação de alto nível, notadamente via seu trabalho no Fortran", que foi a primeira linguagem de alto nível amplamente utilizada.

Inquestionavelmente, a segunda versão (que é código Ruby real) é mais curta e fácil de se ler e entender e será, provavelmente, mais facilmente mantida. É fácil imaginar uma confusão momentânea sobre a ordem dos argumentos na primeira versão em conjunto com a carga cognitiva maior de se ler duas vezes muitos caracteres (veja Capítulo 3).

O outro jeito de melhorar a clareza é elevar o nível de abstração. Inicialmente, isso significou a invenção de linguagens de programação de alto nível, tais como Fortran e COBOL. Esse passo elevou a construção de software de uma linguagem de montagem para um computador específico para linguagens de alto nível que poderiam visar múltiplos computadores simplesmente mudando o compilador.

Como o desempenho do hardware continuou a aumentar, mais programadores estavam dispostos a delegar tarefas para o compilador e o sistema de tempo de execução, as quais eram realizadas manualmente anteriormente. Por exemplo, Java e linguagens similares assumiram o gerenciamento de memória que era manual nas linguagens C e C++, mais antigas. Linguagens de script como Python e Ruby aumentaram ainda mais o nível de abstração. Os exemplos são a ***reflexão computacional***, que permite que os programas se auto-observem e a ***metaprogramação***, que permite que os programas modifiquem sua própria estrutura e comportamento na hora da execução. Destacaremos os exemplos que melhoram a produtividade através da concisão, usaremos este ícone "Conciso".

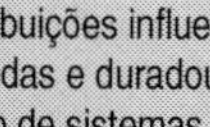

O segundo mecanismo de produtividade é a síntese, através da qual a implementação é gerada ao invés de ser criada manualmente. A síntese lógica para os engenheiros de hardware fez com que eles pudessem descrever o hardware como funções booleanas e receber transistores altamente otimizados que implementavam essas funções. Um exemplo clássico da síntese de software é o ***Bit blit***. Essa primitiva de computação gráfica combina dois bitmaps sob o controle de uma máscara. A abordagem inicial incluiria um comando condicional no laço mais interno para escolher o tipo de máscara, mas isso era muito lento. A solução foi escrever um programa para sintetizar o código apropriado *sem* a inclusão do condicional no laço. Destacaremos exemplos que melhoram a produtividade através da geração do código com os ícones de engrenagem "CodeGen".

O terceiro mecanismo de produtividade está relacionado ao Reúso de porções de projetos antigos ao invés de se escrever tudo a partir do zero. Como é mais simples fazer pequenas mudanças no software do que no hardware, o software normalmente reutiliza mais componentes do que o hardware, até mesmo em casos em que a componente é quase, mas não exatamente, o que se precisa. Destacamos exemplos que melhoram a produtividade através do Reúso com o ícone de reciclagem.

Procedimentos e funções foram inventados nos primeiros dias do software de modo que diferentes partes do programa poderiam reutilizar o mesmo código com diferentes valores de parâmetro. Bibliotecas padronizadas para a entrada/saída e funções matemáticas foram criadas logo em seguida, de modo que os programadores pudessem reutilizar o código desenvolvido por outros.

Procedimentos em bibliotecas permitem o reúso de implementações de tarefas individuais. Porém, mais comumente, os programadores desejam reutilizar e gerenciar ***coleções*** de tarefas. O próximo passo no reúso de software foi, consequentemente, a ***Programação Orientada a Objetos***, por meio da qual é possível reutilizar as mesmas tarefas com diferentes objetos através do uso de herança em linguagens como o C++ e o Java.

Enquanto a herança facilitou o reúso de implementações, outra oportunidade para o reúso está relacionada a uma estratégia genérica para se fazer algo mesmo que a implementação varie. ***Padrões de Projeto*** inspirados pelo trabalho na arquitetura de prédios (Alexander et al. 1977) surgiram para resolver essa necessidade. O suporte de linguagem para o reúso de padrões de projetos inclui ***tipagem dinâmica***, que facilita a composição de abstrações, e ***mix-ins***, que oferecem maneiras de se agrupar funcionalmente vários métodos sem algumas das patologias da herança múltipla encontradas em algumas linguagens orientadas a objetos. O Python e o Ruby são exemplos de linguagens com funcionalidades que auxiliam no reúso de padrões de projetos.

Perceba que reúso *não* significa copiar e colar o código de modo que se tenha um código similar em muitos lugares. O problema em copiar e colar o código é a impossibilidade de alterar todas as cópias quando conserta-se um erro ou adiciona-se uma funcionalidade. Eis uma diretriz da engenharia de software que evita a repetição:

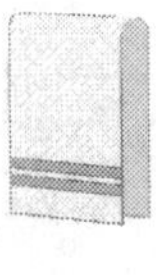

> *Todo pedaço de conhecimento deve ter uma representação única, sem ambiguidade e oficial em um sistema.*
>
> —Andy Hunt and Dave Thomas, 1999

Aprendendo novas ferramentas Na Bíblia do rei James, Provérbios 14:4, discute-se a melhora de produtividade reservando-se tempo para o aprendizado e uso de ferramentas: *Não havendo bois, o celeiro fica limpo, mas da força do boi vem a grande colheita.*

Essa diretriz tem sido capturada no lema e sigla: ***Don't Repeat Yourself (DRY)***, em português "Não Seja Repetitivo". Como a palavra *dry* significa "seco" em inglês, usaremos uma toalha como ícone para mostrar exemplos do DRY nos próximos capítulos.

Um valor fundamental da engenharia de computação é encontrar formas de substituir tarefas manuais tediosas por ferramentas para poupar tempo, melhorar a exatidão, ou ambos. Ferramentas óbvias de CAD (*Computer Aided Design*) para o desenvolvimento do software são compiladores e interpretadores que elevam o nível de abstração e geram o código, como mencionado acima. Mas existem também ferramentas de produtividade mais sutis, como Makefiles, e sistemas de controle de versão (veja a Seção 10.4), que automatizam tarefas tediosas. Destacamos exemplos de ferramentas com o ícone do "Martelo".

O *tradeoff*[7] é sempre o tempo utilizado para aprender uma nova ferramenta em contraste com o tempo poupado ao utilizá-la. Outras preocupações estão relacionadas à confiabilidade da ferramenta, à qualidade da experiência do usuário e a como decidir qual ferramenta usar se houver muitas escolhas. Não obstante, um dos princípios da engenharia de software é que uma nova ferramenta pode melhorar nossas vidas.

Os autores deste livro abraçam o valor de automação e ferramentas. Por isso, mostramos várias ferramentas com o intuito de melhorar a produtividade. A boa notícia é que todas as ferramentas que mostramos foram examinadas para garantir sua confiabilidade e o tempo para aprendizado será pago de volta muitas vezes por meio de tempo reduzido de desenvolvimento e na melhoria da qualidade do resultado final. Por exemplo, o Capítulo 7 mostra como o ***Cucumber*** automatiza a transformação de histórias do usuário em testes de integração e demonstra como o ***Pivotal Tracker*** mede, automaticamente, a ***Velocidade***, que é uma medida da taxa de funcionalidades adicionadas a uma aplicação. O Capítulo 8 introduz o ***RSpec*** que automatiza os processos de teste de unidade. A má notícia é que será preciso aprender várias ferramentas novas. De qualquer maneira, acreditamos que a capacidade de aprender e aplicar rapidamente ferramentas é um requisito para o sucesso na engenharia do software, consequentemente, é uma boa habilidade para se cultivar.

Portanto, nossa quarta melhoria de produtividade é a automação através de ferramentas. Destacaremos exemplos que usam a automação através do ícone do robô, embora eles sejam frequentemente também associados a ferramentas.

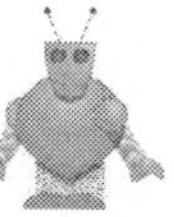

Sumário:A lei de Moore inspirou os engenheiros de software a melhorarem sua produtividade por meio de:

- Busca por concisão, ao usar uma sintaxe compacta e aumentando o nível de abstração usando linguagens de nível mais alto. Avanços recentes incluem a ***Reflexão***, que permite que programas se auto observem, e a ***Metaprogramação***, que permite que os programas modifiquem sua própria estrutura e comportamento em tempo de execução.
- Síntese de implementações.
- Reúso de designs seguindo o princípio do ***Não Seja Repetitivo (DRY)*** e valendo-se de inovações que auxiliam o reúso, tais como procedimentos, bibliotecas, programação orientada a objetos e padrões de projeto.
- Uso (e invenção) de ferramentas CAD para automatizar tarefas tediosas.

Auto-avaliação 1.9.1. *Qual mecanismo é o argumento mais fraco para os benefícios da produtividade de compiladores para linguagens de programação de alto nível: Clareza através de concisão, Síntese, Reúso ou Automação e Ferramentas?*

◇ Os compiladores fazem com que linguagens de programação de alto nível sejam práticas, permitindo que os programadores melhorem sua produtividade através da escrita do código mais conciso numa linguagem de alto nível. Os compiladores geram códigos de baixo nível sintetizando-os a partir da entrada de alto nível. Compiladores são, com certeza, ferramentas. Enquanto é possível argumentar que linguagens de alto nível facilitam o Reúso, o Reúso é o mais fraco das quatro para explicar os benefícios de compiladores. ■

■ ***Elaboração: Produtividade: Planeje-e-Documente vs. ciclos de vida ágeis***

A produtividade é medida em horas do engenheiro para implementar uma nova função. A diferença é que os ciclos são mais distanciados no modelo em Cascata e no Espiral do que nos Métodos Ágeis – de 6 a 24 meses vs. 1/2 mês – portanto, muito mais trabalho é realizado entre versões que o cliente vê e, consequentemente, as chances de que o cliente rejeite mais trabalho já realizado são muito maiores.

1.10 Visita Guiada do Livro

Escutei e esqueci. Vejo e relembro. Faço e entendo.

—Confúcio

Com essa introdução nos apoiando, agora podemos explicar o que vem a seguir e quais caminhos você pode tomar. Fazer e entender, como Confúcio recomenda, começa através da leitura do Apêndice A. Ele explica como obter e usar o "*bookware*", que é o nome que damos ao "software associado a este livro".

O resto do livro é dividido em duas partes. A primeira explica o Software como um serviço (*Software as a Service — SaaS*) e a segunda explica o desenvolvimento de software moderno, com forte ênfase em métodos ágeis.

O Capítulo 2 inicia a primeira parte com uma explicação da arquitetura de aplicações SaaS, usando uma analogia de altitude que vai de uma visão de 30.000 m de altura até uma visão de 100 m. Durante a descida você aprenderá a definição de muitos acrônimos que provavelmente já escutou – APIs, CSS, IP, REST, TCP, URLs, URIs e XML –, assim como algumas expressões amplamente usadas: *cookies*, linguagem de marcação, endereço IP e número de porta e arquitetura de três camadas. Esse capítulo, acima de tudo, demonstra a importância de padrões de projeto, particularmente do *Model-View-Controller* que é o coração do Rails.

Ao invés de apenas contar como construir um software durável e assistir seu esquecimento, acreditamos que você deva construí-lo para entender. É muito mais fácil experimentar as boas práticas se as ferramentas as encorajam e acreditamos que as melhores ferramentas de SaaS atuais dão suporte ao arcabouço Rails, escrita em Ruby. Portanto, o Capítulo 3 introduz o Ruby. A introdução do Ruby é curta porque assume que você já conheça bem outra linguagem de programação orientada a objetos, nesse caso o Java. Como mencionada acima, acreditamos em engenheiros de software bem sucedidos que precisaram aprender, frequentemente, novas linguagens e ferramentas ao longo de suas carreiras; sendo assim, aprender o Ruby and Rails é uma boa prática.

O Capítulo 4 introduz as bases do Rails e o Capítulo 5 as funcionalidades mais avançadas. Nós dividimos o material em dois capítulos para os leitores que querem começar escrevendo um aplicativo o mais rápido possível, o que requer somente o Capítulo 4. Já o material no Capítulo 5 é mais desafiador para se aprender e entender, sua aplicação pode seguir melhor o princípio DRY e ser mais concisa caso você use conceitos como parciais, validações, *callbacks* de ciclos de vida, filtros, associações e chaves estrangeiras. Os leitores que já são familiarizados com o Ruby and Rails devem pular esses capítulos.

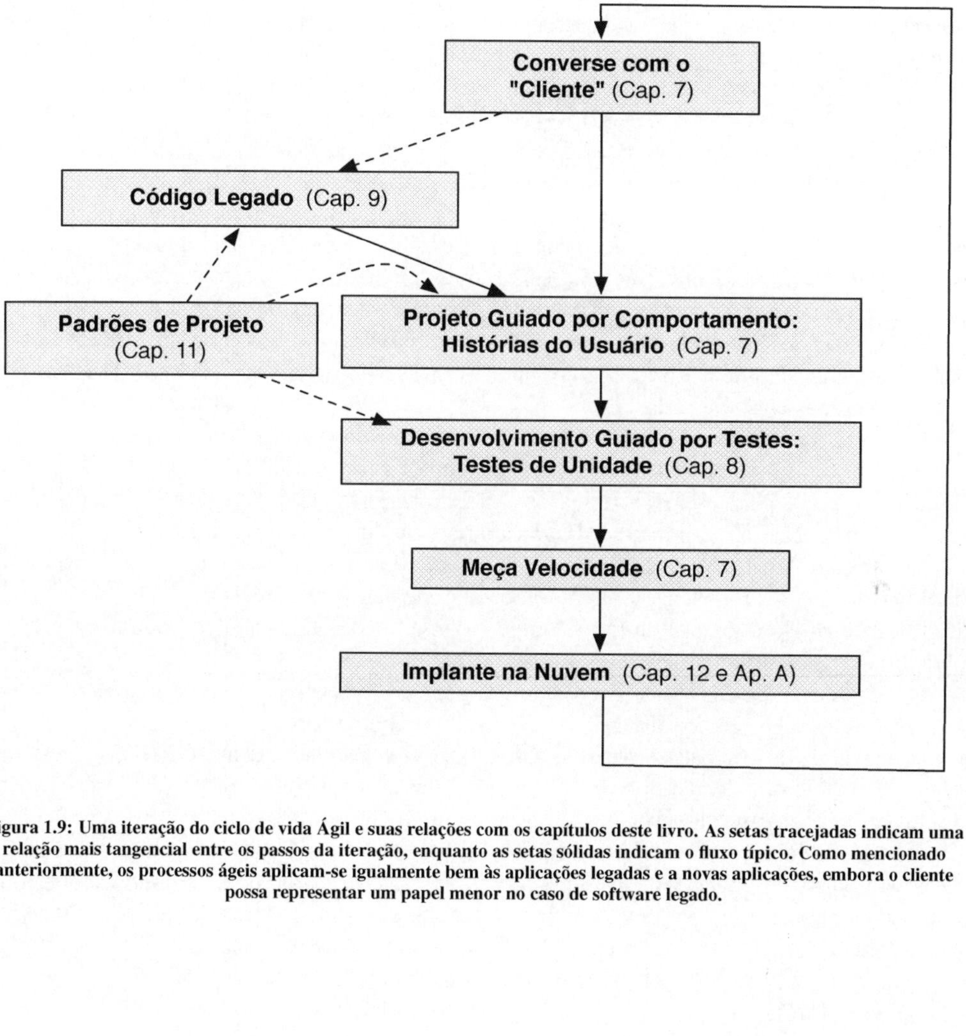

Figura 1.9: Uma iteração do ciclo de vida Ágil e suas relações com os capítulos deste livro. As setas tracejadas indicam uma relação mais tangencial entre os passos da iteração, enquanto as setas sólidas indicam o fluxo típico. Como mencionado anteriormente, os processos ágeis aplicam-se igualmente bem às aplicações legadas e a novas aplicações, embora o cliente possa representar um papel menor no caso de software legado.

Com base na familiaridade com o Ruby and Rails, o Capítulo 6 introduz a linguagem de programação JavaScript, seu arcabouço produtivo jQuery e a ferramenta de testes Jasmine. Assim como o arcabouço Rails amplifica o poder e a produtividade da linguagem Ruby, para criar o lado do servidor de aplicações SaaS, o arcabouço jQuery amplifica o poder e a produtividade do JavaScript para melhorar seu lado do cliente. Enquanto o RSpec torna possível escrever poderosos testes automatizados para aumentar a confiabilidade do código Ruby an Rails, o Jasmine possibilita que testes similares sejam escritos para aumentar a confiabilidade do código JavaScript.

Após essa contextualização, os seis capítulos seguintes da segunda parte ilustram princípios importantes da engenharia de software usando as ferramentas do Rails para construir e implantar um aplicativo SaaS. A Figura 1.9 demonstra uma iteração do ciclo de vida Ágil, que usamos como uma estrutura na qual os próximos capítulos do livro são baseados.

O Capítulo 7 discute como se falar com o cliente. O ***Projeto guiado por comportamento (Behavior-Driven Design — BDD)***, defende a escrita de testes de aceitação que clientes não-programadores possam entender, chamados de ***histórias do usuário***; o Capítulo 7 mostra como escrevê-los de modo que eles possam virar testes de integração. Esse capítulo também introduz a ferramenta ***Cucumber*** para auxiliar na automatização dessa tarefa. Essa ferramenta de testes pode ser usada com qualquer linguagem e arcabouço, não apenas com o Rails. Como os aplicativos SaaS são, frequentemente, voltados para o usuário, o capítulo também explica como prototipar uma interface do usuário útil usando a prototipação "Lo-Fi". O termo ***Velocidade*** e como usá-lo para medir o progresso na taxa de funcionalidades entregues, também é introduzido, junto com a ferramenta SaaS ***Pivotal Tracker*** para realizar medidas e monitorá-las.

O Capítulo 8 aborda o ***Desenvolvimento guiado por testes*** (*Test-Driven Development — TDD*). O capítulo demonstra como escrever código bom e testável e introduz a ferramenta de testes ***RSpec*** para escrever testes de unidade, a ferramenta ***Autotest*** para automatizar testes em execução e a ferramenta ***SimpleCov*** para medir a cobertura dos testes.

O Capítulo 9 descreve como lidar com código existente, incluindo como melhorar o código legado. De forma eficaz, o capítulo apresenta como usar o BDD e o TDD, tanto para a compreensão quanto para refatorar o código e como utilizar ferramentas Cucumber e RSpec para tornar essa tarefa mais fácil.

O Capítulo 10 dá conselhos sobre como organizar e trabalhar como parte de uma equipe eficaz usando os princípios do***Scrum*** que discutimos anteriormente. Ele também descreve como o sistema de controle de versões ***Git*** e o serviço correspondente ***GitHub*** podem permitir que os membros da equipe trabalhem em diferentes funcionalidades sem interferências e sem causar problemas no processo de lançamento de novas versões.

Para ajudá-lo a praticar o Não Seja Repetitivo (DRY), o Capítulo 11 introduz padrões de projeto, que são soluções estruturais comprovadas para problemas comuns sobre como as classes trabalham em conjunto e explica como explorar as funcionalidades da linguagem Ruby para adotar e reutilizar os padrões. O capítulo também oferece diretrizes sobre como escrever boas classes. Ele introduz apenas o suficiente da notação ***UML*** (***Linguagem de Modelagem Unificada***) para ajudá-lo a registrar em modelos os padrões de projeto e a fazer diagramas que demonstram como as classes devem trabalhar.

Note que o Capítulo 11 é sobre a arquitetura de software, ao passo que os primeiros capítulos da segunda parte são sobre processos de desenvolvimento ágil. Acreditamos em um curso universitário que permita que você se inicie rapidamente em uma iteração de um processo Ágil e quanto mais iterações você fizer, melhor entenderá o ciclo de vida Ágil. De qualquer forma, como a Figura 1.9 sugere, conhecer os padrões de projeto será útil para escrever ou refatorar o código, uma vez que eles são fundamentais para os processos BDD e TDD.

O Capítulo 12 oferece conselhos práticos sobre como implantar e, posteriormente, melhorar o desempenho e escalabilidade na nuvem e introduz, brevemente, algumas técnicas de confiabilidade e segurança que são especialmente relevantes para a implantação do SaaS.

Concluímos com um posfácio que reflete sobre o material do livro e projeta o que pode vir a seguir.

1.11 Como NÃO ler este livro

Não pule os *screencasts*. A tentação é pular as barras laterais, as elaborações e *screencasts* com o objetivo de ler, superficialmente, o texto até a resposta para sua questão ser encontrada.

Ao passo que elaborações são, normalmente, para leitores experientes que querem saber mais sobre o que está acontecendo por trás da cortina e barras laterais são apenas pequenos comentários que supomos que sejam interessantes, os *screencasts* são *essenciais* para aprender o conteúdo. Ao passo que não aconselhamos que você pule o texto e só veja os *screencasts*, diríamos que eles são um dos pontos mais importantes do livro. Eles nos permitem expressar muitos conceitos, mostrar como interagem entre si e demonstrar como você pode realizar as mesmas tarefas por si mesmo. O que levaria muitas páginas e seria difícil de descrever pode vir de uma forma viva em um vídeo de dois a cinco minutos. Os *screencasts* nos permitem seguir os conselhos de Confúcio: "Vejo e relembro". Portanto, não deixe de assisti-los!

Aprender através da prática. Tenha seu computador por perto, com o interpretador Ruby pronto, de modo que possa tentar os exemplos presentes nos *screencasts* e no texto. Nós facilitamos a ação de copiar e colar o código usando o Pastebin[8], (Se estiver lendo o *ebook*, o link de acompanhamento de cada código o levará para o Pastebin.) Essa prática segue a observação "Faço e entendo", de Confúcio. Oportunidades específicas para aprender através da prática são destacadas pelo ícone da bicicleta.

Existem tópicos que irá precisar estudar para aprender, especialmente no nosso ecossistema intensivo de expressões de desenvolvimento ágil + Ruby + Rails + SaaS + Computação em nuvem. De fato, a Figura 13.2, no posfácio, lista 12 termos novos introduzidos nos primeiros três capítulos. Para ajudá-lo a identificar termos importantes, o texto formatado, ***como esse***, refere-se aos termos correspondentes às notas da Wikipédia (No *ebook*, tais termos são links para a Wikipédia em si.) Também usamos ícones para lembrá-lo dos temas comuns durante o livro, que a Figura 1.10 introduz como um único local de fácil acesso para consultas.

Dependendo de seu conhecimento, suspeitamos que irá precisar ler alguns capítulos mais de uma vez antes de se acostumar com eles. Para ajudá-lo a se focalizar nos pontos chave, cada capítulo começa com uma página de introdução aos ***Conceitos***, listando as grandes ideias de cada capítulo, e cada capítulo termina com as ***Falácias e armadilhas***, que explicam equívocos e problemas comuns que são, facilmente, experimentados se não for prudente. Cada seção conclui com um ***sumário***, sobre os conceitos chave daquela seção e ***questões de auto verificação***. Os ***Projetos***, no fim de cada capítulo, são muito mais abertos do que as questões de auto verificação. Para proporcionar aos leitores uma perspectiva sobre quem desenvolveu as grandes ideias que estão aprendendo, sob as quais as informações de tecnologia baseiam-se, usamos barras laterais para introduzir vinte ganhadores do Prêmio Turing.

 Código Belo	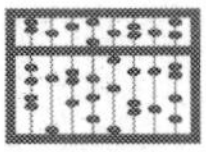 Código Legado
 Convenção sobre Configuração	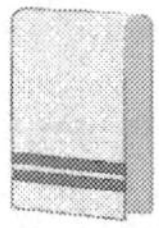 Não Seja Repetitivo (DRY)
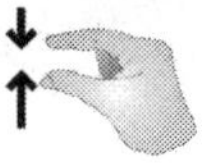 Clareza via Concisão	 Aprenda Fazendo
 Produtividade via Automação	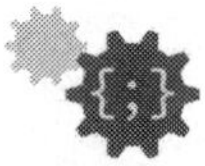 Produtividade via Geração de Código
 Produtividade via Reúso	 Produtividade via Ferramentas
 Falácia	 Armadilha
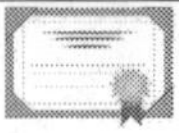 Exercício baseado em resultados de aprendizado no Currículo Padrão de Engenharia de Software da ACM/IEEE (ACM IEEE-Computer Society Joint Task Force 2013)	

Figura 1.10: Sumário de ícones usados no livro.

(Como não existe um prêmio Nobel em TI, nossa maior honra é conhecida como "O prêmio Nobel da Computação". Ou melhor ainda, devemos chamar o prêmio Nobel de " Prêmio Turing da Física".)

Escolhemos, deliberadamente, manter o livro conciso, uma vez que diferentes leitores irão querer detalhes adicionais em diferentes áreas. Links foram fornecidos para a documentação online do Ruby and Rails para classes e métodos, para definições de conceitos importantes que não devem ser familiares e a Web em geral, para uma leitura mais relacionada ao material. Se estiver usando a edição Kindle, os links poderão levá-lo diretamente aos sites em questão caso esteja conectado à Internet. Na versão impressa, os links aparecerão no final de cada capítulo.

1.12 Falácias e Armadilhas

Senhor, dá-nos a sabedoria para proferimos palavras gentis e brandas, pois amanhã podemos ter que engoli-las.

—Sen. Morris Udall

Como mencionado acima, o final do capítulo explica as ideias apresentadas de outra perspectiva e proporciona aos leitores uma chance de aprender com os erros dos outros. As ***Falácias*** são declarações que parecem plausíveis (ou visões muito comuns), baseadas nos conceitos do capítulo, porém, elas não são verdadeiras.

As ***Armadilhas***, por outro lado, são perigos associados aos tópicos do capítulo que são difíceis de evitar até mesmo quando se está prevenido.

STOP ***Falácia:*** **O ciclo de vida Ágil é o melhor para todo desenvolvimento de software.**

Os métodos ágeis são uma boa opção para muitos tipos de software, em particular o SaaS, por isso o usamos neste livro. De qualquer forma, o desenvolvimento ágil *não* é sempre o melhor para todos os casos. O desenvolvimento ágil pode não ser eficaz para aplicativos de segurança crítica, por exemplo. Uma vez que você aprende os passos clássicos do desenvolvimento de software e tem uma experiência positiva em usá-los através do desenvolvimento ágil, você usará esses princípios importantes da engenharia de software em outros projetos, independente na metodologia utilizada. Cada capítulo na segunda parte conclui com a perspectiva contrastante do Planeje-e-Documente para ajudá-lo a entender esses princípios e a usar outros ciclos de vida em caso de necessidade.

O Ágil não será o último ciclo de vida que você verá. Acreditamos que novas metodologias de desenvolvimento se desenvolvem e se tornam populares em nome de novas oportunidades, portanto, espere aprender novas metodologias e arcabouços em seu futuro.

Armadilha: **Ignorar o custo do design de software.**

Como não existe nenhum custo para a fabricação do software, a tentação é acreditar que não existe quase nenhum custo para modificá-lo e, portanto, ele pode ser fabricado novamente do jeito que o cliente quer. No entanto, essa perspectiva ignora o custo do design e do teste, que podem ser uma parte substancial de todos os custos para projetos de software. Custo zero de fabricação é também uma racionalização usada para justificar cópias piratas do software e

Figura 1.11: O triângulo da virtude da engenharia SaaS é formado a partir de três joias da coroa da engenharia de software, (1) SaaS na Nuvem, (2) Desenvolvimento Ágil e (3) Arcabouços e ferramentas de alta produtividade.

outros dados eletrônicos, considerando que os piratas acreditam, aparentemente, que ninguém deveria pagar pelo custo de desenvolvimento mas apenas pela fabricação.

1.13 Comentários Finais: A engenharia de software é mais do que programação

> *Mas se a Programação Extrema é apenas uma nova seleção de práticas antigas, o que existe de tão extremo nisso? A resposta de Kent é que ela leva princípios óbvios do senso comum para níveis extremos. Por exemplo:*
> *— Se iterações curtas são boas, as faça o mais curtas possível — horas, minutos ou segundos ao invés de dias, semanas ou anos.*
> *— Se testar é bom, teste o tempo todo. Escreva o código de teste antes de escrever o código a ser testado.*
> *— Se revisões de código são boas, revise o código com frequência, através da programação em pares, dois programadores para um computador, alternando durante o processo de desenvolvimento.*
>
> —Michael Swaine, entrevista com Kent Beck, (Swaine 2001)

Essa única citação proporciona uma boa parte da lógica por trás da versão Programação Extrema (XP) do desenvolvimento ágil, a qual abrangemos neste livro. Mantemos as iterações curtas de modo que o cliente veja a próxima versão do protótipo incompleto, porém em funcionamento, a cada uma ou duas semanas. Os testes são escritos *antes* do código e, posteriormente, a quantidade mínima de código para fazê-lo passar no teste é escrita. A programação em pares significa que o código está, continuamente, sob revisões ao invés de apenas em ocasiões especiais. O desenvolvimento ágil passou de heresia de metodologia de software para a forma dominante de programação em apenas doze anos e, quando combinado com a arquitetura orientada a serviços, permite serviços complexos para construir-se com segurança.

Enquanto não existe uma dependência inerente entre o SaaS, o desenvolvimento ágil e arcabouços de alta produtividade como o Rails, a Figura 1.11 sugere que há uma relação sinergética entre eles. O desenvolvimento ágil significa progresso contínuo enquanto se trabalha próximo ao cliente e o SaaS na nuvem possibilita que o cliente se utilize, imediatamente, da última versão fechando desse modo o ciclo de retroalimentação do processo (veja os Capítulos 7 e 12). O SaaS na nuvem combina o padrão de projeto Model–View–Controller (veja os Capítulos 11, 4 e 5). Arcabouços muito produtivos e ferramentas projetadas para dar suporte ao desenvolvimento ágil removem obstáculos para praticar os métodos ágeis (veja os Capítulos 7, 8 e 10). Acreditamos que essas três "joias da coroa" formam um "triângulo da virtude" que leva à Engenharia de SaaS Belo dentro do tempo e dentro do orçamento e eles se constituem nos fundamentos deste livro.

Esse triângulo virtuoso também ajuda a explicar a natureza inovadora da comunidade Rails, onde novas ferramentas importantes são, frequentemente, desenvolvidas melhorando ainda mais a produtividade, simplesmente porque é muito fácil fazê-las. Esperamos que futuras edições deste livro incluam ferramentas, ainda não inventadas, que sejam tão úteis que não possamos imaginar como construímos nosso trabalho sem elas!

Como professores, como muitos estudantes acham os métodos Planeje-e-Documente tediosos, estamos satisfeitos que as respostas para as dez questões na Figura 1.5 recomendam fortemente o uso dos métodos ágeis para projetos de equipes de estudantes. No entanto, acreditamos que vale a pena os leitores estarem familiarizados com as metodologias do tipo Planeje-e-Documente, pois há algumas tarefas nas quais elas podem ser a melhor escolha, alguns clientes a solicitam e elas podem ajudar a explicar partes da metodologia ágil. Portanto, incluímos seções próximas ao final de todos os capítulos na segunda parte que oferecem a perspectiva Planeje-e-Documente.

Como pesquisadores, estamos convencidos que o software do futuro será, cada vez mais, construído e dependente de serviços na nuvem e, consequentemente, os métodos ágeis continuarão a ganhar popularidade, em parte devido à sua forte sinergia como o ambiente de serviços na nuvem. Portanto, estamos em um ponto otimista da tecnologia onde o futuro do desenvolvimento do software é divertido tanto de ensinar quanto para aprender. Arcabouços altamente produtivos, como o Rails, permitem a compreensão dessa tecnologia valiosa *construindo* software real em um período curto de tempo. A razão principal pela qual escrevemos este livro foi ajudar mais pessoas a se tornarem conscientes e a se beneficiarem dessa extraordinária oportunidade.

Acreditamos que se você aprender os conteúdos deste livro e usar o "Bookware" que o acompanha, você poderá construir a sua própria versão (simplificada) de um serviço de software popular, como o FarmVille ou o Twitter, enquanto aprende e segue as práticas da engenharia de software. Ser capaz de imitar os serviços bem sucedidos do momento e implantá-los na nuvem em poucos meses é algo impressionante, mas nós estamos mais empolgados em ver o que *você* inventará com base nesse novo conjunto de habilidades. Estamos ansiosos para que seu código belo se torne impactante e durável e que nós nos tornemos um de seus fãs apaixonados!

1.14 Para Aprender Mais

ACM IEEE-Computer Society Joint Task Force. Computer science curricula 2013, Ironman Draft (version 1.0). Technical report, February 2013. URL http://ai.stanford.edu/users/sahami/CS2013/.

C. Alexander, S. Ishikawa, and M. Silverstein. *A Pattern Language: Towns, Buildings, Construction (Cess Center for Environmental)*. Oxford University Press, 1977. ISBN 0195019199.

M. Armbrust, A. Fox, R. Griffith, A. D. Joseph, R. Katz, A. Konwinski, G. Lee, D. Patterson, A. Rabkin, I. Stoica, and M. Zaharia. A view of cloud computing. *Communications of the ACM (CACM)*, 53(4):50–58, Apr. 2010.

L. A. Barroso and U. Hoelzle. *The Datacenter as a Computer: An Introduction to the Design of Warehouse-Scale Machines (Synthesis Lectures on Computer Architecture)*. Morgan and Claypool Publishers, 2009. ISBN 159829556X. URL http://www.morganclaypool.com/doi/pdf/10.2200/S00193ED1V01Y200905CAC006.

S. Begley. As Obamacare tech woes mounted, contractor payments soared. *Reuters*, October 17, 2013. URL http://www.nbcnews.com/politics/politics-news/stress-tests-show-healthcare-gov-was-overloaded-v21337298.

J. Bidgood. Massachusetts appoints official and hires firm to fix exchange problems. *New York Times*, February 7, 2014. URL http://www.nytimes.com/news/affordable-care-act/.

B. W. Boehm. Software engineering: R & D trends and defense needs. In P. Wegner, editor, *Research Directions in Software Technology*, Cambridge, MA, 1979. MIT Press.

B. W. Boehm. A spiral model of software development and enhancement. In *ACM SIGSOFT Software Engineering Notes*, 1986.

E. Braude. *Software Engineering: An Object-Oriented Perspective*. John Wiley and Sons, 2001. ISBN 0471692085.

R. Charette. Why software fails. *IEEE Spectrum*, 42(9):42–49, September 2005.

L. Chung. Too big to fire: How government contractors on HealthCare.gov maximize profits. *FMS Software Development Team Blog*, December 7, 2013. URL http://blog.fmsinc.com/too-big-to-fire-healthcare-gov-government-contractors.

M. Cormick. Programming extremism. *Communications of the ACM*, 44(6):109–110, June 2001.

H.-C. Estler, M. Nordio, C. A. Furia, B. Meyer, and J. Schneider. Agile vs. structured distributed software development: A case study. In *Proceedings of the 7th International Conference on Global Software Engineering (ICGSE'12))*, pages 11–20, 2012.

ET Bureau. Need for speed: More it companies switch to agile code development. *The Economic Times*, August 6, 2012. URL http://articles.economictimes.indiatimes.com/2012-08-06/news/33065621_1_thoughtworks-software-development-iterative.

M. Fowler. The New Methodology. *martinfowler.com*, 2005. URL http://www.martinfowler.com/articles/newMethodology.html.

E. Harrington. Hearing: Security flaws in Obamacare website endanger AmericansHealth-Care.gov. *Washington Free Beacon*, 2013. URL http://freebeacon.com/hearing-security-flaws-in-obamacare-website-endanger-americans/.

S. Horsley. Enrollment jumps at HealthCare.gov, though totals still lag. *NPR.org*, December 12, 2013. URL http://www.npr.org/blogs/health/2013/12/11/250023704/enrollment-jumps-at-healthcare-gov-though-totals-still-lag.

A. Howard. Why Obama's HealthCare.gov launch was doomed to fail. *The Verge*, October 8, 2013. URL http://www.theverge.com/2013/10/8/4814098/why-did-the-tech-savvy-obama-administration-launch-a-busted-healthcare-website.

C. Johnson and H. Reed. Why the government never gets tech right. *New York Times*, October 24, 2013. URL http://www.pmi.org/en/Professional-Development/Career-Central/Must_Have_Skill_Agile.aspx.

J. Johnson. The CHAOS report. Technical report, The Standish Group, Boston, Massachusetts, 1995. URL http://blog.standishgroup.com/.

J. Johnson. HealthCare.gov chaos. Technical report, The Standish Group, Boston, Massachusetts, October 22, 2013a. URL http://blog.standishgroup.com/images/audio/HealthcareGov_Chaos_Tuesday.mp3.

J. Johnson. The CHAOS manifesto 2013: Think big, act small. Technical report, The Standish Group, Boston, Massachusetts, 2013b. URL http://www.standishgroup.com.

C. Jones. Software project management practices: Failure versus success. *CrossTalk: The Journal of Defense Software Engineering*, pages 5–9, Oct. 2004. URL http://cross5talk2.squarespace.com/storage/issue-archives/2004/200410/200410-Jones.pdf.

J. M. Juran and F. M. Gryna. *Juran's quality control handbook*. New York: McGraw-Hill, 1998.

P. Kruchten. *The Rational Unified Process: An Introduction, Third Edition*. Addison-Wesley Professional, 2003. ISBN 0321197704.

T. Lethbridge and R. Laganiere. *Object-Oriented Software Engineering: Practical Software Development using UML and Java*. McGraw-Hill, 2002. ISBN 0072834951.

National Research Council. *Achieving Effective Acquisition of Information Technology in the Department of Defense*. The National Academies Press, 2010. ISBN 9780309148283. URL http://www.nap.edu/openbook.php?record_id=12823.

P. Naur and B. Randell. *Software engineering*. Scientific Affairs Div., NATO, 1969.

J. R. Nawrocki, B. Walter, and A. Wojciechowski. Comparison of CMM level 2 and extreme programming. In *7th European Conference on Software Quality*, Helsinki, Finland, 2002.

M. Paulk, C. Weber, B. Curtis, and M. B. Chrissis. *The Capability Maturity Model: Guidelines for Improving the Software Process*. Addison-Wesley, 1995. ISBN 0201546647.

G. J. Popek and R. P. Goldberg. Formal requirements for virtualizable third generation architectures. *Communications of the ACM*, 17(7):412–421, 1974.

Project Management Institute. Must-have skill: Agile. *Professional Development*, February 28, 2012. URL http://www.pmi.org/en/Professional-Development/Career-Central/Must_Have_Skill_Agile.aspx.

W. W. Royce. Managing the development of large software systems: concepts and techniques. In *Proceedings of WESCON*, pages 1–9, Los Angeles, California, August 1970.

I. Sommerville. *Software Engineering, Ninth Edition*. Addison-Wesley, 2010. ISBN 0137035152.

M. Stephens and D. Rosenberg. *Extreme Programming Refactored: The Case Against XP*. Apress, 2003.

M. Swaine. Back to the future: Was Bill Gates a good programmer? What does Prolog have to do with the semantic web? And what did Kent Beck have for lunch? *Dr. Dobb's The World of Software Development*, 2001. URL http://www.drdobbs.com/back-to-the-future/184404733.

A. Taylor. IT projects sink or swim. *BCS Review*, Jan. 2000. URL http://archive.bcs.org/bulletin/jan00/article1.htm.

F. Thorp. 'Stress tests' show HealthCare.gov was overloaded. *NBC News*, November 18, 2013. URL http://www.nbcnews.com/politics/politics-news/stress-tests-show-healthcare-gov-was-overloaded-v21337298.

J. Zients. HealthCare.gov progress and performance report. Technical report, Health and Human Services, December 1, 2013. URL http://www.hhs.gov/digitalstrategy/sites/digitalstrategy/files/pdf/healthcare.gov-progress-report.pdf.

Notas

[1] http://en.wikipedia.org/wiki/Turing_Award

[2] https://www.edx.org/

[3] http://www.youtube.com/watch?v=DeBi2ZxUZiM

[4] http://www.youtube.com/watch?v=kYUrqdUyEpI

[5] https://plus.google.com/112678702228711889851/posts/eVeouesvaVX

[6] http://developers.slashdot.org/story/08/05/11/1759213/

[7] se refere à resolução de um problema que acaba desencadeando em outro problema, gerando, dessa forma, uma relação de perdas e ganhos entrelaçados.

[8] http://www.pastebin.com/u/saasbook

1.15 Projetos sugeridos

Projeto 1.1. *(Discussão) Identifique as principais questões associadas a evolução do software e explique seus impactos no ciclo de vida do mesmo. Nota: Usamos esse ícone de margem para identificar todos os projetos originados a partir do Currículo de ciência da computação ACM/IEEE 2013 para o padrão da engenharia de software (ACM IEEE-Computer Society Joint Task Force 2013).*

Projeto 1.2. *(Discussão) Discuta os desafios de sistemas de evolução em ambientes modificados.*

Projeto 1.3. *(Discussão) Explique o conceito de um ciclo de vida do software e forneça um exemplo ilustrando suas fases, incluindo as entregas que são produzidas.*

Projeto 1.4. *(Discussão) Com base na figura 1.5, compare os modelos de processo desse capítulo em relação aos seus valores para o desenvolvimento de classes privadas dos sistemas de software: gerenciamento de informação, incorporação, controle de processo, comunicações e aplicações da web.*

Projeto 1.5. *(Discussão) Na sua opinião, como você colocaria os desastres de software desse capítulo, em ordem decrescente, do mais para o menos terrível? Como você os classificaria?*

Projeto 1.6. *(Discussão) A falha de hardware mais próxima dos desastres de software mencionados na primeira seção é, provavelmente, o Intel Floating Point Divide bug[1]. Onde você colocaria esse problema de hardware em uma lista de classificação de exemplos de software a partir do exercício acima?*

Projeto 1.7. *(Discussão) Avaliado nas linhas do código, qual é o maior programa do mundo? Com relação a esse exercício, considere que ele pode ser um conjunto do software que é vendido como um único produto.*

Projeto 1.8. *(Discussão) Qual linguagem de programação tem os programadores mais ativos?*

Projeto 1.9. *(Discussão) Em qual linguagem de programação está o maior número de linhas de código escritas anualmente? Qual delas possui, de forma acumulativa, mais linhas do código ativo?*

Projeto 1.10. *(Discussão) Faça uma lista, conforme sua opinião, das dez aplicações mais importantes. Qual seria melhor desenvolvida e reparada com a utilização dos quatro ciclos de vida desse capítulo? Explique suas razões para cada escolha.*

Projeto 1.11. *(Discussão) Conforme a lista das dez aplicações mais importantes do exercício acima, o quão importante é cada uma das quatro técnicas de produtividade listadas nesse capítulo?*

Projeto 1.12. *(Discussão) Conforme a lista das dez aplicações mais importantes do exercício acima, quais aspectos podem ser difíceis de testar e precisam confiar em métodos formais? Algumas técnicas de teste seriam mais importantes para algumas aplicações do que outras? Explique o porquê.*

Projeto 1.13. *Faça a distinção entre validação de programa e verificação de programa.*

Projeto 1.14. *(Discussão) Quais são as cinco principais razões pela qual o SaaS e a Computação em nuvem se desenvolverão, em relação a popularidade, e os cinco principais obstáculos para esse desenvolvimento?*

Projeto 1.15. *(Discussão) Discuta as vantagens e desvantagens da reutilização do software.*

Projeto 1.16. *(Discussão) Descreva e e faça uma distinção entre os tipos e níveis diferentes de testes (unidade, integração, módulo, sistema, e aceitação).*

Projeto 1.17. *Descreva as diferenças entre os princípios do modelo Cascata e modelos Planeje-e-Documente que usam o conceito de iterações.*

Projeto 1.18. *Descreva as diferentes práticas que são componentes essenciais do Agile e vários modelos de processo Planeje-e-Documente.*

Projeto 1.19. *Faça a distinção entre as etapas de desenvolvimento do software de modelos Planeje-e-Documente.*

Parte I

Software como Serviço

2 A Arquitetura de Aplicações SaaS

Dennis Ritchie (à esquerda, 1941–2011) e Ken Thompson (à direita, 1943–) dividiram o Prêmio Turing em 1983 pelas suas contribuições fundamentais ao conceito de sistemas operacionais e, em particular, pela invenção do Unix.

Acredito que a grande ideia introduzida pelo Unix foi sua interface clara e simples: open, close, read e write.

—*Unix and Beyond: An Interview With Ken Thompson*, IEEE Computer 32(5), Mai 1999

Conceitos

A ***arquitetura de software*** descreve como os subsistemas que compõem uma parte do software estão interconectados para juntos atenderem os requisitos funcionais e não-funcionais da aplicação. Um ***padrão de projeto*** descreve a arquitetura geral de uma solução para uma família de problemas similares, obtidas ao generalizar a experiência de desenvolvedores que já resolveram esses problemas anteriormente. Se examinarmos aplicações SaaS, encontramos padrões de projetos em todos os níveis de detalhe:

- Aplicações SaaS seguem o padrão ***cliente-servidor***, onde um cliente realiza uma requisição e um servidor responde a requisições de vários clientes.

- Um servidor SaaS segue o padrão ***arquitetura de três camadas*** que separa as responsabilidades dos diferentes componentes de um servidor SaaS que permite alcançar ***escalabilidade horizontal*** para atender a milhões de usuários.

- O código de uma aplicação SaaS fica na ***camada da aplicação***. Muitas aplicações SaaS, incluindo aquelas baseadas em Rails, seguem o padrão de projeto ***Model-View-Controller***, no qual Modelos (*Models*) manipulam ***recursos*** da aplicação tais como usuários ou postagens em um blog; Visões (*Views*) apresentam informações para o usuário via navegador e Controladores (*Controllers*) associam as ações do usuário no navegador ao código correspondente da aplicação.

- Para os Modelos, Rails utiliza o padrão ***Active Record***. Esse padrão é uma boa opção para uso com ***bancos de dados relacionais***, a forma de armazenamento mais utilizada para guardar dados de um SaaS. Para as Visões, Rails utiliza o padrão ***Template View pattern*** para criar as páginas Web que serão enviadas ao navegador. Para os Controladores, Rails segue o ***Representational State Transfer*** ou princípio REST, no qual cada ação do controlador descreve uma só operação autocontida em um dos ***recursos*** da aplicação.

Arcabouços (*frameworks*) modernos para SaaS, como o Rails, capturam a experiência de uma década de desenvolvimento ao encapsular esses padrões de projeto SaaS de modo que desenvolvedores de aplicações SaaS possam facilmente utilizá-las.

1. Um cliente Web (Firefox) solicita a página inicial de *Rotten Potatoes* para um servidor Web (WEBrick).

2. O WEBrick obtém o conteúdo da aplicação *Rotten Potatoes* e o envia para o Firefox.

3. O Firefox mostra o conteúdo para o usuário e fecha a conexão HTTP.

Figura 2.1: Vista a 100.000 pés de altura de um sistema SaaS cliente-servidor.

2.1 Visão de 100.000 Pés: Arquitetura Cliente-Servidor

Como a melhor forma de aprender a programar é fazendo, vamos começar já.

Se você ainda não o fez, vá ao Apêndice A e faça o "bookware" deste livro executar no seu próprio computador ou na nuvem. Assim que estiver pronto, veja o Screencast 2.1.1 que mostra como implantar e logar na sua Máquina Virtual. Experimente interagir com a aplicação educacional RottenPotatoes, que aspira a ser uma versão simplificada do popular site de avaliação de filmes RottenTomatoes[2].

Screencast 2.1.1: Getting Started.
`http://vimeo.com/34754478`
A partir do momento que estiver logado em sua VM, o screencast mostrará como abrir uma janela de Terminal, `cd` (mudar para) o diretório `Documents/rottenpotatoes`, e iniciar a aplicação RottenPotatoes digitando `rails server`. Então é mostrado que ao abrir o navegador Firefox e entrar com o endereço `http://localhost:3000/movies`, a página do RottenPotatoes é exibida.

O que está acontecendo?

Você acaba de ver a Visão mais simples de uma aplicação Web: é um exemplo da arquitetura ***cliente-servidor***. O Firefox é um exemplo de um cliente: um programa cuja especialidade é pedir informações a um servidor e (normalmente) permitir que o usuário interaja com essa informação. O WEBrick, que você ativou ao digitar `rails server`, é um exemplo de um servidor: um programa cuja especialidade é esperar que clientes façam *requisições* e criar uma *resposta*. O WEBrick aguarda ser contactado por um navegador Web (como, por exemplo, o Firefox) e encaminha a requisição do navegador para a aplicação RottenPotatoes. A Figura 2.1 resume como uma aplicação SaaS funciona, vista a 100.000 pés de altura.

A distinção entre clientes e servidores permite que cada tipo de programa seja bastante especializado na sua tarefa: o cliente pode ter uma interface atraente e responsiva para o usuário, enquanto que o servidor se concentra em servir, de forma eficiente, vários clientes ao mesmo tempo. O Firefox e outros navegadores (Chrome, Safari, Internet Explorer) são clientes utilizados por milhões de pessoas (a partir de agora também chamadas de *clientes de produção*). O WEBrick, por outro lado, não é um servidor de produção, mas sim um "mini-servidor" capaz de gerenciar a interação de apenas um usuário por vez (você, o desenvolvedor). Um website real usaria um servidor de produção tal como o Apache web server[3] ou o Microsoft Internet Information Server[4], que podem ser implantados em centenas de computadores e servir, de forma eficiente, diversas cópias de um mesmo site para milhões de usuários.

Antes da proposta de criação de padrões Web em 1990, os usuários tinham que instalar

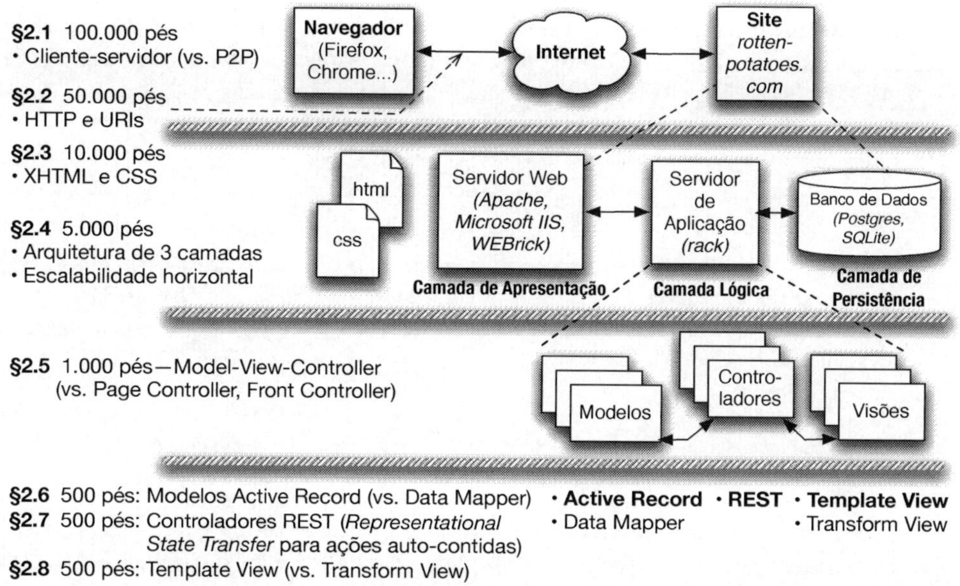

Figura 2.2: Usando altitude como uma analogia, esta figura ilustra estruturas importantes em SaaS em vários níveis de detalhes e serve como um roteiro geral para as discussões neste capítulo. Cada nível é discutido nas seções indicadas.

múltiplas aplicações proprietárias, geralmente incompatíveis entre si, uma para cada serviço utilizado na Internet: Eudora (o ancestral do Thunderbird) para leitura de e-mail, AOL ou CompuServe para acessar a portais com conteúdos proprietários (um papel desempenhado hoje em dia por portais como MSN e Yahoo!), etc. Hoje em dia, o navegador Web substituiu os clientes proprietários e é, justificadamente, chamado de "cliente universal". Apesar disso, os clientes e servidores proprietários também são exemplos de arquitetura cliente-servidor, com clientes especializados em fazer perguntas em nome dos usuários e com servidores especializados em respondê-las a vários clientes. Cliente-servidor é, portanto, nosso primeiro exemplo de um ***padrão de projeto*** (*design pattern*) – uma estrutura reutilizável, um comportamento, uma estratégia ou uma técnica que captura uma solução comprovada para uma coleção de problemas parecidos, *separando as partes dos problemas que mudam daquelas que sempre se apresentam da mesma forma.* No caso de arquiteturas cliente-servidor, o que sempre permanece da mesma forma é a separação lógica entre os interesses do cliente e do servidor, apesar de existirem diferentes implementações de clientes e servidores. Por causa da onipresença da Web, utilizaremos o termo SaaS para se referir a "sistemas cliente-servidor desenvolvidos para operar utilizando os padrões abertos da Teia Mundial (*World Wide Web*)".

No passado, a arquitetura cliente-servidor implicava que o servidor era um programa muito mais complexo do que o cliente. Hoje em dia, com a existência de notebooks potentes e de navegadores Web que permitem animações e efeitos 3D, podemos dizer que clientes e servidores são igualmente complexos, mas se tornaram especializados para seus diferentes papéis. Neste livro, nos concentraremos em aplicações do lado do servidor; apesar de cobrir um pouco de programação Javascript do lado do cliente no Capítulo 6. A ideia é que ela sirva de apoio para a aplicação servidora e não como ferramenta de desenvolvimento de aplicações complexas no navegador tais como o Google Docs[5].

Cliente-servidor não é o único padrão arquitetural encontrado em serviços baseados na Internet. Na ***arquitetura par-a-par*** (*peer-to-peer*), utilizada no BitTorrent, todos os participantes agem tanto como clientes quanto como servidores – qualquer um pode pedir informações para qualquer participante. Em tais sistemas, um mesmo programa deve se comportar ao mesmo tempo como cliente e como servidor. É mais difícil criar um programa especializado que desempenhe muito bem ambas as funções.

Resumo:

- Aplicações Web SaaS são exemplos de ***padrão arquitetural cliente-servidor***, no qual um software cliente é especializado em interagir com o usuário e enviar requisições para o servidor em nome desse usuário; o software servidor é especializado em lidar com uma grande quantidade de requisições.
- Como aplicações Web usam padrões abertos que todos podem implementar sem ter que pagar royalties, ao contrário de padrões proprietários usados por aplicações cliente-servidor antigas, o navegador Web se tornou o "cliente universal".
- Uma alternativa a cliente-servidor é a arquitetura par-a-par, na qual todas as entidades funcionam tanto como clientes quanto como servidores. Embora seja sem dúvida mais flexível, essa arquitetura torna mais difícil a especialização do software para realizar bem as duas tarefas.

Auto-avaliação 2.1.1. *Qual a principal diferença entre um cliente e um servidor SaaS?*
◇ Um cliente SaaS é otimizado para permitir que o usuário interaja com a informação, enquanto que um servidor SaaS é otimizado para servir múltiplos clientes simultaneamente. ■

Auto-avaliação 2.1.2. *Qual(is) elemento(s) da Figura 2.2 se refere(m) a um cliente SaaS e qual(is) se referem a um servidor SaaS?*
◇ O retângulo **navegador** no canto superior esquerdo se refere a um cliente. Os ícones de documentos **html** e **css** referem-se ao conteúdo entregue ao cliente. Todos os outros elementos são parte do servidor. ■

Vinton E. "Vint" Cerf (à esquerda, 1943–) e Bob Kahn (à direita, 1938–) dividiram o Prêmio Turing em 2004 pelo pioneirismo de seus trabalhos em arquiteturas e protocolos de rede, incluindo TCP/IP.

2.2 50.000 Pés: Comunicação – HTTP e URIs

Um ***protocolo de rede*** é um conjunto de regras de comunicação utilizado em comum acordo por todos os agentes que participam da rede. Nesse caso, os agentes são clientes Web (como o Firefox) e os servidores Web (como WEBrick ou Apache). Navegadores e servidores Web se comunicam usando o ***HyperText Transfer Protocol***, ou ***HTTP***. Assim como muitos outros protocolos de aplicações de Internet, o HTTP depende do ***TCP/IP***, o venerável ***Transmission Control Protocol/Internet Protocol***, que permite a um par de agentes comunicar uma sequência ordenada de bytes. Essencialmente, o TCP/IP permite a comunicação de cadeias de caracteres arbitrárias entre um par de agentes da rede.

Em uma rede TCP/IP, cada computador possui um ***Endereço IP*** que consiste em quatro bytes separados por pontos como, por exemplo, 128.32.244.172. Na maior parte do tempo nós não usamos os endereços IP diretamente – outro serviço importante da Internet chamado ***Domain Name System*** (***DNS***), que possui seu próprio protocolo baseado em TCP/IP, é automaticamente invocado para traduzir ***hostnames*** (mais fáceis de lembrar) como, por exemplo, `www.eecs.berkeley.edu`, em seu endereço IP real, neste caso 128.32.244.172. Uma convenção usada por computadores compatíveis com TCP/IP é que se um programa em execução em um computador se refere ao nome `localhost`, ele está se referindo ao próprio computador em que o programa está executando. Por isso que ao usar o Firefox para acessar o endereço `localhost`, no início da Seção 2.1, fizemos o Firefox se comunicar com o processo do WEBrick, que estava sendo executado no mesmo computador que o Firefox.

■ ***Elaboração: Redes de computadores: multi-homing, IPv6 e HTTPS.***

Nós simplificamos alguns aspectos de TCP/IP: tecnicamente, cada ***dispositivo de interface de rede*** possui um endereço IP. Computadores ***multi-homed*** podem possuir múltiplas interfaces de rede. Além disso, por várias razões – incluindo o esgotamento dos números IPs disponíveis – a versão atual do IP (versão 4) está sendo gradualmente substituída pela versão 6 (IPv6), que utiliza um formato diferente para seus endereços. Entretanto, a maioria dos computadores só possui uma interface de rede ativa por vez e desenvolvedores de aplicações SaaS raramente lidam diretamente com endereços IP. Portanto, essas simplificações não alteram nossas explicações. Nós também vamos adiar a discussão sobre o Secure HTTP protocol (HTTPS) até o Capítulo 12. HTTPS utiliza ***criptografia de chave pública*** para criptografar (codificar) a comunicação entre um servidor e um cliente HTTP, de forma que um espião consiga ver apenas um conjunto de dados sem sentido trafegando pela rede. Do ponto de vista de um programador, HTTPS se comporta como HTTP, mas funciona apenas se um servidor Web for configurado para permitir o acesso HTTPS para um conjunto de páginas. "Mini" servidores como o WEBrick normalmente não fornecem esse tipo de segurança.

E o que é o `:3000` que nós juntamos ao `localhost` no exemplo? Múltiplos agentes em uma rede podem usar um mesmo endereço IP. No exemplo acima, tanto o cliente quanto o servidor estavam executando no seu próprio computador. Portanto, TCP/IP utiliza ***portas*** enumeradas de 1 a 65535 para distinguir os diferentes agentes de rede que utilizam o mesmo endereço IP. Todos os protocolos baseados no TCP/IP, incluindo o HTTP, precisam especificar o nome do host e a porta ao abrir uma conexão. Quando você usou o Firefox para ir para `localhost:3000/movies`, você estava indicando que em um computador chamado `localhost` (ou seja, "neste computador") um programa servidor estava monitorando a porta 3000, esperando por requisições de navegadores. Se nós não especificássemos o número da porta (3000) explicitamente, por padrão seria utilizada a porta 80 para `http` ou 443 para `https` (seguro).

A IANA. A Internet Assigned Numbers Authority[6] designa os números de porta que devem ser utilizadas por padrão para diversos protocolos e gerencia o nível mais alto ou zona "raiz" do DNS.

Para resumir, a comunicação no HTTP é iniciada quando um agente *abre uma conexão* para outro agente, especificando um nome de hospedeiro (*host*) e um número de porta; o processo de um servidor HTTP deve estar *escutando conexões* naquele hospedeiro e naquela porta.

URI ou URL? URIs são muitas vezes chamadas de URLs, ou *Uniform Resource Locators*. Apesar das sutis diferenças técnicas, para os nossos propósitos os termos podem ser usados indistintamente. Nós usamos URI porque são mais gerais e porque condizem com a terminologia utilizada pela maior parte das bibliotecas.

O texto `http://localhost:3000/movies` que você digitou na barra de endereços do Firefox é uma ***URI***, ou ***Uniform Resource Identifier***. Uma URI inicia com o nome de um *esquema* de comunicação, pelo qual a informação pode ser recuperada, seguido por um nome de hospedeiro (*hostname*), um número de porta opcional, e pelo *recurso* daquele hospedeiro que o usuário deseja recuperar; como mostra a Figura 2.3. Um recurso normalmente significa "qualquer coisa que pode ser enviada para o navegador": uma imagem, a lista de todos os filmes em formato HTML e um formulário de submissão que cria um novo filme são exemplos de recursos. Cada aplicação SaaS possui suas próprias regras para interpretar o nome do recurso. No entanto, veremos em breve uma proposta chamada REST que busca

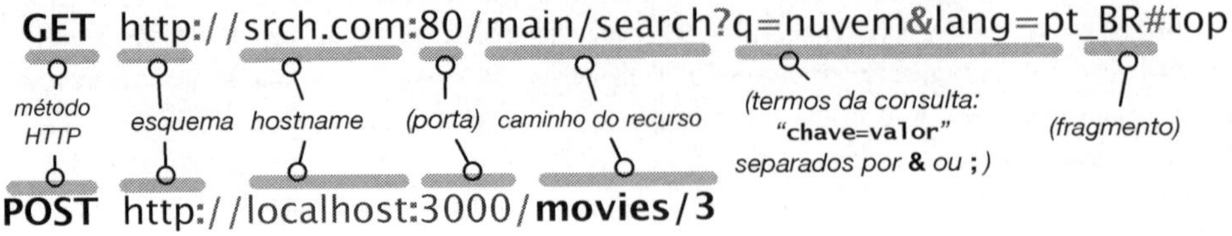

Figura 2.3: Uma requisição HTTP consiste em um *HTTP method*método HTTP mais uma *URI*. Uma *URI completa* começa com um esquema tal como `http` ou `https` e inclui os componentes acima. Os componentes opcionais estão entre parênteses. Uma *URI parcial* omite alguns ou todos os componentes do início da URI. Nesse caso, os componentes são inferidos como sendo relativos a *URI base* determinada por cada aplicação específica. Utilizar as URIs completas é considerado uma boa prática.

simplicidade e consistência para nomear recursos entre diferentes aplicações SaaS.

O protocolo HTTP é um ***protocolo livre de estado (stateless)*** já que toda requisição HTTP é independente e não tem relação nenhuma com as outras requisições. Uma aplicação web que mantém a sua trajetória e que sabe "onde você está" (Você já está logado? Em qual passo do processo de compra você está?) precisa de um mecanismo próprio para isso, uma vez que as requisições HTTP não possuem essa informação. ***Cookies HTTP*** são usados para associar o navegador de um usuário em particular com a informação mantida no servidor sobre a ***sessão*** do usuário. Porém é responsabilidade do navegador, e não do protocolo HTTP ou da aplicação SaaS, de se assegurar que o cookie correto seja incluído em cada requisição HTTP. Protocolos sem estado simplificam os servidores jogando a complexidade para a aplicação. Felizmente, arcabouços como o Rails protegem os desenvolvedores desse tipo de complexidade.

Screencast 2.2.1: Cookies.
`http://vimeo.com/33918630`
Arcabouços SaaS simplificam o trabalho com cookies. Eles são utilizados para estabelecer que requisições HTTP diferentes foram originadas de um mesmo navegador e que, portanto, podem ser consideradas como parte de uma mesma sessão. Na primeira visita a um site, o servidor inclui uma string longa (de até 4 Kbytes) junto ao campo `Set-Cookie:` do cabeçalho da mensagem de resposta. É responsabilidade do navegador incluir essa string no campo `Cookie:` do cabeçalho das mensagens de requisição HTTP em todas as requisições subsequentes àquele site. A string do cookie, que normalmente não é criptografada mas é protegida por um "fingerprint" ou ***message authentication code***, contém informação suficiente para que o servidor associe a requisição com uma mesma sessão de usuário.

Agora podemos descrever mais precisamente o que acontece quando você carrega a página do RottenPotatoes em termos um pouco mais precisos, assim como mostra a Figura 2.4.

Para nos aprofundar ainda mais, vamos olhar como o conteúdo em si é representado.

1. Um cliente Web (Firefox) solicita a página inicial de *Rotten Potatoes* para um servidor Web (WEBrick).
   a) O Firefox constrói uma requisição HTTP usando a URI ***http://localhost:3000*** para contactar um servidor HTTP (WEBrick) que esteja ouvindo na porta 3000 do mesmo computador onde está o Firefox (***localhost***).
   b) O WEBrick, ouvindo na porta 3000, recebe a requisição HTTP pedindo o recurso '/movies' (a lista de todos os filmes em *Rotten Potatoes*).
2. O WEBrick obtém o conteúdo da aplicação *Rotten Potatoes* e o envia para o Firefox.
3. O Firefox mostra o conteúdo para o usuário e fecha a conexão HTTP.

Figura 2.4: A 50.000 pés de altitude, podemos expandir o Passo 1 da Figura 2.1.

Resumo

- Navegadores web e servidores se comunicam entre si usando o ***HyperText Transfer Protocol***. O HTTP depende do ***TCP/IP*** (*Transmission Control Protocol/Internet Protocol*) para trocar, de forma confiável, uma sequência ordenada de bytes.
- Cada computador conectado a uma rede TCP/IP possui um ***endereço IP*** como, por exemplo, 128.32.244.172. O ***Domain Name System*** (DNS) permite o uso de nomes mais amigáveis no lugar do IP. O nome especial `localhost` se refere sempre ao computador local e é traduzido para o IP especial 127.0.0.1.
- Toda aplicação executando em um computador deve "escutar" em uma ***porta TCP*** diferente, enumeradas de 1 a 65535 ($2^{16} - 1$). A porta 80 é utilizada por servidores HTTP (Web).
- Para executar uma aplicação SaaS localmente, você deve ativar um servidor HTTP para que ele ouça em uma porta em `localhost`. O WEBrick, servidor leve do Rails, usa a porta 3000.
- Um ***Uniform Resource Identifier*** (URI) denomina um recurso disponível na Internet. A interpretação do nome do recurso varia de aplicação para aplicação.
- O protocolo HTTP é um protocolo sem estado, ou seja, uma requisição é independente de todas as outras requisições, mesmo que sejam originadas do mesmo usuário. ***Cookies HTTP*** permitem a associação entre requisições HTTP diferentes originadas de um mesmo usuário. É responsabilidade do navegador aceitar um cookie de um servidor HTTP e garantir que esse cookie será incluído em requisições futuras enviadas àquele servidor.

■ ***Elaboração: Pull do cliente vs. Push do servidor.***

A Web segue fundamentalmente uma arquitetura cliente-servidor com "pull" do cliente, i.e., o cliente puxa os dados do servidor, ou seja, o cliente inicia todas as interações – servidores HTTP podem apenas esperar por que seus clientes os contactem. Isso ocorre pois HTTP for projetada como um protocolo do tipo requisição-resposta: somente clientes podem iniciar a comunicação. Novos padrões, ainda em evolução, incluindo WebSockets e HTML5, possuem algum suporte para que servidores empurrem (*push*) conteúdo atualizado para o cliente. No entanto, arquiteturas verdadeiramente do tipo *push do servidor*, tais como SMS em telefones celulares, permitem que o servidor inicie uma conexão ao cliente de forma a "acordá-lo" quando informações novas se tornam disponíveis; e, portanto, não podem usar HTTP. Uma crítica inicial à arquitetura da Web foi que um protocolo puramente requisição-resposta não iria permitir esse tipo de aplicação baseada em *push* do servidor. Na prática, no entanto, a alta eficiência do software de servidores especializados permitem a criação de páginas Web que frequentemente buscam (*poll*) ou verificam com o servidor se há atualizações para serem recebidas, dando a ilusão de uma aplicação baseada em *push* mesmo sem as funcionalidades propostas agora em WebSockets e HTML5.

Auto-avaliação 2.2.1. *O que acontece se visitarmos a URL* `http://google.com:3000` *e por quê?*

◇ O tempo limite da conexão irá expirar ("time out") sem conseguir contactar o servidor. O Google (como quase todas as páginas Web) escutam a porta TCP 80 (a porta padrão) e não a porta 3000. ■

Auto-avaliação 2.2.2. *O que acontece se tentarmos acessar o RottenPotatoes em (digamos)* `http://localhost:3300` *(ao invés de* `:3000`*) e por quê?*

◇ Você obterá o erro de "conexão recusada", já que nenhum processo está ouvindo a porta 3300. ■

2.3 10.000 Pés: Representação – HTML e CSS

Se o navegador Web é o cliente universal, então o ***HTML***, *HyperText Markup Language*, é a linguagem universal. Uma ***linguagem de marcação*** combina texto com marcações (anotações sobre o texto) de forma que seja fácil distinguir os dois sintaticamente. Veja o Screencast 2.3.1 para alguns dos destaques de HTML 5, a versão atual da linguagem, antes de prosseguir a leitura.

O uso de parênteses angulares para as marcações é herança do ***SGML*** (Standard Generalized Markup Language), uma padronização da linguagem Generalized Markup Language, desenvolvida pela IBM nos anos 60 para codificar documentos de projetos que pudessem ser lidos pelo computador.

Screencast 2.3.1: Introdução à HTML.
`http://vimeo.com/34754506`
HTML consiste em uma hierarquia de elementos aninhados, onde cada um é formado por uma marcação de início (tal como `<p>`), seu conteúdo (em alguns casos) e uma marcação de encerramento (tal como `</p>`). A maior parte das marcações de início também podem possuir atributos. Por exemplo: `<a href="http://...">`. Marcações que não possuem conteúdo são autocontidas. Por exemplo, `<br clear="both"/>` insere uma quebra de linha abaixo de qualquer elemento das margens esquerda e direita.

Há uma (infeliz) confusão a respeito da história do HTML[7]. O HTML 5 inclui características de todos os seus precedentes (HTML versões 1 a 4) e XHTML (*eXtended HyperText*

Markup Language), que é um subconjunto de ***XML***, uma linguagem de marcação extensível (*eXtensible Markup Language*) que pode ser usada tanto para representar dados, como também para descrever outras linguagens de marcação. Realmente, o XML é um tipo de representação de dados, utilizado para troca de informações *entre* dois serviços em uma arquitetura orientada a serviços, como veremos no Capítulo 8 (quando estendermos a aplicação RottenPotatoes para recuperar informações de um outro serviço de banco de dados de filmes). É difícil enumerar as diferenças entre as variações de XHTML e HTML, e nem todas são implementadas por todas as versões dos navegadores. A menos que o contrário seja expresso explicitamente, quando usarmos a sigla HTML estaremos nos referindo a HTML 5 e tentaremos evitar o uso de recursos que não possuam amplo suporte.

Os atributos `id` e `class` dos marcadores HTML são de especial interesse. Eles são bastantes utilizados para conectar a estrutura HTML à sua aparência visual. O próximo screencast ilustra como utilizar a barra de ferramenta para desenvolvedores Web do Firefox para identificar os IDs e Classes dos elementos HTML de uma página.

Screencast 2.3.2: Inspecionando os atributos ID e Class.
`http://vimeo.com/34754568`
CSS utiliza uma notação de ***seletores*** tais como `div#`*nome* para indicar um elemento `div` cujo `id` é *nome* e `div.`*nome* para indicar um elemento `div` cuja classe é *nome*. Apenas um elemento em um documento HTML pode ter um determinado `id`, enquanto que vários elementos (possivelmente de tipos diferentes) podem compartilhar a mesma `class`. Todos os três aspectos de um elemento – seu marcador, seu `id` (se possuir um) e seu atributo `class` (se houver) – pode ser usado para identificar um elemento como candidato para ser formatado visualmente.

Para um exemplo extremo do quão flexível poder ser o uso de CSS, visite a página CSS Zen Garden[8].

Como o próximo screencast mostra, o padrão ***CSS*** (***Cascading Style Sheets***) nos permite associar instruções de "estilos" aos elementos HTML utilizando os IDs e classes dos elementos. O screencast cobre as comandos básicos de CSS, que são resumidos na Figura 2.5. A Seção 2.11, Para Aprender Mais, no final deste capítulo lista sites e livros que descrevem CSS em detalhes, incluindo como usar CSS para alinhar o conteúdo em uma página, algo que designers faziam manualmente com o uso de tabelas HTML.

Screencast 2.3.3: Introdução a CSS.
`http://vimeo.com/34754607`
Existem quatro mecanismos básicos usados por seletores em um arquivo CSS para selecionar um elemento HTML: nome do marcador, classe, ID e a sua hierarquia. Os designers tentam manter seus CSSs simples e evitar que vários seletores correspondam a um mesmo elemento (as regras para aplicar os estilos nesses casos são complexas). Uma forma fácil de ver o "esqueleto" de uma página é selecionar *CSS>Disable Styles>All Styles* na barra de ferramentas para o Desenvolvedor Web do Firefox. Isso irá exibir a página com todas as regras de formatação desligadas, mostrando até que ponto CSS pode ser utilizado para separar a aparência visual de sua estrutura lógica.

Usando todo esse novo conteúdo, a Figura 2.6 expande os passos 2 e 3 do resumo (da seção anterior) de como o SaaS funciona.

Seletor	**O que é selecionado**
`h1`	Qualquer elemento `h1`
`div#mensagem`	O `div` cujo ID é `mensagem`
`.red`	Qualquer elemento com classe `red`
`div.red, h1`	O `div` com classe `red`, ou qualquer `h1`
`div#mensagem h1`	O elemento `h1` filho de (dentro de) `div#mensagem`
`a.lnk`	Elemento `a` com classe `lnk`
`a.lnk:hover`	Elemento `a` com classe `lnk`, quando o mouse passa por cima dele

Atributo	**Valores exemplo**	**Atributo**	**Valores exemplo**
font-family	`"Times, serif"`	background-color	`red`, `#c2eed6` (RGB values)
font-weight	`bold`	border	`1px solid blue`
font-size	`14pt`, `125%`, `12px`	text-align	`right`
font-style	`italic`	text-decoration	`underline`
color	`black`	vertical-align	`middle`
margin	`4px`	padding	`1cm`

Figura 2.5: Alguns comandos em CSS, incluindo aqueles explicadas no Screencast 2.3.3. A tabela do topo mostra alguns *seletores* CSS que identificam os elementos a serem formatados; a tabela de baixo mostra alguns atributos, cujos nomes são em geral auto-explicativos, e alguns valores de exemplo que podem ser utilizados. Nem todos os atributos são válidos em todos os elementos.

1. Um cliente Web (Firefox) solicita a página inicial de *Rotten Potatoes* para um servidor Web (WEBrick).
   a) O Firefox constrói uma requisição HTTP usando a URI ***http://localhost:3000*** para contactar um servidor HTTP (WEBrick) que esteja ouvindo na porta 3000 do mesmo computador onde está o Firefox (***localhost***).
   b) O WEBrick, ouvindo na porta 3000, recebe a requisição HTTP pedindo o recurso '/movies' (a lista de todos os filmes em *Rotten Potatoes*).

2. O WEBrick obtém o conteúdo da aplicação *Rotten Potatoes* e o envia para o Firefox.
   a) O WEBrick devolve conteúdo codificado em HTML, novamente usando HTTP. O HTML pode conter referências para outros tipos de mídia, como imagens para serem inseridas na página Web. O HTML pode também conter uma referência para uma folha de estilo CSS contendo instruções de formatação descrevendo os atributos visuais desejados para a página (tamanhos de fontes, cores, leiaute, etc.).

3. O Firefox mostra o conteúdo para o usuário e fecha a conexão HTTP.
   a) O Firefox baixa quaisquer recursos que tenham sido referenciados (CSS, imagens, etc.) repetindo os quatro passos anteriores conforme necessário, sempre provendo as URIs dos itens desejados conforme descritos na página HTML.
   b) O Firefox mostra a página de acordo com as diretivas de formatação do CSS e incluindo qualquer item referenciado, tais como imagens.

Figura 2.6: SaaS visto a 10.000 pés. Se comparado a Figura 2.4, o passo 2 foi expandido para descrever o conteúdo devolvido por um servidor Web, e o passo 3 foi expandido para descrever o papel exercido pelo CSS no modo como um navegador Web renderiza o conteúdo.

Resumo

- Um documento ***HTML*** (*HyperText Markup Language*) consiste em uma coleção de elementos aninhados hierarquicamente. Cada elemento inicia com o ***marcador*** entre <parênteses angulares> e opcionalmente podem possuir ***atributos***. Alguns elementos englobam conteúdo.
- Um ***seletor*** é uma expressão que identifica um ou mais elementos HTML em um documento ao usar a combinação do nome do elemento (ex: `body`), o `id` do elemento (um atributo dos elementos que deve aparecer uma única vez em uma página) e a classe (`class`) do elemento (um atributo que não necessariamente é único em uma página).
- ***Cascading Style Sheets*** (CSS) é uma linguagem de folhas de estilos que descreve os atributos gráficos de um elemento de uma página Web. Uma folha de estilo associa um conjunto de propriedades gráficas ao documento com o uso de seletores. O elemento especial `link` dentro do elemento `head` de um documento HTML associa uma folha de estilo CSS ao documento.
- A barra do desenvolvedor Web do navegador Firefox é uma ferramenta inestimável na hora de examinar o que está acontecendo por baixo dos panos com a estrutura do HTML e suas folhas de estilo.

Auto-avaliação 2.3.1. *Verdadeiro ou falso: todo elemento HTML precisa ter um ID.*

◇ Falso – o ID é opcional, mas deve ser único se fornecido. ■

Pastebin é o serviço que nós usaremos para facilitar o "copiar e colar" de código. Você deve digitar a URI se você está lendo a versão impressa do livro.

Auto-avaliação 2.3.2. *Dado o seguinte trecho de texto em HTML:*
http://pastebin.com/4ATW3CJd

```
<p class="x" id="i">I hate <span>Mondays</span></p>
<p>but <span class="y">Tuesdays</span> are OK.</p>
```

Escreva um seletor CSS que selecione apenas *a palavra* Mondays *para ser estilizada.*

◇ Três possibilidades, da mais específica para a mais geral, são: **#i span**, **p.x span** e **.x span**. Outros seletores são possíveis mas são redundantes ou muito restritos; por exemplo: **p#i span** and **p#i.x span** são redundantes nesse exemplo de HTML já que no máximo um elemento pode ter ID **i**. ■

Auto-avaliação 2.3.3. *Na Auto-avaliação 2.3.2, por que* **span** *e* **p span** não *são respostas válidas?*

◇ Esses dois seletores também selecionariam *Tuesdays*, que é um **span** dentro de um **p**. ■

Auto-avaliação 2.3.4. *Qual a forma mais comum de associar uma folha de estilo CSS com um documento HTML? (DICA: veja o exemplo do screencast anterior).*

◇ Dentro de um elemento `HEAD` do documento HTML, inclua um elemento `LINK` com pelo menos os três atributos a seguir: Within the `HEAD` element of the HTML or HTML document, include a `REL="STYLESHEET"`, `TYPE="text/css"`, e `HREF="`*`uri`*`"`, onde *`uri`* é a URI parcial ou completa da folha de rosto. Ou seja, a folha de rosto deve poder ser acessada como um recurso determinado por uma URI. ■

2.4 5.000 Pés: Arquitetura em 3 Camadas & Escalabilidade Horizontal

Até agora vimos apenas como o cliente se comunica com o servidor e como a informação trocada é representada, mas ainda não falamos nada sobre o que acontece no servidor. Voltando, então, para o lado do servidor da Figura 2.2 e analisando em detalhes o que ocorre no segundo nível, temos que as aplicações Web são estruturadas em três *níveis* lógicos. A ***camada de apresentação*** normalmente consiste em um ***servidor HTTP*** (ou simplesmente "***servidor Web***"), que aceita requisições vindas do exterior (i.e., dos usuários) e, em geral, devolve itens estáticos. Até o momento, nós usamos o WEBrick com essa finalidade.

O servidor web repassa requisições por conteúdo dinâmico para a ***camada lógica***, onde realmente a aplicação é executada para gerar o conteúdo dinâmico. A aplicação geralmente conta com um ***servidor de aplicação***, que esconde as operações de baixo nível do HTTP do desenvolvedor da aplicação. Por exemplo, um servidor de aplicação pode receber as requisições HTTP e encaminhá-las diretamente para o trecho de código mais apropriado para tratá-la, livrando o desenvolvedor da tarefa de ouvir as requisições e analisar as mensagens HTTP. Servidores de aplicações modernos permitem o uso de um ou mais ***arcabouços para aplicações Web***, que simplificam a criação de uma classe particular de aplicações Web ao utilizar uma linguagem especializada. Nós utilizaremos o arcabouço Rails e o servidor de aplicações Rack, que vem com o Rails. O WEBrick pode "falar" com o Rack diretamente; para usar outros servidores Web tais como o Apache precisaríamos utilizar módulos adicionais. Se você estivesse programando em PHP, Python ou Java, você utilizaria um servidor de aplicações que manipule códigos escritos nessas linguagens. Por exemplo, o Google AppEngine, que executa aplicações escritas em Python ou Java, possui um middleware proprietário que faz a ponte entre o seu código Python ou Java e a infraestrutura operada pelo Google que é voltada para o mundo exterior.

Como os servidores de aplicação ficam entre os servidores Web (camada de apresentação) e o seu código da aplicação, eles são chamados também de ***middleware***.

Por fim, como o HTTP é um protocolo sem estado ("stateless"), os dados da aplicação devem permanecer armazenados durante requisições HTTP. Informações como os dados da sessão, login do usuário e informações de perfil, são armazenados na ***camada de persistência***. Atualmente, bancos de dados de código aberto como o MySQL ou PostgreSQL são as escolhas mais populares para a camada de persistência, embora bancos de dados comerciais como o Oracle ou IBM DB2 tenham sido bastante utilizados antes da popularização dos bancos de dados de código aberto.

LAMP. Os primeiros sites SaaS foram criados usando linguagens de script Perl e PHP, cujo surgimento coincidiu com o início do sucesso do Linux, um sistema operacional de código aberto, e com o MySQL, um banco de dados de código aberto. Milhares de sites ainda utilizam a *pilha LAMP* de software: Linux, Apache, MySQL e PHP ou Perl.

As "camadas" do modelo de três camadas são camadas *lógicas*. Em um site com pouco conteúdo ou pouco tráfego, o software de todas as três camadas podem ser executados em um mesmo computador. É exatamente o que estamos fazendo no exemplo do RottenPotatoes: sua camada de apresentação é composta somente pelo WEBrick e sua camada de persistência é composta por um banco de dados de código aberto simples chamado SQLite, que armazena as informações diretamente em arquivos no seu computador local. Em ambientes de produção, é comum que cada uma das camadas sejam executadas em um ou mais computadores. Como a Figura 2.7 mostra, em um site típico, as requisições HTTP que chegam são redirecionadas para algum dentre vários servidores Web disponíveis, que por sua vez escolhe um, dentre os vários servidores de aplicação disponíveis, que cuidará da criação do conteúdo dinâmico. Essa forma de composição permite que computadores sejam adicionados ou removidos de cada uma das camadas conforme a demanda.

Entretanto, como a seção Enganos e Armadilhas explica, fazer com que a camada de persistência não compartilhe estado (*shared-nothing*) é muito mais complicado. A Figura 2.7 mostra a abordagem ***mestre-escravo***, utilizada quando o número de leituras em um banco

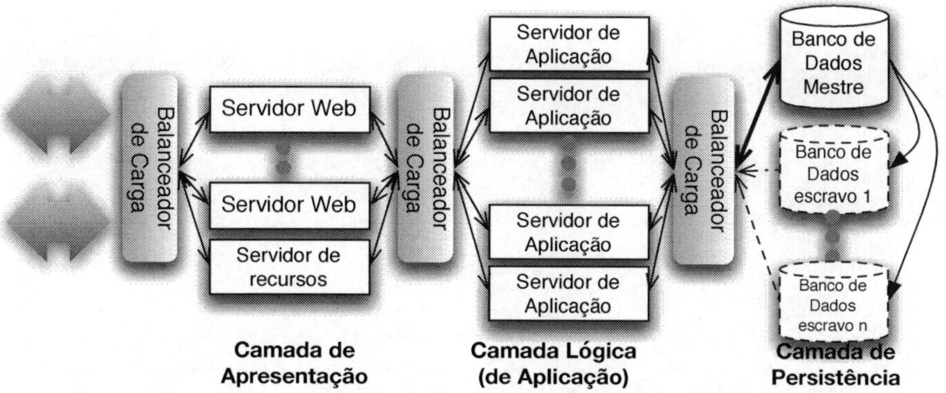

Figura 2.7: A arquitetura em 3 camadas sem compartilhamento de estado, chamada assim porque as entidades dentro de uma camada geralmente não se comunicam com as outras, o que permite adicionar computadores em cada uma das camadas de forma independente para atender a demanda. *Balanceadores de carga*, que dividem a carga de trabalho equitativamente, podem ser tanto dispositivos de hardware especializados, quanto um servidor Web especialmente configurado para isso. Como todas as requisições HTTP são independentes, qualquer servidor da camada de apresentação ou de lógica pode ser designado para atender qualquer requisição. Entretanto, redimensionar a camada de persistência é mais complicado, como o texto explica.

de dados é muito mais frequente do que o número de escritas: qualquer escravo pode realizar leituras, mas apenas o mestre pode realizar escritas. O mestre atualiza os escravos com os dados que foram escritos tão rápido quanto possível. Ainda assim, essa técnica só adia o problema da escalabilidade ao invés de resolvê-lo. Como um dos fundadores do Heroku[9] escreveu:

> *Uma pergunta que sempre me fazem sobre Heroku é a seguinte: "Como vocês fazem para que o banco de dados SQL seja escalável?" Eu poderia falar sobre caching, particionamento (sharding) e outras técnicas para não sobrecarregar o banco de dados. Mas, na verdade, a resposta é: nós não fazemos. Bancos de dados SQL não são escaláveis por natureza, não existe um pozinho mágico que nós, ou que qualquer pessoa, possa jogar neles para torná-los escaláveis.*
>
> —Adam Wiggins, Heroku[10]

Agora podemos adicionar mais um nível de detalhamento à nossa explicação; o passo 2a é novidade na Figura 2.8.

1. Um cliente Web (Firefox) solicita a página inicial de *Rotten Potatoes* para um servidor Web (WEBrick).
   a) O Firefox constrói uma requisição HTTP usando a URI ***http://localhost:3000*** para contactar um servidor HTTP (WEBrick) que esteja ouvindo na porta 3000 do mesmo computador onde está o Firefox (***localhost***).
   b) O WEBrick, ouvindo na porta 3000, recebe a requisição HTTP pedindo o recurso '/movies' (a lista de todos os filmes em *Rotten Potatoes*).

2. O WEBrick obtém o conteúdo da aplicação *Rotten Potatoes* e o envia para o Firefox.
   a) Por meio do middleware Rack (escrito em Ruby), o WEBrick chama o código do Rotten Potatoes na camada de aplicação. Esse código gera o conteúdo da página Web usando informações sobre os filmes armazenados na camada de persistência implementadas por um banco de dados SQLite usando arquivos locais.
   b) O WEBrick devolve conteúdo codificado em HTML, novamente usando HTTP. O HTML pode conter referências para outros tipos de mídia, como imagens para serem inseridas na página Web. O HTML pode também conter uma referência para uma folha de estilo CSS contendo instruções de formatação descrevendo os atributos visuais desejados para a página (tamanhos de fontes, cores, leiaute, etc.).

3. O Firefox mostra o conteúdo para o usuário e fecha a conexão HTTP.
   a) O Firefox baixa quaisquer recursos que tenham sido referenciados (CSS, imagens, etc.) repetindo os quatro passos anteriores conforme necessário, sempre provendo as URIs dos itens desejados conforme descritos na página HTML.
   b) O Firefox mostra a página de acordo com as diretivas de formatação do CSS e incluindo qualquer item referenciado, tais como imagens.

Figura 2.8: SaaS visto a 5.000 pés. O passo 2a foi inserido na Figura 2.6, descrevendo as ações do servidor SaaS em termos da arquitetura em três camadas.

Resumo

- A arquitetura em três camadas inclui uma camada de apresentação, responsável por criar visualizações e interagir com o usuário; uma camada lógica, que executa o código da aplicação SaaS; e uma camada de persistência, que armazena os dados da aplicação.
- A ausência de estado entre requisições HTTP permite que as camadas de apresentação e lógica não compartilhem dados (***shared-nothing***), por isso computação em nuvem pode ser usado para adicionar mais computadores às camadas de acordo com a demanda. Entretanto, a camada de persistência é mais difícil de redimensionar.
- Dependendo do tamanho do sistema implantado, mais de uma camada pode ser hospedada em um único computador ou uma única camada pode precisar de muitos computadores.

■ ***Elaboração: Por que o uso de bancos de dados?***

Mesmo que as primeiras aplicações Web algumas vezes manipulassem arquivos para guardar dados, existem duas razões pelas quais bancos de dados começaram a ser adotados para realizar esse papel. Primeiro, bancos de dados sempre foram utilizados como uma forma *durável* de armazenamento de dados – ou seja, garante que, uma vez armazenado, o dado não será perdido na ocorrência de um evento inesperado como uma pane no sistema ou problemas na memória. Em uma aplicação Web que armazena dados de milhões de usuários essa característica é essencial. Segundo, bancos de dados armazenam a informação em um formato estruturado – no caso de ***bancos de dados relacionais***, de longe o tipo mais popular, cada tipo de objeto é armazenado em uma tabela, cujas linhas representam instâncias desses objetos e as colunas representam as propriedades do objeto. Essa forma de armazenamento é bastante apropriada para os dados estruturados que muitas das aplicações Web manipulam. Curiosamente, as maiores e mais populares aplicações Web atualmente, como o Facebook, cresceram muito além da escala para a qual bancos de dados relacionais foram concebidos e hoje são forçados a considerar outras alternativas.

Auto-avaliação 2.4.1. *Explique porque computação em nuvem poderia ter tido um impacto menor em SaaS se a maior parte das aplicações SaaS não seguissem a arquitetura sem compartilhamento (*shared-nothing*).*

◇ Computação em nuvem permite adicionar e remover computadores facilmente, pagando-se apenas pelo que for usado, mas é essa arquitetura sem compartilhamento que faz com que seja muito simples que uma aplicação em execução "absorva" os novos computadores e os "liberem" quando eles não são mais necessários. ■

Auto-avaliação 2.4.2. *Na camada ____ das aplicações SaaS em três camadas, o redimensionamento dos recursos não é tão simples quanto apenas adicionar novas máquinas.*

◇ Camada de persistência. ■

2.5 1.000 Pés: Arquitetura Model-View-Controller

Até agora não dissemos nada sobre a estrutura do código da aplicação RottenPotatoes. Na verdade, nós usamos apenas o padrão arquitetural cliente-servidor para caracterizar uma aplicação SaaS "vista a 100.000 pés" de altura. Podemos caracterizar a aplicação "vista a 1.000 pés" usando o padrão arquitetural ***Model-View-Controller*** (abreviado como MVC).

Uma aplicação organizada de concordo com o padrão MVC é formada por três tipos diferentes de código. Os ***Modelos*** são trechos de código que manipulam os dados da aplicação: como armazená-los, realizar operações e modificá-los. Uma aplicação MVC tipicamente possui um modelo para cada tipo de entidade manipulada pela aplicação. A nossa aplicação de exemplo, RottenPotatoes, possui um único modelo: Movie; adicionaremos outros modelos posteriormente. Como é papel dos modelos manipular os dados da aplicação, eles contêm código que interage com a camada de armazenamento.

Visões são interfaces gráficas para o usuário e contém informações sobre os modelos com os quais os usuários podem interagir. As visões servem como interface entre os usuários de um sistema e seus dados. Por exemplo, na RottenPotatoes você pode listar e adicionar novos filmes clicando em links e botões das visões (que, no caso da nossa aplicação, é uma página Web). Há um único tipo de modelo na aplicação Rotten Potatoes, mas ele está associado a várias visões: uma visão lista todos os filmes, outra visão mostra os detalhes de um filme em particular, e outras visões aparecem na criação de novos filmes e na edição dos filmes cadastrados.

Finalmente, os ***controladores*** mediam a interação em ambas as direções: quando um usuário interage com uma visão (ex: ao clicar em algo em uma página Web), uma ***ação*** específica do controlador, correspondente àquela atividade do usuário, é invocada. Cada controlador está associado a um modelo e, no Rails, cada ação do controlador é implementada por um método Ruby em particular daquele controlador. O controlador pode pedir ao Modelo para recuperar ou modificar informações; dependendo do resultado obtido, o controlador decide qual visão será apresentada a seguir ao usuário, e repassa à visão todas as informações que podem ser necessárias. Como o RottenPotatoes possui um único Modelo (*Movies*), ele também possui um único controlador, o controlador Movies. As ações definidas nesse controlador podem lidar com todo o tipo de interação entre um usuário e qualquer visão de um filme (através de cliques nos links ou botões, por exemplo) e conter a lógica necessária para obter informações do Modelo para *renderizar* qualquer uma das visões de livros.

Dado que as aplicações SaaS sempre se destacaram pela sua interface de visualização e sempre dependeram de uma camada de persistência, a escolha do Rails pelo MVC como arquitetura de base pode parecer uma solução óbvia. Mas existem outras opções que poderiam ter sido utilizadas, como as listadas na Figura 2.9, extraída de *Catálogo de Padrões Arquiteturais para Aplicações Corporativas*, de Martin Fowler[11]. Aplicações cuja maior parte de seu conteúdo é estático, exceto por algumas pequenas partes de conteúdo gerado dinamicamente, como um site de previsão do tempo, poderia escolher o padrão *Template View*. O padrão *Page Controller* funciona bem para aplicações que podem ser estruturadas como um conjunto de pequenas páginas distintas, munindo cada página com seu próprio controlador. Esse controlador é mais simples já que ele só precisa saber como gerar aquela página específica. Já uma aplicação que precisa conduzir um usuário através de uma sequência de páginas (tal como uma aplicação para inscrever um e-mail em uma lista de e-mails) mas que possui poucos modelos, o padrão *Front Controller* poder ser suficiente. Nesse padrão um único controlador é responsável por todas as requisições ao invés de termos controladores distintos responsáveis por cada um modelo.

A Figura 2.10 resume o que acabamos de aprender da estrutura de uma aplicação SaaS.

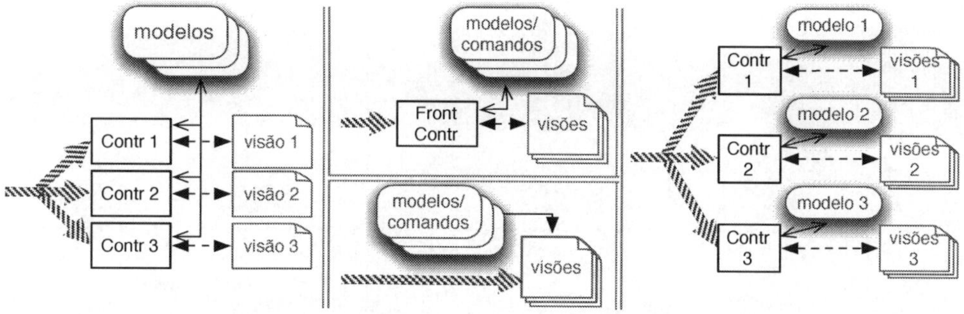

Figura 2.9: Comparação de padrões arquiteturais para aplicações Web. Modelos são representados como retângulos arredondados, controladores como retângulos e visões como ícones de documentos. O *Page Controller* (à esquerda), usado pelo Sinatra, tem um controlador para cada página lógica da aplicação. *Front Controller* (no topo, ao centro), usado por servlets J2EE (Java 2 Enterprise Edition), possui um único controlador que utiliza métodos de vários modelos diferentes para gerar uma coleção de visões. *Template View* (centro da parte inferior), usado pelo PHP, enfatiza a ideia de construir aplicações em torno de suas visões, permitindo que a lógica dos modelos também gere dinamicamente parte do conteúdo; o controlador está implícito no arcabouço. Model-View-Controller (à direita), usado pelo Rails e pelo Java Spring, associa um controlador a um conjunto de visões para cada tipo de modelo.

Resumo

- O padrão de projeto ***Model-View-Controller*** ou MVC distingue *modelos* que implementam a lógica do negócio; *visões* que apresentam as informações para o usuário e permitem que o usuário interaja com a aplicação; e *controladores* que mediam a interação entre visões e modelos.
- Em aplicações SaaS que usam MVC, toda ação de usuário que pode ser realizada em uma página Web – clicar em um link ou botão, submeter um formulário preenchido ou mesmo usar o recurso arrastar-e-soltar – será tratada por alguma ação do controlador, que irá consultar um ou mais modelos para obter as informações necessárias e gerar uma visão como resposta.
- O MVC é apropriado para aplicações SaaS interativas que possuem diversos tipos de modelo, onde faz sentido colocar controlador e visões juntos com cada um dos tipos de modelo. Outros padrões arquiteturais podem ser mais apropriados para aplicações menores, com quantidade menor de modelos ou com um repertório menor de operações.

Auto-avaliação 2.5.1. *Qual(is) camada(s) da arquitetura em três camadas estão relacionadas com cada um dos seguintes conceitos: (a) modelos, (b) controladores, (c) visões?*
◇ (a) modelos: camadas lógica e de persistência; (b) controladores: camadas lógica e de apresentação; (c) visões: camadas lógica e de apresentação. ■

2.6 500 Pés: Active Record para Modelos

Como os modelos, visões e controladores realizam as suas tarefas? Como fizemos anteriormente, vamos descrever os detalhes usando os padrões utilizados.

1. Um cliente Web (Firefox) solicita a página inicial de *Rotten Potatoes* para um servidor Web (WEBrick).
   a) O Firefox constrói uma requisição HTTP usando a URI ***http://localhost:3000*** para contactar um servidor HTTP (WEBrick) que esteja ouvindo na porta 3000 do mesmo computador onde está o Firefox (***localhost***).
   b) O WEBrick, ouvindo na porta 3000, recebe a requisição HTTP pedindo o recurso '/movies' (a lista de todos os filmes em *Rotten Potatoes*).

2. O WEBrick obtém o conteúdo da aplicação *Rotten Potatoes* e o envia para o Firefox.
   a) Por meio do middleware Rack (escrito em Ruby), o WEBrick chama o código do Rotten Potatoes na camada de aplicação. Esse código gera o conteúdo da página Web usando informações sobre os filmes armazenados na camada de persistência implementadas por um banco de dados SQLite usando arquivos locais.
      i) O Rack direciona a requisição à ação ***index*** do controlador Movies; o recurso associado a essa rota é a lista de todos os filmes.
      ii) A função Ruby que implementa a ação ***index*** do controlador Movies solicita ao modelo ***Movie*** uma lista de filmes e os atributos a eles associados.
      iii) Caso obtenha sucesso, o controlador identifica uma Visão que contenha código HTML para apresentar a lista de filmes e passa a ela as informações dos filmes de forma que a página Web possa ser construída. Caso ele falhe, o controlador identifica a Visão que mostra uma mensagem de erro.
      iv) O Rack passa a visão construída para o WEBrick, que o envia de volta para o Firefox na forma de uma resposta HTTP.
   b) O WEBrick devolve conteúdo codificado em HTML, novamente usando HTTP. O HTML pode conter referências para outros tipos de mídia, como imagens para serem inseridas na página Web. O HTML pode também conter uma referência para uma folha de estilo CSS contendo instruções de formatação descrevendo os atributos visuais desejados para a página (tamanhos de fontes, cores, leiaute, etc.).

3. O Firefox mostra o conteúdo para o usuário e fecha a conexão HTTP.
   a) O Firefox baixa quaisquer recursos que tenham sido referenciados (CSS, imagens, etc.) repetindo os quatro passos anteriores conforme necessário, sempre provendo as URIs dos itens desejados conforme descritos na página HTML.
   b) O Firefox mostra a página de acordo com as diretivas de formatação do CSS e incluindo qualquer item referenciado, tais como imagens.

Figura 2.10: O passo 2a foi expandido para mostrar o papel que a arquitetura MVC possui no processamento de uma requisição a uma aplicação SaaS.

Toda aplicação (exceto as muito triviais) precisam armazenar e manipular dados persistentes. Seja usando um banco de dados, um simples arquivo ou qualquer outro tipo de armazenamento persistente, é necessário ter um mecanismo de conversão entre a forma como esses dados são armazenados e as estruturas de dados e objetos manipulados pelo código da aplicação. Na versão do RottenPotatoes utilizada neste capítulo, o único dado persistente é a informação sobre os filmes. Dentre os *atributos* de um filme, temos o seu título, data de lançamento, classificação etária e uma pequena sinopse que resume o filme. Uma forma ingênua de armazenar as informações sobre os filmes seria gravá-las em um arquivo texto, onde uma linha do arquivo corresponderia a um filme e os atributos seriam separados por vírgulas:

http://pastebin.com/FYLxpiAT

```
Gone with the Wind,G,1939-12-15,An American classic ...
Casablanca,PG,1942-11-26,Casablanca is a classic and...
```

Para recuperar a informação sobre os filmes, seria necessário ler todas as linhas do arquivo e dividir o conteúdo definido entre as vírgulas como *campos*. Obviamente teríamos problemas com filmes que possuíssem vírgulas em seus títulos, como aconteceria com o filme *Food, Inc.*, por exemplo:

http://pastebin.com/LFSX4LSH

```
Food, Inc.,PG,2008-09-07,The current method of raw...
```

Nós podemos tentar consertar esse problema colocando aspas antes e depois de cada campo:

http://pastebin.com/KubsyZHq

```
"Food, Inc.","PG","2008-09-07","The current method of raw..."
```

...que funcionaria corretamente, até que alguém cadastrasse o filme *Waiting for "Superman"*. Como o exemplo mostra, o desenvolvimento de um sistema de armazenamento (mesmo que simples como esse) possui algumas armadilhas traiçoeiras. Seria necessário escrever código para converter os objetos na memória do sistema para a nossa representação de armazenamento (chamado de ***marshalling*** ou ***seriação*** (*serialization*) o objeto) e vice versa (*unmarshalling* ou *desserialização* (*deserialization*).

Edgar F. "Ted" Codd (1923–2003) recebeu o Prêmio Turing em 1981 pela invenção da ***álgebra relacional***, o formalismo subjacente aos bancos de dados relacionais.

Felizmente, a necessidade de persistir objetos é tão comum que vários padrões de projeto foram desenvolvido e aprimorados para tentar resolver esse problema. Um subconjunto desses padrões utilizam o chamado ***structured storage*** – sistemas de armazenamento que permitem que o desenvolvedor possa especificar a estrutura dos objetos armazenados ao invés de escrever explicitamente o código para criar essa estrutura. Em alguns casos também é possível especificar as relações que conectam os diferentes tipos de objetos. Os *sistemas de gerenciamento de bancos de dados relacionais* (SGBDRs) evoluíram nos anos 1970 como um elegante sistema estruturado de armazenamento, baseado em um formalismo matemático para a representação de estruturas e suas relações. Discutiremos SGBDRs em mais detalhes adiante mas, em suma, um SGBDR armazena uma coleção de *tabelas*. Cada tabela armazena entidades com um conjunto comum de *atributos*. Uma linha em uma tabela corresponde a uma entidade, e as colunas naquela linha correspondem aos atributos daquela entidade. A tabela `movies` do RottenPotatoes inclui colunas para o `title` (título), `rating` (classificação), `release_date` (data do lançamento), e `description` (descrição). As linhas da tabela são ilustradas na Figura 2.11.

Como é responsabilidade dos modelos gerenciar os dados de uma aplicação, é preciso estabelecer uma correspondência entre as operações em um objeto Modelo na memória (por exemplo, um objeto que representa um filme) e como ele é representado e manipulado na camada de persistência. O objeto na memória geralmente é representado pela sua classe que,

id	title	rating	release_date	description
1	Gone with the Wind	G	1939-12-15	Um clássico americano ...
2	Casablanca	PG	1942-11-26	Casablanca é um ...

Figura 2.11: Trecho de uma tabela de um SGBDR para representar informações sobre filmes. A coluna `id` dá a cada coluna uma *chave primária* ou um identificador único e permanente. A maior parte dos bancos de dados podem ser configurados para gerar chaves primárias automaticamente. O Rails utiliza a convenção mais comum, que é atribuir valores inteiros em ordem crescente.

entre outras funcionalidades, provê uma forma de representar os atributos do objeto (p. ex. título ou classificação no caso de filmes). A escolha feita pelo arcabouço Rails é utilizar o ***padrão arquitetural Active Record***. Nesse padrão, uma única instância de uma classe Modelo (no nosso caso, uma entrada para um único filme) corresponde a uma única linha em uma tabela específica em um SGBDR. O objeto modelo possui métodos pré-definidos que realizam operações na representação do objeto que está armazenada no banco de dados:

- Criar uma nova linha na tabela (representando um novo objeto),
- Ler uma linha existente e popular uma instância de um objeto,
- Atualizar uma linha existente com os novos valores de uma instância de objeto modificada,
- Remover uma linha (destruindo permanentemente os dados do objeto).

CRUD (*Create*, *Read*, *Update* e *Delete*). Mais tarde adicionaremos a possibilidade de um frequentador de cinema adicionar comentários sobre seus filmes favoritos, de forma que existirá uma relação um-para-muitos (ou *associação*) entre o frequentador de cinema e seus comentários; O Active Record explora mecanismos existentes nos SGBDRs que utilizam chaves estrangeiras (que discutiremos mais tarde) para facilitar a implementação dessas associações entre objetos da memória.

Resumo

- Uma tarefa importante do Modelo em uma aplicação SaaS é persistir dados, o que significa converter a representação do objeto na memória em uma representação no dispositivo de armazenamento.
- Diversos padrões de projeto foram desenvolvidos para esse propósito, muitos deles fazem uso de sistemas de armazenamento estruturados como os Sistemas de Gerenciamento de Bancos de Dados Relacionais (SGBDRs) para facilitar não apenas o modelo de dados para o armazenamento, mas também o relacionamento entre os modelos.
- As quatro operações básicas fornecidas pelos SGBDRs são criar, ler, atualizar e remover (conhecidos pela sua abreviação em inglês CRUD).
- The four basic operations supported by RDBMSs are Create, Read, Update, Delete
- No padrão de projeto ActiveRecord, todo modelo sabe como realizar operações CRUD para o seu tipo de objeto. A biblioteca ActiveRecord do Rails provê diversas funcionalidades para que aplicações SaaS utilizam esse padrão.

Auto-avaliação 2.6.1. *Quais dos seguintes itens são exemplos de armazenamento estruturado: (a) uma planilha Excel, (b) um arquivo texto contendo o texto de uma mensagem de e-mail, (c) um arquivo texto formado por nomes, com exatamente um nome por linha.*
◇ (a) e (c) são estruturados, uma vez que uma aplicação que leia esses arquivos pode fazer algumas suposições sobre como interpretar o conteúdo baseado apenas em como foram estruturados. ■

2.7 500 Pés: Rotas, Controladores e REST

Active Record fornece a cada modelo o conhecimento de como criar, ler, atualizar e remover instâncias de si mesmo do banco de dados (CRUD). Vimos na Seção 2.5 que no padrão MVC, ações do controladores servem como mediadores das interações do navegador do usuário que causam requisições CRUD. No Rails, cada ação do controlador é responsabilidade de um método específico escrito em Ruby. Portanto, cada requisição HTTP precisa ser direcionada a um controlador e método apropriado. Chamamos esse direcionamento de ***rota*** (*route*).

Como a Figura 2.3 mostra, uma requisição HTTP é caracterizada pela combinação de sua URI e o ***método HTTP***, algumas vezes chamado de ***verbo HTTP***. Das cerca de meia dúzia de métodos definidos pelo padrão HTTP, as mais utilizados por aplicações Web e pela arquitetura orientada a serviços são `GET`, `POST`, `PUT`, and `DELETE`. Como o termo ***método*** pode se referir tanto a uma função quanto a um método HTTP de uma requisição, ao discutir sobre rotas usaremos o termo *método* para se referir ao verbo HTTP associado a uma requisição e o termo *ação do controlador* ou simplesmente *ação* para se referir ao trecho de código da aplicação (método ou função) que tratará a requisição.

Uma rota associa uma URI e um método HTTP a um controlador e a uma ação em particular. No ano 2000, Roy Fielding propôs, em sua tese de doutorado, um método simples e coerente para associar requisições a ações que é bastante apropriado para uso com arquitetura orientado a serviços. Sua proposta consiste em identificar as várias entidades manipuladas

Operação no recurso	Método & URI	Ação do Controlador
Índice (lista) de filmes	`GET /movies`	**index**
Lê (mostra) um filme	`GET /movies/:id`	**show**
Mostra formulário para novo filme	`GET /movies/new`	**new**
Cria novo filme a partir de formulário preenchido	`POST /movies`	**create**
Mostra formulário para editar filme existente	`GET /movies/:id/edit`	**edit**
Atualiza filme a partir de formulário preenchido	`PUT /movies/:id`	**update**
Remove filme existente	`DELETE /movies/:id`	**destroy**

Figura 2.12: Um resumo da saída do comando `rake routes`, que mostra as rotas reconhecidas pelo RottenPotatoes e a ação CRUD representada por cada rota. A coluna mais a direita mostra quais as ações controladoras do Rails presentes no controlador Movies que podem ser chamadas quando uma requisição corresponde à URI e ao método HTTP dado. A relação entre as rotas e os métodos depende da ideia de convenção sobre configuração, como veremos no Capítulo 4.

por uma aplicação Web como ***recursos***, e projetar as rotas de tal modo que qualquer requisição HTTP possa conter todas as informações necessárias para identificar não só o recurso, mas também a ação que deve ser executada no recurso. Ele deu a essa ideia o nome de ***Representational State Transfer***, abreviado pela sigla REST.

Apesar de seu conceito simples, REST é um modo de organização para aplicações SaaS incrivelmente poderoso. Ele faz com que o desenvolvedor da aplicação analise cuidadosamente quais as condições ou suposições que cada requisição depende para que seja autocontida. Além disso, obriga que cada tipo de entidade manipulada pela aplicação seja representada como um "recurso" que pode ser manipulado por várias operações diferentes. Dizemos que aplicações que seguem essas diretrizes expõem uma API (*Application Programming Interface*) RESTful, e chamamos as URIs que representam uma determinada ação de URIs RESTful.

`rake` executa tarefas de manutenção definidas no arquivo `Rakefile` do RottenPotatoes. `rake --help` mostra as opções disponíveis.

No Rails as rotas são geradas pelo código do arquivo `config/routes.rb` (aprenderemos mais sobre isso no Capítulo 4). Apesar do Rails não obrigar o uso de rotas RESTful, seu suporte a rotas assume, por padrão, que elas seguem as diretrizes de REST. A Figura 2.12 descreve as informações que são mostradas na janela do terminal quando você executa o comando `rake routes` no diretório do `rottenpotatoes`. Em uma URI como `/movies/:id`, os símbolos iniciados por ':' são parâmetros da rota; neste caso, `:id` representa o atributo `id` (chave primária) de uma instância do modelo. Por exemplo, a rota `GET /movies/8` equivale à segunda linha da Figura 2.12, onde `:id` possui o valor 8; ou seja, é uma requisição para mostrar os detalhes de um filme cujo ID na tabela Movies é 8, se tal filme existir. Analogamente, a rota `GET /movies` equivale à primeira linha da figura, requisitando a lista de todos os filmes (a ação Index), e a rota `POST /movies` equivale à quarta linha, e cria um novo filme no banco de dados de filmes. A rota `POST /movies` não especifica um `id` porque o novo filme só possuirá um ID após a sua criação. Note que as ações Index e Create possuem a mesma URI, mas são dois métodos HTTP diferentes, o que as torna rotas distintas.

É importante perceber que uma interface RESTful simplifica a utilização de arquiteturas orientadas a serviços porque toda requisição é autocontida. As interações entre serviços não precisam estabelecer uma nova, ou contar com a existência de uma sessão, ao contrário do que muitas aplicações SaaS fazem quando interagem com usuários humanos com um navegador Web. Por esse motivo que a ordem de Jeff Bezos (Seção 1.4) de que todos os serviços internos da Amazon tivessem uma API "externalizável" foi considerada tão promissora.

As práticas modernas sugerem que sempre que uma aplicação SaaS for criada para ser usada com um navegador, esta deveria ser pensada como uma coleção de recursos acessíveis via APIs RESTful que por acaso são acessadas com um navegador Web. Infelizmente, essa solução possui um pequeno inconveniente que você já deve ter percebido se já possuir alguma experiência prévia em programação para a Web. As rotas na Figura 2.12 utilizam quatro métodos HTTP diferentes – `GET`, `POST`, `PUT` e `DELETE` – que são usados até mesmo para distinguir diferentes rotas com a mesma URI. Entretanto, por razões históricas, navegadores Web implementam apenas os métodos `GET` (para seguir um link) e `POST` (para submeter formulários). Para compensar esse fato, o mecanismo de roteamento do Rails permite que os navegadores utilizem `POST` para requisições que normalmente iriam requerer o uso de `PUT` ou `DELETE`. O Rails adiciona anotações aos formulários Web associados com tais requisições de modo que seja possível diferenciá-las e que, internamente, seja possível mudar o método HTTP "visto" pelo controlador para `PUT` ou `DELETE`, conforme for apropriado. O resultado é que o programador Rails pode trabalhar como se as operações `PUT` e `DELETE` estivessem realmente implementadas, mesmo que os navegadores não as implementem. A vantagem disso, ao nosso ver, é que um mesmo conjunto de rotas e métodos de controlador possam ser usados para lidar tanto com requisições vindas de um navegador (ou seja, de um ser humano), como com requisições vindas de um outro serviço SOA.

Na verdade, a maioria dos navegadores também implementam o método `HEAD`, que faz uma requisição para obter os metadados sobre um recurso, mas não nos preocupemos com isso por enquanto.

Se explorarmos um pouco mais essa importante dualidade, podemos observar na Figura 2.12 que as rotas `new` e `create` (terceira e quarta linhas da tabela) parecem estar envolvidas com a criação de um novo filme. Por que duas rotas diferentes são necessárias para realizar essa ação? O motivo é que em uma aplicação Web operada por um usuário, duas interações são necessárias para a criação de um novo filme, como mostra o Screencast 2.7.1; enquanto que em SOA, um serviço remoto pode criar uma única requisição contendo todas as informações necessárias para a criação de um novo filme, de forma que ela nunca teria a necessidade de usar a rota `new`.

Screencast 2.7.1: Create e Update precisam, cada uma, de duas interações.
`http://vimeo.com/34754622`
A criação de um novo filme precisa de duas interações com o RottenPotatoes, porque antes que um usuário possa enviar informações sobre o filme, ele precisa que um formulário seja criado e exibido no navegador para que ele possa digitar essa informação. O formulário vazio é, portanto, representado como um recurso vazio na terceira linha da Figura 2.12 e a submissão do formulário preenchido é o recurso representado na quarta linha. Analogamente, atualizar um filme existente requer um recurso que consiste em um formulário editável, mostrando os dados existentes sobre o filme (quinta linha), e um segundo recurso que consiste em uma submissão de um formulário editado (sexta linha).

O uso de RESTful pode parecer agora uma escolha óbvia, mas até que Fielding caracterizasse todos os pormenores da filosofia REST e começasse a promovê-la, muitas aplicações Web eram projetadas de forma não RESTful. A Figura 2.13 mostra como uma aplicação hipotética de e-commerce que não segue RESTful pode implementar a funcionalidade de permitir que um usuário faça o login, adicione itens específicos ao seu carrinho de compras, e confirme a compra. Para esse site hipotético não RESTful, todas as requisições após o login (linha 3) dependem de uma informação implícita: a linha 4 assume que o site "se lembra" quem o usuário (logado) é para mostrar a página principal, e a linha 7 assume que o site "se lembra" de quem adicionou os itens ao carrinho para confirmar a compra. Na aplicação RESTful, cada URI contém informações suficientes para satisfazer a requisição sem depender de nenhuma informação implícita: uma vez que Dave esteja logado, o número de seu ID (301) estará presente em todas as requisições. Seu carrinho de compras será identificado explicitamente pelo ID do usuário ao invés de usar informações implícitas que assumem que

	URI de site não REST	URI de site REST
Login no site	`POST /login/dave`	`POST /login/dave`
Página inicial	`GET /welcome`	`GET /user/301/welcome`
Inclusão do ID 427 ao carrinho	`POST /add/427`	`POST /user/301/add/427`
Visualizar carrinho	`GET / cart`	`GET /user/301/cart`
Finalizar	`POST /checkout`	`POST /user/301/checkout`

Figura 2.13: Requisições não RESTful e rotas dependem dos resultados de requisições passadas. Na arquitetura orientada a serviços, um cliente de um site RESTful pode imediatamente fazer a requisição para ver o carrinho (linha 6), enquanto que o cliente de um site não RESTful primeiro precisa realizar os passos das linhas 3–5 para preparar as informações implícitas que serão necessárias na linha 6.

o usuário atualmente está logado.

Resumo: Rotas e REST

- Uma rota consiste em um método HTTP (`GET`, `POST`, `PUT` ou `DELETE`) e de uma URI, que pode incluir alguns parâmetros. Arcabouços para aplicações tais como Rails fazem a associação entre rotas e as respectivas ações do controlador.
- Uma aplicação desenvolvida de acordo com REST (*REpresentational State Transfer*) pode ser vista de fora como uma coleção de entidades nas quais operações específicas podem ser realizadas. Cada operação é ativada por uma requisição RESTful correspondente, que inclui todas as informações necessárias para completar a ação.
- Quando as rotas e os recursos são RESTful, a mesma lógica de controlador pode ser normalmente usada tanto para atender aos usuários que interagem com o sistema através de seu navegador, como para responder requisições vindas de outros serviços SOA. Apesar dos navegadores web só implementarem os métodos HTTP `GET` e `POST`, é possível que um arcabouço compense essa limitação e permita que o programador trabalhe com a hipótese de que todos os métodos estão disponíveis.

■ *Elaboração: REST vs. SOAP vs. WS-**

No final dos aos 1990s, com o aumento do interesse em SOA, empresas e órgãos normalizadores criaram comitês para o desenvolvimento de padrões para garantir a interoperabilidade para SOA. Uma abordagem resultou em uma coleção de protocolos elaborados para **W**eb **S**ervices incluindo os protocolos WS-Discovery, WS-Description, e outros, conhecidos coletivamente como ***WS-**** e chamados jocosamente de "WS-Deathstar" por David Heinemeier Hansson, criador do Rails. O padrão competidor ***SOAP*** (Simple Object Access Protocol) era um pouco mais simples, mas ainda assim muito mais complicado do que REST. De forma geral, os desenvolvedores perceberam que SOAP e WS-* eram padrões complicados, desenvolvido por comitês preocupados em manter a postura empresarial de interoperabilidade com padrões antigos como CORBA e DCOM. De outro lado, apesar de REST ser drasticamente mais simples e de ser mais uma filosofia do que um padrão, ele atraiu imediatamente os desenvolvedores, a ponto de hoje ser a forma com que a maioria das aplicações SOA são desenvolvidas.

Auto-avaliação 2.7.1. *Verdadeiro ou falso: Se uma aplicação possui uma API RESTful, então ela deve realizar operações CRUD.*

◇ Falso. O princípio REST pode ser aplicado a qualquer tipo de operação, contanto que a aplicação represente suas entidades como recursos e especifique quais operações que são permitidas em cada tipo de recurso. ■

Auto-avaliação 2.7.2. *Verdadeiro ou falso: O oferecimento de operações RESTful simplifica a integração de uma aplicação SaaS com outros serviços na arquitetura orientada a serviços.*

◇ Verdadeiro. ■

2.8 500 Pés: Template Views

Concluímos nosso breve tour com a questão das visões. Como aplicações SaaS para usuários finais produzem principalmente páginas HTML, a maior parte dos Arcabouços provê alguma forma de criar uma página com marcações estáticas (HTML ou qualquer outro tipo) entremeadas com variáveis ou pequenos trechos de código. Em tempo de execução, os valores das variáveis ou os resultados da execução do código são substituídos (ou ***interpolados***) na página. Essa arquitetura é conhecida como *Template View* (gabaritos de visões) e é a base de muitos arcabouços incluindo Rails, Django e PHP.

Nós usaremos um sistema de *templating* chamado Haml (sigla para HTML Abstraction Markup Language, pronunciado "HAM-ell") para simplificar a criação de *template views* em HTML. Nós aprenderemos com mais detalhes e criaremos nossos próprios visões no Capítulo 4, mas no interesse de visitar todas as "peças" de uma aplicação Rails, abra o arquivo `app/views/movies/index.html.haml` no diretório do RottenPotatoes. Essa é a visão utilizada pelo controlador Index ação no (controlador) Movies; por convenção sobre configuração, o sufixo `.html.haml` indica que a visão deve ser processada usando Haml para criar o `index.html`, e a localização e nome do arquivo o identifica como visão para a ação **index** no controlador **movies**. O Screencast 2.8.1 apresenta os conceitos básicos de Haml, resumidos na Figura 2.14.

Nós preferimos a forma concisa provida pelo Haml ao sistema de *templating* *erb* incluído no Rails. Por isso o Haml foi pré-instalado no bookware.

Screencast 2.8.1: Interpolação em visões usando Haml.
`http://vimeo.com/34754654`
Em um template Haml, as linhas que são iniciadas por `%` são expandidas para o marcador de abertura HTML correspondente, sem a necessidade de um marcador de fechamento, pois o Haml usa indentação para determinar a estrutura. Sinais de sustenido após um marcador são substituídos por atributos HTML. Linhas **–começando com um hífen** são executadas como código Ruby com o resultado descartado, e linhas **=começando com um sinal de igual** são executadas como código em Ruby e seu resultado é interpolado com a saída HTML.

De acordo com o MVC, as visões devem conter o mínimo de código possível. Apesar de Haml tecnicamente permitir a inserção de código Ruby arbitrariamente complexo em um template, sua sintaxe para incluir um pedaço de código de múltiplas linhas é propositadamente estranha, para tentar desencorajar os programadores a fazerem isso. A única "computação" realizada na visão Index do RottenPotatoes é limitada à iteração em uma coleção (fornecida pelo Modelo através do controlador) e a geração de uma linha de tabela HTML para exibir cada elemento.

Em contrapartida, aplicações escritas usando o arcabouço PHP geralmente misturam uma grande quantidade de código dentro dos *templates* da visão . Mesmo que seja possível que um programador PHP disciplinado separe as visões do restante do código, o arcabouço PHP não

Haml	HTML
%br{:clear => 'left'}	<br clear="left"/>
%p.foo Hello	<p class="foo">Hello</p>
%p#foo Hello	<p id="foo">Hello</p>
.foo	<div class="foo">...</div>
#foo.bar	<div id="foo"class="bar">...</div>

Figura 2.14: Comandos comuns em Haml e seus resultados em HTML. Um marcador Haml que comece com % deve conter o marcador e todos os seus componentes em uma única linha, assim como nas linhas 1–3 da tabela, ou deve aparecer explicitamente na linha, como nas linhas 4–5, onde todo o conteúdo dos marcadores deve ser indentado usando 2 espaços nas linhas subsequentes. Note que Haml especifica os atributos `class` e `id` usando uma notação deliberadamente similar a dos seletores CSS.

provê nenhum mecanismo particular para ajudar nisso, nem recompensa o esforço. Defensores do MVC argumentam que a distinção entre o controlador e sua visão faz com que seja mais fácil pensar primeiro sobre a estrutura de uma aplicação como um conjunto de ações RESTful, e só depois pensar em como mostrar os resultados dessas ações em uma Visão. A Seção 1.4 defendeu o uso da arquitetura orientada a serviços; agora já deve ser claro como a separação dos modelos, visões e controladores, e a aderência ao estilo RESTful de controlador naturalmente leva a criação de uma aplicação cujas ações são fáceis de "externalizar" como uma API de ações autônoma.

■ ***Elaboração: Alternativas ao Template View***

Como todas as aplicações Web devem, no final das contas, transmitir HTML para um navegador, a construção de uma saída (visões) em torno de um "template" HTML estático sempre fez sentido para aplicações Web, o que explica a popularidade do padrão *Template View* para renderizar visões. Ou seja, a entrada da etapa de renderização da visão inclui o *template* HTML e um conjunto de variáveis Ruby que o Haml utilizará para "preencher" o conteúdo dinamicamente. Uma alternativa a isso é o padrão *Transform View* (Fowler 2002), onde a entrada para o estágio de renderização é *apenas* um conjunto de objetos. O código da visão inclui toda a lógica para converter os objetos na representação da visão desejada. O uso desse padrão faz mais sentido se muitas representações diferentes são possíveis, dado que a camada de visão não é mais "construída em torno" de uma representação particular. Um exemplo de *Transform View* no Rails é o conjunto de métodos Rails que aceitam recursos ActiveRecord e geram representações em XML dos recursos – eles não instanciam nenhum tipo de "template" para fazer isso. Ao invés disso, criam o XML tendo como entrada apenas os objetos ActiveRecord. Esses métodos são usados para converter rapidamente uma aplicação Rails que serve HTML em uma que pode ser parte de uma arquitetura orientada a serviços.

Auto-avaliação 2.8.1. *Qual o papel da indentação na visão Index para o modelo Movies descrito no Screencast 2.8.1?*

◇ Quando um elemento HTML engloba outros elementos, a indentação indica ao Haml a estrutura do aninhamento para que ele possa gerar as marcações de fechamento (tal como `</tr>`) nos lugares apropriados. ■

Auto-avaliação 2.8.2. *Na visão Index, para o índice de filmes, por que a marcação do Haml na linha 11 começa com −, enquanto que a marcação das linhas 13–16 começam com =?*

◇ Na linha 10 nós precisamos apenas que o código seja executado, para iniciar o laço for. Nas linhas 13–16 nós precisamos substituir o resultado da execução do código dentro da visão. ■

2.9 Enganos e Armadilhas

STOP *Falácia:* **Rails não escala (ou Django ou PHP ou outros Arcabouços).**

O uso da arquitetura em três camadas sem compartilhamento de estado, mostrado na Figura 2.7, permite obter escalabilidade para o servidor Web e para as camadas do servidor da aplicação (onde as aplicações Rails serão executadas), basta adicionar mais computadores em cada uma das camadas, usando computação em nuvem. O desafio está em conseguir escalabilidade no banco de dados, como descrito na próxima "armadilha".

⚠ ***Armadilha:* Colocar todos os dados do modelo em um SGBDR em um único servidor físico, limitando assim sua escalabilidade.**

O poder de um SGBDR é uma faca de dois gumes. É fácil criar estruturas de bancos de dados propensas a problemas de escalabilidade que podem não aparecer até que o sistema atinja algumas centenas de milhares de usuários. Alguns desenvolvedores acreditam que o uso de Rails agrava esse problema porque suas abstrações para o Modelo são tão práticas que torna-se tentador utilizá-las sem se preocupar com suas consequências na escalabilidade do sistema. Infelizmente, diferentemente do que ocorre na camada Web e na camada de aplicação, não podemos resolver o problema simplesmente implantando mais cópias do banco de dados porque isso poderia resultar em inconsistências nos valores nas diferentes cópias de um mesmo item (o problema da ***consistência de dados***). Apesar de técnicas como replicação mestre-escravo (*master-slave replication*) e *database* **particionamento** ajudarem a tornar a camada de banco de dados um pouco mais parecida com as camadas de apresentação e lógica, que não compartilham informações. Alcançar escalabilidade total do banco de dados ainda é um problema de pesquisa científica e de desenvolvimento que continua em aberto.

⚠ ***Armadilha:* Concentrar-se prematuramente no desempenho de cada computador individualmente que forma sua aplicação SaaS.**

Apesar da arquitetura *shared-nothing* fazer com que a aplicação possa escalar horizontalmente facilmente, nós ainda precisamos dos computadores físicos. Antigamente adicionar um novo computador era uma atividade considerada cara (comprar o computador), demorada (configurar e instalar o computador) e permanente (se a demanda diminuir posteriormente, continuaremos pagando por um computador ocioso). Com computação em nuvem, esses três problemas foram atenuados, já que agora podemos adicionar novos computadores instantaneamente pagando apenas alguns centavos por hora e liberá-los quando não forem mais necessários. Portanto, até que uma aplicação SaaS se torne grande o suficiente para precisar de centenas de computadores, desenvolvedores SaaS devem se concentrar em conseguir *escalabilidade horizontal* antes de se concentrar no desempenho da aplicação em um único computador.

2.10 Considerações Finais: Padrões, Arquiteturas e APIs duradouras

Uma API que não é compreensível não serve para nada.

—James Gosling

Compreender a arquitetura de um sistema de software é entender os princípios de sua organização. Nós fizemos isso identificando padrões em diferentes níveis: cliente-servidor, arquitetura em três camadas, model-view-controller, Active Record, REST.

O uso de padrões é uma forma poderosa de gerenciar a complexidade de grandes sistemas de software. Inspirados pelo livro escrito por Christopher Alexander em 1977, *A Pattern Language: Towns, Buildings, Construction* – que descreve padrões de projetos para arquitetura civil – Erich Gamma, Richard Helm, Ralph Johnson e John Vlissides (conhecido como a "Gang Of Four" ou GOF) publicaram o livro *Design Patterns: Elements of Reusable Object-Oriented Software* em 1995 (Gamma et al. 1994). O livro descreve o que agora é conhecido como os 23 Padrões de Projeto do GOF; padrões que descrevem principalmente estruturas e comportamentos de classes. Apesar da popularidade obtida pelos padrões de projeto, seu uso é alvo de algumas críticas. Por exemplo, Peter Norvig, que atualmente é o Diretor de Pesquisa do Google, argumentou que alguns padrões de projeto existem apenas para compensar as deficiências de linguagens de programação estaticamente tipadas como C++ e Java, e que a necessidade por esses padrões desaparecem em linguagens dinâmicas tais como Lisp ou Ruby. Apesar de algumas controvérsias, os vários tipos de padrões continuam a ser um ferramenta importante para ajudar desenvolvedores de software a identificar estruturas em seus trabalhos e utilizar soluções testadas e comprovadas para resolver problemas recorrentes.

De fato, podemos observar que, por termos escolhido construir uma aplicação SaaS, utilizamos alguns padrões predeterminados e excluímos outros. Ao escolhermos utilizar os padrões Web, nós predeterminamos que o sistema será cliente-servidor; ao escolher computação em nuvem, nós predeterminamos que a arquitetura em três camadas permitiria conseguir escalabilidade horizontal. Model–View–Controller não foi predeterminado, mas o escolhemos por ser uma boa solução para aplicações Web (onde a visualização é uma parte essencial e que historicamente sempre dependeu de uma camada de persistência). Apesar disso, outras arquiteturas como as apresentadas na Figura 2.9 poderiam ter sido utilizadas. REST não é predeterminado, mas sua escolha simplifica a integração em arquiteturas orientadas a serviço e pode ser facilmente aplicado para operações CRUD, que são muito comuns em aplicações MVC. Active Record talvez seja a escolha mais controversa – como veremos nos capítulos 4 e 5, suas poderosas funcionalidades podem levar a problemas de desempenho e escalabilidade que seriam menos prováveis de acontecerem se fossem utilizamos modelos de persistência mais simples.

Se estivéssemos desenvolvendo uma aplicação SaaS em 1995 nada disso seria óbvio. Naquela época os desenvolvedores ainda não possuíam experiência com um número significativos de projetos SaaS para "extrair" padrões bem sucedidos em Arcabouços como o Rails, em componentes de software como Apache e em middleware como o Rack. Ao escolher seguir os passos de arquitetos de software com mais experiência, podemos tirar proveito de suas habilidades em *separar as coisas que mudam daquelas que permanecem sempre as mesmas* dentre vários exemplos de SaaS e fornecer ferramentas, Arcabouços e princípios de projetos que apoiam a construção das coisas nessa forma. Como mencionamos anteriormente, essa separação é fundamental para permitir a reutilização.

Na realidade, o próprio Rails foi originalmente extraído de aplicações independentes escritas pelo grupo de consultores da 37signals.

Por fim, vale a pena lembrar que o fator principal para o sucesso da Web foi a adoção de protocolos e formatos bem definidos. Foi isso que permitiu projetos que puderam separar as coisas que mudam daquelas que permanecem as mesmas. TCP/IP, HTTP e HTML passaram por várias revisões ao longo dos anos, mas sempre incluíram formas de detectar qual a versão em uso, de tal forma que um cliente poderia detectar se estava conversando com um servidor antigo (ou vice versa) e ajustar o seu comportamento de acordo. Apesar da tarefa de lidar com múltiplos protocolos e versões de linguagens impor um fardo adicional aos navegadores, o resultado foi extraordinário: uma página Web escrita em 2011, com uma linguagem de marcação desenvolvida com tecnologia dos anos 1960, pode ser recuperada utilizando-se protocolos de rede desenvolvidos em 1969 e exibidos por um navegador criado em 1992. A separação entre coisas que mudam e coisas que permanecem as mesmas é uma parte do caminho para a criação de software duradouro.

Tim Berners-Lee, cientista da computação do CERN[12], liderou o desenvolvimento do HTTP e do HTML em 1990. Hoje, esses padrões Web são definidos pelo consórcio internacional sem fins lucrativos World Wide Web Consortium (W3C)[13].

2.11 Para Aprender Mais

- W3Schools[14] é um site gratuito (financiado com publicidade) com tutoriais sobre praticamente todas as tecnologias relacionadas à Web.
- Nicole Sullivan[15], que se autodescreve como uma "ninja CSS", possui um ótimo blog com dicas indispensáveis de CSS/HTML para sites mais sofisticados.
- O World Wide Web Consortium (W3C)[16] é responsável pela documentação oficial que descreve os padrões abertos da Web, incluindo HTTP, HTML e CSS.
- O Markup Validator Service[17] (serviço de validação de marcadores) é um dos muitos serviços que você pode usar para garantir que suas páginas serão entregues pela sua aplicação SaaS seguindo à risca os padrões HTML, XML e CSS.
- O Object-Oriented Design web site[18] possui muitas informações para desenvolvedores que utilizam linguagens OO, incluindo um excelente catálogo de padrões de projeto do GoF com descrições gráficas de cada padrão, muito dos quais discutiremos em detalhes no Capítulo 11.

M. Fowler. *Patterns of Enterprise Application Architecture*. Addison-Wesley Professional, 2002. ISBN 0321127420. URL `http://martinfowler.com/eaaCatalog/`.

E. Gamma, R. Helm, R. Johnson, and J. M. Vlissides. *Design Patterns: Elements of Reusable Object-Oriented Software*. Addison-Wesley Professional, 1994. ISBN 0201633612.

Notas

1 `http://en.wikipedia.org/wiki/Pentium_FDIV_bug`
2 `http://rottentomatoes.com`
3 `http://projects.apache.org/projects/http_server.html`
4 `http://www.iis.net`
5 `http://docs.google.com`
6 `http://iana.org`
7 `http://www.w3.org/TR/html5/introduction.html#history-1`
8 `http://csszengarden.com`
9 `http://heroku.com`
10 `http://adam.heroku.com/past/2009/7/6/sql_databases_dont_scale/`
11 `http://martinfowler.com/eaaCatalog`
12 `http://info.cern.ch`
13 `http://w3.org`
14 `http://w3schools.com`
15 `http://www.stubbornella.org/content`
16 `http://w3.org`
17 `http://validator.w3.org`
18 `http://oodesign.com`

2.12 Atividades Sugeridas

Projeto 2.1. *Se o serviço de DNS parasse de funcionar, você poderia ainda assim navegar na Web? Explique o porquê.*

Projeto 2.2. *Suponha que cookies HTTP não existissem. Você consegue desenvolver um novo método de rastrear e identificá-los quando visualizarem uma página? (DICA: isso envolve modificar a URI e foi um método muito utilizado antes dos cookies serem inventados).*

Projeto 2.3. *Procure por uma página Web para a qual o validador de XHTML do W3C*[1] *encontre pelo menos um erro. Infelizmente, essa deve ser uma tarefa fácil. Leia as mensagens de erro do validador e tente entender o que cada uma significa.*

Projeto 2.4. *Quais portas estão relacionadas a cada uma das URIs seguintes e por quê?*

1. `https://paypal.com`
2. `http://mysite.com:8000/index`
3. `ssh://root@cs.berkeley.edu/tmp/file` *(DICA: lembre-se de que a IANA estabelece as portas padrões para vários serviços de rede).*

String#ord devolve o primeiro ***ponto de código*** (valor numérico a que corresponde o caractere em um conjunto de caracteres). Se a string for codificada em ***ASCII***, **ord** devolve o código ASCII do primeiro caractere. Portanto, **"%".ord** mostra o código ASCII para **%** e **"%".ord.to_s(16)** mostra seu equivalente em hexadecimal.

Projeto 2.5. *A documentação da API de Busca do DuckDuckGo*[2] *descreve como você pode realizar a busca por um termo no site de buscas DuckDuckGo com a construção de uma URI que inclui o termo a ser buscado como o parâmetro denominado* `q`. *Por exemplo,* `http://api.duckduckgo.com/?q=saas` *realiza uma busca pelo termo "saas". Entretanto, como mostrado na Figura 2.3, alguns caracteres não são permitidos em URIs porque são considerados "especiais", como os espaços, '?' e '&'. Dada essa restrição, construa uma URI correta que procure no DuckDuckGo pelos termos M&M" e "100%?".*

Projeto 2.6. *Por que as rotas do Rails indicam ações do controller mas não ações do model ou de views?*

Projeto 2.7. *Dado um projeto descrito em alto nível, identifique a arquitetura de software discriminando-a usando arquiteturas de software conhecidas tais como three-tier, pipe-and-filter e cliente-servidor.*

Projeto 2.8. *Investigue o impacto da seleção das arquiteturas de software no projeto de um sistema simples. Procure por alternativas ao padrão cliente-servidor, alternativas ao request-reply, etc.*

3 Fundamentos de SaaS: Introdução ao Ruby para Programadores Java

Jim Gray (1944 – Desaparecido no mar em 2007) foi um gigante da Ciência da Computação. Ele foi o primeiro Doutor em Ciência da Computação formado pela Universidade de Berkeley e orientou centenas de estudantes de doutorado e professores ao redor do mundo. Recebeu o Prêmio Turing em 1998 por suas contribuições à área de banco de dados e processamento de transações e por sua liderança em implementações de sistemas.

Bem, o artigo <omitido> está em boa companhia (e pela mesma razão).
O artigo sobre Árvores-B foi rejeitado na primeira vez.
O artigo sobre Transações foi rejeitado na primeira vez.
O artigo sobre cubos de dados foi rejeitado na primeira vez.
O artigo sobre a Lei dos Cinco minutos foi rejeitado na primeira vez.
Mas extensões lineares de trabalhos prévios são aceitas.
Portanto, ressubmeta! POR FAVOR!!!

—Jim Gray, Email para Jim Larus sobre um artigo rejeitado, 2000

Conceitos

Este capítulo apresenta o equivalente em Ruby de algumas técnicas básicas de orientação a objetos de linguagens como Java e também alguns mecanismos que não possuem equivalente em Java, mas que auxiliam na criação de código reutilizável e enxuto.

- *Tudo* é um objeto em Ruby, mesmo um modesto número inteiro, e todas as operações em Ruby são realizadas por chamadas a métodos dos objetos.
- ***Reflexão*** permite que o código inspecione a si mesmo em tempo de execução e ***metaprogramação*** permite a geração e execução de novo código em tempo de execução.
- Ruby se apropria de algumas das grandes ideias da ***programação funcional***, especialmente o uso de ***blocos***: trechos de código parametrizados chamados de ***expressões lambda*** que carregam consigo o seu escopo, fazendo com que sejam ***fechamentos*** (*closures*).
- O comando **yield** do Ruby, que não possui equivalente em Java, favorece o reúso ao separar a varredura (*traversal*) de uma estrutura de dados das operações em seus elementos através de um mecanismo do tipo ***corotina***.
- Por causa da ***tipagem dinâmica*** de Ruby, para determinar se é possível chamar um método em um dado objeto, não se considera o tipo do objeto, mas sim se o objeto responde a esse método. Alguns chamam esse recurso de tipagem do pato (***duck typing***): "Se algo parece um vetor, anda como um vetor e grasna como um vetor, então você pode tratá-lo como um vetor".

Metaprogramação, reflexão, tipagem dinâmica e blocos usando **yield** podem ser combinados de forma elegante para escrever código enxuto, conciso e bonito.

3.1 Visão Geral e os Três Pilares de Ruby

A única forma de aprender programação é fazendo. Portanto, colocamos esse ícone na margem dos locais onde há exemplos que recomendamos fortemente que você experimente. Já que Ruby é interpretada, não há uma etapa de compilação — executar os exemplos produz satisfação imediata e explorá-los e experimentar com eles é fácil. Cada exemplo possui um link para o Pastebin[3], onde você pode copiar e colar o código do exemplo com um simples clique diretamente para um interpretador Ruby ou para a janela de um editor. (Se você estiver lendo o ebook, esses links são clicáveis.) Nós também encorajamos que você veja a documentação oficial para obter mais muito detalhes sobre os vários tópicos que nós introduziremos na Seção 3.11.

Ruby é uma linguagem minimalista: apesar de possuir bibliotecas ricas em funções, há poucos mecanismos *na linguagem em si*. Existem três princípios subjacentes a esses mecanismos que irão ajudá-lo a entender código escrito no estilo típico de Ruby:

1. Tudo é um objeto. Em Java, alguns tipos primitivos, como os inteiros, devem ser "embrulhados" para que se comportem como objetos.

2. Toda operação é uma chamada a um método de algum objeto e devolve um valor. Em Java, a sobrecarga de um operador não é o mesmo que a sobreposição de um método, e é possível ter funções **void** que não devolvem nenhum valor.

3. Toda programação é metaprogramação: classes e métodos podem ser adicionados ou modificados a qualquer momento, mesmo quando o programa está em execução. Em Java, todas as classes devem ser declaradas em tempo de compilação e as classes base não podem ser modificadas por sua aplicação nem na compilação.

Cada um desses três princípios será abordado numa seção específica. O primeiro e o segundo são imediatos. O terceiro é o grande responsável pela capacidade de aumentar a produtividade oferecida pelo Ruby, mas deve-se relativizar seu valor com a advertência de que com grandes poderes vêm grandes responsabilidades. Usar as funcionalidades de metaprogramação de Ruby com bom senso pode fazer com que seu código fique elegante e enxuto, mas abusar dessas funcionalidades pode torná-lo frágil e impenetrável.

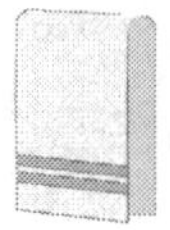

A sintaxe básica do Ruby não é surpreendente para quem já conhece alguma outra linguagem de *script* moderna. A Figura 3.1 ilustra a sintaxe dos elementos básicos de Ruby. Comandos são separados (em geral) por quebras de linha ou (raramente) pelo caractere ponto e vírgula. A indentação não é levada em consideração. Embora Ruby seja concisa o suficiente para que uma linha raramente ultrapasse a largura da tela, dividir uma expressão longa com quebras de linha é permitido, desde que isso não gere ambiguidades. Um bom editor com realce de sintaxe pode ser de grande ajuda caso você não esteja seguro de que a quebra de linha seja válida.

Um ***símbolo***, por exemplo **:octocat**, é uma cadeia de caracteres imutável que tem como valor ela mesma; é tipicamente utilizado em enumerações em Ruby, como um tipo **enum** em C ou Java, mas também possui outros usos. Entretanto, um símbolo não é a mesma coisa que uma cadeia — ele é um tipo primitivo específico, e as operações de cadeias de caracteres não podem ser realizadas em um símbolo. Mas é fácil converter um símbolo para uma cadeia utilizando o método **to_s**. Por exemplo, **:octocat.to_s** devolve **"octocat"**, e **"octocat".to_sym** devolve **:octocat**.

Variáveis	**local_variable**, **@@class_variable**, **@instance_variable**
Constantes	**ClassName**, **CONSTANT**, **$GLOBAL**, **$global**
Booleanos	**false, nil** são falsos; **true** e *tudo o mais* (zero, string vazio, etc.) são verdadeiros.
Strings e Símbolos	**"string"**, **'também um string'**, **%q{como apóstrofes}**, **%Q{como aspas}**, **:symbol** caracteres especiais (**n**) expandidos em strings com aspas mas não apóstrofes
Expressões em strings com aspas	**@foo = 3 ; "Resposta é #{@foo}"; %Q{Resposta é #{@foo+1}}**
Casamento de expressão regular	**"hello"=~ /lo/** or **"hello".match(Regexp.new 'lo')**
Vetores (Arrays)	**a = [1, :two, 'three'] ; a[1] == :two**
Hashes	**h = {:a =>1, 'b' =>"two"} ; h['b'] == "two"; h.has_key?(:a) == true**
Hashes (notação alternativa, Ruby 1.9+)	**h = {a: 1, 'b': "two"}**
Método de instância	**def method(*arg*, *arg*)...end** (*use* ***args** *for variable number of arguments*
Método de classe (estático)	**def ClassName.method(*arg*, *arg*)...end**, **def self.method(*arg*, *arg*)...end**
Nomes de métodos especiais *Terminar com* **?** *and* **!** *é opcional mas idiomático*	**def setter=(*arg*, *arg*)...end** **def boolean_method?(*arg*, *arg*)...end** **def dangerous_method!(*arg*, *arg*)...end**

<table>
<tr><th>Condicionais</th><th>Iteração (veja Seção 3.6)</th><th>Exceções</th></tr>
<tr>
<td>if cond (ou unless cond)
 statements
[elsif cond
 statements]
[else
 statements]
end</td>
<td>while cond (ou until cond)
 statements
end
1.upto(10) do |i|...end
10.times do...end
collection.each do |elt|...end</td>
<td>begin
 statements
rescue AnError => e
 e é uma exceção da classe AnError;
 multiple rescue clauses OK
[ensure
 esse código é sempre executado]
end</td>
</tr>
</table>

Figura 3.1: Elementos e estruturas de controle básicas de Ruby, com os itens opcionais entre [colchetes].

	Símbolo	Significado	Exemplo	Exemplos de casamento		Não casa com
Contagem	*	0 ou mais	a*		aaaa	b
	+	1 ou mais	a+	a	aaaa	
	?	0 ou 1	a?		a	aaaa
Âncoras, Conjuntos, Intervalo, Concatenar	^	início da linha, também NÃO no conjunto	^a	a	ab	ba
	$	fim da linha	a$	a	dcba	ab
	()	grupo, captura valores e os disponibiliza em Ruby	(ab)+	ababab	ab	b
	[]	conjunto	[ab]	a	b	ab
	[x-y]	intervalo de caracteres	[0-9]	3	9	a
	|	OR	(It's|It is)	It's	It is	Its
	[^	NÃO no conjunto, complementar	[^"]	b	9	"
	.	qualquer caractere (menos nova linha)	.{3}	abc	1+2	aa
	\	para casar com meta-caracteres, também para classes	\.$	The End.	.	a
	i	ao final do padrão para especificar casamento independente de maiúsculas/minúsculas	\ab\i	Ab	ab	a
Classes	\d	dígito decimal ([0-9])	\d	3	9	a
	\D	não um digito decimal ([^0-9])	\D	a	=	3
	\s	caracteres em branco	\s			a
	\S	não um caractere branco	\S	a	=	
	\w	caractere tipo palavra ([a-zA-Z0-9_])	\w	a	9	=
	\W	caractere não do tipo palavra ([^a-zA-Z0-9_])	\W	=	$	a
	\n	nova linha	\n	--	--	a

Figura 3.2: Revisão das expressões regulares em Ruby.

Expressões regulares ou ***regexps*** (muitas vezes chamadas de *regex* e *regexes* para facilitar a pronúncia) são ferramentas fundamentais de todo programador. Uma expressão regular permite encontrar, numa cadeia de caracteres, combinações com um padrão contendo eventuais "curingas". O suporte a expressões regulares de Ruby se assemelha ao de outras linguagens de programação modernas: regexes ficam entre barras e podem ser seguidas por uma ou mais letras que modificam seu comportamento, por exemplo, /*regex*/**i** para indicar que a regex deve ignorar a caixa (se maiúscula ou minúscula) ao realizar a busca. Como a Figura 3.2 ilustra, construções especiais embutidas na regex podem indicar correspondência com múltiplos tipos de caracteres, podem especificar o número de vezes que uma combinação deve ocorrer e, ainda, se a combinação deve ser "ancorada" ao início ou final da cadeia. Por exemplo, eis uma regex que combina com uma hora do dia, tal como "8:25pm", em uma linha sem mais nada:

http://pastebin.com/S61dtePp

```
time_regex = /^\d\d?:\d\d\s*[ap]m$/i
```

Essa regexp combina se houver um dígito no início da cadeia (**^\d**), opcionalmente seguido por outro dígito (**\d?**), seguido por um caractere de dois pontos, exatamente dois dígitos, zero ou mais caracteres em branco (**\s***), ou **a** ou **p** e, no final da cadeia, **m** (**m$**), não importando a caixa (graças ao **i** depois da barra final). Outra maneira de procurar por um ou dois dígitos seria **[0-9][0-9]?**, e outra maneira de procurar por *exatamente* dois dígitos seria **[0-9][0-9]**.

Ruby permite o uso de parênteses em regexes para *capturar* a cadeia ou as subcadeias que combinem. Por exemplo, eis a mesma regexp com três grupos de captura:

http://pastebin.com/zFfnSRCG

```
x = "8:25 PM"
x =~  /(\d\d?):(\d\d)\s*([ap])m$/i
```

A segunda linha busca a cadeia **x** por combinações com a regex. Se a busca é bem sucedida, o operador =~ devolve a posição na cadeia (com 0 sendo o primeiro caractere) em que foi encontrada a combinação; a variável global **$1** vale **"8"**, **$2** vale **"25"** e **$3** vale **"P"**, pois estes são os grupos entre parênteses na expressão regular. Essas variáveis correspondem à última busca realizada e são reiniciadas na próxima vez que for feita uma busca com regex. Se a busca falha, =~ devolve **nil**. Note que **nil** e **false** não são realmente iguais um ao outro, mas ambos são interpretados como "falso" quando utilizados em uma expressão condicional (de fato, eles são os *únicos* dois valores em Ruby que fazem isso). Dentro do estilo típico da linguagem, métodos que são verdadeiramente booleanos (isto é, os únicos valores que podem ser devolvidos são "verdadeiro" ou "falso") devolvem **false**, enquanto que métodos que devolvem um objeto quando bem sucedidos retornam **nil** quando falham.

Por fim, note que =~ funciona tanto em cadeias quanto em objetos **Regexp**, de forma que as duas linhas seguintes são válidas e equivalentes, e você deve escolher a que seja mais fácil de entender no contexto do seu código.

http://pastebin.com/8kKJZKpb

```
"Catch 22" =~ /\w+\s+\d+/
/\w+\s+\d+/ =~ "Catch 22"
```

Resumo:

- Um tipo primitivo característico de Ruby é o símbolo, uma cadeia imutável cujo valor é ela própria. Símbolos são comumente utilizados em Ruby para denotar "especificidade", tal como ser uma de um conjunto de escolhas fixas, como uma enumeração. Símbolos não são o mesmo que cadeias de caracteres, mas ambos podem facilmente ser convertidos entre si com os métodos **to_s** e **to_sym**.
- Os comandos de Ruby são separados por quebras de linha, ou, menos comumente, por ponto e vírgula.
- Os recursos de expressões regulares de Ruby são comparáveis aos de outras linguagens modernas, incluindo suporte a grupos de captura utilizando parênteses e a modificadores, tal como o **i** ao final para "ignorar caixa durante a busca."

Auto-avaliação 3.1.1. *Quais das seguintes expressões de Ruby são iguais uma à outra?*
(a) **:foo** *(b)* **%q{foo}** *(c)* **%Q{foo}** *(d)* **'foo'.to_sym** *(e)* **:foo.to_s**

◇ (a) e (d) são iguais uma à outra; (b), (c), e (e) são iguais uma à outra. ■

Auto-avaliação 3.1.2. *O que é capturado por* **$1** *quando a cadeia* **25 to 1** *é processada por cada uma das seguintes regexps?*

(a) **/(\d+)$/**

(b) **/^\d+([^0-9]+)/**

◇ (a) a cadeia "**1**" (b) a cadeia " **to** " (incluindo os espaços à esquerda e à direita) ■

Auto-avaliação 3.1.3. *Quando é correto escrever*
Fixnum num=3

para inicializar a variável **num**? *(a) em seu primeiro uso; (b) em qualquer uso, contanto que seja a mesma classe* **Fixnum** *a cada vez; (c) nunca.*

◇ Nunca; declarações de variável não são utilizadas em Ruby. ■

3.2 Tudo é um Objeto

Ruby dá suporte aos tipos básicos habituais—inteiros de ponto fixo (classe **Fixnum**), números de ponto flutuante (classe **Float**), cadeias de caracteres (classe **String**), vetores lineares (classe **Array**), e vetores associativos ou tabelas de *hash* (classe **Hash**). Mas, ao contrário de Java, Ruby é ***dinamicamente tipada***: o tipo de uma variável geralmente não é inferível até o tempo de execução. Isto é, embora objetos tenham tipos, as variáveis que se referem a eles não têm. Então, **s = 5** pode seguir **s = "foo"** no mesmo bloco de código. Devido ao fato de variáveis não possuírem tipos, um vetor ou *hash* pode consistir de elementos de todos os tipos diferentes, como a Figura 3.1 sugere. Falamos apenas de "um vetor" ao invés de "um vetor de Ints" e de "um *hash*" ao invés de "um *hash* com chaves de tipo Foo e valores de tipo Bar."

O modelo de objetos de Ruby descende de Smalltalk, cujo projeto foi inspirado por ideias de Simula. Tudo em Ruby, mesmo um simples inteiro, é um objeto que é uma instância de alguma classe. Todas as operações, sem exceção, são realizadas chamando-se um método em um objeto, e cada uma dessas chamadas (de fato, cada comando de Ruby) devolve um valor. A notação **obj.meth()** chama o método **meth** no objeto **obj**, que é o ***destinatário*** e, espera-se, é capaz de *responder a* **meth**. Como veremos em breve, parênteses ao redor de argumentos de métodos são muitas vezes opcionais. Por exemplo:

http://pastebin.com/Pu0uULN8

```
5.class      # => Fixnum
```

(Recomendamos fortemente que você inicie um interpretador de Ruby digitando `irb` em uma janela de Terminal na sua Máquina Virtual para experimentar esses exemplos à medida em que você avança.) A chamada acima *envia* a chamada de método **class** ao objeto **5**. O método **class** devolve a classe a que um objeto pertence, neste caso **Fixnum**. (Utilizaremos a notação # => em exemplos de código para indicar o que o interpretador deve imprimir como resultado da avaliação de uma determinada expressão.)

Até uma classe é um objeto em Ruby—ela é uma instância de **Class**, que é uma classe cujas instâncias são classes (uma ***metaclasse***).

Todo objeto é uma instância de alguma classe. Classes podem herdar de superclasses como em Java, e todas as classes herdam, enfim, de **BasicObject**, às vezes chamada de ***classe raiz***. Ruby não fornece suporte a herança múltipla, então, cada classe possui exatamente uma superclasse, exceto **BasicObject**, que não possui superclasse. Como com a maioria das linguagens que dão suporte a herança, se um objeto recebe uma chamada para um método não definido em sua classe, a chamada será passada para a superclasse, e assim por diante, até a classe raiz ser alcançada. Se nenhuma classe no caminho, incluindo a classe raiz, for capaz de processar o método, uma exceção de *método não definido* (*undefined method*) é lançada.

Experimente **5.class.superclass** para descobrir qual é a superclasse de **Fixnum**; isso ilustra o ***encadeamento de métodos***, uma expressão idiomática muito comum de Ruby. Encadeamento de métodos se associa à esquerda, então esse exemplo poderia ser escrito como **(5.class).superclass**, que significa: "Chame o método **class** no destinatário **5**, e, independentemente do resultado, chame o método **superclass** nesse destinatário."

Orientação a objetos (OO) e herança de classe são *propriedades distintas*. Devido ao fato de linguagens populares como Java combinarem ambas, muitas pessoas as juntam. Ruby também possui ambas, mas os dois recursos não necessariamente interagem entre si das mesmas maneiras que em Java. Em particular, comparado a Java, reúso através de herança é muito menos importante, mas as consequências da orientação a objetos são muito mais. Por exemplo, Ruby dá suporte abrangente a ***reflexão***—a habilidade de perguntar a objetos sobre eles próprios. **5.respond_to?('class')** informa que o objeto **5** seria capaz de responder ao método **class** se perguntado. **5.methods** lista todos os métodos aos quais o objeto **5** responde, incluindo aqueles definidos em suas classes ancestrais. Dado que um objeto responde a um método, como é possível saber se o método está definido na classe do objeto ou numa classe ancestral? **5.method(:+)** revela que o método + está definido na classe **Fixnum**, enquanto que **5.method(:ceil)** revela que o método **ceil** está definido em **Integer**, uma classe ancestral de **Fixnum**. Determinar os métodos de qual classe irão tratar uma chamada de método é chamado de ***buscar por um método*** em um destinatário, e é análogo à ligação de métodos virtuais em Java.

Resumo:

- A notação **a.b** significa "chame o método **b** no objeto **a**." Diz-se que o objeto **a** é o *destinatário* e, se ele não puder tratar a chamada de método, passará a chamada para sua superclasse. Esse processo é chamado de *buscar por um método* em um destinatário.
- Ruby possui ***reflexão*** abrangente, o que permite a você perguntar a objetos sobre eles próprios.

■ ***Elaboração: Buscar por um método***

Anteriormente, dissemos que, se a busca por um método falhar na classe do destinatário, a chamada é passada para a classe ancestral (superclasse). A verdade é um pouco mais sutil: *mix-ins*, que descreveremos em breve, podem tratar uma chamada de método *antes* de repassá-la à superclasse.

Auto-avaliação 3.2.1. *Por que* **5.superclass** *resulta em um erro de "método indefinido"? (Dica: considere a diferença entre chamar* **superclass** *no próprio objeto 5 e chamá-la no objeto retornado por* **5.class***.)*

◇ **superclass** é um método definido para classes. O objeto **5** não é uma classe, então não se pode chamar **superclass** nele. ■

3.3 Toda Operação é uma Chamada de Método

Para consolidar o conceito de que toda operação é uma chamada de método, note que até operações matemáticas básicas como **+**, *****, **==** (comparação de igualdade) são ***açúcar sintático*** para chamadas de métodos: os operadores são, na verdade, chamadas de métodos nos seus destinatários. O mesmo vale para a leitura de dados de vetores, como **x[0]**, e para a atribuição de dados em vetores, como **x[0]="foo"**.

A tabela na Figura 3.3 ilustra as versões desaçucaradas dessas expressões e da sintaxe para regexes apresentada na Seção 3.1, assim como mostra como o método essencial **send** de Ruby pode ser utilizado para enviar qualquer chamada de método a qualquer objeto. Muitos métodos de Ruby, incluindo **send**, aceitam tanto símbolos quanto cadeias como parâmetros, então o primeiro exemplo da tabela também poderia ser escrito como **10.send('modulo',3)**.

Açucarado	Sem açúcar sintático	send explícito
10 % 3	10.modulo(3)	10.send(:modulo, 3)
5+3	5.+(3)	5.send(:+, 3)
x == y	x.==(y)	x.send(:==, y)
a * x + y	a.*(x).+(y)	a.send(:*, x).send(:+, y)
a + x * y	a.+(x.*(y))	a.send(:+, x.send(:*, y)) *(precedência de operadores preservada)*
x[3]	x.[](3)	x.send(:[], 3)
x[3] = 'a'	x.[]=(3,'a')	x.send(:[]=, 3, 'a')
/abc/, %r{abc}	Regexp.new("abc")	Regexp.send(:new, 'abc')
str =~ regex regex =~ str	str.match(regex) regex.match(str)	str.send(:match, regex) regex.send(:match, str)
`$1`...`$n` (regex capture)	Regexp.last_match(*n*)	Regexp.send(:last_match,*n*)

Figura 3.3: A primeira coluna é o açúcar sintático de Ruby para operações comuns, a segunda coluna mostra a chamada de método explícita e a terceira coluna mostra como realizar a mesma chamada de método utilizando o send de Ruby, que aceita ou uma cadeia de caracteres ou um símbolo (mais de acordo com o estilo da linguagem) para o nome do método.

Uma consequência fundamental de "toda operação é uma chamada de método" é que conceitos como ***conversão de tipos*** (*type casting*) raramente se aplicam em Ruby. Em Java, se escrevermos **f+i**, onde **f** é um número de ponto flutuante e **i** é um inteiro, as regras de conversão de tipos dizem que **i** será convertido internamente em um número de ponto flutuante para poder então ser adicionado a **f**. Se escrevêssemos **i+s**, onde **s** é uma **String**, isso resultaria em um erro em tempo de compilação.

Ao contrário, em Ruby, + é como qualquer outro método que pode ser definido diferentemente por cada classe, então seu comportamento depende inteiramente da implementação do método no destinatário. Já que **f+i** é açúcar sintático para **f.+(i)**, está inteiramente a cargo do método + (presumivelmente definido na classe de **f** ou em uma de suas classes ancestrais) decidir como tratar diferentes tipos de valores para **i**. Desse modo, tanto **3+2** quanto **"foo"+"bar"** são expressões válidas de Ruby, resultando em **5** e **"foobar"** respectivamente, mas a primeira está chamando + como definida em **Numeric** (a classe ancestral de **Fixnum**), enquanto que a segunda está chamando + como definida em **String**. Como visto acima, você pode verificar que **"foobar".method(:+)** e **5.method(:+)** se referem a métodos distintos. Embora possa se assemelhar à sobrecarga de operadores de outras linguagens, isto é mais geral: uma vez que apenas o nome do método importa para a ligação com o método, veremos na Seção 3.7 como esse recurso viabiliza um mecanismo de reúso poderoso que se chama *mix-in*.

Em Ruby, a notação **ClassName#method** é utilizada para indicar o método de instância **method** em **ClassName**, enquanto que **ClassName.method** indica o método de classe (estático) **method** em **ClassName**. Utilizando essa notação, podemos dizer que a expressão **3+2** resulta em chamar **Fixnum#+** no destinatário **3**, enquanto que a expressão **"foo"+"bar"** resulta em chamar **String#+** no destinatário **"foo"**.

De forma similar, é comum em Java ver conversões de tipos explícitas de uma variável para uma superclasse, tais como **Foo x = (Foo)y**, onde **y** é uma instância de uma subclasse de **Foo**. Em Ruby, isso não faz sentido, pois variáveis não têm tipos e não importa se o método chamado está na classe do destinatário ou em uma de suas classes ancestrais.

Um método é definido com **def nome_do_metodo(arg1,arg2)** e termina com **end**;

todos os comandos intermediários são a definição do método. Toda expressão em Ruby possui um valor—por exemplo, o valor de uma atribuição é seu lado direito, então, o valor de **x=5** é 5— e, se um método não inclui um **return(blah)** explícito, o valor da última expressão no método é devolvido. Por isso, o seguinte método trivial devolve 5:
http://pastebin.com/xGYTktUK

```
def trivial_method    # no arguments; can also use trivial_method()
  x = 5
end
```

A variável **x** no exemplo é uma variável local; seu escopo é limitado ao bloco em que ela é definida, neste caso, o método, e é indefinida fora desse método. Em outras palavras, Ruby utiliza ***escopo léxico*** para variáveis locais. Quando falarmos sobre classes em Ruby, veremos como variáveis de classe e de instância são alternativas à variáveis locais.

Um aspecto estilístico importante de Ruby é o ***modo poético***: a habilidade de omitir parênteses e chaves quando não há ambiguidades. Em geral, os programadores de Ruby podem omitir parênteses em torno de argumentos para uma chamada de método e omitir chaves quando o *último* argumento para uma chamada de método é um *hash*. Por isso, as duas chamadas de métodos seguintes são equivalentes, dado um método **link_to** (que encontraremos na Seção 4.4) que recebe uma cadeia e um *hash* como argumentos:
http://pastebin.com/XCOwHvsW

```
link_to('Edit', {:controller => 'students', :action => 'edit'})
link_to 'Edit',  :controller => 'students', :action => 'edit'
```

O modo poético é muito comum entre Rubyistas experientes, é utilizado universalmente em Rails e oferece uma eliminação bem-vinda de poluição visual, depois que você se acostuma com ele.

Resumo:

- Tudo em Ruby é um objeto, até tipos primitivos como inteiros.
- Objetos de Ruby possuem tipos, mas as variáveis que se referem a eles não.
- Ruby utiliza escopo léxico para variáveis locais: uma variável é definida no escopo em que é primeiramente atribuída e em todos os escopos inclusos dentro dele, mas reutilizar o mesmo nome de variável local em um escopo interno temporariamente "obscurece" o nome vindo do escopo exterior.
- O modo poético reduz a bagunça, permitindo que se omitam parênteses em torno de argumentos de método e chaves em volta de um *hash*, desde que o código resultante não seja sintaticamente ambíguo.

■ ***Elaboração: Número de argumentos***

Embora parênteses em torno de argumentos de método sejam opcionais tanto na definição quanto na chamada do método, o *número* de argumentos importa, e uma exceção é lançada se um método for chamado com o número errado de argumentos. O fragmento de código seguinte mostra duas expressões idiomáticas que podem ser utilizadas quando se precisa de mais flexibilidade. A primeira é tornar o último argumento um *hash* com o valor padrão de **{}** (o *hash* vazio). A segunda é utilizar um asterisco (*), que coleta quaisquer argumentos adicionais em um vetor. Como muitos Rubyismos, a escolha certa é a que resulta em código mais legível.

http://pastebin.com/K6ev3S7g

```
# using 'keyword style' arguments
def mymethod(required_arg, args={})
  do_fancy_stuff if args[:fancy]
end

mymethod "foo",:fancy => true # => args={:fancy => true}
mymethod "foo"                # => args={}

# using * (splat) arguments
def mymethod(required_arg, *args)
  # args is an array of extra args, maybe empty
end

mymethod "foo","bar",:fancy => true # => args=["bar",{:fancy=>true}]
mymethod "foo"                      # => args=[]
```

Auto-avaliação 3.3.1. *Qual é a equivalente com* **send** *explícito de cada uma das seguintes expressões?* **a<b**, **a==b**, **x[0]**, **x[0]='foo'**.

◇ **a.send(:<,b)**, **a.send(:==,b)**, **x.send(:[],0)**, **x.send(:[]=,0,'foo')** ■

Auto-avaliação 3.3.2. *Suponha que o método* **foo** *receba dois argumentos hash. Explique por que não podemos utilizar o modo poético para escrever*

foo :a => 1, :b => 2

◇ Sem chaves, não é possível dizer se essa chamada está tentando passar um *hash* com duas chaves ou dois *hashes* de uma chave cada. Portanto, o modo poético só pode ser utilizado quando há um único argumento *hash* e quando ele é o último argumento. ■

3.4 Classes, Métodos e Herança

O excerto de uma definição de classe para um **Movie** na Figura 3.4 ilustra alguns conceitos básicos de definição de classes em Ruby. Vamos percorrê-lo linha por linha.

A **linha 1** abre a classe **Movie**. Como veremos, ao contrário de Java, **class Movie** *não* é uma declaração, mas sim uma chamada de método que cria um objeto representando uma nova classe e atribui esse objeto à constante **Movie**. As definições de método subsequentes ocorrerão no contexto dessa classe recém-criada.

A **linha 2** define o construtor padrão para a classe (aquele chamado quando você diz **Movie.new**), que *deve* se chamar **initialize**. A inconsistência de dar o nome de **initialize** para um método mas chamá-lo com **new** é uma idiossincrasia infeliz à qual você terá de se acostumar (como em Java, você pode definir construtores adicionais com outros nomes também). Este construtor espera dois argumentos e, nas **linhas 3–4**, ele estabelece as ***variáveis de instância*** do novo objeto **Movie** para esses valores. As variáveis de instância, tais como *http://pastebin.com/Y9RC9KgM*

```ruby
1  class Movie
2    def initialize(title, year)
3      @title = title
4      @year = year
5    end
6    def title
7      @title
8    end
9    def title=(new_title)
10     @title = new_title
11   end
12   def year ; @year ; end
13   def year=(new_year) ; @year = new_year ; end
14   # How to display movie info
15   @@include_year = false
16   def Movie.include_year=(new_value)
17     @@include_year = new_value
18   end
19   def full_title
20     if @@include_year
21       "#{self.title} (#{self.year})"
22     else
23       self.title
24     end
25   end
26 end
27
28 # Example use of the Movie class
29
30 beautiful = Movie.new('Life is Beautiful', '1997')
31
32 # What's the movie's name?
33 puts "I'm seeing #{beautiful.full_title}"
34
35 # And with the year
36 Movie.include_year = true
37 puts "I'm seeing #{beautiful.full_title}"
38
39 # Change the title
40 beautiful.title = 'La vita e bella'
41 puts "Ecco, ora si chiama '#{beautiful.title}!'"
```

Figura 3.4: Uma definição de classe simples em Ruby. As linhas 12 e 13 nos lembram que é idiomático combinar declarações curtas em uma única linha utilizando o caractere ponto e vírgula; a maioria dos Rubyistas tira proveito da concisão de Ruby para introduzir espaços em torno dos caracteres ponto e vírgula para legibilidade.

@title, são associadas com cada instância de um objeto. As variáveis locais **title** e **year**, passadas como argumentos, estão fora do escopo (indefinidas) fora do construtor, então se esses valores são relevantes é preciso capturá-los em variáveis de instância.

As **linhas 6–8** definem um método de acesso para leitura (***método getter*** ou ***método accessor***) para a variável de instância **@title**. Você pode estar se perguntando por que, se **beautiful** fosse uma instância de **Movie**, nós não poderíamos apenas escrever **beautiful.@title**. Isso é porque, em Ruby, **a.b** sempre significa "Chame o método **b** no destinatário **a**", e **@title** não é o nome de nenhum método na classe **Movie**. Na verdade, ele não é nem mesmo um nome válido para um método, uma vez que apenas nomes de variável de instância e de variável de classe podem se iniciar com **@**. Neste caso, o *getter* **title** é um método de instância da classe **Movie**. Isso significa que qualquer objeto que é uma instância de **Movie** (ou de uma das subclasses de **Movie**, se houvesse alguma) poderia responder a esse método.

As **linhas 9–11** definem o método de instância **title=**, que é distinto do método de instância **title**. Métodos cujos nomes terminam com = são métodos de acesso para escrita (***setter*** ou ***mutator***) e, assim como com o *getter*, precisamos desse método porque não podemos escrever **beautiful.@title = 'La vita e bella'**. Entretanto, como mostra a linha 40, nós *podemos* escrever **beautiful.title = 'La vita e bella'**. Tome cuidado! Se você está acostumado com Java ou Python, é muito fácil pensar nessa sintaxe como uma *atribuição a um atributo*, mas ela é apenas uma chamada de método como qualquer outra e, de fato, poderia ser escrita como **beautiful.send(:title=, 'La vita e bella')**. E, por ser uma chamada de método, ela devolve um valor: na ausência de uma declaração **return** explícita, o valor devolvido por um método é apenas o valor da última expressão avaliada nesse método. Já que neste caso a última expressão do método é a atribuição **@title=new_title** e o valor de qualquer atribuição é seu lado direito, o método acaba devolvendo o valor de **new_title** que foi passado para ele.

Ao contrário de Java, que permite atributos assim como *getters* e *setters*, o ocultamento de dados de Ruby ou ***encapsulamento*** é total: o *único* acesso às variáveis de uma instância ou às variáveis de uma classe de fora da classe é por meio de chamadas de métodos. Essa restrição é uma razão pela qual Ruby é considerada uma linguagem OO mais "pura" do que Java. Mas porque o modo poético nos permite omitir parênteses e escrever **movie.title** ao invés de **movie.title()**, a concisão não precisa ser sacrificada para alcançar esse encapsulamento mais forte.

As **linhas 12–13** definem o *getter* e o *setter* para **year**, mostrando que você pode utilizar o caractere ponto e vírgula assim como quebras de linha para separar comandos de Ruby, se você achar que fica menos confuso. Como veremos em breve, contudo, Ruby fornece uma maneira muito mais concisa para definir *getters* e *setters* utilizando metaprogramação.

A **linha 14** é um comentário, que em Ruby se inicia com # e se estende até o final da linha.

A **linha 15** define uma ***variável de classe***, ou o que Java chama de ***variável estática***, que define se o ano de lançamento de um filme é incluído quando seu nome é impresso. Analogamente ao *setter* para **title**, precisamos de um para **include_year=** (**linhas 16–18**), mas a presença de **Movie** no nome do método (**Movie.include_year=**) nos diz que ele é um método de classe. Perceba que não definimos um *getter* para a variável de classe; isso significa que o valor dessa variável de classe não pode absolutamente ser inspecionado de fora da classe.

As **linhas 19–25** definem o método de instância **full_title**, que utiliza o valor de **@@include_year** para decidir como exibir o título completo de um filme. A linha 21 mostra que

Java	**Ruby**
class MyString extends String	**class MyString < String**
class MyCollection extends Array implements Enumerable	**class MyCollection < Array include Enumerable**
Variável estática: **static int anInt = 3**	Variável de classe: **@@an_int = 3**
Variável de instância: **this.foo = 1**	Variável de instância: **@foo = 1**
Método estático: **public static int foo(...)**	Método de classe: **def self.foo ... end**
Método de instância: **public int foo(...)**	Método de instância: **def foo ... end**

Figura 3.5: Um resumo de alguns recursos que se correspondem diretamente entre Ruby e Java.

a sintaxe **#{}** pode ser utilizada para interpolar (substituir) o valor de uma expressão para uma cadeia de caracteres entre aspas duplas, como com **#{self.title}** e **#{self.year}**. Mais precisamente, **#{}** avalia a expressão entre as chaves e chama **to_s** no resultado, pedindo a ele para se converter em uma cadeia que pode ser inserida na cadeia mais externa. A classe **Object** (que é a ancestral de todas as classes, exceto **BasicObject**) define um **to_s** padrão, mas a maioria das classes o sobrepõem para produzir uma representação mais bonita de si mesmas.

Resumo: A Figura 3.5 compara construções OO básicas em Ruby e Java:

- **class Foo** abre uma classe (nova ou existente) a fim de adicionar ou mudar métodos nela. Ao contrário de Java, ela não é uma declaração, mas código real executado imediatamente, criando um novo objeto do tipo **Class** e atribuindo-o à constante **Foo**.
- **@x** especifica uma variável de instância e **@@x** especifica uma variável de classe (estática). Os espaços de nomes são distintos, então **@x** e **@@x** são variáveis diferentes.
- As variáveis de instância e as variáveis de classe de uma classe podem ser acessadas somente de dentro da classe. Qualquer acesso a partir do "mundo exterior" requer uma chamada de método para um *getter* ou um *setter*.
- Um método de classe na classe **Foo** pode ser definido utilizando-se **def Foo.some_method** ou **def self.some_method**.

■ ***Elaboração: Utilizando self para definir um método de classe.***

Como veremos em breve, a definição do método de classe **def Movie.include_year** na verdade pode aparecer *em qualquer lugar*, mesmo fora da definição da classe **Movie**, uma vez que Ruby permite adicionar e modificar métodos em classes depois de elas terem sido definidas. Entretanto, outra maneira de definir o método de classe **include_year** dentro da definição de classe seria **def self.include_year=(...)**. Isso porque, como mencionamos acima, **class Movie**, na linha 1, não é uma declaração, mas código real que é executado quando esse arquivo é carregado, e dentro do bloco de código envolto por **class Movie...end** (linhas 2–25), o valor de **self** é o novo objeto do tipo classe criado pela palavra chave **class**. (De fato, **Movie** em si é apenas uma velha e boa constante Ruby que se refere a esse objeto do tipo classe, como se pode verificar fazendo **c = Movie** e então **c.new('Inception',2010)**.)

■ ***Elaboração: Por que* self.title *em* Movie#full_title*?***

Nas linhas 19–25, por que chamamos **self.title** e **self.year** ao invés de apenas nos referirmos diretamente a **@title** e **@year**, o que seria perfeitamente válido dentro de um método de instância? A razão é que, no futuro, podemos querer mudar a maneira pela qual os *getters* funcionam. Por exemplo, quando apresentarmos Rails e ActiveRecord na Seção 4.3, veremos que *getters* para modelos básicos de Rails funcionam recuperando informação do banco de dados, ao invés de rastrear a informação utilizando variáveis de instância. Encapsular variáveis de instância e de classe utilizando *getters* e *setters* esconde a implementação desses atributos do código que os utiliza, e não há nenhuma vantagem a ser obtida violando-se esse encapsulamento dentro de um método de instância, mesmo que seja válido fazer isso.

Auto-avaliação 3.4.1. *Por que* **movie.@year=1998** *não é um substituto para* **movie.year=1998***?*

◇ A notação **a.b** sempre significa "chame o método **b** no destinatário **a**", mas **@year** é o nome de uma variável de instância, enquanto **year=** é o nome de um método de instância. ■

Auto-avaliação 3.4.2. *Suponha que apaguemos a linha 12 da Figura 3.4. Qual seria o resultado de se executar* **Movie.new('Inception',2011).year***?*

◇ Ruby reclamaria que o método **year** não está definido. ■

3.5 Toda Programação é Metaprogramação

Já que definir *getters* e *setters* simples para variáveis de instância é tão comum, pode-se tornar o exemplo mais ao estilo de Ruby trocando as linhas 6–11 pela única linha **attr_accessor :title** e as linhas 12–13 por **attr_accessor :year**. **attr_accessor** não faz parte da linguagem Ruby—é uma chamada de método normal que define os *getters* e *setters* dinamicamente. Isto é, **attr_accessor :foo** define métodos de instância **foo** e **foo=** que obtêm (get) e definem (set) o valor da variável de instância **@foo**. O método parente **attr_reader** define apenas um *getter* e nenhum *setter*, e vice-versa para **attr_writer**.

Esse é um exemplo de ***metaprogramação***—criação de código em tempo de execução que define novos métodos. De fato, de certo modo, *todas* programação em Ruby é metaprogramação, já que até uma definição de classe não é uma declaração, como é em Java, mas na realidade código que é executado em tempo de execução. Dado que isso é verdade, você pode estar se perguntando se é possível *modificar* uma classe em tempo de execução. De fato é, adicionando ou mudando métodos de instância ou métodos de classe, até para as classes *http://pastebin.com/zxsur5MX*

```
# Note: Time.now returns current time as seconds since epoch
class Fixnum
  def seconds  ; self ; end
  def minutes  ; self * 60 ; end
  def hours    ; self * 60 * 60 ; end
  def ago      ; Time.now - self ; end
  def from_now ; Time.now + self ; end
end
Time.now
# => Mon Nov 07 10:18:10 -0800 2011
5.minutes.ago
# => Mon Nov 07 10:13:15 -0800 2011
5.minutes - 4.minutes
# => 60
3.hours.from_now
# => Mon Nov 07 13:18:15 -0800 2011
```

Figura 3.6: Fazendo aritmética de tempo simples reabrindo-se a classe Fixnum. Unix foi inventado em 1970, então, seus projetistas escolheram representar o tempo como o número de segundos desde a meia-noite (GMT) de 1/1/1970, o que por vezes é chamado de início da *era* (*epoch*). Por conveniência, um objeto Time de Ruby responde a métodos de operações aritméticas processando com base nessa representação, se possível, embora internamente Ruby possa representar qualquer tempo passado ou futuro.

nativas de Ruby. Por exemplo, a Figura 3.6 ilustra uma maneira de fazer aritmética de tempo que tira proveito do método **now** da classe **Time** da biblioteca padrão de Ruby, que devolve o número de segundos desde 1/1/1970.

Nesse exemplo, nós *reabrimos* a classe **Fixnum**, uma classe essencial que já encontramos antes, e adicionamos seis novos métodos de instância a ela. Já que cada um dos novos métodos também retorna um fixnum, eles podem ser facilmente "encadeados" para escrevermos expressões como **5.minutes.ago**. De fato, Rails inclui uma versão mais completa desse recurso que realiza diversos cálculos de tempo.

Evidentemente, não podemos escrever **1.minute.ago** já que apenas definimos um método chamado **minutes**, não **minute**. Poderíamos definir métodos adicionais com nomes no singular que duplicassem a funcionalidade dos métodos que já temos, mas isso não seria muito DRY. Ao invés disso, podemos tirar proveito do poderoso construto de metaprogramação **method_missing** de Ruby. Se uma chamada de método não puder ser encontrada na classe do destinatário ou qualquer de suas classes ancestrais, Ruby tentará então chamar **method_missing** no destinatário, passando o nome e argumentos do método inexistente. A implementação padrão de **method_missing** apenas repassa para a implementação da superclasse, mas podemos sobrepô-la para implementar versões "no singular" dos métodos de cálculo de tempo acima:

http://pastebin.com/G0ztHTTP

```
class Fixnum
  def method_missing(method_id, *args)
    name = method_id.to_s
    if name =~ /^(second|minute|hour)$/
      self.send(name + 's')
    else
      super # pass the buck to superclass
    end
  end
end
```

Convertemos a ID do método (que é passada como um símbolo) em uma cadeia de caracteres e utilizamos uma expressão regular para verificar se a cadeia combina com alguma das palavras *hora, minuto, segundo*. Se sim, pluralizamos o nome e enviamos o nome de método pluralizado para **self**, isto é, para o objeto que recebeu a chamada original. Se não combinar, o que devemos fazer? Você pode pensar que devemos assinalar um erro mas, devido ao fato de Ruby possuir herança, devemos considerar a possibilidade de que uma de nossas classes ancestrais possa ser capaz de tratar a chamada de método. Chamar **super** sem argumentos passa a chamada de método original e seus argumentos originais intactos acima na cadeia de herança.

Tente aumentar esse exemplo com um método **days**, para que você possa escrever **2.days.ago** e **1.day.ago**. Utilizar o método **method_missing** com bom gosto para melhorar a concisão faz parte do estilo natural de Ruby. A Elaboration no final da Seção 3.6 ilustra como ele é utilizado para construir documentos XML, e a Seção 4.3 ilustra como ele melhora a legibilidade do método **find** na parte ActiveRecord do arcabouço Rails.

Resumo:

- **attr_accessor** é um exemplo de metaprogramação: ele cria código novo em tempo de execução, neste caso, *getters* e *setters* para uma variável de instância. Esse estilo de metaprogramação é extremamente comum em Ruby.
- Quando nem um destinatário nem qualquer de suas classes ancestrais pode tratar uma chamada de método, **method_missing** é chamado no destinatário. **method_missing** pode inspecionar o nome do método inexistente e de seus argumentos, e pode ou agir para tratar a chamada ou passá-la para a classe ancestral, como a implementação padrão de **method_missing** faz.

■ ***Elaboração: Armadilhas dos recursos dinâmicos de linguagem***

Se sua classe **Bar** tem utilizado na verdade uma variável de instância **@fox**, mas você acidentalmente escrever **attr_accessor :foo** (ao invés de **attr_accessor :fox**), você obterá um erro quando escrever **mybar.fox**. Uma vez que Ruby não requer que você declare variáveis de instância, **attr_accessor** não pode verificar se a variável de instância citada existe. Portanto, assim como com todos os recursos dinâmicos de linguagem, devemos tomar cuidado utilizando-os, e não podemos "nos apoiar no compilador", como faríamos em Java. Como veremos no Capítulo 8, desenvolvimento orientado a testes (TDD) ajuda a evitar tais erros. Além disso, na medida em que sua aplicação for parte de um ecossistema de Arquitetura Orientada a Serviços maior, você *sempre* tem de se preocupar com erros de tempo de execução em outros serviços dos quais seu aplicativo depende, como veremos nos Capítulos 5 e 12.

■ ***Elaboração: Listas de argumentos de tamanho variável***

Chamadas como **1.minute** não possuem nenhum argumento—a única coisa que importa é o destinatário, **1**. Assim, quando a chamada é redirecionada na linha 5 de **method_missing**, não é preciso passar nenhum dos argumentos que foram coletados em ***args**. O asterisco é como Ruby lida com listas de argumentos de tamanho variável: ***args** será um vetor com quaisquer argumentos passados para o método original e, se nenhum argumento foi passado, ela será um vetor vazio. Seria correto, em todo o caso, se a linha 5 fosse **self.send(name+'s', *args)** caso não estivéssemos certos do comprimento da lista de argumentos.

Auto-avaliação 3.5.1. *No exemplo de* **method_missing** *acima, por que* **$** *e* **^** *são necessá-*

rios no padrão da expressão regular da linha 4? (Dica: considere o que aconteceria se você omitisse um deles e chamasse **5.milliseconds** *ou* **5.secondary***)*
◇ Sem ^ para restringir a combinação ao início da cadeia, uma chamada como **5.millisecond** combinaria, o que causaria um erro quando **method_missing** tentasse redirecionar a chamada como **5.milliseconds**. Sem **$** para restringir a combinação ao final da cadeia, uma chamada como **5.secondary** combinaria, o que causaria um erro quando **method_missing** tentasse redirecionar a chamada como **5.secondarys**. ■

Auto-avaliação 3.5.2. *Por que* **method_missing** *deve sempre chamar* **super** *se não puder tratar ele próprio a chamada de método?*
◇ É possível que uma de suas classes ancestrais pretenda tratar a chamada, mas é preciso explicitamente "passar a chamada de método cadeia acima" com **super**, para dar às classes ancestrais uma chance de fazê-lo. ■

Auto-avaliação 3.5.3. *Na Figura 3.6,* **Time.now** *é um método de classe ou método de instância?*
◇ O fato de seu destinatário ser um nome de classe (**Time**) nos diz que é um método de classe. ■

3.6 Blocos: Iteradores, Expressões de Estilo Funcional e Fechamentos

Ruby utiliza o termo ***bloco*** de forma um pouco diferente de outras linguagens. Em Ruby, um bloco é apenas um método sem um nome, ou uma ***expressão lambda anônima***, na terminologia de linguagens de programação. Como um método nomeado comum, ele possui argumentos e pode utilizar variáveis locais. Aqui está um exemplo simples supondo que **movies** é um vetor de objetos do tipo **Movie**, como definido nos exemplos anteriores:

http://pastebin.com/715z16f2

```
movies.each do |m|
  puts "#{m.title} was released in #{m.year}"
end
```

O método **each** é um ***iterador*** disponível em todas as classes de Ruby que são parecidas com coleções. **each** recebe um argumento—um bloco—e passa um elemento da coleção por vez para o bloco. Como se vê, um bloco é envolto por **do** e **end**; se o bloco receber argumentos, a lista de argumentos é delimitada por |barras verticais| depois do **do**. O bloco neste exemplo recebe um argumento: a cada execução do bloco, **m** é definido como o próximo elemento de **movies**.

Ao contrário de métodos nomeados, um bloco também pode acessar qualquer variável acessível ao escopo em que o bloco aparece. Por exemplo:

http://pastebin.com/vy3sZHEQ

```
separator = '=>'
movies.each do |m|
  puts "#{m.title} #{separator} #{m.year}"
end
```

No código acima, o valor de **separator** é visível dentro do bloco, apesar de a variável ter sido criada e atribuída *do lado de fora* do bloco. Em contraste, o seguinte *não* funcionaria, porque **separator** não é visível dentro de **print_movies** e, portanto, não é visível no bloco **each**:

http://pastebin.com/bdXAcbPc

```
def print_movies(movie_list)
  movie_list.each do |m|
    puts "#{m.title} #{separator} #{m.rating}"  # === FAILS!! ===
  end
end
separator = '=>'
print_movies(movies) # FAILS!
```

Na terminologia de linguagens de programação, um bloco Ruby é um ***fechamento*** ou *closure*: sempre que se executa o bloco, ele pode "ver" todo o escopo léxico disponível no lugar onde o bloco aparece no texto do programa. Em outras palavras, é como se a presença do bloco criasse uma fotografia instantânea do escopo, que pode ser reconstituído mais tarde sempre que o bloco for executado. Esse fato é explorado por muitos recursos de Rails que melhoram a concisão, incluindo a renderização de visões (que veremos na Seção 4.4) e validações de modelos e filtros de controladores (Seção 5.1), porque elas permitem separar a definição de *o que* deve acontecer de *quando* no tempo e *onde* na estrutura da aplicação isso acontece.

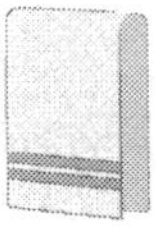

O fato de que blocos são fechamentos deve ajudar a explicar a seguinte aparente anomalia. Se a *primeira* referência a uma variável local ocorre dentro de um bloco, essa variável é "capturada" pelo escopo do bloco e torna-se *indefinida* depois de o bloco terminar. Então, por exemplo, o seguinte *não* funcionará, assumindo que a linha 2 seja a *primeira* referência a **separator** dentro deste escopo:

http://pastebin.com/t8KaAa1y

```
1 movies.each do |m|
2   separator = '=>'  # first assignment is inside a block!
3   puts "#{m.title} #{separator} #{m.rating}"   #  OK
4 end
5 puts "Separator is #{separator}"     # === FAILS!! ===
```

Em uma linguagem de escopo léxico como Ruby, variáveis são visíveis no escopo dentro do qual elas são criadas e em todos os escopos inclusos nesse escopo. Como no fragmento acima **separator** é *criado* dentro do escopo do bloco, sua visibilidade é limitada a esse escopo.

Em resumo, **each** é apenas um método de instância em um coleção que recebe um único argumento (um bloco) e fornece elementos para esse bloco, um de cada vez. Um uso relacionado de blocos são operações em coleções, uma expressão idiomática comum que Ruby toma emprestado da ***programação funcional***. Por exemplo, para duplicar cada elemento em uma coleção, pode-se escrever:

http://pastebin.com/M6pqwJMy

```
new_collection = collection.map do |elt|
  2 * elt
end
```

Se não houver ambiguidade, o estilo comum é utilizar chaves para delinear um bloco curto (uma linha) ao invés de **do...end**:

http://pastebin.com/nPQHG2yE

```
new_collection = collection.map { |elt| 2 * elt }
```

Então, sem laços *for*? Apesar de Ruby permitir **for i in collection**, **each** nos permite tirar melhor proveito da ***tipagem do pato***, que veremos em breve, para melhorar o reúso de código.

Ruby possui uma grande variedade de tais operadores de coleção; a Figura 3.7 lista alguns dos mais úteis. Com alguma prática, você irá automaticamente começar a expressar operações em coleções nos termos desse estilo funcional ao invés de laços imperativos. Por exemplo, para devolver uma lista de todas as palavras em algum arquivo (isto é, *tokens* que consistem inteiramente de caracteres de texto e separados por caracteres não-textuais) que se

Método	#Args	Devolve uma *nova* coleção contendo...
c.map	1	elementos obtidos aplicando-se o bloco a cada elemento de **c**
c.select	1	Subconjunto de **c** para os quais o bloco é verdadeiro
c.reject	1	Subconjunto de **c** obtido removendo os elementos para os quais o bloco é verdadeiro
c.uniq		todos os elementos de **c** com duplicações são removidos
c.reverse		elementos de **c** em ordem reversa
c.compact		todos elementos de **c** não-**nil**
c.flatten		elementos de **c** e de todos seus sub-vetores, recursivamente aplainados até conter apenas elementos que não são vetores
c.partition	1	Duas coleções, a primeira contendo elementos de **c** para os quais o bloco é verdadeiro, e a segunda contendo os elementos para os quais o bloco é falso
c.sort	2	Elementos de **c** ordenados de acordo com um bloco que recebe 2 argumentos e devolve -1 se o primeiro elemento deve vir antes, +1 se o segundo elemento deve vir antes e 0 caso ambos elementos possam vir antes
Os métodos seguintes exigem que os *elementos da coleção* respondam a <=>; veja Seção 3.7.		
c.sort		Se **sort** é chamado *sem* um bloco, os elementos são ordenados de acordo com a forma pela qual eles respondem a <=>.
c.sort_by	1	Aplica o bloco a cada elemento de **c** e ordena o resultado. Por exemplo, **movies.sort_by { |m| m.title }** ordena objetos **Movie** de acordo com a forma pela qual os títulos respondem a <=>.
c.max, c.min		O maior ou menor elemento de uma coleção

Figura 3.7: Alguns métodos comuns em coleções de Ruby. Para aqueles que esperam um bloco, mostramos o número de argumentos esperados por ele; se estiver em branco, o método não espera um bloco. Por exemplo, uma chamada para sort, cujo bloco espera 2 argumentos, poderia ser parecido com: c.sort { |a,b| a <=> b }. Todos esses métodos devolvem um novo objeto ao invés de modificar o destinatário. Alguns métodos também possuem uma variante *destrutiva* terminando em !, por exemplo, sort!, que modificam seus argumentos diretamente (e também devolvem o novo valor). Utilize métodos destrutivos com extremo cuidado.

iniciam com uma vogal, ordenadas e sem duplicações:

http://pastebin.com/dFJjugTf

```
# downcase and split are defined in String class
words = IO.read("file").
  split(/\W+/).
  select { |s| s =~ /^[aeiou]/i }.
  map { |s| s.downcase }.
  uniq.
  sort
```

(Lembre-se de que Ruby permite quebrar um único comando em mais de uma linha para se obter legibilidade, contanto que não haja ambiguidade sobre onde o comando termina. Os pontos ao final de cada linha deixam claro que o comando continua, já que um ponto deve ser seguido por uma chamada de método.) Em geral, se você perceber que está escrevendo laços explícitos em Ruby, é melhor reexaminar seu código para ver se essas expressões idiomáticas com coleções não o tornariam mais conciso e legível.

Resumo:

- Ruby inclui aspectos de ***programação funcional***, como a habilidade de realizar operações em coleções inteiras com métodos tais como **map** e **sort**. É muito típico do estilo da linguagem utilizar tais métodos para manipular coleções ao invés de iterar sobre elas utilizando laços *for*.
- O método de coleção **each** devolve um elemento da coleção de cada vez e o entrega para um ***bloco***. Blocos em Ruby podem apenas ocorrer como argumentos de métodos como **each**, que esperam um bloco.
- Blocos são fechamentos: todas as variáveis visíveis para o código do bloco no local em que o bloco for definido também serão visíveis sempre que o bloco for executado.
- A maioria dos métodos que parecem modificar uma coleção, como **reject**, na verdade devolvem uma nova cópia com as modificações feitas. Alguns possuem versões destrutivas cujo nome termina em **!**, como em **reject!**.

■ ***Elaboração: Blocos e metaprogramação em XML Builder***

Um exemplo elegante de combinação de blocos e metaprogramação é a classe XML Builder[4] (Como mencionamos brevemente na Seção 2.3, HTML é intimamente relacionado com XML.) No seguinte exemplo, a marcação XML mostrada nas linhas 1–8 foi gerada pelo código Ruby nas linhas 9–18. As chamadas de método **name**, **phone**, **address** e assim por diante utilizam, todas, **method_missing** para transformar cada chamada de método em uma *tag* XML, e blocos são utilizados para indicar o aninhamento de *tags*.

http://pastebin.com/bC02KjiR

```
1  <person type="faculty">
2    <name>Barbara Liskov</name>
3    <contact>
4      <phone location="office">617-253-2008</phone>
5      <email>liskov@csail.mit.edu</email>
6    </contact>
7  </person>
8
9  # Code that generates the above markup:
10 require 'builder'
11 b = Builder::XmlMarkup.new(:indent => 2)
12 b.person :type => 'faculty' do
13   b.name "Barbara Liskov"
14   b.contact do
15     b.phone "617-253-2008", :location => 'office'
16     b.email "liskov@csail.mit.edu"
17   end
18 end
```

Auto-avaliação 3.6.1. *Escreva uma linha de Ruby que verifica se uma string* **s** *é um palíndromo, isto é, lê-se a mesma coisa tanto normalmente quanto de trás para frente.* ***Dica:*** *Utilize os métodos da Figura 3.7 e não se esqueça que maiúsculas e minúsculas não devem fazer diferença:* `ReDivider` *é um palíndromo.*

◇ **s.downcase == s.downcase.reverse**

Você poderia pensar em usar **s.reverse=~Regexp.new(s)**, mas isso falharia se **s** contivesse metacaracteres de regexp tais como **$**. ■

3.7 Mix-ins e Tipagem do Pato

Você pode se surpreender ao aprender que os métodos de coleção resumidos na Figura 3.7 (e vários outros que não estão na figura) não são parte da classe **Array** de Ruby. De fato, não são nem mesmo parte de alguma superclasse de que **Array** e outros tipos de coleção derivam. Ao invés disso, eles tiram proveito de um mecanismo de reúso ainda mais poderoso, chamado ***mix-ins***.

Um mix-in é uma coleção de comportamentos relacionados que podem ser adicionados a qualquer classe, embora, em alguns casos, a classe tenha que respeitar um "contrato" a fim de utilizar o mix-in. Isso pode soar semelhante a uma Interface em Java, mas existem duas diferenças. Primeiro, é mais fácil reutilizar um mix-in: o "contrato", se houver algum, é especificado na documentação do mix-in ao invés de ser formalmente declarado, como uma interface Java seria. Segundo, ao contrário de uma interface Java, que não diz nada sobre *como* uma classe implementa uma interface, um mix-in tem tudo a ver com tornar mais fácil o reúso de uma implementação.

Se você usa o editor Emacs, você pode pensar nos modos menores de Emacs (preenchimento automático, suporte de abreviação, e assim por diante) como mix-ins que dependem de contratos fornecidos pelo modo maior e utilizam a tipagem dinâmica de Lisp para permitir inseri-los em qualquer modo maior.

Um *módulo* é o mecanismo de Ruby para empacotar um conjunto de métodos juntos como um mix-in. (Módulos possuem outros usos também, mas mix-ins são o mais importante.) Quando um módulo é incluído em uma classe com **include ModuleName**, os métodos de instância, de classe e as variáveis no módulo tornam-se disponíveis na classe.

Os métodos de coleção na Figura 3.7 fazem parte de um módulo chamado **Enumerable** que é parte da biblioteca padrão de Ruby; para inserir **Enumerable** em uma classe, basta colocar **include Enumerable** dentro da definição da classe.

Atenção! Porque Ruby permite adicionar e definir métodos em tempo de execução, **include** não pode verificar se o contrato do módulo é respeitado pela classe.

Como sua documentação[5] diz, **Enumerable** requer que a classe que o inclui forneça um método **each**, uma vez que os métodos de coleção de **Enumerable** são implementados em termos de **each**. Ao contrário de interfaces de Java, esse simples contrato é o *único* requisito para inserir o módulo; não importa em qual classe você o insira, contanto que essa classe defina o método de instância **each**, e nem a classe nem o mix-in precisam declarar suas intenções antecipadamente. Por exemplo, o método **each** na classe **Array** de Ruby itera sobre os elementos do vetor, enquanto que o método **each** na classe **IO** itera sobre as linhas de um arquivo ou outro fluxo de E/S. Desse modo, mix-ins permitem o reúso de conjuntos de comportamentos em classes que não têm nenhuma outra relação entre si.

O termo "tipagem do pato" é uma descrição popular dessa capacidade, porque "se algo se parece com um pato e grasna como um pato, pode muito bem ser um pato." Ou seja, do ponto de vista de **Enumerable**, se uma classe possui um método **each**, ela pode muito bem ser uma coleção, permitindo assim a **Enumerable** fornecer outros métodos implementados em termos de **each**. Ao contrário da **Interface** de Java, nenhuma declaração formal é requerida para mix-ins; se nós inventássemos um novo mixin que se baseasse de (por exemplo) uma classe implementando o operador de desreferência **[]**, nós poderíamos então inseri-lo em qualquer classe dessas sem qualquer outra modificação nelas. Quando os programadores de Ruby dizem que uma classe "grasna como um **Array**", eles normalmente querem dizer que ela não é necessariamente um **Array** nem um descendente de **Array**, mas que ela responde à maioria dos mesmos métodos que **Array** e pode, portanto, ser utilizada onde quer que **Array** seria utilizado.

<=> é por vezes chamado de *operador nave espacial*, já que algumas pessoas pensam que ele se parece com um disco voador.

Porque **Enumerable** pode oferecer todos os métodos na Figura 3.7 (e alguns outros) para qualquer classe que implementa **each**, todas as classes de Ruby que "grasnam como uma coleção" inserem **Enumerable** por conveniência. Os métodos **sort** (sem bloco), **max** e **min** também requerem que os *elementos* da coleção (não a própria coleção) respondam ao método

<=>, que devolve -1, 0, ou 1, dependendo se seu primeiro argumento for menor que, igual a, ou maior que seu segundo argumento. Você ainda pode inserir **Enumerable** mesmo se os elementos da coleção não responderem a <=>; você só não pode utilizar **sort**, **max** ou **min**. Já em Java, toda classe de coleção que implementasse a interface **Enumerable** teria de assegurar que seus elementos pudessem ser comparados, quer essa funcionalidade fosse requerida ou não.

No Capítulo 8, veremos como a combinação de mix-ins, classes abertas e **method_missing** nos permite escrever testes de unidade eminentemente legíveis utilizando a ferramenta RSpec.

Resumo:

- Um ***mix-in*** é um conjunto de comportamentos relacionados que podem ser adicionados a qualquer classe que satisfaça o contrato do mix-in. Por exemplo, **Enumerable** é um conjunto de comportamentos em coleções enumeráveis que requer que a classe que o inclui defina o iterador **each**.
- Ruby utiliza módulos para agrupar mix-ins. Um módulo é inserido em uma classe colocando-se **include ModuleName** depois do comando **class ClassName**.
- Diz-se por vezes que uma classe que implementa algum conjunto de comportamentos característico de outra classe, possivelmente utilizando mix-ins, "grasna como" a classe a que se assemelha. O esquema de Ruby para permitir mix-ins sem verificação de tipagem estática é, portanto, chamado às vezes de ***tipagem do pato***.
- Ao contrário das interfaces em Java, mix-ins não requerem declaração formal. Mas porque Ruby não possui tipagem estática, é de sua responsabilidade assegurar que a classe que inclui o mix-in satisfaça as condições estabelecidas na documentação do mix-in, ou você obterá um erro de tempo de execução.

■ ***Elaboração: Tipagem do pato na classe Time***

Ruby pode representar tempos arbitrariamente distantes no passado ou futuro, pode utilizar fusos horários e pode lidar com sistemas de calendário não-Gregorianos. Ainda assim, como vimos na Seção 3.5, quando um objeto **Time** recebe uma chamada de método como +, que espera um argumento aritmético, ele tenta devolver uma representação de si mesmo compatível com a representação do Unix (segundos desde o início da *era*). Em outras palavras, um objeto **Time** não é apenas um simples inteiro mas, quando necessário, ele grasna como um.

Auto-avaliação 3.7.1. *Suponha que você insira* **Enumerable** *em uma classe* **Foo** *que não fornece o método* **each**. *Que erro será sinalizado quando você chamar* **Foo.new.map { |elt| puts elt }***?*

◇ O método **map** em **Enumerable** tentará chamar **each** em seu destinatário, mas como que o novo objeto **Foo** não define **each**, Ruby sinalizará um erro Undefined Method. ■

Auto-avaliação 3.7.2. *Qual comando está correto e por quê: (a)* **include 'enumerable'** *(b)* **include Enumerable**

◇ (b) está correto, já que **include** espera o nome de um módulo, que (como um nome de classe) é uma constante e não uma cadeia de caracteres. ■

http://pastebin.com/yAYDz8nS

```
# return every n'th element in an enumerable
module Enumerable
  def every_nth(count)
    index = 0
    self.each do |elt|
      yield elt if index % count == 0
      index += 1
    end
  end
end

list = (1..10).to_a # make an array from a range
list.every_nth(3) { |s| print "#{s}, " }
# => 1, 4, 7, 10,
list.every_nth(2) { |s| print "#{s}, " }
# => 1, 3, 5, 7, 9,
```

Figura 3.8: Um exemplo de uso do yield de Ruby, que é baseado em um construto introduzido na linguagem CLU. Note que definimos every_nth no módulo Enumerable, que a maioria das coleções insere, como descrito na Seção 3.7.

3.8 Faça Seus Próprios Iteradores Utilizando Yield

Apesar de Ruby definir **each** para classes de coleção nativas como **Array**, você pode definir seus próprios iteradores utilizando **each** também. A ideia de tornar a iteração um recurso de linguagem de primeira classe apareceu primeiramente na linguagem ***CLU***, inventada por Barbara Liskov. O **yield** de Ruby permite que você defina seus próprios métodos **each** que recebem um bloco, fornecendo uma maneira elegante de permitir às coleções que administrem a navegação através delas.

A Figura 3.8 mostra como esse construto incomum funciona. Quando um método contendo **yield** é chamado, ele inicia a execução até **yield** ser alcançado; nesse ponto, o controle é transferido ao bloco que foi passado ao método. Se **yield** tiver algum argumento, esses argumentos se tornam os argumentos para o bloco.

Um uso comum de **yield** é implementar iteradores como **each** e **every_nth**. Ao contrário de Java, em que você tem de criar um iterador passando a ele uma coleção de algum tipo e então chamar repetidamente **while (iter.hasNext())** e **iter.getNext()**, os iteradores de Ruby permitem "virar do avesso" a estrutura de controle e possibilitar às estruturas de dados gerirem *suas próprias* iterações.

yield também permite reúso em situações em que você precisa "enxertar" alguma funcionalidade personalizada dentro de uma funcionalidade comum. Por exemplo, considere um aplicativo que cria páginas HTML e utiliza um modelo HTML padrão para a maioria das páginas que se parecem com isso, onde a única diferença entre páginas diferentes é capturada pela linha 8:

Não confunda este uso do termo *yield* com o uso não relacionado de sistemas operacionais, em que é dito que uma *thread* ou processo *cede* (yield) a outro ao abrir mão da CPU.

http://pastebin.com/tZ5j3G7J

```
1  <!DOCTYPE html>
2  <html>
3    <head>
4    <title>Report</title>
5    </head>
6    <body>
7      <div id="main">
8        ...user-generated content here...
9      </div>
10   </body>
11 </html>
```

Na maioria das linguagens, poderíamos encapsular o código que gera o clichê das linhas 1–7 e 9–11 em métodos chamados **make_header** e **make_footer**, e então requerer que cada método que quer gerar uma página faça isto:

http://pastebin.com/0sTEMcdN

```
def one_page
  page = ''
  page << make_header()
  page << "Hello"
  page << make_footer()
end
def another_page
  page = ''
  page << make_header()
  page << "World"
  page << make_footer()
end
```

Como que esse código parece repetitivo, nós poderíamos, ao invés disso, embalar ambas as chamadas em um único método:

http://pastebin.com/TsvTN5ZT

```
def make_page(contents)
  page = ''
  page << make_header()
  page << contents
  page << make_footer()
end
#
def one_page
  make_page("Hello")
end
def another_page
  make_page("World")
end
```

Mas aprendemos, no Capítulo 2, que padrões de projeto úteis surgem do desejo de *separar as coisas que mudam das que continuam as mesmas.* **yield** fornece uma maneira melhor de encapsular a parte comum—o clichê "em volta" do conteúdo de usuário—em seu próprio método:

http://pastebin.com/7TbZ12p4

```
1  def make_page
2    page = ''
3    page << make_header()
4    page << yield
5    page << make_footer()
6  end
7  def one_page
8    make_page do
9      "Hello"
10     end
11 end
12 def another_page
13   make_page do
14     "World"
15   end
16 end
```

Nesse exemplo, quando **one_page** chama **make_page**, o **yield** na linha 4 devolve o controle ao bloco na linha 9. O bloco é executado e o valor devolvido por ele (neste caso, **"Hello"**) é devolvido para a linha 4 como o resultado de **yield** e anexado a **page** (utilizando o operador **«**), depois do que **make_page** continua.

Podemos explorar as expressões idiomáticas de Ruby para blocos de uma linha para resumir isso a:

http://pastebin.com/Nqe8MwA5

```
def make_page
  make_header << yield << make_footer
end

def one_page
  make_page { "Hello" }
end
def another_page
  make_page { "World" }
end
```

Como veremos, **yield** é na verdade como Rails implementa renderização de modelos HTML para visões: o código HTML comum que fica no início e fim de cada página é renderizado, e então **yield** é utilizado para renderizar o conteúdo específico da página no meio. No Capítulo 11, veremos como a combinação de blocos e o padrão de projeto *Factory* fornece um excepcional grau de concisão e beleza no código ao separar as coisas que mudam daquelas que continuam as mesmas.

Com esta breve introdução aos recursos mais característicos de Ruby, estamos prontos para conhecer o arcabouço Rails.

Resumo:

- No corpo de um método que recebe um bloco como parâmetro, **yield** transfere controle ao bloco e opcionalmente passa a ele um argumento.
- Devido ao fato de um bloco ser um fechamento, seu escopo é o que estava em efeito quando o bloco foi definido, embora o método que cede (yield) ao bloco esteja sendo executado em um escopo completamente diferente.
- A cessão é o mecanismo geral por trás dos iteradores: um iterador é simplesmente um método que atravessa alguma estrutura de dados e utiliza **yield** para passar um elemento de cada vez para o destinatário do iterador.

Auto-avaliação 3.8.1. *Em referência à Figura 3.8, observe que* **every_nth** *utiliza* **elt** *como um nome de variável de instância nas linhas 5 e 6. Suponha que na linha 13 utilizássemos* **elt** *ao invés de* **s** *como o nome da variável local em nosso bloco. Qual seria o efeito dessa mudança, se houver algum, e por quê?*

◇ Não haveria nenhum efeito. **every_nth** e o bloco que passamos a ele são executados em diferentes escopos, então, não há "colisão" do nome da variável local **elt**. ■

3.9 Falácias e Armadilhas

Armadilha: **Escrever Java em Ruby.**

É preciso alguma quilometragem para aprender as expressões idiomáticas de uma nova linguagem e como ela fundamentalmente difere das outras. Exemplos comuns para programadores de Java iniciantes em Ruby incluem:

- Pensar em termos de coerção de tipos ao invés de chamadas de método: **100.0 * 3** não converte 3 em um Float, mas chama **Float#***.

- Ler **a.b** como "atributo **b** do objeto **a**" ao invés de "chamar método **b** no objeto **a**."
- Pensar em termos de classes e tipos estáticos tradicionais, ao invés de em tipagem do pato. Quando se chama um método em um objeto, ou se faz um mix-in, tudo o que importa é se o objeto responde ao método. O tipo ou classe do objeto são irrelevantes.
- Escrever laços for explícitos ao invés de utilizar um iterador como **each** e os métodos de coleção que o exploram por meio de mix-ins tais como **Enumerable**. Utilize o estilo funcional como em **select**, **map**, **any?**, **all?**, e assim por diante.
- Pensar em **attr_accessor** como uma declaração de atributos. Este e outros atalhos relacionados poupam trabalho *se* você quer que um atributo seja lido ou escrito publicamente. Mas não é necessário haver qualquer tipo de "declaração" de um atributo (a existência da variável de instância é suficiente) e o mais provável é que alguns atributos *não deveriam* ser visíveis publicamente. Resista à tentação de utilizar **attr_accessor** como se você estivesse escrevendo declarações de atributo em Java.

⚠ ***Armadilha:*** **Pensar em símbolos e strings como intercambiáveis.**

Embora muitos métodos de Rails sejam explicitamente construídos para aceitar tanto uma cadeia de caracteres quanto um símbolo, os dois não são em geral intercambiáveis. Um método que espera uma cadeia pode lançar um erro se a ele for dado um símbolo ou, dependendo do método, ele pode simplesmente falhar. Por exemplo, **['foo','bar'].include?('foo')** é verdadeiro, enquanto que **['foo','bar'].include?(:foo)** é válido, mas falso.

⚠ ***Armadilha:*** **Nomear uma variável local quando a intenção era um método local.**

Suponha que a classe **C** defina um método **x=**. Em um método de instância de **C**, escrever **x=3** não terá o efeito desejado de chamar o método **x=** com o argumento 3; ao invés disso, ele definirá o valor de uma variável local **x** para 3, o que provavelmente não é o que você queria. Para obter o efeito desejado, escreva **self.x=3**, o que torna a chamada de método explícita.

⚠ ***Armadilha:*** **Confundir require com include.**

require carrega um arquivo arbitrário de Ruby (tipicamente o arquivo principal de alguma *gem*), enquanto **include** insere um módulo. Em ambos os casos, Ruby tem suas próprias regras para localizar os arquivos contendo o código; a documentação de Ruby descreve o uso de **$LOAD_PATH**, mas você raramente ou nunca deveria precisar manipulá-lo diretamente se você utilizar Rails como seu arcabouço e Bundler para gerenciar suas *gems*.

3.10 Observações Finais: Uso do Estilo da Linguagem

Programas feios são como pontes suspensas feias: eles são muito mais sujeitos a desabar que os bonitos, porque a maneira pela qual humanos (especialmente humanos-engenheiros) percebem a beleza está intimamente relacionada à nossa habilidade de processar e entender a complexidade. Uma linguagem que torna difícil escrever código elegante torna difícil escrever bom código.

—Eric S. Raymond

Se você está vindo para Ruby sem conhecimento de linguagens como Lisp ou Scheme, as expressões idiomáticas de programação funcional podem ser novas para você. A menos que você esteja familiarizado com JavaScript, você provavelmente não utilizou fechamentos antes. E, a menos que você conheça ***CLU***, você pode levar algum tempo para se acostumar com o **yield** de Ruby.

Existe um antigo ditado entre programadores que diz que "você pode escrever Fortran em qualquer linguagem." Esse comentário talvez seja injusto com Fortran—pode-se escrever código bom ou ruim em qualquer linguagem—, mas a intenção da expressão é desencorajar que se tragam hábitos de programação de uma linguagem para outra em que eles são inapropriados, desse modo perdendo a oportunidade de utilizar um mecanismo na nova linguagem que poderia fornecer uma solução mais bonita.

Nosso conselho é, portanto, perseverar em uma nova linguagem até que você esteja confortável com suas expressões idiomáticas. Resista à tentação de transliterar seu código de outras linguagens sem primeiro considerar se há uma maneira mais Rubyistica de programar o que você precisa. Repetiremos este conselho quando lidarmos com JavaScript no Capítulo 6.

Aprender a utilizar uma nova linguagem e tirar o maior proveito possível de suas expressões idiomáticas é uma habilidade vital para profissionais de software. Não são tarefas fáceis, mas esperamos que focar em recursos singulares e bonitos em nossa exposição de Ruby e JavaScript evocará curiosidade intelectual ao invés de grunhidos de resignação, e que você virá a apreciar o valor de manejar uma variedade de ferramentas especializadas e escolher a mais produtiva delas para cada novo trabalho.

3.11 Para Aprender Mais

- Programming Ruby[6] e *The Ruby Programming Language* (Flanagan and Matsumoto 2008), dos quais o inventor de Ruby, Yukihiro "Matz" Matsumoto, é coautor, são referências fundamentais para Ruby.

- A documentação online de Ruby[7] fornece detalhes sobre a linguagem, suas classes e suas bibliotecas padrão. Dentre as classes mais úteis estão **IO** (E/S em arquivos e rede, incluindo arquivos CSV), **Set** (operações de coleção tais como diferença de conjuntos, intersecção de conjuntos, e assim por diante) e **Time** (a classe padrão para representar tempos, que recomendamos preferencialmente frente a **Date**, mesmo se você estiver representando apenas datas sem tempos). Estes são materiais de referência, não um tutorial.

- *Learning Ruby* Fitzgerald 2007 adota uma abordagem mais ao estilo tutorial para aprender a linguagem. O peculiar Why's (Poignant) Guide to Ruby[8], sem custo e disponível sob licença Creative Commons, é uma alternativa interessante, apesar de algum material poder estar ultrapassado, já que esse documento foi escrito para Ruby 1.8.

- *The Ruby Way, Second Edition* é uma referência enciclopédica tanto para a própria linguagem Ruby como para utilizá-la de acordo com seu estilo típico para resolver muitos problemas práticos de programação.

- Muitos recém-chegados a Ruby têm problemas com **yield**, que não possui equivalente em Java, C ou C++ (apesar de versões recentes de Python e JavaScript terem mecanismos semelhantes). O artigo ***corotinas*** na Wikipédia fornece bons exemplos do mecanismo geral de corotina a que **yield** dá suporte. *Ruby Best Practices* Brown 2009 foca em como tirar o máximo proveito do "ferramental pesado" de Ruby, como blocos, módulos/tipagem do pato, metaprogramação etc. Se você quer escrever Ruby como um Rubyista ao invés de escrever código Java em Ruby, esta é uma ótima leitura.

G. T. Brown. *Ruby Best Practices*. O'Reilly Media, 2009. ISBN 0596523009.

M. J. Fitzgerald. *Learning Ruby*. O'Reilly Media, 2007. ISBN 0596529864.

D. Flanagan and Y. Matsumoto. *The Ruby Programming Language*. O'Reilly Media, 2008. ISBN 0596516177.

Notas

[1]`http://validator.w3.org`
[2]`https://api.duckduckgo.com/api`
[3]`http://pastebin.com`
[4]`http://builder.rubyforge.org/`
[5]`http://ruby-doc.org/core-1.9.3/Enumerable.html`
[6]`http://ruby-doc.org/docs/ProgrammingRuby`
[7]`http://ruby-doc.org/`
[8]`http://www.scribd.com/doc/2236084/Whys-Poignant-Guide-to-Ruby`

3.12 Projetos Sugeridos

OO e Classes

Projeto 3.1. *Quantas classes ancestrais o objeto* **5** *possui? (Dica: utilize encadeamento de métodos para seguir a cadeia da superclasse até o* **BasicObject***)*

Projeto 3.2. *Dado que* **superclass** *devolve* **nil** *quando chamado em* **BasicObject** *mas um valor não-***nil** *de outra maneira, escreva um método de Ruby que, ao receber qualquer objeto, imprimirá a classe do objeto e suas classes ancestrais até o* **BasicObject**.

Projeto 3.3. *Ben Bitdiddle pergunta: "Se* **i** *é um inteiro e* **f** *é um número de ponto flutuante em Ruby, e eu escrever* **i+f**, **i** *é convertido para um float ou* **f** *é convertido para um inteiro para fazer a adição?" Explique por que a pergunta de Ben está mal formada quando aplicada a Ruby.*

Projeto 3.4. *Recém-esclarecido pela resposta ao Projeto 3.3, Ben agora observa que escrever* **i+=f** *é válido em Ruby. Sua pergunta é: "+= é um operador separado em Ruby, ou é puramente açúcar sintático para* **i=i+f***?" Invente e execute um experimento para determinar a resposta.*

Metaprogramação

Projeto 3.5. *Com base no exemplo na Seção 3.5, tire proveito da tipagem do pato de* **Time** *para definir um método* **at_beginning_of_year** *que permita que você escreva:*

http://pastebin.com/NxicVYaP

```
Time.now.at_beginning_of_year + 1.day
# => 2011-01-02 00:00:00 -0800
```

Dica 1: A documentação de **Time**[1] *dirá a você que o método de classe* **local** *pode ser utilizado para criar um novo objeto* **Time** *para um ano, mês e dia especificado.*

Dica 2: O destinatário de **at_beginning_of_year** *no código acima é* **now**, *assim como era no exemplo na Seção 3.5. Mas, ao contrário daquele exemplo, pense cuidadosamente sobre como você gostaria que* **now** *grasnasse.*

Projeto 3.6. *Defina um método* **attr_accessor_with_history** *que forneça a mesma funcionalidade que* **attr_accessor**, *mas que também localize cada valor que o atributo já possuiu:*
http://pastebin.com/4ffrvFgC

```
class Foo
  attr_accessor_with_history :bar
end
f = Foo.new        # => #<Foo:0x127e678>
f.bar = 3          # => 3
f.bar = :wowzo     # => :wowzo
f.bar = 'boo!'     # => 'boo!'
f.history(:bar) # => [3, :wowzo, 'boo!']
```

Mix-ins e Iteradores

Projeto 3.7. *O módulo* **Enumerable** *inclui um iterador* **each_with_index** *que produz cada elemento enumerável junto com um índice que começa em zero (lembre-se de que* **Enumerable** *está inserido nas classes de coleção da linguagem Ruby por padrão):*
http://pastebin.com/75zEmrAX

```
%w(alice bob carol).each_with_index do |person,index|
  puts ">> #{person} is number #{index}"
end
>> alice is number 0
>> bob is number 1
>> carol is number 2
```

Crie um iterador **each_with_custom_index** *no módulo* **Enumerable** *que permita a você determinar o valor inicial e passo dos índices:*
http://pastebin.com/wpYexvCW

```
%w(alice bob carol).each_with_custom_index(3,2) do |person,index|
  puts ">> #{person} is number #{index}"
end
>> alice is number 3
>> bob is number 5
>> carol is number 7
```

Projeto 3.8. *Lembre-se de que os dois primeiros inteiros na sequência de Fibonacci são 1 e 1, e cada número sucessivo de Fibonacci é a soma dos dois anteriores. Crie uma classe que devolva um iterador para os primeiros* n *números de Fibonacci. Você deve ser capaz de usar a classe como se segue:*
http://pastebin.com/W5nm61P9

```
# Fibonacci iterator should be callable like this:
f = FibSequence.new(6) # just the first 6 Fibonacci numbers
f.each { |s| print(s,':') }  # => 1:1:2:3:5:8:
f.reject { |s| s.odd? }      # => [2, 8]
f.reject(&:odd?)             # => [2, 8] (a shortcut!)
f.map { |x| 2*x }            # => [2, 2, 4, 6, 10, 16]
```

DICA: Contanto que objetos de sua classe implementem **each**, *você pode inserir* **Enumerable** *para obter* **reject**, **map**, *e assim por diante.*

Projeto 3.9. *Implemente um iterador* **each_with_flattening** *que se comporte da seguinte maneira:*
http://pastebin.com/t79i1ZNu

```
[1, [2, 3], 4, [[5, 6], 7]].each_with_flattening { |s| print "#{s}," }
>> 1, 2, 3, 4, 5, 6, 7
```

Que suposição(ões) seu iterador deve fazer sobre seu destinatário? Que suposição(ões) ele deve fazer sobre os elementos de seu destinatário?

Projeto 3.10. *Aumente o módulo* **Enumerable** *com um novo iterador,* **each_permuted**, *que devolve os elementos de uma coleção em uma ordem aleatória. O iterador deve assumir que a coleção responde a* **each**, *mas não deve fazer qualquer outra suposição sobre os elementos. Dica: Você pode querer utilizar o método* **rand** *da biblioteca padrão de Ruby.*

Projeto 3.11. *Uma árvore binária ordenada é tal que cada nó possui um valor de elemento e até 2 filhos, cada um dos quais também são uma árvore binária ordenada, e todos os elementos na subárvore esquerda de algum nó são menores do que qualquer elemento na subárvore direita desse nó.*

Defina uma classe de coleção **BinaryTree** *que forneça os métodos de instância << (inserir elemento),* **empty?** *(devolve verdadeiro se a árvore não tem elementos), e* **each** *(o iterador padrão que submete cada elemento por vez, na ordem que você desejar).*

Projeto 3.12. *Aumente a classe de sua árvore binária ordenada para que ela também forneça os seguintes métodos, cada um dos quais tomando um bloco:* **include?(elt)** *(verdadeiro se a árvore inclui* **elt**), **all?** *(verdadeiro se o dado bloco for verdadeiro para todos os elementos),* **any?** *(verdadeiro se o dado bloco for verdadeiro para qualquer elemento),* **sort** *(ordena os elementos).* ***DICA:*** *Uma única linha de código basta para fazer tudo isso.*

Projeto 3.13. *Semelhante ao exemplo* **days.ago** *da Seção 3.5, defina as conversões apropriadas entre Euros, Dólares americanos e Yens, para que você possa digitar as seguintes conversões:*
http://pastebin.com/JhsBT11Z

```
# assumes 1 Euro=1.3 US dollars, 1 Yen=0.012 US dollars
5.dollars.in(:euros)  # => 6.5
(1.euro - 50.yen).in(:dollars)  # => 0.700
```

Projeto 3.14. *Quais destes métodos efetivamente fazem as transformações acontecerem da maneira que você espera?*

http://pastebin.com/M7dfp9gZ

```
def my_swap(a,b)
  b,a = a,b
end

class Foo
attr_accessor :a, :b
  def my_swap_2()
    @b,@a = @a,@b
  end
end

def my_string_replace_1(s)
  s.gsub( /Hi/, 'Hello')
end

def my_string_replace_2(s)
  s.gsub!( /Hi/, 'Hello')
end
```

Projeto 3.15. *Estenda a classe* **Time** *com um método* **humanize** *que imprime uma frase informativa descrevendo a hora do dia mais próxima da divisão de quinze minutos, no modo de doze horas, e fazendo um caso especial para a meia-noite:*

http://pastebin.com/4znyp5BZ

```
>>  Time.parse("10:47 pm").humanize
# => "About a quarter til eleven"
>>  Time.parse("10:31 pm").humanize
# => "About half past ten"
>>  Time.parse("10:07 pm").humanize
# => "About ten"
>>  Time.parse("23:58").humanize
# => "About midnight"
>>  Time.parse("00:29").humanize
# => "About 12:30"
```

4 Fundamentos de SaaS: Introdução a Rails

Charles Antony Richard Hoare (1934–, chamado de "Tony" por quase todos) recebeu o Prêmio Turing em 1980 por "contribuições fundamentais para a definição e projeto de linguagens de programação."

Há duas maneiras de construir o design *de um software: Uma maneira é fazê-lo tão simples que* obviamente não haja deficiências, *e a outra maneira é fazê-lo tão complicado que* não haja deficiências óbvias. *O primeiro método é bem mais difícil... O preço da confiabilidade é a busca pelo máximo de simplicidade.*

—Tony Hoare

Conceitos

As ideias gerais deste capítulo tratam sobre como Rails simplifica a criação de aplicativos SaaS.

- Rails traz à tona a arquitetura cliente-servidor e de três camadas e os padrões de projeto modelo-visão-controlador, todos eles comuns em aplicativos SaaS.
- O pacote ActiveRecord de Rails utiliza a metaprogramação de Ruby e ***convenção sobre configuração*** para livrá-lo de escrever absolutamente qualquer código para realizar as operações básicas Criar, Ler, Atualizar e Apagar (CRUD — Create, Read, Update e Delete) em seus modelos, desde que você siga certas convenções sobre nomeação de classes e variáveis.
- Os pacotes ActionView e ActionController de Rails auxiliam na criação de páginas na Web, no trato com formulários e na configuração das ***rotas*** que definem a correspondência entre URIs e ações do controlador (código no seu aplicativo).
- Um aplicativo Rails adequadamente construído pode ser facilmente adaptado para funcionar em uma arquitetura orientada a serviços, comunicando-se com serviços externos ao invés de com um humano utilizando um navegador.
- A depuração de SaaS requer entender os diferentes locais em que algo pode dar errado durante o fluxo de uma requisição SaaS, e tornar essa informação visível ao desenvolvedor.

Todos esses recursos de Rails foram projetados para otimizar a criação de aplicativos que funcionarão em uma Arquitetura Orientada a Serviços e se beneficiarão de padrões de projeto comprovados para SaaS.

4.1 Introdução a Rails: do zero até CRUD

Como vimos no Capítulo 2, Rails é um arcabouço para aplicativos SaaS que define uma estrutura específica para organizar o código de seu aplicativo e fornece uma *interface* para um servidor de aplicações Rails tal como Rack. O servidor de aplicações aguarda que um navegador Web contacte seu aplicativo e mapeia cada solicitação que chega (URI e método HTTP) a uma ação em particular em um dos controladores de seu aplicativo. Rails consiste tanto do próprio arcabouço quanto de um novo comando `rails`, que é utilizado para instalar e manipular aplicativos Rails. Três módulos principais compõem o coração do suporte de Rails para MVC: ActiveRecord, para a criação de modelos, ActionView, para criação de visões e ActionController, para a criação de controladores.

Utilizando a explicação de Modelo–Visão–Controlador do Capítulo 2 como padrão de referência, começaremos do zero e criaremos o aplicativo Rotten Potatoes descrito no Capítulo 2 para manter um banco de dados simples de informações de filmes. Visitaremos brevemente cada uma das "peças" de um aplicativo Rails básico com um único modelo, na seguinte ordem:

1. Criação do esqueleto de um novo aplicativo
2. Roteamento
3. O banco de dados e migrações
4. Modelos e *Active Record*
5. Controladores, visões, formulários e CRUD

-T omite diretórios de testes que utilizam o arcabouço `Test::Unit` de Ruby, uma vez que no Capítulo 8 nós utilizaremos, ao invés dele, o arcabouço de testes RSpec. `rails --help` mostra mais opções para criar um novo aplicativo.

Comece entrando na Máquina Virtual do "Bookware", mudando para um diretório conveniente tal como Documents (`cd Documents`) e criando um novo aplicativo Rails vazio com `rails new myrottenpotatoes -T`. Se tudo ocorrer bem, você verá várias mensagens sobre arquivos sendo criados, terminando com "Your bundle is complete" ("Seu embrulho está completo"). Você pode agora `cd` para o diretório `myrottenpotatoes` recém-criado, chamado de diretório ***raiz*** do seu novo aplicativo. A partir de agora, a menos que digamos o contrário, todos os nomes de arquivos serão relativos à raiz do aplicativo. Antes de ir mais longe, gaste alguns minutos examinando o conteúdo do novo diretório do aplicativo `myrottenpotatoes`, como descrito na Figura 4.1, para se familiarizar com a estrutura de diretórios comum a todos os aplicativos Rails.

A mensagem "Your bundle is complete" se refere ao arquivo `Gemfile` que foi criado automaticamente para seu aplicativo. Enquanto a biblioteca padrão de Ruby inclui uma vasta coleção de classes úteis[2], Rubygems é um sistema para gerir bibliotecas de Ruby oferecidas por usuários externos ou ***gems***. Bundler, um gem pré-instalado no Bookware, procura por um `Gemfile` no diretório raiz do aplicativo que especifica não apenas de quais gems seu aplicativo depende, mas também de quais versões dessas gems. Você pode se surpreender ao saber que já há nomes de gems nesse arquivo apesar de você não ter escrito nenhum código de aplicativo, mas isso é porque o próprio Rails é um gem e também depende de várias outros gems. Por exemplo, se você abrir o `Gemfile` em um editor, você verá que `sqlite3` está listado, porque o ambiente de desenvolvimento padrão de Rails espera utilizar o SQLite3. database

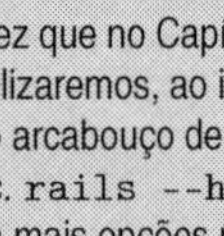

Edite seu `Gemfile` adicionando o seguinte (em qualquer local do arquivo, contanto que não dentro de um bloco começando com **group**).

Gemfile	lista de gemas Ruby (bibliotecas) que essa app usa (Capítulo 3)
Rakefile	comandos para automatizar manutenção e implantação (Capítulo 12)
app	sua aplicação
app/models	código do modelo
app/controllers	código dos controladores
app/views	modelos de visões
app/views/layouts	modelos de página usadas por todas as visões da app (vide text)
app/helpers	métodos de ajuda para modelos de visões
app/assets	itens estáticos (JavaScript, imagens, folhas de estilo)
config	informações básicas de configuração
config/environments	configurações para execução em desenvolvimento vs. produção
config/database.yml	configurações de bancos de dados (desenvolvimento vs. produção)
config/routes.rb	mapeamento de URIs para ações dos controladores
db	arquivos descrevendo o esquema dos bancos de dados
db/development.sqlite3	Armazenamento de dados para o banco de desenvolvimento SQLite
db/test.sqlite3	Banco de dados usado para executar os testes
db/migrate/	Migrações (descrições de mudanças no esquema do banco e dados)
doc	documentação gerada
lib	código adicional da app compartilhada entre M, V e C
log	arquivos de log
public	páginas de erro servidas pelo servidor Web
script	ferramentas de desenvolvimento, não parte da app
tmp	dados temporários mantidos em tempo de execução

Figura 4.1: A estrutura de diretórios padrão de um projeto Rails inclui um diretório `app` **para a lógica da aplicação em si, com subdiretórios para os modelos, visões e controladores da aplicação, mostrando como Rails expõe a escolha arquitetural MVC até no arranjo de arquivos de projetos.**

http://pastebin.com/UQTR5UQh

```
# use Haml for templates
gem 'haml'
# use Ruby debugger
group :development, :test do
  gem 'debugger'
end
```

Pastebin é um serviço para copiar-e-colar códigos do livro. (Você precisa digitar o URI se você estiver lendo o livro impresso; é um link em ebooks.)

Essa mudança faz duas coisas. Primeiro, ela especifica que iremos utilizar o sistema de modelos Haml ao invés do nativo, `erb`. Segundo, ela especifica que queremos utilizar o depurador interativo **debugger** durante o desenvolvimento e teste, mas não em produção.

Uma vez feitas essas alterações no `Gemfile`, execute `bundle install --without production`, que verifica se algum dos gems especificados em nosso `Gemfile` está faltando e precisa ser instalado. Neste caso, nenhuma instalação deve ser necessária, uma vez que pré-carregamos a maioria dos gems de que você precisa na Máquina Virtual do "Bookware", então você deve ver "Your bundle is complete", como antes. Bundler cria o arquivo `Gemfile.lock`, listando quais versões de cada gem estão *realmente sendo utilizadas* em seu ambiente de desenvolvimento; plataformas de implantação como Heroku utilizam essa informação para adequar exatamente os gems e versões em seu ambiente de produção.

Certifique-se de colocar tanto `Gemfile` quanto `Gemfile.lock` sob controle de versões! O Apêndice A.6 explica o básico, se você não tiver feito isso antes.

Como o ícone da margem sugere, Bundler é o primeiro de muitos exemplos que encontraremos de *automação para permitir repetição:* ao invés de instalar manualmente os gems de que seu aplicativo precisa, listá-las no `Gemfile` e deixar Bundler instalá-los automaticamente assegura que a tarefa pode ser repetida consistentemente numa variedade de ambientes, eliminando erros na execução dessas tarefas como uma possível fonte de falhas de aplicativos. Isso é importante porque, quando você implanta seu aplicativo, a informação é utilizada para fazer o ambiente de implantação corresponder seu ambiente de desenvolvimento.

Inicie o aplicativo com `rails server` e vá com um navegador para `http://localhost:3000`. Lembre-se, do Capítulo2, que um URI que especifica apenas o nome do host e a porta irá acessar a página inicial. A maioria dos servidores de Web implementa a convenção de que, a menos que o aplicativo especifique o contrário, a página inicial é `index.html` e, de fato, a página de boas-vindas que você deve estar vendo é armazenada em `public/index.html`—a página de boas-vindas genérica para novos aplicativos Rails.

Address already in use? Se você encontrar esse erro, você já possui um servidor de aplicativo escutando na porta padrão de 3000, então encontre a janela de terminal onde você o iniciou e digite Control-C para pará-lo, se necessário.

Se você visitar agora `http://localhost:3000/movies`, você deve receber um *Routing Error* de Rails. De fato, você pode verificar que *qualquer coisa* que você adicione à URI vai resultar nesse erro, e isso porque não especificamos quaisquer ***rotas*** definindo a correspondência entre URIs e métodos do aplicativo. Tente `rake routes` e verifique que, ao contrário do resultado no Capítulo 2, ele não imprime nada, uma vez que não há rotas em nosso novíssimo aplicativo. (Você pode querer abrir múltiplas janelas Terminal para o aplicativo poder continuar sendo executado enquanto você tenta outros comandos.) Mais importante, utilize um editor para abrir o arquivo `log/development.log` e observe que a mensagem de erro está registrada lá; esse é o local onde você procura informações de erro detalhadas quando algo errado ocorre. Mostraremos outras técnicas para encontrar problemas e depuração na Seção 4.5.

Para corrigir esse erro, precisamos adicionar algumas rotas. Já que nosso objetivo inicial é armazenar informações de filmes em um banco de dados, podemos aproveitar um atalho de Rails que cria rotas RESTful para as quatro ações básicas CRUD (*Create*, *Read*, *Update*, *Delete* — Criação, Leitura, Atualização e Remoção) em um modelo. (Lembre-se de que rotas RESTful especificam solicitações independentes de qual operação executar e em qual enti-

dade ou recurso executá-la.) Edite `config/routes.rb`, que foi autogerado pelo comando `rails new` e é amplamente comentado. Substitua o conteúdo do arquivo pelo seguinte (o arquivo é, em sua maioria, comentários, então você não está realmente apagando muito):
http://pastebin.com/JpnwuT56

```
Myrottenpotatoes::Application.routes.draw do
  resources :movies
  root :to => redirect('/movies')
end
```

Muito importante: Além disso, **apague** o arquivo `public/index.html`, se existir. Salve o arquivo routes.rb e execute `rake routes` novamente, e observe que, devido a à nossa mudança em `routes.rb`, a primeira linha de saída diz que o URI `GET /movies` tentará chamar a ação `index` do controlador `movies`; essa e a maioria das outras rotas na tabela são o resultado da linha **resources :movies**, como veremos em breve. A rota raiz '/', "página inicial" de RottenPotatoes, nos levará para a página principal de listagem de filmes através de um mecanismo que veremos em breve, chamado ***Redirecionamento HTTP***.

Símbolo ou string? Como com muitos métodos de Rails, **resources 'movies'** também funcionaria mas, no estilo típico da linguagem, um símbolo indica que o valor é um de um conjunto fixo de escolhas ao invés de uma cadeia de caracteres arbitrária.

Utilizando convenção sobre configuração, Rails vai considerar que essas ações do controlador estão definidas na classe **MoviesController**, e, se essa classe não estiver definida na inicialização da aplicação, Rails vai tentar carregá-la a partir do arquivo `app/controllers/movies_controller.rb`. De fato, se você recarregar agora a página `http://localhost:3000/movies` no seu navegador, deve receber um erro diferente: `uninitialized constant MoviesController`. Isso é bom: um nome de classe Ruby é apenas uma constante que se refere ao objeto da classe, então Rails está essencialmente reclamando que não pode encontrar a classe **MoviesController**, indicando que nossa rota está funcionando corretamente! Como anteriormente, essa mensagem de erro e informações adicionais são capturadas no arquivo de registro `log/development.log`.

Tendo tratado das duas primeiras etapas da lista — criar o esqueleto do aplicativo e configurar algumas rotas iniciais — podemos seguir em frente para definir o banco de dados que armazenará os modelos, o "M" de MVC.

Resumo: Você utilizou os seguintes comandos para criar um novo aplicativo Rails:

- `rails new` cria o novo aplicativo; o comando `rails` também possui subcomandos para executar o aplicativo localmente com WEBrick (`rails server`) e outras tarefas de gerenciamento.
- Rails e os outros gems de que seu aplicativo depende (adicionamos o sistema de modelos Haml e o depurador de Ruby **debugger**) estão listadas no `Gemfile` de seu aplicativo, que Bundler utiliza para automatizar o processo de criar um ambiente consistente para seu aplicativo tanto em modo de desenvolvimento quanto de produção.
- Para adicionar rotas em `config/routes.rb`, o método de uma linha `resources`, fornecido pelo sistema de roteamento Rails, nos permitiu estabelecer um grupo de rotas relacionadas para ações CRUD em um recurso RESTful.
- Os arquivos de registro no diretório `log` coletam informações de erro quando algo errado ocorre.

Rota	URI exemplo e Comportamentos
get ':controller/:action/:id' ou get 'photos/preview/:id'	`/photos/preview/3` método: PhotosController#preview params[]: {:id=>3}
get 'photos/preview/:id'	`/photos/look/3?color=true` Erro: nenhuma rota casa (`look` não casa com **preview**)
get 'photos/:action/:id'	`/photos/look/3?color=true` método: PhotosController#look (`look` matches **:action**) params[]: {:id=>3, :color=>'true'}
get ':controller/:action/:vol/:num'	`/magazines/buy/3/5?newuser=true&discount=2` método: MagazinesController#buy params[]: {:vol=>3, :num=>5, :newuser=>'true', :discount=>'2'}

Figura 4.2: Como a Elaboração explica, rotas podem incluir identificadores "curinga", tais como :controller e :action, que determinam o controlador e a ação que serão invocados. Quaisquer outros identificadores começando com :, mais quaisquer parâmetros adicionais codificados no URI, serão disponibilizados no *hash* params.

■ ***Elaboração: Recarregando automaticamente o aplicativo***

Você deve ter notado que, depois de mudar `routes.rb`, não foi preciso parar e reiniciar o aplicativo para as mudanças entrarem em vigor. No modo de desenvolvimento, Rails recarrega todas as classes do aplicativo a cada novo acesso, de modo que suas mudanças entrem em vigor imediatamente. Em produção, isso iria causar sérios problemas de desempenho, então Rails fornece maneiras de mudar vários comportamentos do aplicativo entre o modo de desenvolvimento e produção, como veremos na Seção 4.2.

■ ***Elaboração: Rotas não baseadas em recursos***

O atalho **resources :movies** cria rotas RESTful para CRUD, mas qualquer aplicativo não-trivial terá muitas ações de controlador adicionais além de CRUD. O guia Rails Routing from the Outside In[3] é muito mais detalhado, mas uma maneira de estabelecer rotas é fazer corresponder componentes do URI diretamente com nomes de controladores e de ações utilizando curingas, como a Figura 4.2 mostra.

Auto-avaliação 4.1.1. *Recorde-se da página de boas-vindas genérica de Rails que você viu quando criou o aplicativo. No arquivo `development.log`, o que está acontecendo quando a linha `Started GET "assets/rails.png"` é impressa? (Dica: lembre-se dos passos necessários para processar uma página contendo elementos incorporados, como descrito na Seção 2.3.)*

◇ O navegador está solicitando a imagem embutida do logotipo de Rails para a página de boas-vindas. ■

Auto-avaliação 4.1.2. *Quais são os dois passos que você deve tomar para fazer seu aplicativo utilizar um gem de Ruby específico?*

◇ Você deve adicionar uma linha ao seu `Gemfile` para adicionar um gem e re-executar `bundle install`. ■

4.2 Bancos de Dados e Migrações

A camada de persistência de um aplicativo Rails (veja a Figura 2.7) utiliza um banco de dados relacional (RDBMS) por padrão, pelas razões que discutimos no Capítulo 2. Surpreendentemente, você não precisa saber muito sobre RDBMSs para utilizar Rails, mas, a medida que seus aplicativos se tornam mais sofisticados, ele definitivamente ajuda. Assim como utilizamos o servidor web "leve" WEBrick para desenvolvimento, os aplicativos Rails são configurados, por padrão, para utilizar SQLite3, um RDBMS "leve", para desenvolvimento. Em produção, você utilizaria um banco de dados pronto para produção, tais como MySQL, PostgreSQL ou Oracle.

Mas mais importante do que o aspecto "leve" é que você não gostaria de desenvolver ou testar seu aplicativo usando o banco de dados de produção, visto que erros no seu código podem danificar acidentalmente dados valiosos de clientes. Então, Rails define três *ambientes* — `produção`, `desenvolvimento`, e `teste` — cada um dos quais gerencia sua própria cópia separada do banco de dados, como especificado em `config/database.yml`. O banco de dados `teste` é inteiramente gerenciado pelas ferramentas de teste e nunca deve ser modificado manualmente: ele é limpo e repovoado no início de cada execução de testes, como veremos no Capítulo 8.

Um banco de dados vazio foi criado para nós pelo comando `rails new` no arquivo `db/development.sqlite3`, como especificado em **config/database.yml**. Precisamos criar uma tabela para informações de filme. Nós poderíamos utilizar o `sqlite3` command-line tool[4] ou uma ferramenta SQLite GUI para fazer isto manualmente, mas como nós iríamos criar mais tarde a tabela em nosso banco de dados de produção quando implantarmos? Digitar os mesmos comandos uma segunda vez não é DRY, e os comandos exatos podem ser difíceis de serem lembrados. Além disso, se o banco de dados de produção é algo diferente de SQLite3 (como é quase certamente o caso), os comandos específicos podem ser diferentes. E, no futuro, se adicionarmos mais tabelas ou fizermos outras mudanças no banco de dados, enfrentaremos o mesmo problema.

Uma alternativa melhor é usar uma ***migração*** — um script portátil para mudar o esquema do banco de dados (layout de tabelas e colunas) de uma maneira consistente e repetível, assim como Bundler utiliza o Gemfile para identificar e instalar os gems necessários (bibliotecas) de uma maneira consistente e repetível. Mudar o esquema utilizando migração consiste em um processo de quatro passos:

1. Crie uma migração descrevendo quais mudanças fazer. Assim como `rails new`, Rails fornece uma migração chamada ***generator*** que lhe dá o código básico, além de vários métodos auxiliares para descrever a migração.

2. Aplique a migração no banco de dados de desenvolvimento. Rails define uma tarefa `rake` para isto.

3. Supondo que a migração foi bem sucedida, atualize o esquema do banco de dados de teste executando `rake db:test:prepare`.

4. Execute seus testes, e, se tudo estiver certo, aplique a migração no banco de dados de produção e implante o novo código para produção. O processo para aplicar migrações em produção depende do ambiente de implantação; O Apêndice A.8 trata de como fazer isso utilizando Heroku, o ambiente de implantação de computação em nuvem utilizado para os exemplos neste livro.

http://pastebin.com/rVw3riS9

```ruby
class CreateMovies < ActiveRecord::Migration
  def up
    create_table 'movies' do |t|
      t.string 'title'
      t.string 'rating'
      t.text 'description'
      t.datetime 'release_date'
      # Add fields that let Rails automatically keep track
      # of when movies are added or modified:
      t.timestamps
    end
  end

  def down
    drop_table 'movies' # deletes the whole table and all its data!
  end
end
```

Figura 4.3: Uma migração que cria uma nova tabela Movies, especificando os campos desejados e seus tipos. A documentação para a classe ActiveRecord::Migration (a partir da qual todas as migrações são herdadas) é parte da documentação Rails[6], e fornece mais detalhes e outras opções de migração.

Utilizaremos os três primeiros passos deste processo para adicionar uma nova tabela que armazene cada título de filme, classificação, descrição e data de lançamento, para combinar com o Capítulo 2. Cada migração precisa de um nome, e, uma vez que essa migração criará a tabela de filmes, nós escolhemos o nome CreateMovies. Execute o comando `rails generate migration create_movies`, e, se for bem sucedido, você encontrará um novo arquivo sob `db/migrate`, cujo nome começa com a hora e data de criação e termina com o nome que você forneceu, por exemplo, `20111201180638_create_movies.rb`. (Este esquema de nomeação permite a Rails aplicar migrações na ordem em que foram criadas, uma vez que os nomes do arquivo se ordenarão na ordem da data.) Edite este arquivo para torná-lo parecido com a Figura 4.3. Como você pode ver, migrações ilustram um uso idiomático de blocos: o método **ActiveRecord::Migration#create_table** pega um bloco de 1 argumento e passa para esse bloco um objeto representando a tabela sendo criada. Os métodos **string**, **datetime**, e assim por diante, são fornecidos por este objeto de tabela, e chamá-los resulta em criar colunas na tabela de banco de dados recém-criada; por exemplo, **t.string 'title'** cria uma coluna chamada `title` que pode manter uma string, o que, para a maioria dos bancos de dados, significa uma cadeia de até 255 caracteres.

Salve o arquivo e digite `rake db:migrate` para realmente aplicar a migração e criar esta tabela. Note que esta tarefa de limpeza também armazena o próprio número da migração no banco de dados, e, por padrão, ela apenas aplica migrações que ainda não foram aplicadas. (Digite `rake db:migrate` novamente para verificar que ela não faz nada na segunda vez.) `rake db:rollback` irá "desfazer" a última migração ao executar seu método **down**. (Experimente. Então execute `rake db:migrate` para reaplicar a migração.) No entanto, algumas migrações, como aquelas que apagam dados, não podem ser "desfeitas"; nestes casos, o método **down** deve levantar uma exceção **ActiveRecord::IrreversibleMigration**.

Resumo:

- Rails define três ambientes — desenvolvimento, produção e teste — cada um com sua própria cópia do banco de dados.
- Uma migração é um script descrevendo um conjunto específico de mudanças para o banco de dados. À medida que aplicativos evoluem e adicionam recursos, migrações são adicionadas para expressar as mudanças de banco de dados requeridas para dar suporte a esses novos recursos.
- Mudar um banco de dados utilizando uma migração requer três passos: criar a migração, aplicá-la ao seu banco de dados de desenvolvimento, e (se aplicável), depois de testar seu código, aplique-a ao seu banco de dados de produção.
- O gerador `rails generate migration` preenche o código base para uma nova migração, e a classe **ActiveRecord::Migration** contém métodos úteis para defini-la.
- `rake db:migrate` aplica apenas aquelas migrações ainda não aplicadas ao banco de dados de desenvolvimento. O método para aplicar migrações a um banco de dados de produção depende do ambiente de implantação.

■ ***Elaboração: Ambientes***

Ambientes diferentes podem também substituir comportamentos de aplicativo específicos. Por exemplo, o modo de produção pode especificar otimizações que fornecem melhor desempenho, mas depuração complicada, se utilizadas no modo de desenvolvimento. O modo de teste pode "extinguir" interações externas, por exemplo, salvando mensagens que saem em um arquivo ao invés de efetivamente enviá-las. O arquivo `config/environment.rb` especifica instruções gerais de inicialização para o aplicativo, mas `config/environments/production.rb` permite estabelecer opções específicas utilizadas apenas no modo de produção, e semelhantemente `development.rb` e `test.rb` no mesmo diretório.

Auto-avaliação 4.2.1. *Na linha 3 da Figura 4.3, quantos argumentos nós estamos passando para* **create_table**, *e de que tipos?*

◇ Dois argumentos: o primeiro é uma string e o segundo é um bloco. Nós utilizamos o modo poético, que nos permite omitir os parênteses. ■

Auto-avaliação 4.2.2. *Na Figura 4.3, o método ____fornece ____ ao bloco.*

◇ **create_table**; a variável **t** ■

4.3 Modelos: O Básico de Active Record

Com nossa tabela **Movies** pronta, nós completamos os três primeiros passos — criação do aplicativo, traçamento de uma rota, e migração inicial — então, é hora de escrever algum código de aplicativo. O banco de dados armazena os objetos modelo, mas, como dissemos no Capítulo 2, Rails utiliza o padrão de projeto Active Record para "conectar" modelos ao banco de dados, e é isto o que vamos explorar em seguida. Crie um arquivo `app/models/movie.rb` contendo apenas estas três linhas:

http://pastebin.com/sGHfp79H

```
1  #### Create
2  starwars = Movie.create!(:title => 'Star Wars',
3    :release_date => '25/4/1977', :rating => 'PG')
4  # note that numerical dates follow European format: dd/mm/yyyy
5  requiem =  Movie.create!(:title => 'Requiem for a Dream',
6    :release_date => 'Oct 27, 2000', :rating => 'R')
7  #  Creation using separate 'save' method, used when updating existing records
8  field = Movie.new(:title => 'Field of Dreams',
9    :release_date => '21-Apr-89', :rating => 'PG')
10 field.save!
11 field.title = 'New Field of Dreams'
12 #### Read
13 pg_movies = Movie.where("rating = 'PG'")
14 ancient_movies = Movie.where('release_date < :cutoff and rating = :rating',
15   :cutoff => 'Jan 1, 2000', :rating => 'PG')
16 #### Another way to read
17 Movie.find(3)  # exception if key not found; find_by_id returns nil instead
18 #### Update
19 starwars.update_attributes(:description => 'The best space western EVER',
20   :release_date => '25/5/1977')
21 requiem.rating = 'NC-17'
22 requiem.save!
23 #### Delete
24 requiem.destroy
25 Movie.where('title = "Requiem for a Dream"')
26 #### Find returns an enumerable
27 Movie.where('rating = "PG"').each do |mov|
28   mov.destroy
29 end
```

Figura 4.4: Embora os comportamentos de um Modelo em MVC sejam normalmente chamados pelo controlador, estes exemplos simples irão ajudá-lo a se familiarizar com os recursos básicos de ActiveRecord antes de escrever o controlador.

http://pastebin.com/1zatve2r

```
class Movie < ActiveRecord::Base
  attr_accessible :title, :rating, :description, :release_date
end
```

Graças à convenção sobre configuração, essas três linhas em `movie.rb` permitem uma grande quantidade de comportamento. Para explorar um pouco dele, pare o aplicativo em execução com Control-C e, em vez disso, execute `rails console`, que fornece a você um prompt interativo Ruby como `irb(main):001.0>`, com o framework Rails e todas as suas classes de aplicativos já carregadas. A Figura 4.4 ilustra alguns recursos básicos de ActiveRecord, ao criar alguns filmes em nosso banco de dados, procurá-los, mudá-los e apagá-los (CRUD) . À medida em que descrevemos o papel de cada conjunto de linhas, você deve copiá-las e colá-las no console para executar o código. O URI que acompanha o exemplo de código o levará para uma página do Pastebin onde você poderá copiar e colar o código.

As linhas 1–6 (Create) criam novos filmes no banco de dados. **create!** é um método de **ActiveRecord::Base**, a partir do qual **Movie** é derivado, como fazem quase todos os modelos nos aplicativos Rails. ActiveRecord utiliza convenção sobre configuração de três maneiras. Primeiro, ele utiliza o nome da classe (**Movie**) para determinar o nome da tabela de banco de dados correspondente à classe (`movies`). Segundo, ele investiga o banco de dados para descobrir quais colunas estão naquela tabela (aquelas que criamos em nossa migração), de modo que métodos como **create!** saibam quais atributos são válidos para especificar e de que tipos eles devem ser. Terceiro, ele fornece a cada atributo do objeto **Movie** getters e setters semelhantes a **attr_accessor**, exceto que estes getters e setters fazem mais do que apenas modificar uma variável de instância. Antes de continuar, digite **Movie.all**, que devolve uma coleção de todos os objetos na tabela associados com a classe **Movie**.

Para fins de demonstração, nós especificamos a data de lançamento na linha 6 utilizando um formato diferente do que na linha 3. Devido ao fato de Active Record saber a partir do esquema do banco de dados que **release_date** é uma coluna `datetime` (lembre-se do arquivo de migração na Figura 4.3), ele irá prestativamente tentar converter qualquer valor que passarmos para esse atributo em uma data.

Lembre-se da Figura 3.1 que métodos cujos nomes terminam em **!** são "perigosos". **create!** é perigoso no sentido de que se tudo der errado ao criar o objeto e salvá-lo no banco de dados, uma exceção será levantada. A versão não-perigosa, **create**, devolve o objeto recém-criado se tudo ocorrer bem, ou **nil**, se algo dá errado. Para uso interativo, preferimos **create!**, pois não temos de verificar o valor de retorno a cada vez, mas em um aplicativo é muito mais comum utilizar **create** e verificar o valor de retorno.

As linhas 7–11 (Save) mostram que objetos modelo de Active Record na memória são independentes das cópias no banco de dados, que devem ser atualizadas explicitamente. Por exemplo, as linhas 8–9 criam um novo objeto **Movie** *na memória* sem salvá-lo no banco de dados. (Você pode saber ao tentar **Movie.all** depois de executar as linhas 8–9. Você não verá *Field of Dreams* dentre os filmes listados.) A linha 10 na verdade persiste o objeto para o banco de dados. A distinção é crítica: a linha 11 muda o valor do campo **title** do filme, mas *apenas na cópia em memória* — faça **Movie.all** novamente e você verá que a cópia do banco de dados não foi alterada. Ambos **save** e **create** fazem o objeto ser gravado no banco de dados, mas simplesmente mudar os valores de atributo não faz.

As linhas 12–15 (Read) mostram uma maneira de procurar objetos no banco de dados. O método **where** tem o mesmo nome da palavra-chave `WHERE` em SQL, a Structured Query Language utilizada pela maioria dos RDBMSs, incluindo SQLite3. Você pode especificar uma restrição diretamente como uma string como na linha 13, ou utilizar substituição de palavra-chave como nas linhas 14–15. Substituição de palavra-chave é sempre preferida porque, como veremos no Capítulo 12, ela permite a Rails impedir ataques de ***injeção de SQL*** contra seu aplicativo. Assim como com **create!**, o tempo foi corretamente convertido de uma string para um objeto **Time** e, por este motivo, para a representação interna de tempo do banco de dados. Já que as condições especificadas podem combinar com muitos objetos, **where** sempre devolve um **Enumerable** qualquer um dos métodos de **Enumerable**, tais como aqueles na Figura 3.7.

A linha 17 (Read) mostra a maneira mais primitiva de procurar objetos, que é devolver um único objeto correspondendo a uma determinada chave primária. Lembre-se da Figura 2.11 que a todo objeto armazenado em um RDBMS, uma chave primária é atribuída, que é desprovida de semântica, mas é garantido que seja exclusiva dentro dessa tabela. Quando criamos nossa tabela na migração, Rails incluiu uma chave primária numérica por padrão. Já que a chave primária para um objeto é permanente e exclusiva, ela frequentemente identifica o objeto em URIs de RESTful, como vimos na Seção 2.7.

As linhas 18–22 (Update) mostram como Atualizar um objeto. Tal com em **create** vs. **save**, nós temos duas opções: utilizar **update_attributes** para atualizar o banco de dados imediatamente, ou mudar os valores de atributo no objeto em memória e então persisti-lo com **save!** (que, como **create!**, possui um complemento "seguro" **save** que devolve **nil** ao invés de levantar uma exceção se algo de errado ocorrer).

As linhas 23–25 (Delete) mostram como Apagar um objeto. O método **destroy** (linha 24) apaga o objeto do banco de dados permanentemente. Você ainda pode inspecionar a cópia em memória do objeto, mas tentar modificá-lo, ou chamar qualquer método nele que causaria *http://pastebin.com/3bjg6YYx*

```
# Seed the RottenPotatoes DB with some movies.
more_movies = [
  {:title => 'Aladdin', :rating => 'G',
    :release_date => '25-Nov-1992'},
  {:title => 'When Harry Met Sally', :rating => 'R',
    :release_date => '21-Jul-1989'},
  {:title => 'The Help', :rating => 'PG-13',
    :release_date => '10-Aug-2011'},
  {:title => 'Raiders of the Lost Ark', :rating => 'PG',
    :release_date => '12-Jun-1981'}
]

more_movies.each do |movie|
  Movie.create!(movie)
end
```

Figura 4.5: Adicionar dados iniciais ao banco de dados é chamado de *semeadura*, e é distinto de migrações, que que são para gerenciar mudanças no esquema. Copie este código para `db/seeds.rb` e execute `rake db:seed` para executá-lo.

um acesso ao banco de dados, levantará uma exceção. (Depois de fazer o **destroy**, tente **requiem.update_attributes(...)** ou mesmo **requiem.rating='R'** para comprovar isto.)

As linhas 26–29 mostram que o resultado de uma leitura de banco de dados de fato se comporta como uma coleção: podemos utilizar **each** para iterar sobre ela e apagar um filme de cada vez.

Esta rápida visão geral de Active Record meramente arranha a superfície, mas deve esclarecer como os métodos fornecidos por **ActiveRecord::Base** dão suporte às ações básicas CRUD.

Como último passo antes de continuar, você deve ***semear*** o banco de dados com alguns filmes para fazer o restante do capítulo mais interessante, utilizando o código na Figura 4.5. Copie o código para `db/seeds.rb` e execute `rake db:seed` para executá-lo.

Resumo:

- Active Record utiliza convenção sobre configuração para inferir nomes de tabelas de bancos de dados dos nomes de classes modelo e para inferir os nomes e tipos das colunas (atributos) associados com um determinado tipo de modelo.
- As funcionalidades básicas de Active Record focam nas ações CRUD: criar, ler, atualizar, apagar.
- Instâncias de modelo podem ser Criadas quer chamando **new** seguido de **save** ou chamando **create**, que combina os dois.
- Toda instância modelo salva no banco de dados recebe um número de ID exclusivo dentro de sua tabela chamado de chave primária, cujo nome de atributo (e, portanto, nome da coluna na tabela) é **id** e que nunca é "reciclado" (mesmo se a linha correspondente for apagada). A combinação do nome de tabela e **id** identifica exclusivamente um modelo armazenado no banco de dados, e é, portanto, como os objetos são normalmente referenciados nas rotas RESTful.
- Instâncias modelo podem ser Lidas (buscadas) utilizando **where** para expressar as condições de combinação, ou **find**, para procurar a chave primária (ID) diretamente, como pode ocorrer se se processar um URI de RESTful que embuta uma ID de objeto.
- Instâncias modelo podem ser Atualizadas com **update_attributes**.
- Instâncias modelo podem ser Apagadas com **destroy**, após a operação a cópia em memória ainda pode ser lida, mas não modificada; ela também não pode mais acessar o banco de dados.

■ ***Elaboração: Localizadores dinâmicos baseados em atributo***

Até Rails 3, outra maneira de Ler a partir do banco de dados era **find_by_***attribute*, por exemplo, **find_by_title('Inception')**, ou **find_all_by_rating('PG')**. Estes métodos devolver um **Enumerable** de todos os elementos correspondentes se a forma **all** for utilizada, e, de outra forma, um único objeto, ou `nil` se correspondentes não forem encontrados. Você pode até dizer **find_all_by_release_date_and_rating** e passar dois argumentos para corresponder aos dois atributos. ActiveRecord implementa estes métodos ao substituir **method_missing** (assim como nós fizemos na Seção 3.5), e em parte devido à penalidade de desempenho de se fazer isso, estes métodos foram preteridos (*deprecated*) em Rails 4. Portanto, nós os omitimos da discussão principal, mas os apresentamos aqui como um interessante uso de **method_missing**.

■ ***Elaboração: Isso grasna como uma coleção, mas não é uma coleção***

O objeto devolvido pelos métodos baseados em **all**, **where** e **find** de ActiveRecord certamente se parece com uma coleção, mas, como veremos no Capítulo 11, é, na verdade, um *objeto proxy* que nem sequer realiza a consulta até você forçar a questão perguntando por um dos elementos da coleção, permitindo a você construir consultas complexas com múltiplos **where**s sem pagar o custo de fazer a consulta a cada vez.

■ ***Elaboração: Substituindo convenção sobre configuração***

Convenção sobre configuração é algo bom, mas há horas em que você pode precisar substituí-la. Por exemplo, se você está tentando integrar seu aplicativo Rails com um aplicativo legado não-Rails, as tabelas de banco de dados podem já ter nomes que não correspondem aos nomes de seus modelos, ou você pode querer nomes de atributos mais amigáveis do que aqueles determinados tomando os nomes das colunas das tabelas. Todos estes padrões podem ser substituídos às custas de mais código, como a documentação ActiveRecord descreve. Neste livro, escolhemos colher os benefícios de concisão quando aderimos às convenções.

Auto-avaliação 4.3.1. *Por que* **where** *e* **find** *são métodos de classe ao invés de métodos de instância?*

◇ Métodos de instância operam em uma instância da classe, mas até que procuremos um ou mais objetos, não temos instância para operar sobre. ■

Auto-avaliação 4.3.2. *Os modelos Rails adquirem os métodos* **where** *e* **find** *por meio de (a) herança ou (b) mix-in? (Dica: verifique o arquivo* `movie.rb`*.)*

◇ (a) eles os herdam de **ActiveRecord::Base**. ■

4.4 Controladores e Visões

Completaremos nosso tour criando algumas visões que utilizarão às ações CRUD que acabamos de aprender. As rotas RESTful que definimos anteriormente (`rake routes` para relembrá-lo do que elas são) esperam que o controlador forneça ações para **index**, **show**, **new/create** (lembre-se do Capítulo 2 que criar um objeto requer duas interações com o usuário), **edit/update** (semelhantemente), e **destroy**. Começando com as duas ações mais fáceis, **index** deve mostrar uma lista de todos os filmes, permitindo-nos clicar em cada um, e **show** deve mostrar detalhes do filme em que clicarmos.

Para a ação **index** , nós sabemos, a partir dos exemplos de demonstração na Seção 4.3, que **Movie.all** devolve uma coleção com todos os filmes da tabela Movies. Deste modo, precisamos de um método controlador que estabeleça esta coleção e uma visão em HTML que a mostre. Por convenção sobre configuração, Rails espera o seguinte para um método implementando a ação Show RESTful em um recurso Movie (note o uso de singular contra plural e de `CamelCase` contra `snake_case`):

- O código do modelo está na classe **Movie**, que deriva de **ActiveRecord::Base** e é definida em `app/models/movie.rb`.

- O código do controlador está na classe **MoviesController**, definida em `app/controllers/movies_controller.rb` (note que o nome da classe do modelo é pluralizado para formar o nome do arquivo do controlador.) Seus controladores de aplicativo derivam todos de seu controlador raiz do aplicativo **ApplicationController** (em `app/controllers/application_controller.rb`), que, por sua vez, deriva de **ActionController::Base**.

- Cada método de instância do controlador é nomeado utilizando **snake_lower_case** de acordo com a ação com que ele lida, então, o método **show** lidaria com a ação Show.

http://pastebin.com/ZLBvm1iN

```
# This file is app/controllers/movies_controller.rb
class MoviesController < ApplicationController
  def index
    @movies = Movie.all
  end
end
```

http://pastebin.com/dLwJ4ZvH

```
1  -#  This file is app/views/movies/index.html.haml
2  %h1 All Movies
3
4  %table#movies
5    %thead
6      %tr
7        %th Movie Title
8        %th Rating
9        %th Release Date
10       %th More Info
11   %tbody
12     - @movies.each do |movie|
13       %tr
14         %td= movie.title
15         %td= movie.rating
16         %td= movie.release_date
17         %td= link_to "More about #{movie.title}", movie_path(movie)
```

Figura 4.6: O código controlador e marcação de *template* para dar suporte à ação Index RESTful.

- O template de visão Show está em `app/views/movies/show.html.haml`, com a extensão `.haml` indicando uso do renderizador Haml. Outras extensões incluem `.xml` para um arquivo contendo código XML Builder (como vimos na Seção 3.6), `.erb` (que encontraremos em breve) para o renderizador Ruby embutido do Rails, e muitos outros.

O módulo Rails que coreografa como as visões são manipuladas é o **ActionView::Base**. Uma vez que estamos utilizando a marcação Haml para nossas visualizações (relembre que adicionamos o gem Haml às nossas dependências `Gemfile`), nossos arquivos de visões terão nomes terminando em `.html.haml`. Portanto, para implementar a ação Index RESTful, devemos definir uma ação **index** em `app/controllers/movies_controller.rb` e um *template* de visão em `app/views/movies/index.html.haml`. Crie estes dois arquivos utilizando a Figura 4.6 (você precisará criar o diretório `app/views/movies/`).

O método controlador apenas recupera todos os filmes da tabela Movies utilizando o método **all**, introduzido na seção anterior, e o atribui à variável de instância **@movies**. Lembre-se do tour sobre aplicativos Rails do Capítulo 2 de que variáveis de instância definidas em ações de controlador estão disponíveis para visões; a linha 12 de `index.html.haml` itera sobre a coleção **@movies** utilizando **each**. Há três coisas a notar sobre este simples *template*.

Primeiro, as colunas no cabeçalho da tabela (`th`) só têm um texto estático que descreve as colunas da tabela, mas as colunas no corpo da tabela (`td`) utilizam a sintaxe = de Haml para indicar que o conteúdo da tag deve ser avaliado como código Ruby, com o resultado substituído no documento em HTML. Neste caso, estamos utilizando o atributo getters em objetos **Movie** fornecidos por **ActiveRecord**.

Sanitização A sintaxe = de Haml higieniza[7] o resultado da avaliação do código Ruby antes de inseri-lo na saída HTML, para ajudar a impedir *cross-site scripting* e outros ataques semelhantes, descritos no Capítulo 12.

Segundo, nós demos à tabela de filmes o ID HTML `movies`. Utilizaremos isto mais tarde para modelar a página visualmente utilizando CSS, como aprendemos no Capítulo 2.

O terceiro é a chamada na linha 17 para **link_to**, um dos vários métodos auxiliares fornecidos por **ActionView** para criar visões. Como sua documentação[8] declara, o primeiro

Método de ajuda	URI devolvida	Rota RESTful e ação	
movies_path	/movies	GET /movies	index
movies_path	/movies	POST /movies	create
new_movie_path	/movies/new	GET /movies/new	new
edit_movie_path(m)	/movies/1/edit	GET /movies/:id/edit	edit
movie_path(m)	/movies/1	GET /movies/:id	show
movie_path(m)	/movies/1	PUT /movies/:id	update
movie_path(m)	/movies/1	DELETE /movies/:id	destroy

Figura 4.7: Como descrito na documentação da classe ActionView::Helpers, Rails utiliza metaprogramação para criar auxiliares de rota baseados no nome da sua classe ActiveRecord. m é assumido como sendo um objeto Movie de ActiveRecord. As rotas RESTful são tais como é mostrado na saída de `rake routes`; relembre que diferentes rotas podem ter o mesmo URI, mas diferentes métodos HTTP, por exemplo `create` vs. `index`.

argumento é uma string que aparecerá como um link (texto clicável) na página, e o segundo argumento é utilizado para criar o URI que se tornará o alvo real do link. Este argumento pode tomar várias formas; a forma que utilizamos possui a vantagem do auxiliar **movie_path()** de URI (como mostrado por `rake routes` para a ação **show**), que toma como seu argumento uma instância de um recurso RESTful (neste caso, uma instância de **Movie**) e gera o URI RESTful para a rota RESTful Show, para aquele objeto. Este comportamento é uma boa ilustração de reflexão e metaprogramação a serviço da concisão. Como `rake routes` o relembra, a ação Show para um filme é expressa por um URI `/movies/:id` em que `:id` é a chave primária do filme na tabela Movies, então é assim que o alvo do link criado por **link_to** se parecerá. Para verificar isto, reinicie o aplicativo (`rails server` no diretório raiz do aplicativo) e visite `http://localhost:3000/movies/`, o URI correspondente à ação `index`. Se tudo estiver bem, você deve ver uma lista com todos os filmes no banco de dados. Se você utilizar sua opção "Exibir código-fonte" do navegador para olhar o código HTML gerado, você poderá ver que os links gerados por **link_to** possuem URIs correspondendo à ação **show** de cada um dos filmes. (Vá em frente e clique em um, mas espere um erro, uma vez que nós ainda não criamos o método **show** de controlador.)

A linha `resources :movies` que adicionamos na Seção 4.1 cria, na verdade, toda uma variedade de métodos auxiliares para URIs RESTful, resumidos na Figura 4.7. Como você deve ter adivinhado, convenção sobre configuração determina os nomes dos métodos auxiliares, e metaprogramação é utilizada para defini-los rapidamente como resultado da chamada `resources :movies`. A criação e uso de tais métodos auxiliares pode parecer sem fundamento até você perceber que é possível definir rotas muito mais complexas e irregulares além das padrões de RESTful que temos utilizado até agora, ou que você pode decidir durante o desenvolvimento de seu aplicativo que um esquema diferente de roteamento faz mais sentido. Os métodos auxiliares isolam as visualizações de tais mudanças e deixam-nas focarem-se em *o que* mostrar ao invés de incluir código para *como* mostrar. De fato, se o segundo argumento de **link_to** é um recurso para o qual rotas foram estabelecidas em `routes.rb`, **link_to** irá automaticamente gerar a rota de RESTful para `show` (mostrar) aquele recurso, então, a linha 17 da Figura 4.6 poderia ter sido escrita **link_to "More about #{movie.title}",movie**.

Há uma última coisa a notar sobre estas visões. Se você tiver visto o código-fonte em seu navegador, você verá que ele inclui marcação HTML que não aparece em nosso template Haml, tal como um elemento `head` contendo links para a folha de estilo `assets/`

http://pastebin.com/a9TbxRmU

```
1  !!! 5
2  %html
3    %head
4      %title RottenPotatoes!
5      = stylesheet_link_tag 'application'
6      = javascript_include_tag 'application'
7      = csrf_meta_tags
8
9    %body
10     #main
11       = yield
```

Figura 4.8: Salve este arquivo como `app/views/layouts/application.html.haml` **e apague o** `application.html.erb` **existente naquele diretório; este arquivo é seu equivalente Haml. A Linha 6 carrega o código JavaScript básico necessário; embora não iremos discutir a programação em JavaScript até o Capítulo 6, alguns métodos auxiliares embutidos de Rails utilizam-o transparentemente. A Linha 7 introduz proteção contra ataques *cross-site request forgery* descritos no Capítulo 12. Também tornamos o elemento** `title` **um pouco mais amigável.**

http://pastebin.com/5hfPskzM

```
# in app/controllers/movies_controller.rb

def show
  id = params[:id] # retrieve movie ID from URI route
  @movie = Movie.find(id) # look up movie by unique ID
  # will render app/views/movies/show.html.haml by default
end
```

Figura 4.9: Um exemplo de implementação do método controlador para a ação Show. Uma implementação mais robusta iria capturar e resgatar a exceção ActiveRecord::RecordNotFound, como avisamos na Seção 4.3. Mostraremos como lidar com tais casos no Capítulo 5.

`application.css` e uma tag `<title>`. Esta marcação vem do *template* `application`, que "envolve" todas as visões por padrão. O arquivo padrão `app/views/layouts/application.html.erb` criado pelo comando `rails new` utiliza o sistema de *template* de Rails `erb`, mas, já que gostamos da concisão de Haml, recomendamos apagar aquele arquivo e substituí-lo com a Figura 4.8, e então ver o *Screencast* 4.4.1 para compreender como o processo de "envolvimento" funciona.

Screencast 4.4.1: The Application layout.
`http://vimeo.com/34754667`
O screencast mostra que o *template* `app/views/layouts/application.html.haml` é utilizado para "envolver" visões de ação por padrão, utilizando **yield** de forma parecida com o exemplo na Seção 3.8.

Por conta própria, tente criar a ação de controlador e a visão para **show** utilizando um processo semelhante:

1. Utilize `rake routes` para lembrar-se de qual nome você deve dar ao método controlador e quais parâmetros serão passados na URI

2. No método controlador, utilize o método apropriado de ActiveRecord introduzido na Seção 4.3 para recuperar o objeto **Movie** apropriado do banco de dados e atribuí-lo a uma variável de instância

3. Crie um *template* de visão na localização correta na hierarquia `app/views` e utilize

http://pastebin.com/TbbGtpHn

```
-# in app/views/movies/show.html.haml

%h2 Details about #{@movie.title}

%ul#details
  %li
    Rating:
    = @movie.rating
  %li
    Released on:
    = @movie.release_date.strftime("%B %d, %Y")

%h3 Description:

%p#description= @movie.description

= link_to 'Back to movie list', movies_path
```

Figura 4.10: Um exemplo de visão para a Figura 4.9. Para futura modelagem em CSS, fornecemos um ID exclusivo para a lista com os detalhes (`ul`) e a descrição em um parágrafo (`p`). Utilizamos a função strftime[10] para formatar os dados de forma mais atraente, e o método link_to com o auxiliar de RESTful movies_path (Figura 4.7) para fornecer um *link* conveniente para voltar à página de listagem. Em geral, você pode anexar _path a quaisquer dos auxiliares de recurso de RESTful na na coluna mais à esquerda da saída `rake routes` para chamar um método que gerará o correspondente URI de RESTful.

marcação Haml para mostrar os vários atributos do objeto **Movie** que você configurou no método controlador

4. Exercite seu método e visão clicando em um dos links de filme na visão `index`

Depois de terminado, você pode comparar-se com o método controlador de exemplo da Figura 4.9 e a visão de exemplo da Figura 4.10. Experimente com outros valores para os argumentos em **link_to** e **strftime** para ter uma noção de como eles funcionam.

Uma vez que as visões "esqueleto" são feias, à medida em que vamos continuando a trabalhar neste aplicativo, podemos muito bem ter algo mais atraente para olhar. Copie a modelo CSS simples abaixo em `app/assets/stylesheets/application.css`, que já é inclusa pela linha 5 do *template* `application.html.haml`.

http://pastebin.com/28CD45Cm

```
/* Simple CSS styling for RottenPotatoes app */
/* Add these lines to app/assets/stylesheets/application.css */

html, body {
  margin: 0;
  padding: 0;
  background: White;
  color: DarkSlateGrey;
  font-family: Tahoma, Verdana, sans-serif;
  font-size: 10pt;
}
div#main {
  margin: 0;
  padding: 0 20px 20px;
}
a {
  background: transparent;
  color: maroon;
  text-decoration: underline;
  font-weight: bold;
}
h1 {
  color: maroon;
  font-size: 150%;
  font-style: italic;
  display: block;
  width: 100%;
  border-bottom: 1px solid DarkSlateGrey;
}
h1.title {
  margin: 0 0 1em;
  padding: 10px;
  background-color: orange;
  color: white;
  border-bottom: 4px solid gold;
  font-size: 2em;
  font-style: normal;
}
table#movies {
  margin: 10px;
  border-collapse: collapse;
  width: 100%;
  border-bottom: 2px solid black;
}
table#movies th {
  border: 2px solid white;
  font-weight: bold;
  background-color: wheat;
}
table#movies th, table#movies td {
  padding: 4px;
  text-align: left;
}
#notice, #warning {
  background: rosybrown;
  margin: 1em 0;
  padding: 4px;
}
form label {
  display: block;
  line-height: 25px;
  font-weight: bold;
  color: maroon;
}
```

Resumo:

- A linguagem de templates Haml permite intercalar tags em HTML com código Ruby para suas visões. O resultado de avaliar código Ruby pode tanto ser descartado ou interpolado na página HTML.
- Para concisão, Haml confia em indentação para revelar elementos aninhados em HTML.
- Convenção sobre configuração é utilizada para determinar os nomes de arquivo para controladores e visões que correspondem a um determinado modelo. Se os auxiliares de rotas RESTful são utilizados, como em **resources :movies**, convenção sobre configuração também mapeia nomes de ações RESTful para nomes de ações de controlador (método).
- Rails fornece vários métodos auxiliares que aproveitam URIs de rota RESTful, incluindo **link_to** para gerar links em HTML cujos URIs se referem à ações RESTful.

■ *Elaboração: `:format` (formato) opcional nas rotas*

A saída de `rake routes` inclui um token `(.:format)` na maioria das rotas, que omitimos para maior clareza na Figura 2.12. Se presente, o especificador de formato permite a uma rota solicitar recursos em um formato de saída diferente do padrão de HTML — por exemplo, `GET /movies.xml` solicitaria a lista de todos os filmes como um documento XML ao invés de uma página em HTML. Embora não tenhamos incluído neste simples aplicativo o código para gerar formatos diferentes de HTML, este mecanismo permite a um aplicativo existente adequadamente projetado ser facilmente integrado a uma Arquitetura Orientada a Serviços — mudar apenas algumas linhas de código permite a todas ações de controlador existentes se tornarem parte de um API RESTful externa.

Auto-avaliação 4.4.1. *Na Figura 4.7, por que os métodos auxiliares não recebem um argumento para uma ação New (***new_movie_path***) e para a ação Create (***movies_path***), como os auxiliares Show ou Update fazem?*

◇ Show e Update operam em filmes existentes, então eles podem tomar um argumento para identificar em qual filme operar. New e Create, por definição, operan filmes ainda não existentes. ■

Auto-avaliação 4.4.2. *Na Figura 4.7, por que o método auxiliar para a ação Index não recebe um argumento? (DICA: O motivo é diferente da resposta para Self-Check 4.4.1.)*

◇ A ação Index apenas mostra uma lista de todos os filmes, então, não é preciso de argumento para distinguir em qual filme operar. ■

Auto-avaliação 4.4.3. *Na Figura 4.6, por que não há* **end** *correspondendo a* **do** *na linha 12?*

◇ Ao contrário do próprio Ruby, Haml confia em indentação para indicar nidificação, então **end** é fornecido por Haml quando se executa o código Ruby em **do**. ■

4.5 Depuração: Quando As Coisas Dão Errado

A incrível sofisticação das pilhas de software atuais torna possível seremos altamente produtivos, mas com tantas "partes móveis", isto também significa que coisas inevitavelmente dão errado, especialmente quando se aprende novas linguagens e ferramentas. Erros podem ocorrer porque você digitou algo incorretamente, devido a uma mudança em seu ambiente ou configuração e por muitas outras razões. Embora nós tomemos passos neste livro para minimizar a dor, tais como utilizar desenvolvimento guiado por testes (TDD, Capítulo 8) para evitar muitos problemas e fornecer uma imagem de Máquina Virtual com um ambiente consistente, erros *irão* acontecer. Você pode reagir de forma mais produtiva lembrando-se do acrônimo **RASP**: Read, Ask, Search, Post (Ler, Perguntar, Buscar, Postar).

Read (Leia) a mensagem de erro. As mensagens de erro de Ruby podem parecer desconcertantemente longas, mas uma mensagem de erro longa é, muitas vezes, sua amiga, porque ela fornece o ***backtrace*** mostrando não apenas o método em que o erro aconteceu, mas também seu chamador, o chamador de seu chamador, e assim por diante. Não se desespere quando você vir uma longa mensagem de erro; utilize a informação para entender tanto a causa imediata do erro (o problema que "parou o show") quanto possíveis caminhos em direção à causa raiz do erro. Isto requererá algum entendimento da sintaxe do código errôneo, que você pode não ter se copiou e colou cegamente o código de outra pessoa sem compreender como ele funciona ou quais suposições ele faz. É claro que um erro de sintaxe devido a copiar/colar tem a mesma probabilidade de acontecer quando você reutilizar seu próprio código como se fosse o de outra pessoa, mas pelo menos você entende seu próprio código (certo?).

Uma perspectiva divertida sobre os perigos de se resolver um problema "atirando para todos os lados" é a anedota hacker "Tom Knight and the Lisp Machine"[11], do Jargon File.

Uma causa imediata comum dos erros de Ruby é "Undefined method **foobar** for **nil:NilClass**" (Método indefinido **foobar** para **nil:NilClass**), que significa "Você tentou chamar o método **foobar** em um objeto cujo valor é **nil** e cuja classe é **NilClass**, que não define **foobar**." (**NilClass** é uma classe especial cuja única instância é a constante **nil**.)

Isto acontece frequentemente quando alguma computações falham e devolvem **nil** ao invés do objeto esperado e você esqueceu de verificar este erro e, subsequentemente, tentou chamar um método no que você assumiu ser um objeto válido. Mas se a computação aconteceu em um outro método a cima na pilha de execução, o *backtrace* pode ajudá-lo a descobrir onde.

Em aplicativos SaaS que utilizam Rails, esta confusão pode ser agravada se a computação falha acontece na ação de controlador, mas o objeto inválido é passado como uma variável de instância e, então, não referenciado na visão, como nos seguintes trechos de um controlador e de uma visão:

http://pastebin.com/vPnA7s4K

```
# in controller action:
def show
  @movie = Movie.find_by_id(params[:id]) # what if this movie not in DB?
  # BUG: we should check @movie for validity here!
end

-# ...later, in the Haml view:

%h1= @movie.title
-# will give "undefined method 'title' for nil:NilClass" if @movie is nil
```

Ask (Pergunte) a um colega de trabalho. Se você estiver programando em pares, duas cabeças são melhores do que uma. Se você estiver numa configuração de "cadeiras não numeradas", ou está com seu mensageiro instantâneo ativado, espalhe a mensagem.

Search (Busque) a mensagem de erro. Você se surpreenderia ao saber quão frequentemente desenvolvedores experientes lidam com um erro utilizando um mecanismo de busca tal como o Google para procurar palavras-chave ou frases-chave na mensagem de erro. Você também pode procurar em sites como StackOverflow[12], que é especializado em ajudar desenvolvedores e o permite votar nas respostas mais úteis a questões particulares, de modo que elas, eventualmente, se infiltram no topo da lista de respostas.

Post (Poste) uma pergunta em um desses sites se tudo o mais falhar. Seja o mais específico possível sobre o que deu errado, qual é seu ambiente, e como reproduzir o problema:

- **Vago:** "O gem `sinatra` não funciona no meu sistema." Não há informação suficiente aqui para alguém ajudá-lo.

- **Melhor, mas importuno:** "O gem `sinatra` não funciona no meu sistema. A mensagem de erro de 85 linhas está em anexo". Outros desenvolvedores estão tão ocupados quanto você e provavelmente não irão tirar um tempo para extrair fatos relevantes de uma longa linha.

- **Melhor:** Observe essa pergunta real[13] no StackOverflow. Às 18:02, o desenvolvedor forneceu informações específicas, tais como o nome e versão de seu sistema operacional, o comando específico que ele executou com sucesso, e o erro inesperado que resultou. Outras vozes úteis entraram na conversa perguntando por informações adicionais específicas; às 19:10, duas das respostas haviam identificado o problema.

Embora seja impressionante que ele tenha conseguido sua resposta em pouco mais de uma hora, isto também significa que ele perdeu uma hora de seu tempo de codificar, e é por isso que você deve postar uma questão apenas depois de ter esgotado as outras alternativas. Como você pode progredir na depuração de seus próprios problemas? Há dois tipos de problemas. No primeiro tipo, um erro ou exceção de algum tipo para o aplicativo em seu curso. Uma vez que Ruby é uma linguagem interpretada, erros de sintaxe podem causar isto (ao contrário de Java, que nem ao menos irá compilar se houver erros de sintaxe). Aqui estão algumas coisas para tentar se o aplicativo parar de funcionar.

- Explorar indentação automática e realce de sintaxe. Se seu editor de texto insiste em indentar uma linha ma ais do que você quer que seja indentada, você pode ter esquecido de fechar um parênteses, colchete, ou um bloco **do. . . end** em algum lugar acima, ou você pode ter esquecido de "escapar" um caractere especial (por exemplo, uma aspa simples dentro de uma string de aspas simples). Se seu editor não for tão equipado, você pode ou escrever seu código em tábuas de pedra, ou mudar para um dos editores modernos mais produtivos sugeridos no Apêndice A.3.

- Olhe no arquivo de log, normalmente `log/development.log`, para informações de erro completas, incluindo o *backtrace*. No aplicativo em produção, esta é frequentemente sua única alternativa, já que aplicativos Rails são normalmente configurados para mostrar uma página de erro mais amigável no modo de produção, ao invés do *backtrace* de erro que você veria se o erro acontecesse no modo de desenvolvimento.

No segundo tipo de problema, o aplicativo funciona mas produz um resultado ou comportamento incorreto. A maioria dos desenvolvedores utilizam uma combinação de duas aproximações para depurar tais problemas. A primeira é inserir ***instrumentação*** —declarações extras para gravar valores de variáveis importantes em vários pontos durante a execução do programa. Há vários locais em que podemos instrumentar um aplicativo SaaS de Rails — tente cada um dos abaixo para ter uma ideia de como eles funcionam:

depuração printf é um nome antigo para esta técnica, da função biblioteca de C que imprime uma string no terminal.

- Mostre uma descrição detalhada de um objeto em uma visão. Por exemplo, tente inserir = **debug(@movie)** ou = **@movie.inspect** em qualquer visão (onde o = diz a Haml para executar o código e inserir o resultado na visão).
- "Pare o show" dentro de um método de controle levantando uma exceção cuja mensagem é uma representação do valor que você quer inspecionar, por exemplo, **raise params.inspect** para ver o valor detalhado do *hash* **params** dentro de um método controlador. Rails mostrará a mensagem de exceção como a página da Web resultante da solicitação.
- Utilize **logger.debug(** *mensagem***)** para imprimir *mensagem* no log. **logger** está disponível em modelos e controladores e pode gravar mensagens com uma variedade de urgências; compare `config/environments/production.rb` com `development.rb` para ver como o nível de logging padrão difere em produção contra ambientes de desenvolvimento.

A segunda maneira de depurar problemas de corretude é com um depurador interativo. Nós já instalamos o gem `debugger` por meio de nosso Gemfile; para utilizar o depurador em um aplicativo Rails, inicie o servidor do aplicativo utilizando `rails server --debugger`, e insira a instrução **debugger** no ponto do seu código que você quer parar o programa. Quando você atingir essa linha, a janela de terminal onde você iniciou o servidor fornecerá a você um prompt de depuração. Na Seção 4.7, mostraremos como utilizar o depurador para lançar alguma luz no interior de Rails.

Resumo:

- Utilize um editor com reconhecimento de linguagem, realce de sintaxe e indentação automática para ajudar a encontrar erros de sintaxe.
- Instrumente seu aplicativo inserindo a saída de **debug** ou **inspect** em visões, ou passando-os como argumento para **raise**, o que irá causar uma exceção de tempo de execução que mostrará *mensagem* como uma página da Web.
- Para depurar utilizando o depurador interativo, tenha certeza de que o Gemfile do aplicativo inclua `debugger`, inicie o servidor do aplicativos com `rails server --debugger`, e coloque a instrução **debugger** no ponto do seu código que você quer parar.

Para depurar aplicativos não-Rails, insira **require 'debugger'** no início de seu aplicativo.

Auto-avaliação 4.5.1. *Por que você não pode apenas utilizar* **print** *ou* **puts** *para mostrar mensagens para ajudar a depurar seu aplicativo SaaS?*

◇ Ao contrário de aplicativos de linha de comando, aplicativos SaaS não estão ligados a uma janela de terminal, então, não há um local óbvio para a saída de uma instrução de impressão ir. ■

Auto-avaliação 4.5.2. *Dos três métodos de depuração descritos nesta seção, quais são apropriados para coletar informações de instrumentação ou diagnóstico uma vez que seu aplicativo está implantado e em produção?*

◇ Apenas o método **logger** é apropriado, já que os outros dois métodos ("parar o show" em um controlador ou inserir informação de diagnóstico em visões) interfeririam com a utilização de clientes reais se utilizados em um aplicativo de produção. ■

4.6 Submissão de Formulário: New e Create

Nossa última olhada em visões lidará com uma situação ligeiramente mais complexa: a de submeter um formulário, tal como para criar um novo filme ou atualizar um existente. Existem três problemas dos quais precisamos tratar:

1. Como mostramos um preenchimento de formulário para o usuário?

2. Como a informação preenchida pelo usuário é realmente disponibilizado para a ação do controlador, de modo que ele possa ser usado em uma chamada **create** ou **update** de ActiveRecord?

3. Qual recurso deve ser devolvido e mostrado como o resultado de uma solicitação RESTful para criar ou atualizar um item? Ao contrário de quando pedimos por uma lista de filmes ou detalhes sobre um filme, o que se mostra como resultado de uma criação ou atualização não é óbvio.

É claro, antes de continuarmos, precisamos fornecer ao usuário uma maneira de chegar ao preenchimento de formulário que estamos prestes a criar. Já que o formulário será para criar um novo filme, ele irá corresponder à ação **new** de RESTful, e seguiremos a convenção colocando o formulário em `app/views/movies/new.html.haml`. Nós podemos, portanto, aproveitar o auxiliar de URI RESTful fornecido automaticamente **new_movie_path** para criar um link para o formulário. Faça isto adicionando uma única linha ao final de `index.html.haml`:

http://pastebin.com/XUGTnere

```
-# add to end of index.html.haml

= link_to 'Add new movie', new_movie_path
```

Qual ação de controlador será provocada se o usuário clicar neste link? Uma vez que utilizamos o auxiliar de URI **new_movie_path**, será a ação de controlador **new**. Nós ainda não definimos esta ação, mas, para o momento, uma vez que o usuário está criando uma entrada de filme nova, a única coisa que a ação precisa fazer é causar a visão correspondente para a ação `new` ser renderizada. Lembre-se de que, por padrão, todo método controlador tenta automaticamente renderizar um template com o nome correspondente (neste caso, `new.html.haml`), então você pode apenas adicionar o seguinte método trivial **new** para `movies_controller.rb`:

http://pastebin.com/FeYh04c6

```
def new
  # default: render 'new' template
end
```

Rails torna fácil descrever um preenchimento de formulário utilizando tags auxiliares de formulário[14] disponíveis para todas as visões. Coloque o código da Figura 4.11 em `app/`

http://pastebin.com/RPPNrMfK

```
%h2 Create New Movie

= form_tag movies_path, :method => :post do

  = label :movie, :title, 'Title'
  = text_field :movie, :title

  = label :movie, :rating, 'Rating'
  = select :movie, :rating, ['G','PG','PG-13','R','NC-17']

  = label :movie, :release_date, 'Released On'
  = date_select :movie, :release_date

  = submit_tag 'Save Changes'
```

Figura 4.11: O formulário que o usuário vê para criar e adicionar um novo filme a RottenPotatoes.

`views/movies/new.html.haml` e assista Screencast 4.6.1 para uma descrição sobre o que está acontecendo nele.

Screencast 4.6.1: Visões com preenchimento de formulários.
`http://vimeo.com/34754683`
O método **form_tag** para gerar um formulário requer uma rota para a qual o formulário deve ser apresentado — isto é, um URI e um verbo HTTP. Nós utilizamos o auxiliar de URI de RESTful e o método `POST` de HTTP para gerar uma rota para a ação **create**, como `rake routes` nos lembra.

Como o *screencast* mostra, nem todos os tipos de campos de entrada são disponibilizados pelas tags auxiliares de formulário (neste caso, os campos de data não têm um auxiliar correspondente), e, em alguns casos, você precisa gerar formulário cujos campos não correspondem necessariamente aos atributos de algum objeto de ActiveRecord.

Para recapitular onde estamos, nós criamos o método controlador **new** que irá renderizar uma visão fornecendo ao usuário um formulário para preencher, colocamos esta visão em `new.html.haml`, e arranjamos para termos o formulário apresentado ao método controlador **create**. Tudo o que resta é utilizar a informação em **params** (os valores de campo de formulário) para realmente criar o novo filme no banco de dados.

Resumo:

- Rails fornece auxiliares de formulário para gerar um preenchimento de formulário cujos campos sejam relacionados aos atributos de um tipo particular de objeto de ActiveRecord.
- Ao criar um formulário, você especifica a ação de controlador que receberá o envio do formulário ao passar **form_tag**, o método apropriado de URI de RESTful e HTTP (como mostrado por `rake routes`).
- Quando o formulário é enviado, a ação de controlador pode inspecionar **params[]**, que conterá uma chave para cada campo de formulário cujos valores forem os conteúdos fornecidos por usuários desse campo.

Auto-avaliação 4.6.1. *Na linha 3 da Figura 4.11, qual seria o efeito de mudar* **:method=>:post** *para* **:method=>:get** *e por quê?*

◇ O envio do formulário resultaria em listar todos os filmes ao invés de criar um novo filme. O motivo é que uma rota requer ambos URI e um método. Como a Figura 4.7 mostra, o auxiliar **movies_path** com o método `GET` traça a rota para a ação **index**, ao passo que o auxiliar **movies_path** com o método `POST` traça a rota para a ação **create**. ■

Auto-avaliação 4.6.2. *Dado que enviar o formulário mostrado na Figura 4.11 criará um novo filme, por que a visão é chamada de* `new.html.haml` *ao invés de* `create.html.haml`*?*

◇ Uma rota RESTful e sua visão devem nomear o recurso que está sendo solicitado. Neste caso, o recurso solicitado quando o usuário *carrega* este formulário é o próprio formulário, isto é, a habilidade de criar um novo filme; por isto, `new` é um nome apropriado para este recurso. O recurso solicitado quando o usuário *envia* o formulário, nomeado pela rota especificada para envio de formulário na linha 3 da figura, é a criação real do novo filme. ■

4.7 Redirecionamento e Flash

Lembre-se dos exemplos da Seção 4.3 que a chamada **Movie.create!** toma um *hash* de nomes e valores de atributo para criar um novo objeto. Como o *Screencast* 4.7.1 mostra, os nomes de campo de formulário criados pelo auxiliares de tag de formulário têm todos nomes do formulário **params['movie']['title']**, **params['movie']['rating']**, e assim por diante. Como resultado, o valor de **params[:movie]** é exatamente um *hash* de nomes e valores de atributo de filme, que podemos passar adiante diretamente utilizando **Movie.create!(params[:movie])**.

Devemos, entretanto, tratar de um detalhe importante antes que isto funcione. A "atribuição maciça" de um conjunto inteiro de atributos é um mecanismo que poderia ser utilizado por um agressor malicioso para definir um conjunto arbitrário de atributos do modelo[15] que não deveriam ser mudados por usuários comuns. A Seção 5.2 descreve como Rails pode proteger contra este ataque, mas, antes da versão 3.2, o comportamento padrão de Rails *não* o fazia. Em 2012, o consultor de segurança Egor Homakov mostrou[16] que o GitHub tinha a vulnerabilidade de atribuição maciça porque os desenvolvedores não haviam mudado o comportamento padrão. A equipe do Rails respondeu mudando o comportamento padrão de Rails para permitir proteção de atribuição maciça, começando com o Rails 3.2. No nosso exemplo atual, para simplificar, iremos desabilitar esta proteção, mas em aplicativos reais você deve utilizar os mecanismos que a Seção 5.2 descreve para permitir ou desabilitar seletivamente a atribuição maciça. Para desabilitar temporariamente este recurso apenas no modo de desenvolvimento, encontre e comente (coloque um # no começo da) a seguinte linha em `config/environments/development.rb`:

http://pastebin.com/AU0kFpdq

```
config.active_record.mass_assignment_sanitizer = :strict
```

O *screencast* mostra como atribuição maciça funciona na prática, e também mostra a técnica útil de utilizar um ponto de interrupção de depuração (*breakpoint*) para fornecer um olhar detalhado do que acontece "por baixo dos panos" durante a execução de uma ação de controlador.

n	execute a próxima linha
s	execute o próximo comando
f	finalize o método atual e retorne
p *expr*	imprima *expr*, que pode ser qualquer coisa no escopo atual
eval *expr*	avalie *expr*; pode ser usado para definir variáveis no escopo, como em **eval x=5**
up	suba na pilha de chamadas, para a ficha de ativação do chamador
down	desça na pilha de chamadas, para a ficha de ativação do chamado
where	mostre onde você está na pilha de chamadas
b *arquivo:num*	defina um *breakpoint* na linha *num* do *arquivo* (arquivo corrente se *arquivo:* é omitido)
b *método*	define um *breakpoint* quando *método* é chamado
c	continue a execução até o próximo *breakpoint*
q	termina o programa

Figura 4.12: Resumo de comandos do depurador interativo de Ruby.

Screencast 4.7.1: A ação Create.
`http://vimeo.com/34754699`
Dentro da ação do controlador **create** colocamos um ponto de interrupção de depuração para inspecionar o que está acontecendo e utilizamos o subconjunto dos comandos do depurador da Figura 4.12 para inspecionar o *hash* **params**. Em particular, como todos os nossos nomes de campo de formulário se parecem com **movie[...]**, **params['movie']** é por si mesmo um *hash* com os vários campos de filme, pronto para atribuir a um novo objeto **Movie**. Como muitos métodos Rails, **params[]** pode tomar ou um símbolo ou uma string — de fato, **params** não é absolutamente um *hash* normal, mas uma **HashWithIndifferentAccess**, uma classe de Rails que se parece com um *hash*, mas permite que suas chaves sejam acessadas tanto como símbolo quanto como strings.

Isto nos traz para a terceira questão colocada no início da Seção 4.6: qual visão nós deveríamos mostrar quando a ação **create** terminar? Para ser consistente com outras ações como **show**, nós poderíamos criar uma visão `app/views/movies/create.html.haml` contendo uma mensagem agradável informando o usuário do sucesso, mas parece sem fundamento ter uma visão separada apenas para fazer isto. O que a maioria de aplicativos de Web fazem, ao invés, é redirecionar o usuário para uma página mais útil — por exemplo, a página inicial, ou a lista de todos os filmes — mas eles mostram uma mensagem de sucesso como um elemento adicionado naquela página para deixar o usuário saber que suas mudanças foram salvam com sucesso.

Rails torna fácil implementar este comportamento. Para enviar o usuário para uma página diferente, **redirect_to** causa o término de uma ação de controlador, não com a renderização de uma visão, mas sim com a uma solicitação totalmente nova para uma ação diferente. Assim, **redirect_to movies_path** é como se o usuário de repente solicitasse a ação Index de RESTful `GET movies` (isto é, a ação correspondendo ao auxiliar **movies_path**): a ação **index** executará até terminar e irá renderizar sua visão, como sempre. Em outras palavras, uma ação de controlador deve terminar ou renderizando uma visão ou redirecionando para outra ação. Remova o ponto de interrupção de depuração da ação de controlador (que você inseriu se você modificou seu código de acordo com *Screencast* 4.7.1) e modifique-o para se parecer com a listagem abaixo; então, teste este novo comportamento recarregando a página de listagem de filmes, clicando em *Add New Movie*, e enviando o formulário.

http://pastebin.com/g5nq88eJ

```
# in movies_controller.rb
def create
  @movie = Movie.create!(params[:movie])
  redirect_to movies_path
end
```

É claro que, para sermos amigáveis, nós gostaríamos de mostrar uma mensagem confirmando que a criação de um filme foi bem sucedida. (Em breve lidaremos com o caso em que isto falha.) A dificuldade é que, quando chamamos **redirect_to**, ele inicia uma solicitação de HTTP totalmente nova; e, uma vez que HTTP é desnacionalizada, todas as variáveis associadas com a solicitação **create** somem.

Para tratar deste cenário comum, o **flash[]** é um método especial que grasna como um *hash*, mas persiste entre a solicitação atual e a próxima. (Em breve iremos explorar como Rails realiza isto.) Em outras palavras, se colocarmos algo dentro de **flash[]** durante a ação de controlador atual, nós podemos acessá-la durante a ação *subsequente*. O *hash* inteiro é persistido, mas, por convenção, **flash[:notice]** é utilizado para mensagens informacionais e **flash[:warning]** é utilizado para mensagens sobre coisas que dão errado. Modifique a ação de controlador para armazenar uma mensagem útil em **flash**, e experimente:

http://pastebin.com/6DuHAwbN

```
# in movies_controller.rb
def create
  @movie = Movie.create!(params[:movie])
  flash[:notice] = "#{@movie.title} was successfully created."
  redirect_to movies_path
end
```

O que aconteceu? Apesar da criação de um novo filme parecer funcionar (o novo filme aparece na lista de todos os filmes), não há sinal da mensagem útil que acabamos de criar. Como você provavelmente adivinhou, isto é porque nós não modificamos realmente nenhuma das visões para mostrar aquela mensagem!

Mas qual visão nós devemos modificar? Neste exemplo, nós escolhemos redirecionar o usuário para a listagem de filmes, então, talvez devamos adicionar código à visão Index para mostrar a mensagem. Mas, no futuro, nós podemos decidir redirecionar o usuário, em vez disso, para outro local, e, em qualquer caso, a ideia de mostrar uma mensagem de confirmação ou mensagem de aviso é tão comum que faz sentido fatorá-la ao invés de colocá-la em uma visão específica.

Lembre-se de que `app/views/layouts/application.html.haml` é o *template* utilizado para "envolver" todas as visões por padrão. Este é um bom candidato para mostrar rápidas mensagens uma vez que quaisquer mensagens pendentes serão mostradas, não importa qual visão é renderizada. Faça `application.html.haml` se parecer com a Figura 4.13 — isto requer adicionar quatro linhas de código entre **%body** e **=yield** para mostrar quaisquer mensagens rápidas pendentes no início do corpo da página.

Se você fizer qualquer trabalho não trivial em CSS, você vai querer utilizar um editor dedicado a CSS, tal como o Amaya[17], um editor de código livre e multiplataforma, ou algum dos vários produtos comerciais.

Tente modelar todas as mensagens **flash** para que sejam impressas em texto vermelho e centralizadas. Você precisará adicionar o(s) seletor(es) apropriados de CSS em `app/assets/stylesheets/application.css` para combinar os elementos HTML que mostram o **flash** no *template* da página Application As propriedade de CSS `color: red` e `text-align: center` terão estes efeitos, mas sinta-se livre para experimentar com outras modelagens visuais, cores, bordas, e assim por diante.

http://pastebin.com/4rsZ5qyx

```
1 -# this goes just inside %body:
2 - if flash[:notice]
3   #notice.message= flash[:notice]
4 - elsif flash[:warning]
5   #warning.message= flash[:warning]
```

Figura 4.13: Note o uso de CSS para modelar as mensagens *flash*: cada tipo de mensagem é mostrado em um `div` cujo ID exclusivo é ou `notice` ou `warning`, dependendo do tipo da mensagem, mas que compartilham a mesma classe em comum `message`. Isto nos dá a liberdade em nosso arquivo CSS para, ou modelar os dois tipos de mensagens igualmente referindo à classe delas, ou modelá-las diferentemente referindo ao seus IDs. Incrivelmente, a concisão de Haml permite expressar cada classe e atributos de ID de `div` *e* o texto da mensagem a ser mostrado inteiramente em uma linha.

Resumo

- Embora a maneira mais comum de terminar um ação de controlador seja renderizar a visão correspondente a essa ação, para algumas ações, tais como **create**, é mais útil enviar o usuário de volta a uma visão diferente. Utilizar **redirect_to** substitui a visão padrão renderizando com um redirecionamento para uma ação diferente.
- Embora o redirecionamento faça o navegador iniciar uma solicitação HTTP totalmente nova, o **flash** pode ser utilizado para salvar uma pequena quantidade de informação que estará disponível para aquela nova solicitação, por exemplo, para mostrar alguma informação útil ao usuário relacionada ao redirecionamento.
- Aplique "DRY" em suas visões colocando marcações para mostrar mensagens **flash** em um dos templates do aplicativo, ao invés de ter de replicá-lo em cada visão que possa precisar mostrar tais mensagens.

■ *Elaboração: A Sessão*

Na verdade, o flash é apenas um caso especial da facilidade mais geral **session[]**. Como o *flash*, a sessão se parece com um *hash* cujos conteúdos persistem através de solicitações do mesmo navegador, mas, ao contrário de flash, que é automaticamente apagado ao seguir-se a próxima solicitação, qualquer coisa que você colocar na sessão fica lá permanentemente até você apagar. Você pode ou utilizar **session.delete(:key)** para apagar itens individuais, como com um *hash* normal, ou utilizar o método **reset_session** para apagar tudo de uma vez. Mantenha em mente que a sessão é baseada em cookies, então, sessões de diferentes usuários são independentes. Também, como notamos em Falácias & Armadilhas, tenha cuidado com o quanto você armazena na sessão.

Auto-avaliação 4.7.1. *Por que toda ação de controlador deve ou renderizar uma visão ou desempenhar um redirecionamento?*

◇ HTTP é um protocolo de solicitação-resposta, então, cada ação deve gerar resposta. Um tipo de resposta é uma visão (página da Web), mas outro tipo é um redirecionamento, que instrui o navegador a endereçar uma nova solicitação para um URI diferente. ■

Auto-avaliação 4.7.2. *Na Figura 4.13, dado que iremos imprimir uma tag HTML, por que a linha 2 se inicia com - ao invés de com =?*

◇ = direciona Haml para avaliar a expressão em Ruby e substituí-la na visão, mas não queremos que o valor da expressão **if** seja colocado na visão — queremos a tag HTML real, que

	Create	**Update**
Parâmetros passados para a a visão	nenhum	instância existente de **Movie**
Valores padrão para campos de formulários	branco	atributos existentes do filme
Rótulo do botão de submissão	"Create Movie" (ou "Save Changes")	"Update Movie" (ou "Save Changes")
Ações do Controlador	**new** serve o formulário, **create** recebe o formulário e modifica o banco de dados	**edit** serve o formulário, **update** recebe o formulário e modifica o banco de dados
params[]	Valores dos atributos para o novo filme	Valores atualizados para os atributos para um filme existente

Figura 4.14: O par de ações edit/update é muito parecido com o par de ações new/create que já implementamos.

Haml gera a partir de **#notice.message**, mais o resultado da avaliação de **flash[:notice]**, que é precedida corretamente por =. ■

4.8 Terminando CRUD: Edit/Update e Destroy

Podemos agora seguir um processo semelhante para adicionar o código para a funcionalidade **update**. Como **create**, isto requer duas ações — uma para mostrar o formulário com informação editável (**edit**) e uma segunda para aceitar a submissão do formulário e aplicar a informação atualizada (**update**). É claro que, primeiro, precisamos dar ao usuário uma maneira de especificar a ação Edit, portanto, antes de continuar, modifique a visão `show.html.haml` para que suas duas últimas linhas combinem com o código abaixo, em que a linha 2 utiliza o auxiliar **edit_movie_path** para gerar um URI de RESTful que provocará a ação **edit** para **@movie**.

http://pastebin.com/AKqf6jx2

```
1  -# modify last 2 lines of app/views/movies/show.html.haml to:
2  = link_to 'Edit info', edit_movie_path(@movie)
3  = link_to 'Back to movie list', movies_path
```

Nós não devemos aplicar DRY a coisas semelhantes? No Capítulo 5, mostraremos uma maneira de aproveitar esta semelhança para aplicar DRY às visões, mas, por agora, iremos tolerar um pouco de duplicação de maneira a terminar o exemplo.)

De fato, como a Figura 4.14 mostra, os pares de ação new/create e edit/update são semelhantes em vários aspectos.

Utilize a Figura 4.15 para criar a visão `edit.html.haml`, que é quase idêntica à visão `new` (Figura 4.11) — a única diferença é a linha 3, que especifica a rota RESTful para apresentação de formulário. Como `rake routes` nos diz, a ação **create** requer um `POST` HTTP para o URI `/movies`, então a Figura 4.11 utiliza **:method=>:post** e o auxiliar de URI **movies_path** na ação do formulário. Em contraste, a ação **update** requer um `PUT` HTTP para `/movies/:id`, em que `:id` é a chave primária do recurso a ser atualizado, então, a linha 3 da Figura 4.15 especifica **:method=>:put** e utiliza o auxiliar de URI **movie_path(@movie)** para construir o URI para editar este filme específico. Poderíamos ter construído os URIs manualmente, utilizando **form_tag "/movies"** em `new.html.haml` e **form_tag "/movies/#{@movie.id}"** em `edit.html.haml`, mas os auxiliares de URI são mais concisos, transmitem intenção mais claramente, e são independentes das strings de URI reais (que evenhttp://pastebin.com/HpVcAmTw

```
1  %h2 Edit Movie
2
3  = form_tag movie_path(@movie), :method => :put do
4
5    = label :movie, :title, 'Title'
6    = text_field :movie, 'title'
7
8    = label :movie, :rating, 'Rating'
9    = select :movie, :rating, ['G','PG','PG-13','R','NC-17']
10
11   = label :movie, :release_date, 'Released On'
12   = date_select :movie, :release_date
13
14   = submit_tag 'Save Changes'
```

Figura 4.15: A marcação Haml para a visão edit difere da visão new apenas na linha 3.

tualmente podem ser modificadas no futuro). Como veremos, quando seu aplicativo introduz relações entre diferentes tipos de recursos, tais como um *moviegoer* tendo filmes favoritos, os URIs de RESTful se tornam mais complicados e os auxiliares se tornam correspondentemente mais concisos e fáceis de ler.

Abaixo estão os verdadeiros métodos controladores que você precisará adicionar a `movies_controller.rb` para experimentar este recurso, então vá em frente e adicione-os.

http://pastebin.com/UYj53gwM

```
# in movies_controller.rb

def edit
  @movie = Movie.find params[:id]
end

def update
  @movie = Movie.find params[:id]
  @movie.update_attributes!(params[:movie])
  flash[:notice] = "#{@movie.title} was successfully updated."
  redirect_to movie_path(@movie)
end
```

Tente clicar no link `Edit` que você inseriu acima para editar um filme existente. Observe que, quando se atualiza um filme existente, os valores de preenchimento padrão dos campos do formulário correspondem aos atributos atuais do filme. Isto ocorre porque auxiliares tais como **text_field** na linha 6 dos *templates* `new` ou `edit` irão, por padrão, procurar por uma variável de instância cujo nome combina com os primeiros argumentos delas — neste caso, o primeiro argumento é **:movie**, então o auxiliar **text_field** irá procurar por uma variável **@movie**. Se ela existe e corresponde a um modelo de ActiveRecord, o auxiliar assume que este formulário serve para editar um objeto existente, e os valores de atributos atuais de **@movie** serão utilizados para povoar os campos de formulário. Se ela não existe ou não responde ao método de atributo no segundo argumento (**'title'**), os campos de formulário estarão em branco. Este comportamento é uma boa razão para nomear sua variável de instância **@movie** ao invés de (dizer) **@my_movie**: você ainda pode obter a funcionalidade extra dos auxiliares, mas terá de passar argumentos extra a eles.

A última ação CRUD é Delete (Apagar), que a Figura 4.4 mostra que pode ser realizada ao se chamar **destroy** em um modelo de ActiveRecord. Como com a ação Update (Atualizar), é uma prática comum responder a um Delete destruindo o objeto e então redirecionar o usuário para alguma outra página útil (tal como a visão Index) e mostrar uma mensagem de confirmação de que o item foi apagado, então nós já sabemos como escrever o método controlador — adicione as seguintes linhas a `movies_controller.rb`:

http://pastebin.com/djpFThe2

```
def destroy
  @movie = Movie.find(params[:id])
  @movie.destroy
  flash[:notice] = "Movie '#{@movie.title}' deleted."
  redirect_to movies_path
end
```

(Lembre-se da explicação que acompanha a Figura 4.4 que, mesmo depois de destruir um objeto no banco de dados, a cópia em memória ainda pode ter seus atributos consultados, contanto que não tentemos modificá-la ou persisti-la.)

Como fizemos com Edit, forneceremos acesso à ação Delete a partir de cada página Show de filme. Que tipo de elemento HTML devemos utilizar? `rake routes` nos diz que a ação Delete requer o URI `/movies/:id` com o verbo HTTP `DELETE`. Isto é parecido com Edit, cujo URI é semelhante, mas utiliza o método `GET`. Já que estivemos utilizando os auxiliares de URI para gerar rotas, ainda podemos utilizar **link_to** neste caso, mas seu comportamento é um pouco diferente do que você pode esperar.

http://pastebin.com/e0CzFW1D

```
-# Our Edit link from previous example:
= link_to 'Edit info', edit_movie_path(@movie)
-# This Delete link will not really be a link, but a form:
= link_to 'Delete', movie_path(@movie), :method => :delete
```

Se você examinar o HTML gerado por este código, encontrará que Rails gera um link que inclui o atributo incomum `data-method="delete"`. Muito antes de RESTfulness se tornar um conceito proeminente de SaaS, já existia uma diretriz geral de que solicitações de aplicativo de SaaS que utilizavam GET devem sempre ser "seguras" — elas não devem causar nenhum efeito colateral, tais como apagar um item ou comprar algo, e devem ser seguramente repetíveis. De fato, se você tentar recarregar uma página que resultou de uma operação POST, a maioria dos navegadores mostrará um aviso perguntando se você realmente quer reenviar o formulário. Uma vez que apagar algo *não* é uma operação "segura", Rails lida com eliminação utilizando um `POST`. Como a discussão no final da Seção 6.5 explica, o HTML incomum gerado por **link_to**, quando combinado com JavaScript, resulta, na verdade, em um formulário sendo criado e `POST`ado quando o link é clicado — desse modo, permitindo a navegadores habilitados de JavaScript a lidar seguramente com a operação destrutiva `delete`.

Crawlers de motores de busca exploram a Web seguindo links `GET`. Imagine o Google provocando milhões de compras espúrias toda vez que ele rastrear um site de comércio eletrônico!

Tente modificar a visão `index` (lista de todos os filmes) para que cada linha da tabela que mostre um título de filme também inclua um link *Edit* que traga à tona o formulário editável para esse filme e um botão *Destroy* que apaga esse filme com um diálogo de confirmação.

Auto-avaliação 4.8.1. *Por que o formulário em `new.html.haml` é entregue ao método* **create** *ao invés de ao método* **new**?

◇ Como vimos no Capítulo 2, criar uma nova gravação requer duas interações. A primeira, **new**, carrega o formulário. A segunda, **create**, envia o formulário e causa a criação real da nova gravação. ■

Auto-avaliação 4.8.2. *Por que não faz sentido ter tanto uma renderização quanto um redirecionamento (ou duas renderizações, ou dois redirecionamentos) ao longo do mesmo caminho de código em uma ação de controlador?*

◇ Renderização e redirecionamento são duas maneiras diferentes de se responder a uma solicitação. Cada solicitação precisa de exatamente uma resposta. ■

Resumo

- Rails fornece vários auxiliares para criar formulários em HTML que se referem a modelos ActiveRecord. No método controlador que recebe a apresentação do formulário, as chaves no *hash* **params** são os atributos `name` dos campos do formulário e os valores correspondentes são as opções selecionadas por usuários para esses campos.
- Criar e atualizar um objeto são recursos cujas representações visíveis são apenas a condição de sucesso ou falha da solicitação. Para facilidade de utilização, ao invés de mostrar uma página da Web com apenas sucesso ou falha e requerer ao usuário para clicar para continuar, nós podemos, ao invés disso, redirecioná-lo com **redirect_to** para uma página mais útil, tal como **index**. Redirecionamento é um meio alternativo para uma ação de controlador terminar, ao invés de renderizar uma visão.
- Para facilidade de utilização, é comum modificar o layout do aplicativo para mostrar mensagens armazenadas em **flash[:notice]** ou **flash[:warning]**, que persistem até a próxima solicitação, então podem ser utilizadas com **redirect_to**.
- Para especificar os URIs requeridos por ambas apresentações de formulário e redirecionamentos, podemos utilizar auxiliares de URI de RESTFUL como **movies_path** e **edit_movie_path** ao invés de criar os URIs manualmente.

4.9 Falácias e Armadilhas

***Armadilha:* Modificar o banco de dados manualmente ao invés de utilizar migrações, ou gerenciar gems manualmente ao invés de utilizar o Bundler.**

Especialmente se você veio de outros arcabouços de SaaS, pode ser tentador utilizar a linha de comando SQLite3 ou um console de banco de dados GUI para adicionar ou mudar manualmente tabelas do banco de dados ou para instalar bibliotecas. Mas, se você fizer isto, não terá uma maneira consistente de reproduzir estes passos no futuro (por exemplo, na hora de implantação) e de reverter as mudanças de forma ordenada. Além disso, já que migrações e Gemfiles são apenas arquivos que se tornam parte de seu projeto, você pode mantê-los sob controle de versão e ver toda o histórico de suas mudanças.

***Armadilha:* Controladores e visões corpulentos.**

Já que ações de controlador são o primeiro lugar no código de seu aplicativo que são chamadas quando uma solicitação de usuário chega, é incrivelmente fácil para os métodos das ações ficarem corpulentos — colocando todo o tipo de lógica no controlador que, na verdade, pertence ao modelo. Semelhantemente, é fácil para o código se arrastar dentro de visões — mais comumente, uma visão pode achar a si mesma chamando um método modelo tal como **Movie.all**, ao invés de fazer o método controlador estabelecer uma variável tal como **@movies=Movie.all** e fazer a visão apenas utilizar **@movies**. Além de violar MVC, acoplar visões aos modelos pode interferir com o *caching*, o que exploraremos no Capítulo 5.

A visão deve focar em mostrar conteúdo e facilitar a entrada de usuário e o controlador deve focar em interpor-se entre a visão e o modelo e estabelecer, se necessário, quaisquer variáveis para prevenir que o código vaze para dentro da visão.

⚠ ***Armadilha:* Enfiar muitas coisas em uma *hash* session[].**

Você deve minimizar o que coloca na **session[]** por duas razões. Primeiro, com a configuração padrão de Rails, a sessão é embalada em um cookie (Seção 2.2.1 e *Screencast* 2.2.1) no final de cada solicitação e desembalada quando o cookie é recebido com a próxima solicitação, e a especificação HTTP limita cookies para 4 KBytes em tamanho. Segundo, embora você possa mudar a configuração de Rails para permitir objetos de sessão maiores armazenando-os na própria tabela de banco de dados deles ao invés de em um cookie, sessões volumosas são um aviso de que as ações de seu aplicativo não são muito autônomas. Isto significaria que seu aplicativo não é muito RESTful e pode ser difícil de utilizar como parte de uma Arquitetura Orientada a Serviços. Embora nada o impeça de atribuir objetos arbitrários na sessão, você deve manter apenas os **id**s de objetos necessários na sessão e manter os próprios objetos em tabelas modelo no banco de dados.

4.10 Observações Finais: Projetando para SOA

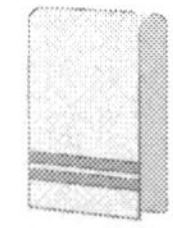

A introdução a Rails neste capítulo pode parecer introduzir uma grande quantidade de mecanismos muito gerais para lidar com uma tarefa razoavelmente simples e específica: implementar uma UI baseada em Web para ações CRUD. Entretanto, veremos no Capítulo 5 que esta base sólida nos posicionará para apreciar os mecanismos mais avançados que o permitirão aplicar verdadeiramente DRY e embelezar seus aplicativos Rails.

Um exemplo simples que podemos mostrar imediatamente se relaciona com Arquitetura Orientada a Serviços, um importante conceito introduzido no Capítulo 1 e ao qual retornaremos frequentemente. Se nós pretendêssemos que RottenPotatoes fosse utilizado em um SOA, suas ações RESTful poderiam ser realizadas ou por um humano que espera ver uma página da Web como um resultado da ação ou por um outro serviço que espera (por exemplo) uma resposta XML. Para simplificar a tarefa de fazer seu aplicativo funcionar com SOA, você pode devolver diferentes formatos para o mesmo recurso utilizando o método **respond_to**[18] de **ActionController** (não deve ser confundido com o método da linguagem Ruby **respond_to?** introduzido na Seção 3.2). **ActionController::MimeResponds#-respond_to** produz um objeto que pode ser utilizado para selecionar o formato em que se renderiza uma resposta. Eis como a ação **update** pode ser imediatamente convertida em um API de RESTful amigável com SOA que atualiza os atributos de um filme e retorna uma representação XML do objeto atualizado, enquanto preserva a interface de usuário existente para usuários humanos:

http://pastebin.com/9ZvvznvJ

```
def update
  @movie = Movie.find params[:id]
  @movie.update_attributes!(params[:movie])
  respond_to do |client_wants|
    client_wants.html {  redirect_to movie_path(@movie)  } # as before
    client_wants.xml  {  render :xml => @movie.to_xml     }
  end
end
```

Semelhantemente, a única razão por que **new** requer sua própria ação de controlador é que o usuário humano precisa de uma oportunidade para preencher os valores que serão utilizados para **create**. Outro *serviço* nunca chamaria a ação **new**. Também não faria sentido redirecionar de volta para a lista de filmes depois de uma ação **create**: o método **create** poderia apenas devolver uma representação XML do objeto criado, ou mesmo o ID do objeto criado.

Desse modo, como com muitas ferramentas que iremos utilizar neste livro, a curva de aprendizado inicial para fazer uma simples tarefa pode parecer um pouco íngreme, mas você irá rapidamente colher a recompensa por utilizar esta fundamentação forte para adicionar novas funcionalidades e recursos rapidamente e concisamente.

4.11 Para Aprender Mais

- A documentação online para Rails[19] fornece detalhes sobre a linguagem, suas classes, e o framework Rails.
- The Ruby Way (Fulton 2006) e The Rails 3 Way (Fernandez 2010) entram em grande profundidade nos recursos e magias avançadas de Ruby e Rails.
- *Agile Web Development With Rails, 4th edition* Ruby et al. 2011 é de coautoria de David Heinemeier Hansson, o criador de Rails, e é uma introdução orientada por tutorial que combina Ruby e Rails, embora sua ênfase em teste e BDD seja menor do que gostaríamos. Você pode obtê-lo de grandes revendedores diretamente da editora[20], onde você pode ganhar um desconto ao comprar o livro impresso e o ebook (multiformato) em conjunto.
- PluralSight[21] publica *screencasts* de alta qualidade que cobrem quase toda ferramenta e técnica no ecossistema de Rails por um preço muito razoável (na opinião do autor). O *screencast* de cinco partes Introduction to Rails 3[22] é particularmente um bom complemento para a informação neste capítulo.
- Antes de escrever código novo para qualquer funcionalidade que não é específica para seu aplicativo, verifique `rubygems`[23] e `rubyforge`[24] (pelo menos) para ver se alguém já criou um gem que faça a maioria das coisas que você precisa. Como vimos neste capítulo, utilizar um gem é tão fácil quanto adicionar uma linha a seu `Gemfile` e re-executar `bundle install`.

O. Fernandez. *Rails 3 Way, The (2nd Edition) (Addison-Wesley Professional Ruby Series).* Addison-Wesley Professional, 2010. ISBN 0321601661.

H. Fulton. *The Ruby Way, Second Edition: Solutions and Techniques in Ruby Programming (2nd Edition).* Addison-Wesley Professional, 2006. ISBN 0672328844.

S. Ruby, D. Thomas, and D. H. Hansson. *Agile Web Development with Rails 3.2 (Pragmatic Programmers).* Pragmatic Bookshelf, 2011. ISBN 1934356549.

Notas

[1]http://ruby-doc.org/core-1.9.3/Time.html
[2]http://ruby-doc.org/core-1.9.3/
[3]http://guides.rubyonrails.org/v3.2.19/routing.html
[4]http://www.sqlite.org/cli.html
[5]http://api.rubyonrails.org/v3.2.19/
[6]http://api.rubyonrails.org/v3.2.19/
[7]http://en.wikipedia.org/wiki/HTML_sanitization
[8]http://api.rubyonrails.org/v3.2.19/classes/ActionView/Helpers/UrlHelper.html#method-i-link_to
[9]http://ruby-doc.org/core-1.9.3/Time.html#method-i-strftime
[10]http://ruby-doc.org/core-1.9.3/Time.html#method-i-strftime
[11]http://catb.org/jargon/html/koans.html
[12]http://stackoverflow.com
[13]http://stackoverflow.com/questions/2945228/i-see-gem-in-gem-list-but-have-no-such-file-to-load
[14]http://api.rubyonrails.org/v3.2.19/classes/ActionView/Helpers/FormTagHelper.html
[15]http://guides.rubyonrails.org/v3.2.19/security.html#mass-assignment
[16]http://homakov.blogspot.com/2012/03/how-to.html
[17]http://www.w3.org/Amaya
[18]http://api.rubyonrails.org/v3.2.19/classes/ActionController/MimeResponds.html#method-i-respond_to
[19]http://api.rubyonrails.org/v3.2.19/
[20]http://pragprog.com/book/rails32/agile-web-development-with-rails-3-2
[21]http://pluralsight.com/
[22]http://pluralsight.com/training/courses/TableOfContents/introduction-to-ruby-on-rails-3
[23]http://rubygems.org
[24]http://rubyforge.org

4.12 Projetos Sugeridos

Salvo indicação em contrário, estes projetos sugeridos são baseados no aplicativo `myrottenpotatoes` que você criou neste capítulo.

Projeto 4.1. *Modifique as rotas do aplicativo de forma que visitar* `http://localhost:3000` *te leve para a lista de filmes ao invés de levar a página de boas vindas genérica do Rails. (Dica: consulte a documentação do ActionDispatch::Routing*[1]*.)*

Projeto 4.2. *Adicione um cabeçalho ao layout do aplicativo principal que deverá aparecer em todas as páginas do RottenPotatoes. Ele deve exibir "RottenPotatoes" em letras grandes e vermelhas, mas nenhuma informação visual de estilo deve ficar no próprio modelo. (Dica: escolha um tipo de elemento que reflita o papel deste cabeçalho, atribua-lhe um ID exclusivo, e modifique o arquivo de estilo CSS para modelar o elemento.) Faça com que um clique no cabeçalho sempre redirecione para a página inicial do RP.*

Projeto 4.3. *Ao invés de redirecionar para a ação Index depois de um* **create** *bem sucedido, redirecione para a ação* **show** *para o novo filme que acabou de ser criado. Dica: você pode utilizar o auxiliar de URI* **movie_path**, *mas precisará fornecer um argumento identificando qual filme. Para obter este argumento, lembre-se de que* **Movie.create**, *se bem sucedido, devolve o objeto recém criado, além de apenas criá-lo.*

Projeto 4.4. *Modifique a listagem de filmes como se segue. Cada tarefa de modificação irá requerer uma mudança em uma camada diferente de abstração:*

1. *Modifique a visão de índice para incluir um número de linha para cada linha na tabela de filmes. DICA: procure a documentação da função* `each_with_index` *utilizada na linha 11 do modelo de visão.*

2. *Modifique a visão Index para que passar o mouse sobre uma linha na tabela de filmes faça com que a linha assuma temporariamente um fundo amarelo. DICA: procure a* pseudo-classe `hover` *do CSS.*

3. *Modifique a ação do controlador do Index para devolver os filmes ordenados alfabeticamente por título, ao invés de pela data de lançamento. DICA:* Não *tente ordenar o resultado da chamada do controlador no banco de dados. RDBMS fornecem maneiras de especificar a ordem em que a lista de resultados é entregue, e devido forte acoplamento entre Active Record e o RDBMS utilizado, os métodos* `find` *e* `all` *da biblioteca* `ActiveRecord` *de Rails fornecem maneira de pedir que o RDBMS faça isto.*

4. *Finja que você não pode contar com o forte acoplamento de Active Record, e que, então, não pôde assumir que o sistema de armazenamento subjacente pode devolver itens de coleção em uma ordem particular. Modifique a ação de controlador Index para devolver os filmes ordenados alfabeticamente por título. DICA: procure pelo método* `sort` *no módulo* `Enumerable` *de Ruby.*

Projeto 4.5. *E se o usuário mudar de ideia antes de submeter um formulário Create ou Update e decide não prosseguir depois disso? Adicione um link "Cancel" para o formulário que apenas leva o usuário de volta à lista de filmes.*

Projeto 4.6. *Modifique o link "Cancel" para que, se ele for clicado como parte de um fluxo Create, o usuário seja levado de volta à lista de filmes, mas, se clicado como parte de um fluxo Update, o usuário seja levado de volta ao template Show (visão) para o filme que ele começou a editar. Dica: o método de instância* **ActiveRecord::Base#new_record?** *devolve verdadeiro se seu destinatário é um novo objeto de modelo, isto é, um que nunca tenha sido salvo no banco de dados. Tais objetos não terão IDs.*

Projeto 4.7. *Os menus suspensos (dropdown) para Release Date não permitem adicionar filmes lançados antes de 2006. Modifique-os para permitirem filmes lançados desde 1930. (Dica: verifique a documentação*[2] *para o auxiliar* **date_select** *utilizado no formulário.)*

Projeto 4.8. *O campo* **description** *de um filme foi criado como parte da migração inicial, mas não pode ser editado. Faça as mudanças necessárias para que a descrição seja visível e editável nas visões New e Edit. Dica: você deve precisar mudar apenas dois arquivos.*

Projeto 4.9. *Nossos métodos atuais de controladores não são muito robustos: se o usuário introduzir um URI manualmente para mostrar um filme que não existe (por exemplo,* `/movies/99999`*), ele verá uma mensagem de exceção bem feia. Modifique o método* **show** *no controlador para que, se o filme solicitado não existir, o usuário seja redirecionado para a visão Index com uma mensagem amigável explicando que nenhum filme com o dado ID pôde ser encontrado. (Dica: utilize* **begin...rescue...end** *para tratar um* **ActiveRecord::RecordNotFound**.*)*

Projeto 4.10. *Exercício que junta tudo: Escreva e implante um aplicativo Rails que pega alguma informação de uma página da Web utilizando os recursos de XPath do Nokogiri, e a transforma em um feed RSS utilizando Builder. Verifique que você possa assinar o feed RSS em seu navegador ou leitor de notícias RSS.*

5 Arcabouço SaaS: Rails Avançado

Kristen Nygaard (à esquerda, 1926–2002) e Ole-Johan Dahl (à direita, 1931–2002) dividiram o Prêmio Turing de 2001 por inventarem conceitos fundamentais de OO, incluindo objetos, classes e herança, e os demonstrarem em Simula, o ancestral de toda linguagem OO.

Programação é compreensão.

—Kristen Nygaard

Conceitos

Este capítulo trata de recursos avançados de Rails que você pode utilizar para tornar seu código mais DRY e conciso, incluindo como reusar serviços totalmente externos tais como o Twitter para se integrarem com seus aplicativos.

- Os mecanismos de Rails, tais como filtros de controlador, *hooks* do ciclo de vida modelo e validações modelo, fornecem uma forma limitada de ***programação orientada a aspectos***, que permite que um código que implementa interesses transversais possa ser centralizado em um único local e ser automaticamente chamado quando for preciso.
- As ***associações*** de ActiveRecord utilizam metaprogramação e reflexão para mapear relações entre os recursos em seu aplicativo, tais como "belongs to" ou "has many", para consultas que refletem essas relações no banco de dados do aplicativo.
- Os ***escopos*** de ActiveRecord são "filtros" combináveis que você pode definir no seu modelo de dados, permitindo reúso de lógica do modelo sem ferir o princípio DRY.

http://pastebin.com/AY6TjGrp

```
1  -# in _movie_form.html.haml (the partial)
2
3  = label :movie, :title, 'Title'
4  = text_field :movie, 'title'
5
6  = label :movie, :rating, 'Rating'
7  = select :movie, :rating, Movie.all_ratings
8
9  = label :movie, :release_date, 'Released On'
10 = date_select :movie, :release_date
```

http://pastebin.com/F0NzXDqP

```
1  -# new.html.haml using partial
2
3  %h2 Create New Movie
4
5  = form_tag '/movies', :method => :post do
6    = render :partial => 'movie_form'
7    = submit_tag 'Save Changes'
```

http://pastebin.com/J3dz3FjR

```
1  -# edit.html.haml using partial
2
3  %h2 Edit Existing Movie
4
5  = form_tag movie_path(@movie), :method => :put do
6    = render :partial => 'movie_form'
7    = submit_tag 'Update Movie Info'
```

Figura 5.1: Um *partial* (topo) que captura os elementos de formulário comuns a ambos *templates* new e edit. Ambos *templates* modificados new e edit utilizam o *partial* (linha 6 em ambos os fragmentos), mas a linha 5 é diferente nos dois *templates* porque new e edit remetem a ações diferentes. (Utilize o serviço Pastebin para copiar e colar este código.)

5.1 Enxugando o MVC: Partials, Validações e Filtros

Como a Seção 6.6 explica, *partial* é também a unidade básica de atualização da visão para páginas com JavaScript habilitado.

Focaremos nossa discussão sobre concisão (*DRYness*) nos três elementos de MVC, começando por Visões.

Um ***partial*** (uma *visão parcial*) é o nome de Rails para um pedaço reutilizável de uma visão. Quando conteúdo semelhante deve aparecer em visões diferentes, colocar esse conteúdo em um *partial* e "incluí-lo" nos arquivos separados ajuda a eliminar a repetição. Por exemplo, no Capítulo 4, a Figura 4.14 evidencia as semelhanças entre as ações **new** e **edit**, ambas cujas visões mostram o mesmo formulário para introduzir informações de filmes — o que não é muito DRY. A Figura 5.1 captura esse código de visão comum em um *partial* e mostra como modificar os arquivos `new.html.haml` e `edit.html.haml` existentes para utilizá-lo.

Partiais dependem muito de convenção sobre configuração. Seus nomes devem começar com um *underscore* (subtraço) (nós utilizamos `_movie_form.html.haml`) que esteja *ausente do* código que referencia o partial. Se um *partial* não estiver no mesmo diretório que a visão que o utiliza, **'layouts/footer'** faria Rails procurar por `app/views/layouts/_footer.html.haml`. Um *partial* pode acessar as mesmas variáveis de instância que a visão que o inclui. Um uso particularmente bom de um *partial* é apresentar uma tabela ou outra coleção em que todos os elementos são os mesmos, como a Figura 5.2 demonstra.

Partials são simples e diretos, mas os mecanismos fornecidos pelo Rails para tornar modelos e controladores mais enxutos são mais sutis e sofisticados. É comum, em aplicações http://pastebin.com/tEALd9RT

```
-# A single row of the All Movies table
%tr
  %td= movie.title
  %td= movie.rating
  %td= movie.release_date
  %td= link_to "More about #{movie.title}", movie_path(movie)
```

Figura 5.2: Se este partial for salvo como `views/movies/_movie.html.haml`, as linhas 12–17 de nossa visão original `index.html.haml` (Figura 4.6) podem ser trocadas pela única linha = render :partial=>'movie', :collection=>@movies. Por convenção sobre configuração, o nome do parcial sem o *underscore* inicial (neste caso, `movie`) fica disponível como uma variável local do *partial* que, por sua vez, é chamado para cada elemento da coleção @movies, um de cada vez.

SaaS, querer impor certas restrições de validação em determinado tipo de objeto modelo ou restrições sobre quando certas ações podem ser realizadas. Por exemplo, quando um novo filme é adicionado a RottenPotatoes, nós podemos querer verificar que o título não está em branco, que o ano de lançamento é uma data válida e que a classificação é uma das classificações permitidas. Como outro exemplo, talvez queiramos permitir a qualquer usuário adicionar novos filmes, mas apenas permitir que usuários "administradores" especiais possam apagar filmes. Ambos os exemplos envolvem especificar restrições em entidades ou ações e, embora possa haver muitos locais em um aplicativo em que tais restrições devam ser consideradas, a filosofia DRY nos incentiva a centralizá-las em *um* local. Rails fornece duas ferramentas análogas para fazer isso: validações para modelos e filtros para controladores.

Mas o usuário não escolheu a classificação a partir de um menu? Sim, mas a requisição pode ser construída por um usuário malicioso ou por um ***bot*** (robô). Com SaaS, você não pode confiar em ninguém: o servidor deve *sempre* verificar suas entradas ao invés de confiar nelas, ou arriscar-se a ataque por métodos, que veremos no Capítulo 12.

Validações do modelo, assim como migrações, são expressas em uma mini-DSL embutida em Ruby, como a Figura 5.3 ilustra. Verificações de validação são disparadas quando você chama o método de instância **valid?** ou quando tenta salvar o modelo no banco de dados (que chama **valid?** antes de fazer isso).

Quaisquer erros de validação são gravados no objeto **ActiveModel::Errors**[5] associado com cada modelo; este objeto é retornado pelo método de instância **errors**. Como a Figura 5.3 ilustra, você pode perguntar sobre erros em atributos individuais (linhas 18–20) ou utilizar **full_messages** para obter todos os erros como um vetor de strings. Quando você escrever suas próprias validações personalizadas, como nas linhas 7–10, você pode utilizar **errors.add** para adicionar uma mensagem de erro associada com um atributo inválido específico do objeto ou com o objeto em geral (ao passar **:base** ao invés de um nome de atributo).

O exemplo também demonstra que validações podem ser condicionais. Por exemplo, a linha 6 na Figura 5.3 assegura que a classificação do filme é válida, *exceto* quando se o filme foi lançado antes do sistema de classificação entrar em vigor (nos EUA, em 1º de novembro de 1968), em cujo caso nós não precisamos validar a classificação.

Nós podemos utilizar validação para substituir os perigosos **save!** e **update_attributes!** em nossas ações de controlador por suas versões mais seguras, **save** e **update_attributes**, que falham se a validação falhar. A Figura 5.4 mostra como modificar nossos métodos de controlador para serem mais idiomáticos, tirando proveito disso. Modifique suas ações de controlador **create** e **update** para que fiquem iguais aos da figura, modifique `app/models/movie.rb` para incluir as validações da Figura 5.3 e, então, tente adicionar um filme que viole uma ou mais das validações.

É claro, seria bom fornecer ao usuário uma mensagem informativa especificando o que deu errado e o que ele deve fazer. Isso é fácil: dentro de uma visão, nós *podemos* obter o nome da ação de controlador que chamou a visão para ser renderizada, então, nós podemos incluir isso na mensagem de erro, como a linha 5 do seguinte código ilustra.

http://pastebin.com/yctJ0riC

```
1  class Movie < ActiveRecord::Base
2    def self.all_ratings ; %w[G PG PG-13 R NC-17] ; end #  shortcut: array of
       strings
3    validates :title, :presence => true
4    validates :release_date, :presence => true
5    validate :released_1930_or_later # uses custom validator below
6    validates :rating, :inclusion => {:in => Movie.all_ratings},
7      :unless => :grandfathered?
8    def released_1930_or_later
9      errors.add(:release_date, 'must be 1930 or later') if
10       release_date && release_date < Date.parse('1 Jan 1930')
11   end
12   @@grandfathered_date = Date.parse('1 Nov 1968')
13   def grandfathered?
14     release_date && release_date < @@grandfathered_date
15   end
16 end
17 # try in console:
18 m = Movie.new(:title => '', :rating => 'RG', :release_date => '1929-01-01')
19 # force validation checks to be performed:
20 m.valid?  # => false
21 m.errors[:title] # => ["can't be blank"]
22 m.errors[:rating] # => ["is not included in the list"]
23 m.errors[:release_date] # => ["must be 1930 or later"]
24 m.errors.full_messages # => ["Title can't be blank", "Rating is not
25   included in the list", "Release date must be 1930 or later"]
```

Figura 5.3: As linhas 3–5 utilizam comportamentos de validação pré-definidos em ActiveModel::Validations::ClassMethods[4]. As linhas 6–15 mostram como você pode criar seus próprios métodos de validação, que recebem o objeto a ser validado como um argumento e adicionam mensagens de erro descrevendo quaisquer problemas. Note que primeiro validamos a presença de release_date, senão as comparações nas linhas 10 e 14 poderiam falhar se release_date for nulo.

http://pastebin.com/fauUp1Xn

```
# replaces the 'create' method in controller:
def create
  @movie = Movie.new(params[:movie])
  if @movie.save
    flash[:notice] = "#{@movie.title} was successfully created."
    redirect_to movies_path
  else
    render 'new' # note, 'new' template can access @movie's field values!
  end
end
# replaces the 'update' method in controller:
def update
  @movie = Movie.find params[:id]
  if @movie.update_attributes(params[:movie])
    flash[:notice] = "#{@movie.title} was successfully updated."
    redirect_to movie_path(@movie)
  else
    render 'edit' # note, 'edit' template can access @movie's field values!
  end
end
# note, you will also have to update the 'new' method:
def new
  @movie = Movie.new
end
```

Figura 5.4: Se create ou update falharem, nós utilizamos um render explícito para re-renderizar o formulário para que o usuário possa preenchê-lo novamente. Convenientemente, @movie será disponibilizado para a visão e irá conter os valores que o usuário colocou na primeira vez, então o formulário será pré-populado com esses valores, uma vez que (por convenção sobre configuração) os auxiliares de tag de formulário utilizados em `_movie_form.html.haml` utilizarão @movie para povoar os campos do formulário, contanto que ele seja um objeto Movie válido.

http://pastebin.com/fNRS4LB6

```
-# insert at top of _movie_form.html.haml

- unless @movie.errors.empty?
  #warning
    Errors prevented this movie from being #{controller.action_name}d:
    %ul
      - @movie.errors.full_messages.each do |error|
        %li= error
```

O *screencast* 5.1.1 vai mais fundo e explica como as visões de Rails tiram proveito de serem capazes de perguntar a cada atributo do modelo sobre sua validação separadamente, para dar ao usuário um melhor retorno visual sobre quais campos especificamente causaram o problema.

Screencast 5.1.1: Como validações do modelo interagem com controladores e visões.
`http://vimeo.com/34754932`
Os auxiliares de formulário em nossas visões utilizam o objeto **errors** para descobrir quais campos causaram erros de validação, e aplicam a classe CSS especial `field-with-errors` em tais campos. Ao incluir seletores para essa classe em `app/assets/stylesheets/application.css`, nós podemos realçar visualmente os campos afetados para o benefício dos usuários.

De fato, validações são apenas um caso especial de um mecanismo mais geral, *callbacks* do ciclo de vida de ActiveRecord[8], que permite-lhe fornecer métodos que "interceptam" um objeto de modelo em vários pontos relevantes de seu ciclo de vida. A Figura 5.5 mostra quais *callbacks* estão disponíveis; a Figura 5.6 ilustra como utilizar esse mecanismo para "canonicalizar", i.e., padronizar o formato de certos campos do modelo antes de salvá-lo. Veremos outro uso de *callbacks* de ciclo de vida quando discutirmos o padrão de projeto *Observer*, no Capítulo 11, e *caching*, no Capítulo 12.

Análogo a uma validação é o filtro de controlador — um método que verifica se certas condições são verdadeiras antes de uma ação ser executada, ou estabelece condições comuns em que muitas ações se apoiam. Se as condições não forem cumpridas, o filtro pode optar por "parar o show" ao renderizar um *template* de visão ou redirecionar para outra ação. Se o filtro permite que a ação prossiga, será de responsabilidade da ação fornecer uma resposta, como de costume.

Como um exemplo, um uso extremamente comum de filtros é cumprir a exigência de que um usuário esteja conectado antes que certas ações possam ser realizadas. Suponha, por enquanto, que verificamos a identidade de algum usuário e armazenamos sua chave primária (ID) em **session[:user_id]** para nos lembrarmos do fato de que ele estava conectado. A Figura 5.7 mostra um filtro que obriga que um usuário válido esteja conectado. Na Seção 5.2, mostraremos como combinar o filtro anterior com as outras "partes móveis" envolvidas ao se lidar com usuários conectados.

Filtros normalmente se aplicam a todas as ações no controlador, mas **:only** pode ser utilizado para especificar que o filtro guarda apenas certas ações, enquanto que **:except** pode ser utilizado para especificar que algumas ações são isentas. Cada um recebe um vetor de nomes de ações. Você pode definir múltiplos filtros: eles são executados na ordem em que eles são declarados. Você também pode definir *after-filters* (pós-filtros), que são executados depois que certas ações são completadas, e *around-filters* (filtros em torno), que especificam ações que devem ser executadas antes e depois, por exemplo para fazer auditoria ou cronometragem. *Around-filters* utilizam **yield** para efetivamente realizar a ação de controlador:

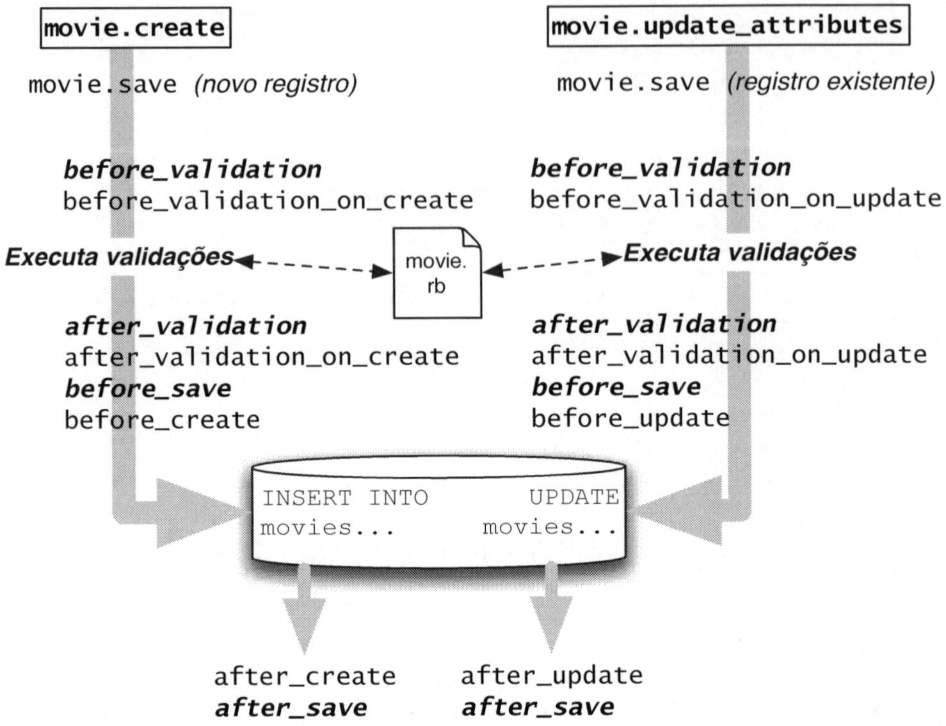

Figura 5.5: Os vários pontos em que você pode "embutir código" no ciclo de vida de um objeto de modelo ActiveRecord. Todas as operações de ActiveRecord que modificam o banco de dados (update, create e assim por diante) cedo ou tarde chamam save, então um *callback* em before_save pode interceptar cada mudança no banco de dados. Veja este Guia de Rails[7] para detalhes e exemplos adicionais.

http://pastebin.com/2zQPLxAZ

```
class Movie < ActiveRecord::Base
  before_save :capitalize_title
  def capitalize_title
    self.title = self.title.split(/\s+/).map(&:downcase).
      map(&:capitalize).join(' ')
  end
end
# now try in console:
m = Movie.create!(:title => 'STAR  wars', :release_date => '27-5-1977', :
    rating => 'PG')
m.title  # => "Star Wars"
```

Figura 5.6: Este *hook* em before_save coloca maiúsculas em cada palavra do título de um filme, escreve o resto da palavra em letras minúsculas e comprime múltiplos espaços entre palavras em apenas um, transformando `STAR   wars` em `Star Wars` (não necessariamente o comportamento correto para títulos de filme, mas útil para ilustração).

http://pastebin.com/3fzBknNQ

```
class ApplicationController < ActionController::Base
  before_filter :set_current_user
  protected # prevents method from being invoked by a route
  def set_current_user
    # we exploit the fact that find_by_id(nil) returns nil
    @current_user ||= Moviegoer.find_by_id(session[:user_id])
    redirect_to login_path and return unless @current_user
  end
end
```

Figura 5.7: Se há um usuário conectado, o redirecionamento *não* irá ocorrer e a variável de instância de controlador @current_user estará disponível para a ação e visões. Caso contrário, ocorrerá um redirecionamento para `login_path`, que se supõe que corresponde a uma rota que leva o usuário a uma página de *login*, o que veremos mais na Seção 5.2. (and é como &&, mas tem menos precedência, portanto ((redirect_to login_path) e (return)) a menos que...)

http://pastebin.com/LLjiWBK7

```
# somewhat contrived example of an around-filter
around_filter :only => ['withdraw_money', 'transfer_money'] do
  # log who is trying to move money around
  start = Time.now
  yield   # do the action
  # note how long it took
  logger.info params
  logger.info (Time.now - start)
end
```

Resumo de enxugando MVC em Rails:

- *Partials* permitem-lhe reutilizar pedaços de visões através de diferentes *templates*, coletando elementos de visão comuns em um único local.
- Validações permitem-lhe coletar restrições em um modelo em um único local. Validações são verificadas toda vez que o banco de dados está prestes a ser modificado; provocar a falha de uma validação é uma das maneiras pelas quais os inofensivos métodos **save** e **update_attributes** podem falhar.
- O campo **errors** de um modelo, um objeto **ActiveRecord::Errors**, grava erros que ocorreram durante a validação. Métodos auxiliares de formulários de visões podem utilizar essa informação para aplicar estilos CSS especiais em campos cujos valores provocaram a falha de uma validação, elegantemente separando a responsabilidade de detectar um erro da responsabilidade de mostrar esse erro ao usuário.
- Filtros controladores permitem-lhe coletar condições que afetam muitas ações de controlador em um único local ao definir um método que sempre é executado antes dessas ações. Um filtro declarado em um controlador afeta todas as ações desse controlador, e um filtro declarado em **ApplicationController** afeta todas as ações em todos os controladores, a menos que **:only** ou **:except** sejam especificados.

■ ***Elaboração: Programação orientada a aspectos***

Programação orientada a aspectos (POA) é uma metodologia de programação para limpar o código ao separar ***interesses transversais*** (*cross-cutting concerns*) tais como validações do modelo e filtros de controladores do código principal das ações às quais os interesses se aplicam. Em nosso caso, nós especificamos validações do modelo declarativamente em um local, ao invés de invocá-las explicitamente em cada ***ponto de junção*** (*join point*) no código em que gostaríamos de realizar uma verificação de validade. Um conjunto de pontos de junção é coletivamente chamado de ***pontos de corte*** (*pointcut*), e o código a ser inserido em cada ponto de junção (tal como uma validação em nosso exemplo) é chamado de ***adendo*** (*advice*).

Ruby não oferece suporte para toda POA, o que lhe permitiria especificar pontos de corte arbitrários junto com o adendo que se aplica a cada um. Mas Rails utiliza os recursos de linguagem dinâmica de Ruby para definir pontos de corte convenientes, tais como o ciclo de vida de modelo do AR, que dá suporte a validações e outros *callbacks* de ciclo de vida, e pontos de junção em torno de ações de controlador, que dão suporte ao uso de before- e after-filters.

Uma crítica à POA é que o código fonte já não pode mais ser lido em ordem linear. Por exemplo, quando um *before-filter* impede uma ação de controlador de continuar, o problema pode ser difícil de rastrear, especialmente para alguém não familiarizado com Rails que não percebe que o método com o filtro não está nem mesmo sendo chamado explicitamente, mas é um método de adendo provocado por um ponto de junção particular. Uma resposta para a crítica é que se POA for aplicado com moderação e bom gosto e todos os desenvolvedores entenderem e concordarem com os cortes pontuais, ela pode melhorar a concisão e a modularidade. Validações e filtros são a tentativa dos projetistas de Rails para identificar esse meio-termo benéfico.

Auto-avaliação 5.1.1. *Por que os projetistas de Rails não optaram por disparar a validação quando você acaba de fazer uma instanciação usando* **Movie#new**, *ao invés de esperar até você tentar persistir o objeto?*

◇ À medida em que você está preenchendo os atributos do novo objeto, ele pode estar em um estado temporariamente inválido, portanto disparar a validação nessa hora pode tornar difícil manipular o objeto. Persistir o objeto diz a Rails: "Acredito que este objeto está pronto para ser salvo." ■

Auto-avaliação 5.1.2. *Por que não podemos escrever* **validate released_1930_or_later**, *isto é, por que o argumento para* **validate** *deve ser ou um símbolo ou uma string?*

◇ Se o argumento for apenas o nome do método, Ruby tentará avaliá-lo no momento em que executa **validate**, o que não é o que queremos — nós queremos que **released_1930_or_later** seja chamado no momento em que qualquer validação esteja para acontecer. ■

5.2 Logon único e Autenticação por Terceiros

Uma maneira de ser mais DRY e produtivo é evitar implementar funcionalidades que você pode, como alternativa, reutilizar de outros serviços. Um exemplo disso atualmente é ***autenticação*** — o processo pelo qual uma entidade ou ***sujeito*** prova que ele é quem ele afirma ser. Em SaaS, consumidores e servidores são dois tipos comuns de sujeitos que podem precisar se autenticar. Tipicamente, um usuário prova sua identidade fornecendo um nome de usuário

Figura 5.8: A autenticação por terceiros possibilita SSO ao permitir a um aplicativo SaaS solicitar que um usuário se autentique por meio de um terceiro. Uma vez que ele tenha feito isso, o provedor envia um token para o aplicativo solicitante provando que o usuário se autenticou corretamente e possivelmente codifica privilégios adicionais que o usuário concede ao aplicativo solicitante. O fluxo mostrado é uma versão simplificada de *OAuth*, um evoluído (e ligeiramente controverso) padrão aberto para autenticação e autorização utilizado por Twitter, Facebook, Microsoft, Google, Netflix e muitos outros. Logotipo do Twitter e direitos autorais de imagem de Twitter Inc., 2012, utilizados apenas para fins de instrução.

e senha que (presumivelmente) ninguém mais sabe, e um servidor prova sua identidade com um ***certificado de chave pública*** (discutido no Capítulo 12) cuja ***proveniência*** pode ser verificada utilizando-se criptografia.

Autorização se refere a quando um sujeito tem permissão para fazer algo. Embora separada da autenticação, as duas são frequentemente combinadas porque muitos padrões lidam com ambas.

Nos primeiros dias de SaaS, os usuários tinham de estabelecer nomes de usuário e senhas separadamente para cada site. Hoje em dia, um cenário cada vez mais comum é o ***logon único*** (*single sign-on* ou SSO)[9], em que as credenciais estabelecidas para um site (o ***provedor***) podem ser utilizadas para logar em outros sites que, administrativamente, não são relacionados com ele. Claramente, SSO é central para a utilidade de arquitetura orientada a serviços: seria difícil para os serviços trabalharem juntos em seu interesse se cada um possuísse seu próprio esquema de autenticação separado. Dada a prevalência e importância cada vez maior de SSO, nossa visão é a de que novos aplicativos SaaS devem utilizá-lo ao invés de "implantar a sua própria" autenticação.

Facebook foi um dos primeiros exemplos de SSO.

Login with Facebook

Entretanto, SSO apresenta o dilema de que enquanto você pode estar feliz utilizando suas credenciais do site A para se conectar ao site B, você normalmente não quer revelar essas credenciais ao site B. (Imagine que o site A é a sua instituição financeira e o site B é uma empresa estrangeira de quem você quer comprar algo.) A Figura 5.8 mostra como a ***autenticação por terceiros*** resolve esse problema utilizando RottenPotatoes e Twitter como um exemplo. Primeiro, o aplicativo requisitando a autenticação (i.e., o RottenPotatoes) cria uma requisição para um provedor de autenticação em que o usuário já possui uma conta, nesse caso, o Twitter. A requisição frequentemente inclui informação sobre quais privilégios o aplicativo quer do provedor, por exemplo, ser capaz de *tweetar* como esse usuário ou saber quem são os seus seguidores.

O processo SSO normalmente começa com um *link* ou botão que o usuário deve clicar. Esse *link* leva o usuário a uma página de login fornecida de forma segura *pelo provedor*; dependendo da implementação, a página de login pode ser um *popup*, um frame HTML ou elemento iframe[10], ou uma página normal fornecida pelo site do provedor. É dada ao usuário então a chance de se conectar ao provedor e decidir se concederá ao aplicativo os privilégios solicitados. Criticamente, essa interação acontece inteiramente entre o usuário e o provedor: o aplicativo solicitante não tem acesso a nenhuma parte dessa interação. Uma vez que a autenticação é bem-sucedida, o provedor gera um ***callback*** para o aplicativo solicitante para *http://pastebin.com/V4tw3Ld9*

```
rails generate model Moviegoer name:string provider:string uid:string
```

http://pastebin.com/1JaAMKKD

```
# Edit app/models/moviegoer.rb to look like this:
class Moviegoer < ActiveRecord::Base
  attr_accessible :uid, :provider, :name # see text for explanation
  def self.create_with_omniauth(auth)
    Moviegoer.create!(
      :provider => auth["provider"],
      :uid => auth["uid"],
      :name => auth["info"]["name"])
  end
end
```

Figura 5.9: Topo (a): Digite este comando em um terminal para criar um modelo e migração `moviegoers`, e execute `rake db:migrate` para aplicar a migração. Em baixo (b): Então, edite o arquivo gerado `app/models/moviegoer.rb` para combinar com este código, que o texto explica.

dar a ele um ***token de acesso*** — uma string criada utilizando-se técnicas de criptografia que podem ser passadas de volta ao provedor mais tarde, permitindo a ele verificar que o *token* só poderia ter sido criado como resultado de um processo de login bem-sucedido. Neste ponto, o aplicativo solicitante é capaz de fazer duas coisas:

1. Ele pode acreditar que o usuário provou sua identidade ao provedor, e opcionalmente gravar o ID ou ***guid*** (pronunciado GU-id) persistente, global e único do provedor, para esse usuário, normalmente fornecida como parte do token de acesso. Por exemplo, o guid de Armando Fox no Twitter é 318094297, embora essa informação não seja útil a menos que esteja acompanhada de um *token* de acesso fornecendo o direito de obter informações sobre esse guid.

2. Ele pode utilizar o token para solicitar informações adicionais sobre o usuário a partir do provedor, dependendo de quais privilégios específicos foram concedidos juntamente com autenticação bem-sucedida. Por exemplo, um token do Facebook pode indicar que o usuário permitiu ao aplicativo saber quem são seus amigos, mas negou permissão para o aplicativo postar em seu mural do Facebook.

Felizmente, adicionar autenticação por terceiros a aplicativos Rails é simples. É claro, antes que possamos permitir um usuário a se conectar, nós precisamos ser capazes de representar usuários! Então, antes de continuarmos, crie um modelo básico e uma migração, seguindo as instruções na Figura 5.9.

Existem três aspectos para gerenciar autenticação por terceiros em Rails. O primeiro é como realmente autenticar o usuário por meio de um terceiro. Nós utilizaremos a excelente gem OmniAuth[11], que abstrai todo o processo da Figura 5.8 ao permitirem aos desenvolvedores criar uma *estratégia* para cada provedor de autenticação de terceiros. Uma estratégia lida com todas as interações com o provedor de autenticação (passos 2–4 na Figura 5.8) e finalmente executa um `POST` HTTP para a URI `/auth/`*provedor*`/callback` de seu aplicativo. Os dados inclusos com o `POST` indicam o sucesso ou falha do processo de autenticação e, se bem-sucedido, o(s) token(s) de acesso que seu aplicativo pode utilizar para obter informações adicionais sobre o usuário conectado. No momento em que esse livro foi escrito, ele disponibiliza estratégias para Facebook, Twitter, Google Apps e muitos outros, cada um disponível como um gem nomeado `omniauth-`*provedor*. Nós utilizaremos o Twitter como exemplo, *http://pastebin.com/GUz4rscD*

```
get  'auth/:provider/callback' => 'sessions#create'
post 'logout' => 'sessions#destroy'
get  'auth/failure' => 'sessions#failure'
```

http://pastebin.com/eb50EvUx

```
1  class SessionsController < ApplicationController
2    # user shouldn't have to be logged in before logging in!
3    skip_before_filter :set_current_user
4    def create
5      auth=request.env["omniauth.auth"]
6      user=Moviegoer.find_by_provider_and_uid(auth["provider"],auth["uid"]) ||
7        Moviegoer.create_with_omniauth(auth)
8      session[:user_id] = user.id
9      redirect_to movies_path
10   end
11   def destroy
12     session.delete(:user_id)
13     flash[:notice] = 'Logged out successfully.'
14     redirect_to movies_path
15   end
16 end
```

http://pastebin.com/xbMdTJYJ

```
#login
  - if @current_user
    %p.welcome  Welcome, #{@current_user.name}!
    = link_to 'Log Out', logout_path
  - else
    %p.login= link_to 'Log in with your Twitter account', '/auth/twitter'
```

Figura 5.10: As partes móveis em um típico fluxo de autenticação de um aplicativo Rails. Topo (a): Três rotas que seguem a convenção do gem OmniAuth para mapear as ações create e destroy em um SessionsController separado, mais uma rota que no futuro pode ser utilizada para lidar com falhas de autenticação (por exemplo, o usuário digita errado a senha do Twitter ou nega acesso ao nosso aplicativo). Meio (b): a linha 3 pula o before_filter que nós adicionamos a ApplicationController na Figura 5.7. Note que devemos apagar a linha 7 na Figura 5.7, já que não temos um caminho de login para o qual redirecionar neste exemplo. Sobre o login bem-sucedido de um determinado usuário, a ação create lembra que a chave primária do usuário (ID) está na sessão até a ação destroy seja chamada para esquecê-la. Em baixo (c): A variável @current_user (colocada na linha 6 de ApplicationController, a Figura 5.7) pode ser utilizada por um *partial* de login para mostrar uma mensagem apropriada. O *partial* poderia ser incluído a partir de `application.html.haml` com render :partial=>'sessions/login'.

então adicione ambos `gem 'omniauth'` e `gem 'omniauth-twitter'` ao seu Gemfile e execute `bundle install --without production`, como de costume. Você então irá precisar criar um aplicativo de desenvolvimento do Twitter e configurar o gem omniauth com o provedor do Twitter em **config/initializers/omniauth.rb**. Para mais detalhes, acesse as instruções de configuração de omniauth-twitter[12], no GitHub. Uma vez completado, adicione o código da Figura 5.10(a) ao seu arquivo **config/routes.rb**, que especifica algumas rotas que a estratégia OmniAuth utilizará quando completar a autenticação com o Twitter.

O segundo aspecto de gerenciamento de autenticação é manter o controle de se o usuário atual foi autenticado. Você já deve ter adivinhado que essa informação pode ser armazenada em **session[]**. Entretanto, nós devemos manter o gerenciamento de sessão separado de outros interesses do aplicativo, uma vez que a sessão pode não ser relevante se nosso aplicativo for utilizado em uma configuração de arquitetura orientada a serviços. Para esse fim, a Figura 5.10(b) mostra como nós podemos "criar" uma sessão quando um usuário se autentica com sucesso (linhas 3–9) e "destruí-la" quando ele se desconecta (linhas 11–15). As "aspas" estão ali porque a única coisa realmente sendo criada ou destruída é o valor de **session[:user_id]**, que é definida como a chave primária do usuário conectado durante a sessão e **nil** em outros momentos. A Figura 5.10(c) mostra como essa verificação é abstraída por um **before_filter** em **ApplicationController** (que será herdada por todos os controladores) que estabelece **@current_user** adequadamente, para que métodos ou visões controladores possam apenas olhar para **@current_user** sem serem acoplados aos detalhes de como o usuário foi autenticado.

O terceiro aspecto é conectar nossa própria representação de uma identidade de usuário — isto é, sua chave primária na tabela `moviegoers` — com a representação do provedor de autenticação, tais como o `uid`, no caso do Twitter. Já que podemos querer expandir a lista de provedores de autenticação que nossos clientes poderão utilizar no futuro, a migração na Figura 5.9(a), que cria o modelo **Moviegoer**, especifica ambos um campo `uid` e outro `provider`. O que acontece na primeira vez em que Alice se conecta a RottenPotatoes com sua ID do Twitter? A consulta `find_by_provider_and_uid` na linha 6 da sessão de controlador (Figura 5.10(b)) devolverá **nil**, então **Moviegoer.create_with_omniauth** (Figura 5.9(b), linhas 5–10) será chamado para criar um novo registro para este usuário. Note que "Alice como autenticada pelo Twitter" seria, portanto, um usuário diferente do nosso ponto de vista do que "Alice como autenticada pelo Facebook", porque não temos como saber que essas representam a mesma pessoa. É por isso que alguns sítios que dão suporte a múltiplos provedores de autenticação de terceiros fornecem ao usuário uma maneira de "juntar" duas contas para indicar que elas identificam a mesma pessoa.

Isso pode parecer com um monte de partes móveis, mas comparado com realizar a mesma tarefa sem uma abstração tal como OmniAuth, isso é código muito limpo: nós adicionamos menos de duas dúzias de linhas, e, ao incorporar mais estratégias OmniAuth, poderíamos permitir provedores de autenticação por terceiros adicionais com praticamente nenhum trabalho novo. O *screencast* 5.2.1 mostra a experiência do usuário associada com este código.

Screencast 5.2.1: Conectar-se ao RottenPotatoes com o Twitter.
`http://vimeo.com/41300070`
Esta versão de RottenPotatoes, modificada para utilizar o gem OmniAuth como descrito no texto, permite que moviegoers se conectem utilizando suas IDs existentes do Twitter.

Entretanto, acabamos de criar uma vulnerabilidade de segurança. Até agora nós estávamos explorando a conveniência da "atribuição em massa" a partir de um hash **params[]** para um objeto ActiveRecord, como quando escrevemos **@movie.update_attributes(params[:movie])** em **MoviesController#update**. Mas, e se um atacante malicioso cuidadosamente realizar uma submissão de formulário que tenta modificar **params[:moviegoer][:uid]** ou **params[:moviegoer][:provider]** — campos que devem apenas ser modificados pela lógica de autenticação — ao fazer o post de ***campos ocultos de formulário*** nomeados como `params[moviegoer][uid]` e assim por diante? O comando **attr_accessible** na linha 3 da Figura 5.9(b) é o que nos permite atribuir em massa atributos específicos. Se quiséssemos "proteger" atributos sensíveis de serem atribuídos massivamente a partir de **params**, nós poderíamos utilizar **attr_protected**[13]. O mais restritivo **attr_accessible**[14] providencia que *apenas* os atributos nomeados sejam modificáveis através de atribuição em massa a partir de **params[]** (ou, na verdade, a partir de qualquer hash). Esse mecanismo mais restritivo é recomendado porque ele segue o ***princípio do menor privilégio*** em segurança de computadores, um tópico ao qual nós retornaremos na Seção 12.9, quando discutirmos como defender os dados dos clientes.

Resumo:

- Logon único (*single sign-on*) se refere a uma experiência do usuário final em que um único conjunto de credenciais (tais como seus nomes de usuário e senha do Google ou Facebook) irá conectá-los a uma variedade de diferentes serviços.
- Autenticação por terceiros (*third-party authentication*) que utiliza padrões tais como ***OAuth*** é uma maneira de conseguir realizar logon único: o aplicativo solicitante pode verificar a identidade de usuário por meio de um provedor de autenticação, sem o usuário revelar suas credenciais ao aplicativo solicitante.
- A maneira mais limpa de fatorar autenticação em aplicativos Rails é abstrair o conceito de uma sessão. Quando um usuário se autentica com sucesso (talvez utilizando um arcabouço tal como o OmniAuth[15]), uma sessão é criada ao armazenar o `id` (chave primária) do usuário autenticado em **session[]**. Quando ele se desconecta, a sessão é destruída, apagando-se essa informação de **session[]**.
- Utilize **attr_protected** and **attr_accessible** para identificar atributos do modelo que são "sensíveis" e que devem ser excluídos de atribuição em massa usando um hash, tal como informação da ID do usuário utilizada para gerenciamento de sessão ou autenticação.

■ ***Elaboração: Efeitos colaterais de SSO***

Em alguns casos, utilizar SSO também permite outros recursos; por exemplo, Facebook Connect permite aos sites tirar proveito da rede social do Facebook, de modo que (por exemplo) Bob pode ver quais artigos do New York Times seus amigos estiveram lendo logo que ele se autentica ao New York Times utilizando o Facebook. Embora esses recursos atraentes fortaleçam ainda mais o caso para se utilizar SSO ao invés de "implantar sua própria" autenticação, eles estão separados do conceito básico de SSO, nos quais esta discussão se centra.

Auto-avaliação 5.2.1. *Descreva brevemente como RottenPotatoes poderia deixá-lo se conectar com sua ID do Twitter sem você precisar revelar sua senha do Twitter ao RottenPotatoes.*

Figura 5.11: Cada ponta de uma associação é rotulada com sua *cardinalidade*, ou com o número de entidades participando nesse "lado" da associação, com um asterisco significando "zero ou mais". Na figura, cada Review pertence a um único Moviegoer e a um único Movie, e uma Review sem um Moviegoer ou sem um Movie não é permitida. (Uma notação de cardinalidade de "0..1", ao invés de "1", permitiria comentários "órfãos".)

◇ RottenPotatoes o redireciona à página hospedada pelo Twitter que você sempre se conecta. O redirecionamento inclui uma URL para a qual o Twitter envia de volta uma mensagem confirmando que você se autenticou e especificando quais ações RottenPotatoes pode tomar em seu nome como um usuário do Twitter. ■

Auto-avaliação 5.2.2. *Verdadeiro ou Falso: Se você se conectar ao RottenPotatoes utilizando seu ID do Twitter, RottenPotatoes se torna capaz de tweetar utilizando seu ID.*
◇ Falso: autenticação é diferente de permissões. A maioria do provedores de autenticação por terceiros, incluindo o Twitter, permitem ao aplicativo solicitante pedir permissão para fazer coisas específicas, e deixa a cargo do usuário a decisão de permitir ou não. ■

5.3 Associações e Chaves Estrangeiras

Uma *associação* é um relacionamento lógico entre dois tipos de entidades em uma arquitetura de software. Por exemplo, podemos adicionar as classes **Review** e **Moviegoer** a RottenPotatoes para os usuários individuais terem permissão de escrever comentários sobre seus filmes favoritos; poderíamos fazer isso estabelecendo uma associação um-para-muitos (*one-to-many*) de comentários para filmes (cada comentário é sobre exatamente um filme) e de comentários para moviegoers (cada comentário é de autoria de exatamente um moviegoer). A Figura 5.11 mostra essas associações utilizando um tipo de diagrama de ***Linguagem de Modelagem Unificada (UML)***. Veremos mais exemplos de UML no Capítulo 11.

Na terminologia de Rails, a Figura 5.11 mostra que:

- Um Moviegoer tem muitas Reviews
- Um Movie tem muitas Reviews
- Uma Review pertence a um Moviegoer e a um Movie

Em Rails, o "lar" de nossos objetos de modelo é o banco de dados, então precisamos de uma maneira de representar associações para os objetos lá armazenados. Felizmente, associações são tão comuns que bancos de dados relacionais fornecem um mecanismo especial para dar suporte a eles: a ***chave estrangeira***. Uma chave estrangeira é uma coluna em uma tabela cujo trabalho é referenciar a chave primária de outra tabela para estabelecer uma associação entre os objetos representados por essas tabelas. Lembre-se de que, por padrão, as migrações de Rails criam tabelas cujas colunas das chaves primárias são chamadas de `id`. A Figura 5.12 mostra uma tabela Moviegoers para manter o controle de diferentes usuários e uma tabela Reviews com colunas de chaves estrangeiras `moviegoer_id` e `movie_id`, permitindo que

id	title	rating
13	Inception	PG-13
41	Star Wars	PG
43	It's Complicated	R

id	movie_id	moviegoer_id	potatoes
21	41	1	5
22	13	2	3
23	13	1	4

id	username
1	alice
2	bob
3	carol

Figura 5.12: Nesta figura, Alice deu 5 batatas para *Star Wars* e 4 batatas para *Inception*, Bob deu 3 batatas para Inception, Carol não forneceu nenhum comentário, e ninguém comentou sobre *It's Complicated*. Para brevidade e claridade, os outros campos das tabelas `movies` e `reviews` não foram mostrados.

cada comentário possa se referir às chaves primárias (`ids`) do usuário que foi o autor e do filme tratado.

Por exemplo, para encontrar todos os comentários sobre *Star Wars*, nós iríamos primeiro formar o ***produto cartesiano*** de todas as linhas das tabelas `movies` e `reviews`, concatenando cada linha da tabela `movies` com cada linha possível da tabela `reviews`. Isso nos forneceria uma nova tabela com 9 linhas (uma vez que há 3 filmes e 3 comentários) e 7 colunas (3 da tabela `movies` e 4 da tabela `reviews`). A partir dessa grande tabela, nós então selecionamos apenas aquelas linhas para as quais a `id` da tabela `movies` seja igual a `movie_id` da tabela `reviews`, ou seja, apenas esses pares filme-comentário em que o comentário seja sobre aquele filme. Finalmente, selecionamos apenas aquelas linhas para as quais o `id` do filme (e, portanto, o `movie_id` do comentário) são iguais a 41, o ID da chave primária para *Star Wars*. Esse simples exemplo (chamado de ***junções*** na terminologia de banco de dados relacionais) ilustra como relacionamentos complexos podem ser representados e manipulados utilizando-se um pequeno conjunto de operações (álgebra relacional) em uma coleção de tabelas com leioute de dados uniforme. Em SQL, a Linguagem de Consulta Estruturada (*Structured Query Language*), utilizada praticamente por todos os bancos de dados relacionais, uma consulta seria mais ou menos parecida com isso:

http://pastebin.com/qCTqmark

```
SELECT reviews.*
  FROM movies JOIN reviews ON movies.id=reviews.movie_id
  WHERE movies.id = 41;
```

Se não estivéssemos trabalhando com um banco de dados, entretanto, provavelmente faríamos um projeto em que cada objeto de uma classe tivesse "referências diretas" para seus objetos associados, ao invés de construir o plano de consulta acima. Um objeto Moviegoer manteria um vetor de referências para Reviews de autoria daquele moviegoer; um objeto Review manteria uma referência para o Moviegoer que o escreveu; e assim por diante. Tal projeto nos permitiria escrever um código parecido com o da Figura 5.13.

O módulo **ActiveRecord::Associations**[16] de Rails permite exatamente essa arquitetura, como vamos aprender fazendo. Aplique as mudanças de código na Figura 5.14 como indicado na legenda, e então você deverá ser capaz de iniciar `rails console` e executar com sucesso os exemplos na Figura 5.13.

Como isso funciona? Uma vez que tudo em Ruby é uma chamada a método, nós sabemos que a Linha 8 na Figura 5.13 é realmente uma chamada para o método de instância **reviews=** em um objeto **Movie**. Esse método de instância guarda seu valor atribuído (um vetor com os comentários de Alice e Bob) na memória. Recorde, entretanto, que desde que uma Review esteja no lado "pertence a" da associação (Review pertence a um Movie), para associar um comentário a um filme nós devemos definir o campo `movie_id` para esse comentário. *Nós realmente não precisamos modificar a tabela `movies`.* Então, nesse simples *http://pastebin.com/W0xJTuc4*

```
# it would be nice if we could do this:
inception = Movie.find_by_title('Inception')
alice,bob = Moviegoer.find(alice_id, bob_id)
# alice likes Inception, bob hates it
alice_review = Review.new(:potatoes => 5)
bob_review   = Review.new(:potatoes => 2)
# a movie has many reviews:
inception.reviews = [alice_review, bob_review]
inception.save!
# a moviegoer has many reviews:
alice.reviews << alice_review
bob.reviews << bob_review
# can we find out who wrote each review?
inception.reviews.map { |r| r.moviegoer.name } # => ['alice','bob']
```

Figura 5.13: Uma implementação de associações simples permitiria nos referirmos a objetos associados, apesar de eles estarem armazenados em diferentes tabelas de banco de dados.

http://pastebin.com/5bwBMzzM

```
# Run 'rails generate migration create_reviews' and then
#   edit db/migrate/*_create_reviews.rb to look like this:
class CreateReviews < ActiveRecord::Migration
  def up
    create_table 'reviews' do |t|
      t.integer    'potatoes'
      t.text       'comments'
      t.references 'moviegoer'
      t.references 'movie'
    end
  end
  def down ; drop_table 'reviews' ; end
end
```

http://pastebin.com/0qJQgUwi

```
class Review < ActiveRecord::Base
  belongs_to :movie
  belongs_to :moviegoer
  attr_protected :moviegoer_id # see text
end
```

http://pastebin.com/NG88vs0V

```
# place a copy of the following line anywhere inside the Movie class
#  AND inside the Moviegoer class (idiomatically, it should go right
#  after 'class Movie' or 'class Moviegoer'):
  has_many :reviews
```

Figura 5.14: Topo (a): Crie e aplique essa migração para criar a tabela Reviews. As novas chaves estrangeiras de modelo são relacionadas com as tabelas existentes `movies` e `moviegoers` por convenção sobre configuração. Meio (b): Coloque esse novo modelo de Review em `app/models/review.rb`. Em baixo (c): Faça essa mudança de uma linha para cada um dos arquivos existentes `movie.rb` e `moviegoer.rb`.

m.reviews	devolve uma enumeração de todos seus reviews (pareceres)
m.reviews=[r1,r2]	Substitui o conjunto de reviews com o conjunto **r1,r2**, adicionando ou removendo conforme necessário, definindo o campo `movie_id` de **r1** e **r2** para **m.id** (chave primária de **m**) no banco de dados imediatamente.
m.reviews<<r1	Adiciona **r1** ao conjunto de reviews de **m** definindo o campo `movie_id` de **r1** para **m.id**. A mudança é escrita no banco de dados imediatamente (não é necessário fazer um **save** separado).
r = m.reviews.build(:potatoes=>5)	Guarda em **r** um novo objeto **Review** não salvo cujo `movie_id` é definido para indicar que ele pertence a **m**. Os argumentos são os mesmos de **Review.new**.
r = m.reviews.create(:potatoes=>5)	Como **build** mas salva o objeto imediatamente (análogo à diferença entre **new** e **save**).
Nota: se o objeto pai **m** nunca foi salvo, isto é, **m.new_record?** é verdadeiro, então os objetos filhos não são salvos até que o pai seja salvo.	
m = r.movie	Devolve a instância de **Movie** associada a esse review
r.movie = m	Define **m** como o filme associado ao review **r**

Figura 5.15: Um subconjunto dos métodos de associação criados por movie has_many :reviews e review belongs_to :movie, assumindo que m seja um objeto existente Movie e r1,r2 sejam objetos Review. Consulte a documentação[18] de ActiveRecord::Associations para uma lista completa. Os nomes dos métodos relacionados aos métodos de associação seguem convenção sobre configuração baseada no nome do modelo associado.

exemplo, **inception.save!** não está realmente atualizando a entrada do filme para *Inception*: está estabelecendo o campo `movie_id` de ambos comentários de Alice e Bob para "ligá-los" a *Inception*. É claro, se tivéssemos realmente modificado quaisquer dos atributos de *Inception*, **inception.save!** tentaria persisti-los; mas devido ao fato de **save!** ser transacional — isto é, ser tudo-ou-nada— se o **save!** falhar, então *todos* os aspectos da operação falham, e nem as mudanças a *Inception* nem suas Reviews associadas seriam gravadas.

A Figura 5.15 lista alguns dos métodos mais úteis adicionados a um objeto **movie** em virtude de declarar que ele **has_many** (possui muitos) comentários. De particular interesse é que, uma vez que **has_many** implica uma *coleção* do objeto possuído (Reviews), o método **reviews** se parece com uma coleção. Ou seja, você pode utilizar todas as expressões idiomáticas da coleção da Figura 3.7 nele — iterar sobre seus elementos com **each**, utilizar expressões idiomáticas funcionais como **sort**, **search** e **map**, e assim por diante, como nas linhas 8, 11 e 14 da Figura 5.13.

E as chamadas ao método **belongs_to** em `review.rb`? Como você pode imaginar, **belongs_to :movie** dá a objetos **Review** um método de instância **movie** que procura e devolve o filme ao qual pertence esse comentário. Uma vez que um comentário pertence a, no máximo, um filme, o nome do método é singular ao invés de plural, e devolve um único objeto ao invés de devolver um objeto *enumerable*.

has_one é um parente próximo de **has_many** que singulariza o nome do método de associação e opera em um único objeto possuído ao invés de em uma coleção.

Resumo:

- Associações são relacionamentos um-para-um, um-para-muitos, ou muitos-para-muitos entre as entidades de uma aplicação.
- Bancos de dados relacionais (RDBMSs) utilizam chaves estrangeiras para representar esses relacionamentos.
- O módulo Associations do ActiveRecord utiliza a metaprogramação de Ruby para criar novos métodos para "percorrer" associações ao construir as consultas apropriadas ao banco de dados. Mesmo assim, você ainda precisa adicionar os campos necessários para as chaves estrangeiras, por meio de uma migração.

■ ***Elaboração: Associações de ActiveRecord versus Data Mapper***

O conceito de associações é arquitetural; o uso de chaves estrangeiras para representá-las é uma escolha de implementação, e o padrão arquitetural de *Active Record*, que a biblioteca ActiveRecord de Rails implementa, pode juntar os dois ao fornecer métodos automáticos para percorrer associações quando um banco de dados relacional é usado. Mas associações baseadas em chave estrangeira podem se tornar tão complexas que o custo de gerenciá-las limita a escalabilidade de bancos de dados relacionais, que já são o primeiro gargalo na arquitetura de 3 camadas da Figura 2.7. Uma maneira de evitar essa armadilha é utilizar o padrão arquitetural *Data Mapper* (veja a Figura 5.16), em que uma classe Mapper define como cada modelo e suas associações são representadas no sistema de armazenamento e fornece seu próprio código para percorrê-la. Uma vez que DataMapper não depende do suporte de chave estrangeira no sistema de armazenamento básico, ele pode utilizar os assim chamados sistemas de armazenamento "NoSQL", tais como Cassandra[19], MongoDB[20] e CouchDB[21], que omitem tudo menos o suporte a chaves estrangeiras mais simples a fim de alcançar uma escalabilidade horizontal superior, muito além da maioria dos RDBMSs. De fato, você pode implantar aplicativos SaaS baseados em Ruby no Google AppEngine[22], se eles utilizarem uma biblioteca DataMapper fornecida pelo Google ao invés do ActiveRecord.

Auto-avaliação 5.3.1. *Na Figura 5.14(a), por que adicionamos chaves estrangeiras (*`references`*) apenas na tabela* `reviews` *e não nas tabelas* `moviegoers` *ou* `movies`*?*

◇ Uma vez que precisamos associar muitos comentários com um único movie ou moviegoer, as chaves estrangeiras devem ser parte do modelo no lado "possuído" da associação, que nesse caso é Reviews. ■

Auto-avaliação 5.3.2. *Na Figura 5.15, os accessors e setters da associação (tais como* `m.reviews` *e* `r.movie`*) são métodos de instância ou de classe?*

◇ Métodos de instância, já que uma coleção de comentários está associada com um filme em particular, não com filmes em geral. ■

5.4 Associações Indiretas

Referindo-nos novamente à Figura 5.11, existem associações diretas entre Moviegoers e Reviews assim como entre Movies e Reviews. Mas já que qualquer Review dada é associada tanto com um Moviegoer quanto com um Movie, nós poderíamos dizer que existe uma associação *indireta* entre Moviegoers e Movies. Por exemplo, podemos perguntar "Quais são

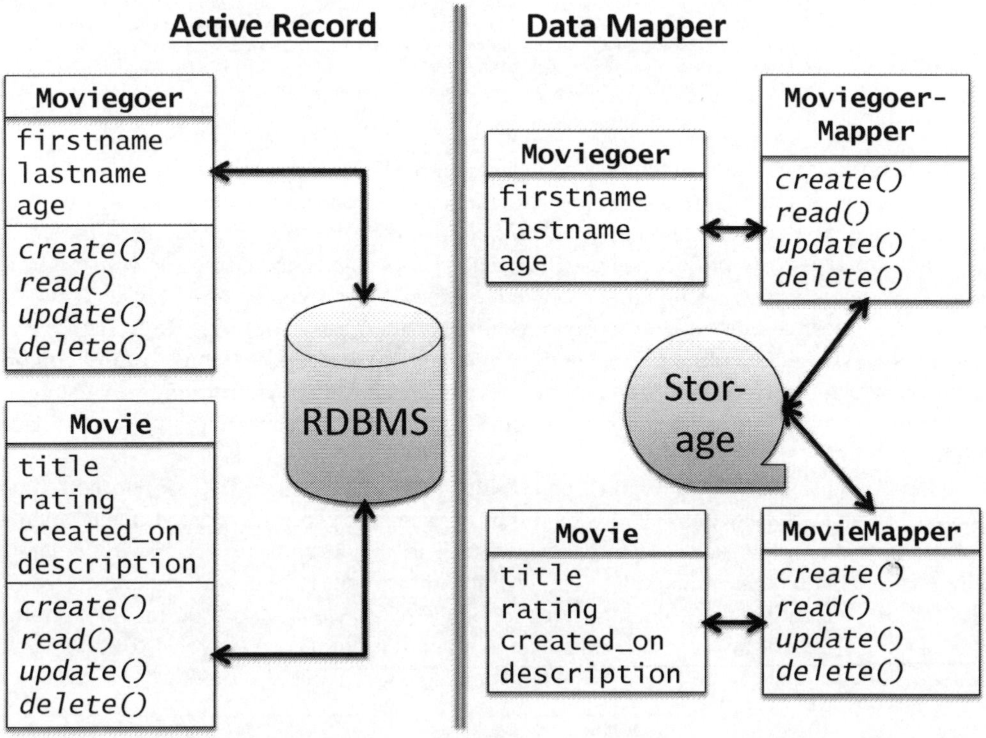

Figura 5.16: No padrão de projeto Active Record (à esquerda), utilizado pelo Rails, o próprio objeto modelo sabe como está armazenado na camada de persistência, e como seu relacionamento com outros tipos de modelos está representado lá. No padrão Data Mapper (à direita), utilizado pelo Google AppEngine, PHP e Sinatra, uma classe separada isola objetos do modelo da camada de armazenamento básica. Cada abordagem tem prós e contras. Esse *diagrama de classe* é um tipo de Diagrama de Linguagem de Modelagem Unificada (UML), sobre o qual aprenderemos mais no Capítulo 11.

http://pastebin.com/3UMDrq1N

```
1  # in moviegoer.rb:
2  class Moviegoer
3    has_many :reviews
4    has_many :movies, :through => :reviews
5    # ...other moviegoer model code
6  end
7  alice = Moviegoer.find_by_name('Alice')
8  alice_movies = alice.movies
9  # MAY work, but a bad idea - see caption:
10 alice.movies << Movie.find_by_name('Inception') # Don't do this!
```

Figura 5.17: Utilizando associações *through* em Rails. Como antes, o objeto retornado por alice.movies na linha 8 se parece com uma coleção. Note, entretanto, que, já que a associação entre um Movie e um Moviegoer ocorre *através* de um Review que pertence a ambos, a sintaxe nas linhas 9 e 10 fará com que um objeto Review seja criado para "ligar" a associação, e, por padrão, todos os seus atributos serão nulos. Provavelmente não é isso que você quer, e, se você tem validações no objeto Review (por exemplo, o número de batatas deve ser um inteiro), o objeto recém-criado Review terá falha de validação e fará toda a operação ser abortada.

todos os filmes que Alice comentou?" ou "quais moviegoers comentaram sobre *Inception*?" De fato, a linha 14 na Figura 5.13 essencialmente responde à segunda pergunta.

Esse tipo de associação indireta é tão comum que o Rails e outros arcabouços fornecem uma abstração para simplificar seu uso. Ela é por vezes chamada de *associação through*, já que Moviegoers estão relacionados a Movies *através* de seus comentários e vice-versa. A Figura 5.17 mostra como utilizar a opção **:through** para o **has_many** de Rails, para representar essa associação indireta. Você pode, semelhantemente, adicionar **has_many :moviegoers, :through=>:reviews** ao modelo **Movie**, e escrever **movie.moviegoers** para perguntar quais moviegoers estão associados com (escrevem comentários para) um determinado filme.

Como uma associação through é "percorrida" no banco de dados? Referindo-nos novamente à Figura 5.12, encontrar todos os filmes comentados por Alice primeiramente requer formar o produto cartesiano das *três* tabelas (`movies`, `reviews`, `moviegoers`), resultando em uma tabela que conceitualmente tem 27 linhas e 9 colunas em nosso exemplo. A partir dessa tabela nós então selecionamos aquelas linhas para as quais a ID do movie combina com o `movie_id` do review *e* o ID do moviegoer combina com o `moviegoer_id` do review. Estendendo a explicação da Seção 5.3, a consulta SQL será parecida com isso:

http://pastebin.com/uupUEC58

```
SELECT movies.*
  FROM movies JOIN reviews ON movies.id = reviews.movie_id
  JOIN moviegoers ON moviegoers.id = reviews.moviegoer_id
  WHERE moviegoers.id = 1;
```

Para eficiência, a tabela intermediária do produto cartesiano normalmente não é materializada, isto é, não é explicitamente construída no banco de dados. De fato, Rails 3 tem um mecanismo de álgebra relacional sofisticado que constrói e realiza consulta de junção SQL otimizadas para percorrer as associações.

O objetivo destas duas seções, entretanto, não é apenas explicar como utilizar associações, mas ajudá-lo a apreciar o uso elegante de tipagem do pato e metaprogramação que as tornam possíveis. Na Figura 5.14(c) você adicionou **has_many :reviews** na classe **Movie**. O método **has_many** utiliza metaprogramação para definir o novo método de instância **reviews=** que utilizamos na Figura 5.13. Como você sem dúvida adivinhou, convenção sobre configuração determina o nome do novo método, a tabela que ele utilizará no banco de dados, e assim por diante. Assim como **attr_accessor**, **has_many** não é uma declaração, *http://pastebin.com/BmTg4Fs2*

```
class Review < ActiveRecord::Base
  # review is valid only if it's associated with a movie:
  validates :movie_id, :presence => true
  # can ALSO require that the referenced movie itself be valid
  #  in order for the review to be valid:
  validates_associated :movie
end
```

Figura 5.18: Esta validação exemplo em uma associação assegura que um comentário apenas é salvo se ele tiver sido associado com algum filme.

mas uma chamada de método real que realiza todo esse trabalho em tempo de execução, adicionando uma grande quantidade de novos de métodos de instância de modelo para ajudar a gerenciar a associação.

Associações são um dos aspectos mais ricos em recursos de Rails, então dê uma boa olhada na documentação[23] inteira delas. Em particular:

- Assim como os *hooks* de ciclo de vida de ActiveRecord, associações fornecem ganchos adicionais que podem ser disparados quando objetos são associados ou removidos de uma associação (tal como quando novos Reviews são adicionados para um Movie), que são distintos dos *hooks* de ciclo de vida dos próprios Movies ou Reviews.

- Validações podem ser declaradas em modelos associados, como a Figura 5.18 ilustra.

- Como chamar **save** ou **save!** em um objeto que utiliza associações também afeta os objetos associados, várias ressalvas se aplicam ao que acontece se alguma das gravações falhar. Por exemplo, se você acabou de criar um Movie e dois novos Reviews para ligar a ele, e você agora tenta salvar o Movie, qualquer das três gravações poderia falhar se os objetos não fossem válidos (entre outras razões).

- Opções adicionais para métodos de associação controlam o que acontece com objetos "possuídos" quando um objeto "possuidor" é destruído. Por exemplo, **has_many :reviews,:dependent=>:destroy** especifica que os comentários que pertencem a um filme devem ser apagados do banco de dados se o filme for destruído.

Resumo de associações *through*:

- Quando dois modelos A e B cada um têm um relacionamento tem-um ou tem-muitos com um terceiro modelo comum C, uma associação muitos-para-muitos entre A e B pode ser estabelecida através de C.

- A opção **:through** para **has_many** permite-lhe manipular ambos os lados de uma associação *through* assim como se ela fosse uma associação direta. Entretanto, se você modificar uma associação *through* diretamente, o objeto modelo intermediário deve ser automaticamente criado, o que, provavelmente, não é o que você pretendia.

■ *Elaboração: Tem e pertence a muitos*

Dado que `has_many :through` cria associações "muitos-para-muitos" entre as duas entidades externas (Movies e Reviews em nosso exemplo atual), nós poderíamos criar tais relacionamentos muitos-para-muitos diretamente, sem passar por uma tabela "intermediária"? ActiveRecord fornece outra associação que não discutimos aqui, **has_and_belongs_to_many** (HABTM), para associações muitos-para-muitos puras em que você não precisa manter nenhuma outra informação sobre o relacionamento além do fato de que ele existe. Por exemplo, no Facebook, um determinado usuário pode "curtir" muitas mensagens de mural, e uma determinada mensagem de mural pode ser "curtida por" vários usuários; desse modo, "curtir" é um relacionamento muitos-para-muitos entre usuários e mensagens de mural. Entretanto, mesmo nesse exemplo simples, para poder manter o controle de *quando* alguém curtiu ou não curtiu uma mensagem de mural, o conceito de um "curtir" precisaria de seu próprio modelo para localizar esses atributos extras. Na maioria dos casos, portanto, **has_many :through** é mais apropriada porque permite ao próprio relacionamento (em nosso exemplo, o comentário de filme) ser representado como um modelo separado. Em Rails, associações HABTM são representadas por uma ***tabela de junção*** (*join table*) que, por convenção, não possui chave primária e é criada com uma sintaxe de migração especial.

Auto-avaliação 5.4.1. *Descreva os passos necessários para determinar todos os moviegoers que fizeram um comentário sobre um filme com um dado* `id` *(chave primária).*
◇ Encontre todos os comentários cujo campo `movie_id` contém o `id` do filme de interesse. Para cada comentário, encontre o moviegoer cujo `id` combina com o campo `moviegoer_id` do comentário. ■

5.5 Rotas RESTful para Associações

Como devemos nos referir de modo RESTfully a ações associadas com comentários de filmes? Em particular, pelo menos quando se cria ou atualiza um comentário, precisamos de uma maneira de ligá-lo a um moviegoer e a um movie. Presumivelmente, o moviegoer será o **@current_user** que estabelecemos na Seção 5.2. Mas, e o filme?

Vamos pensar sobre esse problema do ponto de vista BDD. Já que só faz sentido criar um comentário quando você tem um filme em mente, provavelmente a funcionalidade "Criar Comentário" será acessível a partir de um botão ou link na página Mostrar Detalhes do Filme para um filme em particular. Portanto, no momento em que mostramos esse controle, sabemos com qual filme o comentário será associado. A questão é como obter essa informação para o método **new** ou **create** no **ReviewsController**.

Um método que podemos utilizar é aquele quando o usuário visita uma página de Detalhe do filme, poderíamos utilizar o **session[]**, que persiste através de solicitações, para lembrarmo-nos do ID do filme cujos detalhes acabaram de ser renderizados como o "filme atual". Quando **ReviewsController#new** é chamado, nós recuperaríamos esse ID a partir do **session[]** e o associaríamos com o comentário ao povoar um campo oculto de formulário que, por sua vez, estará disponível para **ReviewsController#create**. Entretanto, essa abordagem não é RESTful, já que o ID do filme — uma peça fundamental de informação para criar um comentário — está "escondido" na sessão.

Uma alternativa mais RESTful, que torna o ID do filme explícito, é fazer as próprias rotas RESTful refletirem o "aninhamento" lógico de Reviews dentro de Movies:

Método de ajuda	Rota RESTful e ação	
movie_reviews_path(m)	`GET /movies/:movie_id/reviews`	index
movie_review_path(m)	`POST /movies/:movie_id/reviews`	create
new_movie_review_path(m)	`GET /movies/:movie_id/reviews/new`	new
edit_movie_review_path(m,r)	`GET /movies/:movie_id/reviews/:id/edit`	edit
movie_review_path(m,r)	`GET /movies/:movie_id/reviews/:id`	show
movie_review_path(m,r)	`PUT /movies/:movie_id/reviews/:id`	update
movie_review_path(m,r)	`DELETE /movies/:movie_id/reviews/:id`	destroy

Figura 5.19: Especificar rotas aninhadas em `routes.rb` também fornece auxiliares de URI aninhados, análogos aos mais simples fornecidos para recursos normais. Compare esta tabela com a Figura 4.7 no Capítulo 4.

http://pastebin.com/r0SdhkJa

```
# in routes.rb, change the line 'resources :movies' to:
resources :movies do
  resources :reviews
end
```

Uma vez que **Movie** é o lado "possuidor" da associação, ele é o recurso externo. Assim como o **resources :movies** original forneceu um conjunto de auxiliares de URI RESTful para ações CRUD em filmes, essa especificação de rota para o ***recurso aninhado*** fornece um conjunto de auxiliares de URI RESTful para ações CRUD em *comentários que são possuídos por um filme.* Faça as mudanças acima para `routes.rb` e experimente executar `rake routes`, comparando a saída às rotas simples introduzidas no Capítulo 4. A Figura 5.19 resume as novas rotas, que serão agora fornecidas *além* das rotas RESTful básicas em Movies que nós temos utilizado durante todo o tempo. Note que, por meio de convenção sobre configuração, o curinga de URI **:id** casará com o ID do próprio recurso — isto é, o ID de um comentário — e Rails escolhe o nome de recurso "externo" para fazer com que **:movie_id** capture o ID do recurso "possuidor". Os valores de ID estarão, portanto, disponíveis em ações de controlador como **params[:id]** (o comentário) e **params[:movie_id]** (o filme com o qual o comentário será associado).

A Figura 5.20 mostra um exemplo simplificado de utilização de tais rotas aninhadas para criar as visões e ações associadas com a nova avaliação. De particular interesse é o uso de um before-filter em **ReviewsController** para assegurar que, antes que a avaliação seja criada, **@current_user** seja estabelecido (isto é, alguém está conectado e irá "possuir" a nova avaliação), e que o filme capturado da rota (Figura 5.19) como **params[:movie_id]** existe no banco de dados. Se qualquer condição não for atendida, o usuário é redirecionado a uma página apropriada com uma mensagem de erro explicando o que aconteceu. Se ambas as condições forem atendidas, as variáveis de instância de controlador **@current_user** e **@movie** se tornam acessíveis para a ação do controlador e para a visão.

A visão utiliza a variável **@movie** para criar um caminho de envio para o formulário utilizando o auxiliar **movie_review_path** (Figura 5.19, novamente). Quando esse formulário é enviado, mais uma vez `movie_id` é analisado a partir da rota e verificado pelo before-filter antes de chamar a ação **create**. Finalmente, já que na Figura 5.14(b) nós declaramos **moviegoer_id** como um atributo protegido, ele não poderá ser atribuído à nova avaliação por meio da atribuição em massa de **params** (linha 23 na ação **create**), então, ao invés disso, nós o estabelecemos construindo a avaliação a partir de seu outro "possuidor" **@current_user**.

Nós poderíamos criar um *link* para a página de criação de uma nova avaliação utilizando algo parecido com o seguinte, em uma página de Detalhes de filme:

http://pastebin.com/J5UR6ftj

```
class ReviewsController < ApplicationController
  before_filter :has_moviegoer_and_movie, :only => [:new, :create]
  protected
  def has_moviegoer_and_movie
    unless @current_user
      flash[:warning] = 'You must be logged in to create a review.'
      redirect_to '/auth/twitter'
    end
    unless (@movie = Movie.find_by_id(params[:movie_id]))
      flash[:warning] = 'Review must be for an existing movie.'
      redirect_to movies_path
    end
  end
  public
  def new
    @review = @movie.reviews.build
  end
  def create
    # since moviegoer_id is a protected attribute that won't get
    # assigned by the mass-assignment from params[:review], we set it
    # by using the << method on the association.  We could also
    # set it manually with review.moviegoer = @current_user.
    @current_user.reviews << @movie.reviews.build(params[:review])
    redirect_to movie_path(@movie)
  end
end
```

http://pastebin.com/5VuxXT4z

```
%h1 New Review for #{@movie.title}

= form_tag movie_reviews_path(@movie) do
  %label How many potatoes:
  = select_tag 'review[potatoes]', options_for_select(1..5)
  = submit_tag 'Create Review'
```

Figura 5.20: Topo (a): um controlador que manipula Reviews que são "possuídos por" ambos um Movie e um Moviegoer, utilizando before-filters para assegurar que os recursos "possuidors" estão devidamente identificados na rota URI. Em baixo (b): Um possível *template* de visão Haml para criar uma nova avaliação, ou seja, `app/views/reviews/new.html.haml`.

http://pastebin.com/rpJ02W6A

```
= link_to 'Add Review', new_movie_review_path(@movie)
```

Resumo: suporte de controlador e visão para associações

- A maneira RESTful de criar rotas para associações é capturar os IDs tanto do próprio recurso quanto de seu(s) item(ns) associados em uma rota de URI "aninhada".
- Ao manipular recursos "possuídos" que têm um pai, tais como Reviews que são "possuídos por" um Movie, before-filters podem ser utilizados para capturar e verificar a validade dos IDs embutidos na rota aninhada RESTful.

■ ***Elaboração: SOA, Rotas de associação RESTful e a sessão***

As diretrizes de projeto SOA de RESTful sugerem que cada requisição seja autossuficiente, de modo que não exista conceito de uma sessão (nem qualquer necessidade de uma). Em nosso exemplo, nós utilizamos rotas de recurso RESTful aninhadas para manter os IDs do filme e do comentário juntos e confiamos em nosso arcabouço de autenticação para estabelecer **@current_user** como o moviegoer a quem pertence o comentário. Para um API de SOA puro, nós precisaríamos capturar o ID do moviegoer *e* o ID do comentário juntamente com o ID do filme. O subsistema de rotas de Rails é flexível o suficiente para permitir definir rotas com múltiplos componentes curingas para esse propósito. Em geral, esse problema de projeto surge sempre que você precisa criar um objeto com múltiplos "donos", tais como um Review. Se nem todos os objetos possuidores são exigidos para que o objeto possuído seja válido — por exemplo, se fosse possível a um Review ser "anônimo" — outra solução seria separar a criação do comentário e atribuí-lo a um moviegoer em diferentes ações RESTful.

Auto-avaliação 5.5.1. *Por que nós devemos fornecer valores de* **movie_id moviegoer_id** *de um review para as ações* **new** *e* **create** *em* **ReviewsController**, *mas não para as ações* **edit** *e* **update**?

◇ Uma vez que o comentário é criado, os valores armazenados de seus campos **movie_id** e **moviegoer_id** nos dizem qual o filme e o moviegoer associado. ■

5.6 Compondo Consultas Com Escopos Reutilizáveis

Dissemos repetidas vezes que para manter as preocupações separadas em Modelo–Visão–Controlador, os detalhes de implementação dos modelos da aplicação não devem ser expostos aos controladores, como a Figura 5.21 (topo) ilustra. Um reparo fácil seria criar métodos de classe **Movie.with_good_reviews** (talvez tomando um argumento para especificar a média do limiar para "bons" comentários) e **Movie.for_kids**, mas, e se você quiser permitir ao usuário filtrar por meio de *ambos* os atributos — filmes para crianças com bons comentários?

Escopos combináveis são um recurso poderoso de ActiveRelation (a "álgebra relacional" por trás de ActiveRecord) que ajuda-lhe a fazer isso. Como a Figura 5.22 ilustra, um escopo nomeado é uma expressão lambda que é avaliada em tempo de execução. Mas escopos têm duas funcionalidades ótimas que os fazem superiores para definir métodos explícitos como **Movie.with_good_reviews**. Primeiro, eles são *combináveis*: como as linhas 15–17 da Figura 5.22 ilustram, o valor de retorno da chamada a um escopo é, ele mesmo, um objeto **ActiveRelation** ao qual escopos adicionais podem ser aplicados. Isso permite que fragmen-

http://pastebin.com/JyHTtgT5

```ruby
# BAD: details of computing review goodness is exposed to controller
class MoviesController < ApplicationController
  def movies_with_good_reviews
    @movies = Movie.joins(:reviews).group(:movie_id).
      having('AVG(reviews.potatoes) > 3')
  end
  def movies_for_kids
    @movies = Movie.where('rating in ?', %w(G PG))
  end
end
```

Figura 5.21: Determinar o que torna um filme "bom" ou se um filme é apropriado para crianças deveria realmente ser o trabalho do modelo de Movie, ainda que, nesse mau exemplo, esses detalhes tenham sido fixados em dois diferentes métodos controladores. (Nós utilizamos o método group de ActiveRecord para agrupar os comentários por ID de filme, e então aplicamos o agregador AVERAGE de SQL para reter apenas os IDs de filme cujos comentários têm a média de mais de 3 batatas.)

http://pastebin.com/JCwE7cNx

```ruby
1  # BETTER: move filter logic into Movie class using composable scopes
2  class Movie < ActiveRecord::Base
3    scope :with_good_reviews, lambda { |threshold|
4      Movie.joins(:reviews).group(:movie_id).
5        having(['AVG(reviews.potatoes) > ?', threshold.to_i])
6    }
7    scope :for_kids, lambda {
8      Movie.where('rating in (?)', %w(G PG))
9    }
10 end
11 # in the controller, a single method can now dispatch:
12 class MoviesController < ApplicationController
13   def movies_with_filters
14     @movies = Movie.with_good_reviews(params[:threshold])
15     @movies = @movies.for_kids          if params[:for_kids]
16     @movies = @movies.with_many_fans    if params[:with_many_fans]
17     @movies = @movies.recently_reviewed if params[:recently_reviewed]
18   end
19   # or even DRYer:
20   def movies_with_filters_2
21     @movies = Movie.with_good_reviews(params[:threshold])
22     %w(for_kids with_many_fans recently_reviewed).each do |filter|
23       @movies = @movies.send(filter) if params[filter]
24     end
25   end
26 end
27 # in the view:
28 - @movies.each do |movie|
29   -# ...code to display the movie here...
```

Figura 5.22: Nós encapsulamos os vários critérios de filtragem utilizando escopos, que podem opcionalmente tomar um ou mais argumentos. Escopos podem ser compostos flexivelmente em tempo de execução (linhas 14–17), por exemplo, em resposta à presença de *checkboxes* com os nomes for_kids, with_many_fans, e assim por diante. A implementação alternativa movies_with_filters_2 alcança a mesma coisa com menos código utilizando metaprogramação e estende-se facilmente a mais escopos.

tos de lógica de modelo, tais como esses filtros, possam ser reutilizados de modo limpo em diferentes locais.

Segundo, escopos são executados com ***avaliação preguiçosa***: o encadeamento de escopos desenvolve um relacionamento que pode criar e executar a consulta SQL correspondente, mas a execução não ocorre realmente até que o primeiro resultado correspondente seja solicitado. Em nosso exemplo, isso acontece na visão, no laço **each** das linhas 28–29 da Figura 5.22. Avaliação preguiçosa (ou retardada) é uma técnica poderosa de programação funcional que encontraremos novamente no Capítulo 12.

Resumo de escopos:
Escopos permitem-lhe declarativamente especificar lógica do modelo de uma maneira combinável, permitindo reutilização de forma limpa de vários fragmentos de lógica do modelo. Como escopos são executados com avaliação preguiçosa — nenhuma consulta ao banco de dados ocorre até que o primeiro resultado correspondente seja solicitado — eles podem ser combinados em qualquer ordem sem se exporem ao custo da execução.

Auto-avaliação 5.6.1. *Escreva uma expressão de escopo para filmes comentados dentro dos últimos n dias, onde n é um parâmetro para o escopo.*

http://pastebin.com/EG3hcHXi

```
class Movie < ActiveRecord::Base
  scope :recently_reviewed, lambda { |n|
    Movie.joins(:reviews).where(['reviews.created_at >= ?', n.days.ago]).uniq
  }
end
```

■

Auto-avaliação 5.6.2. *Por que a lógica de escopo deve fazer parte de um bloco ou de uma expressão lambda? Por exemplo, por que os projetistas de Rails não utilizaram, ao invés, essa sintaxe?*

http://pastebin.com/ErKmDCYL

```
class Movie < ActiveRecord::Base
  scope :for_kids, Movie.where('rating in ?', %w(G PG))
end
```

◇ Com essa sintaxe, a cláusula **where** seria avaliada imediatamente (quando esse arquivo de código é carregado) ao invés de antes de cada consulta. Em outra palavras, apenas os filmes que existiam *na hora em que o arquivo foi carregado* (isto é, quando o aplicativo foi iniciado) seriam incluídos na consulta. ■

5.7 Falácias e Armadilhas

***Armadilha:* Muitos filtros ou *callbacks* no ciclo de vida do modelo , ou lógica excessivamente complexa em filtros ou *callbacks*.**

Filtros e *callbacks* fornecem locais convenientes e bem definidos para enxugar código duplicado, mas muitos deles podem tornar difícil seguir o fluxo de lógica do aplicativo. Por exemplo, quando há numerosos before-filters, after-filters e around-filters que provocam diferentes conjuntos de ações de controlador, pode ser difícil descobrir por que uma ação de controlador falha para executar como esperado ou qual filtro "parou o show". As coisas podem ser ainda piores se algum dos filtros são declarados não no próprio controlador, mas em um controlador do qual ele deriva, tal como **ApplicationController**. Filtros e *callbacks* devem ser utilizados quando você realmente quer centralizar código que seria de outra maneira duplicado.

Armadilha: **Não verificar por erros quando se salva associações.**

Salvar um objeto que possui associações implica potencialmente modificar múltiplas tabelas. Se alguma dessas modificações falhar, talvez devido a validações ou no objeto ou em seus objetos associados, outras partes do salvamento podem falhar silenciosamente. Tenha certeza de verificar o valor de retorno de **save**, ou então utilize **save!** e capture quaisquer exceções.

Armadilha: **Recursos aninhados com mais do que 1 nível de profundidade.**

Apesar de ser tecnicamente possível ter recursos aninhados em vários níveis de profundidade, as rotas e ações rapidamente se tornam constrangedores, o que pode ser um sinal de que seu projeto não está devidamente fatorado. Talvez haja um relacionamento de entidade adicional que precise ser modelado, utilizando um atalho tal como **has_many :through** para representar a associação final.

5.8 Considerações Finais: Linguagens, Produtividade e Beleza

Este capítulo mostrou dois exemplos de utilização de recursos de linguagem para dar suporte à criação produtiva de código bonito e conciso. O primeiro é o uso de metaprogramação, *closures* e funções de primeira ordem para permitir que as validações de modelo e os filtros de controladores fossem declarados, sem repetições, em um único local, ainda que chamados a partir de múltiplos pontos no código. Validações e filtros são um exemplo de ***programação orientada a aspectos*** (POA), uma metodologia que tem sido criticada porque ofusca o fluxo de controle, mas cujo uso moderado pode tornar seu código mais enxuto (DRY).

POA foi comparado com a fictícia construção ***COME FROM*** de uma linguagem de programação, que começou como uma resposta bem humorada à carta de Edsger Dijkstra ***Go To Statement Considered Harmful*** (Dijkstra 1968) promovendo programação estruturada.

O segundo exemplo são as escolhas de projeto refletidas nos métodos auxiliares de associação. Por exemplo, você deve ter notado que, se por um lado o campo da chave estrangeira para um objeto **Movie** associado com um comentário é chamado de `movie_id`, por outro, os métodos auxiliares de associação nos permitem referenciar **review.movie**, permitindo ao nosso código focar na associação *arquitetural* entre Movies e Reviews ao invés de no *detalhe de implementação* dos nomes das chaves estrangeiras. Você poderia certamente manipular os campos **movie_id** ou **review_id** diretamente no banco de dados, como aplicações Web baseadas em arcabouços menos poderosos são frequentemente forçados a fazer, ou fazer isso em sua aplicação Rails, como em **review.movie_id=some_movie.id**. Mas, além de ser difícil de ler, esse estilo fixa no código a suposição de que o campo da chave estrangeira é chamado `movie_id`, o que pode não ser verdade se seus modelos estiverem utilizando recursos avançados de Rails, tais como associações polimórficas, ou se ActiveRecord foi configurado para interoperar com um banco de dados legado que segue uma convenção de nomes diferente. Em tais casos, **review.movie** e **review.movie=** ainda funcionarão, mas referir-se a **review.movie_id** irá falhar. Já que algum dia *seu* código será código legado, ajude seus sucessores a serem produtivos — mantenha a estrutura lógica de suas entidades tão separada quanto for possível da representação do banco de dados.

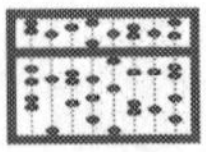

Similarmente, nós podemos perguntar, agora que sabemos como associações são armazenadas no SGBD, por que **movie.save** também causa uma mudança na tabela `reviews`

quando salvamos um filme depois de adicionar um comentário a ele. De fato, chamar **save** no novo objeto comentário também funcionaria, mas já que foi dito que um Movie tem muitos Reviews, faz mais sentido pensar em salvar o Movie quando atualizamos quais Reviews ele tem. Em outras palavras, ele é projetado dessa maneira a fim de fazer sentido para os programadores e tornar o código mais bonito.

Dado tudo o que vimos, achamos que vale a pena estudar validações, filtros e métodos auxiliares como exemplos bem-sucedidos de recursos de linguagem de programação explorados com bom gosto para melhorar a beleza e produtividade do código.

5.9 Para Aprender Mais

- A parte ActiveRelation de Rails, que manipula as associações ActiveRecord e gera consultas SQL, foi completamente reprojetada para Rails 3 e é incrivelmente poderosa. Este guia[24] tem muitos exemplos além dos introduzidos neste capítulo que o ajudarão a utilizar o banco de dados de forma mais eficiente, o que, como veremos no Capítulo 12, é fundamental para que a operação da sua aplicação seja bem-sucedida.
- A seção de guias da página do Rails[25] inclui guias úteis sobre uma grande variedade de tópicos de Rails, incluindo depuração, gerenciamento de configuração da sua aplicação e muito mais.
- Uma concisa análise sobre as noções gerais de associação[26] pode ser encontrada na seção Guides do site de Rails.
- *The Rails 3 Way* (Fernandez 2010) é uma referência enciclopédica para todos os aspectos de Rails 3, incluindo os mecanismos extremamente poderosos que fornecem suporte a associações.

E. Dijkstra. Go to statement considered harmful. *Communications of the ACM*, 11(3): 147–148, March 1968. URL `https://dl.acm.org/purchase.cfm?id=362947&CFID=100260848&CFTOKEN=27241581`.

O. Fernandez. *Rails 3 Way, The (2nd Edition) (Addison-Wesley Professional Ruby Series)*. Addison-Wesley Professional, 2010. ISBN 0321601661.

Notas

[1] `http://api.rubyonrails.org/v3.2.16/classes/ActionDispatch/Routing.html`

[2] `http://api.rubyonrails.org`

[3] `http://api.rubyonrails.org/v3.2.19/classes/ActiveModel/Validations/ClassMethods.html#method-i-validates`

[4] `http://api.rubyonrails.org/v3.2.19/classes/ActiveModel/Validations/ClassMethods.html#method-i-validates`

[5] `http://api.rubyonrails.org/v3.2.19/classes/ActiveModel/Errors.html`

[6] `http://guides.rubyonrails.org/v3.2.19/active_record_validations_callbacks.html`

[7] `http://guides.rubyonrails.org/v3.2.19/active_record_validations_callbacks.html`

[8] `http://api.rubyonrails.org/v3.2.19/classes/ActiveRecord/Callbacks.html`

[9] N.T.: Talvez a melhor tradução para *single sign-on* seria "autenticação unificada", mas preferimos utilizar neste livro a expressão "logon único", que já tem sido usado por muitas empresas no Brasil.

[10] `http://en.wikipedia.org/wiki/Iframe#Frames`

[11] http://www.omniauth.org
[12] https://github.com/arunagw/omniauth-twitter
[13] http://api.rubyonrails.org/v3.2.19/classes/ActiveModel/MassAssignmentSecurity/ClassMethods.html#method-i-attr_protected
[14] http://api.rubyonrails.org/v3.2.19/classes/ActiveModel/MassAssignmentSecurity/ClassMethods.html#method-i-attr_accessible
[15] http://www.omniauth.org
[16] http://api.rubyonrails.org/v3.2.19/classes/ActiveRecord/Associations/ClassMethods.html
[17] http://api.rubyonrails.org/v3.2.19/classes/ActiveRecord/Associations/ClassMethods.html
[18] http://api.rubyonrails.org/v3.2.19/classes/ActiveRecord/Associations/ClassMethods.html
[19] http://cassandra.apache.org
[20] http://mongodb.org
[21] http://couchdb.org
[22] http://appspot.com
[23] http://api.rubyonrails.org/v3.2.19/classes/ActiveRecord/Associations/ClassMethods.html
[24] http://edgeguides.rubyonrails.org/active_record_querying.html
[25] http://guides.rubyonrails.org/v3.2.19/
[26] http://guides.rubyonrails.org/v3.2.19/association_basics.html

5.10 Projetos Sugeridos

Filtros e autenticação:

Projeto 5.1. *Estenda o exemplo na Seção 5.2 para permitir autenticação por meio de Facebook Connect.*

Projeto 5.2. *Estenda sua solução para o Exercício 5.1 para permitir que um usuário autenticado possa "ligar" duas contas. Isto é, se Alice já se conectou ao Twitter e ulteriormente se conectar ao Facebook, ela deve ser capaz de "ligar" as duas contas para que, no futuro, conectar-se com qualquer uma a autenticará como o mesmo principal.* ***Dica:*** *Considere criar um modelo adicional* **Identity** *que possua uma relação muitos-para-um com* **Moviegoer**.

Projeto 5.3. *No arquivo README do plugin OmniAuth, o autor dá o seguinte código de exemplo mostrando como integrar OmniAuth a um aplicativo Rails:*
http://pastebin.com/3shQFuZm

```
1  class SessionsController < ApplicationController
2    def create
3      @user = User.find_or_create_from_auth_hash(auth_hash)
4      self.current_user = @user
5      redirect_to '/'
6    end
7    protected
8    def auth_hash
9      request.env['omniauth.auth']
10   end
11 end
```

O método **auth_hash** *(linhas 8–10) tem a tarefa trivial de devolver o que quer que OmniAuth tenha devolvido como resultado ao tentar autenticar um usuário. Por que você acha que o autor colocou esta funcionalidade em seu próprio método ao invés de apenas referenciar* **request.env['omniauth.auth']** *diretamente na linha 3?*

Associações e arquitetura de aplicativos RESTful:

Projeto 5.4. *Amplie o código de controlador na Figura 5.20 com os métodos* **edit** *e* **update** *para comentários. Utilize um filtro de controlador para assegurar que um usuário possa apenas editar ou atualizar os seus próprios comentários.*

6 Estrutura de Cliente SaaS: Introdução ao JavaScript

Alan Perlis (1922–1990), foi o primeiro a receber o Prêmio Turing (1966), devido à sua importância em relação a linguagens de programação avançadas e compiladores. Em 1958, Perlis auxiliou a projetar o ALGOL, que influenciou praticamente todas linguagens de programação imperativas, incluindo o C e o Java. Para evitar os problemas de semântica e sintaxe do FORTRAN, o ALGOL foi a primeira linguagem descrita em termos de uma gramática formal, a forma ***Backus-Naur*** (assim chamada para lembrar os vencedores do Prêmio Turing, Jim Backus e seu colega Peter Naur).

Uma linguagem que não afeta o jeito de se pensar sobre programação não vale a pena ser conhecida.

—Alan Perlis

Conceitos

O ***JavaScript*** é uma linguagem dinâmica de script embutida em navegadores modernos. Este capítulo descreve suas principais funcionalidades, incluindo algumas peculiaridades que recomendamos evitar, pois representam escolhas de projeto questionáveis. Descreve também como o JavaScript expande os tipos de conteúdo e aplicações que podem ser distribuídos como SaaS.

- Um navegador representa uma página Web como uma estrutura de dados chamada de ***Document Object Model*** (DOM). Código JavaScript em execução dentro do navegador pode inspecionar e modificar essa estrutura de dados, condicionando o navegador a redesenhar os elementos da página modificada.
- Quando um usuário interage com o navegador (por exemplo, ao digitar, clicar, ou mover o mouse), ou quando o navegador realiza uma interação com um servidor, o navegador gera um ***evento*** para indicar o que aconteceu. Seu código JavaScript pode executar ações específicas de cada aplicação para modificar o DOM quando tais eventos ocorrem.
- Usando o ***AJAX*** (Asynchronous JavaScript e XML) o código JavaScript pode fazer requisições HTTP para um servidor Web sem desencadear uma recarga da página. A informação na resposta da requisição pode então ser usada para modificar os elementos da página, proporcionando uma experiência de usuário mais rica e, frequentemente, mais responsiva do que as páginas tradicionais da Web. Parciais de Rails e ações de controladores podem ser facilmente usados para manipular interações AJAX.
- Assim como utilizamos o arcabouço Rails, altamente produtivo, e a ferramenta RSpec TDD para o código SaaS do lado do servidor, aqui usamos a estrutura ***jQuery***, altamente produtiva, e a ferramenta de TDD Jasmine[1] para desembrulhar o código do cliente.
- Seguimos a melhor prática de "degradação graciosa", também conhecida como "melhoria progressiva": navegadores antigos desprovidos de suporte JavaScript ainda suprirão uma boa experiência de usuário, enquanto que navegadores contendo JavaScript proporcionarão uma experiência ainda melhor.

6.1 JavaScript: Visão Geral

Brendan Eich, propôs que se embutisse a linguagem Scheme nos navegadores (Seibel 2009). Embora a pressão para criar uma linguagem com sintaxe similar a Java tenha prevalecido, muitas ideias de Scheme sobreviveram

O JavaScript, Microsoft JScript e o Adobe ActionScript são dialetos do ***ECMAScript***, o padrão de 1997 que codifica a linguagem. Seguimos o padrão usual e usamos "JavaScript" para nos referirmos, genericamente, à linguagem.

O JavaScript teve que "se parecer com Java" — ser o irmão menor bobo do Java, ou seu "sócio refém". Além disso, eu tinha que terminar em dez dias ou algo pior do que JavaScript teria acontecido.

—Brendan Eich, criador do JavaScript

Apesar de seu nome, o JavaScript não está relacionado ao Java: LiveScript, o nome original escolhido pela Netscape Communications Corp., foi substituído por JavaScript para pegar carona na popularidade de Java. De fato, como linguagem, o JavaScript não herda quase nada do Java, exceto pela sintaxe superficial. O JavaScript tem funções de ordem superior, que se originaram do dialeto Scheme do Lisp, e aparecem claramente na programação de AJAX e na ferramenta Jasmine TDD. Seu sistema de tipos dinâmico é similar ao do Ruby e representa um papel igualmente importante em relação ao uso da linguagem. Se você tem uma compreensão sólida sobre esses conceitos dos capítulos 3 e 8, e está confortável usando seletores CSS como fez nos capítulos 2 e 7, aprender e usar o JavaScript de forma produtiva será fácil.

Atualmente, existem quatro maneiras principais de se usar o JavaScript, no ecossistema SaaS. Listamos essas possibilidades em ordem do "menos intensivo em JavaScript" para o "mais extensivo em JavaScript":

1. Usar o JavaScript para realçar a experiência do usuário dos aplicativos SaaS centrados no servidor e que seguem o padrão Modelo–Visão–Controlador. Nesse caso, o JavaScript é combinado com HTML e CSS para formar o tripé da programação SaaS do lado do cliente. Esse caso é chamado de JavaScript do ***lado do cliente***, para deixar claro que o JavaScript é "embutido" no navegador, de modo que ele interaja com páginas Web. Nesse cenário, o servidor, geralmente, envia HTML pré-renderizado em resposta aos pedidos JavaScript, e o navegador utiliza esses pedaços de HTML para repor elementos de páginas existentes.

2. Criar ***aplicações de uma única página*** (SPA), que se encaixam em uma única página da Web, realçada pela conectividade com o servidor. Na experiência do usuário, uma vez que a página inicial está carregada, nenhuma outra recarrega ou re-projeta, embora os elementos na página se atualizem constantemente em resposta à comunicação com o servidor. Sendo assim, o servidor aparece para o aplicativo como um, ou vários, ponto de comunicação SOA, que devolve dados codificados em XML ou ***JSON*** (JavaScript Object Notation), para o código JavaScript do lado do cliente, que analisa os dados e atualiza diversos elementos da página adequadamente.

3. Criar aplicações do lado do cliente, tais como o Google Docs, comparável, em relação à complexidade aos aplicativos de *desktop* e, possivelmente, capaz de operar quando desconectado da Internet. Como todo software complexo, esses aplicativos devem ser construídos sobre alguma arquitetura de suporte; por exemplo, o arcabouço Angular[2] para JavaScript dá suporte ao padrão Modelo–Visão–Controlador.

4. Criar aplicativos do lado do servidor completos, similares aos que desenvolvemos usando o Rails mas utilizando arcabouços JavaScript como o Node.js.

Neste capítulo focaremos nos casos 1 e 2, mantendo as seguintes práticas em mente:

	Servidor	**Cliente**
Linguagem	Ruby	JavaScript
Arcabouço	Rails	jQuery
Arquitetura Cliente-Servidor sobre HTTP	Controlador recebe requisição, interage com modelo, desenha nova página (visão)	Controlador recebe requisição, interage com modelo, desenha um objeto parcial codificado em XML ou JSON, que é usado por código JavaScript executado dentro do navegador para modificar a página corrente
Depuração	Depurador Ruby, `console de rails`	Firebug, console JavaScript do navegador
Teste	RSpec com `rspec-rails`; isola os testes do banco de dados usando fixtures e fábricas no modelo ActiveRecord	Jasmine, `jasmine-jquery`; isola os testes do servidor usando fixtures HTML e JSON

Figura 6.1: A correspondência entre a nossa explicação sobre programação do lado do servidor, com o Ruby on Rails, e sobre programação do lado do cliente, com o JavaScript, mantém nosso foco na criação produtiva de código conciso, DRY, com boa cobertura por testes.

- **Degradação graciosa:** No Caso 1, uma experiência de usuário de um site deve ser satisfatória mesmo quando não há suporte a JavaScript. (A mensagem "Esse site precisa de JavaScript." não conta.) A expressão *melhoria progressiva* enfatiza o benefício da adição de JavaScript ao invés da penalidade em omiti-lo. Por que você deveria se preocupar com isso? Uma razão é a compatibilidade: de acordo com a Microsoft[3], 24% dos usuários de Internet chineses, em 2013 — aproximadamente 130 milhões de pessoas —, ainda usam o Internet Explorer 6, que possui sérios problemas de compatibilidade em JavaScript. Outra razão é que JavaScript pode estar desabilitado por motivos de segurança, especialmente em ambientes empresariais, onde os usuários não podem alterar suas próprias configurações. Nos referimos a todos esses casos como navegadores antigos, e insistimos que nosso aplicativo continua ativo sem o JavaScript. Obviamente, essa diretriz não se aplica ao Caso 2, uma vez que JavaScript é essencial para SPAs.

- **Discreto:** O código JavaScript deve ser mantido completamente separado da página de marcação. Em ambos os casos, essa segregação ajuda a separar interesses, como fizemos com o Modelo–Visão–Controlador. No Caso 1, essa separação também simplifica o suporte a navegadores antigos.

A Figura 6.1 compara a nossa explicação de programação do lado do servidor e do lado do cliente. O Screencast 6.1.1 demonstra as duas estruturas JavaScript, que iremos adicionar ao RottenPotatoes neste capítulo.

Screencast 6.1.1: Adicionando estruturas do JavaScript ao RottenPotatoes.
`http://vimeo.com/45331300`
Primeiro vamos adicionar uma caixa de seleção que permite filtrar a lista de filmes do RottenPotatoes para excluir filmes inapropriados para crianças. Esse comportamento pode ser totalmente implementado do lado do cliente com JavaScript, através das técnicas descritas nas Seções 6.4 e 6.5. Em seguida, vamos alterar o comportamento do link "*More info*", em cada filme, para exibir as informações extras em uma janela "flutuante" ao invés de carregar uma nova página. Isso exigirá o AJAX, pois a busca pela informação do filme requer comunicação com o servidor. A Seção 6.6 introduz a programação AJAX. Ambos os comportamentos serão executados com a degradação graciosa, então os navegadores antigos ainda terão uma boa experiência.

O JavaScript possui uma má reputação que não é inteiramente merecida. JavaScript começou como uma linguagem que permitiria que navegadores Web executassem código básico do lado do cliente para validar a entrada de formulários, animar elementos da página ou se comunicar com as *Applets* do Java. Programadores inexperientes começaram a copiar e colar os exemplos de JavaScript básicos para alcançar efeitos visuais atraentes, embora o tenham feito com práticas horríveis de programação, dando à linguagem em si uma má reputação. De fato, o JavaScript é uma linguagem poderosa e expressiva que incorpora grandes ideias que permitem a reutilização e a concisão DRY, como fechamentos (*closures*) e funções de alta ordem. Mas, pessoas sem experiência em programação, raramente, usam essas ferramentas corretamente.

Dito isso, devido à origem turbulenta do JavaScript, sua sintaxe e semântica possuem peculiaridades que variam do idiossincrático ao lamentável, com quase tantas exceções de casos especiais, quanto a existência de regras. Além disso, há incompatibilidades entre diferentes versões do interpretador JavaScript e diferentes implementações da API JavaScript (JSAPI) de navegadores distintos, o que permite, funcionalmente, que o código JavaScript manipule o conteúdo da página HTML corrente. Evitaremos problemas de compatibilidade por meio de duas formas primordiais:

quirksmode.org é um site que disponibiliza informações sobre as incompatibilidades do navegador JSAPI do que você gostaria de saber.

1. Limitando-nos a funcionalidades da linguagem presentes no padrão ECMAScript 3, que todos navegadores implementam.

2. Usando a poderosa biblioteca jQuery, ao invés de JSAPIs de navegadores individuais, para interagir com documentos HTML.

A Seção 6.2 faz uma introdução sobre a linguagem e como o código é conectado às páginas da Web, enquanto a Seção 6.3 descreve como suas funções funcionam, proporcionando uma compreensão de quais são as bases de uma escrita limpa e de um código JavaScript discreto. A Seção 6.4 introduz o jQuery[4], que sobrepõe os JSAPIs incompatíveis de navegadores diferentes a um API único, que funciona em todos os navegadores; a Seção 6.5 descreve como as estruturas do jQuery tornam essa ação fácil para programar interações entre os elementos da página e o código JavaScript.

jQuery pode ser visualizado como um Adaptador aprimorado (Seção 11.6), para várias JSAPIs de navegadores.

A Seção 6.6, apresenta a programação AJAX. Em 1998, o Internet Explorer 5 introduziu um novo mecanismo que permitia que o código JavaScript se comunicasse com o servidor SaaS *após* a página ter sido carregada, e usasse a informação do servidor para atualizar a página "no lugar", sem o usuário precisar recarregar uma nova página. Outros navegadores, rapidamente, copiaram essa tecnologia. O desenvolvedor Jesse James Garrett criou[5] o termo ***AJAX***, para *Asynchronous JavaScript and XML*, para descrever como a combinação dessa tecnologia influenciou, de forma impressionante, aplicativos "Web 2.0", como o Google Maps.

Ironicamente, como veremos, a programação AJAX moderna envolve muito menos o XML do que a versão original.

Testar o lado do cliente JavaScript é um desafio, pois os navegadores falharão silenciosamente quando um erro ocorrer, ao invés de exibir mensagens de erro do JavaScript que poderiam preocupar usuários leigos. Felizmente, o arcabouço Jasmine TDD o ajudará a testar seu código, como descrito na Seção 6.7.

Finalmente, a Seção 6.8 descreve os mecanismos para ambos os desenvolvimentos e testes de aplicativos de páginas individuais (SPAs), e navegadores base, que estão se tornando, gradativamente, populares.

Sumário do cenário JavaScript:

- JavaScript se assemelha a Java apenas em relação ao nome e à sintaxe; apesar de falhas não triviais, o JavaScript incorpora grandes ideias encontradas em Scheme e Ruby.
- Nosso foco está no lado do cliente JavaScript, uma linguagem usada para melhorar a experiência do usuário em páginas entregues pelo aplicativo SaaS no servidor central. Buscamos a degradação graciosa (a experiência do usuário sem o JavaScript deve ser útil, mesmo que enfraquecida), e a discrição (o código JavaScript deve ser completamente separado do HTML).

Auto-avaliação 6.1.1. *Verdadeiro ou falso: uma vantagem inicial do JavaScript para validação de formulários (prevenir um usuário de submeter um formulário com dado inválido), era a habilidade de remover o código de validação do servidor, e movê-lo ao cliente.*
◇ Falso; não há nenhuma garantia de que a submissão, realmente, tenha se originado naquela página (qualquer um com uma ferramenta de linha de comando pode construir uma requisição HTTP), e mesmo que isso aconteça, o usuário pode estar trabalhando com um navegador antigo. Como destacamos repetidamente, no SaaS, o servidor não pode confiar em ninguém, e deve sempre validar suas entradas. ■

6.2 Lado do cliente JavaScript para programadores Ruby.

Interrompa-me se você já ouviu isso antes.

—atribuído a vários

Apesar de seu nome e sintaxe, o JavaScript tem mais coisas em comum com o Ruby do que com o Java:

- Quase tudo é um objeto. O objeto JavaScript básico é similar ao *hash* de Ruby, exceto pelo fato de que suas chaves (nomes de propriedades) devem ser strings.
- A tipagem é dinâmica: as variáveis não possuem tipos, mas os objetos aos quais elas se referem possuem.
- Classes e tipos importam ainda menos do que em Ruby — de fato, apesar da sintaxe de muitos códigos JavaScript que vemos por aí, JavaScript não tem classes, embora existam convenções de código usadas para alcançar alguns efeitos similares a classes.

- Funções são fechamentos (*closures*) que carregam seu ambiente com elas, permitindo que esses fechamentos sejam computados, de maneira apropriada, em lugar e tempo diferentes de onde foram definidos. Assim como blocos anônimos (**do...end**) são onipresentes no Ruby, funções anônimas (**function() {...}**) são onipresentes no JavaScript.

- O JavaScript é interpretado e inclui mecanismos para metaprogramação e introspecção.

A Figura 6.2 mostra a sintaxe e as construções básicas do JavaScript, que são familiares aos programadores de Java e Ruby. A seção de Falácias e Armadilhas descreve várias armadilhas do JavaScript associadas à figura. Leia-as com cuidado após ter finalizado este capítulo, ou você se encontrará "batendo a cabeça" contra uma das infelizes descaracterizações do JavaScript, ou contra um mecanismo do JavaScript que se parece e funciona quase, mas não completamente, como seu sósia Ruby. Por exemplo, enquanto o Ruby usa o **nil** para significar tanto o "indefinido" (uma variável que nunca recebeu um valor), quanto o "vazio" (um valor que é sempre falso), o **null** do JavaScript é diferenciado de seu **undefined**, que é considerado como o "valor" de uma variável que nunca foi iniciada.

Como a primeira linha da Figura 6.2 mostra, o modelo fundamental do JavaScript é o **object**, uma coleção, desordenada, de pares de chaves/valores, ou, como são chamadas no JavaScript, ***propriedades*** ou ***slots***. O nome da propriedade pode ser qualquer string, incluindo o string vazio. O valor de uma propriedade pode ser qualquer expressão do JavaScript, incluindo outro objeto, com exceção do **undefined**.

O JavaScript permite que se expresse ***objetos literais*** através da especificação direta de suas propriedades e valores, como representado na Figura 6.3. Essa sintaxe de objeto literal simples é a base do ***JSON***, JavaScript Object Notation, que apesar de seu nome é um modo de linguagem independente para representar dados que podem ser trocados entre os serviços SaaS ou entre o servidor e o cliente SaaS. De fato, as linhas 2–11 da figura (menos o ponto e vírgula final na linha 11), são uma representação legal do JSON. Oficialmente, cada valor de propriedade em um objeto JSON pode ser um `Número`, um `String` de Unicodes, um `Booleano` (`verdadeiro` ou `falso` são os únicos valores possíveis), `nulo` (valor vazio), ou um `Objeto` aninhado, definido recursivamente. Ao contrário do JavaScript completo, contudo, na representação JSON de um objeto, todos strings *devem* possuir apóstrofes, então, consequentemente, o exemplo na linha do topo da Figura 6.2 precisaria de apóstrofes em torno da palavra **title**, para ser consistente com a sintaxe JSON. A Figura 6.4 resume várias ferramentas para verificar a sintaxe e o estilo de código, estruturas de dados e protocolos JavaScript que serão encontrados no restante do capítulo.

JSON.org é um site que define a sintaxe precisa do JSON e lista as bibliotecas de análise disponíveis para outras linguagens.

O fato de que um objeto JavaScript pode ter propriedades de função validada, é usado por bibliotecas bem estruturadas para coletar todas as suas funções e variáveis em um único espaço de nomes. Por exemplo, como veremos na Seção 6.4, o jQuery define uma única variável global, **jQuery**, pela qual todas as funcionalidades da biblioteca jQuery são acessadas, ao invés de desarrumar o espaço de nomes global com os muitos objetos na biblioteca. A seguir, veremos uma prática similar feita através da definição de um pequeno número de variáveis globais para encapsular todo o código JavaScript.

O termo JavaScript do *lado do cliente*, refere-se, especificamente, ao código JavaScript associado a páginas HTML e, consequentemente, é executado no navegador Web. Cada página em seu aplicativo que queira se utilizar de funções JavaScript, ou variáveis, deve incluir o código JavaScript necessário por si mesmo. A maneira recomendada e discreta para se fazer isso é através do rótulo **script**, para referenciar o arquivo que contém o código, como

Objects	**movie={title: 'The Godfather', 'releaseInfo': {'year': 1972, rating: 'PG'}}** Quotes optional around property name if it's a legal variable name; objects can be nested. Access an object's properties with **movie.title**, or **movie['title']** if property name isn't a legal variable name or isn't known until runtime. **for** (*var* **in** *obj*) **{...}** iterates over *obj*'s property names in arbitrary order.
Types	**typeof** *x* returns a string representation of *x*'s primitive type: one of **"object"**, **"string"**, **"array"**, **"number"**, **"boolean"**, **"function"**, **"undefined"**. *All numbers are doubles.*
Strings &Regexps	**"string"**, **'also a string'**, **'joining'+'strings'** **'mad, mad world'.split(/[,]+/) == ["mad","mad","world"]** **'mad, mad world'.slice(3,8)==", mad"** ; **'mad, mad world'.slice(-3)=="rld"** **'mad'.indexOf('d')==2**, **'mad'.charAt(2)=='d'**, **'mad'.charCodeAt(4)==100** **'mad'.replace(/(\w)$/,'$1$1er')=="madder"** **/***regexp***/.exec(***string***)** if no match returns **null**, if match returns array whose zeroth element is whole string matched and additional elements are parenthesized capture groups. *string***.match(/***regexp***/)** does the same, *unless* the **/g** regexp modifier is present. **/***regexp***/.test(***string***)** (faster) returns **true** or **false** but no capture groups. Alternate constructor: **new RegExp('[Hh]e(l+)o')**
Arrays	**var a = [1, {two: 2}, 'three'] ; a[1] == {two: 2}** Zero-based, grow dynamically; objects whose keys are numbers (see Fallacies & Pitfalls) **arr.sort(function (a,b) {...})** Function returns -1, 0 or 1 for **a<b,a==b,a>b**
Numbers	**+ - / %**, also **+=**, etc., **++ --**, **Math.pow(***num,exp***)** **Math.round(n)**, **Math.ceil(n)**, **Math.floor(n)** round their argument to nearest, higher, or lower integer respectively **Math.random()** returns a random number in (0,1)
Conversions	**'catch'+22=='catch22'**, **'4'+'11'=='411'** **parseInt('4oneone')==4**, **parseInt('four11')==NaN** **parseInt('0101',10)==101**, **parseInt('0101',2)==5**, **parseInt('0101')==65** (numbers beginning with **0** are parsed in octal by default, unless radix is specified) **parseFloat('1.1b23')==1.1**, **parseFloat('1.1e3')==1100**
Booleans	**false**, **null**, **undefined** (undefined value, different from **null**), 0, the empty string '', and **NaN** (not-a-number) are ***falsy*** (Boolean false); **true** and all other values are ***truthy***.
Naming	**localVar**, **local_var**, **ConstructorFunction**, **GLOBAL** All are conventions; JavaScript has no specific capitalization rules. **var** keyword scopes variable to the function in which it appears, otherwise it becomes a global (technically, a property of the global object, as Section 6.3 describes). Variables don't have types, but the objects they refer to do.
Control flow	**while()**, **for(;;)**, **if... else if... else**, **?:** (ternary operator), **switch/case**, **try/catch/throw**, **return**, **break** Statements separated by semicolons; interpreter tries to auto-insert "missing" ones, but this is perilous (see Fallacies & Pitfalls)

Figura 6.2: Análogo à Figura 3.1, essa tabela sumariza algumas das construções básicas do JavaScript. Veja o texto em relação às armadilhas importantes. Enquanto o Ruby usa o nil, tanto como um valor nulo explícito quanto um valor devolvido por variáveis de instâncias não existentes, o JavaScript distingui o undefined, que é devolvido por variáveis não declaradas ou não atribuídas, do valor especial null e do Boolean false. No entanto, todas as três são "falsas" em certas circunstâncias.

http://pastebin.com/gaR9tA4k

```
1  var potatoReview =
2  {
3    "potatoes": 5,
4    "reviewer": "armandofox",
5    "movie": {
6      "title": "Casablanca",
7      "description": "Casablanca is a classic and iconic film starring ...",
8      "rating": "PG",
9      "release_date":  "1942-11-26T07:00:00Z"
10   }
11 };
12 potatoReview['potatoes']  // => 5
13 potatoReview['movie'].title    // => "Casablanca"
14 potatoReview.movie.title      // => "Casablanca"
15 potatoReview['movie']['title'] // => "Casablanca"
16 potatoReview['blah']          // => undefined
```

Figura 6.3: Notação JavaScript para objetos literais, isto é, objetos especificados através da enumeração explícita de suas propriedades e valores. Se o nome da propriedade é o nome de uma variável JavaScript legal, apóstrofes podem ser omitidas ou o atalho da notação com ponto (linhas 13–14), pode ser usada, embora as apóstrofes sejam sempre requisitadas em torno de todos strings quando um objeto é expresso em formato JSON. Desde que os objetos possam conter outros objetos, estruturas hierárquicas de dados podem sem construídas (linha 5), e percorridas (linhas 13–15).

Name	**Tool type**	**Description**
JSLint	Web-based	Copy and paste your code into the form at `jslint.com` to check it for errors and stylistic pitfalls according to the guidelines in Doug Crockford's *JavaScript: The Good Parts*. Also checks for legal but unsafe constructions; some developers find it overly pedantic.
JavaScript Lint	Command-line	Matthias Miller's command-line tool, preinstalled in bookware VM, reports errors and warnings based on the same JavaScript interpreter used by the Firefox browser. To run it, type `jsl -process` *file*`.js`
Closure	Command-line	Google's source-to-source compiler[6] translates JavaScript to better JavaScript, removing dead code and minifying as it goes, and giving errors and warnings. Its associated Linter tool goes even further and enforces Google's JavaScript style guidelines. Not preinstalled in bookware VM; requires Java.
YUI	Command-line	Yahoo's YUI Compressor[7] minifies JavaScript and CSS more aggressively than some other tools and looks for stylistic problems in the process. Not preinstalled in bookware VM; requires Java.
JSONlint	Web-based	This tool at jsonlint.com[8] checks your JSON data structures for syntax errors.

Figura 6.4: Uma variedade de ferramentas para depuração de código JavaScript, de estruturas de dados associados, e interações do servidor. Um desafio é que, assim como a linguagem C, existem muitas diretrizes de codificação concorrentes pelo JavaScript — do Google, Yahoo e do projeto Node.js, entre outros — ferramentas distintas verificam e demandam diferentes estilos de codificação.

http://pastebin.com/7SztJxcj

```
<script src="/public/javascripts/application.js"></script>
```

http://pastebin.com/KBnYjPhc

```
<html>
  <head><title>Update Address</title></head>
  <body>
    <!-- BAD: embedding scripts directly in page, esp. in body -->
    <script>
    <!-- // BAD: "hide" script body in HTML comment
         // (modern browsers may not see script at all)
      function checkValid() {    // BAD: checkValid is global
        if !(fieldsValid(getElementById('addr'))) {
          // BAD: > and < may confuse browser's HTML parser
          alert('>>> Please fix errors & resubmit. <<<');
      }
    // BAD: "hide" end of HTML comment (1.3) in JS comment: -->
    </script>
    <!-- BAD: using HTML attributes for JS event handlers -->
    <form onsubmit="return checkValid()" id="addr" action="/update">
      <input onchange="RP.filter_adult" type="checkbox"/>
      <!-- BAD: URL using 'javascript:' -->
      <a href="javascript:back()">Go Back</a>
    </form>
  </body>
</html>
```

Figura 6.5: Topo: O jeito discreto e recomendado de carregar o código JavaScript nas suas visões em HTML. Em baixo: Três maneiras indesejadas de encaixar o JavaScript em páginas HTML, todas abandonadas, pois elas misturam o código JavaScript com a marcação HTML. Infelizmente, todas são comuns na "rua JavaScript", encontrada em *sites* mal construídos. Entretanto, todos são facilmente evitáveis através do método script src= e através do uso de técnicas elegantes, descritas ao longo deste capítulo, para conexão do código JavaScript com elementos HTML.

apresenta a Figura 6.5. O auxiliar de visão Rails **javascript_include_tag 'application'**, que produz a *tag* acima, pode ser colocado em seus `aplicativos/visões/leiautes/aplicação.html.haml`, ou outro molde de leiaute que seja parte de todas as páginas fornecidas pelo seu aplicativo. Então, se colocar seu código em um ou mais arquivos `.js` separados nos `aplicativos/recursos/javascripts`, quando implantar em produção, o Rails irá executar, automaticamente, os seguintes passos:

1. Concatenar os conteúdos de todos os arquivos JavaScript nesse diretório;

2. Comprimir o resultado através da remoção de espaços em branco e da realização de outras transformações simples (o gem `uglifier`);

3. Colocar o resultado em um único arquivo grande no subdiretório `public`, que será fornecido, diretamente, pela camada de apresentação sem nenhuma intervenção do Rails;

4. Ajustar as URLs emitidas pelo **javascript_include_tag**, de modo que o navegador do usuário carregue não apenas seus próprios arquivos JavaScript, mas a biblioteca jQuery também.

Esse comportamento automático, apoiado pelos ambientes de produção modernos, incluindo o Heroku, é chamado de ***Asset Pipeline***. Melhor descrito neste guia[9], o *Asset Pipeline* também nos permite usar linguagens como o como veremos posteriormente. Você pode imaginar que seja um desperdício, para o navegador do usuário, carregar um único arquivo

JavaScript enorme, especialmente se apenas poucas páginas do seu aplicativo se utilizam do JavaScript e nenhuma página fornecida usa um pequeno subconjunto do seu código JavaScript. No entanto, o navegador do usuário apenas carrega um arquivo grande uma vez e o guarda em seu cache, até que seu aplicativo seja novamente implantado e os arquivos `.js` modificados. No modo de desenvolvimento, o *Asset Pipeline* pula o processo de "pré-compilação" e apenas carrega cada um dos arquivos JavaScript, dado que eles provavelmente vão ser modificados frequentemente durante o desenvolvimento.

Minifying é um termo usado para descrever as transformações de compressão, que reduzem o tamanho da biblioteca jQuery 1.7.2 de 247 KiB para 32 KiB.

Sumário de JavaScript do lado do cliente e HTML:

- Como o Ruby, o JavaScript é interpretado e possui tipagem dinâmica. O modelo básico de objeto é um *hash* com chaves, que são strings e valores de tipos arbitrários, incluindo outros *hashes*.
- O modelo fundamental de dados JavaScript é um objeto, que é uma coleção desorganizada de valores e nomes de propriedades, similar a um *hash*. Como os objetos podem ser aninhados, eles são capazes de representar estruturas hierárquicas de dados. A notação de objeto literal simples do JavaScript é a inspiração para o formato de trocas de dados JSON.
- A maneira discreta preferida para associar o JavaScript a uma página HTML é incluir no HTML o elemento `head`, um rótulo `script` cujo o atributo `src` proporciona a URL do script em si, para que o código JavaScript possa ser mantido separado da marcação HTML. O auxiliar Rails **javascript_include_tag** gera a URL correta que usa o *Asset Pipeline* do Rails.

■ ***Elaboração: JSON, XML ou YAML para dados estruturados?***

Até agora você viu pelo menos três formas diferentes de representar dados estruturados: o XML (Section 8.1), o YAML (Seções 4.2 e 8.5), e o JSON (linhas 2–11 da Figura 6.3. Esses três padrões, e ***muitos outros***, abordam o problema da ***serialização*** dos dados, também chamada de **marshalling** ou ***esvaziamento***) — para traduzir estruturas de dados internas do programa em uma representação que possa ser "ressuscitada" posteriormente. A desserialização (*unmarshalling*, esvaziamento) é, frequentemente, realizada por um programa diferente, possivelmente escrito em uma linguagem diferente em outro extremo de uma conexão de rede, de modo que o formato de serialização deva ser portátil. Como vimos na Seção 6.8, o JSON está se tornando o formato de serialização mais popular entre os servidores e clientes SaaS. Na verdade, o Ruby 1.9 adicionou uma notação de *hash* alternativa **{foo: 'bar'}**, equivalente ao **{:foo=>'bar'}**, para imitar o JSON.

Auto-avaliação 6.2.1. *No Ruby, quando uma chamada de métodos não tem argumentos, os parênteses vazios que seguem a chamada de método são opcionais. Por que isso não funcionaria no JavaScript?*

◇ Porque funções JavaScript são objetos de primeira classe, o nome de uma função sem parênteses seria uma expressão cujo valor seria a função em si, ao invés de uma chamada para ela. ■

6.3 Funções e Construtores

No Capítulo 3, mencionamos que orientação a objetos e herança de classes são conceitos de projeto de linguagens distintos, embora muitas pessoas tenham, erroneamente, unido esses dois conceitos, pois linguagens populares, como o Java, se utilizam de ambos. O JavaScript é orientado a objetos, porém carece de classes. Entretanto, ele tem alguns mecanismos que se parecem e agem de forma similar àqueles em linguagens com classes. Infelizmente, o projeto questionável desses mecanismos induz a muita confusão para os recém-chegados ao JavaScript, especialmente em relação ao comportamento da palavra reservada **this**. Iremos nos preocupar com três usos comuns do **this**. Nesta seção introduziremos os primeiros dois usos e uma armadilha associada a eles. Na Seção 6.5, introduziremos o terceiro uso.

Tente esses exemplos no Firebug[10], ou no *console* do JavaScript embutido no seu navegador; não há nenhum interpretador JavaScript interativo padronizado análogo ao `irb` do Ruby.

As linhas 1–8, da Figura 6.6, apresentam uma função chamada **Movie**. Essa sintaxe para definir funções não deve ser familiar, ao passo que a sintaxe alternativa, nas linhas 9–11, parecem confortavelmente familiares. Não obstante, usaremos a primeira sintaxe por duas razões. Primeiro, ao contrário de em Ruby, funções no JavaScript são ***objetos de primeira classe*** verdadeiros — você pode passá-los como parâmetro, atribuí-los a variáveis e assim por diante. A sintaxe na linha 1 esclarece que o **Movie** é, simplesmente, uma variável cujo o valor passa a ser uma função. Segundo, embora não seja óbvio, diz respeito à variável **Movie**, na linha 9, que está sendo declarada no espaço de nomes global do JavaScript— dificilmente bonito. Em geral, queremos minimizar a desordem no espaço de nomes global, pois, dessa forma, criaremos um ou poucos objetos nomeados por variáveis globais associadas ao nosso aplicativo, e todas as nossas funções JavaScript serão as propriedades de valores desses objetos.

Se chamamos a função **Movie** usando a palavra reservada **new** do JavaScript (linha 13), o valor do **this**, no corpo da função, será um novo objeto JavaScript que será, eventualmente, devolvido pela função, de forma similar ao **self** de Ruby dentro de um método construtor **initialize**. Nesse caso, o objeto devolvido terá propriedades **title**, **year**, **rating** e **full_title**, sendo que esse último é uma propriedade cujo valor é uma função. Se a linha 14 parece uma chamada de função para você, quer dizer que tem se prendido muito ao Ruby; como as funções são objetos de primeira classe no JavaScript, essa linha apenas devolve o valor do **full_title**, que é a função em si mesma, e não o resultado de chamá-la! Para realmente chamá-la, precisamos usar parênteses, como na linha 15. Quando fazemos essa chamada, dentro do corpo do **full_title**, o **this** fará referência ao objeto cuja propriedade é a função, nesse caso o **pianist**.

Lembre-se, porém, que, enquanto esses exemplos parecem apenas chamar um construtor de classe e um método de instância no Ruby, o JavaScript não tem conceito de classes ou métodos de instância. De fato, não há nada sobre uma função JavaScript em particular que faça dela um construtor; ao contrário, é o uso do **new**, quando se chama a função, que faz ela se tornar um construtor, motivando-a a criar e devolver um novo objeto. A razão pela qual isso funciona é devido ao mecanismo de ***herança de protótipo***, o qual não discutiremos em mais detalhes (mas veja a elaboração abaixo para aprender mais). Entretanto, a omissão dessa sutil distinção pode lhe confundir quando espera comportamentos de classe semelhante e não os obtêm.

No entanto, uma descaracterização do JavaScript pode nos prejudicar aqui. Infelizmente, é perfeitamente legal chamar o **Movie** como uma função simples *sem* usar a nova palavra reservada **new**, como na linha 17. Se fizer isso, o comportamento do JavaScript será completamente diferente de duas maneiras horríveis. A primeira implica no corpo do **Movie**, *http://pastebin.com/4nBsjb0t*

```
1  var Movie = function(title,year,rating) {
2    this.title = title;
3    this.year = year;
4    this.rating = rating;
5    this.full_title = function() { // "instance method"
6      return(this.title + ' (' + this.year + ')');
7    };
8  };
9  function Movie(title,year,rating) {  // this syntax may look familiar...
10   // ...
11 }
12 // using 'new' makes Movie the new objects' prototype:
13 pianist = new Movie('The Pianist', 2002, 'R');
14 pianist.full_title;   // => function() {...}
15 pianist.full_title(); // => "The Pianist (2002)"
16 // BAD: without 'new', 'this' is bound to global object in Movie call!!
17 juno = Movie('Juno', 2007, 'PG-13'); // DON'T DO THIS!!
18 juno;                // undefined
19 juno.title;          // error: 'undefined' has no properties
20 juno.full_title();   // error: 'undefined' has no properties
```

Figura 6.6: Como funções são objetos de primeira classe, é OK para um objeto ter uma propriedade cujo valor é uma função, como o full_title. Faremos uso extensivo dessa funcionalidade. Note a armadilha nas linhas 14–18.

onde o **this** não se referirá a um objeto novo em folha mas, ao contrário, a um *objeto global*, que define várias constantes especiais, tais como a **Infinity**, **NaN** e **null**, e fornece várias outras partes do ambiente JavaScript. Quando o JavaScript é executado em um navegador, o objeto universal passa a ser uma estrutura de dados para representar a janela do navegador. Consequentemente, as linhas 2–5 estarão criando e definindo novas propriedades desse objeto — claramente não é o que pretendíamos, mas, infelizmente, quando o **this** é usado em uma finalidade onde seria, por outro lado, indefinido, ele refere-se ao objeto global, um defeito sério de projeto na linguagem. (Veja Falácias e Armadilhas e Para Aprender Mais, se quiser aprender sobre as razões desse comportamento estranho, uma discussão que vai além da finalidade dessa introdução à linguagem.)

A segunda é que, dado que o **Movie** não devolve nada explicitamente, seu valor de retorno (e, consequentemente, o valor do **juno**), será **undefined**. Enquanto uma função de Ruby retorna por padrão o valor da última expressão na função, uma função JavaScript retorna o **undefined**, a menos que ela tenha uma declaração de **return** explícita. (O **return**, na linha 6, pertence à função **full_title** e não ao **Movie** em si.) Portanto, as linhas 19–20 demonstram erros, pois estamos tentando referenciar uma propriedade (**title**), em algo que não é um objeto.

Pode-se evitar essa armadilha através do uso rigoroso da convenção JavaScript generalizada, cujo nome da função deve iniciar com letra maiúscula se, e apenas se, a função estiver planejada para ser chamada como um construtor através do **new**. As funções que não atuarão como construtores, devem ter seus nomes iniciados com minúsculas.

Sumário: Funções e construtores

- As funções JavaScript são objetos de primeira classe: elas podem ser atribuídas a variáveis, passadas para outras funções como parâmetro, ou retornadas por funções.
- Embora o JavaScript não tenha classes, uma maneira de gerenciar os espaços de nomes de maneira ordenada no JavaScript é armazenar funções como propriedades de um objeto, permitindo que um único objeto (*hash*), colete um conjunto de funções relacionadas, como uma classe faria.
- Se a palavra reservada **new** é usada para chamar uma função, o **this**, no corpo da função, se referenciará a um novo objeto, cujos valores de propriedades podem ser inicializados no "construtor." Esse mecanismo é similar à criação de novas instâncias de classes, embora o JavaScript careça de classes.
- De qualquer forma, se uma função é chamada *sem* a palavra reservada **new**, o **this**, no corpo da função, se referenciará ao objeto global, o que quase nunca é desejado, e a função retornará **undefined**. Para evitar essa armadilha, escreva com letras maiúsculas os nomes das funções que atuarão como construtores, planejadas para serem chamadas com o **new**, mas não utilize letras maiúsculas nos nomes de outras funções.

■ ***Elaboração: Herança de protótipos***

Todo objeto JavaScript herda de exatamente um objeto protótipo — novos strings herdam do **String.prototype**, novas matrizes do **Array.prototype**, e assim por diante, até o **Object** (o objeto vazio). Se você buscar por uma propriedade em um objeto que não possua aquela propriedade, seu protótipo é verificado, e em seguida o protótipo do protótipo, e assim por diante, até um dos protótipos responder com a propriedade ou o **undefined** ser retornado. Dado esse cenário, o efeito de chamar uma função usando a palavra reservada **new** é criar um novo objeto cujo protótipo é o mesmo que o protótipo da função.
Os protótipos se originam do Self, uma linguagem originalmente projetada no lendário laboratório de pesquisa Xerox PARC e que influenciou fortemente o ***NewtonScript***, a linguagem de programação para o malsucedido dispositivo Apple Newton. O uso adequado da herança de protótipo permite um tipo efetivo de reutilização de implementação que se diferencia do que as classes nos oferecem. Infelizmente, como Crockford observa em *JavaScript: As Partes Boas* Crockford 2008, a implementação de herança de protótipo do JavaScripté menos potente e se utiliza de uma sintaxe confusa, talvez em um esforço para assemelhar-se as linguagens "clássicas" com herança de classes.

Auto-avaliação 6.3.1. *Qual é a diferença entre a avaliação* **square.area** *e* **square.area()** *no seguinte código JavaScript?*
http://pastebin.com/CfuHynff

```
var square = {
  side: 3,
  area: function() {
    return this.side*this.side;
  }
};
```

◇ O **square.area()** é uma chamada de função que, nesse caso, retornará 9, enquanto o

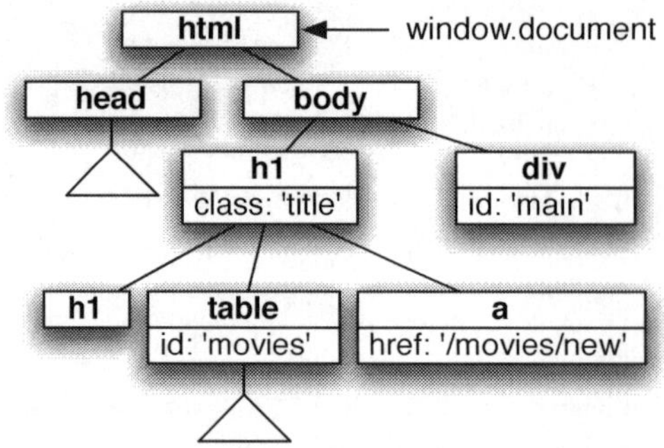


```
<html>
  <head>
    <title>...</title>
    <script>...</script>
  </head>
  <body>
    <h1 class='title'>Rotten Potatoes!</h1>
    <div id='main'>
       <h1>All Movies</h1>
       <table id='movies'>
         ...
       </table>
    </div>
  </body>
</html>
```

Figura 6.7: Uma visão simplificada da árvore DOM, correspondente à página de "lista de filmes" do RottenPotatoes, com o esqueleto da marcação HTML. Um triângulo aberto indica lugares onde omitimos o resto da sub-árvore. O this.document é ajustado para apontar para a raiz da árvore DOM quando a página é carregada.

square.area é uma referência para um objeto função, sem efetuar nenhuma chamada. ∎

Auto-avaliação 6.3.2. *Dado o código na Auto-avaliação 6.3.1, explique porque é incorreto escrever* **s=new square**.

◇ O **square** é apenas um objeto, não uma função, consequentemente, ele não pode ser chamado como um construtor (e, por sinal, não pode ser chamado de forma alguma). ∎

6.4 O Document Object Model e o jQuery

O World Wide Web Consortium Document Object Model (W3C DOM)[11], é "uma plataforma e uma interface de linguagem neutra que permitirá que programas e *scripts* acessem e atualizem, dinamicamente, o conteúdo, a estrutura e o estilo de documentos" — em outras palavras, uma representação padrão de um documento HTML, XML ou XHTML, que consiste em uma hierarquia de elementos. Um elemento DOM é definido recursivamente de forma que uma de suas propriedades é um conjunto de elementos primários, como mostra a Figura 6.7. Portanto um nó DOM representando o elemento `<html>` de uma página HTML é suficiente para representar toda a página, dado que todo elemento em uma página bem formada é um descendente do `<html>`. Outras propriedades de elemento DOM correspondem às atribuições dos elementos HTML (**href**, **src** e assim por diante). Quando um navegador carrega a página, o HTML da página é analisado em uma árvore DOM, similar à da Figura 6.7.

DOM tecnicamente, refere-se ao padrão em si, mas desenvolvedores frequentemente o usam para designar a árvore DOM específica correspondente à página corrente

Como o JavaScript consegue acessar o DOM? Quando o JavaScript é embutido em um navegador, o objeto global, indicado pela variável global **window**, define propriedades e funções de navegadores específicos adicionais, coletivamente chamado de JSAPI. Sempre que uma nova página é carregada, um novo objeto **window** global é criado, sendo que esse objeto não compartilha nenhum dado com objetos globais de outras páginas visíveis. Uma das propriedades do objeto global é o **window.document**, que é o elemento raiz da árvore DOM do documento corrente, e também define algumas funções para a travessia, consulta e modificação do DOM; um dos elementos mais comuns é o **getElementById**, que você já deve ter visto ao ler códigos JavaScript de outros.

No entanto, para evitar problemas de compatibilidade decorrentes de diferentes implementações dos navegadores, ignoraremos inteiramente essas funções nativas do JSAPI, em prol da interface mais poderosa do jQuery. O JQuery também junta funcionalidades adicionais e comportamentos ausentes de JSAPIs nativos, tais como animações e suportes melhores para CSS e AJAX (Seção 6.6).

O jQuery define uma função global **jQuery()** (com o codinome **$()**), que, ao lhe passarmos um seletor CSS (exemplos na Figura 2.5), devolve todos os elementos DOM da página corrente que casam com o seletor. Por exemplo, o **jQuery('#movies')** ou o **$('#movies')**, devolvem um único elemento cujo ID é `movies`, caso exista algum na página. O **$('h1.title')** devolve todos os elementos `h1` cuja classe CSS é `title`. Uma versão mais geral dessa funcionalidade é o **.find(***selector***)**, que apenas pesquisa a sub-árvore DOM enraizada no alvo. Para ilustrar a distinção, o **$('p span')** procura *qualquer* elemento de `span` que esteja contido dentro de um elemento `p`, ao passo que, se o **elt** já se refere a um elemento `p` *em particular*, então o **elt.find('span')** apenas encontrará elementos `span` que são descendentes do **elt**.

Se o **$()** ou o **find** são usados, o valor devolvido é um conjunto de nós (coleção de um ou mais elementos), que casa com o seletor, ou **null** se não houver casamento. Cada elemento é "embrulhado" em uma representação de elemento DOM do jQuery, dando-lhe habilidades que vão além do JSAPI embutido do navegador. A partir de agora, nos referiremos a esses elementos como "elementos embrulhados do jQuery", para diferenciá-los da representação que seria retornada pelo JSAPI nativo do navegador. Em particular, podem-se fazer várias coisas com os elementos embrulhados do jQuery no conjunto de nós, como mostra a Figura 6.8:

A documentação[12] do gem `jquery-rails` explica como adicionar, manualmente, o jQuery ao seu aplicativo se você está usando uma versão Rails anterior à versão 3.1.

A chamada **jQuery.noConflict()** "indefine" o codinome **$** e, no caso de seu aplicativo, usa o **$** embutido do navegador (geralmente um codinome para o **document.-getElementById**), ou carregar outra biblioteca JavaScript, tal como a Prototype[13], que também tenta definir **$**.

- Para modificar a aparência visual de um elemento, defina classes CSS que criam as aparências desejadas e use o jQuery para adicionar ou remover a(s) classe(s) CSS do elemento em tempo de execução.

- Para modificar um conteúdo do elemento, use as funções jQuery que estabelecem o HTML do elemento ou o conteúdo de texto simples.

- Para animar um elemento (mostrar/esconder, *fade in/out* e assim por diante), invoque uma função jQuery no elemento que manipula o DOM para alcançar o efeito desejado.

Perceba, no entanto, que mesmo quando um conjunto de nós inclui múltiplos elementos, ele não é um array JavaScript e não pode ser tratado como se fosse: você não pode escrever **$('tr')[0]** para selecionar a primeira linha de uma tabela, mesmo que a função **toArray()** do jQuery seja chamada primeiro no conjunto de nós. Ao invés disso, seguindo o Padrão de Projeto *Iterator*, o jQuery oferece um iterador **each** definido na coleção que retorna um elemento de cada vez e esconde os detalhes de como os elementos são armazenados na coleção, assim como o **Array#each** faz no Ruby.

O Screencast 6.4.1 mostra alguns exemplos simples desses comportamentos originados do *console* JavaScript do navegador. Usaremos esses exemplos para implementar as funcionalidades do Screencast 6.1.1.

Screencast 6.4.1: Manipulação do DOM com o jQuery.
`http://vimeo.com/46694004`
O jQuery facilita a manipulação do DOM originado no JavaScript e proporciona uma biblioteca embutida de efeitos visuais úteis. Esses exemplos simples mostram que o JavaScript não apenas lê o elemento e a informação de conteúdo na página, como também modifica elementos, motivando o navegador a redesenhá-los. Esse comportamento é a chave para o JavaScript no lado do cliente.

Property or function, example	Value/description
$(*dom-element*) **$(this)**	Returns a set of jQuery-wrapped DOM element(s) specified by the argument, which can be a CSS3 selector (such as **'span.center'** or **'#main'**), the element object returned by the browser's **getElementById** function, or in an event handler, the element that received the event, named by **this**. The return value of this function is suitable as the target for any of the below calls. (Recall that the term *target* is used in JavaScript the way *receiver* is used in Ruby.)
is(*cond*)	Test if the element is **':checked'**, **':selected'**, **':enabled'**, **':disabled'**. Note that these strings were chosen to resemble Ruby symbols, though JavaScript doesn't have symbols.
addClass(), **removeClass()**, **hasClass()**	Shortcuts for manipulating the `class` attribute: add or remove the specified CSS class (a string) from the element, or test whether the given class is currently associated with the element.
insertBefore(), **insertAfter()**	Insert the target element(s) before or after the argument. That is, **newElt.insertBefore(existingElt)** inserts **newElt** just before **existingElt**, which must exist.
remove()	Remove the target element(s) from the DOM.
replaceWith(*new*)	Replace the target element(s) with the *new* element(s) provided.
clone()	Return a complete copy of the target element, recursively cloning its descendants.
html(), **text()**	Return (with no argument) or set (with one argument) the element's complete HTML content or plain-text content. If the element has other elements nested inside it, you can replace its HTML with nested elements but don't have to, but replacing its text will obliterate the nested elements.
val()	Return (with no argument) or set (with one argument) the current value of the element. For text boxes, value is the current string contents; for buttons, the button's label; for select menus, the text of the currently selected value.
attr(*attr,[newval]*) **$('img').attr('src',** **'http://imgur.com/xyz')**	Return or (with second argument) set the value of the given attribute on the element.
hide(*duration,callback*), **show()**, **toggle()** **slideUp()**, **slideDown()**, **slideToggle()** **fadeOut()**, **fadeIn()**, **fadeTo(*duration,target,callback*)**	Hide or show elements selected by the target. Optional *duration* is one of **'fast'**, **'slow'**, or the integer number of milliseconds that the animation should last. Optional *callback* is a function to call when animation completes. Other sets of animations with same arguments include **slideDown/slideUp/slideToggle** and **fadeOut/fadeIn**. For **fadeTo**, second argument is target opacity, from 0.0 (transparent) to 1.0 (opaque).
evt(*func*) **$('li').click(function() {** **$(this).hide();** **});**	Set *func* as the handler for event *evt* on the element(s) selected by the target. *func* can be an anonymous function or a named function. See Figure 6.9 for some of the most important event types.

Figura 6.8: Algumas funções e atributos definidos nos objetos aprimorados de elementos DOM do jQuery; eles devem ser chamados com o elemento apropriado ou com a coleção de elementos, como o destino da chamada (como o receptor em Ruby). Funções que só fazem sentido quando aplicadas a um único elemento, como o attr, processam apenas o primeiro elemento, quando usadas em uma coleção de elementos. Funções que podem tanto ler quanto modificar propriedades de elementos, agem como *getters*, quando o argumento final (ou único), está ausente, e como *setters*, quando eles estão presentes. A não ser que explicitamente dito em contrário, todas as funções devolvem seus objetos alvo, portanto as chamadas podem ser encadeadas, como em *elt*.insertBefore(...).hide(). Veja a documentação jQuery[15], para obter mais informações.

Finalmente, como veremos, a função **jQuery()**, ou **$()**, é ***sobrecarregada***: seu comportamento depende do número e dos tipos de argumento com os quais é chamada. Nessa seção, introduzimos apenas um desses quatro comportamentos, isto é, para a seleção de elementos no DOM; veremos, em breve, os outros comportamentos.

Sumário do DOM e jQuery:

- O *World Wide Web Consortium Document Object Model* (W3C DOM), é uma representação independente de linguagem de uma hierarquia de elementos que constitui um documento HTML.
- Todos os navegadores que possuem suporte para JavaScript proporcionam uma interface JavaScript para acessar e precorrer o DOM. Esse conjunto de funcionalidades, junto com o acesso que o JavaScript nos dá às outras funcionalidades do navegador, é coletivamente chamado de API do JavaScript, ou JSAPI.
- A poderosa biblioteca jQuery provê um adaptador uniforme para as diferentes JSAPIs dos navegadores, e adiciona muitas funções aprimoradas, tais como a travessia DOM baseada no CSS, animação e outros efeitos especiais.

Auto-avaliação 6.4.1. *Por que o* **this.document**, *quando aparece fora do escopo de qualquer função, é equivalente ao* **window.document**?

◇ Fora de qualquer função, o valor do **this** é o objeto global. Quando o JavaScript executa em um navegador da Web, o objeto global é o objeto janela (**window**). ■

Auto-avaliação 6.4.2. *Verdadeiro ou falso: mesmo depois do usuário fechar uma janela em seu navegador Web, o código JavaScript, associado a essa janela ainda pode acessar e percorrer o documento HTML na janela que havia sido exposta.*

◇ Falso. Cada documento HTML novo adquiri seu próprio objeto global e DOM, que são destruídos quando a janela do documento é fechada. ■

6.5 Eventos e *callbacks*

Até agora, toda a nossa manipulação DOM tem sido através da digitação direta dos comandos JavaScript. Mas, como você deve ter imaginado, muitos comportamentos interessantes são possíveis quando a manipulação DOM pode ser disparada a partir de ações do usuário. Como parte do JSAPI para DOM, os navegadores permitem anexar ***tratadores de eventos*** JavaScript à interface do usuário: quando o usuário realiza uma certa ação na interface, tal como clicar em um botão ou mover o mouse para dentro ou para fora de um elemento HTML em particular, você pode designar uma função JavaScript para ser chamada e ter a oportunidade de reagir ao evento. Esse recurso faz com que a página se comporte mais como uma interface do usuário (UI), de *desktop*, em que elementos individuais respondem visualmente a interações do usuário, e menos como uma página estática, onde cada interação causa o carregamento de uma nova página inteira via HTTP.

O termo menos preciso, HTML Dinâmico, às vezes era usado, no passado, para se referir aos efeitos da combinação de manipulação DOM e CSS baseada em JavaScript.

A Figura 6.9 introduz os eventos mais importantes, definidos através do JSAPI nativo do navegador, e melhorados pelo jQuery. Enquanto alguns eventos são desencadeados por

Events on arbitrary elements	**click**, **dblclick**, **mousedown/mouseup**, **mouseenter/mouseleave**, **keypress** (**event.which** gives the ASCII code of the key pressed) **focus/blur** (element gains/loses focus), **focusin/focusout** (parent gains/loses focus)
Events on user-editable controls (forms, checkboxes, radio buttons, text boxes, text fields, menus)	**change** fires when any control's state or content is changed. **select** (user selects text; string **event.which** is selected text) **submit** fires when the user attempts to submit the form by any means.

Figura 6.9: Alguns eventos JavaScript definidos pela API jQuery. Estabeleça um tratador para um evento com o *elemento*.on('*evt*', *func*), ou, como um atalho, o *elemento*.*evt*(*func*). Portanto, $('h1').on('click', function() {...}) é equivalente a $('h1').click(function() {...}). O *callback func* passará um argumento (que você poderá ignorar), cujo valor é o objeto Event jQuery, descrevendo o evento desencadeado. Lembre-se que o on, e sua abreviações, ligarão o *callback* a *todos* os elementos que casam com o seletor. Portanto, tenha certeza que o seletor que você passar não é ambíguo, por exemplo, identificando um elemento por seu ID.

ações do usuário nos elementos DOM, outros referem-se à operação do navegador em si, ou a "pseudo-eventos de interface", como submissão de formulários, que pode acontecer ao se clicar em um botão *Submit*, ao pressionar a tecla Enter (em alguns navegadores), ou por intermédio de outro *callback* JavaScript, de forma que o formulário seja enviado. Para associar um comportamento a um evento, simplesmente forneça uma função JavaScript, que será chamada quando o evento ***é disparado***. Dizemos que essa função, chamada de ***callback*** ou ***tratadora de evento***, é ***associada*** ao evento no elemento DOM. Embora os eventos sejam automaticamente disparados pelo navegador, você também pode dispará-los: por exemplo, o **e.trigger('click')** desencadeia o tratador de evento **click** para o elemento **e**. Como vimos na Seção 6.7, essa habilidade é útil em testes: você pode simular a interação do usuário e verificar se as alterações corretas foram aplicadas ao DOM em resposta a um evento de interface.

Os navegadores definem comportamentos embutidos para alguns eventos e elementos: por exemplo, clicando num link, visita-se a página vinculada ao link. Se um elemento em particular também tem um tratador **click** fornecido pelo programador, o tratador é executado primeiro; se o tratador retorna um valor verdadeiro (Figure 6.2), o comportamento embutido é executado em seguida, mas se o tratador retorna um valor falso, o comportamento embutido é suprimido. E se um elemento *não* tiver tratador para um evento iniciado pelo usuário, como é o caso das imagens? Nessa caso, seu elemento principal na árvore DOM tem a oportunidade de responder ao tratador de eventos. Por exemplo, se clicar em um elemento `img` dentro de um `div`, e o `img` não possuir nenhum tratador de "clicar", o `div` receberá o evento "clicar". Esse processo continua até algum elemento manipular o evento ou "borbulhar" para cima até o objeto **window** do topo, que pode, ou não, ter uma resposta embutida conforme o evento.

Nossa discussão sobre eventos e tratadores de eventos motiva o terceiro uso comum da palavra reservada **this** do JavaScript (lembre-se que a Seção 6.3 introduz os primeiros dois usos). Quando um evento é tratado, no corpo da função tratadora de eventos, o jQuery providenciará que o **this** se encaminhe ao elemento cujo tratador está afixado (o elemento não pode ser o que recebeu originalmente o evento, caso o evento tenha "borbulhado" de um descendente). Todavia, se você programa *sem* o jQuery, o valor do **this** em um tratador de eventos é o objeto global (**document.window**); é preciso examinar a estrutura de dados do evento (geralmente passada como o argumento final ao tratador), para identificar o elemento que tratou o evento. Como tratadores de eventos são uma expressão idiomática tão comum em JavaScript e, na maior parte das vezes, um tratador de eventos deseja inspecionar ou ma-

http://pastebin.com/s9tPrqjZ

```
1  var MovieListFilter = {
2    filter_adult: function () {
3      // 'this' is *unwrapped* element that received event (checkbox)
4      if ($(this).is(':checked')) {
5        $('tr.adult').hide();
6      } else {
7        $('tr.adult').show();
8      };
9    },
10   setup: function() {
11     // construct checkbox with label
12     var labelAndCheckbox =
13       $('<label for="filter">Only movies suitable for children</label>' +
14         '<input type="checkbox" id="filter"/>' );
15     labelAndCheckbox.insertBefore('#movies');
16     $('#filter').change(MovieListFilter.filter_adult);
17   }
18 }
19 $(MovieListFilter.setup); // run setup function when document ready
```

Figura 6.10: Usando o jQuery para adicionar uma caixa de seleção "filtradora de filmes" à página de lista de filmes do RottenPotatoes; coloque esse código no app/assets/javascripts/movie_list_filter.js. O texto percorre exemplo em detalhes e figuras adicionais, ao longo do capítulo, generalizam as técnicas apresentadas. Nossos exemplos usam as funcionalidades de manipulação DOM do jQuery, ao invés das embutidas do navegador, pois a API do jQuery é mais consistente entre navegadores diferentes do que a especificação DOM W3C oficial.

nipular o estado do elemento no qual o evento foi disparado, o jQuery é escrito para associar, explicitamente, o **this** a esse elemento DOM.

Juntando todas essas partes, a Figura 6.10 mostra o lado do cliente JavaScript para implementar uma caixa de seleção (*checkbox*) que, quando selecionada, ocultará todos os filmes com classificações que não sejam G ou PG. Nossa estratégia comum para JavaScript pode ser resumida como:

1. Identificar os elementos DOM com os quais queremos operar, e ter certeza que há uma maneira conveniente e objetiva (não ambígua), de selecioná-los usando o **$()**.

2. Criar as funções JavaScript necessárias para manipular os elementos conforme o necessário. Para esse exemplo simples, nós podemos apenas escrevê-las, mas como vimos na Seção 6.7, para o AJAX, ou funções mais complexas, usaremos o TDD (Capítulo 8), para desembrulhar o código.

3. Definir uma função de *setup* que associe as funções JavaScript apropriadas aos elementos e realize outras manipulações do DOM que se façam necessárias.

4. Providenciar que se chame a função de *setup* quando o documento é carregado.

O primeiro passo consiste em modificar nossa visão Rails de lista de filmes, para anexar a classe CSS `adult` a todas as linhas da tabela para filmes com outras classificações que não G ou PG. Tudo o que temos que fazer é modificar a linha 13 do molde Index (Figura 4.6), como demonstrado a seguir, permitindo-nos, desse modo, escrever **$('tr.adult')**, para selecionar aquelas linhas:

http://pastebin.com/JM9NP8sP

```
  %tr{:class => ('adult' unless movie.rating =~ /^G|PG$/)}
```

Para o segundo passo, provemos a função **filter_adult**, cuja chamada providenciaremos sempre que a caixa de seleção for selecionada ou desselecionada. Como as linhas 4 – 8 da Figura 6.10 mostram, se a caixa de seleção é selecionada, as linhas de filmes adultos são ocultadas; se não for selecionada, as linhas são reveladas. Recorde a Figura 6.8, onde o **:checked** é um dos comportamentos embutidos do jQuery para verificar o estado de um elemento. Lembre-se também que os seletores jQuery, tais como **$('tr.adult')**, geralmente, retornam uma coleção de elementos que casam, e ações como **hide()** são aplicadas a toda coleção.

Por que a linha 4 refere-se a **$(this)**, ao invés de **this**? O mecanismo pelo qual as interações de usuários são despachadas para as funções JavaScript é parte da JSAPI do navegador, portanto o valor de **this** é a representação do *navegador* da caixa de seleção (o elemento que tratou o evento). No lugar de utilizar as funcionalidades jQuery mais poderosas, como a **is(':checked')**, precisamos "embrulhar" o elemento nativo como um elemento jQuery, através da chamada de **$**, a fim de entregar-lhe essas forças especiais. A primeira linha da Figura 6.12 mostra esse uso do **$**.

<input> fora de <form>? Sim — é, legal desde o HTML 4, contanto que você gerencie todos os comportamentos da entrada, como estamos fazendo.

Para o terceiro passo provemos a função **setup**, que realiza duas coisas. Primeiramente, a função cria um rótulo e uma caixa de seleção (linhas 12–14), usando o mecanismo **$**, apresentado na segunda linha da Figura 6.12, e apenas os insere depois da tabela `movies` (linha 15). Mais uma vez, criando um elemento jQuery, somos capazes de chamar nele o **insertBefore**, que não faz parte da JSAPI embutida no navegador. A maioria das funções jQuery, como a **insertBefore**, retornam o objeto alvo em si, permitindo o "encadeamento" das funções chamadas, como vimos no Ruby.

Em segundo lugar, a função de *setup* associa a função **filter_adult** ao tratador **change** da caixa de seleção Era de se esperar que houvesse uma associação ao tratador **click** da caixa de seleção, mas o **change** é mais robusto pois é um exemplo de pseudo-evento de interface: ele é acionado se a caixa de seleção foi modificada por um clicar do mouse, uma tecla (tanto para navegadores que possuem navegação por teclado, quanto para usuários sem habilidades que evitam o uso do *mouse*), ou até mesmo através de outro código JavaScript.

O evento **submit** em formulários é semelhante: é melhor associar a esse evento do que associar ao tratador **click**, no botão de submeter do formulário, para o caso do usuário submeter o formulário pressionando a tecla Enter.

Por que simplesmente não adicionamos o rótulo e a caixa de seleção ao molde de visão Rails? A razão está relacionada à nossa diretriz de projeto de degradação graciosa: ao usar JavaScript para criar a caixa de seleção, navegadores antigos não mostrarão a caixa de seleção. Se a caixa de seleção era parte do molde de visão, usuários de navegadores antigos ainda veriam a caixa de seleção, mas nada aconteceria quando clicassem nela.

Por que a linha 16 refere-se ao **MovieListFilter.filter_adult**? Ela não poderia se referir apenas ao **filter_adult**? Não, pois isso significaria que o **filter_adult** é um nome de variável visível no escopo da função **setup**, mas, na verdade, não é um nome de variável — é apenas uma propriedade cujo valor é uma função do objeto **MovieListFilter**, que *é* uma variável (global). É uma boa prática de JavaScript criar um, ou alguns, objetos globais para encapsular suas funções como propriedades, ao invés de escrever um monte de funções poluindo o espaço de nomes global com seus nomes.

O quarto, e último, passo, consiste em providenciar que a função **setup** seja chamada. Por razões históricas, o código JavaScript associado a uma página pode começar a executar *antes* de toda página ter sido carregada e o DOM completamente analisado. Essa funcionalidade era importante para acelerar o tempo de resposta quando os navegadores e as conexões de Internet eram mais lentas. Entretanto, nós geralmente preferimos esperar até que a página esteja carregada e o DOM esteja inteiramente analisado, caso contrário, podemos acabar chamando

var m = new Movie();	(Figure 6.6, line 13) In the body of the **Movie** function, **this** will be bound to a new object that will be returned from the function, so you can use **this.title** (for example) to set its properties. The new object's prototype will be the same as the function's prototype.
pianist.full_title();	(Figure 6.6, line 15) When **full_title** executes, **this** will be bound to the object that "owns" the function, in this case **pianist**.
$('#filter').change(MovieListFilter.filter_adult);	(Figure 6.10, line 16) When **filter_adult** is called to handle a **change** event, **this** will refer to the element on which the handler was bound, in this case one of the element(s) matching the CSS selector **#filter**.

Figura 6.11: Os três usos comuns do this introduzidos nas seções 6.3 e 6.5. Veja Falácias e Armadilhas, para saber mais sobre o uso do this.

Uses of $() or jQuery() with example	Value/side effects, line number in Figure 6.10
$(*sel*) **$('.mov span')**	return collection of jQuery-wrapped elements selected by CSS3 selector *sel* (line 16)
$(*elt*) **$(this), $(document), $(document.getElementById('main'))**	When an element is returned by a JSAPI call such as **getElementById** or supplied to an event-handler callback, use this function to create a jQuery-wrapped version of the element, on which you can call the operations in Figure 6.8 (line 4)
$(*HTML[, attribs]*) **$('<p><b>bold</b>words</p>'),** **$('<img/>', {** **src: '/rp.gif',** **click: handleImgClick })**	Returns a new jQuery-wrapped HTML element corresponding to the passed text, which must contain at least one HTML tag with angle brackets (otherwise jQuery will think you're passing a CSS selector and calling it as in the previous table row). If a JavaScript object is passed for *attribs*, it is used to construct the element's attributes. (Lines 13–14) The new element is not automatically inserted into the document; Figure 6.8 shows some methods for doing that, one of which is used in line 15.
$(*func*) **$(function () {...});**	Run the provided function once the document has finished loading and the DOM is ready to be manipulated. This is a shortcut for **$(document).ready(*func*)**, which is itself a jQuery wrapper around the **onLoad()** handler of the browser's built-in JSAPI. (line 19)

Figura 6.12: As quatro formas de invocar a função sobrecarregada jQuery(), ou $(), e os efeitos das mesmas. Todas as quatro estão demonstradas na Figura 6.10.

callbacks em elementos que ainda não existem! A linha 19 nos mostra esse costume ao adicionar o **MovieListFilter.filter_adult** à lista de funções para serem executadas uma vez que a página tenha sido carregada, como a última linha da tabela da Figura 6.12 nos mostra. Como pode-se chamar o **$()** inúmeras vezes para executar múltiplas funções de **setup**, é possível manter as funções de **setup** de cada arquivo unidas à funcionalidade daquele arquivo como fizemos aqui. Para executar esse exemplo, coloque todos os códigos da Figura 6.12 em app/assets/javascripts/movie_list_filter.js.

Esse foi um exemplo que, apesar de denso, ilustra a funcionalidade jQuery básica que você precisará para implementar melhorias em interfaces. A figura e a tabela dessa seção generalizam as técnicas introduzidas no exemplo, portanto, vale a pena gastar algum tempo lendo-as atentamente. A Figura 6.12, em particular, sumariza as quatro maneiras diferentes de usar o **$** do jQuery vistas nesse capítulo.

Sumário sobre o DOM do jQuery e tratadores de eventos:

- Você pode definir ou mudar como vários elementos HTML reagem a entrada do usuário através da associação de tratadores JavaScript ou ***callbacks*** de eventos específicos em determinados elementos. O jQuery permite que se ligue tanto os eventos "físicos" de usuário, tais como os "cliques" do *mouse* quanto pseudo-eventos "lógicos", como uma submissão de formulário. A Figura 6.9 sumariza um subconjunto de eventos do jQuery.
- Dentro de um tratador de evento, o jQuery faz com que o **this** seja associado à representação DOM do *navegador* referente ao elemento que tratou o evento. Geralmente, "embrulhamos" o elemento para adquirir o **$(this)**, um elemento "embrulhado" com jQuery que implementa operações aprimoradas do jQuery, como **$(this).is(':checked')**.
- Uma das funcionalidades avançadas do jQuery, é a habilidade de aplicar transformações, como **show()** e **hide()**, tanto a uma coleção de elementos (por exemplo, um grupo de elementos nomeados por um único seletor CSS), quanto a um único elemento.
- A fim de obtermos código conciso (DRY) e degradação graciosa, a associação de tratadores de eventos aos elementos deve ocorrer em uma função de *setup* que é chamada quando o documento está carregado e pronto; desse modo, navegadores antigos sem JavaScript não executarão a função. Ao passar uma função para o **$()**, a função é adicionada à lista de funções de *setup* que serão executadas uma vez que o documento tenha sido carregado.

■ ***Elaboração: Eventos personalizados***

A maioria dos eventos jQuery são baseados em eventos embutidos nos navegadores, mas também é possível definir seus próprios eventos personalizados e usar o **trigger** para dispará-los. Por exemplo, você pode incluir menus para mês e dia em um único elemento externo, como um `div`, e, em seguida, definir um evento **update** personalizado no `div`, que verifica a compatibilidade entre o mês e o dia. Outra possibilidade é isolar o código de verificação em um tratador de evento separado para o **update**, e usar o **trigger** para chamá-lo de dentro dos tratadores **change**, para os menus individuais de dia e mês. Essa é uma maneira dos tratadores personalizados ajudarem com a concisão do seu código JavaScript.

http://pastebin.com/AqHkMHRk

```
// from file jquery_ujs.js in jquery-rails 3.0.4 gem
// (Line numbers may differ if you have a different gem version)
// line 23:
  $.rails = rails = {
    // Link elements bound by jquery-ujs
    linkClickSelector: 'a[data-confirm], a[data-method], a[data-remote], a[data-disable-with]',
// line 160:
    handleMethod: function(link) {
        // ...code elided...
        form = $('<form method="post" action="' + href + '"></form>'),
        metadata_input = '<input name="_method" value="' + method + '" type="hidden" />';
      // ...code elided...
      form.hide().append(metadata_input).appendTo('body');
      form.submit();
    }
```

Figura 6.13: Quando o `jquery_ujs` **é carregado, os elementos <a> que têm qualquer um dos atributos** `data-confirm`, `data-method`, `data-remote`, **ou** `data-disable-with`, **são vinculados ao tratador handleMethod, que é executado ao se clicar no link. Se o link tem um atributo** `data-method`, **o tratador constrói um** `<form>` **efêmero passando o valor do** `data-method` **como o atributo** `_method` **escondido, esconde o formulário (para que ele não apareça na página quando construído), e o submete. No Rails 2, e em versões anteriores, o auxiliar link_to gerava código JavaScript *inline* (indiscreto); o Rails 3 modificou o comportamento para um JavaScript mais belo, discreto.**

■ ***Elaboração: Auxiliares de visão JavaScript e Rails***

Na Seção 4.8, utilizamos o auxiliar Rails **link_to** com o **:method=>:delete**, para criar um link "clicável" que acionaria o método de controle `delete`. Percebemos que o HTML incomum, gerado pelo auxiliar, se assemelha a algo como:
http://pastebin.com/nRgdBDwU

```
<a href="/movies/1" data-method="delete" rel="nofollow">Delete</a>
```

O jeito convencional do Rails para tratar uma operação de *delete* é utilizar uma operação `POST` HTTP, que envia um formulário com o argumento adicional `_method="delete"`, dado que a maior parte dos navegadores não podem emitir os pedidos de `DELETE` HTTP diretamente. Levando em conta o conhecimento adquirido nesta seção, a Figura 6.13 mostra como o **link_to** realmente trabalha, por meio de anotações em trechos de código do arquivo `jquery_ujs.js`, parte da gema `jquery-rails`, que todos aplicativos Rails utilizam por padrão.
Como os *crawlers* da Web, geralmente, não executam JavaScript, o atributo `rel="nofollow"` é uma *pedido* ao *crawler*, ou outro cliente, para não seguir o link; porém, não existe garantia de que o cliente respeitará esse pedido. Por essa razão, é importante que as suas rotas apenas permitam que as ações de controle "destrutivas" sejam chamadas com métodos sem-`GET`.

Auto-avaliação 6.5.1. *Explique por que chamar* **$(**selector**)** *é equivalente a chamar* **$(window.document).find(**selector**)**.

◇ **document** é uma propriedade do objeto global embutido do navegador (**window**), que se refere à representação do navegador da raiz do DOM. Ao envolver o elemento do documento como **$**, possibilita-se o acesso às funções jQuery, como o **find**, que localiza todos os elementos que casam com o seletor e que estão na sub-árvore do objeto em questão. Nesse caso, o objeto é a raiz do DOM e, portanto, ele vai achar quaisquer elementos que casam com o seletor em todo o documento. ■

Auto-avaliação 6.5.2. *Na auto avaliação 6.5.1, por que precisamos escrever o* **$(document).find** *ao invés de* **document.find***?*

◇ O **document**, também conhecido como **window.document**, é a representação nativa do navegador do objeto **document**. Como o **find** é uma função jQuery, precisamos "embrulhar" o **document** para dá-lo poderes jQuery especiais.

■

Auto-avaliação 6.5.3. *O que aconteceria se omitíssemos a última linha da Figura 6.10, que providencia a chamada da função* **setup***?*

◇ O navegador se comportaria como um navegador antigo sem o JavaScript. A caixa de seleção não seria desenhada (dado que é baseada na função **setup**), e mesmo que fosse, nada aconteceria se fosse acionada, levando em conta que a função **setup** liga nosso tratador JavaScript ao evento **change** da caixa de seleção. ■

6.6 AJAX: Asynchronous JavaScript e XML

Em 1998, a Microsoft adicionou uma nova função ao objeto global JavaScript, definido no Internet Explorer 5. O **XmlHttpRequest** (normalmente abreviado por XHR), permitiu ao código JavaScript iniciar as requisições HTTP ao servidor sem carregar uma nova página e usar a resposta do servidor para modificar o DOM da página atual. Essa nova função, chave para aplicativos AJAX, facilitou a criação de uma interface de usuário rica, quase como uma aplicação de *desktop*, como o Google Maps, poderosamente, demonstrou. Felizmente, você já sabe todos os ingredientes necessários para a programação "AJAX no Rails":

1. Crie uma ação controladora (num *controller*) ou modifique uma (Seção 4.4), para manipular as solicitações AJAX feitas pelo código JavaScript. Ao invés de processar uma visão inteira, a ação processará uma visão parcial (Seção 5.1), com o intuito de gerar um pedaço de HTML para inserção na página.

2. Construa seu URI RESTful em JavaScript e use o XHR para enviar o pedido HTTP ao servidor. Como você pode ter adivinhado, o jQuery possui atalhos úteis para muitos casos comuns, então usaremos o nível superior do jQuery e mais funções poderosas ao invés de chamar, diretamente, o XHR.

3. Como JavaScript possui um único fluxo de execução (é ***single-threaded***, i.e., ele só pode funcionar em uma tarefa por vez, até que a tarefa seja completada), a interface do navegador seria "congelada" enquanto o JavaScript aguardasse uma resposta do servidor. Consequentemente, o XHR substitui retornos imediatos por *callbacks* para tratadores de eventos (como foi feito para a programação de um único navegador na Seção 6.5), que serão chamados quando o servidor responder ou um erro ocorrer.

4. Quando a resposta chega ao navegador, o *callback* é chamado passando como parâmetro o conteúdo da resposta. Ele pode usar o **replaceWith()** do jQuery, para substituir inteiramente um elemento existente, e o**text()** ou **html()** para atualizar um conteúdo do elemento, como mostra a Figura 6.8. Como as funções JavaScript são fechamentos (como os blocos de Ruby), o método de *callback* tem acesso a todas as variáveis visíveis quando a chamada XHR foi feita, mesmo que essa chamada tenha sido executada, posteriormente, em um ambiente diferente.

http://pastebin.com/mcmdUnqA

```
%p= movie.description

= link_to 'Edit Movie', edit_movie_path(movie)
= link_to 'Close', '', {:id => 'closeLink'}
```

http://pastebin.com/ck2q1ZxJ

```
1 class MoviesController < ApplicationController
2   def show
3     id = params[:id] # retrieve movie ID from URI route
4     @movie = Movie.find(id) # look up movie by unique ID
5     render(:partial => 'movie', :object => @movie) if request.xhr?
6     # will render app/views/movies/show.<extension> by default
7   end
8 end
```

Figura 6.14: (a) Em cima: uma parcial simples que será renderizada e devolvida à requisição AJAX. Nós damos ao link "Close" um ID de elemento único, portanto, podemos convenientemente associar um tratador a esse elemento que irá omitir o *pop-up*. (b) Em baixo: A ação de controle que processa a parcial, obtida por uma simples modificação na Figura 4.9: se a requisição é uma requisição AJAX, a linha 5 renderiza e retorna imediatamente. A opção :object disponibiliza o @movie para a parcial, como uma variável local cujo nome se refere ao nome da parcial, nesse caso, movie. Se o xhr? não é verdadeiro, o método de controle realizará a ação de renderização padrão, com a finalidade de renderizar a visão `show.html.haml` como usual.

Ilustraremos como cada passo funciona para a funcionalidade AJAX demonstrada no Screencast 6.1.1, onde os detalhes do filme aparecem em uma janela flutuante, ao invés de carregar uma página separada. O passo 1 requer a identificação, ou a criação, de uma nova ação de controle, que manipulará a requisição. Usaremos apenas a ação **MoviesController#show** existente, portanto, não precisaremos definir uma nova rota. Essa decisão de projeto é defensível, uma vez que a versão AJAX da ação realiza a mesma função que a versão original, isto é, a ação RESTful "*show*". Modificaremos a ação **show**, de modo que, se ela estiver respondendo à requisição do AJAX, irá gerar a visão parcial da Figura 6.14 (a), ao invés de uma visão inteira. Também é possível definir ações de controle separadas, exclusivamente para o AJAX, porém, elas podem ser não-DRY se duplicarem a funcionalidade de ações existentes.

Como a ação de controle sabe se o **show** foi chamado do código JavaScript ou por uma requisição HTTP comum iniciada por um usuário? Felizmente, todas as principais bibliotecas JavaScript e muitos navegadores inserem um cabeçalho HTTP `X-Requested-With: XMLHttpRequest` em todas as solicitações HTTP AJAX. O método auxiliar Rails **xhr?**, definido no objeto **request** das instâncias de controle, representa a chegada da requisição HTTP, verifica a presença desse cabeçalho. A Figura 6.14(b) apresenta a ação de controle que renderizará a visão parcial.

Deslocando-se para o passo 2, como o código JavaScript deveria construir e disparar a requisição XHR? Como o *screencast* apresentou, queremos que a janela flutuante apareça quando clicarmos no link com o nome do filme. Como a Seção 6.5 explicou, podemos "sequestrar" o comportamento embutido de um elemento ao anexar um tratador **click** JavaScript explícito para fazer isso. Com certeza, para a degradação graciosa, devemos apenas sequestrar o comportamento do link se o JavaScript estiver disponível. Portanto, seguindo a mesma estratégia do exemplo na Seção 6.5, nossa função **setup** (linhas 2 – 8 da Figura 6.15), associa o tratador e cria um `div` escondido para expor a janela flutuante. Navegadores antigos não executarão a função e apenas obterão o comportamento padrão de se clicar no link.

HiJax (similar ao termo inglês *hijack*, sequestrar) é o termo usado humoristicamente para descrever essa técnica.

O tratador de cliques real **getMovieInfo**, deve disparar a requisição XHR e prover uma função de *callback* que será chamada com os dados retornados. Para isso, usamos a função *http://pastebin.com/zZPKvmVW*

```
var MoviePopup = {
  setup: function() {
    // add hidden 'div' to end of page to display popup:
    var popupDiv = $('<div id="movieInfo"></div>');
    popupDiv.hide().appendTo($('body'));
    $(document).on('click', '#movies a', MoviePopup.getMovieInfo);
  }
  ,getMovieInfo: function() {
    $.ajax({type: 'GET',
            url: $(this).attr('href'),
            timeout: 5000,
            success: MoviePopup.showMovieInfo,
            error: function(xhrObj, textStatus, exception) { alert('Error!');
                }
            // 'success' and 'error' functions will be passed 3 args
           });
    return(false);
  }
  ,showMovieInfo: function(data, requestStatus, xhrObject) {
    // center a floater 1/2 as wide and 1/4 as tall as screen
    var oneFourth = Math.ceil($(window).width() / 4);
    $('#movieInfo').
      css({'left': oneFourth,  'width': 2*oneFourth, 'top': 250}).
      html(data).
      show();
    // make the Close link in the hidden element work
    $('#closeLink').click(MoviePopup.hideMovieInfo);
    return(false);  // prevent default link action
  }
  ,hideMovieInfo: function() {
    $('#movieInfo').hide();
    return(false);
  }
};
$(MoviePopup.setup);
```

Figura 6.15: A função ajax constrói e envia uma requisição XHR com as funcionalidades dadas. type especifica o verbo HTTP a ser usado, url é a URL ou URI para a requisição, timeout é o número de milissegundos para esperar por respostas antes de declarar fracasso, success especifica uma função a ser chamada com os dados de retorno, finalmente, error especifica uma função a ser chamada se ocorrer um estouro do limite de tempo ou outro erro. Muitas outras opções para a função ajax estão disponíveis, em particular, para o tratamento mais robusto de erros.

http://pastebin.com/vWwDrYEc

```
#movieInfo {
  padding: 2ex;
  position: absolute;
  border: 2px double grey;
  background: wheat;
}
```

Figura 6.16: Ao adicionar esse código ao `app/assets/stylesheets/application.css`, é especificado que a janela "flutuante" deveria ser posicionada em coordenadas absolutas, ao invés de ser baseada em seu elemento delimitador. Porém, conforme o texto expõe, não sabemos até o momento da execução, o que essas coordenadas devem ser; portanto, usamos o jQuery para modificar dinamicamente as propriedades de estilo CSS do `#movieInfo`, quando estamos prontos para expor a janela flutuante.

ajax do jQuery que recebe um objeto cujas propriedades especificam as funcionalidades do pedido AJAX, como mostram as linhas 10–15 da Figura 6.15. Nosso exemplo mostra um subconjunto de propriedades que você pode especificar nesse objeto; uma propriedade importante, que não mostramos, é a **data**, que pode ser tanto um string de argumentos para anexar à URI (como na Figura 2.3), ou um objeto JavaScript; neste último caso, as propriedades do objeto e seus valores serão serializados em um string que pode ser anexado à URI. Como sempre, tais argumentos aparecerão então no *hash* **params[]** disponível para as ações Rails controladoras.

Obviamente, **$.ajax** é apenas um codinome para **jQuery.ajax**.

O screencast 6.6.1 se utiliza do depurador interativo Firebug, assim como o depurador Rails para percorrer o resto do código na Figura 6.15. Obter a URI alvo da requisição XHR é fácil: como o link que estamos sequestrando já está ligado à URI RESTful para apresentar detalhes de filmes, podemos obter seu atributo `href`, como mostra a linha 11. As linhas 13 – 14 nos lembram que as propriedades cujo valor são funções podem especificar tanto uma função nomeada, como faz **success**, quanto uma função anônima, como faz **error**. Para manter o exemplo simples, nosso erro de comportamento é rudimentar: não importa o gênero do erro que acontece, incluindo um tempo limite de 5000 ms (5 segundos), apenas exibimos uma caixa de alerta. Em caso de sucesso, especificamos o **showMovieInfo** como a *callback*.

Screencast 6.6.1: Depuração passo-a-passo com AJAX.
`http://vimeo.com/47064979`
A depuração AJAX requer uma combinação de um depurador JavaScript, como o Firebug, e um depurador do lado do servidor, tal como o `debugger`, visto no Capítulo 4. Esteja ciente que a visão de "Informação" do Firefox (como usamos no Screencast 2.3.2), funciona através da modificação do DOM em si, para mostrar as *popups* e *tooltips*. Portanto, se você estiver testando as coisas por meio do console JavaScript, você pode obter resultados inesperados caso essas funcionalidades estejam ativadas. *Nota:* O código JavaScript do screencast usa o nome **RP**, ao invés de **MoviePopup**, para nomear a variável global que armazena as funções JavaScript relacionadas a esse exemplo, porém, apesar dessa diferença, o código é o mesmo.

Um truque interessante do CSS acontece nas linhas 20 e 23 da Figura 6.15. Tendo em mente que o nosso objetivo é "flutuar" a janela *popup*, podemos usar o CSS para especificar seu posicionamento como `absolute`, através da adição da remarcação na Figura 6.16. Porém, sem o conhecimento do tamanho da janela do navegador, não sabemos o quão grande a janela flutuante deve ser, ou onde posicioná-la. O **showMovieInfo** computa as dimensões e coordenadas de uma `div` flutuante com a metade da largura e um quarto da altura da janela do navegador em si (linha 20). Essa computação substitui os conteúdos HTML do `div` com os dados retornados do servidor (linha 22), centraliza o elemento horizontalmente sobre a janela principal e a 250 pixels do topo (linha 23) e, finalmente, apresenta o `div`, que até agora estava escondido (linha 24).

Há um último passo a seguir: O `div` flutuante tem um link "Close" que deve fazê-lo desaparecer; portanto, a linha 26 associa um tratador **click**, muito simples, a ele. Finalmente, o **showMovieInfo** retorna **false** (linha 27). Por quê? Porque o tratador foi chamado como resultado de se clicar em um elemento link (`<a>`); é preciso retornar **false** para suprimir o comportamento padrão associado com essa ação, isto é, seguir o link. (Pela mesma razão, os tratadores do link "Close" retornam o **false** na linha 31.)

Com tantas funções diferentes para chamar até mesmo em um exemplo simples, pode ser difícil rastrear o fluxo de controle quando estamos depurando. Ao passo que é sempre possível se utilizar do **console.log(*string*)**, com a finalidade de escrever mensagens na janela de console JavaScript do navegador, é fácil esquecer de se remover as mesmas mensagens em produção e, como o capítulo 8 descreve, a "depuração com `printf`" pode ser lenta, ineficiente e frustrante. Na Seção 6.7, introduziremos uma maneira melhor de se trabalhar, que é criando testes com o Jasmine.

Finalmente, existe um obstáculo que precisamos mencionar, que pode surgir quando o JavaScript for usado para criar dinamicamente novos elementos em tempo de execução, embora não seja o caso desse exemplo em particular. Sabemos que o **$('.myClass').on('click',*func*)** associará o *func*, como o tratador de "cliques", a todos os elementos correntes que casam com a classe CSS `myClass`. Porém, se JavaScript for utilizado para criar novos elementos, casando com `myClass` *depois* da página inicial carregar e da chamada inicial para o **on**, esses elementos não terão o tratador associado a eles, pois o **on** só pode associar tratadores a elementos já existentes.

Uma solução comum para esse problema é tirar vantagem do mecanismo jQuery que permite a um elemento ancestral delegar a manipulação de eventos para um descendente, através do uso do polimorfismo do **on**: o **$('body').on('click','.myClass',*func*)**, associa o elemento body HTML (sempre existente), ao evento `click`, mas *delega* o evento a qualquer descendente que case com o seletor `.myClass`. Como a delegação é feita a cada vez que um evento é processado, novos elementos que casem com o `.myClass` possuirão "automagicamente", quando criados, uma associação a *func* como o seu tratador do evento "clicar".

Resumo de AJAX:

- Para criar uma interação AJAX, descubra quais elementos irão adquirir novos comportamentos, quais novos elementos precisarão ser construídos para dar suporte à interação ou mostrar respostas e assim por diante.
- Uma interação AJAX envolverá, geralmente, três trechos de código: o tratador, que inicia o pedido, o *callback*, que recebe a resposta e o código na função **document.ready** (função de inicialização), para associar o tratador. O código fica mais claro se colocarmos cada uma desses trechos em funções nomeadas separadas, ao invés de implementá-los em funções anônimas.
- Como vimos no exemplo da Seção 6.5, para degradação graciosa, qualquer elemento da página usado *apenas* em interações AJAX deve ser construído em suas funções de inicialização, ao invés de serem incluídas na página HTML em si.
- Tanto depuradores, como o Firebug, ou consoles JavaScript, no Google Chrome e Safari, e a "depuração com `printf`" (usando o **console.log()**), podem ajudá-lo a encontrar os problemas com o JavaScript; mas, uma maneira melhor de localizar esses problemas, é através de testes, apresentados na Seção 6.7.

■ ***Elaboração: Programação guiada por eventos***

O modelo de programação no qual cada operação especifica um *callback* para sua conclusão, ao invés de esperar que a conclusão aconteça, é chamado de ***programação guiada por eventos***. Como pode ser concluído a partir do número de tratadores e *callbacks* nesse exemplo simples, programas guiados por eventos são considerados mais difíceis, para escrever e depurar, do que programas com ***tarefas paralelas*** como os aplicativos Rails, nos quais mecanismos distintos no servidor de aplicativos criam, efetivamente, múltiplas cópias do nosso aplicativo para tratar usuários simultâneos. Note que, por baixo dos panos, o sistema operacional faz o chaveamento entre as tarefas, assim como os programadores JavaScript realizam manualmente: quando uma cópia do usuário do aplicativo é bloqueada enquanto espera por uma resposta do banco de dados, por exemplo, outra cópia do usuário é liberada para fazer progresso, e a primeira cópia é chamada de volta quando a resposta do banco de dados chega. Nesse sentido, a orientação a eventos e a programação de tarefas paralelas são duais, e padrões emergentes, tais como o WebWorkers[16], tornam possíveis tarefas paralelas no JavaScript fazendo com que diferentes cópias do programa JavaScript sejam executadas simultaneamente em threads diferentes do sistema operacional. De qualquer modo, o JavaScript, em si, carece de abstrações de programação concorrente, como o **synchronized** do Java e a comunicação entre *threads*, portanto, a concorrência deve ser gerenciada explicitamente pela aplicação.

Auto-avaliação 6.6.1. *Por que escrevemos* **MoviePopup.showMovieInfo** *ao invés de* **MoviePopup.showMovieInfo()***, na linha 13 da Figura 6.15?*

◇ A primeira é a função real, esperada pelo **ajax** para a propriedade **success**, enquanto que a segunda é uma *chamada* para a função. ■

Auto-avaliação 6.6.2. *Por que escrevemos* **$(MoviePopup.setup)***, ao invés de* **$('MoviePopup.setup')** *ou* **$(MoviePopup.setup())***, na linha 33 da Figura 6.15?*

◇ É preciso passar a função *em si* para o **$()**, e não o seu nome ou resultado de sua chamada.

What	**RSpec/Ruby**	**Jasmine/JavaScript**
Bibliotecas	gemas `rspec, rspec-rails`	gema `jasmine`, add-on `jasmine-jquery`
Inicialização	`rails gera rspec:install`	`rails gera jasmine:install`
Arquivos de teste	`spec/models/, spec/controllers/, spec/helpers`	`spec/javascripts/`
Convenções de nomes	`spec/models/movie_spec.rb` contém testes para `app/models/movie.rb`	`spec/javascripts/movie_popup_spec.js` contém testes para `app/assets/javascripts/movie_popup.js`; `spec/javascripts/moviePopupSpec.js` contém testes para `app/assets/javascripts/moviePopup.js`
Arquivo de configuração	`.rspec`	`spec/javascripts/support/jasmine.yml`
Executar todos os testes	`rake spec`	`rake jasmine`, e aí visite `http://localhost:8888`; ou `rake jasmine:ci` para executar uma vez usando Selenium/Webdriver e capturar a saída; ou use `jasmine-headless-webkit`[17] para executar pela linha de comando sem um navegador

Figura 6.17: Comparação de configuração e usos entre o Jasmine e o RSpec. Todos os caminhos são relativos à raiz do aplicativo e todos os comando devem ser executados a partir dessa raiz. Como você pode ver, a principal diferença é o uso do `lower_snake_case` para nomes de arquivos e métodos, no Ruby, ao invés do `lowerCamelCase`, no JavaScript.

■

Auto-avaliação 6.6.3. *Continuando a auto-avaliação 6.6.2, se tivermos chamado, acidentalmente,* **$('MoviePopup.setup')**, *o resultado seria um erro de sintaxe ou um comportamento legal, porém, não intencional?*

◇ Lembre-se que **$()** é sobrecarregado e, quando chamado com um *string*, tenta interpretá-lo como marcação HTML, se o string possuir qualquer colchete angular (< ou >) ou, caso não possua, tenta interpretá-lo como um seletor CSS. Nesse exemplo, caímos no segundo caso e, portanto, a chamada devolveria uma coleção vazia, pois não existem elementos cujo rótulo é `MoviePopup` e cuja classe CSS é `setup`. ■

6.7 Testando JavaScript e AJAX

Até mesmo nosso exemplo de AJAX simples, possui muitas partes móveis. Nesta seção, apresentamos como fazer testes com o Jasmine, um arcabouço JavaScript de software livre para TDD desenvolvido pela Pivotal Labs. O Jasmine foi projetado para mimetiza e dar suporte às mesmas práticas de TDD que o RSpec. O resto dessa seção pressupõe que o Capítulo 8 já tenha sido lido, ou que haja proficiência em TDD e RSpec; como a Figura 6.17 mostra, reutilizaremos todos os conceitos de TDD no Jasmine.

Para começar a usar o Jasmine, adicione o **gem 'jasmine'** ao seu Gemfile e execute `bundle` como sempre, em seguida, execute os comandos na Figura 6.18 a partir do diretório raiz de seu aplicativo. Por razões obscuras, não podemos executar um conjunto de testes Jasmine completamente vazio; portanto, crie um arquivo `spec/javascripts/sanity_-check_spec.js` contendo o seguinte código:

http://pastebin.com/YPssaaXU

```
1 rails generate jasmine:install
2 mkdir spec/javascripts/fixtures
3 curl https://raw.githubusercontent.com/velesin/jasmine-jquery/master/lib/
     jasmine-jquery.js > spec/javascripts/helpers/jasmine-jquery.js
4 git add spec/javascripts
```

Figura 6.18: Criação de diretórios relacionados ao Jasmine em seu aplicativo. A linha 1 cria um diretório `spec/javascripts`, para onde os nossos testes irão, com os sub-diretórios `support` e `helper` análogos à configuração do RSpec (Seção 8.2). A linha 2 adiciona um sub-diretório para *fixtures* (Seção 8.5). A linha 3 instala um *add-on*, ao Jasmine, que proporciona um suporte extra para códigos jQuery baseados em testes, e para o uso de *fixtures*. A linha 4 adiciona esses novos arquivos de TDD com JavaScript ao seu projeto.

http://pastebin.com/gD120Ena

```
describe('Jasmine sanity check', function() {
  it('works', function() { expect(true).toBe(true); });
});
```

Para executar esses testes, digite `rake jasmine` e quando ele estiver sendo executado, dê uma olhada em `http://localhost:8888` para verificar os resultados do teste. De agora em diante, quando modificar algum código em `app/assets/javascripts` ou testes em `spec/javascripts` simplesmente recarregue a página do navegador para executar novamente todos os testes.

Self-checking? `rake jasmine:ci` executa a suíte Jasmine uma única vez por meio do Webdriver e coleta a saída; o (mais veloz) `jasmine-headlesswebkit`[18] ou a gema Jasmine-Rails[19] executa os testes sem a sobrecarga de executar um navegador. Ambos os métodos funcionam em um ambiente de integração contínua automatizada (CI), (Seção 12.3), onde não há nenhum humano assistindo os resultados dos testes na página do navegador.

O teste do código AJAX deve abordar dois problemas e, se você leu sobre TDD no Capítulo 8, você já possui familiaridade com as soluções para ambos problemas. Primeiramente, como vimos na Seção 8.6, devemos ser capazes de "remover a Internet" dos testes, interceptando as chamadas AJAX, de forma a devolver respostas AJAX "enlatadas" e testar nosso código JavaScript de forma isolada do servidor. Resolveremos esse problema usando *stubs*. Em segundo lugar, nosso código JavaScript espera encontrar certos elementos na página renderizada. Porém, como vimos, enquanto os testes Jasmine estão sendo executados, o navegador mostra a página de relatório do Jasmine, e não o nosso aplicativo. Felizmente, podemos usar *fixtures*, para testar código JavaScript que depende da presença de certos elementos DOM na página, de forma similar ao que usaremos na Seção 8.5 para testar o código da app Rails que depende da presença de certos itens no banco de dados.

A Figura 6.19 proporciona uma visão geral do Jasmine para usuários RSpec. Vamos ver cinco especificações Jasmine de "caminho feliz" (*happy-path*), para a funcionalidade de janela *popup* desenvolvida na Seção 6.6. Embora esses testes não sejam exaustivos, até mesmo para os caminhos felizes, nosso objetivo é ilustrar técnicas de teste Jasmine, em geral, e o uso dos *stubs* e *fixtures* Jasmine em testes AJAX, em específico.

A estrutura básica de casos de teste Jasmine está evidente na Figura 6.21: como o RSpec, o Jasmine se utiliza do **it** para especificar um único exemplo, e blocos **describe**, para agrupar conjuntos relacionados de exemplos. Assim como no RSpec, o **describe** e o **it** recebem um bloco do código como argumento, porém, enquanto no Ruby os blocos de código são delimitados pelo **do. . . end**, no JavaScript eles são funções anônimas (funções sem nome), de zero argumentos. A sequência de pontuação **});** é tão frequente pois o **describe** e o **it** são funções JavaScript de dois argumentos, sendo que o segundo é uma função sem argumentos.

Os exemplos **describe('setup')** verificam se a função **MoviePopup.setup** cria, corretamente, o contêiner `#movieInfo`, porém, o mantém escondido. **toExist** e **toBeHidden** são casadores de expectativa providos pelo *add-on* Jasmine-jQuery. Como o Jasmine carrega todos os arquivos JavaScript antes de executar quaisquer exemplos, a chamada ao **setup** (linha 34 da Figura 6.15), ocorre antes que os nossos testes sejam executados. Portanto, é

Structure of test cases

- **it("does something", function() {...})**
  Specifies a single test (spec) by giving a descriptive name and a function that performs the test.
- **describe("behaviors", function(){...})**
  Collects a related set of specs; the function body consists of calls to **it**, **beforeEach**, and **afterEach**. **describe**s can be nested.
- **beforeEach** and **afterEach**
  Setup/teardown functions that are run before each **it** block within the same **describe** block. As with RSpec, if **describe**s are nested, all **beforeEach** are run from the outside in, and all **afterEach** from the inside out.

Expectations

An expectation in a spec takes the form **expect(***object***).***expectation* or **expect(***object***).not.***expectation*
Commonly used expectations built into Jasmine:

- **toEqual(***val***), toBeTruthy(), toBeFalsy()**
  Test for equality using ==, or that an expression evaluates to Boolean true or false.

Commonly used expectations provided by the Jasmine jQuery add-on—in this case, the argument of **expect** should be a jQuery-wrapped element or set of elements:

- **toBeSelected(), toBeChecked(), toBeDisabled(), toHaveValue(stringValue)**
  Expectations on input elements in forms.
- **toBeVisible(), toBeHidden()**
  Hidden is true if the element has zero width and height, if it is a form input with `type="hidden"`, or if the element or one of its ancestors has the CSS property `display: none`.
- **toExist(), toHaveClass(***class***), toHaveId(***id***), toHaveAttr(***attrName,attrValue***)**
  Tests various attributes and characteristics of an element.
- **toHaveText(***stringOrRegexp***), toContainText(***string***)**
  Tests if the element's text exactly matches the given string or regexp, or contains the given substring.

Figura 6.19: Um resumo parcial de um *pequeno subconjunto* de funcionalidades popularmente usadas no Jasmine e no Jasmine-jQuery, seguindo a estrutura das Figuras 8.17 e 8.18 e extraídas da Documentação Jasmine[22] completa e da documentação Jasmine jQuery add-on[23].

Stubs (Spies)

- **spyOn(*obj*, 'func')**
  Creates and returns a spy (mock) of an existing function, which must be a function-valued property of *obj* named by `func`. The spy *replaces* the existing function.
- **calls** is a property of a spy that tracks calls that have been made to it, and the array **args[]** of the arguments of each call.

The following modifiers can be called on a spy to control its behavior:

- **and.returnValue(*value*)**
- **and.throwError(exception)**
- **and.callThrough()**
- **and.callFake(*func*)**
  func must be a function of zero arguments, though it has access to the arguments with which the spy was called via *spy*.**calls.mostRecent().args[]**, and can call other functions using these arguments.

Fixtures and factories (requires `jasmine-jquery`)

- **sandbox({class: 'myClass', id: 'myId'})**
  Creates an empty `div` with the given HTML attributes, if any; default is an empty `div` with no CSS class and an ID of `sandbox`. An alternative way to create the argument to **setFixtures** that avoids putting literal HTML strings into your test code.
- **loadFixtures("*file*.html")**
  Load HTML content from in `spec/javascripts/fixtures/`*file*`.html` and put it inside a `div` with ID `jasmine-fixtures`, which is cleaned out between test cases.
- **setFixtures(*HTMLcontent*)**
  Create a fixture directly instead of loading it from a file. *HTMLcontent* can be a literal string of HTML such as **<p class="foo">text</p>** or a jQuery-wrapped element such as **$('<p class="foo">text</p>')**.
- **getJSONFixture("*file*.json")**
  Returns the JSON object in `spec/javascripts/fixtures/`*file*`.json`. Useful for storing mock data to simulate the result of an AJAX call without having to put literal JSON objects into your test code.

Figura 6.20: Continuação da Figura 6.19, descrevendo *stubs* (*espiões* no Jasmine), e *fixtures*.

http://pastebin.com/zhQw7uUd

```
1  describe('MoviePopup', function() {
2    describe('setup', function() {
3      it('adds popup Div to main page', function() {
4        expect($('#movieInfo')).toExist();
5      });
6      it('hides the popup Div', function() {
7        expect($('#movieInfo')).toBeHidden();
8      });
9    });
10   describe('clicking on movie link', function() {
11     beforeEach(function() { loadFixtures('movie_row.html'); });
12     it('calls correct URL', function() {
13       spyOn($, 'ajax');
14       $('#movies a').trigger('click');
15       expect($.ajax.calls.mostRecent().args[0]['url']).toEqual('/movies/1');
16     });
17     describe('when successful server call', function() {
18       beforeEach(function() {
19         var htmlResponse = readFixtures('movie_info.html');
20         spyOn($, 'ajax').and.callFake(function(ajaxArgs) {
21           ajaxArgs.success(htmlResponse, '200');
22         });
23         $('#movies a').trigger('click');
24       });
25       it('makes #movieInfo visible', function() {
26         expect($('#movieInfo')).toBeVisible();
27       });
28       it('places movie title in #movieInfo', function() {
29         expect($('#movieInfo').text()).toContain('Casablanca');
30       });
31     });
32   });
33 });
```

Figura 6.21: Cinco especificações Jasmine de caminho feliz para o código AJAX desenvolvido na Seção 6.6. A linhas 2 – 9 verificam se a função MoviePopup.setup estabelece corretamente o `div` flutuante que será usado para mostrar a informação do filme. As linhas 10 – 32 verificam o comportamento do código AJAX sem realmente chamar o servidor RottenPotatoes, colocando um *stub* em torno da chamada AJAX.

http://pastebin.com/1PdEwxnQ

```
<table id="movies">
  <tbody>
    <tr class="adult">
      <td>Casablanca</td>
      <td>PG</td>
      <td><a href="/movies/1">More about Casablanca</a></td>
    </tr>
  </tbody>
</table>
```

Figura 6.22: Esse *fixture* HTML mimetiza uma linha da tabela `#movies` gerada pela visão de lista de filmes do RottenPotatoes (Figura 4.6); ela fica em spec/javascripts/fixtures/movie_row.html. Você pode gerar tais *fixtures* copiando e colando o código HTML do "Visualizar código-fonte" do seu navegador ou de código gerado dinamicamente pelo JavaScript (como a caixa de seleção "Esconder filmes adultos") inspecionando `$('#movieInfo').html()` no console JavaScript. A seção "Falácias e Armadilhas" descreve um jeito de evitar que os *fixtures* fiquem fora de sincronia caso você modifique as visões de seu aplicativo.

razoável testar se a função fez o seu trabalho.

Os exemplos **describe('AJAX call to server')** são mais interessantes, pois usam *stubs* e fixtures para isolar do servidor nosso código AJAX do cliente. A Figura 6.20 introduz os *stubs* e *fixtures* disponíveis no Jasmine e no Jasmine-jQuery. Como o RSpec, o Jasmine nos permite executar o código de *setup* e de limpeza (*teardown*) do teste, com o uso do **beforeEach** e **afterEach**. Nesse conjunto de exemplos, nosso código de *setup* carrega o *fixture* HTML, apresentado na Figura 6.22, para imitar o ambiente que o tratador **getMovieInfo** veria se ele fosse chamado após a lista de filmes ter sido exibida. A funcionalidade dos *fixtures* são providas pelo Jasmine-jQuery; cada *fixture* é carregado dentro do `div#jasmine-fixtures`, que está inserido em `div#jasmine_content`, na página principal do Jasmine, e todos os *fixtures* são limpos, após cada spec, para preservar a independência dos testes.

O primeiro exemplo (linha 12 da Figura 6.21), verifica se a chamada AJAX usa a URL de filme correta, derivada da tabela. Para isso, o **spyOn** do Jasmine é usado para substituir a função **`$.ajax`**. Como o **stub** do RSpec, essa chamada *substitui* qualquer função existente de mesmo nome, portanto, quando **disparamos** manualmente a ação de clicar no (único) elemento a, da tabela `#movies`, devemos esperar, se tudo estiver ocorrendo bem, que nossa função espiã tenha sido chamada. Como em JavaScript é comum que as funções sejam os valores das propriedades de objeto, o **spyOn** possui dois argumentos, um objeto (**`$`**), e o nome da propriedade com valor de função do objeto a espiar (**'ajax'**).

A linha 15 parece complexa, porém, é simples. Cada espião Jasmine lembra do argumento passado para a ele, em cada uma de suas chamadas, como o **calls.mostRecent()**, e, como você recordada da explicação na Seção 6.6, uma chamada *real*, para a função AJAX recebe um único argumento (linhas 9 – 15 da Figura 6.15), cuja propriedade **url** é a URL para o qual a chamada AJAX deve ir. A linha 15 da spec simplesmente verifica o valor dessa URL. De fato, ela está testando se o **`$(this).attr('href')`** é o código JavaScript correto para extrair a URL AJAX da tabela.

A Figura 6.23 mostra a semelhança entre os desafios de criar um stub para representar a Internet em testes com AJAX, e criar um stub para representar a Internet em testes de código em Arquitetura Orientada a Serviços (Seção 8.6). Como você pode ver, em ambos os cenários a decisão de onde inserir o stub depende do quanto da pilha queremos exercitar em nossos testes.

A linha 19 lê em um *fixture*, que tomará o lugar da resposta AJAX, originada da ação de exibição do controlador de filmes (veja a Figura 6.24). Nas linhas 20–22, vemos o uso da

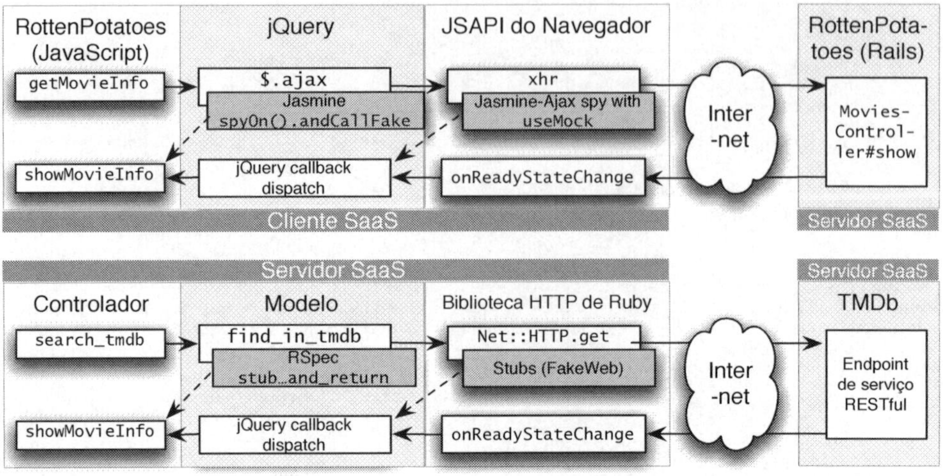

Figura 6.23: Em cima: Normalmente, nossa função getMovieInfo chama o ajax do jQuery, que chama o xhr da JSAPI do navegador, que, por sua vez, envia a requisição para o servidor. A resposta do servidor dispara a lógica de *callback* do JSAPI do navegador, que chama um método jQuery interno, que, em seguida, chama nossa *callback* showMovieInfo. Se criarmos um stub para a função ajax, podemos fazer com que o showMovieInfo seja chamado imediatamente; podemos também criar um stub mais longe criando um stub para o xhr (usando o plug-in Jasmine-Ajax), fazendo com que o despachador interno do jQuery seja chamado imediatamente. Em baixo: A representação gráfica da discussão que acompanha a Figura 8.16, na Seção 8.6.

http://pastebin.com/pnTj5S5c

```
<p>Casablanca is a classic and iconic film starring
   Humphrey Bogart and Ingrid Bergman.</p>
<a href="" id="closeLink">Close</a>
```

Figura 6.24: Esse *fixture* HTML imita a resposta AJAX originada da ação de exibição de controladores de filmes; ele fica em spec/javascripts/fixtures/movie_info.html.

função **callFake**, não apenas para interceptar uma chamada AJAX, mas também para simular uma resposta bem sucedida usando o *fixture*. Isso e o disparo da chamada AJAX (linha 23), é repetido para cada um dos dois testes seguintes que verificam tanto se a *popup* **#movieInfo** é visível (linha 26), quanto se ela contém o texto de descrição de filme (linha 29).

Essa introdução concisa, em conjunto com as tabelas de resumo desta seção, permite que você comece a usar BDD para o seu código JavaScript. As melhores fontes de documentação completa para essas ferramentas são a documentação Jasmine[24] e a documentação Jasmine jQuery add-on[25].

http://pastebin.com/9rsFCnwE

```
1 describe('element sanitizer', function() {
2   it('removes IMG tags from evil HTML', function() {
3     setFixtures(sandbox({class: 'myTestClass'}));
4     $('.myTestClass').text("Evil HTML! <img src='http://evil.com/xss'>");
5     $('.myTestClass').sanitize();
6     expect($('.myTestClass').text()).not.toContain('<img');
7   });
8 });
```

Figura 6.25: O método sandbox, do Jasmine-jQuery, cria um novo `div` HTML com os atributos dados; seu `id`, por padrão, é `sandbox`, se não é definido de outra forma. As linhas 4 – 5 usam o elemento criado com o sandbox. O sandbox pode ser usado para conter temporariamente elementos construídos numa espécie de fábrica sem "poluir" o código de teste com código de marcação HTML.

Resumo de BDD Jasmine para JavaScript:

- Como em RSpec, os specs Jasmine são funções anônimas acompanhadas por um string descritivo. Eles são introduzidos pela função Jasmine **it**, podem ser agrupados com os blocos **describe** (aninhados) que possuem chamadas **beforeEach** e **afterEach** associadas (chamadas de inicialização e limpeza).
- O **spyOn** pode ser usado para substituir um método existente por um espião. O comportamento do espião pode ser controlado por funções como **and.callThrough**, **and.returnValue** e assim por diante, como mostra a Figura 6.20.
- Os *fixtures* HTML do Jasmine-jQuery podem prover tanto o conteúdo "anterior" para desencadear uma requisição AJAX, quanto o conteúdo "posterior" para testar os resultados de uma requisição AJAX bem, ou mal, sucedida.

■ ***Elaboração: Por que não se usa specs Jasmine para o código só do lado do cliente?***

Não incluímos specs para o exemplo de código só do lado do cliente da Seção 6.5 pela mesma razão de não termos escrito specs de visões no Capítulo 8: a prática mais difundida é testar os comportamentos da visão do lado do cliente com testes de aceitação ou integração, como os cenários Cucumber usando o Webdriver (Seção 7.6).

■ ***Elaboração: Teste de validação de formulário do lado do cliente***

Um uso comum do JavaScript é na validação de entradas no formulário à medida em que o usuário digita, antes do mesmo do formulário ser enviado. Você pode testar esses formulários autovalidados através da criação de um *fixture* HTML que represente um formulário ou parte de um, usando *element*.**val()** para estabelecer o valor de uma ou mais entradas do formulário, e disparando *element*.**blur()** para fazer com que o elemento perca o foco, simulando o usuário pressionando a tecla Tab, ou usando o mouse para navegar para um campo diferente do formulário. Em seguida, você também pode verificar se os outros campos do formulário foram apropriadamente atualizados com o novo valor (através da inspeção de seu *elemento*.**val()**) ou espiar na função de validação com **.and.callThrough()** para assegurar que ela seja chamada como resultado da mudança de foco.

■ ***Elaboração: Fixtures ou fábricas?***

Como explica a Seção 8.5, nos aplicativos Rails, é frequentemente preferível usar uma fábrica para criar dublês de testes "no lugar" ao invés de especificar *fixtures*. Portanto, por que recomendamos o uso de *fixtures*, ao invés de fábricas, para os testes AJAX? Uma das razões é que o balanço de forças é diferente no JavaScript. No aplicativo Rails, os *fixtures* são carregados no bancos de dados antes dos testes serem executados e vários métodos do ActiveRecord, como o **find**, podem se comportar de forma diferente, quando diferentes *fixtures* estão presentes; consequentemente, os *fixtures* podem quebrar a Independência dos testes. As fábricas são uma alternativa atraente no Rails pois gemas, tais como FactoryGirl, facilitam o processo de criar dublês em testes "just in time", em cada teste que necessite deles. No Jasmine, para substituir uma "fábrica" HTML por *fixtures* HTML, usaríamos o **$('')** para criar elementos HTML no código, porém, muitos desenvolvedores vêm essa prática como indesejável, pois misturar marcação HTML com o código de teste JavaScript torna a leitura do código difícil. O Jasmine-jQuery provê um suporte simples para o uso de fábricas sem poluir, excessivamente, seu código de teste com marcação HTML, como mostra a Figura 6.25; mas, em geral, vemos que os *fixtures* para testes AJAX evitam algumas armadilhas de *fixtures* para testes Rails. Eles introduzem, no entanto, uma armadilha em si mesmos — a possibilidade de se ficar "fora da sincronia" com os visões do aplicativo. Veja Falácias e Armadilhas para uma discussão sobre essa armadilha e sua solução.

Auto-avaliação 6.7.1. *O Jasmine-jQuery também dá suporte a* **toContain** *e* **toContainText** *para verificar se um string de texto, ou um HTML, ocorre em um elemento. Por que seria* incorreto *substituir* **.not.toContain('<div id="movieInfo"></div>')** *por* **toBeHidden()**, *na linha 7 da Figura 6.21?*

◇ Um elemento escondido não é visível, porém, ainda contém o texto, ou o HTML associado com o elemento. Portanto, os seletores do estilo de **toContain** podem ser usados para testar o *conteúdo* de um elemento, mas não sua *visibilidade*. Além disso, existem muitas maneiras para um elemento ser escondido — seu CSS poderia incluir `display:none`, ele poderia possuir largura e altura zero, ou seu ancestral poderia ser escondido — e o seletor **toBeHidden()** verifica todas essas formas. ■

Auto-avaliação 6.7.2. *Como o RSpec, o Jasmine dá suporte ao* **and.returnValue()**, *para que um stub possa devolver um um valor "enlatado". Por que precisamos escrever* **and.callFake** *para passar* **ajaxArgs** *para uma função como resultado de ter colocado um stub em* **ajax**, *ao invés de, simplesmente, escrever* **and.returnValue(ajaxArgs)**, *na Figura 6.21?*

◇ Lembre-se que as chamadas AJAX são assíncronas. A chamada **$.ajax** *não* retorna dados do servidor: normalmente, ela retorna imediatamente e, algum tempo depois, a sua *callback* é chamada com o dado do servidor. O **and.callFake** simula esse comportamento. ■

6.8 Aplicativos de uma única página e JSON APIs

O Google Maps foi um dos primeiros exemplos da categoria emergente de aplicativos conhecida como aplicativos de uma única página do lado do cliente (SPAs). Em um SPA, após a página inicial ser carregada do servidor, todas as interações aparecem ao usuário para acontecer sem nenhuma página recarregar. Embora não desembrulharemos um SPA completo, nessa seção, mostraremos as técnicas necessárias para isso.

Até agora, nós temos nos concentrado no uso de JavaScript para melhorar os aplicativos SaaS em servidores; já que o HTML já é há muito tempo a *língua franca* do conteúdo servido por esses aplicativos, por isso escolher renderizar um *partial* e usar JavaScript para inserir um outro *partial* "pronto" no DOM foi uma escolha sensata. Porém, com os SPAs, é mais comum que o código do lado do cliente realize requisições de alguns dados "crus" do servidor e os use para construir ou modificar os elementos do DOM. Como fazer um aplicativo Rails devolver o dado bruto ao invés de marcadores HTML para o código JavaScript cliente?

Um mecanismo simples é fazer a ação do controlador usar o **render :text** para devolver uma string simples. Contudo, se precisamos enviar dados estruturados para o cliente, nós devemos enfrentar o mesmo problema que resolvemos usando um banco de dados relacional na Seção 2.6 — como para "congelar sob vácuo"[26] os dados, de modo que sua estrutura possa ser "reconstituída" corretamente no cliente, isto é, como ***serializar*** e, posteriormente, ***desserializar*** os dados.

Quando SPAs começaram a ser desenvolvidos, HML parecia uma escolha promissora para o formato de serialização. O X em AJAX significa XML, e a Seção 8.1 mostra um exemplo simples de dados devolvidos por um servidor no formato XML. Apesar de parecer simples, a especificação completa de XML possui muitas peculiaridades que tornam seus *parsers* complexos e desafiadores de escrever. Embora a maioria dos navegadores tenham *parsers* embutidos, seus JSAPIs são incompatíveis, e o jQuery não proporciona nenhuma *façade* para eles, como fornece para manipulação DOM. Até mesmo os analisadores XML mais leves, tais como o Sax-JS[27], adicionam, aproximadamente, 1300 LOC ao seu aplicativo JavaScript, e não fornecem um acesso conveniente ao DOM.

Uma alternativa atraente é uso do JSON, o *JavaScript Object Notation* conhecemos na Figura 6.3. O JSON é muito mais simples que o XML, mas é suficiente para representar muitas estruturas de dados dos aplicativos, e tem se tornado tão popular que muitas APIs RESTful passaram a servir tanto JSON quanto XML: você especifica qual deseja usando um *endpoint* (URL) para cada formato ou passando como parâmetro em uma chamada a uma API REST. Como o formato JSON é um subconjunto próprio da própria notação de objetos do JavaScript, podemos, a priori, apenas escrever **var e=eval(j)**, para desserializar uma string **j** codificada em JSON em uma instância "viva" do objeto JavaScript **e**. Na prática, os JSAPIs, de navegadores modernos, incluem uma função **JSON.parse**, que não só é mais rápida do que o **eval**, mas também mais segura: considerando que o **eval** avaliaria código JavaScript arbitrários (possível maliciosos e não confiáveis), **JSON.parse** lançará um erro caso tente avaliar qualquer outra coisa que não as estruturas de dados JSON válidas. (O JSONLint, listado na Figura 6.4, valida a sintaxe de expressões JSON.)

Para usar o JSON, em nosso código do lado do cliente, devemos considerar três questões:

1. Como fazer com que o servidor gere respostas JSON a uma requisição AJAX ao invés de renderizar um *template* de visão ou *patial* HTML?

2. Como o cliente especifica que ele espera respostas JSON e como ele usa os dados de uma resposta JSON para modificar o DOM?

3. Ao testar pedidos AJAX que esperam por respostas JSON, como podemos usar os *fixtures* para criar *stubs* no servidor e poder testar, isoladamente, esses comportamentos, como vimos na Seção 6.7?

A primeira questão é simples. Se tem um controle sobre o código de servidor, as ações do seu controlador Rails podem emitir o JSON ao invés de XML ou de um modelo Haml, com *http://pastebin.com/H16DAvwY*

```
Review.first.to_json
# => "{\"created_at\":\"2012-10-01T20:44:42Z\", \"id\":1, \"movie_id\":1,
  \"moviegoer_id\":2,\"potatoes\":3,\"updated_at\":\"2013-07-28T18:01:35Z\"}"
```

Figura 6.26: O to_json embutido do Rails pode serializar objetos ActiveRecord simples, chamando a si mesmo, recursivamente, em cada atributo de modelo. Como pode ser visto, ele não pode percorrer associações — o `movie_id` e `moviegoer_id` da avaliação são serializados para objetos do tipo inteiro, e não para os objetos Movie e Moviegoer aos quais se referem os inteiros. Você pode realizar serializações mais sofisticadas sobrescrevendo o método to_json em seus modelos ActiveRecord.

http://pastebin.com/6cUbpbfY

```
1  var MoviePopupJson = {
2    // 'setup' function omitted for brevity
3    getMovieInfo: function() {
4      $.ajax({type: 'GET',
5              dataType: 'json',
6              url: $(this).attr('href'),
7              success: MoviePopupJson.showMovieInfo
8              // 'timeout' and 'error' functions omitted for brevity
9             });
10     return(false);
11   }
12   ,showMovieInfo: function(jsonData, requestStatus, xhrObject) {
13     // center a floater 1/2 as wide and 1/4 as tall as screen
14     var oneFourth = Math.ceil($(window).width() / 4);
15     $('#movieInfo').
16       css({'left': oneFourth,  'width': 2*oneFourth, 'top': 250}).
17       html($('<p>' + jsonData.description + '</p>'),
18            $('<a id="closeLink" href="#"></a>')).
19       show();
20     // make the Close link in the hidden element work
21     $('#closeLink').click(MoviePopupJson.hideMovieInfo);
22     return(false);  // prevent default link action
23   }
24   // hideMovieInfo omitted for brevity
25 };
```

Figura 6.27: Essa versão de MoviePopup espera um JSON ao invés de resposta HTML (linha 5), portanto, a função success usa a estrutura de dados JSON devolvida para criar novos elementos HTML dentro do `div` *popup* (linhas 17–19; observe que as funções de manipulação de DOM do jQuery, como o append, podem receber múltiplos argumentos, de partes distintas do HTML, para criá-lo). As funções omitidas, por serem breves, são as mesmas da Figura 6.15.

o uso de **render :json=>***object*, que envia uma representação JSON de um objeto como a única resposta da ação do controlador para o cliente. Assim como quando renderizada um *template*, só se é permitida uma única chamada por ação para o **render**, portanto, todos os dados de resposta, para certa ação do controlador, devem ser envolvidos em um único objeto JSON.

O **render :json** funciona através da chamada a **to_json** em *objeto* para criar a string que será devolvida ao cliente. A implementação padrão de **to_json** é capaz de serializar objetos ActiveRecord simples, como mostra a Figura 6.26.

Com certeza, nós devemos nos organizar também, para que o servidor devolva um objeto JSON, como discutido acima.

Para fazer uma chamada AJAX que espere respostas codificadas em JSON, precisamos apenas garantir que o objeto passado como argumento ao **$.ajax** inclui uma propriedade **dataType** cujo valor é a string `json`, como mostra a Figura 6.27. A presença dessa propriedade instrui o jQuery à chamar automaticamente o método **JSON.parse** nos dados devolvidos, de forma que você não precisa fazer muita coisa.

Como podemos testar esse código sem chamar o servidor o tempo todo? Felizmente, o mecanismo de *fixture* do Jasmine-jQuery nos permite especificar os *fixtures* JSON, assim *http://pastebin.com/sq6FASzh*

```
1  describe('MoviePopupJson', function() {
2    describe('successful AJAX call', function() {
3      beforeEach(function() {
4        loadFixtures('movie_row.html');
5        var jsonResponse = getJSONFixture('movie_info.json');
6        spyOn($, 'ajax').and.callFake(function(ajaxArgs) {
7          ajaxArgs.success(jsonResponse, '200');
8        });
9        $('#movies a').trigger('click');
10     });
11     // 'it' clauses are same as in movie_popup_spec.js
12   });
13 });
```

Figura 6.28: O Jasmine-jQuery espera encontrar arquivos *fixture* que contém dados `.json` em `spec/javascripts/fixtures/json`. Após executar a linha 5, o jsonResponse possuirá o objeto JavaScript real (não o string bruto do JSON!), que será passado ao tratador success.

como os *fixtures* HTML, como a Figura 6.28 demonstra.

Resumo de aplicativos de páginas únicas:

- Considerando que os aplicativos SaaS JavaScript-enhanced tradicionais, tipicamente, renderizarão pedaços completos de HTML (por exemplo, usando *partials*) que o cliente simplesmente "ligará" à página HTML atual, os SPAs, geralmente, receberão dados estruturados de um ou mais serviços e utilizará os dados para sintetizar um novo conteúdo ou modificar um conteúdo existente na página.

- A simplicidade do JSON e sua integração natural com JavaScript estão, rapidamente, fazendo dele o formato preferido para intercâmbio de dados estruturados em SPAs. O Rails pode serializar modelos ActiveRecord simples para JSON com o **render :json=>** *objeto*, porém, é possível sobrescrever o método **to_json** do ActiveRecord para serializar estruturas de dados arbitrariamente complexas.

- Ao definir a propriedade **dataType** a `"json"` em uma chamada **$.ajax**, é comunicado, automaticamente, ao jQuery, que o mesmo desserialize os dados de resposta do sevidor em um objeto JSON.

- Um espião que devolve um *fixture* JSON pode ser usado para simular uma resposta do servidor nos testes do SPA, permitindo que o teste Jasmine seja isolado do servidor(es) remoto do qual o SPA depende.

■ ***Elaboração: Outras maneiras de transformar a Internet em stubs para AJAX***

A Seção 8.6 discute como que *stubs* para a Internet que isolam os testes dos serviços externos podem ser usados tanto "próximo ao cliente" quanto "longe do cliente". Na Seção 6.7 nós criamos *stubs* "próximos ao cliente", ao criar um *stub* de **$.ajax** e obrigar que ele chame, imediatamente, a função **success**, ao invés de permitir que ela prossiga com uma requisição HTTP externa. Essa técnica é similar ao modo que criamos *stubs* para **find_in_tmdb** na Seção 8.6, para devolver um valor imediatamente ao invés de permitir que ele fizesse uma requisição HTTP verdadeira. Uma alternativa que certamente exercitaria melhor o código tratador das respostas verdadeiras do servidor AJAX, seria a criação de um *stub* no nível de rede, assim como o FakeWeb faz para os aplicativos Rails. Da mesma forma que o FakeWeb permite que você forneça respostas XML ou HTML "enlatadas", baseadas nos argumentos de uma chamada XHR, `jasmine-ajax`[28], uma extensão Jasmine fornecida pela Pivotal Labs, permite fornecer respostas XML, HTML ou JSON "enlatadas" para as chamadas AJAX XHR usadas, ao invés de permitir que a chamada XHR prossiga. Portanto, é possível espiar no tratador de funções **success**, **failure**, **timeout**, e assim por diante, passadas ao **$.ajax**, para confirmar que o tratador correto foi chamado conforme a resposta do servidor.

Auto-avaliação 6.8.1. *Na Figura 6.28, que mostra o uso de um fixture JSON, por que* também *precisamos carregar o fixture HTML na linha 14?*

◇ A linha 9 tenta desencadear o tratador de "cliques" para um elemento que case com `#movies a` e, se não carregarmos o *fixture* HTML que representa uma linha da tabela de filmes, nenhum elemento existirá. (De fato, a função **MoviePopupJson.setup** tenta ligar o tratador de "cliques" ao elemento, consequentemente, também não obteria êxito.) Esse é um exemplo de uso do *fixture* HTML para simular uma resposta bem sucedida ao servidor em resposta aquele "clique". ■

■ ***Elaboração: Política de mesma origem***

Também é possível fazer com que seu SPA se comunique com uma façade de um servidor RESTful (Seção 11.6), como mostra a Figura 6.29. Isso deve ser feito se o seu SPA depende, em relação ao conteúdo, de múltiplos *sites*: por segurança, os aplicativos do navegador JavaScript são relacionados por uma ***política de mesma origem***, que diz que o aplicativo JavaScript pode, apenas, realizar requisições AJAX para a mesma origem (*esquema, domínio, e porta* como descrito na Seção 2.2), na qual o aplicativo, em si, foi servido.

Figura 6.29: A arquitetura de SPAs que recuperam recursos de múltiplos serviços distintos. Esquerda: Se o código JavaScript foi servido a partir de RottenPotatoes.com, a *política de mesma origem* padrão implementadas pelos navegadores para o JavaScript, proibirá que o código faça chamadas AJAX para servidores de outros domínios. A especificação de *compartilhamento de recursos originalmente cruzados* (*Cross-origin resource sharing* ou CORS), ameniza essa restrição, porém ela é implementada apenas nos navegadores mais recentes. Direita: Na arquitetura tradicional SPA, um único servidor serve o código JavaScript e interage com outros serviços remotos. Esses arranjos respeitam a política de mesma origem e também permitem que o servidor principal faça trabalhos adicionais em nome do cliente, caso seja preciso.

6.9 Falácias e Armadilhas

***Falácia:* O AJAX certamente irá melhorar a responsividade do meu aplicativo porque mais ações serão realizadas no próprio no navegador.**

Em um aplicativo cuidadosamente projetado, o AJAX pode muito bem ter *potencial* para melhorar a responsividade de certas interações. De qualquer forma, muitos fatores no uso do AJAX também trabalham contra esse objetivo. Seu código JavaScript deve ser trazido do servidor, assim como algumas bibliotecas ou estruturas que dependem do mesmo, como o jQuery, antes que qualquer ação AJAX possa acontecer; em plataformas como telefones móveis, isso pode ocasionar em uma latência inicial que impede qualquer ação posterior. A variação enorme do desempenho de JavaScript entre os diferentes tipos de navegadores e dispositivos, velocidades de conexão à Internet que variam em intervalos de 1 Mbps (*smart phones*), a 1000 Mbps (redes de alta velocidade com fio), e outros fatores além do seu controle, conspiram para tornar o desempenho de AJAX imprevisíveis; em alguns casos, o AJAX pode retardar as coisas. Como todas as ferramentas poderosas, o AJAX deve ser usado com um entendimento sólido e de precisão, relacionado a como, e porquê, ele otimizará a capacidade de resposta, ao invés da ilusão de que o AJAX, de alguma forma, ajudará, pois o aplicativo parece lento. As técnicas do Capítulo 12 ajudarão a identificar e resolver algum problemas de desempenho comuns.

***Armadilha:* Criar um *site* que falhe sem o JavaScript, ao invés de um que seja melhorado por ele.**

Por razões de acessibilidade, para pessoas com deficiência, segurança, e compatibilidade entre vários navegadores, um *site* bem projetado deve funcionar *melhor* se o JavaScript estiver disponível, e de maneira *aceitável*, caso não esteja. Por exemplo, as páginas do GitHub para navegar pelos códigos dos repositórios trabalham mais suavemente e rapidamente com o JavaScript. Tente o *site* de ambas as maneiras, para obter um bom exemplo de aprimoramento progressivo. Testes também executam rapidamente sem o JavaScript: ter um site para qual o JavaScript é opcional significa que é possível fazer a maior parte de seu teste de integração no modo de "navegação headless" do Cucumber e Capybara.

***Armadilha:* Silenciar as falhas de JavaScript no código em produção.**

Quando uma exceção inesperada ocorre em seu código Rails você a descobre imediatamente, como já vimos: seu aplicativo expõe uma página de erro estranha, ou, se você foi cuidadoso, um serviço, como o Hoptoad instantaneamente o contacta para relatar o erro, como descrevemos no Capítulo 12). Porém, problemas com JavaScript se manifestam como falhas silenciosas — o usuário clica em um controle ou carrega a página, e nada acontece. Esses problemas são fatais, pois se eles ocorrem enquanto um pedido AJAX está em progresso, o *callback* **success** nunca será chamado. Esteja avisado: o jQuery proporciona atalhos para usos comuns do **$.ajax()**, tais como o **$.get(url,data,callback)**, **$.post(url,data,callback)**, **$.load(url_and_selector)**, e o **$.getJSON(url,data,callback)**, entretanto, todos esses atalhos falham, silenciosamente, se qualquer coisa der errado, ao passo que o **$.ajax()** permite que *callbacks* adicionais sejam especificados para serem chamadas em caso de erros.

⚠ ***Armadilha:*** **Falhas JavaScript silenciosas em testes.**

A armadilha de "falha silenciosa" também é ressaltada quando o Jasmine é usado: se existem erros de sintaxe em qualquer um dos seus arquivos ou specs JavaScript, quando o navegador recarrega a página que executa seus specs Jasmine, é possível que você veja uma página em branco sem nenhuma dica sobre qual erro ocorreu. Sugerimos o uso da ferramenta JSLint[29] de Doug Crockford, que encontra não apenas os erros de sintaxe, mas também aponta os maus hábitos e o uso de mecanismos JavaScript que, segundo Crockford e outros, são considerados funcionalidades falhas.

De forma similar, você pode, acidentalmente, carregar *fixtures* HTML que resultam em um HTML ilegal. Por exemplo, é possível criar, sem querer, um *fixture* que contém um elemento cujo o ID duplica um elemento existente, ou um *fixture* que possui elementos aninhados de forma inapropriada, ou erros de sintaxe HTML. Como os *fixtures* são carregados em uma página real quando os testes estão sendo executados, os resultados, de uma página mal formada, podem ser imprevisíveis ou resultar em falhas silenciosas.

⚠ ***Armadilha:*** **Prover apenas operações caras no servidor e depender do JavaScript para fazer todo o resto.**

Se o JavaScript é tão poderoso, porque não escrever toda a lógica substancial do aplicativo nele, usando o servidor como uma API fina para o banco de dados? Em primeiro lugar, como vimos no Capítulo 12, para que seu aplicativo possa escalar é preciso *reduzir* a carga no banco de dados, e, a menos que as APIs expostos ao seu código cliente JavaScripttenham sido cuidadosamente pensadas, existe um risco de se realizar, desnecessariamente, consultas complexas no banco de dados para que o código JavaScript lado do cliente possa escolher os dados necessários para cada visão. Em segundo lugar, enquanto se tem o controle, quase completo, do desempenho, e, portanto, da experiência do usuário, no lado do servidor, esse controle é quase inexistente no lado do cliente. Devido a variação nos tipos de navegador, na conexão com a Internet, e a outros fatores fora de seu controle, o desempenho do JavaScript em cada navegador do usuário está, na maioria das vezes, fora de seu alcance, dificultando proporcionar um desempenho consistente para a experiência do usuário.

⚠ ***Armadilha:*** **Permitir que HTML ou *fixtures* JavaScript percam a sincronia com o código de aplicação ou uns com os outros**

Um dos riscos em usar *fixtures* para testar sua funcionalidade AJAX é a utilização de *fixtures* baseados no HTML gerado pelo seu aplicativo e, se você mudar os *templates* da visão do aplicativo, sem modificar, juntamente, os *fixtures*, você pode estar executando testes contra um HTML que que não coincide mais com a verdadeira saída de seu aplicativo.

Uma solução é a automação: Esse fluxo de trabalho proposto pela Pivotal Labs[30] se utiliza do RSpec (Capítulo 8) para criar, automaticamente, *fixtures* da visão do seu aplicativo para usá-lo em testes Jasmine. Essa solução também evita outros problemas sutis: testes que operam em um *fixture* pequeno mas que falham no DOM da página completa. Por exemplo, dois tratadores de eventos que tentam responder ao mesmo evento irão, provavelmente, fazer a coisa errada em produção, mas se eles forem testados um por vez, através de *fixtures* distintos, os testes de unidade não irão capturar esse problema. Executar specs usando *"fixtures"* de páginas inteiras, ao invés de *fixtures* para trechos diferentes de uma página pode resolver o problema, e o fluxo de trabalho automatizado da Pivotal faz isso de uma maneira elegante.

⚠ ***Armadilha:* O uso incorreto do this em funções JavaScript.**

O valor do **this** no corpo de uma função JavaScript é a fonte de muito desgosto e confusão para novos programadores de linguagem. Particularmente, após ver alguns exemplos, novos programadores não percebem que o valor do **this** para uma função em particular não depende de como a função foi escrita, mas de como ela foi chamada, portanto, chamadas diferentes da mesma função podem resultar em significados diferentes do **this**. Uma discussão completa do porquê o **this** funciona, e como ele faz isso, estão além dessa introdução, porém, a seção Para Aprender Mais oferece algumas dicas para os interessados em se aprofundar mais no assunto, e explica como o JavaScript foi influenciado por seus descendentes Scheme e Self.

Até a questão ser entendida profundamente, é possível fazer seu próprio código seguro, seguindo os casos comuns que destacamos e que a Figura 6.11 introduz.

⚠ ***Armadilha:* JavaScript — As partes ruins.**

> *O operador ++ foi inventado por [Ken] Thompson para aritmética de ponteiros. Agora sabemos que aritmética de ponteiro é ruim e não a usamos mais; isso foi responsável por ataques de sobrecarga de buffer e outras coisas más. A última linguagem popular a incluir o operador ++ foi o C++, uma linguagem tão ruim que foi denominada usando esse operador.*
>
> —Douglas Crockford, *Programação e o seu cérebro*, *keynote* da conferência USENIX WebApps'12

O boom de empreendedorismo no qual o JavaScript nasceu foi um tempo de pressões ridículas de cronograma: o LiveScript foi projetado, implantado e lançado no produto em 10 dias. Como resultado, a linguagem tem alguns inconvenientes e uma grande quantidade de más funcionalidades, comparadas às "pegadinhas" (*gotchas*) da linguagem C; portanto, sugerimos que use a ferramenta JSLint[31], de Doug Crockford, para alertá-lo sobre as armadilhas e sobre as oportunidades potenciais para embelezar o seu código JavaScript. Essa ferramenta foi pré-instalada na imagem de máquina virtual fornecida com o material do livro; é possível executá-la através da digitação do `jsl -process` *nome do arquivo* na linha de comando. Ela tem inúmeras opções que você pode ler sobre no *website* do JSLint[32].

Algumas armadilhas específicas que devem ser prevenidas incluem:

1. O interpretador tenta inserir o ponto e vírgula que ele acha que você esqueceu, mas, às vezes, seus palpites são equivocados e resultam em mudanças drásticas e inesperadas no comportamento do código, tais como nos seguintes exemplos:

http://pastebin.com/AZk8Q4uK

```
// good: returns new object
return {
  ok: true;
};
// bad: returns undefined, because JavaScript
//  inserts "missing semicolon" after return
return
{
  ok: true;
};
```

Uma boa solução é adotar um estilo de codificação consistente, projetado para tornar os "erros de pontuação" rapidamente visíveis, tais como o estilo de codificação recomendado para desenvolvedores do pacote Node.js[33].

2. Apesar de ter uma sintaxe que sugere um escopo de blocos — por exemplo, o corpo de um laço For dentro de uma função recebe seu próprio conjunto de chaves ({ e }), onde declarações **var** adicionais podem aparecer — *todas* as variáveis declaradas com **var** em uma função são visíveis *em todos os lugares* ao longo daquela função, incluindo em funções aninhadas. Consequentemente, em uma construção comum tal como o **for (var m in movieList)**, o alcance do **m** abrange toda a função no qual o laço For aparece, e não apenas o corpo do laço For em si. O mesmo vale para variáveis declaradas com **var** dentro do corpo do laço. Esse comportamento, chamado de ***escopo de de função***, foi inventado em Algol 60. Manter as funções pequenas (lembra-se do SOFA da Seção 9.5?), auxilia na prevenção da armadilha de bloco vs. escopo de função.

3. Um **Array** é apenas um objeto cujas chaves são inteiros não negativos. Em algumas implementações de JavaScript, recuperar um item de um vetor linear é só um pouco mais rápido do que recuperar o item de um *hash*, mas a diferença é muito pequena na maior parte dos casos. O problema é que se você tentar indexar um vetor com um número que seja negativo ou que não seja um inteiro, então uma chave com valor do tipo string será usada como índice. Ou seja, **a[2.1]** se torna **a["2.1"]**.

4. Os operadores de comparação == e != realizam, automaticamente, conversões de tipo, portanto, **'5'==5.0** é verdadeiro. Os operadores === e !== realizam comparações sem nenhuma conversão. Isso é potencialmente confuso pois o Ruby também tem um operador === ("threequal") que faz algo completamente diferente.

5. A igualdade para vetores e *hashes* é baseada na identidade e não no valor, portanto **[1,2,3]==[1,2,3]** é falso. Ao contrário de Ruby, no qual a classe **Array** pode definir seu próprio operador ==. No JavaScript é preciso trabalhar em torno desses comportamentos embutidos, pois o == é parte da linguagem.

6. Strings são imutáveis, portanto métodos como **toUpperCase()** sempre devolvem um novo objeto. Consequentemente, escreva **s=s.toUpperCase()**, se quiser substituir o valor de uma variável existente.

7. Se você chamar uma função com mais argumentos do que a sua definição especifica, os argumentos extras são ignorados; se chamá-la com menos, os argumentos não atribuídos serão **undefined**. Em ambos os casos, o vetor **arguments[]** (dentro do escopo da função), dá acesso a todos os argumentos que foram realmente passados.

8. Strings literais comportam-se de maneira distinta de strings criadas com **new String** de você tentar criar novas propriedades nessas strings, como mostra o trecho de código abaixo. A razão é que o JavaScript cria um "objeto wrapper" temporário, em torno de **fake** para realizar **fake.newprop=1**, realiza a atribuição e então destrói o objeto *wrapper*, deixando o **fake** real sem nenhuma propriedade **newprop**. Você pode definir propriedades extras em strings se você as criar explicitamente com **new**. Melhor ainda, não defina propriedades em tipos primitivos: defina seu novo objeto protótipo e use composição ao invés de herança (Capítulo 11) para criar uma string com as suas propriedades, e então defina as outras propriedades adicionais que você quiser. (Essa restrição se aplica igualmente à número e booleanos pelas mesmas razões, mas não se aplicam a vetores porque, como mencionamos anteriormente, eles são apenas casos especiais de *hashes*.)

http://pastebin.com/LWxdsn3F

```
real = new String("foo");
fake = "foo";
real.newprop = 1;
real.newprop      // => 1
fake.newprop = 1; // BAD: silently fails since 'fake' isn't true object
fake.newprop      // => undefined
```

6.10 Considerações Finais: Passado, Presente e Futuro do JavaScript

Muita gente gastou energia para colocar JavaScript nessa posição privilegiada de linguagem Web para o lado do cliente. Dado que a maioria dos *smartphones* e *tablets* agora conseguem executar JavaScript, aplicativos portáteis para diversos dispositivos móveis são criados usando HTML, CSS e JavaScript ao invés de criar versões separadas para cada uma das plataformas móveis existentes, tais como o iOS e Android. Arcabouços como o Frameworks like PhoneGap[34] fazem do JavaScript um caminho produtivo para criar aplicativos móveis, especialmente quando combinado com estruturas de UI flexíveis, como o jQuery Mobile[35] ou o Sencha Touch. De fato, atualmente a principal razão para *não* se utilizar o JavaScript em aplicativos móveis é o desempenho insatisfatório, porém, devido ao aumento da dependência em JavaScript dos *sites* "Web 2.0" e SPAs complexos, como o Google Docs, os desenvolvedores estão focados em resolver os dois problemas de JavaScript: desempenho e produtividade.

Desempenho. As técnicas de compilação Just-in-time (JIT), e outros recursos avançados de engenharia de linguagem, estão sendo aplicados à linguagem, diminuindo a diferença de desempenho com outras linguagens interpretadas, e até mesmo compiladas. Mais de meia dúzia de implementações de ***motores JavaScript*** e um compilador (Google's Closure), estavam disponíveis no momento da escrita deste capítulo, a maioria deles são programas de código livre, e fornecedores como a Microsoft, Apple, Google, entre outros, competem no desempenho dos interpretadores JavaScript de seus navegadores.

Avaliar o desempenho de linguagens interpretadas é complicado, uma vez que os resultados dependem da implementação do interpretador, bem como de uma aplicação específica, porém, os benchmarks do Box2D de mecânica clássica em física[36], descobriram que a versão em JavaScript é de 5x mais lenta que a versão em Java e de 10–12x mais lenta que a versão em C, e encontraram diferenças de desempenho de até três vezes usando interpretadores JavaScript diferentes. Ainda sim, JavaScript é, atualmente, rápido o suficiente a ponto de, em maio de 2011, a Hewlett-Packard usou JavaScript para escrever grandes partes de seu sistema *http://pastebin.com/gEyt3RUd*

```
describe 'MoviePopup', ->
  describe 'setup', ->
    it 'adds popup Div to main page', -> expect $('#movieInfo').toExist
    it 'hides the popup Div', -> expect $('#movieInfo').toBeHidden
  describe 'AJAX call to server', ->
    beforeEach -> loadFixtures('movie_row.html')
    it 'calls correct URL', ->
      spyOn $, 'ajax'
      $('#movies a').trigger 'click'
      expect($.ajax.mostRecentCall.args[0]['url']).toEqual '/movies/1'
    describe 'when successful', ->
      beforeEach ->
        @htmlResponse = readFixtures 'movie_info.html'
        spyOn($, 'ajax').andCallFake (ajaxArgs) ->
          ajaxArgs.success(htmlResponse, '200')
        $('#movies a').trigger 'click'
      it 'makes #movieInfo visible', -> expect $('#movieInfo').toBeVisible
      it 'places movie title in #movieInfo', ->
        expect($('#movieInfo').text).toContain 'Casablanca'
```

Figura 6.30: A versão CoffeeScript da Figura 6.21. Entre outras diferenças, o CoffeeScript proporciona a concisa sintaxe -> para funções, parecida com a de *Haskell*, e usa o estilo de indentação do Haml ao invés de colchetes, para indicar a estrutura; permite a omissão, como Ruby, da maioria dos parenteses, bem como toma emprestado a notação @ de variáveis de instâncias para referir-se à propriedades do this. Alguns acham que o código resultante é mais fácil de ler do que a versão em JavaScript puro, já que ele tem cerca de 1/3 de linhas a menos e muito menos pontuações.

operacional Palm webOS. Podemos esperar que essa tendência continue, pois o JavaScript é uma das primeiras linguagens a receber atenção quando um novo *hardware* torna-se disponível, e poderia ser útil para aplicativos voltados ao usuário: por exemplo, o WebCL propõe ligações para a linguagem OpenCL, usada para programação em Graphics Processing Units (GPUs).

Produtividade. Vimos repetidas vezes enquanto estudávamos o Ruby e Rails que a produtividade anda de mãos dadas com a concisão. A sintaxe do JavaScript é, dificilmente, concisa e, frequentemente, desajeitada — em parte devido ao JavaScript ter sido sempre funcional no coração (recorde que seu criador queria, originalmente, usar o Scheme como a linguagem de *script* do navegador), mas sobrecarregado pelos requisitos feitos por motivos de *marketing* para assemelhar-se a linguagem imperativa Java. O CoffeeScript[37], lançado pela primeira vez em 2010, tenta restaurar alguma concisão sintática e beleza condizente à natureza do JavaScript. Um tradutor de código-fonte para código-fonte compila arquivos CoffeeScript (`.coffee`) em arquivos `.js` contendo JavaScript comum, servido pelo navegador. O Rails *Asset Pipeline*, discutido mais profundamente na Seção A.8, automatiza essa compilação e consequentemente, não é preciso gerar manualmente os arquivos `.js`, ou incluí-los em sua árvore de origem. Como CoffeeScript compila para JavaScript, ele não pode realizar nada que o JavaScript já não faça, porém, ele provê notações sintáticas mais concisas para muitas construções comuns. Como exemplo, a Figura 6.30 apresenta a, muito menos barulhenta, versão CoffeeScript do spec Jasmine da Figura 6.21.

Infelizmente, depois de poucos anos "na selva", o projeto do CoffeeScript foi criticado por problemas de fundamentais no projeto que limitam sua utilidade em grandes projetos. Duas grandes objeções estão relacionadas ao fato de que todas as variáveis externas são globais[38] e à sensibilidade a espaços em branco, que resulta em interpretações ambíguas do código-fonte[39], violando o "princípio da menor surpresa", que faz parte do projeto do Ruby. O tempo irá dizer se o CoffeeScript irá brigar pelo espaço que o JavaScript exerce hoje, ou se irá se tornar uma "linguagem de nicho", utilizada apenas em pequenos projetos.

As ferramentas para que desenvolvedores SPA criem aplicativos baseados em JSON também estão melhorando. Por exemplo, o arcabouço de código libre Mojito[40], do Yahoo permite que o mesmo código JavaScript seja usado para renderizar HTML a partir de JSON tanto no cliente, quanto em um servidor usando Node. Entretanto, existe uma desvantagem, potencialmente grande para aplicativos que usam essa estratégia: seu conteúdo não será nem indexável nem "procurável" em sites de pesquisa, sem os quais a Web perde uma grande parte de sua utilidade. Há soluções tecnológicas para esse problema, mas, no momento, existe pouca discussão sobre elas.

Somado à essa desvantagem, o modelo de execução em uma única *thread* do JavaScript, que alguns sentem ser um obstáculo à produtividade, pois exige o uso de programação orientada a eventos, parece improvável que seja modificado a curto prazo. Alguns lamentam a adoção de arcabouços JavaScript-based do lado do servidor, como o Node, uma biblioteca JavaScript que provê versões orientadas a eventos dos mesmos mecanismos de sistemas operacionais POSIX (à lá Unix) usados para a execução de tarefas paralelas. O desenvolvedor do Rails, Yehuda Katz, resumiu as opiniões de muitos programadores experientes: quando as coisas acontecem em uma ordem determinística, como o código do lado do servidor que manipula uma ação de controle no aplicativo SaaS, um modelo sequencial e dividido em blocos é mais fácil de ser programado; quando as coisas acontecem em uma ordem imprevisível, tais como a reação aos estímulos externos (eventos de interface de usuário iniciadas pelo mesmo), o modelo assíncrono faz mais sentido. Seus autores acreditam firmemente que o futuro do *software* é o aplicativo "nuvem+cliente". Para nós, é mais importante escolher a linguagem certa ou arcabouço para cada trabalho do que ficar obcecado em relação à uma única linguagem ou arcabouço e se elas dominarão ambas as partes do aplicativo (*cliente* e *nuvem*).

Finalmente, embora tenha sido comum nos primórdios da Web que as páginas fossem feitas a mão, usando HTML e CSS (e talvez alguma ferramenta WYSIWYG), atualmente, a grande maioria do código HTML é gerado por arcabouços como o Rails. De uma forma similar, o desenvolvimento de projetos tal como o CoffeeScript, sugere que, ao passo que o JavaScript se manterá como a *língua franca* da programação do navegador, ela pode, cada vez mais, se tornar a "linguagem alvo", ao invés de uma linguagem que os desenvolvedores utilizarão diretamente para codificar.

6.11 Para Aprender Mais

Nós cobrimos apenas uma pequena parte da representação independente de linguagem DOM, usando a sua API JavaScript. A representação DOM, em si, tem um rico conjunto de estrutura de dados e de métodos de travessia, com APIs disponíveis para a maioria das linguagens, tais como o `dom4j`[41], biblioteca para o Java, e o Nokogiri[42] gem para Ruby.

Aqui estão alguns recursos adicionais úteis para dominar o uso de JavaScript e jQuery:

- Uma excelente apresentação feita pelo guru de JavaScript do Google Miško Hevery: *Como o JavaScript funciona: introdução ao JavaScript e ao navegador DOM*[43]

- Yehuda Katz[44] é um desenvolvedor do Rails e jQuery, entre outros projetos importantes. Suas publicações, em seu blog sobre programação, discutem dicas e técnicas que vão da prática ao esotérico, para o Ruby e o JavaScript. Particularmente, ele fez um ótimo *post* sobre a diferença sútil entre os blocos Ruby e funções JavaScript anônimas[45], e outro sobre por que o **this** funciona desse jeito em funções JavaScript[46].

- O jQuery é uma biblioteca extremamente poderosa, cujo o potencial nós mal aproveitamos. O livro *jQuery: Novice to Ninja* (Castledine and Sharkie 2012) é uma excelente referência, com muitos exemplos que vão além da nossa introdução.

- O livro *JavaScript: The Good Parts* (Crockford 2008), desenvolvido pelo criador da ferramenta JSLint[47], é uma exposição, intelectualmente rigorosa do JavaScript, concentrando-se na disciplina do uso de seus recursos bons, enquanto expõe as armadilhas de suas falhas de projeto. Esse livro "deve" ser lido caso você planeje redigir aplicativos JavaScript inteiros, comparados ao Google Docs.

- O *site* ProgrammableWeb[48] lista uma centena APIs de serviços, tanto RESTful quanto não-RESTful e que servem tanto XML quanto JSON, que você pode achar útil para SPAs e *mashups*. Alguns são completamente abertos e não exigem autenticação; outros pedem por uma chave de desenvolvedor, que pode ser gratuita ou paga.

E. Castledine and C. Sharkie. *jQuery: Novice to Ninja, 2nd Edition - New Kicks and Tricks*. SitePoint Books, 2012.

D. Crockford. *JavaScript: The Good Parts*. O'Reilly Media, 2008.

P. Seibel. *Coders at Work: Reflections on the Craft of Programming*. Apress, 2009. ISBN 1430219483.

Notas

[1]http://pivotal.github.com/jasmine
[2]http://angularjs.org
[3]http://www.ie6countdown.com
[4]http://jquery.org
[5]http://www.adaptivepath.com/ideas/ajax-new-approach-web-applications
[6]http://developers.google.com/closure
[7]http://yui.github.io/yuicompressor
[8]http://jsonlint.com
[9]http://guides.rubyonrails.org/v3.2.19/asset_pipeline.html
[10]http://getfirebug.org
[11]http://www.w3.org/DOM
[12]https://github.com/rails/jquery-rails
[13]http://prototypejs.org
[14]http://api.jquery.com
[15]http://api.jquery.com
[16]http://en.wikipedia.org/wiki/Web_Workers
[17]http://johnbintz.github.com/jasmine-headless-webkit/
[18]http://johnbintz.github.com/jasmine-headless-webkit/
[19]https://github.com/searls/jasmine-rails
[20]http://pivotal.github.com/jasmine
[21]http://github.com/velesin/jasmine-jquery
[22]http://pivotal.github.com/jasmine
[23]http://github.com/velesin/jasmine-jquery
[24]http://pivotal.github.com/jasmine
[25]http://github.com/velesin/jasmine-jquery
[26]Liofilização ou *freeze-dry*, processo de congelamento sob vácuo usado originalmente como metáfora para o processo de separação dos dados de seus metadados
[27]http://github.com/isaacs/sax-js
[28]https://github.com/pivotal/jasmine-ajax

[29]http://jslint.com
[30]http://pivotallabs.com/javascriptspecs-bind-reality/
[31]http://jslint.com
[32]http://jslint.com
[33]https://npmjs.org/doc/coding-style.html
[34]http://phonegap.com
[35]http://jquerymobile.org
[36]http://blog.j15r.com/2011/12/for-those-unfamiliar-with-it-box2d-is.html
[37]http://coffeescript.org
[38]https://donatstudios.com/CoffeeScript-Madness
[39]http://ruoyusun.com/2013/03/17/my-take-on-coffeescript.html
[40]http://developer.yahoo.com/blogs/ydn/posts/2012/04/
[41]http://dom4j.sourceforge.net
[42]http://nokogiri.org
[43]http://misko.hevery.com/2010/07/14/how-javascript-works/
[44]http://yehudakatz.com
[45]http://yehudakatz.com/2012/01/10/javascript-needs-blocks/
[46]http://yehudakatz.com/2011/08/11/understanding-javascript-function-invocation-and-this
[47]http://jslint.com
[48]http://programmableweb.com

6.12 Projetos Sugeridos

Projeto 6.1. *Uma desvantagem da herança de protótipos é que todos os atributos de objetos (propriedades) são públicos. (Lembre-se que em Ruby, nenhum atributo é público: métodos de acesso, definidos de forma explícita ou através do uso do* **attr_accessor**, *são o único jeito de acessar atributos de fora da classe.) De qualquer modo, podemos tirar vantagem de fechamentos para obter atributos privados. Crie um construtor simples para objetos de usuário que aceitam senha e nome do usuário, e forneça um método* **checkPassword**, *que comunique se a senha está correta, mas não permita inspecionar a senha verdadeira. Essa expressão idiomática de "acesso apenas com métodos de acesso" é usado ao em todo jQuery. (Dica: o construtor deve retornar um objeto, para o qual uma das propriedades é uma função que explora fechamentos JavaScript para "lembrar" a senha, inicialmente fornecida para o construtor. O objeto retornado* não *deve ter uma propriedade que guarda a senha.)*

Projeto 6.2. *O exemplo utilizado na Seção 6.5 supõe que você não podia modificar o código do servidor para adicionar a classe CSS`adult` a linhas da tabela `movies`. Como você pode identificar as colunas a serem escondidas usando, apenas, JavaScript no lado do cliente?*

Projeto 6.3. *Escreva o código JavaScript para criar menus em cascata para os dias, meses e anos, que permita somente a entrada de dados válidos. Por exemplo, se Fevereiro é selecionado como o mês, o menu do Dia deve mostrar apenas de 1 a 28 dias, a menos que o menu de Ano indique um ano bissexto, quando o menu de Dia deve mostrar de 1 a 29 dias, e assim por diante.*

Como um bônus, envolva seu JavaScript em um auxiliar Rails que resulta em menus de datas com os mesmos nomes de menu e opções de rótulos que os auxiliares embutidos do Rails; fazendo dos seus menus JavaScript substitutos que podem ser facilmente adicionados. ***Nota:*** *é importante que os menus também funcionem em navegadores que não ofereçam suporte a JavaScript; nesse caso, os menus devem exibir, estaticamente, de 1 a 31 para os dias do mês.*

Projeto 6.4. *Crie o código AJAX necessário para criar menus em cascata baseados na associação possui-muitos (***has_many***). Isto é, dados modelos do Rails (A e B), onde A* **has_many** *Bs, o primeiro menu no par deve listar as opções para A e, quando uma for selecionada, recuperar as opções correspondentes de B e povoar o menu de B.*

Projeto 6.5. *Estenda a funcionalidade de validação no ActiveModel (que vimos no Capítulo 5) para gerar, automaticamente, código JavaScript que valide entradas de formulário antes que ele seja submetido. Por exemplo, dado o modelo* **Movie***, do RottenPotatoes, verifica que um filme não deve ter um título em branco; o código JavaScript deve evitar que o formulário "Adicionar Novo Filme" seja exibido caso a validação não seja satisfeita, mostra uma mensagem útil ao usuário e destaca os campos que tiveram problemas de validação. Trate, pelo menos, as validações embutidas, tais como não estar em branco, comprimentos mínimos e máximos de strings, valores numéricos com limitações em intervalos e, para pontos extras, validações baseadas em expressões regulares.*

Projeto 6.6. *Seguindo a abordagem do exemplo jQuery da Seção 6.5, use JavaScript para implementar um conjunto de caixas de seleção para a página da lista de filmes, uma para cada classificação (G, PG e assim por diante) que, quando marcada, permite que os filmes com aquela classificação permaneçam na lista. Quando a página carregar inicialmente, todas as classificações devem estar marcadas; ao desmarcar qualquer uma delas, os filmes da classificação não marcada devem ser omitidos.*

Projeto 6.7. *Estenda o exemplo da Seção 6.6 de modo que, se o usuário repetidamente expande e colapsa uma mesma linha na tabela de filmes, um pedido ao servidor para as informações daquele filme seja feito apenas na primeira vez. Em outras palavras, implemente em JavaScript um cache de informações de filmes do lado do cliente para ser usado em cada chamada AJAX.*

Projeto 6.8. *Se visitar o* `twitter.com` *e a página demorar mais do que alguns segundos para carregar, um popup aparecerá para se desculpar pelo erro e sugerir que a página seja recarregada. Explique como você implementaria esse comportamento usando JavaScript.* ***Dica:*** *Lembre-se que o código JavaScript pode começar a executar assim que for carregado, enquanto a função* **document.ready** *não será executada até o documento ter sido completamente carregado e analisado.*

Projeto 6.9. *Use técnicas de JSON e jQuery descritas neste capítulo relacionadas ao uso do BDD para desenvolver o seguinte aplicativo de página única (SPA), para o RottenPotatoes, que chamamos de LocalPotatoes. Quando o usuário entra o seu código postal (um "zip code" dos EUA, por exemplo, 61801 para a cidade de Urbana-Champaign em Illinois), o LocalPotatoes usa o feed RSS (Really Simple Syndication) livremente provido pelo site de fãs de filmes Fandango*[1]*, para recuperar os nomes e locais das salas de cinema próximas e o título dos filmes reproduzidos nas mesmas. Uma lista de salas é exibida na página do cliente; quando o usuário clica em um nome de sala, o Google Maps JavaScript API*[2] *é usado para centralizar o mapa no local da sala; os filmes exibidos na sala são listados em uma caixa* **Movies***. Ao clicar no nome de um filme, informações sobre ele aparecem, com o uso da API gratuita Open Movie Database*[3]*, que fornece resultados básicos tanto em JSON como em XML, exibir a arte promocional do filme e a classificação do filme segundo as críticas dos espectadores, extraídas de Internet Movie Database*[4]*.*

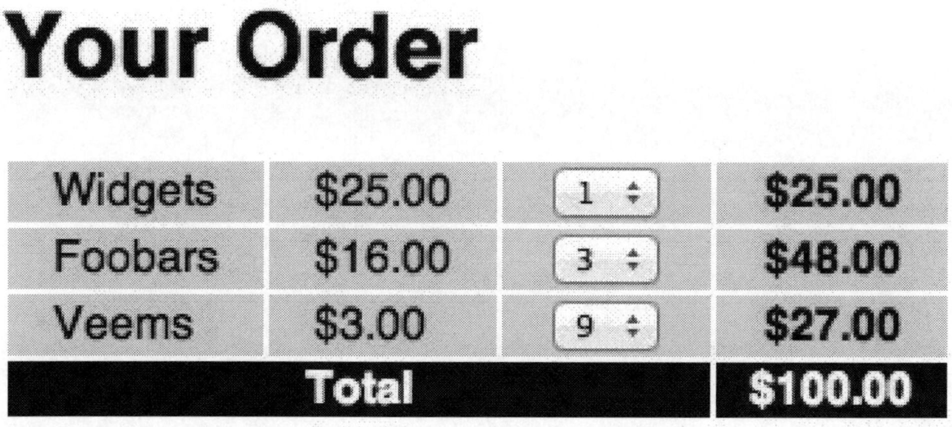

Figura 6.31: Um carrinho de compras simples, com menus *dropdown* para selecionar a quantidade de cada item para cada compra.

Projeto 6.10. *Considere um site que venda um pequeno número fixo de itens, onde a usuária indique apenas quantos de cada item ela quer, escolhendo a quantidade por meio de um menu dropdown próximo ao nome de cada item. Escreva um código JavaScript discreto que observe esses menus e, toda vez que forem modificados, atualize um campo Total, com o valor total do pedido, através da multiplicação de cada quantidade pelo preço apropriado do item e, em seguida, calcule a soma final. O campo Total deve ser apenas para leitura, em outras palavras, o usuário não pode editá-lo diretamente.*

Projeto 6.11. *A figura 6.21 testa, apenas os specs de "caminho feliz" (quando tudo dá certo) (*`describe('when successful')`*), usando stubs AJAX. Adicione specs para os "caminhos tristes"* `when server error` *e* `when timeout`.

Parte II

Desenvolvimento de Software: Ágil vs. Planeje-e-Documente

7 Requisitos: Projeto guiado por comportamento e histórias do usuário

Niklaus Wirth (1934–) Recebeu o Prêmio Turing, em 1984, por desenvolver uma sequência de linguagens de programação inovadoras, incluindo Algol-W, Euler, Modula e Pascal.

Claramente, cursos de programação deveriam ensinar métodos de projeto e construção; seus exemplos deveriam ser selecionados de modo que um desenvolvimento *gradual possa ser muito bem demonstrado.*

—Niklaus Wirth, "Program Development by Stepwise Refinement", *CACM* 14(5), maio de 1971.

Conceitos

Os principais conceitos trabalhos neste capítulo são o levantamento de requisitos, estimativa de custos, planejamento do projeto e monitoramento de progresso.

As versões desses conceitos para a ciclo de vida Ágil, que seguem o ***Desenvolvimento guiado por comportamento*** (***BDD***), são:

- ***Histórias de usuário*** para o levantamento de requisitos funcionais.
- Interfaces de usuário ***Low-fidelity (Lo-Fi)*** e as ***storyboards*** para levantar os requisitos de interface do usuário.
- ***Pontos*** para transformar histórias de usuário em estimativas de custo.
- ***Velocidade*** para medir e estimar o cronograma.
- Uso da ferramenta ***Cucumber*** para transformar as histórias de usuário em testes de aceitação.
- Uso da ferramenta ***Pivotal Tracker*** para acompanhar o progresso do projeto, calcular a velocidade e estimar o tempo de cada etapa (*milestones*).

Para ciclos de vida Planeje-e-Documente, você se tornará familiarizado com os mesmo conceitos, mas em um formato completamente diferente:

- Levantamento de requisitos através de ***entrevistas***, ***cenários*** e ***casos de uso***; documentação de requisitos com uso de ***Especificação de Requisitos de Software (Software Requirements Specification — SRS)***, e o cumprimento de requisito, usando ***rastreabilidade de requisitos***.
- Estimação de custos baseado na experiência do gerente de projeto ou fórmulas como ***COCOMO***, planejamento e monitoramento de progresso, usando ***gráficos PERT***, e gerenciamento de mudanças, usando ***sistemas de controle de versão***, tanto para documentação e cronograma, como para o código-fonte.
- ***Análise de risco*** e gestão para aumentar as chances de sucesso do projeto.

Ambos os ciclos de vida ilustram a diferença entre o requisito ***funcional*** versus o ***não funcional***, e entre requisitos ***explícitos*** versus o ***requisitos implícitos***.

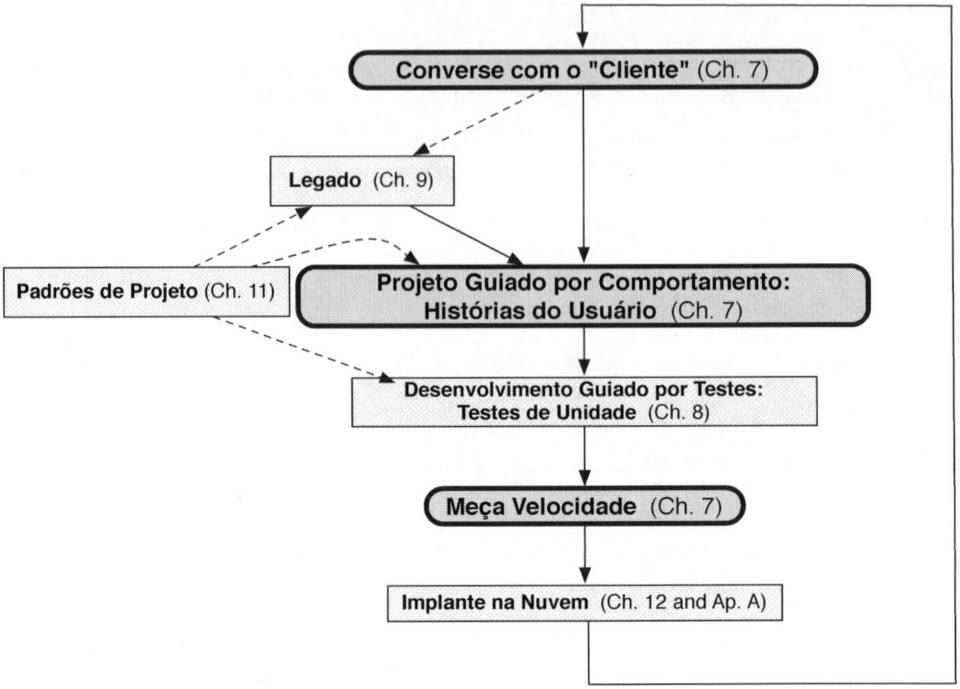

Figura 7.1: Uma iteração do ciclo de vida de um programa Ágil e sua relação com os capítulos deste livro. Esse capítulo enfatiza o contato com os clientes como parte do Projeto guiado por comportamento.

7.1 Introdução ao Projeto guiado por comportamento e Histórias de usuário

Projeto guiado por comportamento é o Desenvolvimento guiado por testes feito corretamente.

—Anônimo

Projetos de software falham por não fazerem aquilo que os clientes querem; ou por estarem atrasados; ou por ultrapassarem o orçamento original; ou por serem difíceis de manter e evoluir; ou por todas as razões mencionadas.

O ciclo de vida ágil foi criado para remediar esses problemas presentes em muitos tipos de software. A Figura 7.1 mostra uma iteração do ciclo de vida Ágil do Capítulo 1, destacando a parte coberta por este capítulo. Como vimos no Capítulo 1, o ciclo de vida Ágil envolve:

A parte interessada (stakeholders) incluem usuários, clientes, desenvolvedores, programadores de manutenção, operadores, gerentes de projeto, etc.

- Trabalhar de maneira próxima e contínua com os *stakeholders* para desenvolver requisitos e testes.
- Manutenção de um protótipo funcional enquanto novos recursos são implantados, geralmente a cada duas semanas — chamada de ***iteração*** —, conferindo com os *stakeholders* quais as próximas funcionalidades a serem adicionadas e se o sistema atual é realmente o que eles precisam. Ter um protótipo funcional e priorizar recursos reduz

as chances do projeto atrasar ou ultrapassar o orçamento, além de possivelmente aumentar a probabilidade dos interessados ficarem satisfeitos com o sistema atual quando o orçamento for exaurido!

Ao contrário do ciclo de vida Planeje-e-Documente do Capítulo 1, o desenvolvimento Ágil não troca de fases (nem de pessoas) ao longo do tempo, não há uma fase de desenvolvimento e depois uma fase de manutenção. Com métodos Ágeis, você estará basicamente no modo de manutenção assim que implementar o primeiro conjunto de recursos. Essa abordagem ajuda o projeto a ser mais fácil de manter e evoluir.

Iniciamos o ciclo de vida ágil com ***Projeto guiado por comportamento (BDD)***. O BDD faz questionamentos sobre o comportamento de uma aplicação *antes e durante o desenvolvimento*. Dessa forma, as partes interessadas (*stakeholders*) estão menos propensas a falhas de comunicação. Os requisitos são escritos, assim como no Planeje-e-Documente, mas diferentemente deste, os requisitos são continuamente aprimorados para assegurar que o software desenvolvido esteja de acordo com a vontade dos interessados. Ou seja, usando os termos do Capítulo 1, o objetivo dos requisitos do BDD é ***validação*** (construir a coisa certa), e não apenas ***verificação*** (fazer certo a coisa).

Em BDD, a versão do conceito de requisitos são as ***histórias de usuários***, que descrevem como se espera que a aplicação seja usada. Elas são uma versão "leve" de requisitos, mais adequadas aos Métodos Ágeis. As histórias de usuário ajudam os *stakeholders* a planejar e priorizar o desenvolvimento. Então, como no Planeje-e-Documente, você começa pelos requisitos, mas no BDD as histórias de usuário substituem os documentos de projeto utilizados no Planeje-e-Documente.

Ao se concentrar no *comportamento* da aplicação ao invés de se concentrar em sua *implementação*, fica mais fácil reduzir mal-entendidos entre os *stakeholders*. Como veremos no próximo capítulo, BDD está intimamente ligado ao desenvolvimento guiado por testes (TDD), que *realmente testam* a implementação. Na prática, eles trabalham juntos, mas por razões didáticas, nós os introduzimos sequencialmente.

O conceito de histórias de usuário veio da comunidade de Interfaces Humano-Computador (*Human Computer Interface* — HCI). Eles desenvolveram interfaces usando fichas catalográficas de 3 x 5 polegadas, conhecidas como "cartões 3x5", ou, em países que usam o sistema métrico, fichas A7 de 74 x 105 milímetros. (Veremos em breve outros exemplos da comunidade HCI de tecnologias que usam papel e caneta.) Esses cartões contém de uma a três frases escritas em linguagem comum (não técnica), escritas em conjunto pelos clientes e desenvolvedores. A ideia é que cartões de papel não são ameaçadores e são fáceis de rearranjar, tornando mais fácil fazer *brainstorming* e a priorização de recursos. Histórias de usuários devem poder ser testadas, ser pequenas o suficiente para que possam ser implementadas em uma iteração e possuir valor de negócio. A Seção 7.3 apresenta orientações mais detalhadas sobre como escrever uma boa história de usuário.

Note que desenvolvedores que trabalham sozinhos e que não interagem com o cliente não precisam desses cartões 3x5. Porém esses programadores que são "lobos solitários" não combinam com a filosofia ágil de trabalhar próximo e continuamente com o cliente.

Nós usaremos o aplicativo RottenPotatoes dos Capítulos 2 e 4 como exemplo deste capítulo e do próximo. Começamos com os *stakeholders*, que são simples para esse app simples:

- Os operadores do RottenPotatoes e
- Os fãs de filmes que são os usuários finais do RottenPotatoes.

Introduziremos um novo recurso na Seção 7.8, mas para ajudá-lo a entender todo o mecanismo, vamos começar com uma história de usuário de um recurso já existente do RottenPotatoes. Assim poderemos entender a relação entre todos os componentes de uma maneira mais simples. A história de usuário que selecionamos é adicionar filmes ao banco de dados do RottenPotatoes:

http://pastebin.com/BpmHu0Nq

```
Feature: Add a movie to RottenPotatoes
  As a movie fan
  So that I can share a movie with other movie fans
  I want to add a movie to RottenPotatoes database
```

Pastebin é um serviço para ajudar a copiar-e-colar código do livro. (Você vai precisar digitar o URI se você está lendo o livro impresso; no ebook é um link.)

Esse formato de história de usuário é conhecido pelo nome de Connextra, que é o nome da *startup* que o desenvolveu. Infelizmente, essa *startup* não está mais entre nós. O formato é:

http://pastebin.com/We7vY0eg

```
Feature name
  As a [kind of stakeholder],
  So that [I can achieve some goal],
  I want to [do some task]
```

Esse formato identifica o *stakeholder*, já que diferentes *stakeholders* podem descrever o comportamento desejado de maneira diferente. Por exemplo, um usuário poderia querer um link para a fonte de informação utilizada, para que encontrar outras informações se torne mais fácil, enquanto que os operadores do site podem preferir links para trailers dos filmes, para aumentar a renda com publicidade. As três frases precisam estar presentes no formato Connextra, mas elas nem sempre aparecem nessa ordem.

Resumo do BDD e de histórias de usuário

- O BDD enfatiza o trabalho com os *stakeholders* para definir o comportamento do sistema em desenvolvimento. Os *stakeholders* incluem quase todo mundo: clientes, desenvolvedores, gerente, operadores, etc.
- ***Histórias de usuário***, um artifício tomado emprestado da comunidade HCI, facilita que *stakeholders* não técnicos ajudem a criar requisitos.
- ***Cartões 3 x 5***, cada uma com uma história de usuário composta de uma a três frases, é uma tecnologia fácil e não ameaçadora que possibilita a *todos* os interessados participar do *brainstorm* e priorizar recursos.
- O formato Connextra das histórias de usuário captura o *stakeholder*, seu objetivo para a história de usuário e a tarefa que deve ser realizada.

Auto-avaliação 7.1.1. *Verdadeiro ou falso: Em BDD, as histórias de usuário em cartões 3x5 têm o mesmo papel que requisitos de projeto em Planeje-e-Documente.*

◇ Verdadeiro. ■

■ ***Elaboração: Histórias de usuário e análises de caso***

As histórias de usuário representam uma simplificação de ***análise de casos de uso***, um termo tradicionalmente usado em engenharia do software para descrever um processo similar. Uma análise de caso de uso completa incluiria o nome do caso de uso; o(s) ator(es); os objetivos da ação; o resumo do caso de uso, as pré-condições (o estado do mundo antes da ação); o passo a passo dos acontecimentos no cenário (tanto as ações realizadas pelos usuários como as respostas do sistema); outros casos de uso relacionados e as pós-condições (estado do mundo após uma ação). Um ***diagrama de caso de uso*** é um tipo de diagrama UML (veja no Capítulo 11) que usa "bonecos palito" para representar os atores e que pode ser usado para generalizar ou estender casos de uso, ou para incluir uma referência a outro caso de uso. Por exemplo, se nós temos um caso de uso para "usuário conecta" e outro caso de uso para "usuário conectado visualiza o resumo da conta", o último poderia incluir o primeiro por referência, já que uma pré-condição para o segundo uso é que o usuário esteja conectado.

7.2 Pontos, velocidade e o Pivotal Tracker

Uma maneira de medir a produtividade da equipe seria simplesmente contar o número de histórias de usuário completadas em cada iteração, e então calcular a média de histórias por semana. A média seria então utilizada para decidir quantas histórias podemos tentar implementar por iteração.

O problema dessa medida é que algumas histórias são muito mais difíceis que outras, o que levaria a erros de predição. A solução mais simples é classificar cada história de usuário com antecedência, usando uma escala de números inteiros. Nós recomendamos iniciar com uma uma escala de três pontos: 1 para histórias fáceis, 2 para histórias de dificuldade média e 3 para histórias muito complexas. (Conforme você ganha experiência avaliando e concluindo histórias, você pode usar um intervalo maior de números). Agora, a média é o número de ***pontos*** por iteração que um grupo completa, que é chamada de **velocidade**. O ***backlog*** é o nome da coleção de histórias que ainda não foram completadas nessa iteração.

Escala Fibonacci Quando se tem mais experiência, a escala Fibonacci é frequentemente usada: 1, 2, 3, 5 e 8. (Cada número é a soma dos dois anteriores). Entretanto, em lugares como na Pivotal Labs, o 8 é extremamente raro.

Note que o que a velocidade mede é a taxa de trabalho baseada em uma autoavaliação realizada pela própria equipe. Desde que a equipe avalie as histórias de usuário consistentemente, não importa se ela está completando 5 ou 10 pontos por iteração. O propósito da velocidade é dar a todos os *stakeholders* a ideia de quantas iterações serão necessárias para uma equipe adicionar um conjunto de recursos desejados, o que ajuda a definir expectativas mais razoáveis e reduz as chances de frustração.

Pivotal Tracker é um serviço que monitora histórias de usuários e velocidade.

A Figura 7.2 mostra a interface do usuário do Tracker. Você começa inserindo as histórias de usuário, que precisam estar classificadas por nível de dificuldade. Você então prioriza as histórias, colocando-as no painel Current ou no painel Backlog. A ordem das histórias dentro de cada painel define suas prioridade relativa. Quando as histórias são completadas, elas são colocadas no painel Done, e o Tracker sugere histórias do backlog em ordem de prioridade. Outra categoria é o painel Icebox, que contém histórias sem prioridade. Elas podem continuar "no gelo" indefinitivamente, mas se você estiver pronto para começar a trabalhar em uma delas, basta arrastá-la para o painel Current ou Blacklog.

Tracker intro A Pivotal Labs produziu um excelente vídeo introdutório de 3 minutos[5] usando o Tracker.

O Tracker também permite inserções de marcadores de "Release points" na lista de histórias de usuário que foram priorizadas. Como a velocidade é calculada com base nos pontos completados, ele também pode fornecer estimativas de quando o lançamento desse programa

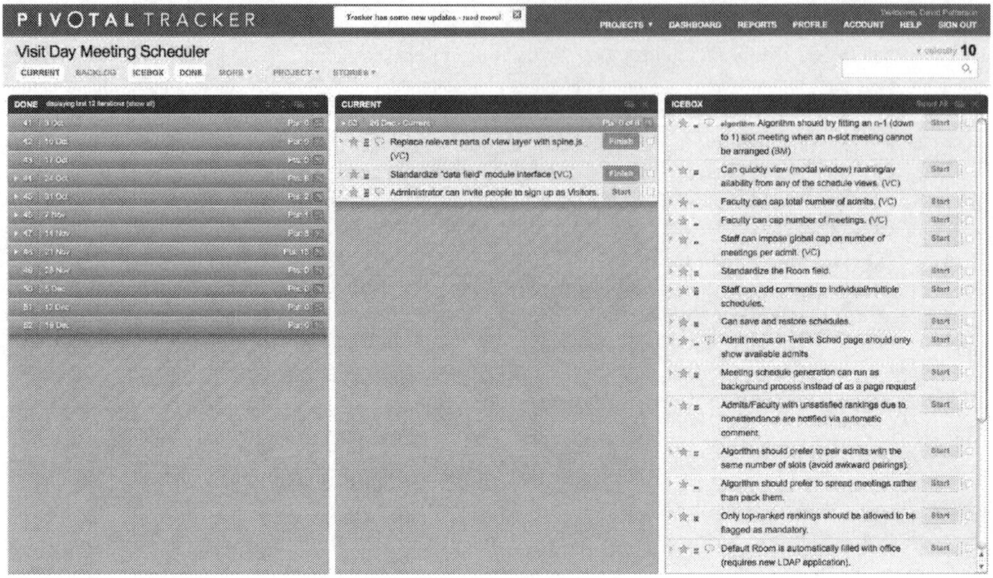

Figura 7.2: Imagem da tela da interface do usuário do serviço do Pivotal Tracker.

vai, de fato, acontecer. Essa abordagem está em nítido contraste com a gestão com prazos, em que o gerente escolhe a data de lançamento, e é esperado que a equipe trabalhe com afinco até o prazo de entrega.

Outro recurso do Pivotal é que nem toda história é um *spike*. Um *spike* é uma curta investigação dentro de uma técnica ou um problema que a equipe deseja explorar antes de começar a programar seriamente. Um exemplo seria um "*spike*" para algoritmos de recomendação. Depois que um *spike* é feito, o seu código precisa ser jogado fora. O *spike* permite que você saiba qual abordagem você decidiu seguir; agora você deve escrevê-la corretamente.

O Tracker recentemente adicionou um novo conceito que combina uma coleção de histórias relacionadas de um usuário em um grupo chamado de ***Epic***.O Epic tem o seu próprio painel e sua própria barra de progresso no Tracker, e pode ser ordenando independentemente das histórias de usuário que estão no *backlog*. A ideia é fornecer aos engenheiros de software uma noção geral de como está o processo de desenvolvimento da aplicação em função dos recursos principais já implementados.

Não são os desenvolvedores que decidem quando as histórias de usuário são completadas. Eles apertam o botão *Deliver*, que as envia para o *Product Owner*, que exerce exatamente o mesmo papel em Scrum. O *Product Owner* verifica a história de usuário e, então, ou aperta o botão *Accept*, que marca a história de usuário como realizada, ou o botão *Reject*, que indica que a implementação da história precisa ser recomeçada pelo desenvolvedor.

As equipes precisam de um ambiente virtual onde possa compartilhar informações, e o Tracker permite que você anexe documentos às histórias de usuários, que parecem ser o melhor lugar para colocar protótipos Lo-Fi e documentos do projeto. Segue uma lista de locais no ciberespaço que sua equipe pode usar para se comunicar e compartilhar informações como notas de reunião, arquitetura do programa, entre outros:

- Todo repositório do GitHub (ver Seção A.7) oferece um Wiki, que permite que membros de um grupo possam editar juntos um documento e adicionar arquivos.
- Google Docs[6] permite a criação e a visualização colaborativa de desenhos, apresentações, tabelas e documentos de texto.
- Campfire[7] é um serviço web para salas de bate-papo protegidas por senha.

Resumo: Para ajudar o grupo a gerenciar cada iteração e prever quanto tempo o grupo levará para implementar novos recursos, a equipe atribui pontos para avaliar a dificuldade das histórias de usuário e rastreia a ***velocidade*** da equipe; ou a média de pontos por iteração. O Pivotal Tracker fornece um serviço que ajuda a priorizar e acompanha as histórias de usuário e seus *status*, calcula a velocidade e prevê o tempo necessário para o desenvolvimento do programa baseado no histórico da equipe.

Auto-avaliação 7.2.1. *Verdadeiro ou Falso: Ao comparar duas equipes, a que tem mais velocidade é a mais produtiva.*
◇ Falso: Como cada equipe decide os pontos de cada história de usuário, você não pode usar a velocidade para comparar diferentes equipes. Entretanto, você pode observar ao longo do tempo uma determinada equipe para ver se houve iterações que foram significativamente mais ou menos produtiva. ■

Auto-avaliação 7.2.2. *Verdadeiro ou Falso: Quando você não sabe como abordar uma certa história de usuário, basta atribuir a ela 3 pontos.*
◇ Falso: Uma história de usuário não deve ser tão complexa ao ponto de você não conseguir definir uma abordagem para implementá-la. Se ela for, você deve voltar aos *stakeholders* para refatorar a história de usuário em um conjunto de tarefas simples que você saiba como abordar. ■

7.3 Histórias de usuário SMART

O que faz uma boa história de usuário ser diferente de uma ruim? O acrônimo SMART oferece diretrizes concretas e (espera-se) inesquecíveis: *Specific*, *Measurable*, *Achievable*, *Relevant* e *Timeboxed* (em tradução livre, Específico, Mensurável, Realizável, Relevante e com Duração Fixa).

- *Específico.* Aqui temos um exemplo de um requisito vago e sua respectiva versão específica:

  http://pastebin.com/vnUt6KLF

```
Feature: User can search for a movie (vague)
Feature: User can search for a movie by title (specific)
```

- *Mensurável.* Tornar uma história mensurável, além de específica, significa que cada história deveria poder ser testada, o que implica que conhecemos alguns resultados esperados para algumas entradas válidas. Um exemplo de um par de recursos mensuráveis e não mensuráveis é:

http://pastebin.com/rbLcwD2f

```
Feature:   RottenPotatoes should have good response time (unmeasurable)
Feature:   When adding a movie, 99% of Add Movie pages
           should appear within 3 seconds (measurable)
```

Apenas o segundo caso pode ser testado para ver se o sistema cumpre o requisito.

- *Realizável.* Em uma situação ideal, você implementa a história de usuário em uma iteração Ágil. Se você estiver fazendo menos do que uma história por iteração, então elas estão muito grandes e você precisa começar a quebrar essas histórias em histórias menores. Como mencionado acima, a ferramenta ***Pivotal Tracker*** mede a ***velocidade***, que é a quantidade de histórias (de diferentes dificuldades) terminadas.

- *Relevante.* Uma história de usuário deve ter valor de negócio para um ou mais *stakeholders*. Uma técnica usada para encontrar o que realmente possui valor de negócio é se perguntar o "por quê?", continuamente. Usando um exemplo de aplicativo de venda de tíquetes para um teatro local, suponha que a proposta seja adicionar um novo recurso para criar links para o Facebook. Aqui estão os "Cinco Porquês" em ação com as perguntas e respostas recursivas:

  1. Por que adicionar um recurso do Facebook? Como um gerente de bilheteria, eu acho que mais pessoas virão com seus amigos e aproveitarão mais o espetáculo.
  2. Por que dar importância se o público aproveita mais o espetáculo? Eu acho que venderemos mais tíquetes.
  3. Por que você quer vender mais tíquetes? Porque assim o teatro terá mais dinheiro.
  4. Por que o teatro quer mais dinheiro? Nós queremos ter mais dinheiro para que o teatro não vá à falência no próximo ano.
  5. Por que dar importância se o teatro estará em atividade no próximo ano? Porque senão eu perderei meu emprego.

  (Nós temos certeza de que agora o valor de negócio está aparente para pelo menos um *stakeholder*!)

- *Timeboxed. Timeboxing* significa que você interrompe o desenvolvimento de uma história uma vez que esta tenha excedido o seu prazo. Nesse caso você desiste de implementar a história, divide a história em histórias menores ou replaneja o restante da tarefa usando uma nova estimativa de tempo.

  A razão para definirmos um prazo fixo por história de usuário é que é extremamente fácil subestimar a duração de um projeto de software. Sem contabilizar cuidadosamente cada iteração, todo o projeto pode atrasar, e então fracassar. Aprender a estimar o tempo de realização de um projeto de software é uma habilidade essencial, e refatorar a história toda vez que um prazo não for cumprido é um ótimo modo de adquirir essa habilidade.

Existe um outro conceito importante que expande o R de SMART. O ***produto viável mínimo*** (*minimum viable product* — MVP) é um subconjunto do conjunto completo de recursos que, quando terminados, tem valor de negócio no mundo real. Não só as histórias são Relevantes, como também a combinação de todas elas criam um produto viável para ser vendido no mercado. Obviamente, você não pode começar a vender o produto se ele não é viável, então faz todo sentido dar mais prioridade às histórias que vão permitir que o produto possa ser entregue. A *Epic* ou o *Release point* do Pivotal Tracker podem ajudar a identificar as histórias do MVP.

Resumo de histórias de usuário SMART

- O acrônimo SMART captura os recursos desejáveis de uma boa história de usuário: Específico, Mensurável, Realizável, Relevante e com Duração Fixa.
- Os ***Cinco Porquês*** são uma técnica que ajuda a detalhar e a descobrir o verdadeiro valor de negócio de uma história de usuário.

Auto-avaliação 7.3.1. *Qual(is) diretriz(es) SMART o requisito abaixo viola?*
http://pastebin.com/TuyS5mpC

```
Feature: RottenPotatoes should have a good User Interface
```

◇ Esse requisito não é Específico, não é Mensurável, não é Realizável (dentro de uma iteração) e não é a *Timeboxed.* Mesmo que relevante para o negócio, esse requisito respeita apenas 1 das 5 diretrizes. ■

Auto-avaliação 7.3.2. *Reescreva esse requisito para que ele seja SMART.*
http://pastebin.com/cdV6mjBb

```
Feature: I want to see a sorted list of movies sold.
```

◇ Aqui temos uma revisão SMART para essa história de usuário:
http://pastebin.com/pZMPJqPq

```
Feature: As a customer, I want to see the top 10 movies sold,
         listed by price, so that I can buy the cheapest ones first.
```

■

Ao usar as histórias de usuário como o produto do trabalho de levantamento de requisitos com os clientes, podemos introduzir uma métrica e uma ferramenta de medir produtividade.

7.4 Esboços de baixa fidelidade de interface do usuário e *storyboards*

Nós normalmente precisamos especificar uma interface de usuário (UI) quando adicionamos um novo recurso, já que muitos aplicativos SaaS interagem com os usuários finais. Portanto, parte da tarefa do BDD é propor uma UI que corresponde às histórias de usuário. Se a história de usuário diz que o usuário precisa se conectar, então nós precisamos de um esboço da página que faz o login. Infelizmente, a construção de protótipos para interfaces de usuário pode intimidar os *stakeholders*, que ficam inibidos para fazer sugestões de melhorias — exatamente o oposto do que precisamos em um ponto inicial do projeto.

O que nós queremos é o equivalente aos cartões 3x5 para interfaces de usuários; que envolva os *stakeholders* não técnicos no processo e encoraje o processo de tentativa e erro, o que significa que a UI precisa ser simples de modificar e até mesmo de descartar. Assim como a comunidade HCI defende os cartões 3x5 para as histórias de usuário, eles recomendam o uso de ferramentas da pré-escola para os esboços de UI: giz de cera, papel cartão e tesouras.

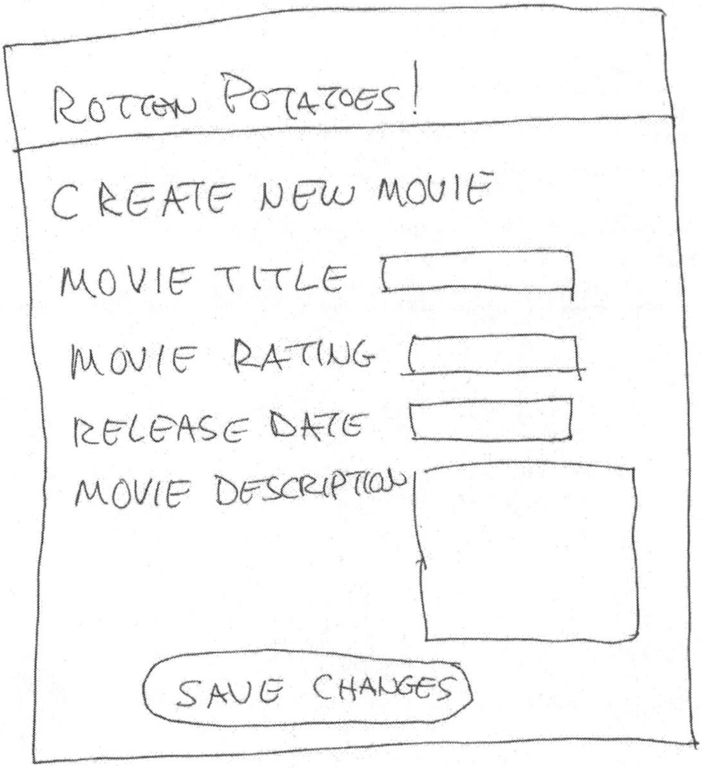

Figura 7.3: Janela que aparece quando um filme é adicionado no RottenPotatoes.

Eles chamam essa abordagem low-tech para interface do usuário de ***Lo-Fi UI*** e os protótipos de papel de ***esboços***. Por exemplo, a Figura 7.3 mostra um esboço Lo-Fi da UI para adicionar um filme do RottenPotatoes.

Idealmente, você cria esboços para todas as histórias de usuário que envolvem uma UI. Pode parecer tedioso, mas futuramente você terá que especificar todos os detalhes da UI quando estiver usando HTML para fazer a verdadeira UI, e é muito mais fácil entender o que precisa ser feito usando lápis e papel do que usando código.

Esboços de baixa fidelidade mostram como a UI se parece em um determinado instante. Entretanto, nós também precisamos mostrar como esses esboços se integram quando um usuário interage com a página. Cineastas encaram desafios semelhantes com as cenas de um filme. A solução deles, que eles chamam de ***storyboarding***, é descrever o filme como se ele fosse uma história em quadrinhos, com desenhos para cada uma das cenas. Ao invés de uma sequência linear de imagens como acontece nos filmes, um *storyboard* para uma UI é geralmente composta de uma árvore ou um grafo de telas definidas pelas diferentes escolhas dos usuários.

Para fazer uma *storyboard*, você precisa pensar em todas as interações entre o usuários e o aplicativo web:

- Páginas e seções das páginas;
- Formulários e botões; e
- Popups.

A Figura 7.4 mostra a sequência de esboços Lo-Fi com indicações sobre como os cliques de um usuário causam transições entre os esboços. Depois de desenhar os esboços e as *storyboards*, você está pronto para escrever o HTML. O Capítulo 2 mostrou como a linguagem de marcação Haml pode virar HTML e como os atributos **class** e **id** do HTML podem ser usados para inserir informações de estilo usando *Cascading Style Sheets* (CSS). A chave para a abordagem Lo-Fi é encontrar uma boa estrutura geral em seus esboços e escrever o mínimo de CSS (se precisar) para conseguir que a Visão se pareça mais ou menos com o seu esboço. Lembre que as parte comuns do layout da página — banners, `divs` estruturais, entre outros — podem ficar em `views/layouts/application.html.haml`.

Comece o processo olhando os esboços Lo-Fi da UI e os divida em "blocos" de layout. Use `divs` CSS para as seções óbvias do layout. Não há necessidade de deixá-las bonitas antes de ter tudo funcionando. Adicionar estilos CSS, imagens, entre outras coisas, é a parte divertida, mas deixe-a bonita *depois* de ter certeza de que tudo está funcionando.

Já que o exemplo na Seção 7.6 trabalhou com funcionalidades já existentes, não houve necessidade de modificar o Haml ou o CSS. A próxima seção adicionará novos recursos ao RottenPotatoes que precisarão de mudanças no Haml.

Resumo: Pegando novamente um conceito emprestado da comunidade de HCI, ***esboços Lo-Fi*** são uma forma barata de explorar a interface do usuário de uma história de usuário. Papel e lápis tornam os esboços mais fáceis de serem modificados e descartados, o que, mais uma vez, pode envolver todos os *stakeholders*. As ***storyboards*** capturam a interação entre diferentes páginas, dependendo do que o usuário faz. É muito mais fácil fazer experimentos nessas mídias baratas antes de usar o Haml e o CSS para criar as páginas que você quer em HTML.

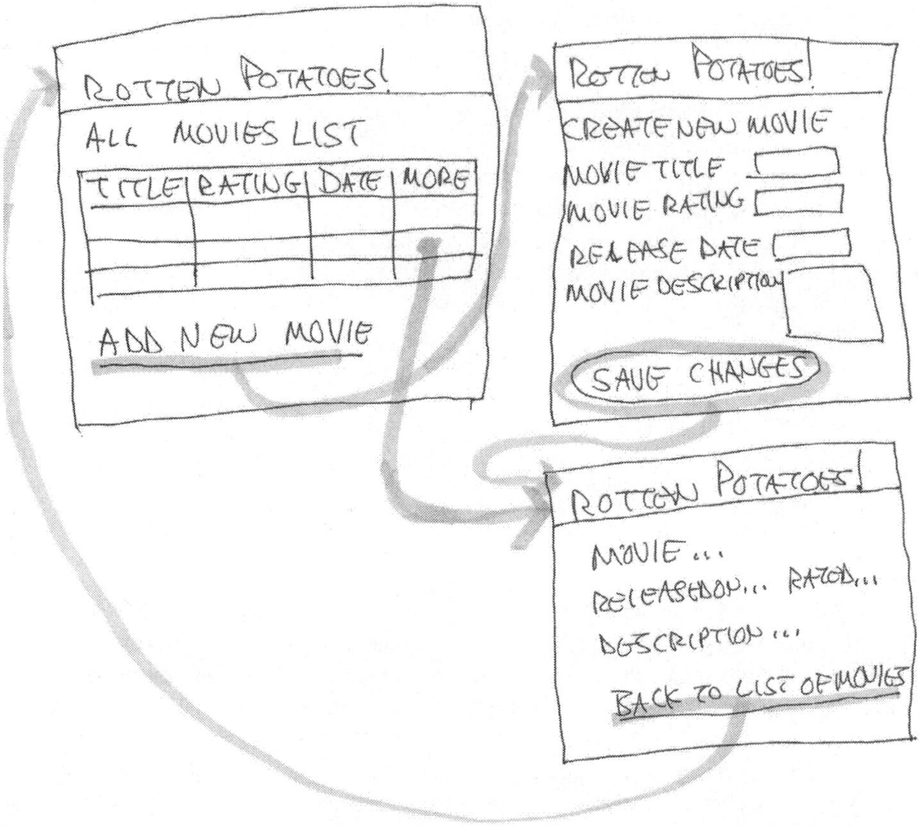

Figura 7.4: ***Storyboard*** **de imagens para adicionar um filme no RottenPotatoes.**

Auto-avaliação 7.4.1. *Verdadeiro ou Falso: O propósito de UIs Lo-Fi das storyboards é depurar a UI antes de você programá-la.*
◇ Verdadeiro. ■

7.5 Estimativa de custos Ágil

Dado que o Manifesto dos Métodos Ágeis valoriza mais a colaboração com cliente do que negociações de contratos, não é surpresa que ele *não* siga a abordagem do Planeje-e-Documente para fazer a estimativa de custos e cronograma para a implementação de um determinado conjunto de recursos como parte da proposta para ganhar um contrato, assim como veremos na Seção 7.10. Esta seção descreve o processo utilizado na Pivotal Labs, que baseia-se em desenvolvimento Ágil (Burkes 2012).

Pivotal Labs é uma consultoria de software que ensina aos seus clientes o ciclo de vida Ágil enquanto colabora com eles para o desenvolvimento de um produto de software específico.

Como a Pivotal adota Métodos Ágeis, a Pivotal nunca se compromete a entregar as funcionalidades X, Y e Z em uma data D. A Pivotal se compromete a prover uma certa quantidade de recursos para trabalhar da maneira mais eficiente possível até a data D. Ao longo do caminho, a Pivotal precisa que o cliente trabalhe com a equipe de projeto para definir prioridades, e deixar a Velocidade medida pelo Tracker guiar as decisões sobre quais funcionalidades realmente devem ser entregues até a data D.

Um cliente em potencial primeiro entra em contato com a equipe Ágil. Se a equipe Ágil se identificar com o projeto, então eles entram em contato com os potenciais clientes por telefone. Em uma conversa de 30 a 60 minutos eles explicam como eles se comprometem a ajudar, como isso é diferente de "terceirizar", que tipo de compromissos serão exigidos do cliente, etc. Esse primeiro contato deixa claro que um time Ágil trabalha baseado no material e tempo disponíveis, e não baseado em um escopo fechado, como é normalmente o caso com os processos de Planeje-e-Documente. O time Ágil junta os clientes para descrever em alto nível o que eles querem que seja desenvolvido, como é o processo de desenvolvimento atual utilizado pelo cliente, quem são os profissionais disponíveis, entre outras coisas.

Se os clientes se sentirem confortáveis com o que eles ouviram, e se a equipe Ágil ainda considera o projeto apropriado, então os clientes fazem uma visita que a Pivotal chama de "scoping". Um "scoping" é, grosseiramente, uma conversa de 90 minutos com potencial cliente realizada, preferencialmente, em pessoa. A equipe Ágil pede ao cliente para trazer a pessoa responsável pelo produto, o desenvolvedor líder, se eles tiverem um, um designer, se eles tiverem um; quaisquer desenhos existentes para aquilo que eles querem construir, etc. Basicamente, os representantes do cliente trazem qualquer coisa que possa esclarecer exatamente o que eles querem que seja feito. A equipe Ágil traz dois engenheiros para o "scoping".

Durante o *scoping*, a equipe Ágil pede para o cliente descrever em detalhes o que eles querem que seja feito, e fazem uma série de perguntas projetadas para identificar detalhes ainda desconhecidos, riscos, necessidade de integrações externas, e assim por diante. Essencialmente, o que a equipe Ágil quer é identificar qualquer coisa que possa adicionar incerteza para a estimativa que a equipe vai entregar. Se a equipe pega um cliente que tem uma definição muito bem clara sobre o que ele deseja construir, um *design* pronto, sem integração externa, etc., então a equipe Ágil consegue realizar uma estimação relativamente precisa para esse escopo fechado, algo como "de 20 a 22 semanas". Por outro lado, se eles não tem a definição clara do produto, se serão necessárias muitas integrações externas, ou se existir qualquer outra incerteza, a estimativa da equipe Ágil será muito menos precisa, algo como "de 18 a 26 semanas". Se você usa programação pareada (veja Seção 10.2), como a Pivotal

Labs faz, a estimativa de custo pode ser "em pares de semanas".

Depois que o cliente deixa o "scoping", os engenheiros da Pivotal ficam por mais 15 a 30 minutos e chegam a um consenso sobre a estimativa em termos de semanas. Eles entregam tudo o que concluíram, o que inclui a estimativa, identificação de riscos, entre outros, para a equipe de vendas, que transforma isso em um e-mail com uma proposta para o cliente.

Como a equipe Ágil trabalha apenas em função do material e tempo disponíveis, é fácil transformar o número de semanas estimadas em uma faixa de custos estimados.

Resumo: Seguindo a ênfase no cliente sobre contratos do Manifesto Ágil, a noção de "estimativa de custo" de um time Ágil se trata mais de aconselhar o cliente sobre qual o tamanho que o time precisa ter para trabalharem com a máxima eficiência, seguindo a lei de Brooks que diz que há um ponto onde o retorno produzido pela equipe decresce na medida que o tamanho da equipe aumenta. (veja a Seção 7.11). O objetivo da equipe Ágil no processo de "scoping" é identificar esse ponto, e então aumentar a equipe para esse tamanho com o tempo. Empresas Ágeis ofertam tempo e material baseado em curtas discussões com os clientes externos. Como veremos na Seção 7.10, essa abordagem está em nítido contraste com empresas que seguem o processo de Planeje-e-Documente, que prometem aos clientes uma série de funcionalidades até uma determinada data, em troca de um valor pré-acordado.

Auto-avaliação 7.5.1. *Verdadeiro ou Falso: Como praticantes de desenvolvimento Ágil, a Pivotal Labs não usa contratos.*

◇ Falso. A Pivotal certamente oferece aos cliente um contrato para eles assinarem, mas o contrato acorda principalmente o compromisso de pagar a Pivotal pelo melhor que eles podem fazer para satisfazer o cliente durante um período determinado de tempo. ■

As histórias de usuário já se provaram úteis no papel de facilitador para permitir a medição de progresso. Nós introduziremos uma ferramenta que permite que as histórias de usuário tenham outro papel importante.

7.6 Introdução a Cucumber e Capybara

A admirável ferramenta ***Cucumber*** transforma histórias de usuários, que clientes podem facilmente entender, em ***testes de aceitação***, que garantem que o cliente está satisfeito, e em ***Testes de integração***, que garantem que as interfaces entre os módulos seguem o mesmo conjunto de hipóteses e se comunicaram corretamente. (O Capítulo 1 descreve os tipos de teste.) O interessante é que o Cucumber atua entre o cliente e o desenvolvedor: as histórias de usuário não se parecem com códigos-fonte, então elas são claras para o cliente e podem ser usadas para se chegar a um acordo, mas ao mesmo tempo seguem um padrão bem definido. Esta seção explica como o Cucumber realiza esse pequeno milagre.

No contexto do Cucumber, usaremos o termo ***história de usuário*** para se referir a uma única ***funcionalidade*** com um ou mais ***cenários*** que mostram diferentes maneiras de utilizá-la. As palavras-chave **Funcionalidade** e **Cenário** identificam os respectivos componentes. Cada cenário é, por sua vez, composto de sequências de 3 a 8 ***passos***.

A Figura 7.5 é um exemplo de história de usuário, que mostra uma funcionalidade com um cenário para adicionar o filme *MIB - Homens de Preto*; este cenário tem oito passos. (Nós mostramos apenas um único cenário nesse exemplo, mas os recursos geralmente têm *http://pastebin.com/CSCVp9M3*

```
1  Feature: User can manually add movie
2
3  Scenario: Add a movie
4    Given I am on the RottenPotatoes home page
5    When I follow "Add new movie"
6    Then I should be on the Create New Movie page
7    When I fill in "Title" with "Men In Black"
8    And I select "PG-13" from "Rating"
9    And I press "Save Changes"
10   Then I should be on the RottenPotatoes home page
11   And I should see "Men In Black"
```

Figura 7.5: Um cenário do Cucumber associado à funcionalidade de "adicionar filmes" do RottenPotatoes.

muitos.) Embora escrita de maneira meio pomposa, esse formato que o Cucumber utiliza ainda continua fácil o suficiente para que um cliente não-técnico possa entender e ajudar a desenvolver, o que é um dos princípios fundamentais de Métodos Ágeis e de BDD.

Palavras-chave do Cucumber Given, When, Then, And, e **But** (que, em português, poderiam ser traduzidos como *Dado, Quando, Então, E* e *Mas*) têm diferentes nomes apenas para facilitar a leitura por humanos, mas eles são todos pseudônimos para o mesmo método. Portanto, você não precisa lembrar a sintaxe para tantas palavras-chaves diferentes.

Cada passo de um cenário começa com sua própria palavra-chave. Os passos que começam com **Given** geralmente estabelecem pré-condições como, por exemplo, navegar para uma determinada página. Passos que começam com **When** geralmente usam um dos passos de web fornecidos pelo Cucumber para simular o usuário pressionando um botão, por exemplo. Os passos que começam com **Then** geralmente irão verificar se alguma condição é verdadeira. A conjunção **And** permite versões mais complexas de frases de **Given**, **When** ou **Then**. A única palavra-chave que você vê nesse formato é **But**.

Um conjunto separado de arquivos define o código Ruby que testa esses passos. Eles são chamados de ***definições dos passos*** (*step definitions*). Diferentes passos podem usar uma única definição de passo.

Como o Cucumber faz a correspondência entre os passos de um cenário com as ***definições dos passos*** que executam esses testes? O truque que o Cucumber usa é utilizar para isso expressões regulares ou ***regexes*** (Capítulo 3) que combinam as frases escritas nos passos dos cenários com a definição dos passos do conjunto de testes.

Por exemplo, abaixo há uma cadeia de caracteres com uma definição de passo de um cenário para o RottenPotatoes:

http://pastebin.com/hwkkP8Mr

```
Given /^(?:|I )am on (.+)$/
```

Essa expressão regular (regexp) casa com o texto "I am on the RottenPotatoes home page", na linha 4 da Figura 7.5. A expressão regular também captura a *string* da frase "am on" até o fim da linha ("the RottenPotatoes home page"). O corpo da definição dos passos contém código Ruby que efetivamente testa o passo, utilizando as *strings* capturadas como no exemplo acima.

Portanto, uma maneira de pensar na relação entre a definição dos passos e os passos do cenário é pensar no primeiro como se fosse a definição dos métodos e o segundo como se fosse a chamada a esses métodos.

Nós então precisamos de uma ferramenta que aja como o usuário e finja usar a funcionalidade em diferentes cenários. No comunidade de Rails, essa ferramenta é chamada ***Capybara***, e o Cucumber se integra perfeitamente a ela. A Capybara "finge ser um usuário" ao tomar ações em um navegador web simulado, por exemplo, clicando em um link ou em um botão. A ferramenta Capybara pode interagir com um aplicativo para receber páginas, analisar o HTML e submeter formulários como um usuário faria.

Resumo da introdução ao Cucumber

- O Cucumber combina a ***funcionalidade*** que você quer adicionar com um conjunto de ***cenários***. Chamamos essa combinação de ***história de usuário***.
- Os passos dos cenários usam a palavra-chave **Given** para identificar o estado atual, **When** para identificar a ação e **Then** para identificar a consequência da ação.
- Os passos do cenário também usam a palavra-chave **And** e **But** para agir como uma conjunção para fazer mais descrições complexas de estado, ação e consequências.
- O ***Cucumber*** associa ***passos*** a definições dos passos usando ***expressões regulares***.
- A ferramenta ***Capybara*** coloca o aplicativo SaaS à prova ao simular um usuário e seu navegador realizando os passos do cenário.
- Ao armazenar ***funcionalidades*** em arquivos junto com os diferentes ***cenários*** de uso dessa funcionalidade, que são compostas por vários ***passos***, e armazenar em arquivos separados o código Ruby que contém as ***definições dos passos*** que testam cada tipo de passo, as ferramentas para Rails ***Cucumber*** e ***Capybara*** automaticamente testam o comportamento do aplicativo SaaS.

Auto-avaliação 7.6.1. *Verdadeiro ou Falso: O Cucumber casa os passos de cenário com a definição dos passos usando regexps, e a ferramenta Capybara finge ser um usuário que interage com o aplicativo SaaS de acordo com esses cenários.*
◇ Verdadeiro. ■

■ ***Elaboração: Stubbing the web***

A forma como usamos o Cucumber e a Capybara neste capítulo não nos permite testar o código JavaScript, que detalhamos no Capítulo 6. Com opções apropriadas, o Cucumber pode controlar o Webdriver, o que, na verdade, dispara um *verdadeiro* navegador e o "controla remotamente" para fazer o que as histórias definem, incluindo todo o código JavaScript. Para este capítulo, vamos nos ater ao uso do modo "headless" de simulação do navegador do Capybara, que é muito mais rápido e é apropriado para testar tudo exceto JavaScript. A Figura 7.16, no final deste capítulo, mostra a relação entre essas ferramentas.

7.7 Executando Cucumber e Capybara

Um dos maiores benefícios das histórias de usuário no Cucumber é a possibilidade de fazer ***análises Vermelho-Amarelo-Verde***. Uma vez que a história de usuário é escrita, nós podemos tentar executá-la imediatamente. No começo, os passos podem aparecer destacados em Vermelho (falha) ou Amarelo (ainda não implementado). Nosso objetivo é pegar cada passo e ir de Amarelo ou Vermelho para Verde (aceito), adicionando aos poucos o que for preciso para fazer o teste ser aceito. Em alguns casos isso é muito fácil. No próximo capítulo, nós tentaremos ir do Vermelho para o Verde nos nossos ***testes de unidade***. Lembre que testes de unidade são escritos para métodos individuais, enquanto que os cenários do Cucumber tes-

Pepinos são verdes A cor verde dos testes aceitos inspirou o nome da ferramenta Cucumber (que, em inglês, significa "pepino").

tam caminhos inteiros através do aplicativo, podendo ser testes de aceitação ou de integração.

Assim como outras ferramentas úteis que vimos, o Cucumber é fornecido como um gem Ruby, de forma que a primeira coisa que nós precisamos fazer é declarar que nosso aplicativo depende desse gem e usar o Bundler para instalá-lo. Na aplicação `myrottenpotatoes` que você começou a desenvolver no Capítulo 4, adicione as seguintes linhas ao `Gemfile`; nós indicamos que o Cucumber e as outras gems que ele utiliza serão necessárias apenas no ambiente de `teste` e não nos ambientes de `desenvolvimento` e `produção` (a Seção 4.2 introduziu os três ambientes em que uma aplicação Rails executa).

http://pastebin.com/s8EB8Mhs

```
# add to end of Gemfile
group :test do
  gem 'cucumber-rails', :require => false
  gem 'cucumber-rails-training-wheels' # some pre-fabbed step definitions
  gem 'database_cleaner' # to clear Cucumber's test database between runs
  gem 'capybara'         # lets Cucumber pretend to be a web browser
  gem 'launchy'          # a useful debugging aid for user stories
end
```

Assim que terminar de modificar o `Gemfile`, execute `bundle install --without production`. Se tudo der certo, você eventualmente verá a mensagem "Your bundle is complete".

Agora nós temos que configurar os diretórios e os arquivos que o Cucumber e a Capybara irão precisar. Assim como o próprio Rails, o Cucumber vem com um *gerador* que faz isso para você. No diretório raiz do aplicativo, execute os próximos dois comandos (se ele perguntar se tudo bem sobrescrever certos arquivos como o `cucumber.rake`, você pode seguramente dizer que sim): `rails generate cucumber:install capybara`
`rails generate cucumber_rails_training_wheels:install`

A execução desses dois geradores fornece a definição de passos que são comumente usados como ponto de partida, assim como as interações com o navegador web. Para esse aplicativo, você achará eles em `myrottenpotatoes/features/step_definitions/web_steps.rb`. Além desses passos pré-definidos, você precisará criar um nova definição de passo que corresponde a funcionalidade única do seu aplicativo. Você provavelmente vai querer aprender todas as definições de passos pré-definidas mais comuns e usá-las quando você for escrever as suas funcionalidades, assim você poderá escrever menos definições de passos.

Antes de tentar executar o Cucumber, há mais um passo que precisamos fazer: você precisa inicializar o banco de dados de testes com o comando `rale db:test:prepare`. Você precisa fazer isso antes da primeira vez que você executar os testes ou sempre que o esquema do banco de dados mudar. A Seção 4.2 fornece descrições mais detalhadas.

Nesse ponto, você já está pronto para usar o Cucumber. Você deve adicionar as suas próprias funcionalidades no diretório `features` como um arquivo com extensão `.feature`. Copie a história de usuário da Figura 7.5 e a cole em um arquivo chamado `AddMovie.feature` no diretório `features`. Para ver como os cenários e a definição de passos interagem entre si e como eles mudam de cor, digite
`cucumber features/AddMovie.feature`
Veja o *screencast* para ver como continuar a partir daí.

http://pastebin.com/RbPqfg1g

```
# add to paths.rb, just after "when /^the home\s?page$/
# '/'"

when /^the RottenPotatoes home page/
  '/movies'
when /^the Create New Movie page/
  '/movies/new'
```

Figura 7.6: Código que devemos adicionar a features/support/paths.rb para fazer com que o cenário AddMovie passe. Note que a primeira linha dos arquivos paths.rb e websteps.rb é uma instrução para apagar este arquivo (*DELETE THIS FILE*), que é algo que você deverá fazer assim que você começar a entender os conceitos básicos do Cucumber e Capybara. Os arquivos paths.rb e websteps.rb são parte da gem *Cucumber-Rails Training Wheels*, que é muito útil para você começar a aprender a usar o Cucumber, mas que são desnecessários e podem ser removidos em aplicações sérias. Por favor continue utilizando esses arquivos por enquanto.

Screencast 7.7.1: Cucumber Parte I.
`http://vimeo.com/34754747`
O *screencast* mostra como o Cucumber verifica se os testes funcionam, colorindo as definições dos passos. Os passos que falharam estão em vermelho, os que ainda não foram implementados estão em amarelo, e os passos que passaram estão em verde. (Os passos que aparecerem depois de um resultado vermelho são coloridos com azul, indicando que eles não foram ainda testados.) O primeiro passo da linha 4 está em vermelho, então o Cucumber pulará o resto. Esse teste falhou porque não há nenhum caminho no paths.rb que casa com "a homepage do RottenPotatoes", assim como a mensagem de erro do Cucumber explica. A mensagem ainda sugere como arrumar a falha adicionando um caminho em `path.rb`. Veja a Figura 7.6. Adicionar o novo caminho torna o primeiro passo "verde como um pepino", mas agora o terceiro passo na linha 6 está vermelho. Assim como a mensagem de erro explica, ele falha porque não há nenhum caminho que combina com "Criar nova página de filme". Nós consertamos novamente adicionando o caminho em paths.rb. Agora todos os passos estão frescos como um pepino e o cenário AddMovie passa nos testes.

Resumo: Seguindo a filosofia de BDD, para adicionar uma nova funcionalidade precisamos primeiro definir o critério de aceitação. O Cucumber ajuda tanto a captura de requisitos — definidos como histórias de usuário — quanto a definir testes de integração e aceitação para essa história. Além disso, seu uso fornece testes que podem ser executados automaticamente, de forma que teremos testes de regressão para ajudar a manter o código enquanto o resto do desenvolvimento continua. (Nós veremos essa abordagem novamente no Capítulo 9 em uma aplicação bem maior do que a RottenPotatoes.)

Auto-avaliação 7.7.1. *A cor verde das cores dos passos do Cucumber indica que o teste passou. Qual é a diferença entre os passos coloridos com as cores amarelo e vermelho?*
◇ Os passos amarelos ainda não foram implementados. Os passos vermelhos foram implementados, mas falharam no teste. ■

7.8 Aprimorando o RottenPotatoes

Tomemos um segundo exemplo de histórias de usuário e interfaces do usuário Lo-Fi; suponha que queremos procurar no *The Open Movie Database* (TMDb) informações sobre um filme que temos interesse de adicionar no RottenPotatoes. Como vimos no Capítulo 8, o TMDB tem um API (*application programming interface* ou, em português, interface de programação de aplicações) projetado para permitir que essa informação seja acessada usando uma *Service-Oriented Architecture* (Arquitetura Orientada a Serviços).

Neste capítulo, usaremos o Cucumber para desenvolver dois cenários e seus esboços de baixa fidelidade correspondentes para mostrar como gostaríamos que fosse a integração do RottenPotatoes com o TMDb. Nós faremos que um dos cenários fique temporariamente em verde, com um pouco de código que vai "aparentar funcionar". No Capítulo 8, nós escreveremos o código necessário para que os outros cenários fiquem verdes. Fazer com que os primeiros cenários funcionem pode ser um pouco entediante, porque geralmente você tem que escrever muito código para a infraestrutura básica, mas tudo fica mais rápido depois disso, e, de fato, você inclusive poderá reutilizar sua definição dos passos para criar passos "declarativos" de alto nível, como veremos na Seção 7.9.

A *storyboard* da Figura 7.7 mostra nossa visão de como o novo recurso deverá funcionar. A home page do RottenPotatoes, que lista todos os filmes, será aumentada com um barra de pesquisa onde poderemos digitar algumas palavras-chave de título de algum filme, e um botão "Buscar" que buscará no TMDb por um filme cujo título contenha essas palavras-chaves. Se a busca encontrar algo — o chamado "caminho feliz" da execução — o primeiro filme que corresponder à busca será usado para "pré-popular" os campos na página Adicionar Novo Filme que nós já desenvolvemos no Capítulo 4. (Em um aplicativo real você teria de criar uma página separada, mostrando todos os resultados as correspondentes e deixar que o usuário escolha uma, mas nós estamos deliberadamente deixando o exemplo simples.) Se a busca não trouxer nenhum resultado — o "caminho triste" — nós devemos ser levados de volta a página do RottenPotatos, com uma mensagem nos informando do ocorrido.

Normalmente você completaria o caminho feliz primeiro, e quando você chegasse a um passo pendente ou faltante que exige a escrita de um *novo* código, você o faria por Desenvolvimento guiado por teste (TDD). Nós faremos isso no Capítulo 8 ao escrever um código que realmente acessa o TMDb e o integra a esse cenário. Por enquanto, nós iniciaremos com o caminho triste para ilustrar os recursos do Cucumber e o processo BDD. A Figura 7.8 mostra o cenário de caminho triste para a nova funcionalidade; crie o arquivo `feature/search_tmdb.feature` contendo esse código. Quando executarmos a funcionalidade com o `cucumber features/search_tmdb.feature`,, o segundo passo *Then I should see "Search TMDb for a movie"* (*Então eu deveria ver "Buscar no TMDb por um filme"*) deveria falhar (vermelho), porque ainda não adicionamos esse texto na homepage `app/views/movies/index.html.haml`. Logo, nossa primeira tarefa é fazer essa mudança e deixar esse passo verde.

Tecnicamente, uma abordagem de BDD "pura" seria fazer com que esse passo fique verde só por adicionar o texto *Buscar no TMDb por um filme* em qualquer lugar daquela Visão, e então executar novamente o cenário. Mas é claro que nós sabemos que o próximo passo *Quando eu preencho os "termos de busca" com "Filmes que não existem"* também falhará, porque nós também não adicionamos um campo chamado "Termos de busca" na visualização. Então, pensando na eficiência, modifique o `index.html.haml` adicionando as linhas da Figura 7.9, que explicaremos agora.

A linha 3 é o texto que permite que *Então eu deveria ver "Buscar no TMDb um filme"* passe. As linhas remanescentes criam o preenchimento de formulário; nós mostramos isso no Capítulo 4, logo, esse código deveria ser familiar. Duas coisas são dignas de nota. Primeiro, como com qualquer interação de usuário em uma visão, precisamos de um controle de ação

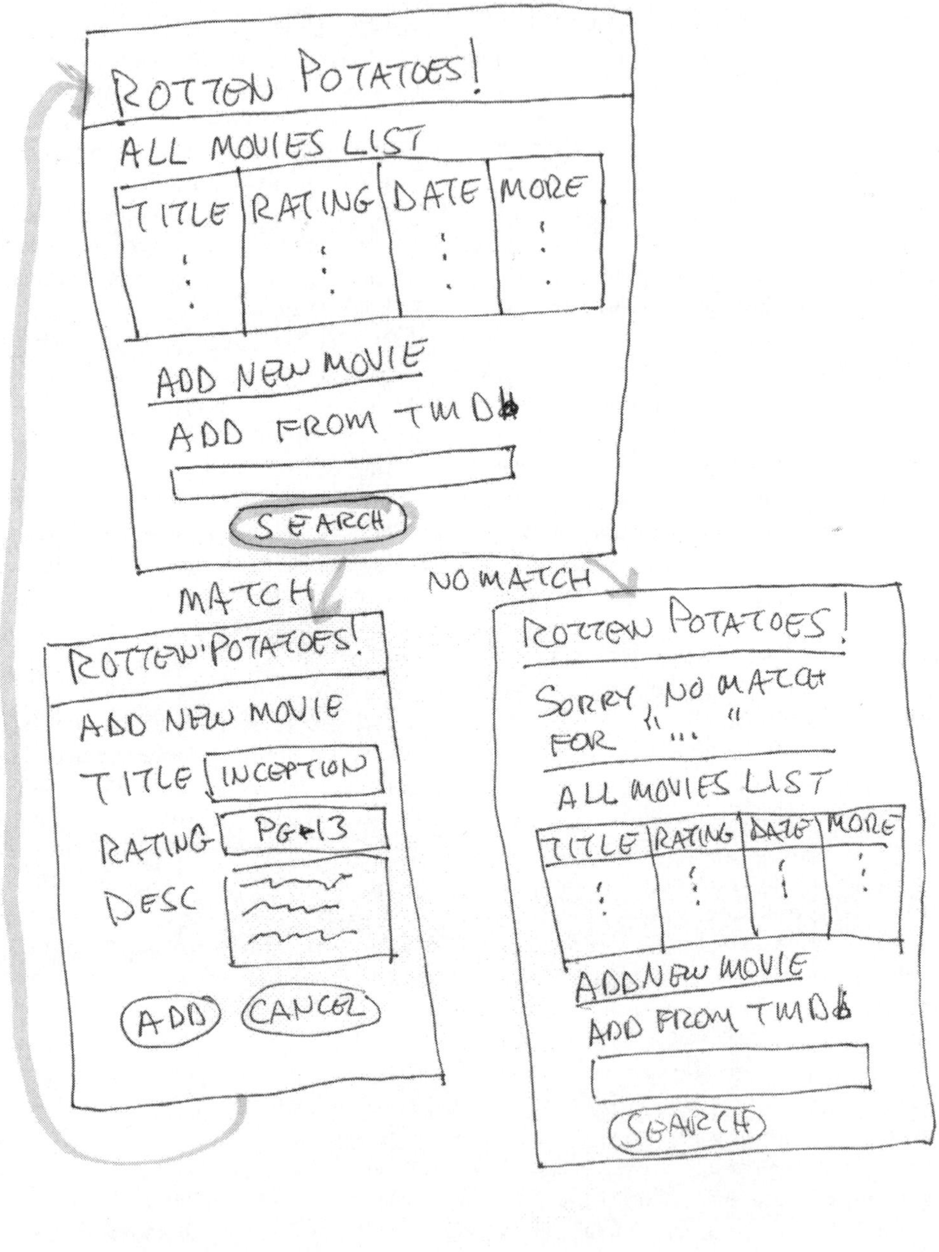

Figura 7.7: ***Storyboard*** **da interface de usuários que faz a busca no banco de dados de filmes.**

http://pastebin.com/qTYS5tLs

```
1  Feature: User can add movie by searching for it in The Movie Database (TMDb)
2
3    As a movie fan
4    So that I can add new movies without manual tedium
5    I want to add movies by looking up their details in TMDb
6
7  Scenario: Try to add nonexistent movie (sad path)
8
9    Given I am on the RottenPotatoes home page
10   Then I should see "Search TMDb for a movie"
11   When I fill in "Search Terms" with "Movie That Does Not Exist"
12   And I press "Search TMDb"
13   Then I should be on the RottenPotatoes home page
14   And I should see "'Movie That Does Not Exist' was not found in TMDb."
```

Figura 7.8: Um cenário de caminho triste associado a funcionalidade de busca no *The Movie Database*.

http://pastebin.com/QtUf0qsB

```
1  -# add to end of app/views/movies/index.html.haml:
2
3  %h1 Search TMDb for a movie
4
5  = form_tag :action => 'search_tmdb' do
6
7    %label{:for => 'search_terms'} Search Terms
8    = text_field_tag 'search_terms'
9    = submit_tag 'Search TMDb'
```

Figura 7.9: O código Haml para a busca na página do TMDb.

(*controller action*) que consiga lidar com essa interação. Nesse caso, a interação é submeter o formulário com palavras-chave de busca. A linha 5 diz que, quando o formulário é submetido, a ação do controlador **search_tmdb** receberá o formulário de submissão. Esse código não existe ainda, então nós tivemos que escolher um nome descritivo para essa ação.

A segunda coisa a se notar é o uso do marcador `label` de HTML. A Figura 2.14 no Capítulo 2 nos mostra que as linhas 7 e 8 serão transformadas no seguinte código HTML:

http://pastebin.com/itVarUq5

```
<label for='search_terms'>Search Terms</label>
<input id="search_terms" name="search_terms" type="text" />
```

O ponto chave é que o atributo `for` da *tag* `label` corresponde ao atributo `id` da tag `input`, que foi determinada pelo primeiro argumento para o comando auxiliar **text_field_tag** chamado na linha 8 da Figura 7.9. Essa correspondência permite que o Cucumber determine quais campos do formulário estão sendo referenciados pelo nome "Termos de busca" na linha 11 da Figura 7.8: *Quando eu preencho "termos de busca"....*

Fazendo isso de novo e de novo? O comando `rake cucumber` executa todas as funcionalidades, ou mais precisamente, aquelas selecionadas pelo *perfil padrão* em Arquivo de configuração do Cucumber `cucumber.yml`.[8] No próximo capítulo, nós apresentaremos uma ferramenta chamada `autotest` que automatiza a re-execução de testes quando você fizer modificações nos arquivos.

Como você pode recordar da Seção 4.1, nós temos que ter certeza que há uma rota para essa nova ação do controlador. A parte superior da Figura 7.10 mostra a linha que você deve adicionar em `config/routes.rb` para adicionar uma rota para a ação de submissão do formulário (`POST`).

Entretanto, mesmo com a nova rota, esse passo irá falhar com uma exceção: mesmo que tenhamos um botão com o nome "Buscar no TMDb", o **form_tag** especifíca que o **MoviesController#search_tmdb** é a ação do controlador que deveria receber o formulário, ainda que tal método não exista em `movies_controller.rb`. A Figura 7.1 mostra que agora nós devemos usar a técnica de Desenvolvimento guiado por teste (TDD) para criar esse método.

http://pastebin.com/tdxgK77Z

```
# add to routes.rb, just before or just after 'resources :movies' :

# Route that posts 'Search TMDb' form
post '/movies/search_tmdb'
```

http://pastebin.com/cGmgFyEZ

```
# add to movies_controller.rb, anywhere inside
#   'class MoviesController < ApplicationController':

def search_tmdb
  # hardwire to simulate failure
  flash[:warning] = "'#{params[:search_terms]}' was not found in TMDb."
  redirect_to movies_path
end
```

Figura 7.10: (Acima) Uma rota que aciona esse mecanismo quando um formulário é `POST`ado. (Abaixo) Esse método de controle "falso" sempre se comporta como se nenhuma correspondência fosse encontrada. Ele recupera as palavras-chave digitadas pelo usuário da tabela de hash params (assim como vimos no Capítulo 4), armazena a mensagem em flash[] e redireciona o usuário de volta para a lista de filmes. Relembre do Capítulo 4 que nós adicionamos código em `app/views/layouts/application.html.haml` para exibir o conteúdo do *flash* em cada visualização.

Mas já que o TDD é o tópico do próximo capítulo, nós vamos trapacear um pouco para fazer esse cenário funcionar. Já que esse é o cenário de "caminho triste", onde nenhum filme é encontrado, nós vamos temporariamente criar um método de controle que *sempre* se comporta como se nada fosse encontrado. Dessa forma terminaremos de testar o caminho triste. Além disso, a parte inferior da Figura 7.10 mostra o código que você deve adicionar em `app/controllers/movies_controller.rb` para criar uma "falsa" ação **search_tmdb** fixa no código.

Se você é novo no BDD, esse passo pode te surpreender. Por que nós criaríamos deliberadamente um método de controle falso que na verdade não acessa o TMDb, mas apenas finge que a busca falhou? Nesse caso, a resposta é que isso permite que nós terminemos o resto do cenário, assegurando que nossas visões HTML correspondem aos esboços de baixa fidelidade e que a sequência de visões realmente correspondem as *storyboards*. De fato, uma vez que você faz as mudanças da Figura 7.10, todo o caminho triste deverá passar. O *screencast* 7.8.1 resume o que fizemos até agora.

Screencast 7.8.1: Cucumber Parte II.
`http://vimeo.com/34754766`
Nesse *screencast*, nós fizemos um caminho triste para ilustrar as funcionalidades do Cucumber, já que ele é capaz de usar o código existente. O primeiro passo da linha 5 da Figura 7.8 passa, mas o da linha 6 falha porque ainda não modificamos o arquivo `index.html.haml` para incluir o nome da nova página ou para incluir um formulário para digitar o filme a ser procurado. Nós consertamos isso ao adicionar esse formulário em `index.html.haml`, usando os mesmo métodos Rails descritos nas seções 4.4 e 4.6 do Capítulo 4. Não há nenhuma rota que corresponderia a uma entrada URI. Para manter as coisas simples, vamos estabelecer uma rota apenas para essa ação em `config/routes.rb`, novamente usando técnicas discutidas na Seção 4.1 do Capítulo 4. Ao criar esse formulário, temos que especificar qual ação do controlador irá recebê-lo; nós escolhemos o nome `search_tmdb` para a ação do controlador. (Implementaremos esse método no próximo capítulo.) Uma vez que atualizamos o `index.html.haml`, criarmos a rota em `config/routes.rb`, e nomearmos a ação do controlador, o Cucumber colorirá todos os passos em verde.

http://pastebin.com/7nQQ6zwg

```
1  Feature: User can add movie by searching for it in The Movie Database (TMDb)
2
3    As a movie fan
4    So that I can add new movies without manual tedium
5    I want to add movies by looking up their details in TMDb
6
7  Background: Start from the Search form on the home page
8
9    Given I am on the RottenPotatoes home page
10   Then I should see "Search TMDb for a movie"
11
12 Scenario: Try to add nonexistent movie (sad path)
13
14   When I fill in "Search Terms" with "Movie That Does Not Exist"
15   And I press "Search TMDb"
16   Then I should be on the RottenPotatoes home page
17   And I should see "'Movie That Does Not Exist' was not found in TMDb."
18
19 Scenario: Try to add existing movie (happy path)
20
21   When I fill in "Search Terms" with "Inception"
22   And I press "Search TMDb"
23   Then I should be on the "Search Results" page
24   And I should not see "not found"
25   And I should see "Inception"
```

Figura 7.11: Não Seja Repetitivo (DRY). Passos em comum dos caminhos feliz e triste, usando as palavras-chave do *Background*, que agrupa os passos que devem ser realizados antes de *cada* cenário em um arquivo do recurso.

E o que fazer para o caminho feliz, quando nós buscamos por um filme existente? Observe que as duas primeiras ações naquele caminho — ir até a homepage do RottenPotatoes e ter certeza que há um formulário de busca lá, o que corresponda às linhas 9 e 10 da Figura 7.8 — são as mesma para o caminho triste. Isso deveria incomodar o seu espírito DRY e te fazer pensar em como remover essa repetição.

A Figura 7.11 mostra a resposta. O comando *Background* do Cucumber mostra os passos que devem ser executados antes que *algum* cenário de uma funcionalidade possa ser executado, o que permite aplicar o princípio DRY nos caminhos feliz e triste do cenário. Modifique o `features/search_tmdb.feature` para corresponder a figura e mais uma vez execute `cucumber features/search_tmdb.feature`. Obviamente, o passo na linha 23 vai falhar porque nós fixamos o método do controle para fingir que não há correspondência no TMDb, resultando em redirecionamento para a homepage em vez da página de resultado de busca. Nesse ponto, podemos mudar o método de controle para fixar o sucesso da busca e deixar o caminho feliz em verde, apesar de que isso deixaria o caminho triste em vermelho. No próximo capítulo veremos uma maneira melhor. Em particular, desenvolveremos *de verdade* a ação de controlador, usando técnicas de Desenvolvimento guiado por teste (TDD) que "trapaceiam" para configurar as entradas e o estado do mundo para testar condições particulares de forma isolada. Quando você aprender tanto o BDD quanto o TDD verá que você comumente itera entre esses dois níveis como parte habitual do processo de desenvolvimento de software.

Resumo:

- Adicionar uma nova funcionalidade em um aplicativo SaaS normalmente significa que você deve especificar a interface do usuário para o recurso, escrever novas definições de passos e talvez até ter que escrever novos métodos antes de conseguir que todos os cenários fiquem verdes no Cucumber.
- Normalmente você escreveria e completaria cenários para o(s) caminho(s) feliz(es) primeiro; nós começamos com o caminho triste apenas porque isso nos permitiu ilustrar melhor os recurso do Cucumber.
- A palavra-chave **Background** pode ser usada para aplicar os princípios de DRY nos passos que se repetem nos cenários que são relacionados entre si e permite colocá-los um único arquivo de funcionalidade.
- Geralmente, testes no nível de sistema como os cenários do Cucumber não deveriam "trapacear" ao fixar um comportamento falso para os métodos. O BDD e o Cucumber tratam do comportamento e não da implementação, então nós deveríamos usar outras técnicas como o TDD (que será descrito no próximo capítulo) para escrever os métodos reais que fazem todos os cenários passarem.

Auto-avaliação 7.8.1. *Verdadeiro ou Falso: Você precisa implementar todo o código que está sendo testado antes que o Cucumber possa dizer que o teste passou.*
◇ Falso. Um caminho triste pode passar sem que respectivo código para o caminho feliz tenha passado. ■

7.9 Cenários Explícitos vs. Implícitos e Imperativos vs. Declarativos

Agora que vimos histórias de usuário e o Cucumber na prática, nós estamos prontos para cobrir dois tópicos importantes sobre testes que envolvem perspectivas contrastantes.

O primeiro tópico é sobre ***requisitos explícitos versus implícitos***. Uma grande parte da especificação formal no Planeje-e-Documente trata de requisitos, que no BDD são as histórias de usuário desenvolvidas pelos *stakeholders*. Usando a terminologia do Capítulo 1, eles geralmente correspondem aos testes de aceitação. Os requisitos implícitos são a consequência lógica dos requisitos explícitos, e geralmente correspondem ao que o Capítulo 1 chama de testes de integração. O exemplo de um requisito implícito no RottenPotatoes pode ser, por exemplo, que por padrão todos os filmes sejam listados em ordem cronológica por data de lançamento.

A boa notícia é que você pode usar o Cucumber para matar dois coelhos com uma cajadada só — criar testes de aceitação *e* integração — se você escrever histórias de usuário para ambos os requisitos explícitos e implícitos. (O próximo capítulo mostra como usar outra ferramenta para teste de unidade.)

A segunda perspectiva contrastante vem dos ***cenários imperativos versus declarativos***. O cenário de exemplo da Figura 7.5 é imperativo; você está especificando uma sequência lógica de ações de usuário: preencher um formulário, clicar em botões, etc. Por um lado, cenários imperativos são úteis para garantir que os detalhes da UI combinam com as expectativas do cliente. Por outro lado, escrever a maioria dos cenários dessa maneira torna-se rapidamente uma tarefa tediosa e não DRY.

Para entender o porquê, suponha que nós queiramos escrever um recurso que especifica que os filmes devem aparecer em ordem alfabética na página da lista de filmes. Por exemplo, "Zorro" deve aparecer depois de "Apocalypse Now", mesmo que "Zorro" tenha sido adicionado ao catálogo primeiro. Seria extremamente chato expressar esse cenário da forma ingênua, porque ele repete praticamente as linhas do nosso cenário de "adicionar filmes" já existente — o que não muito DRY:

http://pastebin.com/qR9UTSsP

```
1  Feature: movies should appear in alphabetical order, not added order
2  
3  Scenario: view movie list after adding 2 movies (imperative and non-DRY)
4  
5    Given I am on the RottenPotatoes home page
6    When I follow "Add new movie"
7    Then I should be on the Create New Movie page
8    When I fill in "Title" with "Zorro"
9    And I select "PG" from "Rating"
10   And I press "Save Changes"
11   Then I should be on the RottenPotatoes home page
12   When I follow "Add new movie"
13   Then I should be on the Create New Movie page
14   When I fill in "Title" with "Apocalypse Now"
15   And I select "R" from "Rating"
16   And I press "Save Changes"
17   Then I should be on the RottenPotatoes home page
18   Then I should see "Apocalypse Now" before "Zorro" on the RottenPotatoes home
          page sorted by title
```

O Cucumber foi criado para tratar do *comportamento* e não da implementação — concentrando-se no *que* está sendo feito. Mesmo sendo um cenário mal escrito, apenas na linha 18 menciona-se o comportamento de interesse.

Uma abordagem alternativa é pensar em usar a definição dos passos para criar uma ***linguagem de domínio*** (que é diferente de uma **linguagem de domínio específico (DSL)** formal) para sua aplicação. Uma linguagem de domínio é algo informal, mas usa termos e conceitos específicos para a sua aplicação, ao invés de usar termos genéricos e conceitos relacionados à implementação da interface do usuário. Passos descritos em uma linguagem de domínio são normalmente mais declarativos do que imperativos, já que eles descrevem o estado do mundo ao invés da sequência de passos para chegar a esse estado. Além disso, eles são menos dependentes dos detalhes da interface do usuário.

Uma versão declarativa do cenário acima poderia se parecer com isto:

http://pastebin.com/355SUaaT

```
Feature: movies should appear in alphabetical order, not added order

Scenario: view movie list after adding movie (declarative and DRY)

  Given I have added "Zorro" with rating "PG-13"
  And   I have added "Apocalypse Now" with rating "R"
  Then  I should see "Apocalypse Now" before "Zorro" on the RottenPotatoes
        home page sorted by title
```

A versão declarativa é obviamente menor, mais fácil de manter e mais fácil de entender, já que o texto descreve o estado do aplicativo de uma forma natural: "Eu estou na homepage do RottenPotatoes ordenada por título".

A boa notícia, como mostra a Figura 7.12, é que você pode *reutilizar* seus passos imperativos existentes para implementar esses cenários. Essa é uma forma muito poderosa de reuso. A medida que sua aplicação evolui, você vai perceber que estará reutilizando os passos imperativos dos primeiros cenários que escreveu para criar cenários declarativos mais conci-

http://pastebin.com/h7e2xtZu

```
1  Given /I have added "(.*)" with rating "(.*)"/ do |title, rating|
2    steps %Q{
3      Given I am on the Create New Movie page
4      When  I fill in "Title" with "#{title}"
5      And   I select "#{rating}" from "Rating"
6      And   I press "Save Changes"
7    }
8  end
9
10 Then /I should see "(.*)" before "(.*)" on (.*)/ do |string1, string2, path|
11   step "I am on #{path}"
12   regexp = /#{string1}.*#{string2}/m #  /m means match across newlines
13   page.body.should =~ regexp
14 end
```

Figura 7.12: Adicionar esse código ao `movie_steps.rb` cria uma nova definição de passo que correspondem às linhas 5 e 6 do cenário declarativo ao reutilizar seus passos pré-existentes. steps (linha 2) reutiliza uma sequência de passos e step (linha 11) reutiliza um único passo. Relembre da Figura 3.1 que o %Q é uma sintaxe alternativa para colocar uma string entre aspas duplas, e que Given, When, Then, etc., são sinônimos, fornecidos apenas para facilitar a leitura. (Nós aprenderemos sobre o should, que aparece na linha 13, no próximo capítulo.)

sos e descritivos. Linguagens declarativas orientadas ao domínio focam nas funcionalidades que estão sendo descritas, ao invés dos passos de baixo nível que você precisa executar para realizar o teste.

Resumo:

- Nós podemos usar o Cucumber tanto para testes de aceitação como para os testes de integração se escrevermos histórias de usuário para os requisitos explícitos e implícitos. Cenários declarativos são mais simples, menos detalhados e mais fáceis de manter do que os cenários imperativos.
- Conforme ganhar mais experiência, a maioria das histórias de usuários passarão a ser descritas em uma linguagem de domínio que você criou para o seu aplicativo usando as suas definições de passos; as histórias se preocuparão cada vez menos com os detalhes da interface do usuário. A exceção são as histórias em que expressar os detalhes da interface do usuário produz um valor de mercado (necessidade do cliente) agregado.

■ ***Elaboração: O ecossistema de BDD***

Existe uma dinâmica crescente, especialmente na comunidade Ruby (onde um código testável, bonito e autodocumentado é altamente valorizado) para documentar e promover as melhores práticas de BDD. Bons cenários servem tanto para documentação das intenções daqueles que projetaram o aplicativo como para criar testes executáveis de aceitação e aplicação; portanto, eles também merecem a mesma atenção com a beleza como o próprio código da aplicação merece. Por exemplo, esse *screencast* gratuito da RailsCast[9] descreve *esboços de cenários*, uma maneira de aplicar DRY a um conjunto repetitivo de caminhos felizes ou tristes cujos resultados esperados se diferenciam apenas em como um formulário é preenchido, similar ao contraste entre o caminhos felizes e tristes acima. O Cucumber wiki[10] é um bom lugar para começar, mas como tudo na programação, você aprenderá melhor o BDD fazendo-o com frequência, cometendo erros, e revisando e embelezando seu código e cenários assim que você aprender com os seus erros.

Auto-avaliação 7.9.1. *Verdadeiro ou Falso: Os requisitos explícitos são geralmente definidos com cenários imperativos e os requisitos implícitos são geralmente definidos por cenários declarativos.*
◇ Falso. Essas duas classificações são independentes; ambos os requisitos podem usar ambos os tipos de cenários. ■

7.10 A perspectiva do Planeje-e-Documente

Como é sabido entre os engenheiros de software (mas não pelo público em geral), de longe, a maior classe de problemas em desenvolvimento de software surge de erros feitos na prospecção, na gravação e na análise de requisitos.

—Daniel Jackson, Martyn Thomas, and Lynette Millett (Eds.), *Software for Dependable Systems: Sufficient Evidence?*, 2007

Relembre que os métodos de planeje-e-documente tem a esperança de fazer da engenharia de software algo com um orçamento e cronograma tão previsível como é na engenharia civil. Notavelmente, histórias de usuário, pontos e velocidade correspondem a *sete* grandes tarefas das metodologias de planeje-e-documente. Elas incluem:

1. Levantamento de requisitos

2. Documentação de requisitos

3. Estimativa de custo

4. Planejamento e acompanhamento do progresso

Todas elas são realizadas no início de um projeto que segue o modelo de Cascata e no começo de cada grande iteração dos modelos Espiral e RUP. Como os requisitos mudam com o passar do tempo, esses itens acima implicam em outras tarefas:

5. Gestão de mudanças dos requisitos, custos e cronograma

6. Garantir que a implementação corresponda às funcionalidades descritas pelos requisitos

Por fim, já que precisão na estimativa do orçamento e no cronograma são vitais para o sucesso do processo do planeje-e-documente, há outra tarefa que não é encontrada no BDD:

7. Análise de risco e gestão

Espera-se que se imaginarmos todos os riscos para o orçamento e o cronograma antecipadamente, o projeto poderá fazer planos para evitá-los ou superá-los.

Como veremos no Capítulo 10, os processos de planeje-e-documente assumem que cada projeto tem um gerente. Embora todo o time possa participar da prospecção de requisitos, análise de risco e ajudar a documentá-los, cabe ao gerente de projeto estimar os custo, planejar e manter o cronograma, e decidir quais riscos enfrentar, como superá-los ou evitá-los.

Conselhos para gerentes de projeto vêm de todos os cantos, de praticantes que oferecem diretrizes e regras de ouro com base em suas experiências a pesquisadores que avaliaram muitos projetos para chegar em fórmulas para estimar orçamento e cronograma. Também há ferramentas para ajudar. Apesar dos conselhos e ferramentas úteis, as estatísticas de projetos do Capítulo 1 (Johnson 1995, 2009) — que 40% a 50% excedem o orçamento e o cronograma em razões de 1,7 a 3,0, e que 20% a 30% dos projetos são cancelados ou abandonados — mostram a dificuldade de se conseguir estimar com precisão orçamentos e cronogramas.

Apresentaremos rapidamente uma visão geral de cada uma dessas sete tarefas para que você possa se familiarizar com o que é feito nos processos de planeje-e-documente, isso ajudará caso você precise usá-los no futuro. Essas visões gerais ajudam a explicar o que inspirou a criação do Manifesto Ágil. Se não ficar claro para você como realizar essas tarefas com sucesso, o motivo provavelmente está mais relacionado às dificuldades inerentes das tarefas do que à brevidade das descrições.

1. Levantamento de requisitos. Assim como as histórias de usuário, o levantamento de requisitos envolve a participação de todos os *stakeholders*, usando uma de várias técnicas. A primeira é a ***entrevista***, em que os *stakeholders* respondem a questões pré-definidas ou apenas realizam discussões informais. Note que um dos objetivos é entender a infraestrutura social e organizacional para entender como as tarefas são *realmente* feitas e se isso condiz com a história oficial. Outra técnica é criar ***cenários*** cooperativamente, que podem começar com uma hipótese inicial sobre o estado do sistema, mostrar o fluxo do sistema para um caso feliz e um triste, listar o que mais está acontecendo no sistema, e então terminar com a descrição do estado do sistema no final do cenário. Relacionado aos cenários e as histórias de usuário, uma terceira técnica é criar ***casos de uso***, que são listas de passos entre uma pessoa e um sistema para alcançar um objetivo (veja a formulação na Seção 7.1).

Em acréscimo aos ***requisitos funcionais*** como os listados acima, os ***requisitos não-funcionais*** incluem objetivos de desempenho, objetivos de dependências, entre outros.

2. Documentação de requisitos. Uma vez levantados, o próximo passo é documentar os requisitos em uma ***Software Requirements Specification*** (SRS, ou Especificação de requisitos de software). A Figura 7.13 mostra um esboço de um SRS baseado no padrão IEEE 830–1998. Um SRS para um sistema de gerenciamento de pacientes[11] tem 14 páginas corridas, mas geralmente eles têm centenas de páginas.

Parte do processo é verificar o SRS por:

- Validade — todos esses requisitos são realmente necessários?
- Consistência — os requisitos possuem conflitos?
- Completude — todos os requisitos e restrições estão inclusos?
- Viabilidade — os requisitos podem ser mesmo implementados?

Técnicas para testar essas quatro características incluem fazer os *stakeholders* — desenvolvedores, clientes, testadores, entre outros — revisar o documento, tentar construir um protótipo que inclua as funcionalidades básicas e gerar os casos de teste que verificam os requisitos.

Pode ser útil para um projeto ter dois tipos de SRS: um SRS de alto nível, para a gerência e o marketing, e um SRS detalhado, para a equipe de desenvolvimento de projeto. O primeiro é presumivelmente um subconjunto do último. Por exemplo, o SRS de alto nível pode deixar de fora os requisitos funcionais que correspondem ao 3.2.1.3 na Figura 7.13.

Table of Contents

1. Introduction
   1.1 Purpose
   1.2 Scope
   1.3 Definitions, acronyms, and abbreviations
   1.4 References
   1.5 Overview
2. Overall description
   2.1 Product perspective
   2.2 Product functions
   2.3 User characteristics
   2.4 Constraints
   2.5 Assumptions and dependencies
3. Specific requirements
   3.1 External interface requirements
      3.1.1 User interfaces
      3.1.2 Hardware interfaces
      3.1.3 Software interfaces
      3.1.4 Communication interfaces
   3.2 System features
      3.2.1 System feature 1
         3.2.1.1 Introduction/purpose of feature
         3.2.1.2 Stimulus/response sequence
         3.2.1.3 Associated function requirements
            3.2.1.3.1 Functional requirement 1
            ...
            3.2.1.3.n Functional requirement n
      3.2.2 System feature 2
      ...
      3.2.m System feature m
   3.3 Performance requirements
   3.4 Design constraints
   3.5 Software system attributes
   3.6 Other requirements

Figura 7.13: Índice das práticas recomendadas pelo padrão IEEE 830–1998 para a especificação de requisitos de software. Nós mostramos a Seção 3 organizada por requisitos, mas o padrão oferece várias outras maneiras de organizar a Seção 3: por modo, classe do usuário, objeto, estímulo, hierarquia funcional, ou até mesmo misturando múltiplas organizações.

■ ***Elaboração: Linguagens formais de especificação***

Linguagens formais de especificação como o Alloy e o Z permitem que o gerente de projeto escreva requisitos executáveis, que tornam a validar da implementação mais fácil. Obviamente, o custo disso tanto um documento mais difícil de escrever e, normalmente, um documento de requisitos muito longo para ler. A vantagem é que ambos são precisos na especificação e e podem gerar automaticamente casos de teste ou até mesmo usar métodos formais de verificação de correção (veja Seção 8.9).

3. **Estimativa de custo.** O gerente de projeto então decompõe o SRS em tarefas para implementá-lo, e então estima o número de semanas necessários para completar cada tarefa. O conselho é não estimar usando uma medida de tempo menor do que uma semana. Assim como uma história de usuário com mais do que sete pontos deve ser dividida em histórias menores, qualquer tarefa com uma estimativa de mais de oito semana deve ser subdividida em tarefas menores.

O esforço total é tradicionalmente medido em pessoas-mês, talvez em homenagem ao clássico livro de engenharia de software de Brook, *The Mythical Man-Month* (Brooks 1995). Gerentes usam os salários e os custos indiretos para converter o número de pessoas-mês em um orçamento real.

A estimativa de custo é geralmente feita duas vezes: uma vez para oferecer o contrato, e mais uma vez depois que o contrato está assinado. A segunda estimativa é feita depois que a arquitetura do software é projetada, assim as tarefas e o esforço por tarefa podem ser identificados com maior precisão.

O gerente de projeto certamente quer que a segunda estimativa não seja tão grande quanto a primeira, já que isso é o que cliente irá pagar. Uma sugestão é adicionar uma margem de segurança ao multiplicar a sua estimativa original por um valor entre 1,3 e 1,5 para tentar lidar com a falta de precisão na estimativa e lidar com os acontecimentos imprevisíveis. Outra sugestão é fazer três estimativas: o melhor caso, o caso esperado e o pior caso, e então usar essa informação para dar o seu melhor chute.

As duas abordagens de estimativa são empíricas ou quantitativas. A primeira assume que os gerentes de projeto tem experiência significativa na empresa e na indústria e que eles confiam na própria experiência para fazer estimativas precisas. Isso certamente aumenta a confiança quando o projeto é similar a tarefas que a empresa já completou com sucesso.

A abordagem quantitativa (ou algorítmica) estima o esforço de programação das tarefas usando alguma medida técnica como o número de linhas de código (LOC), e então divide por uma medida de produtividade como, por exemplo, LOC por pessoa-mês para calcular o número de pessoas-mês por tarefa. O gerente de projeto pode ter ajuda dos outros para fazer estimativas em LOC e, como a velocidade, pode olhar os registros históricos de produtividade da empresa para calcular o número de pessoas-mês.

Como a estimativa de custos de projetos tem um péssimo histórico de desempenho, houve esforços consideráveis para melhorar a abordagem quantitativa ao reunir informação sobre projetos completados e encontrar modelos que predizem resultados (Boehm and Valerdi 2008). O próximo passo em sofisticação segue essa fórmula:

Modelo de Custo Construtivo (COCOMO) é a base dessa fórmula de 1981. Seu sucessor de 1995 é chamado de COCOMO II.

$$\text{Esforço} = \text{Fatores Organizacionais} \times \text{Tam. do Código}^{\text{Penalidade pelo Tam.}} \times \text{Fatores do Produto} \quad (7.1)$$

Onde Fatores Organizacionais incluem práticas para esse tipo de produto, Tamanho do Código é medido como antes, Penalidade pelo Tamanho reflete que o esforço não é linear no tamanho do código, e Fatores do Produto incluem experiência de equipe de desenvolvimento com esse tipo de produto, requisitos de confiabilidade, dificuldades da plataforma, entre outros. Exemplos de constantes usadas em projetos reais são 2,94 para os Fatores Organizacionais; Penalidade pelo Tamanho entre 1,10 e 1,24, e Fatores do Produto entre 0,9 e 1,4.

Mesmo que essas estimativas são qualitativas, elas certamente dependem da escolha subjetiva do gerente de projetos para o Tamanho do Código, para a Penalidade pelo Tamanho e para os Fatores do Produto.

O sucessor da fórmula COCOMO acima pede para o gerente de projeto escolher muito mais parâmetros. COCOMO II adiciona mais três fórmulas para ajudar a estimativa de 1) desenvolvimento de protótipos, 2) contabilizar a quantidade de código reutilizado, e 3) a estimativa posterior e detalhada da arquitetura. Essa última fórmula expande o Custo Pelo Tamanho ao adicionar um produto normalizado de 5 fatores independentes e substitui Fatores do Produto por um produto de 17 fatores independentes.

A pesquisa da *British Computer Society* com mais de mil projetos, mencionada no Capítulo 1, descobriu que 92% dos gerentes de projeto fazem suas estimativas usando experiência em vez de fórmulas (Taylor 2000).

Como não mais que 20% a 30% dos projetos respeitam seu orçamento e cronograma, o que acontece com o resto? Outros 20% a 30% dos projetos são de fato cancelados ou abandonados, mas os 40% a 50% restantes ainda são valiosos para o cliente, mesmo estando atrasados. Clientes e provedores geralmente negociam um novo contrato para entregar o produto com um conjunto limitado dos recursos faltantes em uma data de curto prazo.

■ ***Elaboração: Pontos de função***

Pontos de função são medidas alternativas ao LOC que podem levar a estimativas mais precisas. Eles são baseados em entradas de função, saídas, consultas externas, arquivos de entrada, arquivos de saídas, bem como a complexidade de cada um. A medida de produtividade correspondente é, então, calculada em pontos de função por pessoa-mês.

PERT significa *Program Evaluation and Review Technique* (Avaliação de programa e Revisão Técnica); foi criada pela marinha Norte-americana, na década 1950, para o seu programa de submarino nuclear.

4. Planejamento e Monitoramento do Progresso. Já que o SRS foi divido em tarefas cujos esforços foram estimados, o próximo passo é usar uma ferramenta de planejamento que mostra quais tarefas podem ser executadas em paralelo e quais possuem dependências que as obrigue a serem executadas sequencialmente. O formato é tipicamente um diagrama com caixas e setas assim como o ***diagrama PERT***. A Figura 7.14 nos dá um exemplo. Essas ferramentas podem identificar o ***caminho crítico***, que determina o tempo mínimo para a execução do projeto. O gerente de projeto coloca o gráfico em uma tabela com linhas associadas com as pessoas no projeto, e então atribui pessoas às tarefas.

Mais uma vez, esse processo é geralmente realizado duas vezes, uma vez durante a oferta do contrato, e outra vez quando o contrato está ganho e os detalhes do projeto de arquitetura estão terminados. Margens de segurança são usadas novamente para assegurar que o primeiro cronograma, que indica quando o cliente espera que o produto esteja terminado, não seja muito maior do que a segunda versão.

Da mesma forma que no cálculo da velocidade, o gerente de projeto pode ver se o projeto está descompassado simplesmente comparando as despesas e o tempo alocado para as tarefas previstos com o as despesas atuais e o progresso até o momento. Uma maneira de deixar a situação do projeto clara para todos os *stakeholders* é adicionar marcos intermediários no cronograma, que permitem a todos verificarem se o projeto está dentro do orçamento e do cronograma.

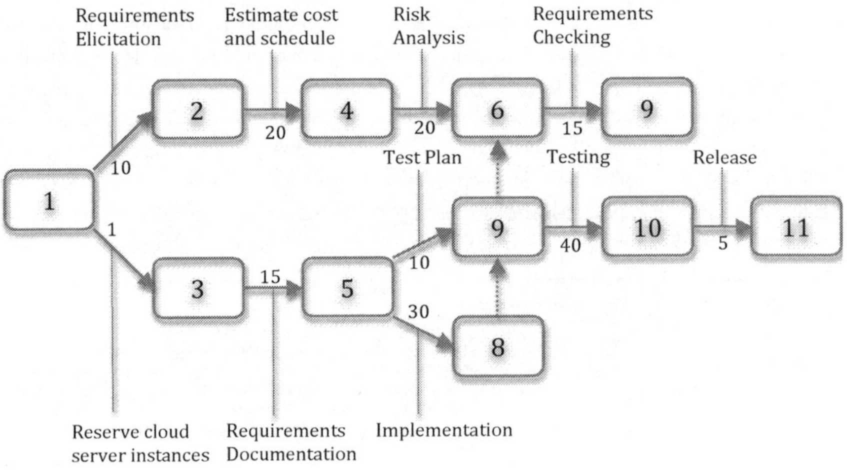

Figura 7.14: Nós numerados representam marcos e linhas etiquetadas representam tarefas, com as pontas das setas representando as dependências. Linhas divergentes saindo de um nó representam tarefas concorrentes. Os números no outro lado das linhas representam o tempo alocado para a tarefa. Linhas pontilhadas indicam dependências que não necessitam de um recurso, então elas não tem um tempo alocado para a tarefa.

5. Gestão de mudanças para Requisitos, Custos e Cronograma. Como repetido diversas vezes neste livro, os clientes normalmente pedem por mudanças nos requisitos a medida que o projeto evolui pelas mais variadas razões: melhor entendimento sobre o que é desejado depois de experimentar o protótipo, mudanças nas condições do mercado, etc. O desafio para o gerente de projeto é manter os documentos de requisitos, o cronograma e as predições de custo atualizados conforme o projeto muda. Portanto, os sistemas de controle de versão são necessários tanto para esses documentos em mutação, como para os programas. Na prática deveríamos armazenar a documentação revisada juntamente com o código revisado no sistema de controle de versões.

Requirements Creep é o termo que desenvolvedores usam para descrever o temido aumento dos requisitos ao longo do tempo.

6. Garantir que a Implementação Corresponda às Funcionalidades Requisitadas. O processo ágil consolida essas várias grandes tarefas em três outras fortemente acopladas: histórias de usuário, testes de aceitação no Cucumber e o código que vem do processo de BDD/TDD. Então, existe uma pequena confusão na relação entre histórias específicas, testes e código.

Entretanto, metodologias planeje-e-documente envolvem muitos outros mecanismos sem essa forte integração. Portanto, nós precisamos de ferramentas que permitam que o gerente de projeto verifique se a implementação corresponde ao requisito. A relação entre as funcionalidades nos requisitos e o que é implementado é chamado de ***rastreabilidade de requisitos***. Ferramentas que implementam rastreabilidade essencialmente oferecem referências cruzadas entre uma porção do projeto, a porção do código que implementa a funcionalidade, as revisões do código que os implementaram e testes que o validam.

Se existir um SRS de alto nível e um SRS detalhado, então a ***rastreabilidade para frente*** se refere ao caminho tradicional do requisito até sua implementação, enquanto que a ***rastreabilidade para trás*** é o mapeamento de um requisito detalhado de volta ao requisito de alto nível.

7. Análise de risco e gestão. Em um esforço para melhorar a precisão da estimativa de custo e do cronograma, as metodologias planeje-e-documente pegaram emprestado as análises de risco da escola de administração. A filosofia é que, ao se gastar um tempo antes do início de um projeto para identificar os riscos potenciais para o orçamento e para o cronograma, o projeto pode tanto realizar trabalho extra para reduzir as mudanças dos riscos, como pode mudar o plano para evitar os riscos. Idealmente, identificação de risco e gestão ocorrem ao longo do primeiro terço do projeto. Identificá-los tardiamente no ciclo de desenvolvimento não é bom sinal.

Riscos podem ser classificados como técnicos, organizacionais e administrativos. Um exemplo de risco técnico seria o risco de que o banco de dados relacional escolhido não não escale para a carga de trabalho que será executada. Um risco organizacional seria muitos membros da equipe não estarem familiarizados com J2EE, do qual o projeto depende. Um risco administrativo seria descobrir no momento que o projeto terminar que o produto não é competitivo no mercado.

Exemplos de ações para superar os riscos acima seria adquirir um banco de dados mais escalável, mandar membros da equipe para um workshop sobre J2EE e fazer uma pesquisa sobre os produtos competidores existentes, incluindo seus recursos atuais e planos para melhorias.

A abordagem para identificar riscos é perguntar para todas as pessoas quais são os cenários de pior caso. O gerente de projeto então os coloca em uma “tabela de riscos”, atribui a probabilidade de cada um acontecer com uma porcentagem entre 0 e 100, e o impacto em

Tasks	*In Plan and Document*	*In Agile*
Requirements Documentation	Software Requirements Specification such as IEEE Standard 830-1998	User stories, Cucumber, Points, Velocity
Requirements Elicitation	Interviews, Scenarios, Use Cases	
Change Management for Requirements, Schedule, and Budget	Version Control for Documentation and Code	
Ensuring Requirements Features	Traceability to link features to tests, reviews, and code	
Scheduling and Monitoring	Early in project, contracted delivery date based on cost estimation, using PERT charts. Milestones to monitor progress	
Cost Estimation	Early in project, contracted cost based on manager experience or estimates of task size combined with productivity metrics	Evaluate to pick range of effort for time and materials contract
Risk Management	Early in project, identify risks to budget and schedule, and take actions to overcome or avoid them	

Figura 7.15: A relação entre as tarefas relacionados aos requisitos do Planeje-e-Documente versus Metodologias Ágeis.

uma escala numérica de 1 a 4, representando insignificante, marginal, crítico e catastrófico. Você pode ordenar a tabela de riscos pelo produto da probabilidade pelo impacto de cada risco.

Existem muitos mais riscos em potencial que um projeto pode ter que lidar, então o conselho é trabalhar nos primeiros 20% dos riscos, na esperança que eles representem 80% do risco potencial ao orçamento e ao cronograma. Tentar lidar com todos os riscos potenciais poderia acarretar em um esforço maior do que o próprio projeto de software original! Redução de risco é a razão principal para a existência de iterações nos modelos Espiral e RUP. Iterações e protótipos podem reduzir riscos associados ao projeto.

A Seção 7.5 menciona realizar perguntas aos clientes sobre os riscos para o projeto como parte da estimativa de custo ágil, mas a diferença é que isso era usado para decidir um intervalo para a estimativa de custo ao invés de tornar-se uma parte significativa do próprio projeto.

Resumo A esperança dos primeiros esforços em engenharia de software tornar o desenvolvimento de software tão previsível em qualidade, custo e cronograma como construir uma ponte. Talvez porque menos de um sexto de projetos de software terminal sem atrasos e dentro do orçamento com todas as funcionalidades esperadas, o processo de Planeje-e-Documente possui muitas etapas para tentar alcançar esse difícil objetivo. Os Métodos Ágeis não tentam prever custo e cronograma no começo do projeto, em vez disso dependem do trabalho com os clientes em frequente iterações e do acordo em comum de um intervalo de tempo em que se realizará o melhor esforço para alcançar os objetivos do cliente. Classificar as histórias de usuário pela dificuldade e gravar os pontos realmente concluídos por iteração aumentam as chances de uma estimativa mais realista. A Figura 7.15 mostra o resultado de diferentes tarefas dadas as diferentes perspectivas dessas duas filosofias.

Auto-avaliação 7.10.1. *Nomeie três técnicas de Planeje-e-Documente que auxiliam no le-*

vantamento de requisitos.
◇ Entrevistas, Cenários e Casos de Uso. ■

7.11 Falácias e armadilhas

STOP ***Falácia:*** **Se o projeto de um software começar a atrasar em relação ao cronograma, você pode alcançá-lo adicionando mais pessoas ao projeto.**

O tema principal do livro clássico de Fred Brooks, *The Mythical Man-Month*, é que adicionar pessoas não só não ajuda, como também atrapalha. A razão é dupla: demora algum tempo para pessoas novas entenderem o projeto, e conforme o projeto cresce de tamanho, a quantidade de comunicação também aumenta, o que pode reduzir o tempo (valioso) que as pessoas têm para realizarem o trabalho. O resumo do livro, que alguns chamam de Lei de Brook, é que

> *adicionar mão de obra a um projeto de software atrasado faz ele atrasar mais.*
>
> —Fred Brooks, Jr.

⚠ ***Armadilha:*** **Clientes que confundem maquetes com recursos completos.**

Como desenvolvedor, você pode achar que essa armadilha parece ridícula. Mas clientes não técnicos, às vezes, têm dificuldade para distinguir entre um esboço digital elegante da interface e uma funcionalidade ainda em desenvolvimento! A solução é simples: use "técnicas de lápis e papel" como esboços e *storyboards* feitos a mão para chegar a uma conclusão com o cliente — não haverá dúvidas que um esboço de baixa fidelidade representa o *proposto* em vez da função implementada.

⚠ ***Armadilha:*** **Adicionar recursos interessantes que não tornam o produto mais bem sucedido.**

O desenvolvimento Ágil foi inspirado, em parte, pela frustração dos desenvolvedores de software que construíam aquilo que eles achavam ser um excelente código, mas que no final era jogado fora pelo cliente. A tentação é forte para adicionar recurso que você acha que vai ser bom, mas também pode ser decepcionante quando seu trabalho for descartado. As histórias de usuário ajudam todos os interessados a priorizar o desenvolvimento e reduz as chances de esforço desperdiçado em recursos que apenas os desenvolvedores gostam.

⚠ ***Armadilha:*** **Esboços sem *storyboards*.**

Esboços são estáticos; interações com o aplicativo SaaS acontece como uma sequência de ações ao longo do tempo. Você e seu cliente devem concordar não apenas com o conteúdo geral do esboços de baixa fidelidade de interface do usuário, mas também com o que acontece quando os usuários interagem com a página. Uma "animação" do esboço de baixa fidelidade — "Está bem, você clicou neste botão e é isso o que acontece, aqui está o que você verá; era isso que você esperava?" — ajuda muito a eliminar desentendimentos *antes* que as histórias sejam transformadas em testes ou códigos.

⚠ ***Armadilha:*** **Usar o Cucumber apenas como uma ferramenta de automação de testes em vez de um meio termo comum para todos os interessados.**

Se você observar o `web_steps.rb`, você rapidamente vai perceber que os passos imperativos de baixo nível do Cucumber, como "Quando eu aperto Cancelar", são apenas uma camada bem fina ao arredor da API "headless browser" do Capybara, e você deve se perguntar (assim como fizeram alguns dos estudantes dos autores) qual a vantagem de usar o Cucumber no final das contas. Na verdade o valor real do Cucumber está em criar documentos que os *stackholders* não técnicos e os desenvolvedores possam concordar *e* servir como base para os testes de aceitação e integração automáticos, o que é a razão pela qual os recursos do Cucumber e os passos para um aplicativo maduro devem evoluir em direção a tornar-se uma "mini-linguagem" apropriada a esse aplicativo. Por exemplo, um aplicativo para agendar férias de enfermeiras de um hospital deve ter cenários que fazem o uso maciço de termos de domínio específico como *turno, senhoridade, feriado, hora extra*, entre outros, em vez de ser focar em interações de baixo nível entre usuário e cada exibição.

⚠ *Armadilha:* **Tentar prever o que você precisa antes de precisar.**

Parte da mágica do BDD (e do desenvolvimento guiado por testes, no próximo capítulo) é que você escreve os testes *antes* de escrever o código que você precisa, e só então você escreve o código necessário para passar pelo teste. Essa abordagem *top-down* aumenta a probabilidade de que seus esforços sejam úteis, o que é difícil de fazer quando você está apenas prevendo aquilo que você acha que precisará. Essa observação já foi chamada de Princípio YAGNI — *You Ain't Gonna Need It* (Você não vai precisar disso).

⚠ *Armadilha:* **O uso descuidado de expectativas negativas.**

Cuidado com o uso excessivo do *Então eu não deveria ver....* Porque isso testa uma condição negativa, ou seja, você pode não ser capaz de dizer se essa era a saída esperada — você só pode dizer que a saída *não* se espera da saída. A grande maioria das saídas possíveis não são as esperadas, então esse não é um bom teste. Sempre inclua expectativas positivas como *Então eu deveria ver...* para conferir os resultados.

⚠ *Armadilha:* **Uso descuidado de expectativas positivas.**

Mesmo que você use expectativas positivas como *Então eu deveria ver...*, o que aconteceria se a cadeia de caracteres que você está procurando ocorre várias vezes em uma mesma página? Por exemplo, se o nome de um dos usuários logados é Emma e seu cenário é conferir se o livro da Jane Austen, chamado Emma, foi corretamente adicionado ao carrinho de compras. Um cenário com o passo *Então eu deveria ver "Emma"* pode passar mesmo que o carrinho não esteja funcionando. Para evitar essa armadilha, use o comando **`whitin`** do Capybara, que restringe o escopo de um teste do tipo *Eu deveria ver* à certos elementos que casam com o seletor CSS dado, assim como em `Então eu deveria ver ''Emma'' em ''div#shopping_cart''`. Atribua, sem ambiguidade, marcadores HTML `id` ou `class` aos elementos de página que você quer referenciar em seus cenários. A documentação do Capybara[12] lista todos os *matchers* e os *helpers*.

⚠ *Armadilha:* **Entregar uma história como "terminada" apenas quando o caminho feliz for testado.**

Como deve estar claro agora, uma história é apenas candidata a entrega quando os caminhos felizes e, o mais importante, os caminhos tristes forem testados. É claro que, como o Capítulo 8 descreve, há muito mais maneiras de algo dar errado do que de dar certo, e testes de caminhos tristes não têm a intenção de substituir uma cobertura de teste de granularidade mais fina. Mas do ponto de vista do usuário, o comportamento correto do aplicativo quando o usuário acidentalmente faz a coisa errada é tão importante como o comportamento correto quando ele faz a coisa certa.

7.12 Considerações finais: prós e contras do BDD

Em projeto de software, nós raramente temos requisitos significativos. E mesmo que tenhamos, a única medida de sucesso que importa é se nossa solução resolve as diferentes ideias do cliente sobre qual é o real problema deles.

—Jeff Atwood *Is Software Development Like Manufacturing?*, 2006

A Figura 7.16 mostra a relação das ferramentas de teste introduzidas neste capítulo com as ferramentas de teste dos capítulos seguintes. O Cucumber permite escrever histórias de usuário como funcionalidades, cenários e passos e então associa esses passos a definições de passos descritas com expressões regulares. A definição dos passos evoca métodos no Cucumber e no Capybara. Nós precisamos do Capybara pois estamos escrevendo um aplicativo SaaS, e o teste exige uma ferramenta que aja como se fosse o usuário e seu navegador web. Se o aplicativo não for um SaaS, nós podemos evocar métodos que testam o aplicativo diretamente no Cucumber.

A vantagem das histórias de usuário e do BDD é criar uma linguagem comum compartilhada entre todos os *stakeholders*, especialmente entre os clientes não técnicos. O BDD é perfeito para projetos em que os requisitos são mal compreendidos ou mudam rapidamente, o que é o caso mais comum. As histórias de usuário também facilitam a quebra dos projetos em pequenos incrementos ou iterações, o que torna mais fácil estimar quanto do trabalho ainda falta. O uso dos cartões 3x5 e as maquetes de interface do usuário feitas de papel mantêm o cliente não técnico envolvido no projeto e na priorização de recursos, o que aumenta a chance do software estar de acordo com as necessidades do cliente. Iterações conduzem o refinamento do processo de desenvolvimento de software. Além disso, o BDD e o Cucumber naturalmente fazer com que os testes sejam escritos *antes* do próprio código, fazendo com que os esforços de validação e desenvolvimento se concentrem nos testes e não na depuração.

O Google coloca esses pôsteres dentro dos banheiros para lembrar aos desenvolvedores da importância de se fazer testes. Reproduzido com permissão.

Comparar histórias de usuário, Cucumber, pontos e velocidade aos processos de planeje-e-documente deixa claro que o BDD tem vários papéis importantes no processo ágil:

1. Levantar requisitos
2. Documentação de requisitos
3. Testes de aceitação
4. Rastreabilidade entre recursos e implementação
5. Planejamento e monitoramento do progresso do projeto

A desvantagem de usar histórias de usuário e BDD é que pode ser difícil ou muito caro de permanecer em contato com o cliente durante todo o processo de desenvolvimento, assim como alguns clientes podem não querer participar. Essa abordagem pode também não

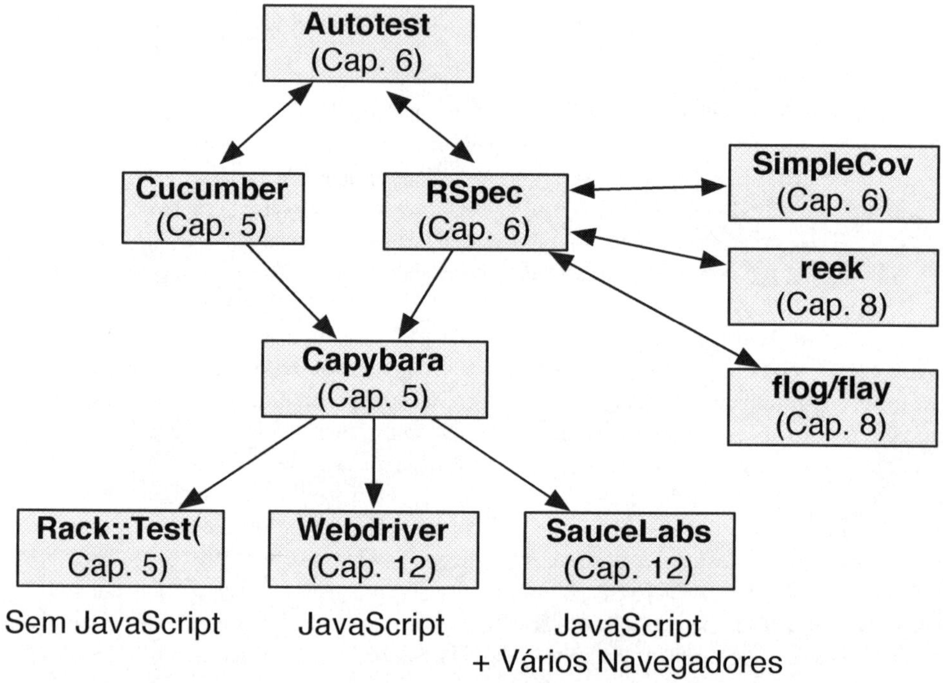

Figura 7.16: A relação entre o Cucumber, o RSpec, e o Capybara e as outras muitas ferramentas de testes e serviços descritos neste livro. Esse capítulo usa Rack::Test, já que nosso aplicativo ainda não usa JavaScript. Se usasse, nós teríamos que usar Webdriver (que é mais completo, porém mais lento). O Capítulo 12 mostra como nós podemos substituir o Webdriver com o serviço do SauceLabs para testar seu aplicativo com muitos navegadores em vez de apenas um.

escalar em projetos de desenvolvimento de software muito grandes ou em aplicações críticas de segurança. Possivelmente o planeje-e-documente seja mais adequado para ambas as situações.

Outra possível desvantagem do BDD é que o projeto pode satisfazer os clientes, mas não resultar em uma boa arquitetura de software, que é muito importante para a manutenção do código. O Capítulo 11 discute padrões de projeto, que devem ser parte do kit de ferramentas de desenvolvimento de software. Reconhecer qual padrão melhor se adéqua às circunstâncias e refatorar o código quando necessário (veja o Capítulo 9), reduz as chances do BDD produzir arquiteturas de software ruins.

Dito isso, a comunidade Ruby (que dá grande valor a códigos testáveis, bonitos e autodocumentáveis) faz um grande esforço para documentar e promover melhores práticas para especificação de comportamentos, de forma não só a prover uma maneira de documentas as intenções dos desenvolvedores do aplicativo, mas também como forma de prover testes de aceitação executáveis. O Cucumber wiki[13] é um bom lugar para começar.

O BDD pode não parecer a maneira mais natural de se desenvolver um software; a grande tentação é já começar a escrever o código. Entretanto, uma vez que você aprendeu o BDD e obteve sucesso, para a maioria dos desenvolvedores, não há volta. Seus autores lembram você que boas ferramentas, embora às vezes sejam um pouco intimidadoras para aprender, valem o esforço por muitas vezes ao longo tempo. Sempre que possível, no futuro, nós acreditamos que você seguirá o caminho do BDD para escrever um código bonito.

7.13 Para Aprender Mais

- O Cucumber wiki[14] tem links para documentação, tutoriais, exemplos, *screencasts*, melhores práticas e muito mais.

- *The Cucumber Book* (Wynne and Hellesøy 2012), co-produzido pelo criador da ferramenta e por um dos primeiros a adotá-la, inclui informações detalhadas e exemplos de uso do Cucumber, excelentes discussões de melhores práticas de BDD e usos adicionais do Cucumber (por exemplo, como usá-lo para automatizar os testes de um serviço RESTful).

- Ben Mabey[15] (um dos principais desenvolvedores do Cucumber) e Jonas Nicklas[16], entre outros, escreveram eloquentemente sobre os benefícios de cenários declarativos versus imperativos do Cucumber. De fato, o principal autor do Cucumber, Aslak Hellesøy, deliberadamente removeu[17] o **web_steps.rb** (que vimos na Seção 7.7) do Cucumber em outubro de 2011, e por esse motivo é que temos que instalar a *gem* `cucumber_rails_training_wheels` separadamente para os nossos exemplos.

ACM IEEE-Computer Society Joint Task Force. Computer science curricula 2013, Ironman Draft (version 1.0). Technical report, February 2013. URL `http://ai.stanford.edu/users/sahami/CS2013/`.

B. W. Boehm and R. Valerdi. Achievements and challenges in COCOMO-based software resource estimation. *IEEE Software*, 25(5):74–83, Sept 2008.

F. P. Brooks. *The Mythical Man-Month*. Addison-Wesley, Reading, MA, Anniversary edition, 1995. ISBN 0201835959.

D. Burkes. Personal communication, December 2012.

J. Johnson. The CHAOS report. Technical report, The Standish Group, Boston, Massachusetts, 1995. URL http://blog.standishgroup.com/.

J. Johnson. The CHAOS report. Technical report, The Standish Group, Boston, Massachusetts, 2009. URL http://blog.standishgroup.com/.

A. Taylor. IT projects sink or swim. *BCS Review*, Jan. 2000. URL http://archive.bcs.org/bulletin/jan00/article1.htm.

M. Wynne and A. Hellesøy. *The Cucumber Book: Behaviour-Driven Development for Testers and Developers*. Pragmatic Bookshelf, 2012. ISBN 1934356808.

Notas

[1] http://www.fandango.com/rss/moviefeed
[2] https://developers.google.com/maps/documentation/javascript/tutorial
[3] http://www.omdbapi.com
[4] http://imdb.com
[5] http://www.youtube.com/watch?v=mTYcHg51sWY
[6] http://docs.google.com
[7] http://campfirenow.com
[8] https://github.com/cucumber/cucumber/wiki/cucumber.yml
[9] http://railscasts.com/episodes/159-more-on-cucumber
[10] http://cukes.info
[11] http://www.cs.st-andrews.ac.uk/~ifs/Books/SE9/CaseStudies/MHCPMS/SupportingDocs/MHCPMSCaseStudy.pdf
[12] http://rubydoc.info/github/jnicklas/capybara/
[13] http://cukes.info
[14] http://cukes.info
[15] http://benmabey.com/2008/05/19/imperative-vs-declarative-scenarios-in-user-stories.html
[16] http://elabs.se/blog/15-you-re-cuking-it-wrong
[17] http://aslakhellesoy.com/post/11055981222/the-training-wheels-came-off

7.14 Projetos sugeridos

Projeto 7.1. *Crie definições de passos que permitam que você escreva os seguintes passos em um cenário para o RottenPotatoes:*

http://pastebin.com/tni5pA8w

```
Given the movie "Inception" exists
And it has 5 reviews
And its average review score is 3.5
```

Dica: *Variáveis de instância na definição dos passos do Cucumber são associados ao cenário e não ao passo.*

Projeto 7.2. *Suponha que no RottenPotatoes, em vez de usar mostradores para escolher a classificação e a data de lançamento, a escolha seria indicada através do preenchimento de um formulário em branco. Primeiro, faça as mudanças apropriadas no cenário da Figura 7.5. Liste a definição dos passos em* `features/cucumberm/web_steps.rb` *para que o Cucumber possa invocá-los ao testar esses novos passos.*

Projeto 7.3. *Adicione um cenário de caminho triste à funcionalidade da Figura 7.5 referente ao que acontece quando um usuário deixa o espaço do título vazio.*

Projeto 7.4. *Escreva uma lista de passos de background que vão popular o site do RottenPotatoes com alguns filmes.*

Projeto 7.5. *Crie um esboço de baixa fidelidade mostrando o atual comportamento do aplicativo RottenPotatoes.*

Projeto 7.6. *Apresente um recurso que você gostaria de adicionar ao RottenPotatoes e desenhe storyboards mostrando como ele seria implementado e usado.*

Projeto 7.7. *Crie uma lista de passos, assim como os da Figura 7.12, que seriam utilizados para a implementação do passo:*

http://pastebin.com/6RvBzD4f

```
When / I delete the movie: "(.*)"/ do |title|
```

Projeto 7.8. *Use o Cucumber e o Mechanize para criar testes de integração ou de aceitação para um aplicativo SaaS existente que não tenha nenhum mecanismo de testes.*

Projeto 7.9. *Crie um definição do passo do Cucumber que permita que você cheque por múltiplas ocorrências de uma string em uma página, assim como em* `Então eu deveria ver "Hurrah" 3 vezes`. ***Dica:*** *Considere o que acontece se você tentar separar o texto da página em pequenos pedaços separados pela string que está sendo procurada.*

Projeto 7.10. *Melhore a sua definição de passo do exercício anterior para a busca seja restrita ao escopo de um seletor de CSS, assim como em* `Então eu deveria ver "Hurrah" 3 vezes within "div#congratulation"`.

Projeto 7.11. *Transforme dois parágrafos do patient management system*[1]*, encontrados online, em histórias de usuário no formato Connextra. Todos eles são SMART? Quais deles são funcionais e quais são não funcionais?*

Projeto 7.12. *Transforme as histórias de usuário do RottenPotatoes em um documento de Especificação de Requisitos de Software. Existe alguma dificuldade em expressá-los em um SRS?*

Projeto 7.13. *Use um método ad hoc para estimar o esforço de desenvolvimento de software (por exemplo, o tempo) de um processo planeje-e-documente e compare com o esforço atual real rastreado usando uma ferramenta como o Pivotal Tracker. Nota: O ícone de margem identifica projetos do padrão ACM/IEEE 2013 Software Engineering (ACM IEEE-Computer Society Joint Task Force 2013).*

Projeto 7.14. *Descreva os principais desafios e técnicas comuns usadas para prospectar requisitos.*

Projeto 7.15. *Mostre as diferenças entre rastreabilidade para frente e para trás e explique seus papéis no processo de validação de requisitos.*

Projeto 7.16. *Liste vários exemplos de riscos de software.*

Projeto 7.17. *Descreva diferentes categorias de risco nos sistemas de software.*

Projeto 7.18. *Descreva o impacto de risco de um ciclo de vida planeje-e-documente.*

8 Teste de Software: Desenvolvimento Guiado por Testes (TDD)

Donald Knuth (1938–) Um dos mais ilustres cientistas da computação, recebeu o Premio Turing em 1974 por suas enormes contribuições à análise de algoritmos e linguagens de programação e, em especial, pela série de livros *The Art of Computer Programming.* Muitos consideram esta série como a referência definitiva quando o assunto é análise de algoritmos; as "recompensas" por erros encontrados na obra de Knuth é um dos prêmios mais valorizados entre os cientistas da computação. Knuth também desenvolveu o TEX, um sistema de tipografia muito utilizado e com o qual este livro foi editado.

A lição mais importante talvez seja que SOFWARE É DIFÍCIL. ... TEX e METAFONT provaram ser muito mais difíceis do que todas as coisas que eu já havia feito (como provar teoremas ou escrever livros). A criação de um bom software demanda um padrão de precisão maior do que as outras coisas que faço e exige um período de concentração mais longo do que outras atividades de cunho intelectual.

—Donald Knuth, no discurso de abertura do 11° World Computer Congress, em 1989

Conceitos

Os conceitos principais deste capítulo são: a criação de teste, cobertura de teste e níveis de teste.

Os cinco princípios para a criação de bons testes são: Rapidez, Independência, Repetibilidade, Auto Verificação e Tempo (na siga em inglês, FIRST). Para ajudar a manter os testes rápidos e independentes em relação ao comportamento de outras classes, utilize ***objetos mock*** e ***stubs***. Esses são exemplos de **emendas**, que alteram o comportamento do programa durante os testes sem alterar o código fonte.

A realização de testes que seguem o ***Desenvolvimento Guiado por Testes*** (***TDD*** na sigla em inglês) no ciclo de vida Ágil segue os seguintes passos:

- Começando pelos testes de aceitação e integração derivados de ***Histórias do Usuário***, escreva ***testes de unidade*** falhos, que testam o trecho de código que ainda não existe mas que você gostaria de ter. Iremos utilizar a ferramenta RSpec para fazer isso.
- Escreva somente a quantidade de código necessário para fazer um teste passar e procure oportunidades para ***refatorar*** o código antes de continuar para o próximo teste. Como os testes que falham são reportados em vermelho e os testes que passam são reportados em verde, a sequência é chamada de **Vermelho–Verde–Refatore**.
- Use ***mocks*** e ***stubs*** em seus testes para isolar o comportamento do código que você está testando do comportamento de outras classes ou métodos das quais elas dependem.
- Várias métricas de ***cobertura de código*** ajudam você a determinar quais partes do seu código precisam de testes adicionais.

No ciclo de vida planeje-e-documente, você usa alguns dos mesmos conceitos, mas em ordem um pouco diferente e envolvendo pessoas diferentes:

- O gerente de programação designa tarefas de acordo com o SRS, de modo que ***testes de unidade*** iniciam-se depois da codificação. Os testadores da equipe de ***Garantia da Qualidade*** (***QA***, na sigla em inglês) assumem o controle e ficam com a responsabilidade de realizar os testes de alto nível.
- **De-cima-para-baixo** (*Top-down*), **De-baixo-para-cima** (*Bottom-up*), e **Sandwich** são opções de como combinar o código resultante para realização do ***teste de integração***.

  Os esboços dos testes e os resultados documentados, como em IEEE Standard 829-2008.
- Após os testes de integração, o time de QA realiza o ***teste de sistema*** antes da liberação do sistema para o consumidor. A realização de testes termina quando um nível específico de cobertura é atingido, algo como "95% de cobertura das instruções."

- Uma alternativa à realização de testes, utilizado em pequenos softwares mais críticos, são os ***métodos formais***. Eles usam especificações formais que descrevem o comportamento correto do programa e pode ser automaticamente verificado por provadores de teorema ou por buscas exaustivas de estados; eles podem ir muito além do que aquilo que os testes convencionais podem fazer.

A abordagem adotada para a realização dos testes é uma das diferenças mais marcantes entre os ciclos de vida Ágil e Planeje-e-Documente: quando os testes devem ser escritos, a ordem em que os diferentes tipos de testes são escritos e até mesmo quem deve realizar os testes.

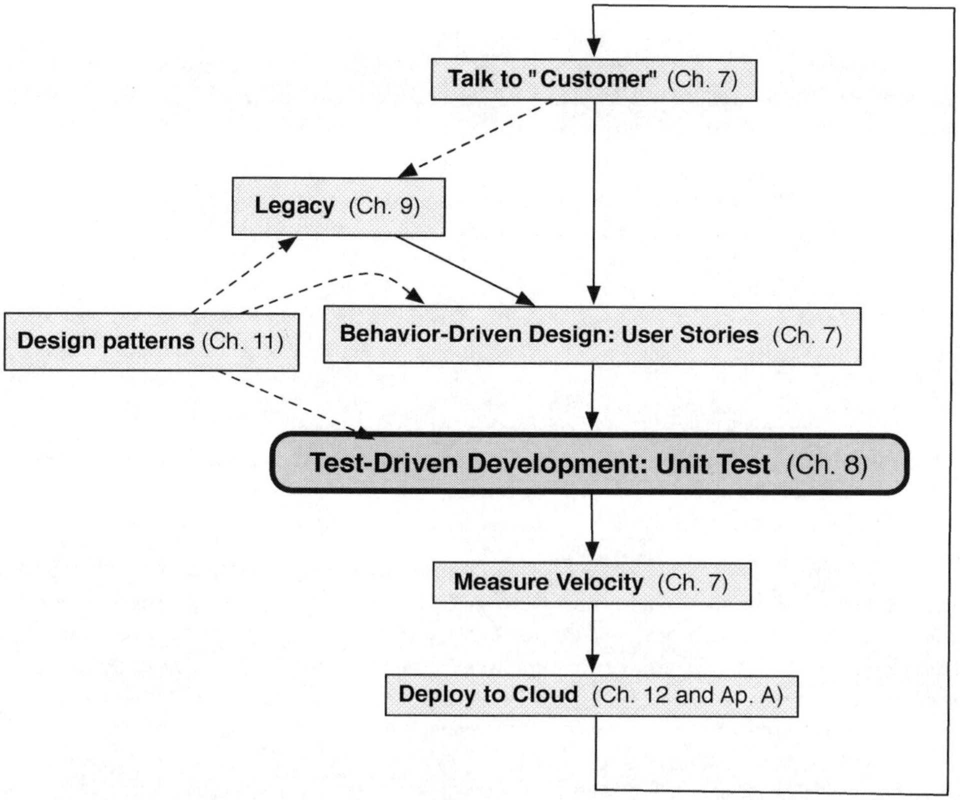

Figura 8.1: O ciclo de vida de software Ágil e a sua relação com os capítulos deste livro. Este capítulo enfatiza a realização de teste de unidade como parte do desenvolvimento guiado por testes.

8.1 Preparação: Uma API Restful e uma Gema Ruby

O Capítulo 1 apresentou o ciclo de vida Ágil e distinguiu dois aspectos de garantia de qualidade de software: validação ("Você construiu a coisa certa?") e verificação ("Você construiu a coisa corretamente?"). Neste capítulo, nós vamos focar em verificação — construir a coisa corretamente — usando os testes de software como parte do ciclo de vida Ágil. A Figura 8.1 destaca a parte do ciclo de vida Ágil discutido neste capítulo.

Método ou função? Seguindo a terminologia POO (programação orientada a objetos), nós utilizamos o termo *método* para denotar uma parte do código que implementa um comportamento associado a uma classe, independentemente dele ser como uma função, que devolve um valor, ou como um procedimento, que causa efeitos colaterais. Outros termos utilizados historicamente para denotar um pedaço de código incluem *função, rotina, sub-rotina* e *subprograma.*

Embora testes sejam apenas uma das técnicas utilizadas para verificação, nós vamos nos ater a ela pois seu papel é muitas vezes incompreendido e, consequentemente, não ganha a devida atenção dentro do ciclo de vida do software. Além disso, como veremos, abordar a construção de software a partir de uma perspectiva centrada em testes geralmente aumenta a legibilidade e a manutenibilidade do software. Em outras palavras, *códigos testáveis tendem a ser códigos bons, e vice-versa.*

No Capítulo 7, nós começamos a trabalhar em um novo recurso para o RottenPotatoes para permitir que informações sobre filmes fossem automaticamente importadas de site The Movie Database[2] (TMDb). Neste capítulo nós iremos desenvolver os métodos necessários para terminar de implementar esse recurso.

Assim como diversas outras aplicações SaaS, o TMDb foi desenvolvido para ser parte de uma Arquitetura Orientada a Serviços: ele possui uma ***API*** (Interface de Programação de Aplicações) que permite que outras aplicações externas, e não apenas internautas, usem suas funções. Como mostra o Screencast 8.1.1, a API do TMDb é RESTful, permitindo que cada pedido feito por um aplicativo externo seja completamente autocontido, como descrito na Capítulo 2.

Screencast 8.1.1: Usando a API do TMDb.
`http://vimeo.com/83460540`
A API do TMDb é acessada com a construção de uma URI RESTful para a função apropriada, como " procure filmes correspondentes a uma palavra chave" ou "recupere informações detalhadas sobre um filme especifico". Para prevenir abusos e poder rastrear cada usuário da API separadamente, todo desenvolvedor deve obter sua própria ***chave da API*** no website do TMDb. Requisições de URIs que não incluem uma chave valida não são executadas e devolvem um erro. Para as requisições de URIs que incluem uma chave válida, o TMDb devolve um objeto JSON como resultado do da requisição codificada pela URI. Este fluxo — construir uma URI RESTful que inclui uma chave de API, receber uma resposta JSON — é um padrão de interação comum com serviços externos.

Normalmente, uma chamada a API do RottenPotatoes iria precisar que nós utilizássemos a classe **URI** da biblioteca padrão do Ruby para construir a URI de requisição que contenha a nossa chave de API, que usássemos a classe **Net::HTTP** para enviar a requisição à `api.themoviedb.org`, e requiriria um *parser* (ou talvez o uso da gem `json`) para interpretar o objeto JSON da resposta. Mas, às vezes, nós podemos ser mais produtivos se contarmos com a ajuda de outros, como veremos nesse caso. A gem `themoviedb` é um *wrapper* Ruby, desenvolvido pela comunidade de usuários, que encapsula a API RESTful do TMDb. O Screencast 8.1.2 mostra como utilizá-lo.

Screencast 8.1.2: Uso simplificado da API do TMDb com o gem `themoviedb`.
`http://vimeo.com/84683958`
Nem toda API RESTful possui um biblioteca Ruby correspondente, mas as que possuem, como o TMDb, permitem esconder os detalhes da API atrás de alguns poucos métodos bem simples. A gem `themoviedb`, desenvolvida por Ahmet Abdi, constrói de forma conveniente a URI RESTful correta, realiza a chamada ao servidor externo e interpreta os resultados JSON, colocando-os em objetos Ruby que representam filmes, listas de reprodução e etc. Mas como este screencast mostra, nós devemos ser cautelosos na maneira de detectar e lidar com erros ao interagir com servidores remotos.

Resumo: O TMDb (*The Movie Database*) possui uma API orientada a serviços que pode ser acessada através de uma requisição HTTP a URIs construídas de forma apropriada e que devolvem uma resposta HTTP cujo corpo é um objeto JSON contendo os dados da resposta. Convenientemente, o trabalho da criação das requisições e da interpretação das respostas em JSON são lidadas diretamente por uma gem Ruby de código aberto, que podemos usar ao invés de lidar termos que lidar diretamente com URIs e JSON.

■ ***Elaboração: APIs RESTful e Chaves de Desenvolvedor***

A maioria das APIs RESTful requerem uma chave de desenvolvedor; alguns serviços as proveem de graça, enquanto outros cobram por elas. Por exemplo, uma chave da API do Google[3] gratuita permite que você utilize diversos serviços do Google como mapas e geocodificação. Em alguns casos, como no caso do TMDb, você simplesmente embute a chave na URL para cada chamada, utilizando SSL para transmitir de forma segura a requisição (Seção 12.9), de forma que usuários mal intencionados não consigam furtar a sua chave. No entanto, APIs que acessam informações específicas de usuários geralmente exigem formas mais sofisticadas de autenticação realizadas por terceiros, normalmente utilizado-se de um esquema como OAuth, que será apresentado na Seção 5.2.

Auto-avaliação 8.1.1. *Verdadeiro ou falso: para conseguir utilizar a API do TMDb em uma outra linguagem como Java, seria necessária uma biblioteca Java equivalente a gem* `themoviedb`.

◇ Falso: a API é constituída por um conjunto de requisições HTTP e respostas JSON. Portanto, desde que seja possível transmitir e receber bytes via TCP/IP e que possamos analisar cadeiras de caracteres (a resposta JSON), podemos usar as APIs sem nenhuma biblioteca específica. ■

8.2 FIRST, TDD, e Vermelho–Verde–Refatore

Desenvolvedores que simplesmente "jogam seus códigos por cima do muro" para a equipe de ***Garantia de Qualidade (QA)*** — ou seja, que simplesmente pegam seus códigos não testados e jogam a responsabilidade de testá-los para a outra equipe — não são comuns de ser ver entre desenvolvedores de aplicações SaaS. Isso ficou para trás, assim como os dias em que engenheiros de QA manualmente testavam o software e preenchiam relatórios de erros. De fato, a ideia de que a garantia de qualidade é responsabilidade de um grupo diferente de pessoas e não o resultado de um bom processo de desenvolvimento é considerado antiquado para aplicativos SaaS. Hoje em dia, desenvolvedores SaaS se consideram responsáveis por testar seus códigos e por participar da revisão do código. A responsabilidade de QA transformou-se em esforço para melhorar a infra-estrutura das ferramentas de teste, auxiliando desenvolvedores a tornar seus códigos mais fáceis de testar e a assegurar que erros de programação reportados por clientes possam ser reduzidos, como iremos discutir mais para frente no Capítulo 10. Veremos que o ciclo de vida Ágil também espera que o time de QA seja composto pelos próprios desenvolvedores.

Atualmente, testes são mais automatizados, isso não significa que sejam criados automaticamente para você, mas sim que os testes se autoverificam, ou seja, o próprio código de teste consegue determinar se o código sendo testado funciona, não sendo mais necessário uma pessoa para verificar manualmente os resultados ou interagir com o software. Um alto nível de automação é a chave para permitir os cinco princípios da criação de bons testes, os quais podemos resumir na sigla em inglês FIRST: **F**ast (rápidos), **I**ndependent (independentes), **R**epeatable (repetíveis), **S**elf-checking (autoverificáveis) e **T**imely (oportunos).

- **F**ast: rápido; deve ser possível rodar de forma fácil e rápida o subconjunto dos testes que são relevantes para a sua tarefa de programação atual, de forma a evitar interferir com a sua linha de raciocínio. Nós iremos utilizar a ferramenta Ruby Autotest para ajudar nisso.

- **I**ndependent: independente; nenhum teste deve depender de precondições criadas por outros testes, de forma que seja possível priorizar a execução apenas do subconjunto de testes que cobrem as mudanças recentes do código.

- **R**epeatable: repetível; o comportamento dos testes não deve depender de fatores externos como a data de hoje ou "constantes mágicas" que irão quebrar os testes se seus valores forem alterados, como ocorreu com diversos programas feitos nos anos 1960 quando o ano 2000 chegou[4].

Bug do milênio Esta foto foi tirada em 3 de Janeiro de 2000. (Wikimedia Commons)

- **S**elf-checking: autoverificável; cada teste deve ser capaz de determinar por si mesmo se foi ou não bem sucedido, ao invés de depender de uma pessoa para verificar os seus resultados.

- **T**imely: oportuno; os testes devem ser criados ou atualizados ao mesmo tempo em que o que o próprio código que está sendo testado. Como veremos, no desenvolvimento guiado por testes estes são escritos *imediatamente antes* do código.

Desenvolvimento Guiado por Teste (TDD, na sigla em inglês) advoga o uso de testes para *guiar* o desenvolvimento do código. Quando TDD é utilizado para criar novos códigos, como nós iremos fazer neste capítulo, ele é, às vezes, também chamado de *testes a priori*, visto que os testes ganham existência antes que qualquer código comece a ser testado. Quando TDD é utilizado para estender ou modificar o código legado, como iremos ver no Capítulo 9, novos testes podem ser criados para códigos que já existem. Conforme formos explorando TDD neste capítulo, iremos mostrar como ferramentas Ruby auxiliam a prática de TDD e FIRST. Apesar de TDD parecer um pouco estranho quando você usa pela primeira vez, ele tende a ter como resultado códigos bem testados, mais modulares e mais fáceis de ler que a maioria dos códigos desenvolvidos. Obviamente, mesmo que TDD não seja a única maneira de se alcançar estes objetivos, é muito difícil terminar com um código que tenha algum problema muito sério se TDD for usado corretamente.

Nós iremos escrever testes usando RSpec, uma ***linguagem de domínio especifico*** (DSL, na sigla em inglês) para testar códigos Ruby. Uma DSL é uma pequena linguagem de programação projetada para facilitar a solução de problemas em uma única área de (domínio) em detrimento da generalidade. Você já viu exemplos de DSLs *externas*, como HTML para descrição de paginas da Internet. RSpec é um DSL *interna* ou *embutida*: código RSpec é só código Ruby, mas se aproveita das mesmas características e sintaxes do Ruby para criar uma "minilinguagem" especializada em realizar testes. Expressões regulares são outro exemplo de uma DSL interna embutida em Ruby.

RSpec também pode ser utilizado para testes de integração, mas nós preferimos usar o Cucumber, pois este facilita o diálogo com o cliente e automatiza também os testes de aceitação e de integração.

> **Nota:** Estes exemplos e instruções são para versões do RSpec *anteriores a 3.0*. Uma futura versão do livro irá atualizar estas instruções para RSpec versão 3.0 ou superior.

As comodidades fornecidas pelo RSpec ajudam a capturar *expectativas* sobre como nosso código deveria se comportar. Esses testes são especificações executáveis ou "specs" escritas no Ruby, por isso o nome RSpec. Como capturar expectativas em testes antes de termos o código que deverá ser testado? Surpreendente, a resposta é escrever um teste que exercite *o código que gostaríamos de ter*, o que nos força a pensar não apenas no que o código deverá *http://pastebin.com/2BXbVMN8*

```
require 'spec_helper'

describe MoviesController do
  describe 'searching TMDb' do
    it 'should call the model method that performs TMDb search'
    it 'should select the Search Results template for rendering'
    it 'should make the TMDb search results available to that template'
  end
end
```

Figura 8.2: Esqueleto dos exemplos de RSpec para MoviesController#search_tmdb. Por convenção sobre configuração, espera-se que os specs para `app/controllers/movies_controller.rb` **sejam encontrados em** `spec/controllers/movies_controller_spec.rb`**, e assim por diante. (Utilize o Pastebin para copiar e colar este código.)**

fazer, mas também em como ele será utilizado pelo restante do código do sistema. Nós fizemos isso no Capítulo 7, no passo de cenário do Cucumber *E eu clico "Buscar no TMDb"*: quando modificamos a aparência da visão List Movies(`views/movies/index.html.haml`) para incluir o botão "Buscar no TMDb", escolhemos o nome **search_tmdb** um método que ainda não existia, o controle que iria responder ao clique. Obviamente, como o método **MoviesController#search_tmdb** não existia, o passo do Cucumber não funcionou (aparecendo em vermelho) quando você tentou executar o cenário. No restante deste capítulo nós iremos utilizar TDD para desenvolver o método **search_tmdb**

Bar#foo é a notação idiomática do Ruby, denotando o método de *instância* **foo** da classe **Bar**. A notação **Bar.foo** denota o método de *classe* **foo**.

Na arquitetura de software MVC, o trabalho de controlador é responder a uma interação do usuário, chamando os métodos apropriados do modelo para recuperar ou manipular quaisquer informações necessárias e gerar a visão apropriada. Podemos, desse modo, descrever o comportamento *desejado* do nosso "ainda não existente" método de controle assim:

- Deveria chamar um método do modelo para executar a pesquisa no TMDb, passando na pesquisa os termos digitados pelo usuário.
- Deveria selecionar a visão Search Results HTML (na vocabulário do Rails, o *template* da visão Search Results) para a renderização.
- Deveria tornar os resultados da busca no TMDb disponível para aquele *template*.

É importante lembrar que nenhum dos métodos ou *templates* da lista ações desejadas, neste instante, existem de fato! Essa é a essência do TDD: escrever uma lista concreta e concisa de comportamentos desejados (o *spec*) e utilizá-la para a criação dos métodos e *templates*.

A Figura 8.2 mostra como nós podemos expressar esses requisitos com o RSpec. Como no Capítulo 3, nós o encorajamos a aprender fazendo. Antes de criar este arquivo, você precisa configurar o RottenPotatoes para poder utilizar o RSpec para testes, o que requer quatro passos:

Você poderá ver como eles são em `spec/spec_helper.rb`.

1. No bloco **group :test** do Gemfile adicione **gem 'rspec-rails'**
2. Visto que nosso aplicativo irá usar e depender também da gem `themoviedb`, inclua **gem 'themoviedb'** fora de qualquer bloco **group** (pois a gem será utilizada nos ambientes de produção, desenvolvimento e testes)
3. Como sempre deve-se fazer quando modificamos o arquivo Gemfile, execute `bundle install --without production`

4. No diretório raiz do aplicativo do RottenPotatoes, execute `rails generate rspec:install` para instalar os arquivos e os diretórios que o RSpec precisa. Esta etapa também cria um arquivo `spec/spec_helper.rb` padrão que configura alguns métodos auxiliares que iremos utilizar em todos os exemplos.

Agora você está pronto para criar o arquivo `spec/controllers/movies_-controller_spec.rb`, como mostra a Figura 8.2. A linha 1 carrega alguns métodos auxiliares que serão usados por todos os testes RSpec. Geralmente essa será a primeira linha em qualquer specfile para um aplicativo Rails. A linha 3 diz que os specs seguintes descrevem o comportamento da classe **MoviesController**. Como essa classe possui diversos métodos, a linha 4 diz que este primeiro conjunto de specs descreve o comportamento do método que pesquisa no TMDb. Como você pode observar, **describe** pode ser seguido tanto pelo nome de uma classe quanto por uma cadeira de caracteres com uma documentação descritiva.

As próximas três linhas são espaços reservados para ***examples***, o termo do RSpec para pequenas partes do código que testam *um* comportamento específico do método **search_tmdb**. Nós ainda não escrevemos nenhum código teste, mas o próximo *screencast* mostra que nós podemos não só executar apenas esses esqueletos de teste com o comando `rspec` como, o mais importante, também podemos executá-los automaticamente com a ferramenta `autotest`. Enquanto o comando `rake spec` é uma maneira de executar por completo o conjunto de todos os testes, a automação com o `autotest` auxilia a produtividade visto que nós não precisamos alternar nossa atenção entre escrever o código e executar os testes. Ele também auxilia na execução de testes mais rápidos, visto que ele é inteligente o suficiente para executar somente os testes que ainda estão apresentando erro ou aqueles que foram alterados recentemente, ao invés de reexecutando o conjunto inteiro de testes todas as vezes. Para usar o `autotest`, dentro da seção **group :test** do seu Gemfile adicione a linha **gem autotest-rails** e então execute o comando `bundle`, como de costume, para garantir que a gem foi instalada. Após esse passo, no diretório raiz da aplicação digite `autotest` para iniciá-lo. No restante do capítulo, nós iremos supor que o `autotest` está sendo executado e que sempre que você adicionar novos testes ou código no aplicativo você receberá um *feedback* do RSpec imediatamente. Na próxima seção nós iremos criar nossos primeiros testes utilizando TDD.

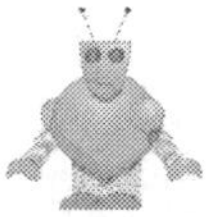

Depuração e o autotest Para utilizar a depuração interativa apresentada no Capítulo 4 com o `autotest`, inclua **require 'debugger'** ao arquivo `spec/spec_helper.rb` e insira uma chamada **debugger** sempre que você quiser que a ação cesse.

Screencast 8.2.1: Executando os esqueletos com testes vazios e automatizando a execução com o `autotest`.
`http://vimeo.com/34754856`
Quando nós executamos o comando `RSpec`, exemplos (clausulas **it**) que não contem nenhum código aparecem em amarelo como "pendente". Você também pode explicitamente marcar um exemplo usando **pending** e colocar uma descrição do motivo dele estar pendente. Ao invés de manualmente executar o comando **spec** toda vez que adicionamos ou alteramos algum código, podemos utilizar o comando `autotest`, o qual reexecuta automaticamente os specs apropriados sempre que você alterar um specfile ou um arquivo de código.

Sumário

- Bons testes devem ser **F**ast (rápidos), **I**ndependent (independentes), **R**epeatable (repetíveis), **S**elf-checking (autoverificáveis) e **T**imely (oportunos); FIRST, na siga em inglês.
- RSpec é uma linguagem de domínio específico embutido em Ruby para a escrita de testes. Convenção sobre configuração determina onde o specfile que corresponde a um dado arquivo deve se encontrar.
- Dentro de um aquivo specfile, um único ***example***, introduzido pelo método **it**, testa um único comportamento de um método. **Describe** agrupa os exemplos hierarquicamente, de acordo com o conjunto de comportamentos que eles testam.

Auto-avaliação 8.2.1. *Um único caso de teste Rspec ou* example *é introduzido pela palavra-chave ____, que pode ser aninhada para organizar exemplos hierarquicamente.*
◇ **it**; **describe** ■

Auto-avaliação 8.2.2. *Visto que RSpec combina testes e classes utilizando convenção sobre configuração, nós deveríamos colocar os testes para* `app/models/movie.rb` *no arquivo ____.*

◇ `spec/models/movie_spec.rb` ■

8.3 Emendas, Dublês e o Código que Você Gostaria de Ter

A Figura 8.3 captura a metodologia básica de TDD. Você pode estar pensando que violamos a metodologia de TDD escrevendo três casos de testes na Figura 8.2, antes de completarmos o código dos mesmos. Na prática, entretanto, não há nada de errado em criar blocos **it** de testes que você sabe que irá querer escrever. Agora, no entanto, é hora de colocar a "mão na massa" e começar a trabalhar nos testes.

O primeiro exemplo (caso de teste) da Figura 8.2 estabelece que o método **search_tmdb** deve chamar um método do modelo para desempenhar a busca no TMDb, passando as palavras-chave digitadas pelo usuário para o método. No Capítulo 7, nós modificamos a visão do **index** do RottenPotatoes ao incluir um formulário HTML cuja submissão seria tratada pelo **MoviesController#search_tmdb**. O formulário contem um único campo de texto chamado **search_terms** para o usuário preencher. Nossos casos de teste precisarão, portanto, emular o que acontece quando o usuário digita algo no campo **search_terms** e envia o formulário. Como sabemos, em um aplicativo Rails o hash **params** é automaticamente preenchido com informações submetidas em um formulário de forma que o método do controle possa examiná-lo. Felizmente, RSpec fornece um método **post** que simula o envio de um formulário para uma ação do controle: o primeiro argumento é o nome da ação (método do controle) que irá receber a submissão e o segundo argumento é a hash que se tornará o **params** visto pelo controlador da ação. Agora nós podemos escrever a primeira linha do nosso primeiro spec, como mostra a Figura 8.4. O próximo *screencast* mostra que nós precisamos, no entanto, superar alguns obstáculos para chegarmos a Fase Vermelha do Vermelho–Verde–Refatore.

1. Antes de escrever qualquer código novo, escreva um teste para *apenas* um aspecto do comportamento que ele *deve* ter. Visto que o código sendo testado ainda não existe, escrever o teste te força a pensar como você *deseja* que o código se comporte e interaja com seus colaboradores, caso ele existisse. Nós chamamos isso de "exercitando o código que você gostaria de ter".
2. Etapa **Vermelho**: Execute o teste e verifique que ele falha porque você ainda não implementou o código necessário para fazê-lo funcionar.
3. Etapa **Verde**: Escreva o código *mais simples possível* que permita que *este* teste passar sem quebrar qualquer código existente.
4. Etapa **Refatoração**: Busque oportunidades para ***refatorar*** o seu código e seus testes — altere a estrutura do código para eliminar redundâncias, repetições ou qualquer outra feiura que possa ter aparecido como resultado do acrescimento do novo código. Os testes asseguram que a sua refatoração não introduzirá nenhum erro.
5. Repita até que todos os comportamentos necessários para fazer a etapa do cenário passar estejam completos.

Figura 8.3: O loop do Desenvolvimento Guiado por Testes (TDD, na sigla em inglês) também é conhecido como Vermelho–Verde–Refatore, devido ao seu esqueleto nas etapas 2–4. A última etapa supõe que você está desenvolvendo o código com o objetivo de completar um cenário, igual ao que você começou no Capítulo 7.

http://pastebin.com/6tJvd0hx

```
1  require 'spec_helper'
2
3  describe MoviesController do
4    describe 'searching TMDb' do
5      it 'should call the model method that performs TMDb search' do
6        post :search_tmdb, {:search_terms => 'hardware'}
7      end
8      it 'should select the Search Results template for rendering'
9      it 'should make the TMDb search results available to that template'
10   end
11 end
```

Figura 8.4: Preenchendo nosso primeiro spec. Enquanto que um it "vazio" (linha 8) serve como um espaço reservado para um exemplo ainda-a-ser-escrito, um it acompanhado pelo bloco do. . . end (linhas 5–7) é, na realidade, um caso de teste.

http://pastebin.com/fyyXrYJD

```
1  require 'spec_helper'
2
3  describe MoviesController do
4    describe 'searching TMDb' do
5      it 'should call the model method that performs TMDb search' do
6        fake_results = [mock('movie1'), mock('movie2')]
7        Movie.should_receive(:find_in_tmdb).with('hardware').
8          and_return(fake_results)
9        post :search_tmdb, {:search_terms => 'hardware'}
10     end
11     it 'should select the Search Results template for rendering'
12     it 'should make the TMDb search results available to that template'
13   end
14 end
```

Figura 8.5: Término do exemplo confirmando que o método do controlador irá chamar o código que nós desejaríamos ter no modelo Movie. As linhas 5–10 desta listagem substituem as linhas 5–7 da Figura 8.4.

Screencast 8.3.1: Desenvolver o primeiro exemplo requer incluir um método de controle vazio e criar uma visão vazia.

`http://vimeo.com/34754876`

Para arrumar todos os erros do RSpec nós devemos, primeiramente, criar um método de controle vazio e sua rota correspondente para que a ação (de submissão do usuário) tenha para onde ir. Em segundo lugar, nós precisamos criar uma visão vazia, para que o controlador da ação tenha algo para renderizar. Aquela uma linha de código teste nos levou a garantir que o nosso novo método de controle e a visão que será renderizada no final estão com os nomes corretos e possuem uma rota correspondente.

Neste ponto, o RSpec reporta Verde para o nosso primeiro exemplo, mas isso não é realmente correto, pois o exemplo em si está incompleto: nós ainda não verificamos se o **search_tmdb** executa um método do modelo para pesquisar no TMDb, assim como requerido pelo spec. (Nós fizemos isso deliberadamente, para ilustrar alguns dos mecanismos necessários para conseguir que seu primeiro spec funcione. Normalmente, visto que cada spec tende a ser curto, você completaria um antes de reexecutar seus testes.).

Como devemos confirmar que **search_tmdb** chama um método do modelo, sendo que nenhum método do modelo existe ainda? Novamente, nós iremos escrever um teste para o comportamento do *código que gostaríamos de ter*, como visto na Etapa 1 da Figura 8.3. Imaginemos que nós temos um método do modelo que faz exatamente o que queremos. Nesse caso, nós provavelmente vamos querer passar para o método uma cadeia de caracteres e, em retorno, receber uma coleção de objetos **Movie** de acordo com os resultados da busca no TMDb para aquela cadeia de caracteres. *Se* o método existisse, nosso método do controle poderia fazer a chamada da seguinte forma:

> O código que nós gostaríamos de ter será um método de classe, já que encontrar filmes no TMDb é um comportamento relacionado a filmes em geral e não a uma instância particular de **Movie**.

http://pastebin.com/ACNefdqY

```
@movies = Movie.find_in_tmdb(params[:search_terms])
```

A Figura 8.5 mostra o código para um caso de teste que assegura que tal chamada irá ocorrer. Neste caso, o código que estamos testando — o ***subject code*** — é o **search_tmdb**. No entanto, parte do comportamento que estamos testando aparentemente depende do **find_in_tmdb**. Visto que **find_in_tmdb** é um código que nós ainda não temos, o objetivo das linhas 6–8 é "falsificar" o comportamento que o código exibiria se nós o tivéssemos. A linha 6 utiliza o método **mock** do RSpec para criar um vetor de com dois "dublês de teste" para objetos **Movie**. Em particular, onde um objeto **Movie** real responderia a métodos como **title** e **rating**, o dublê do teste levantaria uma exceção para qualquer método que fosse chamado nele. Dado esse fato, por que usaríamos dublês de testes? A razão é: para isolar esses specs do comportamento da classe **Movie**, a qual pode conter erros de programação próprios. *Mocks* são marionetes cujo comportamento nós controlamos completamente, nos permitindo isolar os testes de unidade das classes de seus colaboradores e manter os testes independentes (o I de FIRST).

Na verdade, um pseudônimo para Cmock é **double** (dublê). Para evitar ambiguidades, use **mock** quando você for pedir ao objeto falso para fazer coisas e **double** quando você precisar apenas que ele exista.

Retomando a Figura 8.5, as linhas 6–7 expressam a ***expectativa*** de que a classe **Movie** consiga receber uma chamada para o método **find_in_tmdb** sendo que esse deve receber o argumento (único) **'hardware'**. O RSpec irá abrir a classe **Movie** e definir um método de classe chamado **find_in_tmdb** cujo único propósito é monitorar se o método está sendo chamado ou não e, se estiver, verificar se os argumentos corretos estão sendo passados. Pensando de forma crítica, *se um método com o mesmo nome já existe na classe* **Movie**, *ele seria temporariamente "sobrescrito"* pelo ***método stub***. Por isso que, no nosso caso, não importa que nós ainda não escrevemos o método **find_in_tmdb** "real": de qualquer forma ele não seria chamado!

O uso de **should_receive** para substituir temporariamente o método "real" para fins de teste é um exemplo do uso de ***emendas*** (*seams*): "um local onde você pode alterar o comportamento do programa sem editá-lo naquele local" (Feathers 2004). Nesse caso, **should_receive** cria uma emenda sobrepondo-se ao método em seu local, sem precisar editar o arquivo contendo o método original (mesmo que, nesse caso, o método original nem mesmo exista ainda). Emendas também são importantes quando temos que incluir códigos novos ao nosso aplicativo, mas ao longo deste capítulo nós iremos ver diversos exemplos de emenda em testes. Emendas são úteis em testes, pois nos permitem quebrar a dependência entre uma parte do código, que nós queremos testar, e seus colaboradores, permitindo que eles se comportarem de forma diferente durante os testes.

A linha 8 (que é somente continuação da linha 7) especifica que **find_in_tmdb** deve devolver a coleção de dublês que nós estabelecemos na linha 6. Isso completa a ilusão do "código que nós gostaríamos de ter": nós estamos chamando um método que ainda não existe e fornecendo os resultados que nós desejaríamos que o código produzisse, se existisse! Se nós omitirmos o **with**, o RSpec verificará mesmo assim que **find_in_tmdb** é chamado, mas não verificará se os argumentos são os que esperávamos. Se omitirmos **and_return**, a chamada do método falso irá devolver **nil** ao invés do valor que foi escolhido por nós. Em todo caso, depois que cada exemplo é executado, o RSpec realiza a etapa ***teardown*** que restaura as condições das classes originais. Desse modo, se quiséssemos reproduzir esse comportamento falso em outros exemplos, nós precisamos especificá-los em cada um deles (no entanto, nós logo iremos ver uma maneira de evitar (DRY) tais repetições). A execução automática do ***teardown*** é outra parte importante para manter testes independentes.

Tecnicamente, neste caso seria aceitável omitir o **and_return**, visto que esse exemplo não está verificando o valor devolvido, mas nós o incluímos para fins ilustrativos.

Esta nova versão do teste falha porque nós estabelecemos a expectativa de que **search_tmdb** poderia chamar **find_in_tmdb**, mesmo que o **search_tmdb** ainda não tenha sido escrito. Dessa forma, a ultima etapa é ir do Vermelho para o Verde, adicionando somente o código necessário para que **search_tmdb** passe neste teste. Nós dizemos que o teste *incita* a criação do código, porque adicionar código aos testes resulta em uma falha que precisa ser resolvida com a adição de código novo ao modelo. Dado que a única coisa sendo testada nesse exemplo em particular é a chamada a **find_in_tmdb**, basta incluir em **search_tmdb** a linha de código que tínhamos em mente como "o código que gostaríamos de ter":

http://pastebin.com/vWt9uxGQ

```
@movies = Movie.find_in_tmdb(params[:search_terms])
```

Se TDD é uma novidade para você, tudo isto foi muita informação para absorver, especialmente quando realizamos testes em um aplicativo que utiliza um framework poderoso como o Rails. Não se preocupe — agora que fomos expostos aos principais conceitos, a próxima rodada de specs será mais rápida. É necessária uma certa quantidade de fé para adotar esse sistema, mas nós descobrimos que a recompensa vale a pena. Leia o resumo abaixo, faça um lanchinho, e revise os conceitos dessa seção antes de continuar.

Sumário

- O ciclo TDD de Vermelho–Verde–Refatore começa quando escrevemos um teste que falhará, pois o ***subject code*** que está sendo testando ainda não existe (Vermelho). Então adicionamos o mínimo de código necessário para que somente aquele exemplo passe (Verde).

- Emendas permitem que você altere o comportamento do seu aplicativo em um local particular, sem editá-lo. Tipicamente, a configuração de um teste cria as emendas usando um **mock** ou seu pseudônimo dublê (**double**) para criar objetos de testes dublês ou usando o método **should_receive...and_return** para criar um *stub* (que troca e controla o valor de retorno) dos métodos colaboradores. Mocks e stubs são emendas que auxiliam com a testabilidade, isolando o comportamento do código a ser testado dos comportamentos de seus colaboradores.

- Cada exemplo configura precondições, executa o código alvo e garante algo sobre os resultados. Garantias como **should**, **should_not**, **should_receive** e **with** tornam o teste autoverificável, eliminando a necessidade de um programador humano inspecionar o resultado dos testes.

- Após cada teste, um mecanismo automático (*teardown*) destrói os mocks e os stubs, desativando qualquer expectativa, a fim de que os testes se mantenham independentes.

■ ***Elaboração: Emendas em outras linguagens***

Em linguagens não orientadas a objetos como C, emendas são difíceis de serem criadas. Uma vez que todas as chamadas a métodos são resolvidas no momento da link-edição, normalmente os desenvolvedores criam uma biblioteca contendo a versão "falsificada" (o dublê do teste) do método desejado e, cuidadosamente, controlam a link-edição das bibliotecas para garantir que a versão dublê seja utilizada. Analogamente, como as estruturas de dados em C são acessadas diretamente na memória (ao invés de serem acessadas por chamadas a métodos de acesso), emendas para estruturas de dados (mocks) são, normalmente, criadas usando diretivas de pré-processamento como **#ifdef TESTING**, para compilar o código de forma diferente para uso nos testes vs. uso em produção.

Em linguagens OO estaticamente tipadas como Java, chamadas a métodos são vinculadas em tempo de execução. Uma maneira de criar emendas nessas linguagens é criar subclasses da classe que está sendo testada e sobrescrever alguns métodos, quando compilando contra testes de equipamento. Objetos mock também são possíveis, entretanto estes devem satisfazer as expectativas do compilador para um objeto "real" totalmente implementado, mesmo que o mock esteja fazendo apenas uma pequena parte do trabalho que o objeto real faria. O Site JMock[5] mostra alguns exemplos de emendas de testes sendo inseridas no Java.

Linguagens OO dinâmicas como Ruby permitem que você modifique as próprias classes em tempo de execução. Podemos criar uma emenda praticamente em qualquer lugar e a qualquer momento. O RSpec explora essa habilidade ao nos permitir criar *mocks* e *stubs* específicos para cada um dos testes, o que torna os testes mais fáceis de escrever.

Auto-avaliação 8.3.1. *Na Figura 8.5, por que a expectativa* **should_receive** *da linha 7 deve vir* antes *da ação* **post** *da linha 9?*

◇ A expectativa precisa configurar um dublê de teste para **find_in_tmdb** para que ele seja monitorado (a fim de garantir que ele foi chamado). Visto que a ação **post** eventualmente resultará em uma chamada a **find_in_tmdb**, o dublê deve ser configurado antes que o **post** ocorra, caso contrário o **find_in_tmdb** seria chamado. (Neste caso, **find_in_tmdb** ainda não existe e por isso o teste falharia.) ■

8.4 Expectativas, Mocks, Stubs e Exemplos de Setup & Teardown

Isto é realmente necessário? Visto que uma visão é, por padrão, determinada por convenção sobre configuração, tudo que estamos fazendo aqui é testar as funcionalidades embutidas do Rails. Mas se estivéssemos renderizando uma visão se a ação tivesse sido concluída com sucesso, e uma outra visão para caso mostrar mensagens de erro, exemplos como esse poderiam verificar que a visão correta foi selecionada.

Voltando para o esqueleto de arquivo specfile da listagem da Figura 8.2, a linha 6 diz que **search_tmdb** deve selecionar a visão "Search Results" para renderização. É claro que a visão ainda não existe, mas como no primeiro exemplo que escrevemos acima, isso não é um impedimento para a gente.

Como sabemos do Capítulo 3, o comportamento padrão do método **MoviesController#search_tmdb** é tentar renderizar a visão `app/views/movies/search_tmdb.html.haml` (que nós criamos no Capítulo 7). Nosso spec somente precisa verificar que a ação do controlador irá, de fato, renderizar a visão daquele *template*. Para isso iremos usar o método **response** do RSpec: uma vez que tenhamos as ações **get** ou **post** em um spec de controlador, o objeto devolvido pelo método **response** irá conter a resposta do servidor para aquela ação e nós poderemos afirmar que a expectativa de que a resposta *would have rendered* (*teria renderizado*) uma determinada visão em particular. Isso acontece na linha 15 da Figura 8.6, que ilustra outro tipo de afirmação (*assert*) do RSpec: o *object*.**should** *condição-correspondente*. Neste exemplo *condição-correspondente* é fornecida pelo **render_template()**, de forma que a afirmação seja satisfeita se o objeto *http://pastebin.com/T5rakACv*

```
1  require 'spec_helper'
2
3  describe MoviesController do
4    describe 'searching TMDb' do
5      it 'should call the model method that performs TMDb search' do
6        fake_results = [mock('movie1'), mock('movie2')]
7        Movie.should_receive(:find_in_tmdb).with('hardware').
8          and_return(fake_results)
9        post :search_tmdb, {:search_terms => 'hardware'}
10     end
11     it 'should select the Search Results template for rendering' do
12       fake_results = [mock('Movie'), mock('Movie')]
13       Movie.stub(:find_in_tmdb).and_return(fake_results)
14       post :search_tmdb, {:search_terms => 'hardware'}
15       response.should render_template('search_tmdb')
16     end
17     it 'should make the TMDb search results available to that template'
18   end
19 end
```

Figura 8.6: Preenchendo o segundo exemplo. Linhas 11–16 substituíram a linha 11 da Figura 8.5.

(neste caso a resposta da ação do controlador) tentou renderizar uma visão em particular. Nós veremos o uso do **should** com outras *condições-correspondentes*. A afirmação negativa **should_not** pode ser utilizada para especificar que a *condição-correspondente* não seja verdadeira.

Há duas coisas a se notar sobre a Figura 8.6: primeiramente, visto que cada um dos dois exemplos (linha 5–10 e 11–16) são auto contidos e independentes, nós temos que criar dublês de testes e efetuar o comando **post** separadamente para cada um; em segundo lugar, se no primeiro exemplo nós usamos **should_receive**, o segundo exemplo utiliza **stub**, o qual cria um dublê de teste para o método, mas *não* estabelece uma expectativa de que o método necessariamente será chamado. O dublê entra em ação *se* o método for chamado, mas não é gerado um erro se o método não for chamado. Realize as alterações para que o seu arquivo specfile se pareça como a Figura 8.6. O `autotest` ainda deve estar sendo executado e reportará que o segundo exemplo passa.

Neste exemplo simples, você poderia achar um exagero usar **should_receive** em um exemplo e **stub** em outro, mas nosso objetivo é ilustrar que *cada exemplo deve testar um único comportamento*. Este segundo exemplo verifica *apenas* que a visão correta foi selecionada para a renderização. O teste *não* verifica, no entanto, se o método apropriado do modelo foi chamado — isso é o trabalho do primeiro exemplo. Na verdade, mesmo que o método **Movie.find_in_tmdb** já *tivesse* sido implementado, nós ainda usaríamos um stub nesses exemplos, pois esses devem isolar os comportamentos sendo testados daqueles de outras classes com os quais o código sendo testado colabora.

Antes de escrevermos outro exemplo, iremos considerar o passo Refatoração do Vermelho–Verde–Refatore. Visto que as linhas 6 e 12 são idênticas, a Figura 8.7 mostra uma forma de simplificar (DRY), ***fatorando*** o código de configuração repetido em um bloco **before(:each)** Como o nome implica, esse código é executado antes *de cada* um dos exemplos dentro do grupo **describe** similar a seção **Background** de uma funcionalidade no Cucumber, cujos passos são executados antes de cada cenário. Também existe o **before(:all)**, que executa o código de configuração somente uma vez para todo o grupo de testes. No entanto, você corre o risco de fazer com que seus testes fiquem dependentes entre si; é fácil criar interdependências — muito difíceis de depurar — que só são percebidas *http://pastebin.com/eWvBdJR7*

```
1  require 'spec_helper'
2
3  describe MoviesController do
4    describe 'searching TMDb' do
5      before :each do
6        @fake_results = [mock('movie1'), mock('movie2')]
7      end
8      it 'should call the model method that performs TMDb search' do
9        Movie.should_receive(:find_in_tmdb).with('hardware').
10         and_return(@fake_results)
11       post :search_tmdb, {:search_terms => 'hardware'}
12     end
13     it 'should select the Search Results template for rendering' do
14       Movie.stub(:find_in_tmdb).and_return(@fake_results)
15       post :search_tmdb, {:search_terms => 'hardware'}
16       response.should render_template('search_tmdb')
17     end
18     it 'should make the TMDb search results available to that template'
19   end
20 end
```

Figura 8.7: Utilização de DRY para enxugar os exemplos do controlador usando um bloco before (linhas 5–7).

quando os testes são executados em uma ordem diferente ou quando apenas um subconjunto dos testes é executado.

Variáveis de instância de quê? **@fake_results** não é uma variável de instância da classe sendo testada (**MoviesController**), mas do objeto **Test::Spec::ExampleGroup**, que representa um grupo de casos de testes.

Mesmo que o conceito de fatoração de código repetido em um bloco **before** seja bastante simples, nós ainda precisamos fazer uma mudança na sintaxe para fazê-lo funcionar devido ao modo que o RSpec foi implementado. Especificamente, nós tivemos que transformar o **fake_results** em uma variável de instância **@fake_results**, pois variáveis locais dentro de cada bloco **do...end** do caso de teste desaparecem quando o teste termina de ser executado. Em contraste, variáveis de instância de um grupo de exemplos são visíveis a todos os exemplos naquele grupo. Visto que estamos definindo os valores no bloco **before :each**, cada caso de teste irá apresentar a mesmo valor inicial de **@fake_results**.

Falta somente um exemplo a ser escrito, o qual verificará que os resultados de pesquisa do TMDb estarão disponíveis para a visão da resposta. Lembre-se que no Capítulo 7 nós criamos `views/movies/search_tmdb.html.haml` sobre o pressuposto de que **@movies** iria ser inicializado pela ação do controlador para conter a lista de filmes correspondentes do TMDb. Por essa razão, no **Movies Controller#search_tmdb** nós atribuímos o resultado da chamada a **find_in_tmdb** à variável de instância **@movies**. (Lembre que variáveis de instância definidas em uma ação do controlador são repassadas para a visão.)

O método RSpec **assigns()** mantém o registro de quais variáveis de instância foram definidas no método de controle. Por isso **assigns(:movies)** devolve qualquer valor (ou nenhum) que tenha sido atribuído em **@movies** no **search_tmdb**; nosso spec somente tem que verificar se a ação do controlador definiu esta variável corretamente. No nosso caso, nós já providenciamos que nossos dublês sejam devolvidos como o resultado da chamada de método falsa, de forma que o comportamento correto de **search_tmdb** seja atribuir a **@movies** esse valor, como a linha 21 da Figura 8.8 afirma.

http://pastebin.com/LJiz2q2q

```
1  require 'spec_helper'
2
3  describe MoviesController do
4    describe 'searching TMDb' do
5      before :each do
6        @fake_results = [mock('movie1'), mock('movie2')]
7      end
8      it 'should call the model method that performs TMDb search' do
9        Movie.should_receive(:find_in_tmdb).with('hardware').
10         and_return(@fake_results)
11       post :search_tmdb, {:search_terms => 'hardware'}
12     end
13     it 'should select the Search Results template for rendering' do
14       Movie.stub(:find_in_tmdb).and_return(@fake_results)
15       post :search_tmdb, {:search_terms => 'hardware'}
16       response.should render_template('search_tmdb')
17     end
18     it 'should make the TMDb search results available to that template' do
19       Movie.stub(:find_in_tmdb).and_return(@fake_results)
20       post :search_tmdb, {:search_terms => 'hardware'}
21       assigns(:movies).should == @fake_results
22     end
23   end
24 end
```

Figura 8.8: Confirmação de que @movie foi inicializado de forma correta pelo search_tmdb. As linhas 18–22 desta listagem substituem a linha 18 da Figura 8.7.

■ ***Elaboração: Do que mais precisamos?***

A rigor, para os propósitos deste exemplo, o stub **find_in_tmdb** poderia ter devolvido qualquer valor, p. ex. a cadeia de caracteres "Eu sou um filme", porque o *único* comportamento testado por esse exemplo é se a variável instância está sendo inicializada e disponibilizada para a visão corretamente. Em particular para este exemplo, não importa qual é o *valor* daquela variável ou se **find_in_tmdb** está devolvendo algo que faça sentido. Mas dado que já temos dublês configurados, foi bem simples utilizá-los neste exemplo.

Nossa última tarefa do Vermelho–Verde–Refatore é a etapa de Refatoração. O Segundo e terceiro exemplos são idênticos, com exceção da última linha em cada um (linhas 16 e 21). Para aplicar DRY a elas, a Figura 8.9 inicia um grupo de exemplos separado aninhado com **describe**, agrupando o comportamento repetido dos dois últimos dois exemplos em seus próprios blocos **before**. Nós escolhemos a linha de descrição `after valid search` para nomear esse bloco **describe**, pois todos os exemplos neste subgrupo supõem que uma chamada válida para **find_in_tmdb** tenha ocorrido. (O pressuposto, em si mesmo, é testado pelo primeiro exemplo.)

Quando grupos de exemplos são aninhados, todos os bloco **before** associados ao nível exterior do aninhamento são executado antes daqueles associados com o nível interno. Dessa forma, por exemplo, considerando o caso de teste das linhas 18–20 da Figura 8.9, o código de inicialização nas linhas 5–7 é executado primeiro, seguido pelo código de inicialização das linhas 14–17 e, finalmente, o próprio exemplo (linhas 18–20).

Nossa nova tarefa será utilizar TDD para criar o método do modelo **find_in_tmdb**; até agora apenas um stub dele era usado. Como esse método pretende chamar o serviço real do TMDb, nós iremos novamente utilizar stub, desta vez para evitar que nossos exemplos dependam do comportamento de um servidor remoto.

http://pastebin.com/xcGUCCFb

```
1  require 'spec_helper'
2
3  describe MoviesController do
4    describe 'searching TMDb' do
5      before :each do
6        @fake_results = [mock('movie1'), mock('movie2')]
7      end
8      it 'should call the model method that performs TMDb search' do
9        Movie.should_receive(:find_in_tmdb).with('hardware').
10         and_return(@fake_results)
11       post :search_tmdb, {:search_terms => 'hardware'}
12     end
13     describe 'after valid search' do
14       before :each do
15         Movie.stub(:find_in_tmdb).and_return(@fake_results)
16         post :search_tmdb, {:search_terms => 'hardware'}
17       end
18       it 'should select the Search Results template for rendering' do
19         response.should render_template('search_tmdb')
20       end
21       it 'should make the TMDb search results available to that template' do
22         assigns(:movies).should == @fake_results
23       end
24     end
25   end
26 end
```

Figura 8.9: Spec do search_tmdb terminada e refatorada. O grupo aninhado que começa na linha 13 permite aplicar DRY e evitar a duplicação nas linhas 14–15 e 19–20 da Figura 8.8.

Sumário

- Um exemplo da etapa Refatoração da Vermelho–Verde–Refatore é mover código de inicialização repetido em um bloco **before**, aplicando, dessa forma, DRY para "secar" os seus specs.
- Tal como **should_receive**, o **stub** cria um método "dublê" para utilização em testes. Mas, diferentemente de **should_receive**, **stub** não requer que o método seja de fato chamado.
- **assigns()** permite que um teste de controlador inspecione os valores das variáveis de instância definidos por uma ação do controle.

Auto-avaliação 8.4.1. *Especifique se cada construção do RSpec a seguir é usado para (a) criar uma emenda, (b) determinar o comportamento da emenda, (c) nenhuma das duas coisas: (1)* **assigns()***; (2)* **should_receive***; (3)* **stub***; (4)* **and_return**.

◇ (1) c, (2) a, (3) a, (4) b ■

Auto-avaliação 8.4.2. *Por que é preferível, geralmente, a utilização de* **before(:each)** *ao invés de* **before(:all)***?*

◇ O código em um bloco **before(:each)** é executado antes de cada spec daquele bloco, estabelecendo precondições idênticas para todos aqueles specs e, dessa forma, mantendo-os independentes. ■

8.5 Fixtures e Fábricas

Mocks e *stubs* são apropriados para quando você precisa de um substituto com pequena quantidade de funcionalidade para expressar o caso de teste. Entretanto, suponha que você esteja testando um novo método **Movie#name_with_rating** que você sabe que irá examinar os atributos **title** e **rating** de um objeto **Movie**. Você poderia criar um *mock* que conheça toda a informação necessária e passá-lo:

http://pastebin.com/mTMdUt2i

```
fake_movie = mock('Movie')
fake_movie.stub(:title).and_return('Casablanca')
fake_movie.stub(:rating).and_return('PG')
fake_movie.name_with_rating.should == 'Casablanca (PG)'
```

Mas há duas razões para não se utilizar um *mock* aqui. Em primeiro lugar, esse objeto *mock* precisa de praticamente a mesma funcionalidade de um objeto **Movie** real, então, provavelmente, seria melhor utilizar o objeto real. Em segundo lugar, visto que os métodos de instância que estão sendo testados são parte da própria classe **Movie**, faz mais sentido usar o objeto real já que não há sentindo em isolar o código de teste da classe colaboradora.

Você tem duas opções para obter um objeto **Movie** real para utilizar em tais testes. Uma opção é estabelecer um ou mais ***fixtures*** — um estado fixo que pode ser utilizado como linha de base para um ou mais testes.

O termo *fixture* vem do universo da manufaturação: em inglês *fixture* designa uma "instalação de ensaio": um dispositivo que prende ou sustenta o item sendo testado. Visto que todos os estados nos aplicativos SaaS no Rails são mantidos em um banco de dados, um arquivo de *fixture* define um conjunto de objetos que é automaticamente carregado no banco de dados de teste antes que os testes sejam executados, de forma que você possa utilizar esses objetos no seus teste sem antes configurá-los. Da mesma forma que o *setup* e *teardown* de mocks e stubs, o banco de dados de testes é apagado e carregado com as informações de *fixture* antes *de cada spec*, mantendo os testes independentes.

Rigorosamente falando, ele não é apagado. Ao invés disso, cada spec é executada dentro de uma ***transação de banco de dados***, que é revertida quando o spec termina.

O Rails procura por *fixtures* em um arquivo contendo objetos ***YAML*** (*Yet Another Markup Language* ou "mais uma linguagem de marcação"). Como a Figura 8.10 mostra, YAML é uma maneira simples de representar hierarquias de objetos com atributos, similar ao XML, que nós vimos no começo do capítulo. As *fixtures* para o modelo **Movie** são carregadas a partir de `spec/fixtures/movies.yml` e estão disponíveis para o seu spec através de nomes simbólicos, como mostra a Figura 8.10

Entretanto, se não for usado de forma cautelosa, *fixtures* podem interferir com a independência dos testes, pois todos os testes agora dependem, implicitamente, do estado definido pela *fixture*, ou seja, uma modificação na *fixture* pode alterar o comportamento dos testes. Além disso, mesmo que cada teste individual dependa provavelmente somente de uma ou duas *fixtures*, a combinação de *fixtures* requerida para todos os testes pode se tornar inconveniente. Por esse motivo, muitos programadores preferem usar uma ***fábrica*** (ou *factory*) — um arcabouço projetado para permitir a rápida criação de objetos completos (ao invés de *mocks*) durante a execução do teste. Por exemplo, a popular ferramenta FactoryGirl[6] para Rails, permite que você defina uma fábrica para objetos **Movie** e crie rapidamente somente os objetos que você precisa para cada teste, seletivamente reescrevendo somente certos atributos, como mostra a Figura 8.11. (FactoryGirl é parte dos softwares utilizados nos exemplos do apêndice do livro.) No caso do nosso simples aplicativo, usar uma fábrica não fornece muitos benefícios em relação a simplesmente chamar **Movie.new** para criar um novo **Movie** diretamente. Mas em aplicativos mais complexos, nos quais a criação e inicialização de *http://pastebin.com/LViW2uA8*

```
# spec/fixtures/movies.yml
milk_movie:
  id: 1
  title: Milk
  rating: R
  release_date: 2008-11-26

documentary_movie:
  id: 2
  title: Food, Inc.
  release_date: 2008-09-07
```

http://pastebin.com/n6hkM1Cw

```
# spec/models/movie_spec.rb:

require 'spec_helper.rb'

describe Movie do
  fixtures :movies
  it 'should include rating and year in full name' do
    movie = movies(:milk_movie)
    movie.name_with_rating.should == 'Milk (R)'
  end
end
```

Figura 8.10: *Fixtures* declaradas no arquivo YAML (acima) são automaticamente carregadas dentro da base de dados do teste, antes da execução de cada spec (abaixo).

objetos envolvem diversas etapas — por exemplo, objetos com muitos atributos e que devem ser inicializados no momento da criação — uma fábrica ajuda a aplicar DRY ao código das precondições do teste (blocos **before**) e na simplificação dos seus códigos de teste.

Antes de incluir mais funcionalidades, vamos nos aprofundar um pouco mais em como o RSpec funciona. O **should** do RSpec é um excelente exemplo de uso de recursos da linguagem Ruby que melhoram a legibilidade e dilui a linha entre testes e documentação. O *screencast* a seguir explica em mais detalhes como uma expressão como **value.should == 5** é executada de fato.

Screencast 8.5.1: Como as funcionalidades da linguagem dinâmica Ruby torna specs mais legíveis.
`http://vimeo.com/34754890`
RSpec combina um módulo contendo o método **should** com a classe **Object**. **should** espera como argumento um *matcher* que possa ser comparada com a condição sendo afirmada. Métodos RSpec como o **be** podem ser utilizados para a construção de tal *matcher*; graças à sintaxe flexível do Ruby e aos parênteses opcionais, uma afirmação como **value.should be < 5** pode ser compreendida com o uso de parênteses complementares, simplificando-a para **value.should(be.<(5))**. Além disso, RSpec usa a funcionalidade **method_missing** do Ruby (descrita no Capítulo 3) para detectar *matchers* começando com **be_** ou **be_a_**, permitindo que você crie afirmações como **cheater.should be_disqualified**. *(Nota: O spec apresentado no inicio dessa Edição Beta do screencast não corresponde ao exemplo desenvolvido nesta seção. No entanto, isso não afeta o ponto central do screencast, que é ilustrar em detalhes como* **should** *funciona no RSpec.)*
(Segunda Nota: talvez você precise do comando **require 'rspec/expectations'** *para que os exemplos deste screencast funcionem.)*

http://pastebin.com/60Th29d1

```ruby
# spec/factories/movie.rb

FactoryGirl.define do
  factory :movie do
    title 'A Fake Title' # default values
    rating 'PG'
    release_date { 10.years.ago }
  end
end
```

http://pastebin.com/DVpJAWgr

```ruby
# in spec/models/movie_spec.rb
describe Movie do
  it 'should include rating and year in full name' do
    # 'build' creates but doesn't save object; 'create' also saves it
    movie = FactoryGirl.build(:movie, :title => 'Milk', :rating => 'R')
    movie.name_with_rating.should == 'Milk (R)'
  end
end
# More concise: uses Alternative RSpec2 'subject' syntax', and mixes in
# FactoryGirl methods in spec_helper.rb (see FactoryGirl README)
describe Movie do
  subject { build :movie, :title => 'Milk', :rating => 'R' }
  its(:name_with_rating) { should == 'Milk (R)' }
end
```

Figura 8.11: Um exemplo de uso de FactoryGirl ao invés de *fixtures* para preservar a independencia entre os testes. Arcabouços de fábricas como o FactoryGirl simplificam a criação de tais objetos e, ao mesmo tempo, mantém a dependência entre os testes. Adicione gem 'factory_girl_rails' ao Gemfile para usá-lo.

Sumário

- Quando um teste precisa manipular em um objeto real ao invés de um um *mock*, podemos cirá-lo em tempo real com o uso de uma fábrica ou com o uso de um objeto pré-carregado como uma *fixture*. É necessário lembrar que, no entanto, *fixtures* podem criar leves interdependências entre os testes, quebrando sua independência.
- Testes são uma forma de documentação interna. RSpec explora os recursos de linguagem do Ruby, para que você escreva códigos excepcionalmente legíveis. Assim como o código da aplicação, o código de teste é escrito para humanos e não para computadores. Dedicar tempo para garantir que seu teste é legível aumenta seu conhecimento sobre o código e serve, ao mesmo tempo, como uma forma eficiente de documentar aquilo que você pensou para aqueles que irão trabalhar com o código depois de você.

■ ***Elaboração: Sintaxe de novas expectativas***

A partir da versão 2.11 do RSpec, uma nova, e de certa forma diferente, sintaxe para a escrita de expectativas foi introduzida. Por exemplo, ao invés de escrever `foo.should==5`, podemos agora escrever `expect(foo).to eq(5)`. Este artigo[7] descreve os motivos que levaram à mudança e o porquê de não podermos escrever `expect(foo).to==5`; os argumentos são sutis. Embora a sintaxe "clássica" `should` ainda seja aceita, o novo estilo da sintaxe para `expect` se assemelha mais a como as expectativas para testes de JavaScript que são escritos no Jasmine (Seção 6.7). A Figura 8.19 mostra uma lista parcial de correspondências entre a sintaxe "clássica" e a nova sintaxe, baseada na documentação completa do RSpec[8].

Auto-avaliação 8.5.1. *Suponha que um conjunto de testes contém um teste que inclui um objeto de modelo à tabela e então espera encontrar um certo número de objetos modelos na tabela como resultado. Explique como o uso de fixtures pode afetar a independência dos testes deste conjunto e como o uso de Fábricas pode remediar esse problema.*

◇ Se o arquivo de *fixtures* sempre for alterado de forma que o número de itens inicialmente povoando aquela tabela mude, então este teste pode falhar inesperadamente, pois a suposição sobre o estado inicial da tabela não é mais válida. Em contraste, uma fábrica pode ser utilizada para criar rapidamente (e sob demanda) somente os objetos necessários para cada teste ou grupo de exemplos, de forma que nenhum teste tenha que depender de algum "estado inicial" global do banco de dados. ■

8.6 Requisitos Implícitos e Stubs para a Internet

Até esse ponto, nós criamos duas das três partes da nova funcionalidade "Search TMDb". Nós criamos a visão no Capítulo 7 e utilizamos TDD para conduzir a criação da ação do controlador nas seções anteriores. Tudo que falta para completarmos a história do usuário que iniciamos no Capítulo 7 é o método do modelo **find_in_tmdb** que é quem realmente usará tecnologia de arquitetura orientada a serviços para se comunicar com TMDb. Utilizar TDD para guiar a implementação será rápido agora que sabemos as noções básicas.

Por convenção sobre configuração, specs do modelo **Movie** vão para `spec/models/movie_spec.rb`. A Figura 8.12 mostra o caminho feliz para a chamada a **find_in_tmdb**, o qual descreve o que acontece quando tudo funciona corretamente. (Specs completos devem também contemplar os caminhos tristes, como veremos a seguir.) Em **describe Movie**, nós iremos incluir o bloco aninhado **describe** para a função de busca de palavras-chave. Nosso primeiro spec diz que quando **find_in_tmdb** é chamado com uma cadeia de caracteres como parâmetro, ele deve repassar a cadeia de caracteres para o método de classe **Tmdb::Movie.find** do gem do TMDb. Esse spec deveria falhar imediatamente pois nós ainda não definimos **find_in_tmdb**. Estamos, portanto, na etapa Vermelha. Nesse estágio, obviamente, **find_in_tmdb** é trivial e a Figura 8.12 mostra sua implementação inicial, que nos leva do Vermelho para o Verde.

Onde está o gem? Nós não precisamos de **require 'themoviedb'** em lugar nenhum da definição do modelo ou do spec? Para aplicativos não Rails, sim; mas o Rails automaticamente **requires** qualquer gem que você especifique no arquivo Gemfile.

Por que o método de controle **search_tmdb** não chama diretamente **Tmdb::Movie.find** ao invés de passar um argumento para o método aparentemente "intermediário" **find_in_tmdb**? Existem duas razões. Primeiramente, se a API do gem TMDb mudar — o que pode acontecer para acomodar alguma mudança da própria API do serviço do TMDb — podemos isolar o controlador dessas mudanças, porque todo o conhecimento de como utilizar o gem para comunicar-se com o servidor é encapsulado dentro da classe do modelo **Movie**.

Essa indireção é um exemplo da separação de coisas que mudam daquelas que não, uma ideia central da utilização de padrões de projetos, que foi brevemente introduzida na Seção 2.1 e que é detalhadamente elaborada no Capítulo 11. A segunda, e mais importante, razão é que este spec está ligeiramente incompleto: **find_in_tmdb** tem outros trabalhos a fazer. Nossos casos teste foram baseados no ***requisito explícito***, descrito na história do usuário do Capítulo 7: quando o usuário digita o nome de um filme e clica em *Search TMDb*, ele deve ver uma página que mostre os resultados correspondentes. Todavia, o Screencast 8.1.2 mostrou que se uma chave de API válida não acompanhar uma requisição, uma exceção será levantada, a qual não comunica quase nada para o programador sobre a real fonte do erro. Nossa estratégia será capturar esta exceção e criar nossa própria **InvalidKeyError** quando *http://pastebin.com/TVmi7Zxu*

```
require 'spec_helper'

describe Movie do
  describe 'searching Tmdb by keyword' do
    it 'should call Tmdb with title keywords' do
      Tmdb::Movie.should_receive(:find).with('Inception')
      Movie.find_in_tmdb('Inception')
    end
  end
end
```

http://pastebin.com/XvaAGUUQ

```
class Movie < ActiveRecord::Base

  def self.find_in_tmdb(string)
    Tmdb::Movie.find(string)
  end

  # rest of file elided for brevity
end
```

Figura 8.12: (Acima) o caminho feliz do spec por usar o gem do TMDb; (abaixo) A implementação inicial do caminho felizes guiado pelo spec do caminho feliz.

http://pastebin.com/cPXrpyMT

```
1  require 'spec_helper'
2
3  describe Movie do
4    describe 'searching Tmdb by keyword' do
5      it 'should call Tmdb with title keywords given valid API key' do
6        Tmdb::Movie.should_receive(:find).with('Inception')
7        Movie.find_in_tmdb('Inception')
8      end
9      it 'should raise an InvalidKeyError with invalid API key' do
10       lambda { Movie.find_in_tmdb('Inception') }.
11         should raise_error(Movie::InvalidKeyError)
12     end
13   end
14 end
```

Figura 8.13: O código que gostaríamos de ter teria levantado uma exceção bem especifica para sinalizar a falta de uma chave de API (linha 11), mas esse spec falha porque find_in_tmdb não possui nenhuma lógica que verifique erros na chamada ao servidor e que levante essa exceção.

um problema de chave inválida ocorrer; isso é chamado algumas vezes de "empacotamento" (*wrapping*) de uma exceção. Deste modo, se o comportamento do gem mudar no futuro, nós podemos realizar as alterações aqui no modelo e o método que o invocou (neste caso **search_tmdb**) precisa se preocupar apenas sobre como lidar com um **InvalidKeyError**.

Em edições anteriores deste livro, a API do gem, a API do servidor e os comportamentos do erro causado pela ausência de uma API válida eram todos diferentes, mas a única mudança necessária neste exemplo estava encapsulada no modelo!

Isso conduz a um novo ***requerimento implícito*** que nós descobrimos enquanto realizávamos experimentos com o gem:

- Deve levantar uma exceção de "invalid key" se uma chave inválida for fornecida.

O spec revisado na Figura 8.13 expressa essa necessidade implícita como sendo um novo spec. Note que nós renomeamos nosso primeiro spec para indicar que ele se aplica para o caso de quando a chave da API for válida e incluímos um novo spec para o caso de quando a chave da API é inválida.

http://pastebin.com/cjcEZd4Y

```
1  require 'spec_helper'
2
3  describe Movie do
4    describe 'searching Tmdb by keyword' do
5      it 'should call Tmdb with title keywords given valid API key' do
6        Tmdb::Movie.should_receive(:find).with('Inception')
7        Movie.find_in_tmdb('Inception')
8      end
9      it 'should raise an InvalidKeyError with no API key' do
10       Tmdb::Movie.stub(:find).and_raise(NoMethodError)
11       Tmdb::Api.stub(:response).and_return({'code' => 401})
12       lambda { Movie.find_in_tmdb('Inception') }.
13         should raise_error(Movie::InvalidKeyError)
14     end
15   end
16 end
```

Figura 8.14: Os stubs nas linhas 10–11 imitam o comportamento observado no Screencast 8.1.2, quando uma chave inválida de API é fornecida.

No entanto, agora nós temos dois dilemas. O primeiro dilema é que este spec, na realidade, deveria chamar o serviço real do TMDb toda vez que fosse executado, tornando o spec nem **R**ápido (cada chamada demora alguns segundos para ser completada) nem **R**epetível (o teste irá se comportar diferentemente se o TMDb estiver inoperante ou se o seu computador não estiver conectado à Internet). Mesmo que você apenas execute os testes enquanto estiver conectado a Internet, considera-se falta de etiqueta possuir testes que constantemente contactam um serviço em produção.

Nós podemos resolver isso introduzindo uma emenda que isole quem chama de que é chamado. Nós sabemos pelo *Screencast* 8.1.2 que quando uma chave inválida é utilizada, **Tmdb::Movie.find** levanta um **NoMethodError** e, então, podemos inspecionar o **Tmdb::Api.response** para verificar que o código (**code**) da resposta HTTP é 401, o que significa "Não Autorizado". Nós podemos imitar aquele comportamento com um stub que "falsifique" o comportamento que acontece quando um gem realiza uma chamada ao servidor com uma chave de API inválida. A Figura 8.14 mostra esse spec. Note que nós tivemos que "empacotar" a chamada a **find_in_tmdb** na linha 12 em um **lambda**. Nós *esperamos* que a chamada levante uma exceção, mas se um spec realmente o faz, ela para o teste que esta em execução! Desse modo, para tornar o spec **A**uto-verificável nós invocamos **should** no objeto **lambda**, o qual fará com que a lambda seja executada em um "ambiente controlado" onde RSpec consegue capturar qualquer exceção e confirmar a nossa expectativa.

Este spec falha pelas razões corretas, ou seja, porque nós não incluímos código ao **find_in_tmdb** para verificar a ocorrência de exceções do gem. A Figura 8.15 mostra o novo código adicionado ao **find_in_tmdb** para que o spec passe. Note que quando um **NoMethodError** ocorre mas o código de resposta da chamada a API não pode ser verificado como sendo 401 (linha 9–13 da Figura 8.15), nós simplesmente levantamos novamente a exceção original visto que, neste caso, nós não sabemos o que esta errado (e não há nada na documentação do gem `themoviedb` que nos diga). Do mesmo modo, se alguma exceção outra que **NoMethodError** ocorrer nós não a trataremos. Deixamos que o código que fez a chamada lide com isso.

Agora podemos ver o segundo dilema na Figura 8.14: nós temos dois specs passando, os quais, claramente, testam o comportamento em condições *diferentes* — chave de API válida vs. chave de API inválida — no entanto, não há nada no código de teste que nos diga isso!

http://pastebin.com/1GRqdr91

```
1  class Movie < ActiveRecord::Base
2
3    class Movie::InvalidKeyError < StandardError ; end
4
5    def self.find_in_tmdb(string)
6      begin
7        Tmdb::Movie.find(string)
8      rescue NoMethodError => tmdb_gem_exception
9        if Tmdb::Api.response['code'] == 401
10         raise Movie::InvalidKeyError, 'Invalid API key'
11       else
12         raise tmdb_gem_exception
13       end
14     end
15   end
16
17   # rest of file elided for brevity
18 end
```

Figura 8.15: Adição de código ao find_in_tmdb para pegar as exceções, incluindo uma definição do nosso novo tipo de exceção (linha 3). Se a resposta da API for o código 401, nós sabemos que o problema causado pelo uso de uma chave inválida, mas se for outra coisa, nós não temos como saber qual é o problema e, por segurança, nós apenas levantamos novamente a exceção original.

Esse erro é um anti-padrão comum quando escrevemos testes que envolvem a utilização de outra API, seja para acessar um serviço remoto, seja para acessar outra classe. Visto que nossos testes nunca chamam o serviço "real" do TMDb, o que nós realmente queremos é agrupar nossos testes em dois conjuntos distintos, um que simule chamadas bem sucedidas com uma chave de API válida e um com chamadas mal sucedidas devido a uma chave de API inválida.

A Figura 8.16 mostra como fazer isso usando o RSpec. **context** é somente um sinônimo para **describe**, que além de permitir que agrupemos os specs de acordo com seus propósitos, também nos permite usar blocos **before** para estabelecer stubs que irão simular chamadas com uma chave de API inválida. Qualquer spec no futuro que queira testar outros casos envolvendo uma chave de API ruim podem ser colocados diretamente neste bloco **context**.

A Figura 8.16 levanta uma questão mais geral: quais métodos devem ter um stub quando testamos chamadas a métodos de um servidor externo? Nós escolhemos criar um stub para **find_in_tmdb** e imitar os resultados das chamadas do gem para o TMDb; um teste de integração mais robusto, no entanto, iria colocar o stub "mais próximo ao serviço remoto." Particularmente, nós poderíamos criar *fixtures* — arquivos contendo o conteúdo devolvido por chamadas realizadas ao serviço remoto, tais como os objetos JSON no Screencast 8.1.1 — e arranjar para que chamadas ao serviço remoto sejam interceptadas e que os arquivos de *fixture* sejam devolvidos como respostas. O gem FakeWeb[9] faz exatamente isso: cria um stub para toda a Internet, exceto para algumas URIs especificas que devolverão uma resposta pronta quando acessadas por um programa Ruby. (Você pode considerar o gem FakeWeb como um **stub...with...and_return**, só que para toda a Internet.) Há até um gem complementar, chamado VCR[10], que automatiza o processo de gravar em uma *fixture* as respostas devolvidas por serviços reais e de fazer o "replay" da *fixture* quando seus testes causarem a chamada ao serviço remoto, através da interceptação de chamadas de baixo nível na biblioteca HTTP do Ruby.

VCR (sigla em inglês para ***Videocassete***) era um aparelho de gravação de vídeos em fita analógica, muito popular nos anos 1980, mas que se tornou obsoleto com a chegada do DVD no início dos anos 2000. O gem `vcr` até usa o termo "cassete" para se referir às respostas armazenadas que serão repetidas ("replayed") durante os testes.

Do ponto de vista de um teste de integração, usar o FakeWeb é a forma mais realística para testar interações com um servidor remoto, pois o comportamento imitado pelo stub é o "mais *http://pastebin.com/CT0XWNrH*

```
require 'spec_helper'

describe Movie do
  describe 'searching Tmdb by keyword' do
    context 'with valid API key' do
      it 'should call Tmdb with title keywords' do
        Tmdb::Movie.should_receive(:find).with('Inception')
        Movie.find_in_tmdb('Inception')
      end
    end
    context 'with invalid API key' do
      before :each do
        Tmdb::Movie.stub(:find).and_raise(NoMethodError)
        Tmdb::Api.stub(:response).and_return({'code' => 401})
      end
      it 'should raise an InvalidKeyError with no API key' do
        lambda { Movie.find_in_tmdb('Inception') }.
          should raise_error(Movie::InvalidKeyError)
      end
    end
  end
end
```

Figura 8.16: Os specs, agora, estão claramente agrupados de acordo com diferentes circunstâncias (chave de API válida ou não), nas quais find_in_tmdb é testado. Um benefício extra desse agrupamento é que podemos aplicar DRY a configuração dos stubs que simulam o cenário da chave inválida, colocando-os no bloco before, que se aplica a todos os spec daquele grupo.

longínquo" — nós estamos usando o stub o mais tardar possível no fluxo da requisição. Desse modo, quando criando cenários Cucumber para testar a integração com serviços externos, o `FakeWeb` é, em geral, a escolha mais apropriada. Do ponto de vista de um teste de unidade (o ponto de vista adotado nesse nesse capítulo), usá-lo é menos interessante, já que que estamos preocupados com o comportamento correto dos métodos de uma classe específica e não nos importamos se o stub imitar um método "mais próximo" para observar aqueles comportamentos em um ambiente controlado.

Sumário

- Algumas vezes requisitos explícitos levam a novos requisitos implícitos — restrições adicionais que não são "visíveis" como os requisitos explícitos, mas que ainda devem ser satisfeitas pelos requisitos explícitos para serem atingidos. Requisitos implícitos são tão importantes quanto os explícitos e devem ser testados com o mesmo rigor.
- Se nós precisamos verificar que o código em teste levanta uma exceção, podemos fazê-lo criando uma expressão lambda para criar expectativas como **should** ou **should_not** e utilizar **raise_error** como *matcher*.
- Para criar specs Rápidas e que permitam Repetitividade para um código que se comunica com um serviço externo, usamos stubs que imitam o comportamento do servidor. Blocos **context** podem agrupar specs que testam comportamentos diferentes do serviço externo, usando **before** para configurar os stubs necessários ou outras precondições para a simulação de cada comportamento.
- A pergunta "onde criar o stub" para um serviço externo depende do propósito do teste. Stubs "mais longínquos", utilizando o FakeWeb, são mais realísticos e apropriados para testes de funcionais ou de integração; stubs "mais próximos" em um gem ou biblioteca que se comunica com o serviço remoto são, geralmente, mais adequados para testes de unidade de baixo nível.

■ ***Elaboração: Exceções Declaradas vs. Não Declaradas***

Em linguagens com tipagem estática, como Java, o compilador obriga que todo método declare qualquer exceção que ele possa lançar. Para incluir um novo tipo de exceção é necessário alterar a assinatura do método, o que requer que todos os métodos que o chamem sejam recompilados. Essa abordagem não funciona corretamente para aplicativos SaaS, que podem se comunicar com outros serviços como o TMDb, cuja evolução e comportamentos não estão sobre o controle daqueles que utilizam o serviço. Como já vimos, devemos confiar na documentação da API do serviço remoto para saber o que poderia dar errado, e devemos capturar e lidar com as outras formas de falha não documentadas. Nesse sentido, mesmo que Ruby não precise que as exceções sejam declaradas (como o Java), aplicativos Ruby precisam, sim, compreender e lidar com comportamentos excepcionais que possam ocorrer durante a interação com outras API, principalmente quando aquela API chamar um serviço remoto.

Auto-avaliação 8.6.1. *Dado que uma falha durante a inicialização de uma chave de API válida causa uma exceção no gem* `themoviedb`, *por que a linha 7 da Figura 8.13 não gera uma exceção?*

◇ A linha 6 substitui a chamada **Tmdb::Movie.find** pelo stub, evitando que o método "real" seja executado e gere uma exceção. ■

Auto-avaliação 8.6.2. *Considerando a linha 10 da Figura 8.13, suponha que não usemos uma expressão lambda para encapsular a chamada a* **find_in_tmdb**. *O que aconteceria e por quê?*

◇ Se **find_in_tmdb** levantar uma exceção, o spec irá falhar, pois ela deixará de ser executada. Se **find_in_tmdb** falhar e não gerar a exceção esperada, o spec irá falhar porque a afirmação **should raise_error** espera que isso ocorra. Desse modo, o teste sempre irá falhar, independentemente de **find_in_tmdb** estar correto ou não. ■

Auto-avaliação 8.6.3. *Nomeie duas prováveis violações de FIRST que surgem quando testes de unidade realizam chamadas reais a serviço externo como parte do teste.*
◇ O teste pode deixar de ser Rápido, visto uma chamada a um serviço externo demora muito mais do que realizar computação local. O teste pode não mais ser Repetível, pois circunstâncias aquém do seu controle podem afetar os resultados, tais como uma indisponibilidade temporária do serviço externo. ■

8.7 Conceitos de Cobertura de Código e Testes de Unidade vs. Integridade

Quantos testes eu preciso fazer? Uma resposta ruim, mas comum, é "O máximo que você puder até o prazo de entrega." Uma alternativa grosseira é a ***razão código/teste***, o é o número de linhas de código não comentadas, divididas pelo número de linhas de teste de todos os tipos. Em sistemas em produção, essa razão é geralmente menor que 1, ou seja, há mais linhas de teste do que linhas de código do aplicativo. O comando `rake stats` emitido no diretório de raiz do aplicativo Rails computa essa razão baseada no número de linhas de teste de RSpec e de cenários Cucumber.

Um modo mais preciso de abordar a questão é em termos da ***cobertura do código***. Visto que o objetivo de testes é exercitar o código, pelo menos do mesmo modo que seria em produção, qual fração daquelas possibilidades é de fato exercida pelo conjunto de testes? Surpreendentemente, medir a cobertura não é tão simples como parece. Aqui há um fragmento simples de código e as definições de diversos termos sobre coberturas comumente usados e que se aplicam ao exemplo.

Às vezes escrito como S_0.

- S0 ou Cobertura dos métodos: todos os métodos são executados pelo menos uma vez pelo conjunto de testes? Satisfazer S0 requer chamar os métodos **foo** e **bar** pelo menos uma vez.

- S1 ou Cobertura das chamadas ou cobertura de Entrada/Saída: todos os métodos foram chamados a partir de todos os locais possíveis? Satisfazer S1 requer chamar **bar** tanto na linha 4 quanto na 6.

- C0 ou Cobertura das expressões: Todas as expressões do código fonte são executadas pelo menos uma vez pelo conjunto de testes, considerando os ramos condicionais com uma única expressão? Além de chamar **bar**, satisfazer C0 irá requerer chamar **foo** pelo menos uma vez com **x** verdadeiro (pois de outra forma, a afirmação na linha 4 nunca seria executada) e pelo menos uma vez com **y** falso.

- C1 ou Cobertura dos ramos: todos os ramos de execução foram testados em todas as direções pelo menos uma vez? Satisfazer C1 requer chamar **foo** tanto com valores falsos como verdadeiros para **x** e com valores de **y** e **z** tais que **y && z** na linha 4 seja uma vez verdadeiro e uma vez falso. Uma condição mais rigorosa, ***cobertura de decisão***, requer que cada *subexpressão* que afeta de forma independente uma expressão condicional seja avaliada como verdadeira ou falsa. Neste exemplo, um teste iria, adicionalmente, precisar definir, separadamente os valores de **y** e **z** para que a condição **y && z** falhe uma vez com **y** falso e uma vez com **z** falso.

Structure of test cases:

- **before(:each) do... end**
  Set up preconditions executed before each spec (use **before(:all)** to do just once, at your own risk)
- **it 'should do something' do... end**
  A single example (test case) for one behavior
- **describe 'collection of behaviors' do... end**
  Groups a set of related examples

Mocks and stubs:

- **m=mock('movie')**
  Creates a mock object with no predefined methods
- **m.stub(:rating).and_return('R')**
  Replaces the existing **rating** method on **m**, or defines a new **rating** method if none exists, that returns the canned response **'R'**
- **m=mock('movie', :rating=>'R')**
  Shortcut that combines the 2 previous examples
- **Movie.stub(:find).and_return(@fake_movie)**
  Forces **@fake_movie** to be returned *if* **Movie.find** is called, but doesn't require that it be called

Useful methods and objects for controller specs: Your specs must be in the `spec/controllers` subdirectory for these methods to be available.

- **post '/movies/create', {:title=>'Milk', :rating=>'R'}**
  Causes a POST request to `/movies/create` and passes the given hash as the value of **params**. **get**, **put**, **delete** also available.
- **response.should render_template('show')**
  Checks that the controller action renders the **show** template for this controller's model
- **response.should redirect_to(:controller => 'movies', :action => 'new')**
  Checks that the controller action redirects to **MoviesController#new** rather than rendering a view

Figura 8.17: Alguns dos métodos RSpec mais úteis apresentados neste capítulo. Veja a documentação completa do RSpec[12] para mais detalhes e outros métodos não listados aqui.

Assertions on method calls: can also negate, e.g. **should_not_receive**

- **Movie.should_receive(:find).exactly(2).times**
  Stubs **Movie.find** and ensures it's called exactly twice (omit **exactly** if you don't care how many calls; **at_least()** and **at_most()** also available
- **Movie.should_receive(:find).with('Milk','R')**
  Checks that **Movie.find** is called with exactly 2 arguments having these values
- **Movie.should_receive(:find).with(anything())**
  Checks that **Movie.find** is called with 1 argument whose value isn't checked
- **Movie.should_receive(:find).**
  with(hash_including :title=>'Milk')
  Checks that **Movie.find** is called with 1 argument that must be a hash (or something that quacks like one) that includes the key **:title** with the value **'Milk'**
- **Movie.should_receive(:find).with(no_args())**
  Checks that **Movie.find** is called with zero arguments

Matchers

- **greeting.should == 'bonjour'**
  Compares its argument for equality with receiver of assertion
- **value.should be >= 7**
  Compares its argument with the given value; syntactic sugar for **value.should(be.>=(7))**
- **result.should be_remarkable**
  Calls **remarkable?** (note question mark) on **result**

Figura 8.18: Continuação do sumário de métodos úteis do RSpec introduzidos neste capítulo.

Classic RSpec syntax	**New expectation syntax (RSpec $\geq$ 2.11)**
expr.should == *value*	expect(*expr*).to eq(*value*)
expr.should_not == *value*	expect(*expr*).not_to eq(*value*)
expr.should be_close(*value*,*delta*)	expect(*expr*).to be_within(*delta*).of(*value*)
expr.should be >10	expect(*expr*).to be >10
expr.should_not be_nil	expect(*expr*).not_to be_nil
"string".should_not match(/*regexp*/)	expect("string").not_to match(/*regexp*/)
[1,2,3].should =~[2,1,3]	expect([1,2,3]).to match_array([2,1,3])
response.should render_template(*tmpl*)	expect(*response*).to render_template(*tmpl*)
lambda { *code* }.should *expectation*	expect { *code* }.to *expectation*

Figura 8.19: Um mapeamento parcial da sintaxe "clássica" para a nova sintaxe para as expectativas do RSpec. Para os exemplos com expectativas negativas, você pode inferir a expectativa positiva correspondente, removendo a palavra not.

http://pastebin.com/QzMnndtu

```
class MyClass
  def foo(x,y,z)
    if x
      if (y && z) then bar(0) end
    else
      bar(1)
    end
  end
  def bar(x) ; @w = x ; end
end
```

Figura 8.20: Um exemplo simples de código para ilustrar conceitos básicos de cobertura.

- C2 ou Cobertura dos caminhos: todos os caminhos ao longo do código foram executados? Nesse exemplo simples, onde **x,y,z** são tratados como valores booleanos, existem 8 caminhos possíveis.
- Cobertura de Condição/Decisão Modificados (na sigla em inglês, MCDC) combina um subconjunto dos níveis acima: todos os pontos de entrada e saída no programa foram invocados pelo menos uma vez? Cada decisão do programa foi tomada levando em consideração todos os possíveis resultados, pelo menos uma vez? E cada condição em uma decisão mostrou que afeta o resultado aquela decisão de forma independente?

Alcançar cobertura para C0 é relativamente simples e o objetivo de 100% de cobertura C0 não é absurdo. Alcançar cobertura C1 é mais difícil, visto que casos teste devem ser construídos de forma mais cuidadosa a fim de garantir que cada ramo seja considerado pela menos uma vez em cada direção. Cobertura C2 é a mais difícil e nem todos os especialistas de teste concordam com a utilidade de alcançar 100% de cobertura do caminho. Desse modo, estatísticas de cobertura de código são mais valiosas na medida em que evidenciam partes do código não testadas ou testadas insuficientemente e mostram a total abrangência do seu conjunto de teste. O próximo Screencast mostra como usar o gem do Ruby SimpleCov[13] (incluído nas aplicações-exemplos do apêndice do livro) para rapidamente checar a cobertura do C0 do seus testes RSpec.

Screencast 8.7.1: Uso do SimpleCov para verificar a cobertura C0.
`http://vimeo.com/34754907`
A ferramenta SimpleCov, fornecida como um gem do Ruby, mede e exibe a cobertura C0 do seus specs. Você pode dar zoom em cada arquivo e ver quais linhas especificamente foram cobertas pelo seus testes.

Este capítulo e as discussões sobre cobertura, focaram-se em testes de unidade. O Capítulo 7 explicou como histórias de usuários poderiam se tornar testes de aceitação automatizados. Aqueles são ***testes de integração*** ou ***testes de sistema***, pois cada teste (isso é, cada cenário) exercita diversos códigos em várias partes da aplicação, ao invés de depender de objetos falsos como *mocks* e *stubs* para isolar as classes de seus colaboradores. Testes de integração são importantes, mas insuficientes. Sua solução é pobre: se um teste de integração falhar é mais difícil precisar a causa, pois o teste toca várias partes do código. A cobertura dele tende a ser pobre porque mesmo que um único cenário toque em diversas classes, ele executa somente alguns caminhos de códigos em cada uma delas. Pelo mesmo motivo, testes de integração tendem a um tempo de execução mais longo. Por outro lado, enquanto testes

	Unit	Functional	Integration/System
What is tested	One method/class	Several methods/classes	Large chunks of system
Rails example	Model specs	Controller specs	Cucumber scenarios
Preferred tool	RSpec	RSpec	Cucumber
Running time	Very fast	Fast	Slow
Error localization	Excellent	Moderate	Poor
Coverage	Excellent	Moderate	Poor
Use of mocks & stubs	Heavy	Moderate	Little/none

Figura 8.21: Sumário das diferenças entre os testes de unidade, testes funcionais e testes de integração ou testes do sistema inteiro.

de unidade são executados de forma mais rápida e podem isolar o código sendo testado com grande precisão (aprimorando tanto a resolução de cobertura quanto localização de erros), pois dependem de objetos falsos para isolar o código sendo testado, eles também podem mascarar problemas que somente seriam encontrados em testes de integração.

Em algum lugar entre esses níveis estão os ***testes funcionais***, os quais exercitam um subconjunto muito bem definido do código. Eles dependem de *mocks* e *stubs* para isolar um conjunto de classes cooperativas, ao invés de uma única classe ou método. Por exemplo, specs de controle, como o da Figura 8.9, usam métodos **get** e **post** para submeter URIs para o aplicativo, o que significa que eles dependem do subsistema de rotas para funcionar corretamente no roteamento daquelas chamadas para o método de controle apropriado. (Para ver isso por si próprio, temporariamente remova a linha **resources :movies** do `config/routes.rb` e tente reexecutar os specs de controle.) No entanto, os specs de controle ainda estão isolados da base de dados pelo *stub* do método modelo **find_in_tmdb**, que normalmente iria se comunicar com o banco de dados.

Em outras palavras, ter grande garantia requer uma boa cobertura e um mix dos três tipos de teste. A Figura 8.21 resume as forças e fraquezas relativas dos diferentes tipos de testes.

Sumário

- Medidas de cobertura estáticas e dinâmicas, incluindo a razão código/teste (relatado por `rake stats`), cobertura C0 (relatada por SimpleCov) e cobertura C1–C2, medem o quanto que o seu conjunto de testes exercita diferentes caminhos no seu código.
- Testes de unidade, funcional e integração diferem em termos de tempo de execução, resolução (habilidade de localizar erros), habilidade de exercitar uma variedade de caminhos para o código e a habilidade de "verificar a integridade" de toda a aplicação. Todos os três são vitais para a qualidade do software.

Auto-avaliação 8.7.1. *Por que testes de cobertura amplos não necessariamente implicam em aplicações bem testadas?*

◇ Cobertura não diz nada sobre a qualidade dos testes. No entanto, baixa cobertura certamente implica em aplicações mal testadas. ■

Auto-avaliação 8.7.2. *Qual a diferença entre a cobertura de código C0 e a razão código/teste?*

◇ Cobertura C0 é uma medida *dinâmica* da fração da totalidade de expressões que são executadas pelo conjunto de testes. Razão código/teste é uma medida *estática* que compara o número total de linhas de código ao número total de linhas dos testes. ■

Auto-avaliação 8.7.3. *Por que geralmente é uma má ideia fazer uso exaustivo de* **mock** *ou* **stub** *em cenários Cucumber, tais como aqueles descritos no Capítulo 7?*
◇ Cucumber é uma ferramenta para teste total de sistema e para o teste de aceitação. Tais testes são especialmente desenvolvidos para exercitar o sistema inteiro ao invés de "fingir" certas partes, como nós fizemos utilizando emendas neste capítulo. (No entanto, se o "sistema inteiro" inclui interagir com serviços externos que nós não controlamos, como a interação com o TMDb neste exemplo, é necessário um modo de "fingir" o comportamento deles para o teste. Aquele tópico é o assunto do Exercício 8.3.) ■

8.8 Outras Abordagens e Terminologia de Testes

O campo de teste de software é tão amplo e longevo quanto a engenharia de software e possui sua própria literatura. Seu leque de técnicas inclui formalismos para provar coisas sobre a cobertura, técnicas empíricas para selecionar quais testes criar e testes aleatórios. Dependendo da "cultura de teste" de uma organização, você pode escutar diferentes terminologias daquelas utilizadas neste capítulo. O livro de Ammann e Offutt *Introduction to Software Testing* (Ammann and Offutt 2008) (sem tradução para o português) é uma das referências mais abrangentes sobre o assunto. Sua abordagem é dividir um pedaço de código em ***blocos básicos***, onde cada um executa do início até o fim sem a possibilidade de se ramificar, e então unir esses blocos básicos em um grafo no qual as expressões condicionais do código são vértices com múltiplas arestas de saída. Dessa forma podemos pensar os testes como uma "cobertura de um grafo": cada caso de teste rastreiam os vértices do grafo que visita e a fração de todos os vértices visitados no final do conjunto de testes é a cobertura do teste. Ammann e Offutt analisam vários aspectos de estrutura do software, do qual tais grafos podem ser extraídos e apresentam técnicas sistemáticas e automatizadas para alcançar e medir a cobertura daqueles grafos.

Um *insight* que aparece nessa abordagem é que os níveis de teste descritos na seção anterior referem-se à ***cobertura de controle de fluxo***, visto que eles estão unicamente preocupados com as partes especificas do código que foram executadas ou não. Outro importante critério de cobertura é a ***cobertura definição-uso*** ou ***cobertura DU***: dada uma variável `x` em algum programa, se nós considerarmos todos os locais em que o valor de `x` é definido e todo local em que o valor de `x` é utilizado, a cobertura DU pergunta qual fração de todos os locais dos *pares* utilizados são exercitados pelo conjunto de teste. Essa condição é mais fraca que a cobertura de todos os caminhos (*all-paths coverage*), mas pode encontrar erros que cobertura de controle de fluxo sozinho não encontraria. Outro termo de teste distingue ***testes caixa-preta***, cujo design é baseado unicamente nas especificações externas do software, dos testes ***testes caixa-branca*** (também chamados de ***testes caixa-de-vidro***), cujo design reflete o conhecimento sobre a implementação do software que não pode ser obtido apenas das especificações externas. Por exemplo, as especificações externas de uma tabela hash podem afirmar que quando nós armazenamos um par chave/valor e depois o lemos, nós deveríamos obter novamente o valor armazenado. Um teste caixa-preta iria especificar um conjunto aleatório de pares chave/valor para testar este comportamento, já um teste caixa-branca talvez explore conhecimento sobre a função hash para construir informações de piores-casos para os testes que resultariam em muitas colisões no hash. De forma similar, testes caixa-branca podem focar-se em valores limites — valores de parâmetros que provavelmente exercitam diferentes partes do código. No nosso exemplo TMDb, nós vimos que o gem `themoviedb` levanta uma exceção inesperada quando uma chave inválida é fornecida, portanto esse caminho do código precisa ser testado separadamente. Reciprocamente, nós podemos testar o caminho de código "não vazio, mas inválido" código com *qualquer* chave não vazia mas inválida — nós não iremos aprender nada novo se testarmos diversas chaves inválidas e não vazias diferentes.

Teste de Mutação, inventado por Ammann e Offutt, é uma técnica de automação de teste na qual pequenas (mas sistemáticas) mudanças legais são automaticamente feitas no código fonte do programa, tais como substituir **a+b** por **a-b** ou substituir **if (c)** com **if (!c)**. A maioria dessas mudanças devem causar a falha de pelo menos um teste. A mutação que não faz com que *nenhum* teste falhe indica ou a falta de cobertura de teste ou um programa muito estranho. O gem Ruby `mutant` realiza testes de mutações em conjunto com o RSpec, mas até a data de publicação desta edição, o gem `mutant-rails` que o integra com o Rails ainda não estava funcionando. Dada à importância de testes na comunidade Ruby, isso irá logo mudar.

Fuzz Testing consiste em jogar informações aleatórias na sua aplicação e ver o que quebra. Cerca de 1/4 dos utilitários mais comuns do Unix param de funcionar com o uso de *fuzz testing* e a Microsoft estima que 20–25% do seus erros são encontrados assim. *Dumb Fuzzing* criam informações completamente aleatórias enquanto *fuzzes inteligentes* incluem conhecimento sobre a estrutura do aplicativo. Por exemplo, um fuzz inteligente para aplicativos Rails podem incluir variáveis e valores aleatórias no envio de formulários ou em URIs embutidas nas páginas visualizadas, criando URIs que são sintaticamente válidas, mas que podem expor erros de programação. Um Fuzz inteligente para SaaS também pode incluir ataques como *cross-site scripting* ou *SQL injection*, os quais nós iremos discutir no Capítulo 12. Tarantula[14] (uma aranha peluda que rasteja em seu site) é um gem do Ruby para testes fuzz em aplicações Rails.

> **Sumário de outras abordagens de teste:** Nós podemos pensar em testes como uma "cobertura de um grafo" de comportamentos possíveis do software. O grafo pode representar o controle de fluxo (cobertura de blocos básica), atribuições de variáveis e seu uso (cobertura DU), um espaço de entradas aleatórias (testes fuzz) ou um espaço de possíveis testes com respeito a erros específicos no código (teste de mutação). As diferentes abordagens são complementares e tendem a capturar diferentes tipos de erros de programação.

Auto-avaliação 8.8.1. *O reprodutor de música portátil Microsoft Zune tinha um erro infame que levou todos os Zunes a "travarem" em 31 de dezembro de 2008. Análises posteriores mostraram que o erro seria desencadeado no último dia de qualquer ano bissexto. Quais tipos de teste —caixa-preta vs. caixa-branca (veja Seção 1.8), mutação ou fuzz— teriam tido maiores chances de pegar esse erro?*

◇ Um teste caixa-branca para os caminhos do código utilizado para anos bissextos teria sido eficaz. O teste fuzz talvez tivesse sido efetivo: visto que o erro ocorre mais ou menos a cada 1460 dias, algumas centenas de testes fuzz provavelmente o teriam encontrado. ■

8.9 A Perspectiva Planeje-e-Documente

O gerente de projetos pega as Especificações de Requisitos do Software (*Software Requirements Specification*) gerado na fase de planejamento de requisitos e o divide em unidades de programação individuais. Desenvolvedores então escrevem o código para cada unidade e então executam testes de unidade para garantir que funcionam. Em muitas organizações, os funcionários do controle de qualidade executam o resto dos testes de alto nível, como módulo, integração, sistema e testes de aceitação.

Existem três opções de como integrar as unidades e realizar os testes de integração:

1. ***Integração top-down*** inicia-se com o topo da estrutura em árvore mostrando a dependência entre todas as unidades. A vantagem do *top-down* é que, rapidamente, você consegue que algumas das funções de alto nível funcionem, como a interface de usuário, a qual permite os *stakeholders* oferecerem *feedback* para o aplicativo a tempo de realizar as alterações. A desvantagem é que você precisa criar vários *stubs* para que o aplicativo pelo menos "manque" ao longo dessa forma nascente.

2. ***Integração bottom-up*** inicia-se na parte de baixo da árvore de dependências e sobe. Não há necessidade de *stubs*, pois você pode integrar todas as partes que você precisa em um módulo. Infelizmente, você não consegue ter ideia de como o aplicativo ficará até que todo o código seja escrito e integrado.

3. ***Integração sandwich***, tenta conseguir o melhor de dois mundos, integrando a partir dos dois extremos simultaneamente. Assim, você tenta reduzir o número de *stubs*, seletivamente integrando algumas unidades de baixo para cima e tentando fazer a interface de usuário ser operacional mais cedo, seletivamente integrando algumas unidades de cima para baixo.

O próximo passo para os testadores de QA, após os testes de integração, é o teste do sistema, já que o aplicativo todo deveria funcionar. Essa é a última etapa antes de mostrá-lo ao consumidor para que eles o testem. Note que testes de sistema requerem testes não funcionais (ex.: desempenho) e testes funcionais dos recursos encontrados nos SRS.

Um pergunta que deve-se fazer no planeje-e-documente é como decidir quando o teste está completo. Na maioria das vezes, uma organização irá impor um nível de cobertura de teste padrão antes que o produto esteja pronto para o consumidor. Exemplos incluem a cobertura de expressões (todas as expressões do código são executadas pelo menos uma vez) ou todos os locais onde há entrada de dados pelos usuários são testados com dados de entradas bons e dados de entrada problemáticos.

No processo planeje-e-documente, o teste final é realizado pelo consumidor, que testa o produto no seu ambiente para decidir se aceitam ou não o produto. O objetivo é validação e não apenas verificação. No desenvolvimento Ágil, o consumidor é envolvido em testar protótipos do aplicativo desde o início do processo, para que não haja testes de sistema ocorrendo separadamente antes dos testes de aceitação.

Como você deveria esperar do processo planeje-e-documente, a documentação exerce um papel importante nos testes. A Figura 8.22 nos dá linhas gerais para planejamento de testes baseados no padrão IEEE 829-2008.

Embora testes sejam fundamentais para a engenharia de software, citando outro vencedor do Prêmio Turing:

Master Test Plan Outline
1. Introduction
1.1. Document identifier
1.2. Scope
1.3. References
1.4. System overview and key features
1.5. Test overview
1.5.1 Organization
1.5.2 Master test schedule
1.5.3 Integrity level schema
1.5.4 Resources summary
1.5.5 Responsibilities
1.5.6 Tools, techniques, methods, and metrics

2. Details of the Master Test Plan
2.1. Test processes including definition of test levels
2.1.1 Process: Management
2.1.1.1 Activity: Management of test effort
2.1.2 Process: Acquisition
2.1.2.1 Activity: Acquisition support test
2.1.3 Process: Supply
2.1.3.1 Activity: Planning test
2.1.4 Process: Development
2.1.4.1 Activity: Concept
2.1.4.2 Activity: Requirements
2.1.4.3 Activity: Design
2.1.4.4 Activity: Implementation
2.1.4.5 Activity: Test
2.1.4.6 Activity: Installation/checkout
2.1.5 Process: Operation
2.1.5.1 Activity: Operational test
2.1.6 Process: Maintenance
2.1.6.1 Activity: Maintenance test
2.2. Test documentation requirements
2.3. Test administration requirements
2.4. Test reporting requirements

3. General
3.1. Glossary
3.2. Document change procedures and history

Figura 8.22: Visão geral da Documentação do Plano de Testes Mestre que segue o padrão IEEE 829-2008.

Tasks	*In Plan and Document*	*In Agile*
Test Plan and Documentation	Software Test Documentation such as IEEE Standard 829-2008	User stories
Order of Coding and Testing	1. Code units 2. Unit test 3. Module test 4. Integration test 5. System test 6. Acceptance test	1. Acceptance test 2. Integration test 3. Module test 4. Unit test 5. Code units
Testers	Developers for unit tests; QA testers for module, integration, system, and acceptance tests	Developers
When Testing Stops	Company policy (e.g., statement coverage, happy and sad user inputs)	All tests pass (green)

Figura 8.23: A relação entre as tarefas de teste do Planeje-e-Documente versus metodologias Ágeis.

Testes de programação podem ser utilizados para mostrar a presença de erros, mas nunca para demonstrar a inexistência deles!

—Edsger W. Dijkstra

Edsger W. Dijkstra (1930–2002) recebeu o Prêmio Turing em 1972 por contribuições fundamentais ao desenvolvimento de linguagens de programação.

Assim, há uma grande quantidade de pesquisas científicas que investigam abordagens de verificação que vão além dos testes. Juntas, essas técnicas são conhecidas como ***métodos formais***. A estratégia geral é começar com especificações formais e provar que o comportamento do código segue o comportamento da especificação. Essas provas matemáticas são feitas ou por uma pessoa ou por um computador. As duas opções são ***prova automática de teoremas*** ou ***verificação de modelos***. A prova de teoremas utiliza um conjunto de regras de inferência e um conjunto de axiomas de lógica para produzirem as provas. Verificação de modelos checam se as propriedades selecionadas são sempre válidas usando uma busca exaustiva por todas as situações possíveis em que o sistema poderia entrar durante sua execução.

Como métodos formais necessitam de muito tempo de computação, eles tendem a serem utilizados somente quando o custo de reparação de erros é muito alto, quando os recursos são muitos difíceis de serem testados e o item sendo verificado não é muito grande. Exemplos incluem partes vitais de hardware como protocolos de rede ou sistemas de software de segurança crítica como equipamentos médicos. Para métodos formais de fato funcionarem, o tamanho do projeto deve ser limitado: o maior software verificado formalmente até o momento foi o núcleo de um sistema operacional com menos de 10.000 linhas de código e sua verificação custou cerca de $500 por linha de código (Klein et al. 2010).

Para colocar o custo de métodos formais em perspectiva, gastos da NASA $35M por ano para manter 420.000 linhas de código[15] para o ônibus espacial ou aproximadamente $80 por linha de código por ano.

Consequentemente, métodos formais *não* são adequados para softwares com várias funcionalidades que que mudam com frequência, como é o caso, geralmente, de Softwares como um Serviço.

Sumário: Testes e métodos formais reduzem o risco de erros nos projetos.

- Diferente de BDD/TDD, o processo planeje-e-documente inicia-se com código sendo escrito antes que você escreva os testes.
- Desenvolvedores então realizam testes de unidade.
- Especialmente em projetos grandes, pessoas diferentes realizam os testes de alto nível. As opções do teste de integração para unir as unidades são *top-down*, *bottom-up* ou *sandwich*.
- Testadores fazem um teste de sistema separado para garantir que o produto respeite os requisitos funcionais e não funcionais antes de expô-lo ao consumidor para o teste de aceitação final.
- ***Métodos formais*** dependem de especificações formais e provas automatizadas ou exaustiva pesquisa para verificar mais do que testes podem verificar. No entanto, por serem custosos para executar, hoje em dia são aplicáveis somente em partes de software e hardware que são pequenas, estáveis e críticas.
- A Figura 8.23 mostra o resultado de diferentes tarefas de teste para planeje-e-documente vs. métodos Ágeis.

Auto-avaliação 8.9.1. *Compare e contraste estratégias de integração incluindo integração top-down, bottom-up ou sandwich.*

◇ *Top-down* requer *stubs* para a realização dos testes, mas permite que aos *stakeholders* conhecerem um pouco de como o aplicativo funcionará. *Bottom-up* não precisa de *stubs*, mas potencialmente precisa que tudo esteja escrito antes que *stakeholders* possam ver o aplicativo funcionando. Integração *sandwich* trabalha a partir de ambas as extremidades e tentam obter ambos os benefícios. ■

8.10 Falácias e Armadilhas

STOP *Falácia:* **100% cobertura de teste e todos os testes passando significa que não existem erros de programação.**

Existem diversas razões para essa afirmação ser considerada errada. A completa cobertura de teste não diz nada sobre a qualidade dos testes individuais. Da mesma forma, alguns erros talvez necessitem passar um determinado valor como argumento de um método (por exemplo, para ocasionar um erro de divisão por zero) e testes de fluxo de controle geralmente não conseguem revelar tais erros. Talvez existam erros na interação entre o seu aplicativo e um servidor externo, como o TMDb, o uso de *stubs* para o acesso ao serviço pode mascarar tais erros.

⚠ *Armadilha:* **Dogmaticamente insistir em 100% de cobertura de testes, todos passando (verde) antes da entrega.**

Como nós vimos acima, 100% de cobertura dos testes não é apenas difícil de alcançar em níveis acima de C1, mas não oferece nenhuma garantia de estar livre de erros, mesmo que você o alcance. Cobertura de teste é uma ferramenta útil para estimar a abrangência geral do seu conjunto de testes, mas alta confiança requer uma variedade de métodos de teste — integração e unidade, fuzzing e casos de testes construídos manualmente, cobertura definição-uso e cobertura de controle de fluxo, teste de mutação para expor buracos adicionais na estratégia de testes, e assim por diante. De fato, no Capítulo 12 nós iremos discutir questões operacionais como segurança e desempenho, as quais pedem estratégias de teste adicionais além das tradicionais descritas neste capítulo.

STOP ***Falácia:* Você não precisa de muito código de teste para se sentir confiante com a aplicação.**

Insistir em 100% de cobertura é tão contra produtivo quando seu outro extremo. A ***razão código/teste*** em sistemas de produção (número de linhas de código não comentados dividido pelo número de linhas de teste de todos os tipos) é normalmente menos que 1, isto é, há mais linhas de teste do que linhas do código do aplicativo. O Rails contém mais de 1200 vezes o seu tamanho em código de testes[16] por causa da grande variedade de caminhos que ele pode usar e a grande variedade de tipos de sistema em que deve funcionar corretamente! Enquanto há pouca controvérsia sobre o quão útil a medida da razão código/teste é, dada a alta produtividade do Ruby e suas facilidades superiores para enxugar (DRY) o seu código teste, uma razão `rake stats` entre 0.2 e 0.5 é um objetivo razoável.

***Armadilha:* Depender muito de apenas um tipo teste (unidade, funcional, integração).**

Até mesmo 100% de cobertura de testes de unidade não lhe diz nada sobre a interação entre classes. Você ainda precisa criar testes para exercitar as interações entre classes (funcional ou testes de módulos) e para exercitar por completo os caminhos pelos quais a aplicação que toca muitas classes e muda de estado em diversos locais (testes de integração). Reciprocamente, testes de integração tocam em apenas uma pequena fração de todos os caminhos e, desse modo, exercita somente alguns comportamentos em cada método, de modo que eles não são bons substitutos para uma boa cobertura de teste de unidade para conseguir a garantia de que o seu código de baixo nível está funcionando corretamente. Um regra comum utilizada pelo Google e em outros lugares (Whittaker et al. 2012) é "70–20–10": 70% de testes de unidade pequenos e focados, 20% de testes funcionais que tocam múltiplas classes e 10% de testes de integração ou testes *full-stack*.

***Armadilha:* Pontos de integração mal testados devido ao uso excessivo de *stubs*.**

Mock e *stub* fornecem diversos benefícios, mas também podem esconder problemas em potencial nos pontos de integração — locais onde uma classe ou módulo interagem com outros. Suponha que **Movie** tenha algumas interações com a outra classe **Moviegoer**, mas para o propósito do teste de unidade de **Movie**, todas as chamadas para os métodos **Moviegoer** estão sendo feitas com *stubs* e vice-versa. Como os *stubs* são escritos para "fingir" o comportamento das classes coladoras, nós não sabemos mais se **Movie** "sabe como falar com" **Moviegoer** corretamente. Uma boa cobertura com testes funcionais e de integridade, que não usam *stubs* em todas as chamadas para outras classes, evitam essa armadilha.

***Armadilha:* Escrever os testes depois do código e não antes.**

Pensando sobre "o código que gostaríamos de ter" sob a perspectiva de um teste para aquele código tende a resultar em códigos que são testáveis. Isso parece uma tautologia óbvia até que você tente escrever o código primeiro sem ter testabilidade em mente; você descobrirá que é surpreendentemente comum acabar com um pandemônio de *mocks* (veja a próxima armadilha) quando você tentar escrever o teste.

Além disso, no tradicional ciclo de vida Cascata descrito no Capítulo 1, testar vem depois do desenvolvimento do código, mas com SaaS isto pode ser feito com um "público beta" durante meses; ninguém iria sugerir que testes devem se iniciar somente depois do período beta. Escrever o teste antes, seja para concertar erros de programação ou criar novas funcionalidades, elimina essas armadilhas.

***Armadilha:* Pandemônio de *Mocks*.**

Mocks existem para ajudar a isolar os testes de seus colaboradores, mas o que fazer com os colaboradores dos colaboradores? Suponha que o nosso objeto **Movie** tem um atributo **pics** que devolve uma lista de imagens associadas ao filme, cada qual sendo um objeto **Picture** que possui um atributo **format**. Você está tentando criar um *mock* para **Movie** para usar no teste, mas percebe que o método para o qual você estava passando o objeto **Movie** espera poder executar métodos usando os os seus **pics**, e então você se encontra fazendo algo assim:

http://pastebin.com/N3UdnZq1

```
movie = mock('Movie', :pics => [mock('Picture', :format => 'gif')])
Movie.count_pics(movie).should == 1
```

Isto é chamado de *pandemônio de mocks* (*mock trainwreck*) e é um sinal de que o método sendo testado (**count_pics**) possui conhecimento excessivo das entranhas de um **Picture**. No Capítulo 9 e 11 nós iremos encontrar um conjunto de orientações adicionais para lhe ajudar a detectar e resolver tais ***códigos mau cheirosos***.

***Armadilha:* Inadvertidamente criar dependências em relação a ordem em que os specs são executados, por exemplo usando before(:all).**

Se você especificar ações a serem realizadas somente uma vez para um grupo de casos de teste, você talvez introduza dependências entre aqueles casos de testes sem perceber. Por exemplo, se um bloco **before :all** define uma variável e o teste do exemplo A muda o valor da variável, o teste do exemplo B poderia começar a contar com aquela mudança se A usualmente é executado antes de B. Desse modo, o comportamento de B no futuro pode ser subitamente diferente se B for executado primeiro, o que pode acontecer visto que o `autotest` prioriza a execução de testes relacionados a mudanças recentes de código. Portanto, é melhor utilizar **before :each** e **after :each** sempre que possível.

***Armadilha:* Esquecer de re-preparar o banco de dados de teste quando o *schema* muda.**

Lembre-se que testes são executados com um cópia separada do banco de dados, não com o banco de dados utilizado no desenvolvimento (Seção 4.2). Portanto, sempre que você modificar o *schema* aplicando uma migração, você também deve executar `rake db:test:prepare` para aplicar aquelas mudanças ao banco de dados de teste; caso contrário seu teste talvez falhe porque o código do teste não corresponde ao *schema*.

8.11 Observações Finais: TDD vs. Depuração Convencional

Neste capítulo nós utilizamos RSpec para desenvolver um método utilizando TDD com testes de unidade. Embora TDD possa parecer estranho no começo, a maioria das pessoas que o experimentam, mesmo que rapidamente, percebem que já utilizam as técnicas de teste de unidade dele, mas em diferentes fluxos de trabalho. Frequentemente, um desenvolvedor típico irá escrever alguns códigos supondo que eles funcionam, o testará executando toda a aplicação e encontrará um erro. Como um programador do MIT lamentou em sua primeira conferencia sobre engenharia de software em 1968: "Nós construímos sistemas como os irmãos Wright construíam aviões — construa a coisa inteira, empurre-a de um penhasco, deixe-a em pedaços e comece tudo de novo."

Uma vez que um erro de programação foi atingido, se inspecionar o código não revelar o problema, o desenvolvedor típico em seguida iria inserir comandos print em volta da área suspeita para produzir os valores de variáveis relevantes ou indicar quais caminhos de uma condicional foram seguidos. O desenvolvedor TDD ao invés escreveria asserções usando **should** ou **expect**.

Se o erro ainda não puder ser encontrado, o desenvolvedor típico talvez isole parte do código, estabelecendo, cuidadosamente, condições para pular chamadas de métodos, as quais para ele não importa, ou mudar os valores das variáveis, forcando o código a ir para o caminho que suspeitamos estar com erro. Por exemplo, ele pode fazer isso estabelecendo um *breakpoint* usando um depurador e, manualmente, inspecionar ou manipular os valores das variáveis antes de seguir adiante. Em contraste, o desenvolvedor TDD iria isolar o caminho do código suspeito utilizando *stubs* e *mocks* para controlar o que acontece quando certos métodos são chamados e controlar a direção que os condicionais devem seguir.

A essa altura, o desenvolvedor típico está absolutamente convencido de que ele certamente encontrou o erro e não terá que repetir este tedioso processo manual, no entanto isso tende a não ser verdade. O desenvolvedor TDD conseguiu isolar cada comportamento em seu próprio spec, então repetir o processo significa somente reexecutar o spec, o qual pode até mesmo acontecer automaticamente utilizando `autotest`.

Em outras palavras: se escrevermos o código primeiro e tivermos que concertar erros de programação, nós acabamos usando as mesmas técnicas requeridas em TDD, mas de forma menos efetiva e mais manual, portanto menos produtiva.

Mas se nós usarmos TDD, erros podem ser encontrados imediatamente, enquanto o código é escrito. Se o nosso código funciona na primeira vez, usar TDD ainda nos dá um teste de regressão para capturar erros que talvez infestem essa parte do código no futuro.

8.12 Para Aprender Mais

- *How Google Tests Software* (Whittaker et al. 2012) é uma rara visão de como o Google adaptou as técnicas descritas neste capítulo para instaurar um cultura de testes que é amplamente admirada por seus competidores.
- A Documentação do RSpec online[17] nós dá detalhes completos e características adicionais utilizadas em cenários avançados de testes.
- *The RSpec Book* (Chelimsky et al. 2010) é a publicação definitiva referente a RSpec e inclui exemplos de recursos, mecanismos e melhores práticas que vão muito além do escopo desta introdução.

P. Ammann and J. Offutt. *Introduction to Software Testing*. Cambridge University Press, 2008. ISBN 0521880386.

D. Chelimsky, D. Astels, B. Helmkamp, D. North, Z. Dennis, and A. Hellesøy. *The RSpec Book: Behaviour Driven Development with Rspec, Cucumber, and Friends (The Facets of Ruby Series)*. Pragmatic Bookshelf, 2010. ISBN 1934356379.

M. Feathers. *Working Effectively with Legacy Code*. Prentice Hall, 2004. ISBN 9780131177055.

G. Klein, K. Elphinstone, G. Heiser, J. Andronick, D. Cock, P. Derrin, D. Elkaduwe, K. Engelhardt, R. Kolanski, M. Norrish, T. Sewell, H. Tuch, and S. Winwood. seL4: Formal verification of an OS kernel. *Communications of the ACM (CACM)*, 53(6):107–115, June 2010.

J. A. Whittaker, J. Arbon, and J. Carollo. *How Google Tests Software*. Addison-Wesley Professional, 2012. ISBN 0321803027.

Notas

[1]`http://www.cs.st-andrews.ac.uk/~ifs/Books/SE9/CaseStudies/MHCPMS/SupportingDocs/MHCPMSCaseStudy.pdf`
[2]`http://themoviedb.org`
[3]`https://code.google.com/apis/console`
[4]`http://en.wikipedia.org/wiki/Y2k`
[5]`http://jmock.org/getting-started.html`
[6]`https://github.com/thoughtbot/factory_girl_rails`
[7]`http://rspec.info/blog/2012/06/rspecs-new-expectation-syntax/`
[8]`http://rubydoc.info/gems/rspec-expectations/frames`
[9]`http://fakeweb.rubyforge.org`
[10]`http://github.com/vcr`
[11]`http://rspec.info`
[12]`http://rspec.info`
[13]`https://github.com/colszowka/simplecov`
[14]`https://github.com/relevance/tarantula`
[15]`http://www.fastcompany.com/magazine/06/writestuff.html`
[16]`http://www.sqlite.org/testing.html`
[17]`http://rspec.info`

8.13 Sugestão de Projetos

Projeto 8.1. *(Discussão) Descreva o papel que os métodos formais podem ter no desenvolvimento de softwares complexos e compare seus usos como método de validação e verificação com testes.*

Projeto 8.2. *Compare e contraste estratégias de integração incluindo integração top-down, bottom-up e sandwich.*

Projeto 8.3. *Complete o caminho feliz do cenário Cucumber iniciado no Capítulo 7 para recuperar informações dos filmes do TMDb. Para manter o cenário Independente do serviço real do TMDb, você irá precisar baixar e utilizar o gem* `FakeWeb` *para criar stubs para as chamadas ao serviço do TMDb.*

Projeto 8.4. *Escreva specs e códigos para testar o requisito implícito de que uma coleção vazia deve ser devolvida quando um pedido é feito com uma chave API válida, mas sem nenhum resultado corresponde no TMDb.*

Projeto 8.5. *Na Seção 8.3, nós criamos um stub para o método* **find_in_tmdb** *para isolar os teste do controlador das outras classes e porque o método ainda não existia. Como seria fazer esse stub em Java?*

Projeto 8.6. *Baseado no arquivo specfile abaixo, para quais métodos as instâncias de* **Foo** *devem responder para que o teste passe?*
http://pastebin.com/CugB7gup

```
require 'foo'
describe Foo do
  describe "a new foo" do
    before :each do ; @foo = Foo.new ; end
    it "should be a pain in the butt" do
      @foo.should be_a_pain_in_the_butt
    end
    it "should be awesome" do
      @foo.should be_awesome
    end
    it "should not be nil" do
      @foo.should_not  be_nil
    end
    it "should not be the empty string" do
      @foo.should_not == ""
    end
  end
end
```

Projeto 8.7. *No Capítulo 7, nós criamos um botão "Encontre no TMDb", na página inicial do RottenPotatoes, que faz a submissão a* **search_tmdb**, *mas nós nunca escrevemos um spec que verifique se o botão percorre o caminho correto. Escreva esse spec usando o método* **route_to** *do RSpec e adicione-o ao spec de controle. (Dica: visto que esse percurso não corresponde à ação básica CRUD, você não conseguirá usar os métodos auxiliares de URIs RESTful para especificar o percurso, mas você pode utilizar os argumentos* **:controller** *e* **:action** *para* **route_to** *para especificar a ação explicitamente.)*

Projeto 8.8. *Aumente a cobertura C0 do* `movies_controller.rb` *para 100%, criando specs adicionais no* `movies_controller_spec.rb`.

Projeto 8.9. *Em 1999, o Orbitador Climático de Marte de$165 milhões queimou enquanto entrava na atmosfera de Marte, porque um dos times trabalhando no software de propulsão havia expressado o impulso em unidades métricas (SI), enquanto outro time trabalhando em uma parte diferente do software de propulsão havia expressado-os em unidades Imperiais. Que tipo(s) de teste(s) de corretude — unidade, funcional ou integração — teria(m) sido necessário(s) para encontrar tal erro?*

Projeto 8.10. *Ruby Rod acabou de preencher seu nome de usuário e senha e nesse momento irá clicar no botão de login do aplicativo Ben Bitdiddle do Rails. O resultado desejado, se seus argumentos de login estiverem corretos, seria uma página mostrando "Bem vindo, Ruby Rod." Considere todas as etapas que ocorrem como resultado dessa interação. Para cada uma, determine se seria possível ser testado por:*

- *um teste de unidade para um modelo*

- *um teste funcional para um par controlador/visão*
- *um teste funcional para a rota*
- *um teste full-stack usando um headless-browser (Cucumber + Capybara em modo headless)*
- *um teste full-stack usando um navegador controlado remotamente (Cucumber + Capybara usando o Webdriver)*

1. *Rod clica no botão de login*
2. *Uma URL é gerada como resultado do botão ter sido clicado*
3. *A URL é recebida pelo servidor que hospeda o aplicativo de Ben*
4. *A URL é convertida em uma rota*
5. *Um método do controlador é chamado de acordo com a rota*
6. *O nome de usuário e senha são verificados*
7. *A visão 'bem vindo' é selecionada para renderização*
8. *O nome do Rod é interpolado ao texto da visão 'bem vindo'*
9. *A visão é renderizada no navegador do Rod*

Projeto 8.11. *Na área da Baia de São Francisco, usuários de transporte público podem comprar um cartão chamado Clipper, que serve como uma tarifa média entre agências de transporte, que atualmente possuem seus próprios tipos de passes. Entre outras coisas, o cartão deve calcular os descontos quanto é realizada a transferência entre agências, visto que essas têm diversos acordos. Entretanto, quando foi inicialmente desenvolvido, existiam erros no software, que às vezes resultavam no cálculo incorreto destes descontos. Aqui há um cenário similar que realmente aconteceu em 2011*[1]*. Duas regras para o cálculo do desconto entre agências são:*

1. *Um tíquete Muni para ônibus custa $2 e é valido por 90 minutos, com transferência para* qualquer *ônibus.*
2. *Um tíquete BART para trem custa $1.75.*

Considere o seguinte cenário de fronteira condicional.

1. *Um passageiro inicia sua viagem usando o Muni, pagando $2.00.*
2. *Ele faz transferência do Muni para o BART, pagando um adicional de $1.75 para utilizar o BART.*
3. *Quando ele sai do BART, menos de 90 minutos depois, ele faz transferência para outro ônibus Muni. Nada deveria ser cobrado dele, porque sua tarifa Muni inicial é valida por 90 minutos, em qualquer ônibus. Mas na realidade, lhe é cobrado $2.00 — uma nova tarifa Muni.*

Se a etapa 3 tivesse ocorrido mais *de 90 minutos após a etapa 1, teria sido correto cobrar os $2.00. Use TDD e RSpec para desenvolver uma estratégia de teste que verificaria o comportamento em ambos os casos.*

9 Manutenção de Software: Melhorando o Software Legado Usando Refatoração e Métodos Ágeis

Butler Lampson
(1943–) foi o líder intelectual do famoso Centro de Pesquisa de Palo Alto da Xerox (Xerox PARC), que durante o seu apogeu em 1970 inventou interfaces gráficas do usuário, programação orientada a objetos, impressão a laser e a Ethernet. Três pesquisadores do PARC venceram o Prêmio Turing pelo trabalho lá desenvolvido. Lampson recebeu o Prêmio Turing de 1994 por suas contribuições ao desenvolvimento e implementação de ambientes pessoais de computação distribuídos: estações de trabalho, redes, sistemas operacionais, sistemas de programação, telas digitais, segurança e editores de texto.

Provavelmente não há um método "melhor" para construir um sistema, ou mesmo a maior parte dele; muito mais importante é evitar escolher um método ruim, e ter uma clara divisão de responsabilidades entre as partes.

—Butler Lampson, *Dicas para o Desenvolvimento de Sistema de Computação* 1983

Conceitos

Como um tubarão que precisa estar em constante movimento para viver, os programas precisam mudar para se manter viáveis. O conceito principal deste capítulo é que o desenvolvimento Ágil de programas é uma boa abordagem para manter um programa e para melhorar o código legado, e a ***refatoração*** é necessária em todos processos de desenvolvimento, para manter o código sustentável.

Durante o desenvolvimento do código, ***métricas de software*** e os ***mau cheiros de código*** (*code smells*) podem identificar os códigos que são difíceis de ler. Transformar o código com ***refatoração*** deve melhorar as métricas de software e eliminar os mau cheiros do código. Os métodos devem ser Curtos, devem realizar Uma tarefa e devem possuir Poucos argumentos e manter um único nível de Abstração (características conhecidas pela sigla em inglês SOFA).

Para melhorar o código legado usando o ciclo de vida dos Métodos Ágeis:

- Entenda o código nos ***pontos de mudança***, onde você pode fazer as mudanças necessárias de modo plausível. Ler e melhorar comentários é uma maneira de entender o código.
- Explore como isso funciona a partir da perspectiva dos *stakeholders* (os vários interessados no software), o que envolve ler os testes, criar documentos e inspecionar o código.
- Escreva um ***teste de caracterização*** para reforçar a cobertura de testes *antes* de fazer mudanças no código.

Para o ciclo de vida de Planeje-e-Documente:

- Um ***gerente de manutenção*** executa o projeto durante a manutenção e faz uma estimativa de custo das ***solicitações de mudanças***.
- Usando uma análise de custo/benefício, um ***Comitê de Controle de Mudanças*** faz uma triagem das mudanças solicitadas.
- Como em Métodos Ágeis, a manutenção depende do ***teste de regressão*** para garantir que novos lançamentos funcionam corretamente e da ***refatoração*** para tornar o código mais fácil de manter.

Surpreendentemente, o processo dos Métodos Ágeis condiz com muitas necessidades da fase de manutenção do ciclo de vida do Planeje-e-Documente.

Os processos dos Métodos Ágeis e do Planeje-e-Documente têm as mesmas metas de manutenção e muitas técnicas iguais, mas os Métodos Ágeis sugerem alcançar esse objetivo pela refatoração gradual constante, ao invés de recodificar tudo de uma vez.

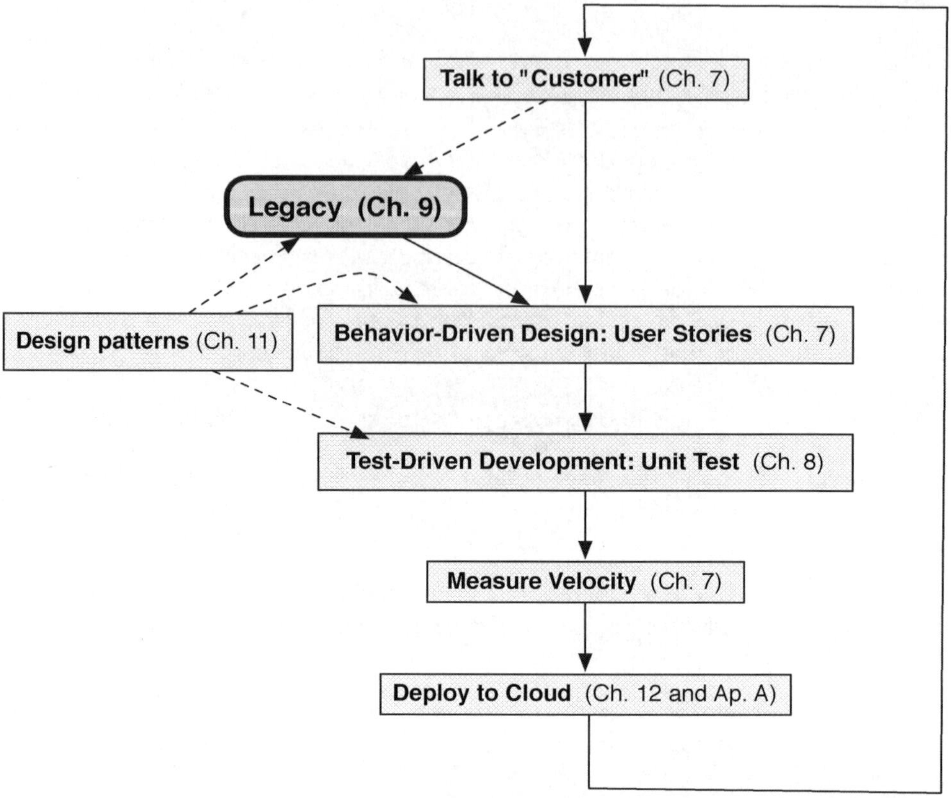

Figura 9.1: O ciclo de vida do software de Métodos Ágeis, e sua relação com os capítulos neste livro. Este capítulo mostra como as técnicas de Métodos Ágeis podem ser úteis durante a melhoria de aplicações legadas.

9.1 O que faz o Código "Legado" e Como os Métodos Ágeis podem ajudar?

> *1. Mudança Contínua: sistemas [de software] devem ser constantemente adaptados ou eles se tornarão progressivamente menos satisfatórios*
>
> —Primeira lei de evolução de software de Lehman

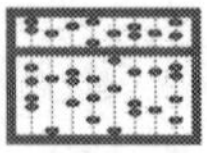

Como o Capítulo 1 explicou, ***código legado*** continua em uso porque ele *continua atendendo à necessidade do cliente*, mesmo que sua construção ou ou implementação possa estar desatualizada, ou sua compreensão seja superficial. Neste capítulo, iremos mostrar como aplicar técnicas de Métodos Ágeis para melhorar e modificar o código legado. A Figura 9.1 destaca esse tópico no contexto geral do ciclo de vida dos Métodos Ágeis.

Manutenibilidade é a facilidade com a qual um produto pode ser melhorado. Na engenharia de software, a manutenção consiste em quatro categorias (Lientz et al. 1978):

- Manutenção Corretiva: reparação de defeitos e erros de programação;
- Manutenção Perfectiva: expansão das funcionalidades do software para atender os pedidos dos novos clientes;

Testes de unidade, funcionais e de integração altamente legíveis (Capítulo 8)	Mensagens de commit do Git (Capítulo 10)
Rascunhos de baixa resolução de interfaces de usuário e histórias de usuário como as do Cucumber (Capítulo 7)	Comentários e documentação tipo RDoc e documentação embutida no código (Seção 9.4)
Fotos de quadro branco com esboços de arquitetura de aplicações, diagramas de classe, etc. (Seção 9.2)	Arquivos de email, wiki/blog, notas ou gravações em vídeo de sessões de revisão de código e design, por exemplo, em Campfire[2] ou Basecamp[3] (Chapter 10)

Figura 9.2: Enquanto documentos formais atualizados sobre o design são valiosos, os Métodos Ágeis sugerem que devemos considerar mais importante a documentação que está "mais próxima" do código atual.

- Manutenção Adaptativa: Lidar com o ambiente operacional mutável, mesmo se nenhuma funcionalidade nova é adicionada; por exemplo, adaptação para mudanças nos ambientes de hospedagem em produção;

- Manutenção Preventiva: Melhorar a estrutura do software para aumentar a manutenibilidade.

Praticar esses tipos de manutenção no código legado é uma habilidade aprendida com a prática: nós iremos fornecer uma variedade de técnicas que você pode usar, mas não há substituto para o treino constante. Dito isso, uma peça chave para todas as atividades de manutenção é a ***refatoração***, um processo que muda a estrutura do código (esperamos que para melhor) sem mudar a funcionalidade do código. A mensagem deste capítulo é que a *refatoração contínua melhora a manutenibilidade*. Portanto, grande parte deste capítulo será focada na refatoração.

Qualquer parte do software, sendo bem projetado, pode eventualmente ser melhorada de modo a poder executar tarefas que o projeto anterior não permitia. Esse processo leva às dificuldades da manutenibilidade, uma delas é a dificuldade de trabalhar com o código legado. Alguns desenvolvedores usam o termo "legado" quando o código resultante é mal compreendido porque os desenvolvedores originais estão há muito tempo afastados do projeto e o software tem muitos ***patches*** acumulados, mas que não são explicados em nenhum dos documentos do projeto. Uma visão mais cética, compartilhada por alguns profissionais experientes (Glass 2002), é que esses documentos não seriam mesmo muito úteis de qualquer forma. Uma vez que o desenvolvimento se inicia, mudanças necessárias no projeto fazem com que o sistema se afaste dos documentos originais do projeto, que não são atualizados. Nesses casos, os desenvolvedores devem se basear na documentação *informal* do projeto, como as que são mostradas na Figura 9.2.

Como podemos melhorar o software legado sem boa documentação? Como Michael Feathers escreveu em *Trabalhando Efetivamente com Código Legado* (Feathers 2004), existem duas maneiras de fazer mudanças em um software existente: *Editar e Rezar* ou *Cobrir e Modificar*. O primeiro método é, infelizmente, muito comum: trata-se de você se familiarizar com uma pequena parte do software onde você deve fazer as mudanças desejadas, editar o código, explorar manualmente para ver se você comprometeu parte do código (embora seja difícil ter certeza), então implantar e torcer pelo melhor.

Por outro lado, *Cobrir e Modificar* demanda a criação de testes (se eles já não existirem) que cubram o código que você vai modificar e os use como uma "rede de proteção" para detectar mudanças de comportamento não intencionais causadas por suas modificações, assim como testes de regressão detectam falhas em códigos que funcionavam antes. O ponto de vista de "Cobrir e Modificar" nos leva à definição mais precisa de "código legado" de Fethers, que é a que nós iremos utilizar: *código que não possui testes suficientes para ser modificado com confiança, independentemente de quem o escreveu e quando.* Em outras palavras, um código que você escreveu três meses atrás em um projeto diferente e deve agora rever e modificar, pode ser também, um código legado.

Felizmente, as técnicas de Métodos Ágeis que nós já aprendemos para desenvolver um novo software, podem ajudar também com o código legado. De fato, a tarefa de entender e melhorar o software legado, pode ser vista como um exemplo de "abraçar as mudanças" a longo prazo. Se recebermos um software bem estruturado com testes completos, nós podemos usar o BDD e o TDD para adicionar funcionalidades, em pequenos passos com confiança. Se nós recebermos um código mal-estruturado ou no qual foram feitos poucos testes, nós precisamos "nos colocar" em uma situação favorável, utilizando quatro passos:

1. Identificar os ***pontos de mudança***, ou partes onde precisaremos fazer mudanças no sistema legado. A Seção 9.2 descreve algumas técnicas de exploração que podem ajudar; e introduzir um tipo de diagrama UML para representar a relação entre as classes principais em uma aplicação.

2. Se necessário, adicione ***testes de caracterização*** que captam como o código funciona agora, para estabelecer a "verdade base" antes de fazer qualquer mudança. A Seção 9.3 explica como fazer isso usando ferramentas com as quais você já está familiarizado.

3. Determine se os pontos de mudança necessitam da ***refatoração*** para fazer o código existente mais fácil de testar, ou acomodar as mudanças necessárias, por exemplo, ao desfazer dependências que dificultam o testes no código. A Seção 9.6 introduz algumas das técnicas mais utilizadas dos vários catálogos de refatoração, que foram desenvolvidos como parte do Movimento Ágil.

4. Uma vez que o código ao redor dos pontos de mudança esteja fatorado corretamente e bem protegido por testes, faça as mudanças desejadas, usando seus testes recém criados como os testes de regressão e adicionando novos testes para o código novo, como nos capítulos 7 e 8.

Resumo de como os Métodos Ágeis podem ajudar com o código legado:

- A manutenibilidade é a facilidade com a qual o software pode ser aprimorado, adaptado a um ambiente operacional mutável, reparado, ou melhorado para facilitar alguma manutenção futura. Uma parte importante da manutenção de software é a refatoração, uma importante parte do processo de Métodos Ágeis que aperfeiçoa a estrutura do software para torná-lo mais sustentável. Refatoração contínua, portanto, melhora a manutenibilidade do software.
- Trabalhar com o código legado começa com a exploração, para entender o código base e, particularmente, para entender o código nos ***pontos de mudança*** onde esperamos fazer as alterações.
- Sem uma boa cobertura de testes, nós perdemos confiança de que refatorar ou melhorar o código vai preservar o seu comportamento existente. Portanto, nós adotamos a definição de Feathers — "Código legado é código sem teste" — e criamos testes de caracterização que avaliam onde é necessário reforçar a cobertura dos testes, antes de refatorar ou melhorar o código legado.

■ ***Elaboração: Documentação embutida***

RDoc é um sistema de documentação, que procura por comentários em formatos especiais em códigos Ruby e gera documentação para programadores a partir deles. Isso é similar e inspirado pelo JavaDoc. A sintaxe do RDoc é fácil de aprender com exemplos e a partir do Wikilivro de Programação Ruby[4]. A saída HTML padrão do RDoc pode ser vista, por exemplo, na documentação do Rails[5]. Considere adicionar documentação RDoc, conforme você for explorando e entendendo o código legado; executar `rdoc .` no diretório raiz do aplicativo Rails, gera documentação RDoc para cada arquivo `.rb` no diretório corrente, `rdoc -help` mostra outras opções e `rake -T doc` em um diretório app de Rails lista outras tarefas de Rake relacionadas a documentação.

Auto-avaliação 9.1.1. *Por que muitos engenheiros de software acreditam que, ao modificarem o código legado, uma boa cobertura de testes é mais importante que documentação de design detalhada ou que códigos bem estruturados?*

◇ Sem testes, você não pode ter confiança de que as suas alterações no código legado preservarão os comportamentos existentes. ■

9.2 Explorando uma Base de Código Legada

> *Se você tiver escolhido a estrutura de dados correta e organizado as coisas corretamente, os algoritmos serão, quase sempre, evidentes. As estruturas de dados (e não os algoritmos) são a parte mais importante da programação.*
>
> —Rob Pike

A meta da exploração é entender o aplicativo do ponto de vista dos clientes e dos desenvolvedores. As técnicas específicas que você pode usar dependem do seus objetivos imediatos:

- Você é novo no projeto e precisa entender a estrutura geral do aplicativo, documentando conforme vai progredindo, para que seus colegas não tenham que repetir seu processo de aprendizagem.
- Você precisa entender apenas as partes móveis que seriam afetadas por uma mudança específica que você precisa fazer.
- Você está procurando por áreas que precisam ser embelezadas porque você está no processo de portar ou atualizando uma base de código legado.

Assim como nós exploramos a estrutura do SaaS no Capítulo 2 usando altitude como uma analogia, nós podemos seguir alguns passos "de fora para dentro", para entender a estrutura de um aplicativo legado, em vários níveis:

1. Faça o *checkout* de um ramo (*branch*) de rascunho (*scratch branch*) para executar o aplicativo em ambiente de desenvolvimento
2. Aprenda e replique as histórias de usuário, trabalhando com outros *stakeholders*, se necessário.
3. Examine o esquema do banco de dados e a relação entre as classes mais importantes.
4. Dê uma olhada em todo código para quantificar a qualidade do código e a cobertura dos testes.

Já que operar o aplicativo real poderia colocar em risco os dados do cliente ou a experiência do usuário, o primeiro passo é executar a aplicação em um ambiente de desenvolvimento ou de "encenação", nos quais perturbar sua operação não causaria nenhum inconveniente para os usuários reais. Crie um ***ramo de rascunho*** de um repositório que você não pretende subir ao servidor novamente e, portanto, pode ser usado para fazer experimentos. Crie um banco de dados de desenvolvimento se já não existir um. Um jeito fácil de fazer isso é clonar o banco de dados de produção, se ele não for muito grande, evitando assim muitas armadilhas:

- O aplicativo pode possuir relações como "tem muitos" ou "pertence a" que são refletidas nas linhas da tabelas. Sem saber os detalhes dessas relações, você pode criar um subconjunto inválido de dados. Usando RottenPotatoes como um exemplo, você poderá, inadvertidamente, acabar com uma **review** cujo `movie_id` e `moviegoer_id` referem-se a um filme e um espectador que não existem.
- Clonar a base da dados elimina a possibilidade de existirem diferenças no comportamento entre produção e desenvolvimento resultante das diferenças nas implementações dos bancos de dados, diferenças em como o banco de dados trata certos tipos específicos, por exemplo, datas, e assim por diante.
- Clonar resulta em dados válidos e realistas para trabalhar no desenvolvimento.

Se você não pode clonar a base de dados da produção, ou se você a clonou com sucesso, mas ela está muito difícil de manejá-la no desenvolvimento a toda hora, você pode criar uma base de dados de desenvolvimento extraindo dados *fixture* de um banco de dados real[6] usando os passos da Figura 9.3.

Quando o aplicativo estiver sendo executado no ambiente de desenvolvimento, peça a um ou dois clientes com experiência que demonstrem como eles usam o aplicativo, indicando *http://pastebin.com/gMFCF02W*

```
# on production computer:
RAILS_ENV=production rake db:schema:dump
RAILS_ENV=production rake db:fixtures:extract
# copy db/schema.rb and test/fixtures/*.yml to development computer
# then, on development computer:
rake db:create          # uses RAILS_ENV=development by default
rake db:schema:load
rake db:fixtures:load
```

Figura 9.3: Você pode criar uma banco de dados de desenvolvimento vazio, que tenha a mesma estrutura do banco de dados de produção e então acrescentar *fixtures*. Embora o Capítulo 8 alerte sobre o abuso de *fixtures*, nesse caso, nós estamos os utilizando para replicar um comportamento conhecido do ambiente de produção em seu ambiente de desenvolvimento.

quais mudanças eles têm em mente (Nierstrasz et al. 2009). Os oriente a falar conforme a demonstração acontece; embora os comentários serão muitas vezes em relação à experiência do usuário ("Agora eu estou adicionando Mona como administrador"), é possível que, caso o aplicativo tenha sido criado usando BDD, que os comentários reflitam exemplos das histórias originais dos usuários e, portanto, reflitam a estrutura do aplicativo. Faça perguntas frequentes durante a demonstração e, se os mantenedores do aplicativo estiverem disponíveis, chame-os para observar a demonstração também. Na Seção 9.3, iremos ver como essas demonstrações podem contribuir com testes para definir a "verdade base" para sustentar suas mudanças.

Assim que você tiver uma ideia de como o aplicativo funciona, dê uma olhada no esquema do banco de dados; Fred Brooks, Rob Pike e outros, perceberam a importância de entender a estrutura dos dados e a consideram a tarefa mais importante para entender a lógica do aplicativo. Você pode utilizar uma GUI interativa para explorar a estrutura do banco de dados, mas você poderá achar mais eficiente executar o `rake db:schema:dump`, que cria um arquivo `db/schema.rb` contendo a estrutura do banco de dados na DSL das migrações, introduzida na Seção 4.2. O objetivo é de igualar o esquema com a arquitetura geral do aplicativo.

A Figura 9.4 mostra um diagrama de classes UML (*Unified Modeling Language*) simplificado gerado pela ferramenta `railroady` que captura as relações entre as classes mais importantes e os atributos mais importantes dessas classes. O diagrama talvez pareça surpreendentemente complicado no início, uma vez que todas as classes não ocupam um papel estrutural igualmente importante, mas permite que você possa identificar classes "altamente conectadas" que provavelmente são fundamentais para as funções da aplicação. Por exemplo, na Figura 9.4, as classes **Customer** e **Voucher** são conectadas uma com a outra e a várias outras classes. Você pode então identificar as tabelas correspondentes a essas classes na estrutura do banco de dados.

Tendo se familiarizado com a estrutura do aplicativo, as estruturas de dados mais importantes e as classes principais, você está pronto para analisar o código. O objetivo de inspecionar o código é obter uma ideia geral de sua qualidade, cobertura de testes e outras estatísticas que dão uma ideia do quão difícil pode ser entender e modificar o código. Entretanto, antes de mergulhar em algum arquivo específico, execute `rake stats` para conseguir o número total de linhas do código e linhas de teste para cada arquivo; essa informação pode indicar quais classes são mais complexas e, por isso, provavelmente mais importantes (LOC maior), melhor testadas (menor razão de código/testes), classes "auxiliares" (LOC pequena), e assim por diante, aprofundando a compreensão dos diagramas de classe da estrutura da base de dados. (Mais tarde neste capítulo, iremos mostrar como avaliar código com algumas

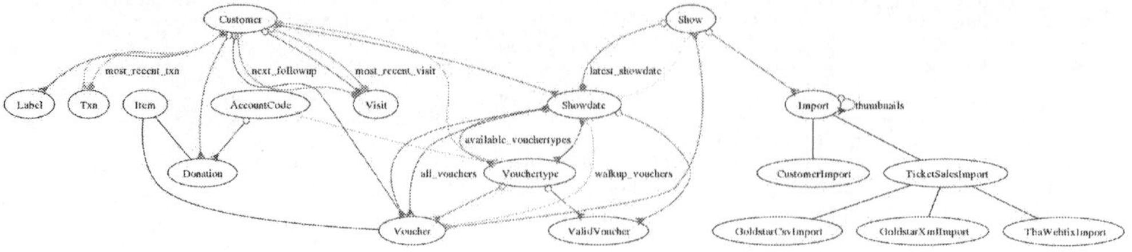

Figura 9.4: Este diagrama de classes UML simplificado, produzido automaticamente pela ferramenta `railroady`, mostra os modelos de um aplicativo Rails que administra a venda de ingressos, doações e o número de espectadores para pequenos teatros. Arestas com flechas ou círculos mostram as relações entre classes: um Customer *tem muitas* Visits e Vouchers (flecha com círculo aberto), *tem um* most_recent_visit (flecha com círculo fechado) e possui uma relação *muitos-para-muitos* Labels (flecha com duas pontas). Arestas simples indicam herança: Donation e Voucher são subclasses de Item. Todas as classes importantes aqui herdam de ActiveRecord::Base, mas `railroady` delineia apenas as classes do aplicativo. Nós veremos outros tipos de diagramas UML no Capítulo 11.

métricas adicionais que indicam onde você deve concentrar os maiores esforços). Se a suíte de testes existir, execute-a; supondo que a maior parte dos testes tenha passado, leia os testes para ajudar a entender a intenção original dos desenvolvedores. Então, passe uma hora (Nierstrasz et al. 2009) inspecionando o código das classes mais importantes, bem como os lugares que você acredita que terá que modificar (os ***pontos de mudança***), com os quais já deve estar familiarizado agora.

Resumo da exploração do código legado:

- O objetivo da exploração é entender como o aplicativo funciona a partir dos diferentes pontos de vista vários *stakeholders*, incluindo os clientes que fizeram os pedidos de mudanças e os projetistas e desenvolvedores, que construíram o código original.

- A exploração pode ser facilitada pela leitura dos testes, pela leitura dos documentos do projeto, se estiverem disponíveis, pela inspeção do código e pela criação de diagramas de classe UML para identificar relações entre entidades importantes (classes) no aplicativo.

- Uma vez que você tenha visto o aplicativo executando em produção, os próximos passos são: conseguir executá-lo em um ambiente de desenvolvimento, usando clonagem e/ou *fixtures* do banco de dados e conseguir executar com sucesso a suíte de testes no ambiente de desenvolvimento.

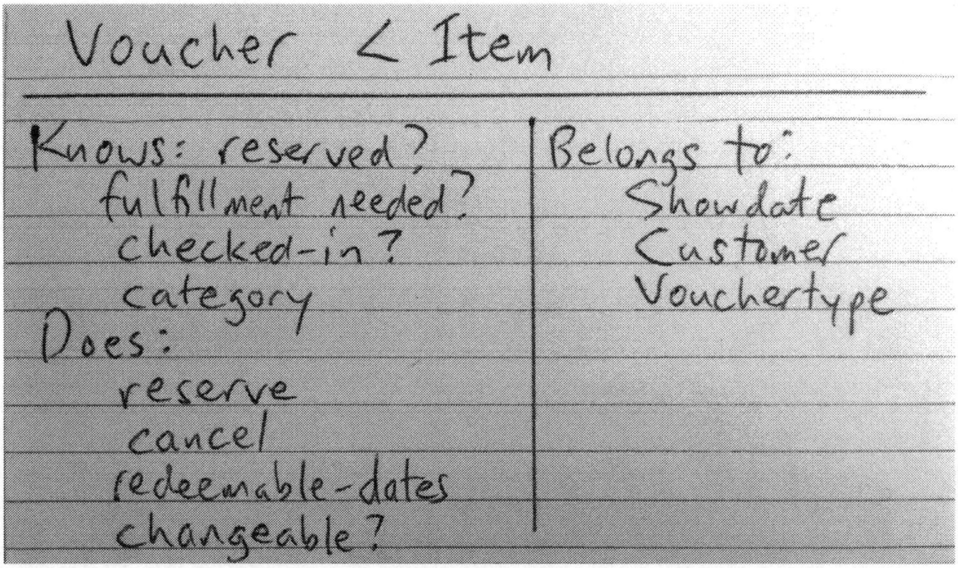

Figura 9.5: Um cartão CRC (*Class–Responsibility–Collaborator*) de 3x5 polegadas (ou tamanho A7) representando a classe Voucher da Figura 9.4. A coluna da esquerda representa as responsabilidades do Voucher — coisas que sabe (variáveis de instância) ou faz (métodos de instância). Uma vez que as variáveis de instâncias do Ruby são sempre acessadas através de métodos de instância, podemos determinar as responsabilidades ao procurar no arquivo de classes `voucher.rb` por métodos de instância e chamadas a attr_accessor. A coluna da direita representa as classes que colaboram com a classe Voucher; para os aplicativos Rails, podemos estabelecer muitas delas, ao procurar por has_many e belongs_to no `voucher.rb`.

■ ***Elaboração: Class–Responsibility–Collaborator (CRC) cards***

Cartões CRC (Figure 9.5) foram propostos em 1989[7] como uma maneira de ajudar com o projeto orientado a objetos. Cada cartão identifica uma classe, suas responsabilidades e as classes de colaboradores com o qual interage para completar tarefas. Como esse screencast externo[8] mostra, um time que está criando um novo código seleciona uma história de usuário (Seção 7.1). Para cada fase da história, o time identifica ou cria os cartões CRC para as classes que participam daquela fase e confirma que as classes têm todas as Responsabilidades e os Colaboradores necessários para completar a fase. Em caso negativo, o conjunto de classes ou responsabilidades pode estar incompleta, ou a divisão de responsabilidades entre as classes talvez precisem ser mudadas. Ao explorar o código legado, você pode criar cartões CRC para documentar as classes que você encontra ao seguir o fluxo que se inicia na ação do controlador que cuida de um passo de uma história do usuário e continua pelos modelos e visões correspondentes e segue para outros passos da história.

Auto-avaliação 9.2.1. *Cite razões pelas quais é importante executar o aplicativo no ambiente de desenvolvimento, mesmo que você não planeje fazer nenhuma mudança no código imediatamente.*

◇ Algumas razões incluem:

1. Para SaaS, os testes existentes podem precisar manipular um banco de dados de testes, que pode não estar acessível na produção.
2. Parte de sua exploração pode envolver o uso de um depurador interativo ou de outras ferramentas que deixam a execução mais lenta, o que poderia atrapalhar o funcionamento do site exposto aos usuários reais.
3. Em parte de sua exploração, você pode querer modificar dados no banco de dados, coisa que você não pode fazer com os dados reais dos clientes.

■

9.3 Estabelecendo a "Verdade" com os Testes de Caracterização

Se não existem testes (ou muito poucos testes) cobrindo as partes do código afetadas pelas mudanças que você planeja fazer, você vai precisar criar alguns testes. Como você faria isso, dado o seu entendimento limitado de como o código funciona atualmente? Um jeito de começar é estabelecer uma base para o que pode ser considerado como "verdade" com a criação de ***teste de caracterização***: testes escritos depois de aprender e descrever o comportamento *real e atual* de uma parte do software, mesmo se esse comportamento possuir erros de programação. Ao criar um teste automático Reprodutível (veja a Seção 8.2) que imita o que o código faz em um dado momento, você pode garantir que esses comportamentos continuem iguais conforme você modifica e melhora o código, como um teste de regressão de alto nível.

Geralmente é mais fácil começar com um teste de caracterização no nível de integração, tal como um cenário Cucumber, uma vez que eles fazem um menor número de suposições sobre como o aplicativo funciona e se concentra apenas na experiência do usuário. De fato, bons cenários, no fim das contas, fazem uso de uma "linguagem de domínio" ao invés de *http://pastebin.com/fvDf8t31*

```
# WARNING! This code has a bug! See text!
class TimeSetter
  def self.convert(d)
    y = 1980
    while (d > 365) do
      if (y % 400 == 0 ||
          (y % 4 == 0 && y % 100 != 0))
        if (d > 366)
          d -= 366
          y += 1
        end
      else
        d -= 365
        y += 1
      end
    end
    return y
  end
end
```

Figura 9.6: Este método é difícil de entender, é difícil de testar e, portanto, segundo a definição de Feathers de código legado, é difícil de modificar. De fato, ele contém um erro de programação — este exemplo é uma versão simplificada de um erro de programação no reprodutor de músicas Zune, da Microsoft, que fez com que qualquer Zune lançado em 31 de dezembro de 2008 travasse permanentemente, e cuja única solução, foi esperar até o primeiro minuto de primeiro de janeiro de 2009, antes de reiniciá-lo. O Screencast 9.3.1 mostra o erro de programação e o código corrigido.

descrever detalhadamente as interações do usuário como um cenário imperativo (Seção 7.9). Nesse ponto, tudo bem começar com cenários que sejam imperativos, uma vez que o objetivo é melhorar a cobertura e fornecer informação sobre o que é de fato “verdade”, a partir da qual se criará testes mais detalhados. Assim que você tiver alguns testes de integração verdes (corretos), você pode dirigir sua atenção para testes de nível de unidade ou funcional, assim como o TDD vem depois do BDD no ciclo “de fora para dentro” dos Métodos Ágeis.

Embora testes de caracterização em nível de integração apenas capturem comportamentos que nós observamos, sem que para isso precisemos entender *como* esses comportamentos acontecem, um teste de caracterização em nível de unidade parece exigir que entendamos a implementação. Por exemplo, considere o código na Figura 9.6. Como iremos discutir detalhadamente na próxima seção, ele possui muitos problemas, sendo um deles a existência de erros de programação. O método **convert** calcula o ano atual, usando por base um ano inicial (neste caso 1980) e o número de dias que passaram desde primeiro de janeiro daquele ano. Se se passaram 0 dias, então é primeiro de Janeiro de 1980; se se passaram 365 dias, é dia 31 de dezembro de 1980, já que 1980 foi um ano bissexto; Se 366 dias se passaram, é primeiro de janeiro de 1981; e assim por diante. Como poderíamos criar testes de unidade para **convert** sem entender a lógica do método em detalhes?

Feathers descreve uma técnica útil para fazer a “engenharia reversa” com specs a partir de um pedaço de código que nós ainda não entendemos: crie um spec com uma asserção que sabemos que provavelmente vai falhar, execute a especificação e use a informação da mensagem de erro para mudar a spec e fazer com que ela se iguale ao comportamento real. O Screencast 9.3.1 mostra como fazemos isso para **convert**, resultando nas specs da Figura 9.7 e, de quebra, ainda encontra um erro de programação no processo!

http://pastebin.com/ZWb9QZRE

```
require 'simplecov'
SimpleCov.start
require './time_setter'
describe TimeSetter do
  { 365 => 1980, 366 => 1981, 900 => 1982 }.each_pair do |arg,result|
    it "#{arg} days puts us in #{result}" do
      TimeSetter.convert(arg).should == result
    end
  end
end
```

Figura 9.7: Esse spec simples, resultado de técnicas de engenharia reversa mostradas no Screencast 9.3.1, alcança 100% de cobertura C0 e nos ajuda a encontrar um erro de programação da Figura 9.6.

Screencast 9.3.1: Criando especificações de caracterização para o TimeSetter.
`http://vimeo.com/47043669`
Criamos especificações specs com asserções com resultados incorretos e, então, os consertamos baseados no comportamento real do teste. Nosso objetivo é capturar o comportamento corrente, para que saibamos imediatamente se as mudanças no código estragaram o comportamento atual, então nós visamos 100% de cobertura C0 (mesmo não existindo garantia de estarmos livres de erros de programação!), o que é desafiador porque o código, como foi apresentado, não tem nenhuma emenda (*seam*). Nosso trabalho resulta em encontrar o erro de programação que desabilitou milhares de reprodutores de música Zune da Microsoft em 31 de dezembro de 2008.

Resumo dos testes de caracterização:

- Para Cobrir e Modificar quando faltam testes, nós primeiro criamos testes de caracterização que capturam como o código funciona no momento.
- Testes de caracterização em nível de integração, como os cenários Cucumber, são geralmente mais fáceis para se começar, uma vez que eles apenas descobrem os comportamentos do aplicativo que são visíveis externamente.
- Para criar testes de caracterização em nível funcional e em nível de unidade para códigos que não entendemos completamente, podemos escrever uma spec com uma asserção com um resultado incorreto, corrigir a spec baseado na mensagem de erro e repetir até termos cobertura suficiente.

Auto-avaliação 9.3.1. *Declare quais das opções a seguir são objetivos de testes funcionais e de unidade, objetivos de testes de caracterização ou objetivos de ambos:*

i Melhorar cobertura

ii Testar as condições de contorno e limites e casos limite

iii Documentar o objetivo e o comportamento do código do aplicativo

iv Prevenir regressões (reintrodução de erros de programação anteriores) http://pastebin.com/c7FTpZxQ

```
# Add one to i.
i += 1

# Lock to protect against concurrent access.
mutex = SpinLock.new

# This method swaps the panels.
def swap_panels(panel_1, panel_2)
  # ...
end
```

Figura 9.8: Exemplos de comentários mal feitos, que indicam o óbvio. Você ficaria surpreso com a frequência de comentários que apenas imitam o código, mesmo em aplicativos bem escritos. (Esses exemplos, e os conselhos sobre comentários, são de John Ousterhout).

◇ (i) e (iii) são objetivos testes de caracterização, funcionais e de unidade. (ii) e (iv) são objetivos de testes de unidade e funcionais, mas não são objetivos de testes de caracterização.
■

■ ***Elaboração: O que fazer sobre especificações que deveriam passar, mas não passam?***

Se a suíte de testes está desatualizada, alguns testes podem falhar. Ao invés de tentar consertar os testes antes de entender o código, marque-os como "pendentes" (por exemplo, usando o método **pending** do RSPec) com um comentário que o lembre a voltar depois para encontrar onde está a falha. Mantenha-se na tarefa atual de preservar a funcionalidade existente enquanto melhora a cobertura e não se distraia tentando consertar erros de programação durante o percurso.

9.4 Comentários

O código legado, muitas vezes, não apenas tem poucos testes e documentação precária, mas também os seus comentários estão frequentemente incompletos e inconsistentes com o código. Até agora nós não oferecemos recomendações sobre como escrever bons comentários, já que imaginamos, neste livro, que você já sabe como escrever um bom código. Agora, vamos mostrar algumas dicas para que, uma vez que você crie testes de caracterização bem sucedidos, você possa memorizar o que aprendeu ao adicionar comentários ao código legado.

Idealmente, você escreve comentários enquanto você escreve os códigos; se você voltar depois, você terá esquecido as ideias do projeto, então os comentários irão apenas imitar o código. Infelizmente, esse erro é comum com código legado.

Os comentários devem descrever aquilo que não está óbvio no código. Esse conselho é uma faca de dois gumes, o que significa que:

- *Não* repita apenas o que é óbvio na leitura do código. A Figura 9.8 nos dá exemplos de comentários ruins.

- *Pense* sobre aquilo que não for óbvio tanto no nível baixo, quanto no nível alto da programação. A Figura 9.9 mostra um exemplo melhor.

O óbvio se refere a alguém que vai chegar depois de você e vai ler seu código, não o programador original. Exemplos do que não é óbvio incluem: as unidades para as variáveis, *http://pastebin.com/7PthRNCW*

```
# Good Comment:
# Scan the array to see if the symbol exists

# Much better than:
# Loop through every array index, get the
# third value of the list in the content to
# determine if it has the symbol we are looking
# for. Set the result to the symbol if we
# find it.
```

Figura 9.9: Exemplos de comentários que aumentam o nível de abstração, comparados com comentários que descrevem como você deve implementá-los. (Esses exemplos, e os conselhos sobre comentários, são de John Ousterhout).

as invariantes do código e problemas sutis que necessitam uma implementação particular. É muito importante documentar os problemas no projeto, que passaram por sua cabeça enquanto você estava escrevendo o código, explicando o *motivo* pelo qual o código está escrito dessa maneira. Nesse caso, você está tentando documentar o que passou pela cabeça de outro programador; assim que consiga, certifique-se de escrever antes que você esqueça!

Em geral, os comentários devem aumentar o nível de abstração do código. O objetivo do programador é escrever classes e outros códigos para mascarar a complexidade; isto é, fazer o código mais fácil de usar do que de escrever. A abstração pode não ser óbvia para implementação; os comentários devem indicar a abstração. Por exemplo, o que eu preciso saber para utilizar um método? Eu não deveria ter que ler o código de um método antes de utilizá-lo.

Uma das razões que nos animam sobre o material neste livro é que a maioria das lições de engenharia de software deste livro sugerem uma ferramenta que o ajuda a ficar no caminho certo, e outras para verificar se você desviou dele. Infelizmente, esse não é o caso para esta lição sobre comentários. O único mecanismo de execução além de autodisciplina é a fiscalização, que são descritas na Seção 10.7.

Resumo dos comentários:

- Os comentários são melhores quando escritos conjuntamente com o código, não depois como um adendo.
- Os comentários não devem repetir o que está óbvio no código. Explique *porque* o código está escrito de determinada forma.
- Os comentários devem aumentar o nível de abstração do código.

Auto-avaliação 9.4.1. *Verdadeiro ou Falso: Um dos motivos que fazem com que o código legado seja duradouro é porque, geralmente, ele possui comentários bem feitos.*

◇ Falso. Nós gostaríamos que fosse verdade. Os comentários são frequentemente inexistentes ou inconsistentes com o código, o que é uma das razões pela qual o chamamos de código legado e não de código belo. ■

9.5 Métricas, Cheiros de Código e SOFA

> *7. Declínio da Qualidade — A qualidade dos sistemas [de software] vai parecer estar declinando a não ser que a manutenção seja rigorosa e que eles sejam adaptados a mudanças no ambiente operacional.*
>
> —A sétima lei da evolução de software de Lehman

Um tema chave deste livro é que engenharia de software não trata apenas de criar um código que funcione, mas sim um código que funcione e que seja *belo*. Este capítulo deve deixar claro o motivo pelo qual acreditamos nisso: um código "belo" é mais fácil e menos caro de manter. Como o software pode durar muito mais que o hardware, mesmo os engenheiros cuja sensibilidade estética não seja tocada pela ideia de código belo, podem apreciar as vantagens práticas e econômicas de reduzir os custos de manutenção durante o tempo de vida do código.

Como é possível perceber quando o código não é belo e como podemos melhorá-lo? Vimos exemplos de códigos que não são belos, mesmo que não possamos encontrar sempre os problemas específicos. Podemos identificar problemas de duas maneiras: quantitativamente, usando ***métricas de software***, e qualitativamente, usando os ***cheiros de código***. Os dois são úteis e mostram coisas diferentes sobre o código. Aplicamos ambos ao código feio da Figura 9.6.

Métricas de Software são medidas quantitativas da complexidade do código, que é, geralmente, uma estimativa das dificuldades de fazer um teste completo em um trecho de código. Existem dezenas de métricas e as opiniões variam amplamente sobre sua utilidade, efetividade e "intervalo normal" dos valores. A maior parte das métricas são baseadas no ***grafo de fluxo de controle*** do programa, no qual cada vértice do grafo representa um ***bloco básico*** (uma série de expressões que são sempre executadas conjuntamente) e uma aresta do vértice A ao vértice B significa que existe algum caminho no código no qual o bloco básico de B é executado imediatamente depois do bloco básico de A.

Planeje-e-Documente projetos de software, por vezes, incluem exigências contratuais específicas com base em métricas de software.

A Figura 9.10 mostra o grafo de fluxo de controle correspondente à Figura 9.6, que podemos usar para calcular dois indicadores amplamente utilizados da complexidade do nível de método:

1. ***Complexidade Ciclomática*** mede o número de caminhos linearmente independentes através de uma parte do código.
2. ***Pontuação ABC*** é uma soma ponderada do número de Atribuições, Desvios e Condicionais (do inglês *Assignments*, *Branches* e *Conditionals* — ABC) em um pedaço do código.

Frank McCabe Sr., Engenheiro de Software, inventou a métrica de Complexidade Ciclomática em 1976.

Essas análises são realizadas geralmente no código-fonte, e foram desenvolvidas originalmente para linguagens estaticamente tipadas. Em linguagens dinâmicas, as análises se complicam por causa da metaprogramação e outros mecanismos que podem causar mudanças no grafo de fluxo de controle no momento da execução. No entanto, elas são úteis para métricas de primeira ordem e, como você deve estar pensando, a comunidade da Ruby desenvolveu ferramentas para medi-las. A ferramenta `saikuro` computa uma versão simplificada da complexidade ciclomática e a ferramenta `flog` computa uma variante da pontuação ABC que é analisada de uma maneira apropriada para a linguagem Ruby. Essas duas ferramentas, e algumas mais, estão inclusas em `metric_fu` (parte do material didático). Executando`rake metrics` em um aplicativo Rails, computa várias métricas, incluindo essas e

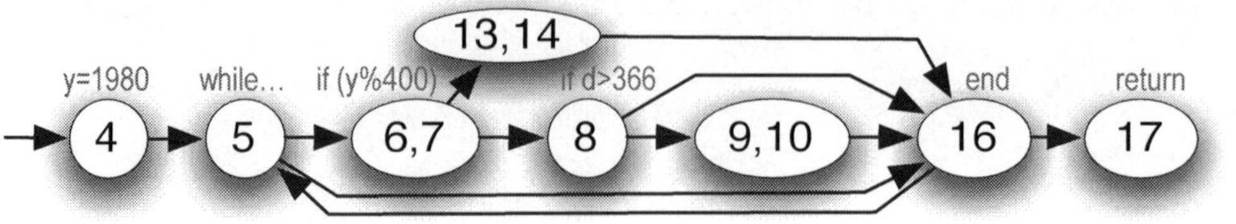

Figura 9.10: Os números nos nós deste grafo de fluxo de controle correspondem aos números de linha do código da Figura 9.6. A complexidade ciclomática é $E - N + 2P$ onde E é o número de arestas, N o número de vértices, e P o número de componentes conectados. convert calcula uma complexidade ciclomática de 4 como medido pela ferramenta `saikuro` e uma pontuação ABC *(Assignments, Branches, Conditionals)* de 23 como medido pela ferramenta `flog`. A Figura 9.11 coloca essas pontuações em contexto.

Métrica	Ferramenta	Valor alvo	Referência
Razão código-para-teste	`rake stats`	$\leq 1:2$	Seção 8.7
Cobertura C0	`SimpleCov`	$\geq 90\%$	Seção 8.7
Pontuação ABC	`flog (rake metrics)`	$<$ 20/método	Seção 9.5
Ciclomática	`saikuro (rake metrics)`	$<$ 10/método	Seção 9.5

Figura 9.11: Uma lista com métricas úteis que vimos até o momento que destaca a conexão entre beleza e testabilidade, incluindo ferramentas do Ruby que as avaliam e sugerem intervalos "normais". (O valor recomendado para complexidade ciclomática vem do NIST, o Instituto Nacional de Normas e Tecnologia dos Estados Unidos.) O gem `metric_fu` inclui `flog`, `saikuro` e ferramentas adicionais para avaliar as métricas que iremos discutir no Capítulo 11.

destaca partes do código nos quais métricas múltiplas estão fora de seu intervalo recomendado. Além disso, CodeClimate[9] oferece muitas dessas métricas como um serviço: criando uma conta nesse site e sincronizando essa conta com seu repositório do GitHub, você pode ver um "boletim" (*report card*) de seu código de métricas a qualquer momento e o relatório é automaticamente atualizado quando você faz o *push* de código novo no GitHub. A Figura 9.11 lista métricas úteis que vimos até o momento e que se relacionam com testabilidade e, portanto, com a beleza.

Cheiros de código
(Veja o Capítulo 11) nos indicam quando há algo errado na maneira como as classes interagem, ao invés de focar nos métodos de uma classe específica.

A segunda maneira de descobrir problemas no código é procurar por ***cheiros de código***, que são características estruturais do código-fonte não avaliadas prontamente pelas métricas. Assim como os cheiros de verdade, os cheiros de código chamam nossa atenção para pontos que *podem* ser problemáticos. O livro clássico de Martin Fowler sobre refatoração (Fowler et al. 1999) cataloga 22 tipos de cheiros de código, quatro deles nós mostramos na Figura 9.12; o livro *Código Limpo* (Martin 2008), de Robert C. Martin, tem um dos catálogos mais completos, com uma incrível lista de 63 cheiros de código, dos quais três são específicos para Java, nove são relacionados a testes e os outros são mais genéricos.

x Quatro cheiros específicos que aparecem no *Código Limpo* de Martin devem ser enfatizados porque são sintomas de outros problemas que você pode consertar, geralmente, usando apenas refatoração. Esses quatro são identificados pelo acrônimo **SOFA**, que determina que um método bem feito deve:

- ser curto (*Short*), para que seu objetivo principal seja rapidamente compreendido;
- fazer apenas uma (*One*) coisa, de forma que testes possam exercitar extensivamente essa única coisa;
- ter poucos (*Few*) argumentos, para que todas as combinações importantes de valores dos argumentos possam ser testadas;

Name	Symptom	Possible refactorings
Shotgun Surgery	Making a small change to a class or method results in lots of little changes rippling to other classes or methods.	Use Move Method or Move Field to bring all the data or behaviors into a single place.
Data Clump	The same three or four data items seem to often be passed as arguments together or manipulated together.	Use Extract Class or Preserve Whole Object to create a class that groups the data together, and pass around instances of that class.
Inappropriate Intimacy	One class exploits too much knowledge about the implementation (methods or attributes) of another.	Use Move Method or Move Field if the methods really need to be somewhere else, use Extract Class if there is true overlap between two classes, or introduce a Delegate to hide the implementation.
Repetitive Boilerplate	You have bits of code that are the same or nearly the same in various different places (non-DRY).	Use Extract Method to pull redundant code into its own method that the repetitive places can call. In Ruby, you can even use **yield** to extract the "enclosing" code and having it yield back to the non-repetitive code.

Figura 9.12: Quatro cheiros de códigos, caprichosamente nomeados, da lista de 22 escritas por Fowler, conjuntamente com as refatorações (algumas das quais iremos estudar nas próximas seções) que podem remediar o mau cheiro de código se aplicadas. Consulte o livro de Fowler para as refatorações mencionadas nas tabelas, mas que não estão neste livro.

- manter um nível consistente de abstração (*Abstraction*), para que o método não fique indo e voltando entre dizer *o que fazer* e dizer *como fazer*.

A Figura 9.6 infringe ao menos a primeira e última delas e exibe outros cheiros de código também, como podemos ver ao executar a ferramenta `reek` nele:

http://pastebin.com/ybbRJHG0

```
1 time_setter.rb -- 5 warnings:
2   TimeSetter#self.convert calls (y + 1) twice (Duplication)
3   TimeSetter#self.convert has approx 6 statements (LongMethod)
4   TimeSetter#self.convert has the parameter name 'd' (UncommunicativeName)
5   TimeSetter#self.convert has the variable name 'd' (UncommunicativeName)
6   TimeSetter#self.convert has the variable name 'y' (UncommunicativeName)
```

Não "DRY" (linha 2). De fato, é uma pequena duplicidade, mas como com qualquer outro cheiro de código é importante se perguntar o que foi feito com o código para ele estar construído dessa maneira atualmente.

Nomes não comunicativos (linhas 4–6). A variável **y** parece ser um inteiro (linhas 6, 7, 10, 14) e está relacionada a uma outra variável **d** — qual tipo elas poderiam ter? Ainda considerando esse cenário, o que é definido como tempo pela classe **TimeSetter**, o que está sendo convertido por **convert** e no que isso irá se tornar? Quatro décadas atrás, a memória era preciosa e, por isso, nomes de variáveis eram curtos para permitir mais espaço para o código. Hoje, não existe desculpa para nomes de variáveis muito simplificados; a Figura 9.13 sugere alguns.

Muito longo (linha 3). Mais linhas de código por método significam mais lugares onde podem ocorrer erros de programação, mais caminhos para testar e mais *mocks* e *stubs* nos testes. No entanto, um comprimento excessivo é realmente um sinal que surge de problemas mais específicos — nesse caso, dificuldade em manter um único nível de abstração. Como a Figura 9.14 mostra, **convert** realmente consiste em um pequeno número de passos de alto nível, cada uma podendo ser dividida em sub-passos. Mas, no código não há como dizer onde o limite entre passos e sub-passos deveria estar, tornando o método mais difícil de entender.

What	Guideline	Example
Variable or class name	Noun phrase	PopularMovie, top_movies
Method with side effects	Verb phrase	pay_for_order, charge_credit_card!
Method that returns a value	Noun phrase	movie.producers, actor_list
Boolean variable or method	Adjective phrase	already_rated?, @is_oscar_winner

Figura 9.13: Orientações para nomear variáveis baseadas em inglês simples, extraídas de Green and Ledgard 2011. Considerando que o espaço em disco é ilimitado e editores modernos tem o recurso de autocompletar, que poupa você de redigitar o nome inteiro novamente, seus colegas irão lhe agradecer por escrever @is_oscar_winner no lugar de OsWin.

http://pastebin.com/xP9B1iEy

```
start with Year = 1980
while (days remaining > 365)
  if Year is a leap year
    then if possible, peel off 366 days and advance Year by 1
  else
    peel off 365 days and advance Year by 1
return Year
```

Figura 9.14: O cálculo do ano atual, através da contagem do número de dias a partir do começo de um ano escolhido como ponto de partida (1980) é muito mais claro quando escrito em pseudocódigo. Perceba que *o que o método faz* é fácil de compreender rapidamente, embora cada passo teria que ser dividido em sub-passos mais detalhados quando transformado em código. Iremos refatorar o código de Ruby para igualar a clareza e concisão deste pseudocódigo.

A sabedoria antiga que diz que um método não deve exceder uma tela cheia de código foi baseada em terminais de texto com resolução de 24 linhas de 80 caracteres. Um monitor moderno de 22 polegadas, mostra dez vezes essa quantidade e, portanto, diretrizes como o SOFA são mais confiáveis atualmente.

De fato, os condicionais aninhados, mostrados nas linhas 6–8, tornam mais difícil para um programador "passar o olho" pelo código, e complicam os testes, uma vez que você tem que selecionar um conjunto de casos de teste que execute cada caminho possível do código.

Como resultado dessas deficiências, você provavelmente deve ter se esforçado muito para descobrir o que esse método, relativamente simples, faz. (Você pode culpar a falta de comentários no código, mas uma vez que os cheiros de código acima estão consertados, dificilmente haverá qualquer necessidade de utilizá-los.) Leitores astutos geralmente percebem as constantes 1980, 365 e 366, e supõem que o método tem alguma relação com anos bissextos e que o ano 1980 é especial. De fato, **convert** calcula o ano atual, dado um ano de início, no caso 1980, e o número de dias que passaram desde o dia primeiro de janeiro desse ano, como a Figura 9.14 mostra, usando um pseudocódigo simples. Na Seção 9.5, iremos tornar o código Ruby tão claro quanto o pseudocódigo após a ***refatoração*** — fazendo mudanças que melhoram sua estrutura sem mudar o seu comportamento.

Resumo

- As métricas de software fornecem uma medida quantitativa da qualidade do código. Enquanto as opiniões variam sobre quais métricas são mais úteis, e quais os valores "normais" que o código deve ter (especialmente em linguagens dinâmicas como o Ruby), métricas como a complexidade ciclomática e a pontuação ABC podem ser usadas para guiar suas buscas no código que precisam de atenção especial, assim como a baixa cobertura de C0 identifica códigos nos quais foram realizados testes insuficientes.
- Os cheiros de código fornecem uma medida qualitativa, porém com uma descrição específica dos problemas que tornam a leitura do código mais difícil. Dependendo do catálogo que você use, podem haver até 60 tipos de maus cheiros de código identificados.
- O acrônimo SOFA nomeia quatro propriedades desejadas em um método: ele deve ser curto (*Short*), fazer Uma (***O**ne*) coisa, possuir Poucos (***F**ew*) argumentos, e manter um único nível de Abstração (***A**bstraction*).

Auto-avaliação 9.5.1. *Dê um exemplo de uma funcionalidade de linguagens dinâmicas que Ruby possui e que poderia distorcer métricas como a complexidade ciclomática ou a pontuação ABC.*

◇ Qualquer mecanismo de metaprogramação poderia fazer isso. Um exemplo trivial é **s="if (d>=366)***[. . .]***"; eval s**, uma vez que a avaliação da cadeia poderia fazer com que um condicional fosse executado mesmo não havendo nenhum condicional no código propriamente dito, que contém apenas uma atribuição para uma variável e uma chamada para o método **eval**. Um exemplo mais sutil é um método como **before_filter** (Seção 5.1), que essencialmente adiciona um método novo a uma lista com o nome de outros métodos que devem ser chamados antes de uma ação do controlador. ■

Auto-avaliação 9.5.2. *Qual diretriz SOFA — ser Curto, fazer Uma coisa, ter Poucos argumentos, manter um único nível de Abstração — você acredita ser mais importante do ponto de vista da testabilidade de uma unidade?*

◇ Poucos argumentos implicam menos maneiras pelas quais os caminhos de código nos métodos possam depender dos argumentos, tornando a realização dos testes mais fácil. Métodos Curtos são, com certeza, mais fáceis de testar, mas essa propriedade, geralmente, acompanha as outras três quando são observadas. ■

9.6 Refatoração no Nível de Método: Substituindo Dependências por Emendas

2. Aumentando a Complexidade — Conforme um sistema [de software] evolui, sua complexidade aumenta, a menos que se trabalhe para mantê-la ou reduzi-la.

—Segunda lei da evolução de Software de Lehman

Com as especificações (specs) de caracterização desenvolvidas na Seção 9.3, passamos a ter uma fundação sólida na qual podemos basear nossa refatoração para reparar os problemas identificados na Seção 9.5. O termo *refatoração* se refere não só a um processo geral, mas também a uma instância de uma transformação específica do código. Dessa forma, assim como com os cheiros de código, usaremos como referência alguns catálogos de refatorações, e existem muitos deles para escolher. Preferimos o catálogo de Fowler, então os exemplos neste capítulo seguem a terminologia de Fowler e se relacionam às referências nos Capítulos 6, 8, 9, e 10 de seu livro *Refactoring: Ruby Edition* (Fields et al. 2009). Como a correspondência entre cheiros de código e refatoração não é perfeita, em geral, cada um desses capítulos descreve um grupo de refatorações no nível de método que chamam a atenção para um problema ou um cheiro de código específico, e os capítulos seguintes descrevem refatorações que afetam múltiplas classes, assunto esse que iremos discutir com mais detalhes no Capítulo 11.

Cada refatoração consiste em um nome de descrição e um processo passo-a-passo para transformar o código através de pequenos passos incrementais, realizando testes após cada passo. A maior parte das refatorações vão causar, ao menos temporariamente, falhas nos testes, uma vez que testes de unidade, geralmente dependem da implementação, o que é exatamente o que a refatoração altera. Um objetivo chave do processo de refatoração é diminuir a quantidade de tempo durante a qual os testes falham (vermelho); a ideia é que cada passo da refatoração seja pequena o suficiente, de modo que não seja difícil fazer os testes funcionarem, antes de passar para o próximo passo. Se você acha que fazer um teste voltar a funcionar depois dele ter falhado é mais difícil que o esperado, então você deve determinar se o seu entendimento do código está incompleto ou se você realmente alterou algo durante o processo de refatoração.

Começar com a refatoração pode parecer muito difícil: sem saber quais refatorações existem, pode ser difícil decidir como melhorar uma trecho de código. Até que você adquira alguma experiência melhorando trechos de código, pode ser difícil entender as explicações das refatorações ou quais as razões que levam ao seu uso. Não se sinta desencorajado por esse problema aparentemente insolúvel; como com TDD e BDD, o que parece difícil no começo pode ser tornar simples rapidamente.

Para começar, a Figura 9.15 mostra quatro das refatorações de Fowler que iremos aplicar em nosso código. Em seu livro, cada refatoração é acompanhada por um exemplo e uma lista extremamente detalhada explicando passo-a-passo como realizar a refatoração, em alguns casos indicando outras refatorações que podem ser necessárias com o intuito de aplicar a primeira. Por exemplo, a Figura 9.16 mostra os primeiros passos para realizar a refatoração Extraia Método. Com esses exemplos em mente, podemos refatorar a Figura 9.6.

Método Longo é o cheiro de código mais evidente na Figura 9.6, mas esse é apenas um sintoma geral para o qual vários problemas específicos contribuem. A alta pontuação ABC (23) de **convert** sugere um lugar onde devemos começar a focar nossa atenção: a condição **if** nas linhas 6 e 7 é difícil de entender e o condicional possui dois níveis de profundidade. Como a Figura 9.15 sugere, uma expressão condicional difícil de ler pode ser melhorada com a aplicação da refatoração *Decomponha Condicional*, que por sua vez, se baseia no *Extraia Método*. Colocamos um trecho de código em um novo método com um nome descritivo, como mostra a Figura 9.17. Perceba que, além de tornar a leitura do condicional mais fácil, a definição separada de **leap_year?** faz com que possamos fazer testes no cálculo do ano bissexto separadamente, e fornece uma emenda na linha 6, onde podemos enxertar o método para simplificar o teste do **convert**, similar ao exemplo na Elaboração no final da Seção 8.6.

Name (Chapter)	**Problem**	**Solution**
Extract method (6)	You have a code fragment that can be grouped together.	Turn the fragment into a method whose name explains the purpose of the method.
Decompose Conditional (9)	You have a complicated conditional (if-then-else) statement.	Extract methods from the condition, "then" part, and "else" part(s).
Replace Method with Method Object (6)	You have a long method that uses local variables in such a way that you cannot apply Extract Method.	Turn the method into its own object so that all the local variables become instance variables on that object. You can then decompose the method into other methods on the same object.
Replace Magic Number with Symbolic Constant (8)	You have a literal number with a particular meaning.	Create a constant, name it after the meaning, and replace the number with it.

Figura 9.15: Quatro exemplos de refatoração, com o número do capítulo no qual cada um aparece no livro de Fowler entre parênteses. Cada refatoração tem um nome, o problema que resolve e uma visão geral da(s) transformação(ões) no código que soluciona(m) o problema. O livro de Fowler também inclui mecanismos detalhados para cada refatoração, como mostra a Figura 9.16.

1. Create a new method, and name it after the intention of the method (name it by what it does, not by how it does it). If the code you want to extract is very simple, such as a single message or function call, you should extract it if the name of the new method reveals the intention of the code in a better way. If you can't come up with a more meaningful name, don't extract the code.
2. Copy the extracted code from the source method into the new target method.
3. Scan the extracted code for references to any variables that are local in scope to the source method. These are local variables and parameters to the method.
4. See whether any temporary variables are used only within this extracted code. If so, declare them in the target method as temporary variables.
5. Look to see whether any of these local-scope variables are modified by the extracted code. If one variable is modified, see whether you can treat the extracted code as a query and assign the result to the variable concerned. If this is awkward, or if there is more than one such variable, you can't extract the method as it stands. You may need to use *Split Temporary Variable* and try again. You can eliminate temporary variables with *Replace Temp with Query* (see the discussion in the examples).
6. Pass into the target method as parameters local-scope variables that are read from the extracted method.
7. ...

Figura 9.16: Passo-a-passo detalhado do processo de refatoração de Extraia Método, descrito por Fowler. Em seu livro, cada refatoração é descrita por processos passo-a-passo de transformação do código, que podem estar relacionados a outras refatorações.

http://pastebin.com/N90nw3bu

```
1  # NOTE: line 7 fixes bug in original version
2  class TimeSetter
3    def self.convert(d)
4      y = 1980
5      while (d > 365) do
6        if leap_year?(y)
7          if (d >= 366)
8            d -= 366
9            y += 1
10         end
11       else
12         d -= 365
13         y += 1
14       end
15     end
16     return y
17   end
18   private
19   def self.leap_year?(year)
20     year % 400 == 0 ||
21       (year % 4 == 0 && year % 100 != 0)
22   end
23 end
```

Figura 9.17: Aplicar a refatoração Extraia Método às linhas 3 e 4 da Figura 9.6 torna o propósito do condicional imediatamente claro (linha 6), ao substituir uma condição por um método com um nome apropriado (linhas 19–22), que declaramos private para manter os detalhes de implementação das classes bem encapsulados. Para dar ainda mais transparência, podemos aplicar Extraia Método novamente para leap_year? e extrair os métodos every_400_years? e every_4_years_except_centuries?. Nota: A Linha 7 exprime a correção do erro de programação descrita no Screencast 9.3.1.

Em geral, quando um método mistura códigos que indicam *o que fazer* com códigos que indicam *como fazer*, esse pode ser um aviso para checar se você precisa usar a refatoração Extraia Método com o objetivo de manter um nível consistente de Abstração.

O condicional está também aninhado com profundidade 2, tornando-o mais difícil de entender e aumentando a pontuação ABC do **convert**. A refatoração *Decomponha Condicional* quebra a condição complexa ao substituir cada ramo do condicional por um método extraído. Perceba, entretanto, que os dois ramos do condicional correspondem às linhas 4 e 6 do pseudocódigo da Figura 9.14. Ambos também tem os *efeitos colaterais* da mudança de valores de **d** e **y** (por isso usamos o **!** nos nomes dos métodos extraídos). Para que aqueles efeitos colaterais sejam visíveis para **convert**, devemos transformar as variáveis locais em variáveis de classe do **TimeSetter**, dando a elas nomes mais descritivos como **@@year** e **@@days_remaining** enquanto fazemos isso. Finalmente, uma vez que **@@year** é uma variável de classe, não precisamos mais passá-lo como um argumento explícito para **leap_year?**. A Figura 9.18 mostra o resultado.

Conforme vamos arrumando as coisas, o código da Figura 9.18 também conserta dois maus cheiros de código menores. Os primeiros são os nomes variáveis que são não comunicativos: **convert** não descreve muito bem o que esse método faz e o nome do parâmetro **d** não é útil. O outro é o uso do "número mágico" nas constantes, como 1980 na linha 4; aplicamos *Substituição de Número Mágico por Constante Simbólica* (Capítulo 8 do livro de Fowler) para substituí-lo por uma constante com um nome mais descritivo: **STARTING_YEAR**. E as outras constantes, como 365 e 366? Nesse exemplo, eles estão suficientemente familiares para a maioria dos programadores e podemos deixar como está, mas se você visse 351, ao invés de 365, e se a linha 26 (em **leap_year?**) tivesse a constante 19, ao invés de 4, você poderia não reconhecer o cálculo do ano bissexto para o ***Calendário Judaico***. Lembre-se *http://pastebin.com/gdT1DzjG*

```
1  # NOTE: line 7 fixes bug in original version
2  class TimeSetter
3    ORIGIN_YEAR = 1980
4    def self.calculate_current_year(days_since_origin)
5      @@year = ORIGIN_YEAR
6      @@days_remaining = days_since_origin
7      while (@@days_remaining > 365) do
8        if leap_year?
9          peel_off_leap_year!
10       else
11         peel_off_regular_year!
12       end
13     end
14     return @@year
15   end
16   private
17   def self.peel_off_leap_year!
18     if (@@days_remaining >= 366)
19       @@days_remaining -= 366 ; @@year += 1
20     end
21   end
22   def self.peel_off_regular_year!
23     @@days_remaining -= 365 ; @@year += 1
24   end
25   def self.leap_year?
26     @@year % 400 == 0 ||
27       (@@year % 4 == 0 && @@year % 100 != 0)
28   end
29 end
```

Figura 9.18: Decompomos o condicional na linha 7, ao substituir cada ramo por um método extraído. Perceba que, enquanto o número total de linhas de código aumentou, o próprio convert se tornou mais Curto, e seus passos correspondem rigorosamente ao pseudocódigo na Figura 9.14, mantendo apenas um único nível de Abstração, enquanto delega detalhes aos métodos auxiliares de extração.

http://pastebin.com/V9pfQtkg

```
# An example call would now be:
#  year = TimeSetter.new(367).calculate_current_year
# rather than:
#  year = TimeSetter.calculate_current_year(367)
class TimeSetter
  ORIGIN_YEAR = 1980
  def initialize(days_since_origin)
    @year = ORIGIN_YEAR
    @days_remaining = days_since_origin
  end
  def calculate_current_year
    while (@days_remaining > 365) do
      if leap_year?
        peel_off_leap_year!
      else
        peel_off_regular_year!
      end
    end
    return @year
  end
  private
  def peel_off_leap_year!
    if (@days_remaining >= 366)
      @days_remaining -= 366 ; @year += 1
    end
  end
  def peel_off_regular_year!
    @days_remaining -= 365 ; @year += 1
  end
  def leap_year?
    @year % 400 == 0 ||
      (@year % 4 == 0 && @year % 100 != 0)
  end
end
```

Figura 9.19: Se usarmos a refatoração recomendada por Fowler, o código fica mais claro porque agora usamos variáveis de instância em vez de variáveis de classe para localizar efeitos colaterais, mas elas mudaram a maneira como calculate_current_year é chamado, porque ele é agora um método de instância. Isso poderia danificar códigos e testes existentes e, por isso, deve ser adiado até o processo de refatoração estar em estágio mais avançado.

de que a refatoração apenas melhora o código para leitores humanos; o computador não se importa. Então, nesses casos, use seu discernimento sobre quanta refatoração é suficiente.

No nosso caso, a reexecução de `flog` no código refatorado da Figura 9.18 leva a pontuação ABC do recém renomeado **calculate_current_year** de 23.0 para 6.6, que está bem abaixo do limite de dez sugerido pelo NIST. A ferramenta `reek` agora relata apenas dois cheiros de código. O primeiro é "pouca coesão" para os métodos auxiliares **peel_off_leap_year** e **peel_off_regular_year**; esse é um mau cheiro de projeto e iremos discutir o que isso significa no Capítulo 11. O segundo cheiro de código é a declaração de variáveis de classe dentro de um método. Quando aplicamos Decomponha Condicional e Extraia Método, transformamos as variáveis locais **@@year** e **@@days_remaining** em variáveis de classe para que os métodos recém extraídos possam modificar com sucesso os valores das variáveis. Nossa solução é efetiva, mas um pouco mais desajeitada que *Substitua Método por Método de Instância* (Capítulo 6 no livro de Fowler). Nessa refatoração, o método original **convert** se torna uma *instância* de objeto (ao invés de uma classe) cujas variáveis de instância capturam o estado do objeto; os métodos auxiliares operam, então, nas variáveis de instância.

A Figura 9.19 mostra o resultado de aplicar esse tipo de refatoração, mas há um porém. Até o momento, nenhuma das refatorações que efetuamos fez com que nossas especificações (specs) de caracterização falhassem, uma vez que as especificações estavam apenas se relacionando com o **TimeSetter.convert**. Mas aplicar a refatoração *Substitua Método por Método de Instância* muda a interface relacionada ao **convert** de uma maneira que faz o teste falhar. Se estivéssemos trabalhando com um código legado real, teríamos que encontrar todas as partes que se relacionam com **convert**, mudá-las para utilizar a nova interface relacionada e mudar todos os testes que não funcionassem. Em um projeto real, evitaríamos fazer mudanças que comprometessem a interface relacionada sem necessidade; precisamos considerar cuidadosamente se a legibilidade conseguida depois de realizar essa refatoração compensaria o risco de introduzir essa mudança disruptiva.

Resumo de Refatoração:

- A refatoração é uma transformação particular de um pedaço de código. Ela possui um nome, uma descrição de quando usar a refatoração e o que ela faz, além de uma receita passo-a-passo detalhada de como aplicar a refatoração. Uma refatoração efetiva deve melhorar métricas de software, eliminar maus cheiros de código ou ambos.
- Embora a maior parte das refatorações cause a falha de alguns testes existentes (se não falhar, o código em questão foi provavelmente pouco testado), um objetivo chave do processo de refatoração é minimizar a quantidade de tempo até que esses testes sejam modificados e funcionem corretamente de novo.
- Algumas vezes, aplicar a refatoração pode resultar na necessidade de aplicar, recursivamente, refatorações mais simples antes. Por exemplo, *Decomponha Condicional* pode exigir a aplicação de *Extraia Método*.

■ ***Elaboração: Refatoração e a Escolha da Linguagem***

Algumas refatorações compensam recursos de linguagem de programação que podem estimular um código ruim. Por exemplo, uma refatoração sugerida para adicionar emendas é a *Encapsule Campo*, na qual o acesso direto a uma variável de instância de um objeto é substituída por chamadas a métodos getter e setter. Isso faz sentido em Java mas, como vimos, métodos getter e setter fornecem o *único* ponto acesso às variáveis de instância de um objeto Ruby para outros objetos. (A refatoração ainda faz sentido dentro dos métodos do próprio objeto, como a Elaboração no final da Seção 3.4 sugere.) Da mesma forma, a refatoração *Generalize Tipo* sugere a criação de tipos mais gerais para melhorar o compartilhamento de código, mas os *mixins* do Ruby e a tipagem do pato (*duck typing*) facilitam esse tipo de compartilhamento. Como veremos no Capítulo 11, alguns padrões de projeto também são desnecessários em Ruby porque os problemas que eles resolvem não aparecem em linguagens dinâmicas.

Auto-avaliação 9.6.1. *Qual das opções a seguir* não *é um dos objetivos da refatoração em nível de método: (a) reduzir a complexidade do código, (b) eliminar os cheiros de código, (c) eliminar erros de programação, (d) melhorar a testabilidade?*

◇ (c). Depuração é importante, mas o objetivo da refatoração é *preservar* o comportamento atual do código, enquanto a sua estrutura é alterada. ■

9.7 A Perspectiva do Planeje-e-Documente

Uma razão para o uso da expressão ***ciclo de vida do produto*** no Capítulo 1 é que um produto de software entra na fase de manutenção assim que seu desenvolvimento se completa. Mais ou menos dois terços dos custos são relativos à manutenção, enquanto o custo do desenvolvimento é de apenas um terço. Um dos motivos que levam as empresas a cobrar aproximadamente 10% do preço do software para manutenção anual é para pagar a equipe que faz a manutenção.

Empresas que seguem os processos de Planeje-e-Documente, geralmente, possuem times diferentes para o desenvolvimento e para a manutenção, com os desenvolvedores sendo realocados em novos projetos quando seus projetos anteriores são entregues. Assim, possuímos um ***gerente de manutenção*** que assume os papéis que o gerente de projeto tinha durante o desenvolvimento, e temos os ***engenheiros de manutenção de software*** trabalhando no time para realizar as mudanças no código. Infelizmente, a engenharia de manutenção tem uma reputação nada glamorosa, por isso é, na maioria das vezes, realizada pelos gerentes e engenheiros mais novos, ou os com menos realizações na empresa. Muitas empresas empregam ainda pessoas diferentes no setor de Análise de Qualidade para realizar os testes e escrever a documentação do usuário.

Para produtos de software desenvolvidos usando processos do tipo Planeje-e-Documente, o ambiente de manutenção é muito diferente do ambiente de desenvolvimento:

- *Software em funcionamento* — Um produto de software em funcionamento está em campo durante todo esse processo; novos lançamentos não podem interferir com funcionalidades existentes.

- *Colaboração do Cliente* — Ao invés de tentar cumprir com uma especificação que é parte de um contrato negociado, o objetivo dessa fase é trabalhar conjuntamente com os clientes para melhorar o produto para o próximo lançamento.

- *Resposta a mudanças* — Baseado no uso do produto, os clientes enviam uma série de ***solicitações de mudanças***, que podem ser novas funcionalidades ou o conserto de algum erro de programação. Um desafio da fase de manutenção é priorizar a realização dessas mudanças e definir em qual lançamento elas devem aparecer.

Solicitações de Mudanças são chamados de ***pedidos de manutenção*** (*maintenance requests*) nas normas da IEEE.

Testes de Regressão têm uma grande importância na manutenção para evitar que as funcionalidades antigas sejam comprometidas, enquanto as novas estão sendo desenvolvidas. A refatoração tem ainda mais importância, uma vez que você pode precisar refatorar para implementar a mudança solicitada ou simplesmente para manter o código mais sustentável. Existe menos incentivo nas fases iniciais do Planeje-e-Documente para criar um produto mais sustentável, principalmente pelo aumento do custo e do tempo para que as melhorias no software sejam implementadas, especialmente se a empresa que está desenvolvendo o software não será a mesma que fará a manutenção do mesmo. Essa é uma das razões que fazem a refatoração um pouco menos importante durante o desenvolvimento.

Como mencionado acima, o **gerenciamento de mudanças** é baseado nas mudanças solicitadas pelos clientes e por outras partes interessadas para consertar erros de programação ou melhorar a funcionalidade (veja a Seção 10.7). Na maioria das vezes, eles preenchem os ***formulários de solicitação de mudança***, que são rastreados por um sistema de gerenciamento de *tickets*, de modo que cada solicitação seja respondida e resolvida. Uma ferramenta chave para o gerenciamento de mudanças é um sistema de controle de versão, que localiza todas as modificações feitas em todos os objetos, como descrevemos na Seção 10.4 e na 10.5.

Os parágrafos anteriores podem parecer conter informações semelhantes à quando estávamos descrevendo o desenvolvimento dos Métodos Ágeis; de fato, os três itens foram copiados do Manifesto Ágil (veja a Seção 1.3). Desse modo, *a manutenção é essencialmente um processo Ágil.* As solicitações de mudança são como as histórias dos usuários; a triagem das solicitações de mudança é similar à atribuição de pontos e utiliza o Pivotal Tracker para decidir como priorizar as histórias; e os novos lançamentos de produtos de software funcionam como as interações Ágeis do protótipo em funcionamento. A manutenção do Planeje-e-Documente também segue a mesma estratégia de separar um grande pedido em pedidos menores, para que seja mais simples de avaliá-los e implementá-los, assim como fazemos com as histórias com pontuação maior que oito (veja a Seção 7.2). Portanto, se o mesmo time está desenvolvendo e fazendo a manutenção do software, nada muda depois do primeiro lançamento do produto quando se usa o ciclo de vida Ágil.

Embora um artigo relate o uso bem sucedido de processos Ágeis para a manutenção de softwares desenvolvidos usando processos de Planeje-e-Documente (Poole and Huisman 2001), normalmente uma empresa que utiliza o Planeje-e-Documente para o desenvolvimento também o utiliza para a manutenção. Como vimos em capítulos anteriores, esse processo necessita de um gerente de projetos competente, que faz as estimativas de custos, desenvolve o calendário, reduz os riscos do projeto e formula um plano cuidadoso para todas as partes do projeto. Esse plano é refletido em diversas documentações, como vimos na Figura 7.13 e na Figura 8.22 e como veremos no próximo capítulo, nas figuras 10.9, 10.10 e 10.11. Assim, o impacto da mudança nos processos de Planeje-e-Documente não são só o custo para mudar o código, mas também o custo para mudar a documentação e o plano de testes. Por possuir um grande número de objetos, o Planeje-e-Documente precisa de mais esforço para sincronizar e manter todos eles consistentes quando uma mudança é feita.

Um ***Conselho de controle de mudanças*** examina todas as solicitações significativas para decidir se as mudanças devem ser incluídas na próxima versão do sistema. Esse grupo precisa das estimativas do custo de uma determinada mudança para decidir se a aprova ou não. O gerente de manutenção deve estimar o esforço e o tempo necessários para implementar cada mudança, de forma bem parecida da forma que o gerente do projeto fez inicialmente (veja a Seção 7.10). O grupo também pergunta ao time de controle de qualidade quais os custos dos testes, incluindo a execução de todos os testes de regressão e o desenvolvimento de novos testes (se necessário) para fazer a mudança. O grupo de documentação também faz uma estimativa dos custos para mudar a documentação. Finalmente, o grupo de suporte ao cliente, verifica se existe alguma outra solução alternativa antes de decidir se a mudança é urgente ou não. Além dos custos, o conselho também considera o aumento no valor do produto depois da mudança.

Para ajudar a se manter atento ao que ainda precisa ser feito nos processos de Planeje-e-Documente (você não ficará surpreso ao saber) que o IEEE oferece normas para ajudá-lo. A Figura 9.21 mostra o esboço de um plano de manutenção que segue a Norma de Manutenção 1219-1998 do IEEE.

Idealmente, as mudanças devem ser previsas no calendário de desenvolvimento para manter o código, documentação e planos sincronizados com um lançamento futuro. Infelizmente, algumas mudanças são tão urgentes que tudo é abandonado para tentar conseguir com que a nova versão seja lançada para o consumidor o mais rápido possível. A seguir alguns exemplos de situações que pedem manutenções urgentes:

Tasks	*In Plan and Document*	*In Agile*
Customer change request	Change request forms	User story on 3x5 cards in Connextra format
Change request cost/time estimate	By Maintenance Manager	Points by Development Team
Triage of change requests	Change Control Board	Development team with customer participation
Roles	Maintenance Manager	N.A.
	Maintenance SW Engineers QA team Documentation teams Customer support group	Development team

Figura 9.20: A relação entre as tarefas relacionadas à manutenção do Planeje-e-Documente em comparação com as metodologias Ágeis.

Table of Contents
1. Introduction
2. References
3. Definitions
4. Software Maintenance Overview
4.1 Organization
4.2 Scheduling Priorities
4.3 Resource Summary
4.4 Responsibilities
4.5 Tools, Techniques, and Methods
5. Software Maintenance Process
5.1 Problem/modification identification/classification, and prioritization
5.2 Analysis
5.3 Design
5.4 Implementation
5.5 System Testing
5.6 Acceptance Testing
5.7 Delivery
6. Software Maintenance Reporting Requirements
7. Software Maintenance Administrative Requirements
7.1 Anomaly Resolution and Reporting
7.2 Deviation Policy
7.3 Control Procedures
7.4 Standards, Practices, and Conventions
7.5 Performance Tracking
7.6 Quality Control of Plan
8. Software Maintenance Documentation Requirements

Figura 9.21: Esboço de um plano de manutenção que segue a Norma 1219-1998 para Manutenção de Sistemas e Engenharia de Software do IEEE.

- O produto para de funcionar.
- Um erro na segurança que torna os dados coletados pelo produto vulneráveis é identificado.
- Novos lançamentos do sistema operacional ou de bibliotecas forçam mudanças no produto para que ele continue a funcionar.
- Um concorrente lança um produto ou ferramenta que, se não forem igualados, podem afetar drasticamente os negócios do cliente.
- Novas leis aprovadas, que afetam o produto.

Backfilling é o termo que os engenheiros de manutenção usam para descrever o ato de sincronizar novamente o código depois de uma emergência.

Supõe-se que o time irá atualizar a documentação e os planos assim que a emergência acabar mas, na prática, as emergências podem ser tão frequentes que o time de manutenção não consegue deixar tudo em sincronia. Esse acúmulo é chamado de ***dívida técnica***. Esse tipo de procrastinação pode fazer com que o código se torne cada vez mais difícil de manter, o que, por sua vez, leva a uma necessidade crescente de refatorá-lo, conforme a "viscosidade" do código vai dificultando o processo de adicionar novas funcionalidades de maneira limpa. Enquanto a refatoração é uma parte natural dos Métodos Ágeis, é menos provável que o Comitê de Controle de Mudanças aprove mudanças que necessitam de refatoração porque essas mudanças são ainda mais caras. Isto é, — como o nome indica — se você não paga sua dívida técnica, ela cresce: quanto mais "feio" o código fica, mais propenso a erros ele se torna, como também se faz necessário mais tempo para refatorá-lo!

Além de estimar o custo de cada mudança em potencial para o Conselho de Controle de Mudança, um gerente da organização pode perguntar qual será o custo anual da manutenção de um projeto. O gerente de manutenção pode basear essa estimativa em métricas de software, assim como o gerente do projeto pode usar as métricas para estimar o custo para desenvolver um projeto (veja a Seção 7.10). As métricas são diferentes para manutenção, já que eles medem o processo de mudança. Exemplos de métricas que podem indicar maior dificuldade de manutenção incluem o tempo em média para analisar ou implementar uma solicitação de mudança e o aumento no número de solicitações de mudanças feitas ou aprovadas.

Em alguns momentos no ciclo de vida de um software surge a questão se é, ou não, a hora de ele ser substituído. Uma alternativa que é relacionada a refatoração é a chamada ***reengenharia***. Assim como na refatoração, a ideia é manter a funcionalidade igual, mas tornar o código muito mais fácil de manter. Exemplos incluem:

- Mudar o esquema do banco de dados.
- Usar uma ferramenta de engenharia reversa para melhorar a documentação.
- Usar uma ferramenta de análise de estrutura para identificar e simplificar estruturas de controle complexas.
- Usar uma ferramenta de tradução de linguagem para mudar o código de uma linguagem orientada a procedimento como a C ou COBOL para uma linguagem orientada a objetos como a C++ ou Java.

A esperança é que a reengenharia será muito menos cara e com mais chance de ser bem sucedida do que reimplementar o produto do zero.

Resumo: A ideia desta seção é que você pode pensar em métodos Ágeis como um processo de manutenção onde mudanças são a norma, onde você está em constante contato com o cliente e onde novas iterações do produto são implantadas rotineiramente para o cliente como novos lançamentos. Portanto, testes de regressão e refatoração são normas no processo Ágil, assim como elas são a fase de manutenção de Planeje-e-Documente. Nos processos de Planeje-e-Documente:

- Os ***Gerentes de Manutenção*** exercem a função de gerentes de projetos: eles interagem com o cliente e com os superiores, elaboram o calendário do projeto e fazem estimativas dos custos, documentam o plano de manutenção e orientam o trabalho dos ***engenheiros de manutenção de software***.
- Os Clientes e outras partes interessadas enviam uma ***solicitação de mudança***, que será triado pelo ***Comitê de Controle de Mudanças***, baseado nos benefícios da mudança e o custo estimado pelo gerente de manutenção, pelo time de documentação e pelo time de controle de qualidade.
- O ***Teste de Regressão*** exerce um importante papel na manutenção para garantir que novos recurso não interfiram no funcionamento dos antigos.
- A ***Refatoração*** também possui um papel importante, em parte porque, geralmente, a refatoração é menos usada durante o desenvolvimento do produto nos processos de Planeje-e-Documente, do que no desenvolvimento usando Métodos Ágeis.
- Uma alternativa para recomeçar quando o código se tornar cada vez mais difícil de manter é aplicar reengenharia no código, para diminuir o custo necessário de um um sistema sustentável

Um argumento a favor do uso de Métodos Ágeis é o seguinte: se dois terços do custo do produto está na fase de manutenção, por que não utilizar um processo de desenvolvimento de software compatível com a manutenção durante todo o ciclo de vida do produto?

Auto-avaliação 9.7.1. *Verdadeiro ou Falso: O custo de manutenção geralmente supera o custo de desenvolvimento.*
◇ Verdadeiro. ■

Auto-avaliação 9.7.2. *Verdadeiro ou Falso: Refatoração e reengenharia são sinônimos.*
◇ Falso: embora sejam termos relacionados, reengenharia muitas vezes se apoia em ferramentas automáticas e ocorre quando os softwares envelhecem e a manutenção se torna mais difícil; já a refatoração é um processo contínuo de melhoramento do código que acontece tanto no desenvolvimento, quanto na manutenção. ■

Auto-avaliação 9.7.3. *Relacione os termos de manutenção de Planeje-e-Documente (à esquerda) aos termos dos Métodos Ágeis (à direita):*

Solicitação de mudança	*Iteração*
Custo estimado da solicitação de mudança	*Icebox, Active columns do Pivotal Tracker*
Triagem de solicitação de mudança	*Pontos*
Lançamento	*Histórias do usuário*

◇ Solicitação de mudança $\Longleftrightarrow$ História do usuário; Custo estimado da solicitação de mudança $\Longleftrightarrow$ Pontos; Lançamento $\Longleftrightarrow$ Iteração; e Triagem de solicitação de mudança $\Longleftrightarrow$ *Icebox*, *Active columns* do Pivotal Tracker. ■

9.8 Falácias e Armadilhas

***Armadilha:* Confundir refatoração com melhoria.**

Enquanto você está refatorando ou criando testes adicionais (como testes de caracterização) na preparação para melhorar o código legado, existe uma grande tentação de consertar "pequenas coisas" durante o processo: métodos que parecem bagunçados, variáveis de instância que parecem obsoletas, códigos inativos que parecem nunca ter tido nenhuma utilidade, recursos "super simples" que parecem ser fáceis de adicionar, enquanto realiza as outras tarefas. *Resista a essas tentações!* Primeiro, a razão para estabelecer os testes de que estabelecem o que você entende como "verdade" no código previamente é te colocar em uma posição que lhe permita fazer mudanças com a certeza que não está comprometendo nada. Tentar fazer esses tipos de "melhorias" sem cobertura de testes é quase uma certeza de que algo vai dar errado. Segundo, como dissemos antes e iremos repetir novamente, programadores são otimistas demais: coisas que parecem fáceis de arrumar podem te desviar por muito tempo da sua tarefa principal de refatoração, ou pior, pode deixar a base de código em um estado instável, no qual você terá que desfazer tudo para continuar refatorando. A solução é simples: quando você está refatorando ou criando a base do seu trabalho, foque obsessivamente em completar essas fases *antes* de tentar melhorar o código.

***Falácia:* Será mais rápido recomeçar com novo código limpo do que consertar o projeto.**

É certo que a gerência vai, sabiamente, te impedir de fazer isso de qualquer forma. Mas, além disso, existem muitas razões que mostram como essa ideia é, quase sempre, equivocada. Primeiro, se você não teve tempo para entender o sistema, você não está em posição de avaliar o quão difícil será refazer o projeto e provavelmente vai acabar subestimando imensamente o esforço que terá que fazer, dado o incurável otimismo dos programadores. Segundo, mesmo sendo feio, o sistema atual *funciona*; um princípio importante de fazer pequenas iterações nos Métodos Ágeis é "sempre ter código funcionando"; ao começar de novo, você estará jogando tudo isso fora. Terceiro, se você utilizar Métodos Ágeis quando for refazer o projeto, você terá que desenvolver histórias de usuários e cenários para direcionar conduzir o trabalho, o que significa que você terá que priorizá-los e escrever alguns deles para garantir que você capturou pelo menos a funcionalidade do sistema atual. Provavelmente seria mais rápido usar as técnicas neste capítulo para escrever cenários específicos para essas partes do sistema, e só então melhorar e direcionar o novo código, ao invés de refazer o projeto completamente.

Isso significa que você *nunca* deve começar do zero? Não. Como Rob Mee do Pivotal Labs aponta, chegará um momento no qual a base de código atual se afastará tanto do projeto original que se tornará uma empecilho, a ponto de que começar de novo pode ser a melhor coisa a se fazer. (Algumas vezes esse é o resultado de não fazer a refatoração em momento oportuno!) Mas em todos os sistemas, com exceção dos mais simples, essa deve ser a última opção, quando outras soluções forem pensadas com cuidado e consideradas incapazes de atender as necessidades do cliente.

⚠ ***Armadilha:* Aderência muito rígida às métricas ou prevenção "alérgica" a cheiros no código.**

No Capítulo 8 nós alertamos que a corretude pode não ser garantida se nos basearmos em um único tipo de teste (unidade, funcional, integração/aceitação) ou se nos basearmos exclusivamente na cobertura quantitativa do código como a medida da completude dos testes. De maneira similar, a qualidade do código não pode ser garantida por nenhuma métrica ou por evitar um cheiro de código específico. Portanto, a ferramenta `metric_fu` inspeciona o seu código usando múltiplas métricas e procurando diferentes cheiros de códigos, para que você possa identificar uma "área de perigo" onde múltiplos problemas com a mesma parte do código pedem a refatoração.

9.9 Considerações Finais: Refatoração Contínua

Um navio em um porto está seguro, mas não é para isso que os navios são construídos.

—Grace Murray Hopper

Como dissemos no início do capítulo, modificar código legado não é uma tarefa que deva ser considerada fácil, e as técnicas necessárias devem ser melhoradas com a experiência que vai sendo adquirida. A primeira vez é sempre a mais difícil. Mas habilidades fundamentais como a refatoração ajudam tanto com código legado, quanto com um código novo e, como vimos, existe uma conexão profunda entre código legado, refatoração, testabilidade e cobertura de testes. Nós utilizamos códigos que não eram nem bons, nem testáveis — tinham pontuação bem ruim de acordo com as métricas de complexidade e de cheiros de códigos, e o isolamento de comportamentos para o teste de unidade estava estranho — e com a refatoração fizemos com que o código recebesse uma pontuação de métricas bem melhor, se tornasse mais fácil de ler e entender e mais fácil de testar. Em resumo, mostramos que *bons métodos são testáveis, e métodos testados são bons*. Nós usamos refatoração para tornar um código existente mais "belo", mas as mesmas técnicas podem ser utilizadas quando as melhorias propriamente ditas estiverem sendo feitas. Por exemplo, se nós precisarmos adicionar funcionalidades a um método existente ao invés de simplesmente adicionar um punhado de linhas de código e arriscar violar uma ou mais das diretrizes do SOFA, nós podemos aplicar Extraia Método para colocar a funcionalidade em um novo método será chamado no método original. Como você pode ver, essa técnica tem um benefício extra, com ela nós já sabemos como desenvolver novos métodos utilizando TDD!

Essa observação explica porque o TDD nos direciona naturalmente para códigos bons e testáveis — é difícil um método não ser testável, se o teste foi escrito primeiro — e ilustra a racionalidade por trás da etapa de refatoração do Vermelho–Verde–Refatore. Se você está constantemente refatorando enquanto escreve o código, cada mudança individual será provavelmente menor e gastará menos tempo e concentração, além de provavelmente tornar o seu código mais belo. Quando você extrai métodos menores de métodos maiores, você está identificando colaboradores, descrevendo o propósito do código ao escolher bons nomes e inserindo emendas que auxiliam a testabilidade. Quando você renomeia uma variável com um nome mais descritivo, você está documentando a intensão do projeto.

Mas se você continuar colocando novas funcionalidades em seu código *sem* refatorar durante o processo, quando a refatoração finalmente se fizer necessária (e esse momento vai chegar), será muito mais difícil e irá requerer mudanças muito mais significativas, como as apresentadas nas seções 9.2 e 9.3. Em resumo, a refatoração vai deixar de ser uma atividade de segundo plano que gasta um pouco a mais de tempo para se tornar uma atividade de primeiro plano que tomará todo o seu foco e concentração como preço para adicionar mais valor ao cliente.

Por serem otimistas, os programadores sempre pensam que "Isso não vai acontecer comigo; Eu escrevi esse código, então eu o conheço o suficiente para fazer com que a refatoração não seja tão complicada." Mas na verdade, seu código se torna código legado assim que é implantado, e você segue trabalhando em outras partes do código. A menos que você tenha uma máquina do tempo e possa falar consigo mesmo no passado, é bastante improvável que você se lembre no que estava pensando quando você escreveu o código original, portanto a clareza do código deve falar por si mesma.

Essa visão de constante refatoração nos Métodos Ágeis não deve te surpreender: assim como com o desenvolvimento, os testes e o levantamento de requisitos, a refatoração não é uma "fase" que possui tempo determinado, mas sim um processo contínuo. No Capítulo 12 nós iremos ver que a visão de contínuo vs. fases, também vale para a implantação e operação.

Pode ser surpreendente que as características fundamentais dos Métodos Ágeis os tornem uma excelente solução para as necessidades da manutenção do software. De fato, nós conseguimos pensar em Métodos Ágeis como algo que não tem uma fase de desenvolvimento, mas que está em modo de manutenção desde o começo do seu ciclo de vida!

9.10 Para Aprender Mais

Trabalhar com código legado não se trata exclusivamente de fazer refatorações, mas, como vimos, refatoração é uma parte importante do trabalho. A melhor maneira de ficar melhor em fazer refatorações é utilizá-las bastante. Inicialmente, recomendamos que você leia o livro de refatorações de Fowler apenas para obter uma visão geral das várias refatorações que foram catalogadas. Nós recomendamos a versão específica para Ruby (Fields et al. 2009), uma vez que nem todos cheiros de código que aparecem em linguagens estaticamente tipadas ocorrem em Ruby; existem versões disponíveis para outras linguagens populares, como o Java. Nós introduzimos apenas alguns neste capítulo; a Figura 9.22 lista outros exemplos. Conforme você se torna mais experiente, você vai reconhecer as oportunidades de refatoração sem consultar o catálogo toda hora.

Os cheiros de código surgiram no movimento dos Métodos Ágeis. Novamente, nós introduzimos apenas alguns dos mais importantes; a Figura 9.23 lista outros exemplos. Nós introduzimos, também, algumas métricas de software simples; durante mais de quatro décadas de engenharia de software, muitas outras foram produzidas para capturar a qualidade do código e muitos estudos analíticos e empíricos foram feitos sobre os custos e benefícios da manutenção do software. Robert Glass (Glass 2002) produziu uma coleção concisa de *Fatos & Falácias da Engenharia de Software*, baseado em sua experiência, na literatura acadêmica, e focando principalmente nos custos estimados vs. custos reais e nos benefícios das atividades de manutenção.

M. Feathers. *Working Effectively with Legacy Code.* Prentice Hall, 2004. ISBN 9780131177055.

J. Fields, S. Harvie, M. Fowler, and K. Beck. *Refactoring: Ruby Edition.* Addison-Wesley Professional, 2009. ISBN 0321603508.

Category	Refactorings		
Composing Methods	*Extract method* *Replace method with method object* Remove parameter assignments	Replace temp with method Inline temp Substitute algorithm	Introduce explaining variable Split temp variable
Organizing Data	self-encapsulate field replace array/hash with Object	replace data value with object *Replace magic number with symbolic constant*	change value to reference
Simplifying Conditionals	*Decompose Conditional* Replace Conditional with Polymorphism Consolidate Duplicate Conditional Fragments	Consolidate Conditional Replace Type Code with Polymorphism Remove Control Flag	Introduce Assertion Replace Nested Conditional with Guard Clauses Introduce Null Object
Simplifying Method Calls	Rename Method Replace Parameter with Explicit Methods	Add Parameter Preserve Whole Object	Separate Query from Modifier Replace Error Code with Exception

Figura 9.22: Várias refatorações de Fowler, incluindo as refatorações introduzidas neste capítulo em itálico.

Duplicated Code	Temporary Field	Large Class	Long Parameter List
Divergent Change	Feature Envy	Primitive Obsession	Metaprogramming Madness
Data Class	Lazy Class	Speculative Generality	Parallel Inheritance Hierarchies
Refused Bequest	Message Chains	Middle Man	Incomplete Library Class
Too Many Comments	Case Statements	Alternative Classes with Different Interfaces	

Figura 9.23: Vários cheiros de códigos descritos por Fowler e Martin, com os cheiros de código introduzidos neste capítulo em itálico.

M. Fowler, K. Beck, J. Brant, W. Opdyke, and D. Roberts. *Refactoring: Improving the Design of Existing Code*. Addison-Wesley Professional, 1999. ISBN 0201485672.

R. L. Glass. *Facts and Fallacies of Software Engineering*. Addison-Wesley Professional, 2002. ISBN 0321117425.

R. Green and H. Ledgard. Coding guidelines: Finding the art in the science. *Communications of the ACM*, 54(12):57–63, Dec 2011.

B. P. Lientz, E. B. Swanson, and G. E. Tompkins. Characteristics of application software maintenance. *Communications of the ACM*, 21(6):466–471, 1978.

R. C. Martin. *Clean Code: A Handbook of Agile Software Craftsmanship*. Prentice Hall, 2008. ISBN 9780132350884.

O. Nierstrasz, S. Ducasse, and S. Demeyer. *Object-Oriented Reengineering Patterns*. Square Bracket Associates, 2009. ISBN 395233412X.

C. Poole and J. W. Huisman. Using extreme programming in a maintenance environment. *Software, IEEE*, 18(6):42–50, 2001.

Notas

[1] `http://www.akit.org/2011/06/clipper-could-be-overcharging-you-for.html`
[2] `http://campfirenow.com`
[3] `http://basecamphq.com`
[4] `http://en.wikibooks.org/wiki/Ruby_Programming/RubyDoc`
[5] `http://api.rubyonrails.org`
[6] `http://paulschreiber.com/blog/2010/06/15/rake-task-extracting-database-contents/`
[7] `http://c2.com/doc/oopsla89/paper.html`
[8] `https://vimeo.com/24668095`
[9] `http://codeclimate.org`

9.11 Projetos Sugeridos

Projeto 9.1. *Você recebe a tarefa de desenvolver uma API RESTful para um suposto sistema legado de inscrição (A de Berkeley é chamado TeleBears). Uma descrição "de fora para dentro" do sistema (ou seja, sem examinar o esquema do banco de dados) está representada a seguir:*

- *Um curso tem um departamento, um número e um nome, por exemplo, "Ciência da Computação, 169, Engenharia de Software".*
- *O oferecimento de um curso especifica informações adicionais:*
  - *o semestre (Outono, Primavera ou Verão) e o ano em que o curso é ministrado,*
  - *o prédio e o número da sala,*
  - *o(s) dia(s) e horário(s) das aulas em cada semana,*
  - *o(s) dia(s) e horário(s) das aulas de revisão de matérias dadas por semana (não são todos os cursos que possuem essas aulas),*

- *o professor,*
- *o número máximo de alunos que podem se inscrever.*

Cada oferecimento tem um único ID, chamado de número de controle.

Faça um esboço de um diagrama UML descrevendo o projeto desse sistema e estabeleça rotas de RESTful (na forma de um arquivo de `routes.rb` *simplificado, ou uma tabela similar a apresentada na Figura 5.19) para poder realizar, pelo menos as operações a seguir:*

- *Procurar o oferecimento de cursos por qualquer combinação de nomes de departamento, nome do professor (combinação parcial OK), semestre no qual o curso está sendo oferecido*
- *Encontrar horários de reunião para um curso oferecido (sessões de leitura, sessões de recitação, etc., cada uma com um espaço de tempo e ID, dia e horário)*
- *Matricular um estudante em um curso oferecido*

Projeto 9.2. *Dado o seu desenho para o Projeto 9.1, faça uma estimativa do impacto de uma solicitação de mudança, que permitiria várias "sessões" simultâneas de um curso a ser ministrado no mesmo semestre. A mudança pode afetar o esquema, interação de classes, como também o modo como as buscas são feitas, e assim por diante.*

Projeto 9.3. *Selecione um serviço externo da Internet que tenha uma interface de usuário relativamente simples e use o Cucumber para criar alguns testes de caracterização no nível de integração. Você pode usar a ferramenta* `mechanize` *para permitir a execução do Cucumber usando o site remoto.*

Projeto 9.4. *Identifique um sistema legado de software em funcionamento que você irá inspecionar. Como sugestão, você pode usar a lista de projetos de Rail de código aberto em Open Source Rails*[1]*, ou você pode selecionar um dos dois projetos criados por estudantes que usaram este livro: ResearchMatch*[2]*, que auxiliam estudantes a encontrar oportunidades de pesquisa em suas universidades, e o VisitDay*[3]*, que ajuda a organizar reuniões entre estudantes e membros da faculdade.*

Escolha um destes projetos, clone ou faça um fork do repositório, e execute a aplicação em um ambiente de desenvolvimento. Isso provavelmente exigirá a criação de um banco de dados de desenvolvimento, e a configuração do `config/development.rb` *para igualar e criar o esquema do banco de dados em* `db/schema.rb`*.*

Projeto 9.5. *Continuando o Projeto 9.4, tente executar as suítes de testes no ambiente de desenvolvimento. Uma vez que os testes estiverem funcionando, use o SimpleCov para avaliar a cobertura dos testes. (Dica: como descrito no Capítulo 8, você pode adicionar SimpleCov no arquivo de Configuração do Rsec* `spec/spec_helper.rb`*.)*

Projeto 9.6. *Continuando o Projeto 9.4, reúna algumas métricas de qualidade do código e os cheiros de código. Você pode usar as ferramentas descritas neste capítulo, como as ferramentas* `reek` *e* `metric_fu`*, ou você pode tentar usar o CodeClimate*[4]*, que oferece análise ds código como um dos seus serviços.*

Projeto 9.7. *Continuando o Projeto 9.4, escolha um subsistema (por exemplo, o modelo, visão e controlador associado com um tipo de recurso) do aplicativo e conduza uma revisão do projeto. Identifique um ponto fraco no projeto atual e o remova utilizando refatoração. Certifique-se de que você tenha testes de cobertura funcionando para garantir que a refatoração não altere nenhuma funcionalidade existente.*

Projeto 9.8. *Continuando o Projeto 9.4, conduza uma inspeção e revisão detalhada do código de um arquivo-fonte não trivial. Identifique um ou mais cheiros de código no arquivo e os remova utilizando refatoração. Certifique-se de que você tenha testes de cobertura funcionando corretamente para garantir que a refatoração não altere nenhuma funcionalidade existente.*

10 Gestão de projetos: Scrum, Programação em Pares e Sistemas de Controle de Versão

Fred Brooks, Jr. (1931–) é autor do clássico livro de engenharia de software *The Mythical Man-Month*, baseado nos anos em que liderou os esforços de desenvolvimento do sistema operacional IBM OS/360, após gerenciar o projeto System/360 e reportar-se diretamente ao diretor da IBM, T.J. Watson Jr. O System/360 foi a primeira família de computadores a ter sua arquitetura de conjunto de instruções compatíveis com uma vasta rede de produtos. Muitos têm argumentado que esse é o primeiro sistema no qual o termo "arquitetura de computadores" poderia ser significativamente aplicado. Brooks recebeu o Prêmio Turing, em 1999, por suas contribuições a arquiteturas de computadores, a sistemas operacionais e à engenharia de software.

Não há vencedores em uma equipe perdedora, nem perdedores em uma equipe vencedora.

—Fred Brooks, citando o treinador Dean Smith da Carolina do Norte, 1990

Conceitos

As grandes ideias deste capítulo estão relacionadas ao tamanho da equipe, sua organização e à gestão de configurações que mantém o controle dos artefatos construídos pelas equipes.

As versões desses conceitos no ciclo de vida Ágil são:

- As equipes com tamanho de ***"duas pizzas"*** são formadas por quatro a nove pessoas.
- As equipes auto-organizadas seguem o modelo ***Scrum***, usam um companheiro de equipe para atuar como o ***Proprietário do produto***, ou seja, fazer o papel do cliente, e outro exercer a função de ***ScrumMaster***, cujo dever é proteger a equipe de distrações externas. Esses papéis se alternam entre os membros da equipe ao longo do tempo.
- A ***programação em pares*** é uma forma de reforçar a comunicação entre os membros da equipe e melhorar, com o uso de duas cabeças, a qualidade do código enquanto os testes e o código em si estão sendo desenvolvidos.
- Um bom uso de ***controle de versão***, auxiliado por ferramentas como o ***Git***, resolvem alguns dos desafios de gerenciamento de código em um projeto que inclui de quatro a nove engenheiros de software.

Para o ciclo de vida do Planeje-e-Documente, você será familiarizado com os mesmos conceitos, mas de de uma perspectiva diferente:

- O ***gerente de projeto*** escreve o contrato, interage com o cliente e com a gerência e recruta e gerencia o desenvolvimento da equipe, resolve conflitos e documenta os planos para o gerenciamento das configurações e do próprio projeto em si.
- Enquanto o tamanho dos grupos são similares aos grupos de Ágil, grandes equipes podem ser criadas combinando-se vários grupos usando uma hierarquia sob supervisão do gerente de projeto, onde cada grupo possui seu próprio líder.
- ***Inspeções*** permitem que pessoas de fora possam dar *feedback* sobre o projeto atual e sobre os planos futuros, além de verificarem se as boas práticas estão sendo seguidas.
- O ***Gerenciamento de configurações*** inclui o ***controle de versão*** dos componentes do software durante seu desenvolvimento, a ***construção do sistema*** com o uso coerente desses componentes, o ***gerenciamento de lançamentos*** para lançar novas versões de produtos e o ***gerenciamento de alterações*** para a manutenção dos produtos lançados.

Hoje em dia, programação é essencialmente um esporte coletivo, independente do ciclo de vida utilizado, e as técnicas desse capítulo podem auxiliar essas equipes a serem bem sucedidas.

10.1 É preciso um esforço de equipe: "Duas Pizzas" e Scrum

As seis fases de um projeto:

1. *Entusiasmo*
2. *Desilusão*
3. *Pânico*
4. *Procura pelo culpado*
5. *Punição do inocente*
6. *Admiração por aqueles que não participaram*

—Dutch Holland (Holland 2004)

.

Como mencionamos diversas vezes neste livro, o ciclo de vida Ágil utiliza, normalmente, interações com duração de uma ou duas semanas que começam e terminam com um protótipo funcional. Cada interação implementa algumas histórias de usuário que agem como testes de aceitação ou integração. As partes interessadas examinam o produto após a interação para garantir se ele atende às expectativas e, posteriormente, priorizaram as histórias remanescentes do usuário.

Os dias de desenvolvedor "herói" fazem parte do passado. Onde antes um único indivíduo brilhante era capaz de criar softwares completamente inovadores, hoje, com as expectativas mais altas sobre o número de funcionalidades e a qualidade do software, podemos dizer que o desenvolvimento de software é, essencialmente, um esporte coletivo Deste modo, sucesso, hoje em dia, não significa apenas que você possui um excelente design e habilidades de codificação, mas que você trabalha bem com outras pessoas e pode ajudar a sua equipe a ser bem sucedida. Como afirma a citação de abertura de Fred Brooks, não se pode ganhar se a sua equipe perde, e não se pode perder se a sua equipe ganha.

Jeff Bezos, o diretor geral da Amazon, graduado em ciência da computação, criou o conceito de "duas pizzas" para caracterizar o tamanho de equipes.

Portanto, o primeiro passo para um projeto de desenvolvimento de software é formar e organizar uma equipe. Quanto ao tamanho, a equipe de "duas pizzas" — um grupo que possa ser alimentado por duas pizzas em um encontro — geralmente é o tamanho de equipes que desenvolvem projetos SaaS. Nossas discussões com engenheiros de software experientes sugerem que, apesar do tamanho da equipe variar de empresa para empresa, uma equipe tradicionalmente é composta por algo entre quatro a nove pessoas.

Um Scrum é realizado em cada mínima infração no rugby. O jogo é interrompido para que os jogadores façam um "encontro" rápido, a fim de recomeçar a partida.

Embora existam muitas maneiras de organizar o desenvolvimento de software de "duas pizzas", um jeito popular, hoje em dia, é usar ***Scrum*** (Schwaber and Beedle 2001). Suas reuniões curtas e frequentes — todos os dias, durante 15 minutos, na mesma hora e lugar — exigem que cada membro da equipe responda a três questões:

1. O que você fez desde a reunião de ontem?
2. O que você está planejando fazer hoje?
3. Existe algum impedimento ou obstáculo?

O benefício desses encontros diários é que, ao entender o que cada membro da equipe está fazendo, o grupo pode identificar tarefas que ajudariam os outros a progredirem mais rapidamente.

Quando combinado com o modelo de interação semanal ou quinzenal de métodos Ágeis para coletar o *feedback* dos *stakeholders*, a organização de Scrum faz com que o progresso em direção ao que os consumidores realmente querem seja mais rápido. Ao invés de usar o termo "interação" de métodos Ágeis, o Scrum usa o termo ***sprint*** (corrida).

O Scrum tem três funções principais:

1. **Equipe** — Uma equipe do tamanho de "duas pizzas" que entrega o software.

2. **ScrumMaster** — O membro da equipe que funciona como uma proteção entre a equipe e as distrações externas, mantém a equipe focada no trabalho em questão, impõe regras à equipe e remove os obstáculos que impedem o grupo de progredir. Um exemplo é vigiar se os ***padrões de código***, ou diretrizes de estilo, estão sendo seguidos corretamente para melhorar a coerência e legibilidade do código.

3. **Proprietário do produto** (*product owner*) — um membro da equipe (com exceção do ScrumMaster) que representa a voz do cliente e prioriza histórias de usuário.

Padões de código ou ***folhas de estilo***, estão disponíveis para Rails[5], Python[6], JavaScript[7], C++[8] e para muitas outras linguagens de programação.

O Scrum baseia-se na auto-organização e os membros da equipe frequentemente se revezam entre funções diferentes. Por exemplo, recomenda-se que todos os membros assumam a função de proprietário do produto alternando-se, entre si, a cada interação ou corrida.

Assim como em qualquer trabalho em grupo, conflitos podem ocorrer a cerca das direções técnicas que devem ser seguidas. Dependendo da personalidade de alguns membros da equipe, é possível que um acordo não seja rapidamente alcançado. Uma abordagem para resolver conflitos é elaborar uma lista com os tópicos que agradam a todos ao invés de começar com um levantamento dos que não agradam. Essa técnica pode ajudar os membros da equipe a perceberem que, talvez, estejam mais próximos do que imaginam. Outro método é a articulação de um membro da equipe sobre a ideia de outro integrante do grupo. Esse método ajuda ambos os lados a entenderem com maior clareza os argumentos citados, mesmo que não concordem com alguns deles. Esse processo pode reduzir confusões sobre os termos e hipóteses, que, provavelmente, sejam a causa principal do conflito.

Sumário: SaaS e equipes Scrum (uma pequena equipe auto-organizada que se encontra diariamente) do tamanho de "duas pizzas" são uma boa combinação. Dois membros da equipe assumem as funções adicionais de ScrumMaster, responsável por remover obstáculos e manter o foco do grupo, e proprietário do produto, cujo papel é representar o cliente. Seguir uma estratégia bem estruturada para a resolução de conflitos pode ser de grande ajuda.

■ ***Elaboração: Padrões de código***

são diretrizes de estilo que todos da equipe devem seguir. O objetivo é melhorar a consistência e legibilidade do código. Por exemplo, aqui está um padrão para Rails[9] e os oferecidos pelo Google para Python[10], JavaScript[11] e várias outras linguagens.

Auto-avaliação 10.1.1. *Verdadeiro ou Falso: O Scrum funciona melhor quando é difícil planejar com antecedência.*

◇ Verdadeiro: O Scrum conta com *feedbacks* dados em tempo real ao invés de usar métodos de gestão tradicionais com planejamento e controle centralizados. ■

Dada a organização da equipe, estamos prontos para começar a programação.

10.2 Programação em pares

Q: No Google você compartilha sua sala e até escreve código com outra pessoa.
Sanjay: "Nós sentamos, um de nós fica digitando e o outro olhando, e conversamos o tempo todo sobre ideias, que vão e voltam ".

—Entrevista com Jeff Dean e Sanjay Ghemawat, criadores do MapReduce(Hoffmann 2013)

O nome *Extreme Programming* (Programação eXtrema ou simplesmente XP), que é a variante do ciclo de vida Ágil que seguimos nesse livro, sugere um rompimento com o antigo modo de desenvolvimento de software. Uma nova opção, neste admirável mundo novo do software, é a ***programação em pares***. O objetivo é a otimização da qualidade do software através do desenvolvimento de um mesmo trecho de código por mais de uma pessoa. Como o próprio nome sugere, dois desenvolvedores de software compartilham um computador. Cada um assume uma função diferente:

- O ***piloto*** digita o código e pensa estrategicamente em como completar a tarefa corrente, explicando seus pensamentos em voz alta enquanto digita.
- O ***observador*** ou ***navegador*** — seguindo a analogia automobilística — revisa cada linha do código assim que ela é digitada e se comporta como uma rede de segurança para o piloto. O navegador também pensa estrategicamente sobre problemas futuros que precisarão ser resolvido e faz sugestões para o piloto.

Dilbert sobre Programação em pares A história em quadrinhos Dilbert faz piadas sobre a programação em pares em duas[12] de suas tirinhas[13].

Normalmente, uma dupla se alternará entre direção e a navegação conforme realizam suas tarefas. A Figura 10.1, mostra engenheiros da Pivotal Labs — produtores do Pivotal Tracker — que passam a maior parte do dia fazendo programação em pares. (Moore 2011)

A programação em pares é uma atividade cooperativa e, portanto, deve envolver muito diálogo. Essa prática concentra esforços na tarefa em questão, e duas pessoas trabalhando juntas aumentam a probabilidade de um bom desenvolvimento. Se um dos parceiros está silencioso ou verificando email, então o que se tem não é programação em pares, mas sim duas pessoas sentadas perto uma da outra.

A programação em pares tem, por consequência, um efeito de transferência de conhecimento entre a dupla, incluindo expressões idiomáticas de programação, artimanhas de ferramentas, processos da empresa, desejos do cliente, entre outros. Dessa forma, para ampliar a base de conhecimentos, algumas equipes trocam, propositalmente, de parceiros em cada tarefa, de forma que todos possam programar juntos pelo menos uma vez. Por exemplo, o ***pareamento promíscuo*** de um grupo de quatro líderes leva a seis pareamentos diferentes.

Os estudos sobre programação em pares versus programação solo sustentam a percepção de que o tempo de desenvolvimento do software é reduzido, e há um melhoramento na qualidade do mesmo. Por exemplo, (Cockburn and Williams 2001) relatou uma redução de 20% a 40% no tempo e constatou que o código inicial falhou em 15% dos testes, ao contrário dos desenvolvedores solo, onde a falha foi de 30%. No entanto, o par de desenvolvedores levou,

Figura 10.1: Sarah Mei e JR Boyens, da Pivotal Labs, empenhados na programação em pares. Sarah está dirigindo e JR está navegando. Apesar dos dois teclados estarem visíveis, apenas Sarah está codificando; o computador à frente de JR é para documentação e outras informações relevantes, tais como o Pivotal Tracker, visível na foto à direita. Todas as estações de emparelhamento (visíveis no cenário), são idênticas e não possuem software de correio eletrônico ou qualquer outro software instalado; outros computadores, distantes das estações de emparelhamento, são fornecidos para verificar os e-mails. Foto por Tonia Fox, cortesia da Pivotal Labs.

aproximadamente, 15% a mais de horas para completar as tarefas do que os desenvolvedores solo. A maioria dos programadores profissionais, analistas e gerentes com dez anos de experiência na Microsoft relataram que a programação em pares funcionou bem para eles e gerou melhoria na qualidade do software. Em (Begel and Nagappan 2008), uma pesquisa sobre estudos de programação em pares concluiu que a equipe é mais rápida quando a complexidade da tarefa de programação é pequena — talvez um ponto na escala Tracker — e produz soluções de código de alta qualidade quando a complexidade da tarefa é grande, ou três pontos na escala Tracker. Em ambos os casos, foi preciso maior esforço do par de programadores do que dos desenvolvedores solo (Hannay et al. 2009).

A experiência na Pivotal Labs sugere que esses estudos podem não levar em consideração o impacto negativo na produtividade causado por distrações do nosso mundo moderno, cada vez mais interligado através do correio eletrônico, Twitter, Facebook, entre outros. A programação em pares força ambos os desenvolvedores a prestarem atenção na tarefa atual por horas seguidas. De fato, os funcionários novos da Pivotal Labs vão para casa exaustos por não estarem acostumados a se concentrarem por longos períodos.

Mesmo que a programação em pares exija mais esforço, uma maneira de alavancar os ganhos de produtividade com Ágil e Rails é "gastar" esses esforços na programação em pares. Duas cabeças desenvolvendo um código podem reduzir o tempo de lançamento de um novo software, ou melhorar a qualidade do produto final. Nós recomendamos que você experimente fazer programação em pares, pois muitos programadores a adoram.

Sumário: Quando é hora de começar a codificar, uma das abordagens é a programação em pares, onde há um comprometimento com a maior qualidade de desenvolvimento do software em um período de tempo reduzido, apesar de os custos de programação possivelmente serem mais elevados devido ao trabalho de duas pessoas. A dupla se divide entre o piloto e o navegador, sendo que o primeiro trabalha, taticamente, para completar as tarefas e o segundo pensa, estrategicamente, sobre futuros desafios e faz sugestões para o piloto.

Auto-avaliação 10.2.1. *Verdadeiro ou Falso: Pesquisas sugerem que a programação em*

pares é mais rápida e menos cara do que a programação solo.
◇

Falso: Embora não exista experimentos cuidadosos que agradariam os especialistas em comportamento humano, o consenso dos pesquisadores indica que a programação em pares é mais cara — pois exige mais horas do programador em cada tarefa — do que a programação solo. ■

Auto-avaliação 10.2.2. *Verdadeiro ou Falso: Uma dupla descobrirá, eventualmente, quem é o melhor piloto e quem é o melhor observador, para, em seguida, fixar esses papéis.*
◇ Falso: Uma dupla eficaz se alternará entre os dois papéis, ao passo que é mais benéfico (e divertido) observar e pilotar. ■

Para uma equipe trabalhar em uma mesma base de código com muitas revisões e partes independentes, é preciso ferramentas para auxiliar a gerir os esforços.

10.3 Projeto Ágil e Revisões de código?

A Seção 10.7 descreve o uso de revisões de projetos e de códigos (*project and code reviews*) para melhorar a qualidade do software. A maioria das empresas que utilizam métodos Ágeis não realizam revisões de código ou de projeto.

Por exemplo, a "sabedoria popular" na Pivotal Labs é que a realização de programação em pares torna tais revisões desnecessárias, já que o código está continuamente em revisão durante o desenvolvimento. No GitHub, o processo formal de revisão do código é substituído por ***pull requests***, nos quais o desenvolvedor solicita que suas últimas mudanças de código sejam integradas à base de código principal, como descrito na próxima seção. Todos os desenvolvedores de uma equipe vêm cada uma dessas requisições e determinam o quanto isso deve afetar seus próprios códigos. Se alguém notar algum problema, inicia-se uma discussão *online* em torno da solicitação, talvez facilitada por ferramentas como o Campfire ou o GitHub Issue Tracking (veja a Seção 10.6), que devem resultar em mudanças para o código em questão antes da solicitação ser completada. Uma vez que muitos *pull requests* acontecem todos os dias, essas "mini-revisões" ocorrem continuamente e, portanto, não há nenhuma necessidade para encontros especiais.

10.4 Controle de versão para uma equipe de "duas pizzas": resolução de conflitos

Há um grupo de pessoas muito interessantes, nos estados Unidos e em todo mundo, que fazem programação social. O mais interessante não é o que elas fazem no Twitter, mas o que elas fazem no GitHub.

—Al Gore, Ex-vice-presidente dos EUA, 2013

> Esta seção e a próxima assumem que o leitor possui certa familiaridade com as práticas de controle de versão básicas do Git. A Seção A.6 resume os conceitos básicos, enquanto a Seção 10.10 sugere materiais onde você pode aprender os conceitos mais avançados.

Boas práticas de controle de versão são ainda mais importantes para uma equipe do que para desenvolvedores solo. Como o repositório é gerenciado? O que acontece se os membros da equipe, acidentalmente, fizerem algumas mudanças conflitantes em um mesmo conjunto de arquivos? Quais linhas em um determinado arquivo foram alteradas? Quando, e por quem, elas foram modificadas? Como um desenvolvedor deve trabalhar em uma nova funcionalidade sem introduzir problemas em um código estável? Quando um software é desenvolvido *http://pastebin.com/ZNhAt2RR*

```
1 Roses are red,
2 Violets are blue.
3 <<<<<<< HEAD:poem.txt
4 I love GitHub,
5 =======
6 ProjectLocker rocks,
7 >>>>>>> 77976da35a11db4580b80ae27e8d65caf5208086:poem.txt
8 and so do you.
```

Figura 10.2: Quando Bob tenta mesclar (*merge*) as mudanças feitas por Amy, o Git insere marcadores de conflitos no `poem.txt` **para indicar que um conflito ocorreu durante o *merge*. A linha três marca o início da região em conflito com durante o *merge*. A linha três marca o início da região em conflito com <<<; tudo até === (linha 5), mostra o conteúdo do** `HEAD` **(o último *commit* no repositório local de Bob). Todo o resto, até o fim do conflito >>> (linha 7), mostra as mudanças feitas pela Amy (o arquivo tal como ele aparece no *commit* da Amy que causou o conflito, cujo commit-ID está na linha 7). As linhas 1, 2 e 8 não foram afetadas ou foram mescladas automaticamente pelo Git.**

por uma equipe, o controle de versão pode ser utilizado para enviar essas questões usando ***merging*** fusão e ***branching*** (ramificação). Ambas as tarefas envolvem combinar as mudanças produzidas por muitos desenvolvedores em uma única base de código; um dever que, às vezes, requer a resolução manual dos conflitos nas mudanças.

Equipes pequenas trabalhando em um mesmo conjunto de arquivos normalmente utilizam um modelo de ***repositório compartilhado*** para gerenciar repositório: uma cópia privada do repositório, chamada de origem (*origin*), é designada como a cópia oficial, e todos os desenvolvedores concordam em enviar (*push*) suas mudanças para a origem e, periodicamente, obter as modificações realizadas por outras pessoas (*pull*) da origem. O próprio Git não se importa com a cópia oficial — qualquer desenvolvedor pode obter (***pull***) ou enviar (***push***) mudanças para a cópia do repositório de qualquer outro desenvolvedor se as permissões do repositório estiverem configuradas para isso —, mas para pequenas equipes é conveniente (e convencional), que o repo original resida na nuvem, como por exemplo no GitHub ou no ProjectLocker. Os membros da equipe ***clonam*** (*clone*) o repositório em suas máquinas de desenvolvimento, fazem seus trabalhos, fazem seus *commits*, e enviam usando *push* esses *commits* para a origem.

Muitos SCVs pioneiros, tais como o Subversion, permitiam *apenas* o modelo de desenvolvimento de repositório compartilhado, e o " repositório verdadeiro" foi frequentemente chamado de *master* (mestre), um termo que designa algo completamente diferente no Git.

Nós já sabemos que os comandos `git pull` e `git push` podem ser usados para realizar um *backup* do repositório na nuvem. Mas no contexto de uma equipe, essas operações possuem um significado ainda mais importante: se Amy fizer o *commit* de suas alterações em seu repositório, essas alterações não serão visíveis para o seu companheiro de equipe, Bob, até que ela faça um *push* e Bob faça um *pull*. Isso permite um cenário que conhecemos como ***conflito de merge***:

1. Amy e Bob possuem uma cópia da versão mais atual do repositório original.

2. Amy modifica e faz um *commit* do arquivo A.

3. Amy faz uma outra modificação em um arquivo B e faz um novo *commit*.

4. Amy faz o *push* de seus *commits* para o repositório original.

5. Bob faz alterações e um *commit* no arquivo A, mas não modifica o arquivo B.

6. Bob tenta fazer o *push* de seus *commits*, mas é impedido de fazê-lo porque novos *commits* foram adicionados ao repositório original depois da última vez que Bob fez o *pull*. Bob deve atualizar a sua cópia do repositório com as atualizações feitas na origem antes que ele possa fazer o *push* de suas alterações.

- `git reset --hard ORIG_HEAD`
  Revert your repo to last committed state just before the merge.
- `git reset --hard HEAD`
  Revert your repo to last committed state.
- `git checkout` *commit* `--` *[file]*
  Restore a file, or if omitted the whole repo, to its state at *commit* (see Figure 10.5 for ways to refer to a commit besides its 40-digit SHA-1 hash). Can be used to recover files that were previously deleted using `git rm`.
- `git revert` *commit*
  Reverts the changes introduced by *commit*. If that commit was the result of a merge, effectively undoes the merge, and leaves the current branch in the state it was in before the merge. Git tries to back out just the changes introduced by that commit without disturbing other changes since that commit, but if the commit happened a long time ago, manual conflict resolution may be required.

Figura 10.3: Quando um *merge* der errado, esses comandos podem ajudá-lo a se recuperar, desfazendo tudo ou uma parte do *merge*.

Repare que a presença de *commits* adicionais não significa, necessariamente, que as alterações irão gerar algum tipo de conflito, pois, em particular, Bob não será afetado pelo *commit* de Amy no arquivo B (passo 3). Em nosso exemplo, porém, os passos 2 e 5 *realmente* irão causar conflito no mesmo arquivo. Quando Bob executa o `git pull`, o Git tenta fazer o ***merge*** das alterações de Bob e de Amy ao arquivo A. Se Amy e Bob tivessem editado diferentes partes do arquivo A, o Git mesclaria, automaticamente, ambos os conjuntos de alterações no arquivo A e faria o *commit* do resultado no repositório de Bob. Entretanto, se Amy e Bob editaram partes do arquivo A que estão a poucas linhas de distância, como o exemplo da Figura 10.2, o Git concluiria que não há nenhuma maneira segura para criar, automaticamente, uma versão do arquivo que reflita ambos os conjuntos de alterações. Isso levaria a uma versão do arquivo com marcações de conflito no repositório de Bob, que Bob deve revisar e fazer o *commit* manualmente.

> `git pull`, na verdade, combina os comandos `git fetch`, que copia os novos *commits* do repositório original e o `git merge`, que tenta reconciliar esses *commits* com o repositório local.

Em ambos os casos, uma vez que Bob submeteu o arquivo A, ele pode fazer o *push* de suas alterações, o que faz com que o repositório de origem contenha as mudanças de Amy e Bob. Na próxima vez que Amy fizer o *pull*, ela receberá a versão combinada das suas alterações com as de Bob.

Esse exemplo mostra uma regra de ouro importante: *sempre faça commit antes de merge* (e, consequentemente, antes de fazer *pull*, que implicitamente também faz *merge*). Fazer o *commit* garante que você possui uma cópia estável do repositório com as suas modificações antes de tentar fazer o *merge* das alterações feitas por outros. O Git o alertará se você tentar fazer o *merge* ou *pull* quando existir arquivos no repositório que ainda não tiveram seus *commits*, e provê mecanismos para recuperar-se caso você escolha continuar a qualquer custo (veja a Figura 10.3); porém, sua vida será mais fácil se *fizer merge com antecedência e frequentemente*, pois, deste modo, será mais simples desfazere ou recuperar-se dos erros.

> Funcionalidades avançadas do Git como o *rebasing* e o *commit squashing*, permitem fazer o *merge* de vários *commits* pequenos em poucos *commits* grandes, com o intuito de manter o histórico de modificações limpo.

Trabalhar em equipe significa que múltiplos desenvolvedores estarão modificando os conteúdos dos arquivos, a Figura 10.4 lista alguns dos comandos do Git mais úteis para ajudar a manter um registro sobre quem fez o quê e quando. A Figura 10.5 mostra algumas alternativas mais convenientes do que usar os 40 dígitos que identificam um *commit* no Git.

`git blame` *[file]*	Annotate each line of a file to show who changed it last and when.
`git diff` *[file]*	Show differences between current working version of *file* and last committed version.
`git diff` *branch [file]*	Show differences between current version of *file* and the way it appears in the most recent commit on *branch* (see Section 10.5).
`git log` *[ref..ref] [files]*	Show log entries affecting all *files* between the two commits specified by the *ref*s (which must be separated by exactly two dots), or if omitted, entire log history affecting those files.
`git log --since="`*date*`"`*files*	Show the log entries affecting all *files* since the given date (examples: `"25-Dec-2011"`, `"2 weeks ago"`).

Figura 10.4: Os comandos do Git ajudam a rastrear quem modificou os arquivos, que arquivo foi modificado e quando. Muitos comandos aceitam a opção `--oneline` para produzir uma representação compacta desse relatório. Se o *[arquivo]*, que é um argumento opcional, for omitido, o padrão é mostrar o relatório para "todos os arquivos rastreados". Repare que todos esses comandos possuem *muitas* outras opções, que você pode ver com o *comando*`git help` .

`HEAD`	the most recently committed version on the current branch.
`HEAD~`	the prior commit on the current branch (`HEAD~`*n* refers to the *n*'th previous commit).
`ORIG_HEAD`	When a merge is performed, `HEAD` is updated to the newly-merged version, and `ORIG_HEAD` refers to the commit state before the merge. Useful if you want to use `git diff` to see how each file changed as a result of the merge.
`1dfb2c~2`	2 commits prior to the commit whose ID has `1dfb2c` as a unique prefix.
`"`*branch*`@{`*date*`}"`	The last commit prior to *date* (see Figure 10.4 for date format) on *branch*, where `HEAD` refers to the current branch.

Figura 10.5: Formas convenientes de referenciar *commits* específicos nos comandos Git, em oposição a usar *todos os 40d dígitos do commit-ID* ou um prefixo único

Sumário de gerenciamento de *merges* para pequenas equipes:

1. Equipes pequenas geralmente utilizam o modelo de "repositório compartilhado", onde *pushes* e *pulls* utilizam uma única cópia oficial do repositório. No Git, a cópia oficial é chamada de `origin` e, frequentemente, armazenada dentro da nuvem, no GitHub ou em um servidor interno da empresa.

2. Antes de começar a modificar os arquivos, faça o *commit* de suas próprias alterações localmente e, em seguida, faça o *merge* das mudanças feitas pelos outros enquanto você estava ausente. No Git, a maneira mais fácil de fazer o *merge* das alterações no repositório original é através do `git pull`.

3. Se as alterações não podem ser automaticamente mescladas, deve-se editar manualmente o arquivo em conflito procurando as *marcações de conflito* no arquivo sendo mesclado, para, então, submeter e fazer o *push* da versão corrigida. No Git, um conflito é considerado resolvido quando se fizer o *commit* do arquivo novamente.

■ ***Elaboração: Colaboração a distância: fork-and-pull em repositórios públicos***

O Git foi projetado para auxiliar projetos de grande escala com muitos desenvolvedores, como o núcleo do Linux. O modelo de gerenciamento de ***fork-and-pull*** permite que subgrupos trabalhem independentemente em mudanças possivelmente divergentes, sem que um atrapalhe o desenvolvimento do outro. Um subgrupo remoto pode fazer um fork do seu repositório[14], criando, dessa forma, uma cópia própria que poderá receber os *pushes* do subgrupo. Quando eles estiverem prontos para contribuir com com código estável para o seu repositório, o subgrupo cria um *pull request*[15], pedindo para que você faça o *merge* dos *commits* selecionados do repositório do subgrupo de volta para o seu repositório original. *Pull requests* permitem, portanto, o *merge* seletivo de dois repositórios que permaneceriam separados de outro modo.

Auto-avaliação 10.4.1. *Verdadeiro ou Falso: Se você tentar executar* `git push` *e o comando falhar com uma mensagem como "Non-fast-forward (error): failed to push some refs", isso significa que alguns arquivos possuem um conflito de merge entre o seu repositório e o repositório original.*

◇ Falso. Isso significa apenas que a sua cópia do repositório está desatualizada em alguns *commits* que estão presentes na cópia original, e até que a fusão desses *commits* ausentes seja realizada, não será permitido fazer o *push* de seus próprios *commits*. Com o *merge* desses *commits* ausentes, um conflito de *merge pode* acontecer, porém esses casos são raros. ■

10.5 Usando ramificações de forma eficaz

Além de manter *backups* de todos os estados intermediários do seu trabalho, o controle de versão também permite o gerenciamento simultâneo de versões múltiplas da base de código do projeto. Por exemplo, permite que parte da equipe trabalhe em uma nova funcionalidade experimental sem interferir com o código que já está funcionando, ou então que erros de programação em uma versão anterior do código que alguns clientes ainda estão usando sejam corrigidos.

Os **branches** (ou *ramos*) foram projetados para tais situações. Ao invés de pensar nos *commits* apenas como uma sequência de estados intermediários, deveríamos pensar neles como um *grafo* de *commits*: um novo *branch* é iniciado com a criação de uma cópia lógica da base de código tal como ela existira após um determinado *commit*. Ao contrário de um ramo em uma árvore real, um ramo de um repositório apenas sai do "tronco" mas também pode voltar a fundir-se com o mesmo.

A partir daí, o novo *branch* e o *branch* do qual ele se originou se separam: *commits* feitos em um *branch* não afetam o outro, mas dependendo das necessidades do projeto os *commits* feitos em um podem ser mesclados de volta no *branch* original. De fato, os *branch*s podem ser divididos em outros *branch*s, mas ramificações excessivamente complexas não oferecem tantos benefícios e são difíceis de se manter.

Nós ressaltamos duas estratégias de gerenciamento de *branches* que são bastantes comuns e que podem ser usadas juntas ou separadas. Ambas as estratégias esforçam-se para assegurar que o *branch* principal sempre contenha uma versão estável do código. A Figura 10.6 mostra um ***branch de funcionalidade*** que permite que um desenvolvedor, ou uma subequipe, faça as alterações necessárias para implementar uma funcionalidade em particular, sem afetar o *branch* principal, até que as alterações serem completadas e testadas. Se o *branch* é mesclado com o *branch* principal e depois decide-se que a funcionalidade deveria ser removida (talvez

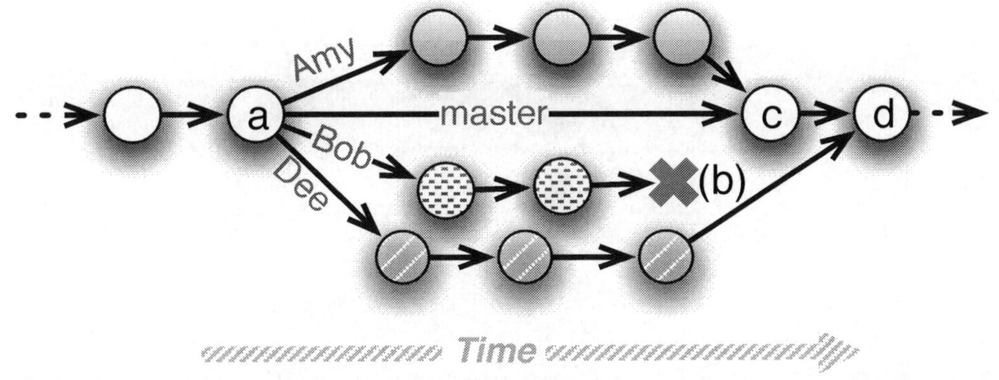

Figura 10.6: Cada círculo representa um *commit*. Amy, Bob e Dee criam novos *branches* a partir de um mesmo *commit* (a) para trabalhar em diferentes funcionalidades do RottenPotatoes. Depois de diversos *commits*, Bob percebe que sua nova funcionalidade não irá funcionar e decide apagar o seu *branch* (b); enquanto isso Amy completa seus testes e código e faz o *merge* do seu *branch* com a nova funcionalidade de volta para o *branch* principal, criando um *merge-commit* (c). Finalmente, Dee termina sua funcionalidade, mas como o *branch* principal foi modificado devido ao *merge-commit* de Amy (c), Dee precisa resolver manualmente alguns conflitos antes de terminar o seu *merge-commit* (d).

a funcionalidade não tenha entregado o que o cliente desejava), os *commits* específicos, relacionados ao *merge* do *branch* de funcionalidade podem desfeitos, desde que não tenham ocorrido muitas alterações no *branch* principal que dependiam dessas novas funcionalidades.

No Flickr os desenvolvedores utilizam[16] um repositório sem *branches* de funcionalidades — os *commits* sempre vão para o *branch* mestre!

A Figura 10.7 mostra como ***branches de lançamentos*** (*release branches*) são usados para consertar problemas encontrados em um lançamento específico. Eles são amplamente usados para a entrega de produtos que não são SaaS, como bibliotecas ou gems, cujos lançamentos estão tão distantes do *branch* mestre que pode acontecer que seus *branches* comecem a divergir. Por exemplo, o núcleo do Linux, que recebe milhares de linhas de códigos por dia, utiliza *branches* de lançamento para designar lançamentos de versão estáveis e de versões de longa duração do núcleo. *Branches* de lançamento, frequentemente, são mesclados com os *branches* de desenvolvimento ou com o *branch* principal recebem múltiplas fusões a partir dos *branches* de desenvolvimento e principal, e também contribuem com novas fusões. Os *branches* de lançamento são menos comuns nos lançamentos de software SaaS, devido a tendência de integração e implantação contínuas (Seção 1.8): se a implantação for feita várias vezes por semana, a versão implantada não terá tempo de divergir muito do *branch* principal, então é possível fazer implantações diretamente com o código que está no *branch* principal. Nós discutimos implantação contínua com mais detalhes no Capítulo 12.

GitFlow[17], uma estratégia de gerenciamento que abrange muitas das melhores práticas, pode ser útil para grandes projetos com *branches* duradouros.

A Figura 10.8 mostra alguns comandos para a manipulação de *branches* do Git. Repositórios recém criados do Git começam com um *branch* único chamado `master`. O ***branch atual*** é o *branch* em que você está trabalhando em um determinado momento. Em geral cada cópia do repositório contém todos os *branches*, então você pode pode rapidamente trocar de um *branch* pra outro em um mesmo repositório (mas veja o Screencast 10.5.1, com uma advertência sobre como fazer isso).

Quando múltiplos *branches* estão presentes, como especificar qual deles deveria receber *push* ou *pull*? Como a Figura 10.8 mostra, os comandos `git push` e `git pull` que temos utilizado são, na verdade, casos especiais chamados de forma abreviada — esses comandos também realizam *push* e *pull* em *branches*.

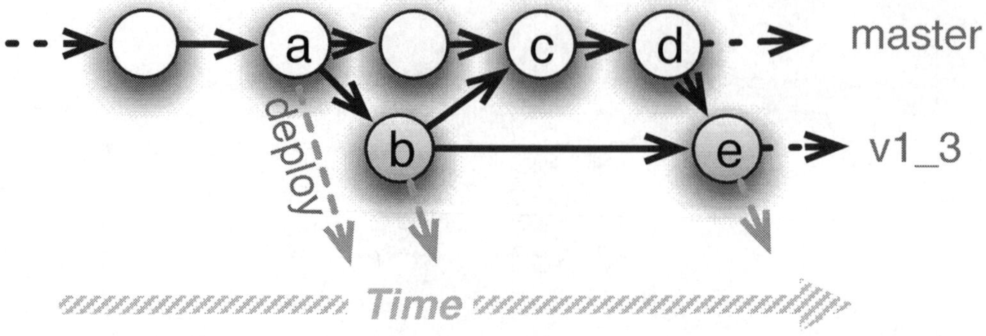

Figura 10.7: (a) Um novo *branch* de lançamento é criado para identificar o estado do código lançado como a versão 1.3 do RottenPotatoes. Um erro de programação é descoberto depois do lançamento e uma correção é enviada ao *branch* de lançamento; (b) o aplicativo é reimplantado a partir do *branch* de lançamento. Os *commit(s)* que contém as correções são mesclados novamente ao *branch* principal (c), mas o código fonte no *branch* principal evoluiu bastante, de forma que ajustes manuais para incorporar a correção do bug precisarão ser feitos. Enquanto isso, a equipe de desenvolvimento que está trabalhando no *branch* principal encontra uma falha de segurança crítica e a corrige com um *commit* (d). Esse *commit* específico com a correção de segurança pode ser mesclado ao *branch* de lançamento (e) com o uso do `git cherry-pick`, já que que não desejamos aplicar outras alterações do *branch* principal ao *branch* de lançamento (exceto por essa correção).

Screencast 10.5.1: Usando Branches com o Git.
`http://vimeo.com/41257323`
Este *screencast* mostra como criar e gerenciar um novo *branch* no Git (por exemplo, para desenvolver uma nova funcionalidade), como mesclar as alterações feitas em um *branch* de volta pro *branch* original e como desfazer a operação de *merge* de um *branch* se algo der errado (por exemplo, se a alteração tinha erros e teve que ser removida). Ele também ressalta uma observação importante e mostra porque devemos sempre fazer *commit* de suas modificações antes de trocar a área de trabalho para um *branch* diferente.

Sumário de criação de branches:

- *Brances* (ramos) permitem grandes mudanças na base de código. Por exemplo, *branches* de funcionalidades (*feature branches*) contemplam o desenvolvimento de novas funcionalidades sem desestabilizar o código que está funcionando e *branches* de lançamento (*release branches*) permitem a correção de erros de programação nas versões lançadas previamente cujos códigos divergiram significativamente da linha principal de desenvolvimento.
- Fazer o *merge* das mudanças de um *branch* para outro (por exemplo, de um *branch* de funcionalidade de volta para o *branch* `master`), pode resultar em conflitos de *merge* para certos arquivos. Portanto, sempre faça *commit* antes de fazer *merge* e antes de trocar para um *branch* diferente.
- Com o Ágil e o SaaS, *branches* de funcionalidades possuem pouco tempo de vida e *branches* de lançamentos são incomuns.

- `git branch`
  List existing branches in repo, indicating current branch with `*`. If you're using `sh` or a `bash`-derived shell on a Unix-like system, placing the following in `~/.profile` will make the shell prompt display the current Git branch when you're in a Git repo directory:
  http://pastebin.com/KP0suYyx

```
export PS1="[`git branch --no-color 2>/dev/null | \
  sed -e '/^[^*]/d' -e 's/* \(.*\)/\1/'`]% "
```

- `git checkout` *name*
  Switch to existing branch *name*.
- `git branch` *name*
  If branch *name* exists, switch to it; otherwise create a new branch called *name* without switching to it. The shortcut `git checkout -b` *name [commit-id]* creates and switches to a new branch based on *commit-id*, which defaults to most recent commit in the current branch.
- `git push` *[repo] [branch]*
  Push the changes (commits) on *branch* to remote repository *repo*. (The first time you do this for a given branch, it creates that branch on the remote *repo*.) With no arguments, pushes the current local branch to the current branch's remote, or the remote called `origin` by default.
- `git pull` *[repo] [branch]*
  Fetches and merges commits from branch *branch* on the remote *repo* into your local repo's **current** branch *(even if the current branch's name doesn't match the branch name you're pulling from—beware!)*. To fetch a remote branch `foo` for which you have no corresponding local branch, first use `git checkout -b foo` to create a local branch by that name and switch to it, then `git pull origin foo`. With no arguments, *repo* and *branch* default to the values of `git config branch.`*currentbranch*`.remote` and `git config branch.`*currentbranch*`.merge` respectively, which are automatically set up by certain Git commands and can be changed with `git branch --track`. If you setup a new repo in the usual way, *repo* defaults to `origin` and *branch* defaults to `master`.
- `git remote show` *[repo]*
  If *repo* omitted, show a list of existing remote repos. If *repo* is the name of an existing remote repo, shows branches located at *repo* and which of your local branches are set up to track them. Also shows which local branches are not up-to-date with respect to *repo*.
- `git merge` *branch*
  Merge all changes from *branch* into the current branch.
- `git cherry-pick` *commits*
  Rather than merging all changes (commits) from a given branch, apply *only* the changes introduced by each of the named *commits* to the current branch.
- `git checkout` *branch file1 file2...*
  For each file, merge the differences in *branch*'s version of that file into the current branch's version of that file.

Figura 10.8: Os comandos usuais do Git para manipulação de *branches* e *merge*. O gerenciamento de *branches* envolve realizar os *merges*; a Figura 10.3 mostra como desfazer uma mesclagem que não deu certo.

■ ***Elaboração: Branches de Longa Duração e Rebasing***

Enquanto estiver trabalhando em *branches* de funcionalidade, seus *commits* farão o código divergir do *branch* principal; se você continuar trabalhando por muito tempo, um "grande merge" será necessário e arrumar todos os conflitos será uma operação bastante penosa. Esse trabalho extra pode ser mitigado com o uso frequente de *rebasing*, uma operação que faz o *merge* incremental das mudanças mais recentes do outro *branch* e diz pro Git rearranjar o histórico de forma que pareça que seu *branch* originou-se do último *commit*. Fazer o *rebase* é bastante útil para *branches* de vida longa tais como *branches* de lançamento ou *branches* experimentais mais longos, mas se você quebrar suas histórias de usuário em pedaços pequenos (Seção 7.2), e fazer implantações frequentes (Seção 12.3), o *rebase* será raramente necessário no desenvolvimento ágil de SaaS.

10.6 Relatando e Corrigindo Erros de Programação: Os cinco R's

Inevitavelmente, erros de programação (*bugs*) acontecem. Se você for sortudo, esses erros serão encontrados antes do software entrar em produção, mas erros em produção também ocorrem. Todos na equipe devem concordar com processos para o gerenciamento do ciclo de vida de um erro:

1. **R**elatar um erro de programação
2. **R**eproduzir o problema, ou então **R**eclassificá-lo como "não é um erro" (*not a bug*) ou "não será corrigido" (*won't be fixed*)
3. criar um teste de **R**egressão que demonstre o erro
4. **R**eparar o erro de programação
5. **R**elançar o código reparado

Qualquer parte interessada pode encontrar e **r**elatar um erro no código SaaS relacionado com o servidor ou com o cliente. Um membro da equipe de desenvolvimento ou de QA deve, portanto, **r**eproduzir o erro, documentando o ambiente e os passos necessários para provocá-lo. Esse processo pode resultar em uma **r**eclassificação do erro, como "não é um erro", por várias razões:

- Isso não é um erro, mas um pedido para fazer um aprimoramento ou alterar um comportamento que está funcionando como o planejado.
- Esse erro está em uma parte do código que está sendo removida de produção ou que não terá mais suporte.
- Esse erro ocorre apenas com ambientes de usuário em que não há suporte, tal como um navegador muito antigo que não possui os recursos necessários para o aplicativo SaaS.
- Este erro já foi corrigido na versão mais recente (incomum no SaaS, cujos usuários estão sempre usando a última versão).

Uma vez que o erro é confirmado como genuíno e reprodutível, ele é incorporado a um sistema de gerenciamento de erros de programação. Existem vários sistemas desse tipo, mas as necessidades de muitas equipes, médias e pequenas, podem ser atendidas por uma ferramenta que nós já estamos usando: o Pivotal Tracker. Ele permite que uma história seja marcada como um erro de programação ao invés de funcionalidade, o que faz com que o sistema atribua zero pontos à história, mas por outro lado permite que o erro seja rastreado para que seja concluído como uma história de um usuário regular. Uma vantagem dessa ferramenta é que o Tracker gerencia o ciclo de vida do erro para você, de forma que os processos existentes para o desenvolvimento das histórias de usuários podem ser adaptadas facilmente para correções de erros. Por exemplo, a correção do erro deve ser priorizada em relação as outras tarefas; no processo em Cascata, isso pode significar a priorização em relação a outros erros mais importante durante o processo de manutenção, mas em um processo Ágil isso geralmente significa priorização relativa ao desenvolvimento de novas funcionalidades das histórias de usuários. Usando o Tracker, o gerente do produto pode deslocar o erro acima ou abaixo de outras histórias de acordo com a gravidade e impacto do mesmo para o cliente. Por exemplo, erros de programação que podem causar perda de dados na produção terão uma prioridade muito alta.

"Importância 1" Erros na Amazon.com exigem que os engenheiros responsáveis iniciem uma teleconferência em quinze minutos após o descobrimento do erro — uma exigência mais rigorosa do que as feitas para os médicos de plantão! (Bodík et al. 2006)

O próximo passo é **r**eparar, um processo que sempre *começa* com a criação do teste automatizado *mais simples possível* que falha na presença do erro e que, então, é *seguido* pela modificação do código para fazer com que o(s) teste(s) passem. Isso deve soar familiar agora que você é um praticante de TDD, mas essa prática é usada mesmo em ambientes sem TDD: *nenhum erro pode ser finalizado sem um teste*. Dependendo do erro, testes de unidade, testes funcionais, testes de integração, ou uma combinação dos mesmos podem ser necessários. Ser o *mais simples possível* significa que os testes dependem de poucas pré-condições, cercando o erro o máximo possível. Por exemplo, simplificar um teste de unidade RSpec significa minimizar as configurações que precedem a ação dos testes no bloco **before**, e simplificar um cenário Cucumber significaria minimizar o número de passos **Given** ou **Background**. Esses testes geralmente são incorporados aos testes de regressão regulares para assegurar que o erro não se repita sem ser detectado. Um erro complexo pode exigir múltiplos *commits* para correção; uma política comum em projetos BDD+TDD sugere que os *commits*, com testes falhos ou ausentes, não devem ser mescados ao *branch* principal de desenvolvimento até que todos os testes passem.

Muitos sistemas de rastreamento de erros de programação podem, automaticamente, cruzar referências de relatórios de erro com os *commit-IDs* que contém as correções associadas e os testes de regressão. Por exemplo, com o uso de service hooks[18] do GitHub, um *commit* pode ser anotado com o ID da história relativa ao erro ou à funcionalidade no Tracker. Quando se faz o *push* desse *commit* para o GitHub, a história é automaticamente marcada como "Entregue". Dependendo do protocolo adotado pela equipe e do sistema de gerenciamento do erro em uso, o erro pode ser "fechado" assim que uma nota sobre qual lançamento conterá a correção for adicionada ou após o lançamento realmente ocorrer.

Como veremos no Capítulo 12, em muitas equipes Ágeis os lançamentos são muito frequentes, encurtando o ciclo de vida do erro de programação.

Sumário: Os cinco R's da correção de um erro

- Um erro deve ser **r**elatado, **r**eproduzido, demonstrado em um teste de **r**egressão e **r**eparado antes que a correção do erro possa ser **r**elançada.
- Nenhum erro pode ser fechado sem um teste automatizado que demonstre que realmente entendemos a causa do erro.
- Erros que na verdade são pedidos de novas funcionalidades, que ocorrem apenas em versões obsoletas do código ou que só aparecem em ambientes que não possuem suporte devem ser reclassificados para indicar que não serão corrigidos.

Auto-avaliação 10.6.1. *Em seu ponto de vista, por que histórias com "correções de erro" são dignas de zero pontos no Tracker mesmo que sigam o mesmo ciclo de vida das histórias de usuários normais?*
◇ A velocidade da equipe seria artificialmente inflacionada pela correção dos erros; eles já receberam os pontos quando a funcionalidade foi implementada da primeira vez e receberiam ainda mais ao consertar a implementação. ■

Auto-avaliação 10.6.2. *Verdadeiro ou Falso: um erro que é provocado pela interação com outro serviço (por exemplo, autenticação através do Twitter), não pode ser capturado em um teste de regressão porque as condições necessárias pediriam o controle do comportamento do Twitter.*
◇ Falso: Mock e Stub no nível de integração usando, por exemplo, o FakeWeb gem[19] ou uma das técnicas descritas na Seção 8.6 pode, quase sempre, ser usado para imitar condições externas necessárias para reproduzir o erro presente no teste automatizado. ■

Auto-avaliação 10.6.3. *Verdadeiro ou Falso: um erro em que o navegador processa o conteúdo ou layout de maneira incorreta, devido aos problemas de JavaScript, pode ser reproduzido manualmente por um ser humano, mas não pode ser capturado em um teste de regressão automatizada.*
◇ Falso: ferramentas como o Jasmine e o Webdriver (Seção 6.7), podem ser utilizadas no desenvolvimento de tais testes. ■

10.7 A Perspectiva do Planeje-e-Documente

Nos processos Planeje-e-Documente, a gestão de projetos se inicia com o gerente de projeto. Os gerentes de projeto são os chefes dos projetos:

- Eles escrevem o contrato para ganhar o projeto do cliente.
- Eles recrutam a equipe de desenvolvimento entre os funcionários existentes e com novas contratações.
- Eles geralmente escrevem a avaliação de desempenho dos membros da equipe, o que define os aumentos de salário.
- Da perspectiva de Scrum (Seção 10.1), eles agem como o Proprietário do Produto — o ponto de contato direto com o cliente —, *e* agem como o ScrumMaster, pois são a interface com a alta gerência e são eles que buscam os recursos para a equipe.

1. Project overview
   1.1 Project summary
      1.1.1 Purpose, scope and objectives
      1.1.2 Assumptions and constraints
      1.1.3 Project deliverables
      1.1.4 Schedule and budget summary
   1.2 Evolution of the plan
2. References
3. Definitions
4. Project context
   4.1 Process model
   4.2 Process improvement plan
   4.3 Infrastructure plan
   4.4 Methods, tools and techniques
   4.5 Product acceptance plan
   4.6 Project organization
      4.6.1 External interfaces
      4.6.2 Internal interfaces
      4.6.3 Authorities and responsibilities
5. Project planning
   5.1 Project initiation
      5.1.1 Estimation plan
      5.1.2 Staffing plan
      5.1.3 Resource acquisition plan
      5.1.4 Project staff training plan
   5.2 Project work plans
      5.2.1 Work activities
      5.2.2 Schedule allocation
      5.2.3 Resource allocation
      5.2.4 Budget allocation
      5.2.5 Procurement plan
6. Project assessment and control
   6.1 Requirements management plan
   6.2 Scope change control plan
   6.3 Schedule control plan
   6.4 Budget control plan
   6.5 Quality assurance plan
   6.6 Subcontractor management plan
   6.7 Project closeout plan
7. Product delivery
8. Supporting process plans
   8.1 Project supervision and work environment
   8.2 Decision management
   8.3 Risk management
   8.4 Configuration management
   8.5 Information management
      8.5.1 Documentation
      8.5.2 Communication and publicity
   8.6 Quality assurance
   8.7 Measurement
   8.8 Reviews and audits
   8.9 Verification and validation

Figura 10.9: Formato de um plano de gestão de projetos do IEEE 16326-2009 ISO/IEC/IEEE Engenharia de Software e de Sistemas–Processos do Ciclo de Vida–padrão de Gestão de Projetos.

- Como vimos na Seção 7.10, gerentes de projeto também fazem estimativas de custos, estabelecem e mantém o cronograma e decidem quais riscos evitar e como fazer para superá-los ou evitá-los.
- Como seria de se esperar dos processos Planeje-e-Documente, os gerentes de projeto devem documentar seus planos para a gestão do projeto. A Figura 10.9 apresenta um esboço do Plano de Planejamento de Projetos (*Project Management Plans*), do padrão IEEE correspondente.

Como resultado de todas essas responsabilidades, os gerentes de projeto são, na maioria das vezes, culpados se os projetos apresentarem problemas. Citando um autor de livros didático ao falar sobre gestão de projetos:

> *Entretanto, se uma autópsia fosse realizada em todos os projetos [problemáticos], é muito provável que um ponto seria consistentemente encontrado: a gestão do projeto era fraca.*
>
> — Pressman 2010

Selecionamos quatro tarefas principais de gerentes de projeto que aumentam suas chances de serem bem sucedidos:

1. Tamanho da equipe, funções, espaço e comunicação

2. Gestão de pessoas e conflitos
3. Inspeções e métricas
4. Gerenciamento de configuração

1. Tamanho da equipe, funções, espaço e comunicação. Os processos Planeje-e-Documente podem escalar para tamanhos maiores, onde líderes de grupos reportam para o gerente de projeto. De qualquer modo, geralmente cada subgrupo permanece com o tamanho de uma equipe de "duas pizzas", como visto na Seção 10.1. As recomendações de tamanho são de três a sete pessoas (Braude and Berstein 2011) e não mais do que dez (Sommerville 2010). Fred Brooks explica o porquê no Capítulo 7: quanto mais pessoas forem adicionadas a uma equipe, mais pessoas podem trabalhar em paralelo, mas mais tempo de cada pessoa é gasto em comunicação. Esses tamanhos de equipe são razoáveis, considerando a fração de tempo gasto na comunicação.

Levando em conta que sabemos qual o tamanho da equipe, os membros de um subgrupo nos processos Planeje-e-Documente podem assumir a responsabilidade por diferentes papéis. Por exemplo (Pressman 2010):

- Líder de gerenciamento de configurações
- Líder de garantia de qualidade
- Líder de gerenciamento de requisições
- Líder de projeto
- Líder de implementação

Um resultado surpreendente é que o tipo de espaço utilizado pela equipe para trabalhar afeta a gestão do projeto. Um estudo apontou que a instalação de uma equipe em um espaço aberto pode dobrar a produtividade (Teasley et al. 2000). As razões incluem o fato de que os membros da equipe têm fácil acesso entre si, tanto para a coordenação do trabalho quanto para a aprendizagem e que puderam publicar seus artefatos de trabalho na parede para todos verem. Outro estudo sobre equipes em espaço aberto conclui:

> *Um dos principais responsáveis pelo sucesso foi o fato dos membros da equipe estarem à disposição, preparados para participarem de uma reunião espontânea, aconselhar sobre problemas, ensinar e aprender coisas novas, etc. Sabemos através de um trabalho recente que os ganhos de estar à disposição despencam drasticamente quando as pessoas estão fora de vista, e, caem ainda mais quando estão a mais de trinta metros.*
>
> — Allen and Henn 2006

Mesmo que a equipe conte com o correio eletrônico e mensagens de texto para comunicação, e compartilhe informações em *wikis* e afins, também há, normalmente, um encontro semanal para auxiliar a coordenação do projeto. Lembre-se de que o objetivo é minimizar o tempo gasto em comunicação desnecessária, então é importante que os encontros sejam eficientes. Abaixo se encontra uma compilação de conselhos de muitas diretrizes encontradas na Web, que estão relacionadas a encontros eficientes. Usamos a sigla SAMOSAS como um dispositivo de memória; lembrar deles certamente proporcionará um encontro mais eficaz!

Samosas são famosos petiscos recheados da Índia.

- *Start* (comece) e pare uma reunião no momento certo.

- **A**gende os tópicos a serem tratados antes da reunião; se não houver uma agenda, cancele a reunião.
- **M**inutes (atas) devem ser registradas para que, posteriormente, os resultados sejam lembrados por todos; o primeiro item da agenda é encontrar um escrivão.
- **O**ne (um) falante por vez; não interrompa quando o outro estiverem falando.
- **S**end (envie) o material antes da reunião, já pessoas leem mais rápido do que falam.
- **A**ction items (liste o que deve ser feito), no final do encontro, para que as pessoas saibam o que fazer como resultado da reunião.
- **S**et (estabeleça) a data e o horário do próximo encontro.

2. Gerenciando pessoas e conflitos. Milhares de livros sobre como gerenciar pessoas têm sido escritos, mas o dois mais apropriados, segundo nosso ponto de vista, são *O Gerente Minuto* e *Como fazer amigos e influenciar pessoas*.(Blanchard and Johnson 1982; Carnegie 1998) O que gostamos no primeiro livro diz respeito aos conselhos rápidos. Seja claro sobre os objetivos que deseja alcançar e demonstre o quanto eles são adequados, mas deixe que os membros da equipe pensem no caminho para conquistá-los, isso os encorajará a serem criativos. Em um encontro para a revisão do progresso, comece a discorrer a respeito de coisas boas para ajudar na construção da autoconfiança dos membros e para dar-lhes tempo de entender as tarefas em mãos. Ao mesmo tempo é preciso ser honesto sobre o que não está indo bem e o que precisa ser feito para consertar a situação. O que nos chama a atenção no segundo livro são os conselhos relacionados à arte da persuasão e as técnicas usadas para convencer pessoas a seguirem o que você pensa, sem dar ordens. Essas habilidades também auxiliam no processo de persuasão de pessoas que você *não pode* controlar: seus clientes e sua gestão.

Ambos os livros são úteis para a resolução de conflitos em uma equipe. Conflitos não são necessariamente ruins, já que é melhor ter conflitos do que deixar o projeto se arruinar. A Intel Corporation rotula essa atitude como um *confronto construtivo*. Se você tem uma opinião forte contra uma proposta feita por outra pessoa, você é obrigado a expô-la, até para seus chefes. A cultura da Intel incentiva a exposição de ideias, mesmo que essas discordem com a ideologia da maioria.

Se o conflito continuar, uma vez que os processos de Planeje-e-Documente possuem um gerente de projeto, é ele quem deve tomar a decisão final. Um dos motivos pelo qual os EUA chegaram à Lua em 1960, foi devido à facilidade e rapidez do líder da NASA, Wernher von Braun, em resolver conflitos em decisões determinantes. Segundo Wernher, uma escolha arbitrária, mas feita de maneira rápida, era melhor para que o projeto pudesse ir em frente e evitava a necessidade de gastar tempo com uma análise cuidadosa de todas as evidências para fazer a escolha mais apropriada.

De qualquer modo, uma vez que uma decisão é tomada as equipes precisam incorporá-la e seguir em frente. O lema da Intel para essas resoluções é *discorde e comprometa-se*: "eu discordo, mas vou ajudar mesmo que não seja a minha opinião".

3. Inspeções e métricas. Inspeções como ***revisões de projetos*** e ***revisões de código***, permitem um retorno sobre o sistema antes mesmo de tudo estar funcionando. A ideia, uma vez que se tenha um projeto e um plano de implementação inicial, é você estar pronto através de retornos de desenvolvedores fora da sua equipe. Revisões de projeto e código seguem o ciclo de vida em Cascata, onde cada fase é completada em sequência antes de prosseguir para a próxima fase, ou, pelo menos, para uma interação individual em um desenvolvimento Spiral ou RUP.

Uma revisão de projeto é um encontro onde os criadores do programa apresentam seus projetos visando melhorias na qualidade do software através da experiência das outras pessoas presentes na reunião. Uma revisão de código é realizada assim que o projeto tenha sido implementado. Esse par orientado de retornos também ajuda na troca de informações dentro da organização e proporciona um treinamento que pode auxiliar na carreira dos presentes.

Shalloway sugere que revisões formais em códigos e projetos acontecem geralmente muito tarde no processo para que tenha um grande impacto no resultado (Shalloway 2002). Ele recomenda pequenas reuniões, chamadas de "revisões de abordagem" (*approach reviews*), antes da revisão de código de projetos. O objetivo é ter alguns desenvolvedores experientes para auxiliar a equipe a encontrar uma abordagem para resolver o problema. O grupo discute sobre as diferentes abordagens para encontrar a mais apropriada.

Se você planeja fazer uma revisão formal do projeto, Shalloway sugere que primeiro seja promovida uma "mini revisão de projeto", após a abordagem ter sido selecionada e o projeto estar perto de ser concluído. Isso envolve as mesmas pessoas de antes, mas a proposta é se preparar para a revisão formal.

A revisão formal, em si, deve começar com um nível elevado de descrição sobre o que os clientes desejam. Em seguida, a exposição da arquitetura do software deve ser feita para mostrar as APIs dos componentes. Será importante ressaltar os modelos de projetos usados em diferentes níveis de abstração (veja o Capítulo 11). É de se esperar uma explicação de *porquê* as decisões foram feitas e se você considera as alternativas plausíveis. Dependendo do tempo disponível e do interesse das pessoas do encontro, a fase final será percorrer o código da implementação. Em todas essas fases, pode tornar a revisão mais valiosa se você tiver uma lista concreta de perguntas ou problemas que você gostaria que fossem discutidos.

Uma das vantagens da revisão de código é que ela encoraja as pessoas de fora a notarem tanto seus comentários, quanto o seu código. Como não temos uma ferramenta que possa obrigar o conselho do Capítulo 9, sobre ter certeza que os comentários elevam os níveis de abstração, o único mecanismo é uma revisão de código.

Além de analisar o código e os comentários, as inspeções podem dar um retorno sobre cada parte do projeto nos processos Planeje-e-Documente: o plano de projeto, o cronograma, os requisitos, o plano de testes, e assim por diante. Esse retorno pode ajudá-lo com a ***verificação e validação*** de todo projeto, para assegurar que esse está em um bom caminho. Há também um padrão IEEE, sobre como documentar a verificação e validação do plano para o projeto, como a Figura 10.10 mostra.

Assim como se usa modelos algorítmicos para estimar custos (veja a Seção 7.10), alguns pesquisadores defendem que métricas do software poderiam substituir inspeções ou revisões para determinar a qualidade e o progresso do projeto. A ideia é recolher, ao longo do tempo, métricas de muitos projetos de uma organização e estabelecer um patamar para novos projetos, para, em seguida, ver como os projetos estão se portando em relação a esse patamar. Essa citação captura a ideia por trás do uso de métricas:

> *Sem métricas, é difícil saber como um projeto está sendo executado e o nível de qualidade do software.*
>
> — Braude and Berstein 2011

Abaixo estão exemplos de métricas que podem ser automaticamente coletadas:

1. Purpose
2. Referenced documents
3. Definitions
4. V&V overview
   4.1 Organization
   4.2 Master schedule
   4.3 Integrity level scheme
   4.4 Resources summary
   4.5 Responsibilities
   4.6 Tools, techniques, and methods
5. V&V processes
   5.1 Common V&V Processes, Activities and Tasks
   5.2 System V&V Processes, Activities and Tasks
      5.2.1 Acquisition Support
      5.2.2 Supply Planning
      5.2.3 Project Planning
      5.2.4 Configuration Management
      5.2.5 Stakeholder Requirements Definition
      5.2.6 Requirements Analysis
      5.2.7 Architectural Design
      5.2.8 Implementation
      5.2.9 Integration
      5.2.10 Transition
      5.2.11 Operation
      5.2.12 Maintenance
      5.2.13 Disposal
   5.3 Software V&V Processes, Activities and Tasks
      5.3.1 Software Concept
      5.3.2 Software Requirements
      5.3.3 Software Design
      5.3.4 Software Construction
      5.3.5 Software Integration Test
      5.3.6 Software Qualification Test
      5.3.7 Software Acceptance Test
      5.3.8 Software Installation and Checkout (Transition)
      5.3.9 Software Operation
      5.3.10 Software Maintenance
      5.3.11 Software Disposal
   5.4 Hardware V&V Processes, Activities and Tasks
      5.4.1Hardware Concept
      5.4.2 Hardware Requirements
      5.4.3 Hardware Design
      5.4.4 Hardware Fabrication
      5.4.5 Hardware Integration Test
      5.4.6 Hardware Qualification Test
      5.4.7 Hardware Acceptance Test
      5.4.8 Hardware Transition
      5.4.9 Hardware Operation
      5.4.10 Hardware Maintenance
      5.4.11 Hardware Disposal
6. V&V reporting requirements
   6.1 Task reports
   6.2 Anomaly reports
   6.3 V&V final report
   6.4 Special studies reports (optional)
   6.5 Other reports (optional)
7. V&V administrative requirements
   7.1 Anomaly resolution and reporting
   7.2 Task iteration policy
   7.3 Deviation policy
   7.4 Control procedures
   7.5 Standards, practices, and conventions
8. V&V test documentation requirements

Figura 10.10: Esboço de um plano para verificação e validação para um sistema de software segundo o padrão IEEE 1012-2012.

- Tamanho do código, medido em milhares de linhas de código (***KLOC***), ou em pontos funcionais. (Seção 7.10).
- Esforço, medido por pessoa-mês gastos no projeto.
- Marcos planejados do projeto versus o que foi realmente realizado.
- Número de casos de testes concluídos.
- Taxa de localização de defeitos, medida em defeitos detectados através de testes por mês.
- Taxa de reparação de defeitos, medida em defeitos corrigidos por mês.

Outras métricas podem ser derivadas dessas, de modo a normalizar os números para ajudar a comparar resultados de projetos distintos: KLOC por pessoa-mês, defeitos por KLOC, e assim por diante.

O problema com essa abordagem é que não há muita evidência de correlação entre as métricas que podemos coletar automaticamente e os resultados do projeto. O ideal seria que as métricas se correlacionassem, pois, desde modo, poderíamos ter um conhecimento mais refinado do que de fato ganhamos com as demoradas inspeções ocasionais. Essa citação captura a intuição contra o uso dessas métricas:

> *Entretanto, ainda estamos muito longe dessa situação ideal e não há sinais de que a avaliação automatizada de qualidade se tornará real em um futuro próximo.*
>
> — Sommerville 2010

4. Gerenciamento de configuração. O gerenciamento de configuração inclui quatro variedades de alterações, três das quais já vimos anteriormente. A primeira é ***gerenciamento de versão***, que vimos nas seções 10.4 e 10.5. Esta variedade mantém o rastro de versões dos componentes e como eles são alterados. A segunda, ***construção do sistema***, está intimamente relacionada à primeira. Ferramentas como o `make` juntam as versões compatíveis de componentes em um programa executável para o sistema operacional. A terceira variedade é o ***gerenciamento de lançamento***, citado no Capítulo 12. A última é o ***gerenciamento de alterações***, originado dos pedidos de alterações feitos pelos clientes e outras partes interessadas, para corrigir erros de programação ou melhorar alguma funcionalidade (veja a Seção 9.7).

Como você já deve ter imaginado, o IEEE tem um padrão para o Gerenciamento de Configurações. A Figura 10.11 mostra seus sumário.

Table of Contents
1. Overview
1.1 Scope
1.2 Purpose
2. Definitions, acronyms, and abbreviations
2.1 Definitions
2.2 Acronyms and abbreviations
3. Tailoring
4. Audience
5. The configuration management process
6. CM planning lower-level process
6.1 Purpose
6.2 Activities and tasks
7. CM management lower-level process
7.1 Purpose
7.2 Activities and tasks
8. Configuration identification lower-level process
8.1 Purpose
8.2 Activities and tasks
9. Configuration change control lower-level process
9.1 Purpose
9.2 Activities and Tasks
10. Configuration status accounting lower-level process
10.1 Purpose
10.2 Activities and tasks
11. CM configuration auditing lower-level process
11.1 Purpose
11.2 Activities and Tasks
12. Interface control lower-level process
12.1 Purpose
12.2 Activities and Tasks
13. Supplier configuration item control lower-level process
13.1 Purpose
13.2 Activities and Tasks
14. Release management lower-level process
14.1 Purpose
14.2 Activities and tasks

Figura 10.11: O sumário do padrão IEEE 828-2012 para Gerenciamento de Configuração para Sistemas e Engenharia de Software.

Sumário: Nos processos Planeje-e-Documente:

- Os gerentes de projeto são responsáveis por: escrever o contrato, recrutar a equipe, interagir com o cliente e com a alta gerência.
- O gerente de projeto documenta o plano de projeto e o plano de configuração, em conjunto com o plano de verificação e validação, que garantem que outros planos estão sendo seguidos!
- Para limitar o tempo gasto em comunicação, os grupos são constituídos por três a dez pessoas. Elas podem ser organizadas em hierarquias para formar equipes maiores, reportando-se ao gerente de projetos e cada grupo tem seu próprio líder.
- Diretrizes para a gestão de pessoas incluem proporcionar a elas uma visão clara dos objetivos, porém de forma a capacitá-las, e iniciar encontros com revisões positivas, mas de forma honesta, tratando das falhas e como consertá-las.
- Ao passo que conflitos precisam ser resolvidos, eles também podem ser úteis na busca do melhor caminho para o projeto.
- Inspeções como as revisões de projeto e de código, permitem que pessoas de fora apresentem retornos sobre o projeto em questão e sobre os planos futuros, o que proporciona um benefício à equipe através da experiência de outros. Elas também são uma boa maneira de verificar se boas práticas estão sendo seguidas e se os planos e documentos estão adequados.
- O gerenciamento de configuração é uma categoria ampla que inclui gerenciamento de mudanças durante a manutenção do produto, controle de versão dos componentes de software, construção do sistema a partir de um programa funcionando originado desses componentes, e o gerenciamento de lançamento, para entregar o produto aos clientes.

Auto-avaliação 10.7.1. *Compare o tamanho das equipes nos processos Planeje-e-Documente, com as equipes de métodos Ágeis.*
◇ Os processos Planeje-e-Documente podem formar hierarquias constituídas de subgrupos para criar um projeto mais amplo, mas cada subgrupo é, basicamente, do mesmo tamanho de uma equipe de "duas pizzas" Ágil. ■

Auto-avaliação 10.7.2. *Verdadeiro ou Falso: Revisões de projeto são encontros promovidos para melhorar a qualidade do software produzido usando o conhecimento dos participantes, mas elas também resultam na troca de informações técnicas e podem ser altamente educacionais para membros iniciantes, sejam eles apresentadores ou apenas ouvintes.*
◇ Verdadeiro. ■

10.8 Falácias e Armadilhas

⚠ ***Armadilha:*** **Sempre assistir o mestre durante a programação em pares.**

Se um membro da dupla possuir muito mais experiência do que o outro, a tentação é deixar o mais experiente fazer toda a direção, de tal modo que o parceiro iniciante torne-se um observador permanente. Essa relação não é saudável e provavelmente levará ao desengajamento do membro com menos experiência.

⚠ ***Armadilha:*** **Dividir o trabalho com base na pilha de software e não com base nas funcionalidades.**

Hoje é menos comum dividir a equipe em especialistas de *front-end*, especialistas de *back-end*, responsável por relações com clientes, etc., mas ainda acontece. Os autores e outros acreditam que os melhores resultados acontecem quando cada membro da equipe participa de *todos* os aspectos de uma funcionalidade ou história — cenários Cucumber, testes RSpec, visões, controladores, lógica de modelo e etc. Especialmente quando combinado com uma programação em pares, fazer com que cada desenvolvedor trabalhe em "todas as frentes" do produto auxilia a propagação do conhecimento da arquitetura para toda a equipe.

⚠ ***Armadilha:*** **Tropeçar, acidentalmente, em alterações feitas após um *merge* ou troca de *branches*.**

Se realizar um *pull* ou *merge*, ou se trocar para um *branch* diferente, alguns arquivos podem repentinamente ter seus conteúdos modificados no disco. Se esses arquivos já estiverem abertos em um editor, as versões em edição serão *desatualizadas*, ou pior, se você gravar esses arquivos você poderá sobrescrever mudanças recebidas durante o *merge* ou gravar um arquivo que não está no *branch* que você acha que ele está. A solução é simples: *antes* de fazer um *pull*, *merge* ou trocar de *branch*, assegure-se de ter feito o *commit* de todas as mudanças; *depois* de realizar *pull*, *merge* ou trocar de *branch*, recarregue todos os arquivos que estiverem abertos no seu editor e que poderiam ter sido afetados — ou, para ter realmente certeza, feche o seu editor antes de fazer o *commit*. Seja cuidadoso também com o comportamento potencialmente destrutivo de certos comandos do Git, como, por exemplo, o `git reset`, descritos no "Gitster", um post de blog[20] informativo e detalhado escrito por Scott Chancon.

⚠ ***Armadilha:*** **Deixar sua cópia do repositório se dessincronizar da sua cópia original (principal).**

É melhor não deixar a sua cópia do repositório divergir muito do original, ou os *merges* (Seção 10.5), serão penosos. Você sempre deve usar o `git pull` antes de começar a trabalhar e o `git push` assim que suas alterações estiverem estáveis o suficiente para atingir seus companheiros de equipe. Se você estiver trabalhando em um *branch* de funcionalidade de longa duração que está sob risco de divergir muito do *branch* principal, veja na documentação do `git rebase` como "re-sintonizar", periodicamente, seu *branch* sem incorporá-lo de volta à origem até que ela esteja pronta.

STOP ***Falácia:*** **Não há problemas em fazer pequenas atualizações no *branch* master.**

Programadores são otimistas. Quando nos propomos a mudar nosso código nós sempre pensamos que isso será uma alteração de uma linha. Então isso vira a uma mudança de cinco linhas; em seguida, percebemos que a alteração afeta outro arquivo, que também precisa ser modificado; posteriormente, verificamos que é preciso adicionar ou alterar os testes existentes relacionados ao código antigo; e assim por diante. Por essa razão, *sempre* crie um *branch* de funcionalidade ao começar um novo trabalho. Criar novos *branches* com o Git é uma operação quase instantânea, e se a alteração realmente for pequena, você pode apagar o *branch* depois do *merge* para evitar confusões nos nomes dos *branches* do projeto.

***Falácia:* Uma vez que cada subequipe está trabalhando em seus próprios *branches*, não precisamos nos comunicar regularmente ou fazer *merges* com frequência.**

Branches são um modo ótimo de permitir que diferentes membros da equipe possam trabalhar em diferentes funcionalidades de forma simultânea. Porém, sem *merges* frequentes e comunicação clara sobre o que cada um está trabalhando, o risco de um aumento dos conflitos de *merge* ou percas acidentais de trabalho é evidente, como quando um desenvolvedor "resolve" um conflito de *merge* removendo as alterações feitas por outro desenvolvedor.

10.9 Considerações finais: Equipes, Colaboração e Quatro Décadas de Controle de Versão

Os primeiros 90% do código correspondem aos primeiros 10% do tempo de desenvolvimento. Os 10% restantes do código representam 90% do tempo de desenvolvimento

—Tom Cargill, citado em *Programming Pearls*, 1985

A história dos sistemas de controle de versão reflete o movimento em direção à colaboração distribuída entre "equipes de equipes", com equipes de "duas pizzas" emergindo como uma unidade popular de coesão. Desde, aproximadamente, 1970 a 1985, o ***Source Code Control System*** (SCCS) do Unix original e seu descendente longevo ***Revision Control System*** (RCS), permitiram que apenas um desenvolvedor por vez pudesse "bloquear" um arquivo particular para edição — outros poderiam apenas ler, porém não poderiam editar o arquivo até o que primeiro desenvolvedor devolvesse o arquivo, liberando o bloqueio. O SCCS e o RCS também exigiam que todos os desenvolvedores usassem o mesmo computador, cujo sistema de arquivo mantinha o repositório. Em um projeto com muitos arquivos, esse mecanismo de bloqueio rapidamente se tornou um gargalo, por conseguinte, em 1986, o ***Concurrent Versions System*** (CVS), finalmente permitiu edições simultâneas do mesmo arquivo com *merge* automático e permitiu que o repositório mestre ficasse em um computador diferente ao da cópia do desenvolvedor, facilitando o desenvolvimento distribuído. O ***Subversion***, introduzido em 2001, tinha melhor suporte a *branches*, permitindo que os desenvolvedores trabalhassem, de forma independente, em diferentes versões de um projeto, mas ainda assumia que todos os desenvolvedores trabalhavam em uma única árvore de código e que fariam o *push* de suas mudanças para uma cópia "mestre" do repositório. O Git completou o processo de descentralização ao permitir que qualquer cópia do repositório possa fazer *push* ou *pull* de qualquer repositório, permitindo "equipes de equipes" completamente descentralizadas, e por tornar os processo de criação de *branches* e de *merge* muito mais rápidos e fáceis do que seus predecessores. Hoje em dia, a colaboração distribuída é a norma: ao invés de uma grande equipe distribuída, o *fork-and-pull* permite que um grande número de equipes Ágeis de "duas pizzas" possa fazer progressos independentemente, e o uso do Git para apoiar tais esforços tornou-se onipresente. Esse novo tamanho de equipe, de "duas pizzas", faz com que esse processo seja mais fácil de organizar do que as equipes de programação gigantescas, possíveis no Planeje-e-Documente.

Apesar dessas melhorias, os projetos de software ainda são famosos por levarem mais tempo e por estourarem os orçamentos. As técnicas desse capítulo podem ajudar uma equipe

Ágil a prevenir algumas armadilhas. Verificar com todas as partes interessadas em cada interação orienta sua equipe a gastar seus recursos de forma mais eficaz e é mais provável que o software resultante faça os clientes felizes em relação ao tempo e orçamento. A organização da equipe Scrum se adapta melhor com o ciclo de vida Ágil e os desafios de desenvolvimento SaaS. O uso disciplinado do controle de versão permite que os desenvolvedores façam progressos, simultaneamente, em muitas frentes, sem interferir no trabalho dos outros, e também garante um gerenciamento sistemático e disciplinado do ciclo de vida de um erro de programação.

Os processos do Planeje-e-Documente contam com o gerente de projeto para fazer as estimativas de tempo e custo, cálculo de riscos, e para conduzir o projeto de modo que o produto seja entregue a tempo, dentro do orçamento estipulado e com a funcionalidade desejada. Essa abordagem, mais autocrática, está em contraste com a abordagem igualitária do Scrum, onde o ScrumMaster e o Proprietário do Produto se alternam entre os membros da equipe do Ágil. Tudo é documentado nos ciclos de vida Planeje-e-Documente, incluindo o plano de gestão do projeto, o plano de gerenciamento de configuração e o plano sobre como verificar e validar que o projeto está seguindo os outros planos. Inspeções de desenvolvedores externos à equipe proporcionam comentários sobre os planos e o código e auxiliam na avaliação do progresso do projeto.

Uma vez que um projeto é concluído em qualquer ciclo de vida, é importante reservar um tempo para pensar sobre o que você aprendeu com esse projeto antes de "pular de cabeça" em outro. Reflita sobre o que ocorreu bem e o que não ocorreu como o previsto, e o que você faria diferente. Não é pecado cometer um erro desde que você aprenda com ele; o pecado está em cometer o mesmo erro repetidamente.

10.10 Para Aprender Mais

- Você pode encontrar descrições detalhadas das funcionalidades poderosas do Git no livro *Controle de Versão com Git* (Loeliger 2009), que apresenta o Git usando um tutorial passo a passo, e no Git Community Book[21], um livro gratuito que apresenta uma referência completa sobre o Git. Para ajuda detalhada com um comando específico utilize o *comando* `git help`, por exemplo, `git help branch`; mas esteja ciente de que essas explicações são para referência, e não são um tutorial.

- Muitos projetos de tamanho médio que não utilizam o Pivotal Tracker, ou cujas necessidades de gerenciamento do erro de programação vão além do que o Tracker pode suprir, contam com a funcionalidade *Issues* presentes em todos os repositórios do GitHub. O sistema Issues permite que cada equipe crie "labels" apropriados para diferentes prioridades e tipos de erros e seu próprio processo de "ciclo de vida do erro". Grandes projetos, com ampla distribuição de software, utilizam, consideravelmente, sistemas de rastreamento de erro mais sofisticados (e complexos), tais como o sistema de código-livre Bugzilla[22].

ACM IEEE-Computer Society Joint Task Force. Computer science curricula 2013, Ironman Draft (version 1.0). Technical report, February 2013. URL `http://ai.stanford.edu/users/sahami/CS2013/`.

T. J. Allen and G. Henn. *The Organization and Architecture of Innovation: Managing the Flow of Technology*. Butterworth-heinemann, 2006.

A. Begel and N. Nagappan. Pair programming: What's in it for me? In *Proceedings of the Second ACM-IEEE international symposium on Empirical software engineering and measurement*, pages 120–128, Kaiserslautern, Germany, October 2008.

K. H. Blanchard and S. Johnson. *The One Minute Manager*. William Morrow, Cambridge, MA, 1982.

P. Bodík, A. Fox, M. I. Jordan, D. Patterson, A. Banerjee, R. Jagannathan, T. Su, S. Tenginakai, B. Turner, and J. Ingalls. Advanced tools for operators at Amazon.com. In *First Workshop on Hot Topics in Autonomic Computing (HotAC'06)*, Dublin, Ireland, June 2006.

E. Braude and M. Berstein. *Software Engineering:Modern Approaches, Second Edition*. John Wiley and Sons, 2011. ISBN 9780471692089.

D. Carnegie. *How to Win Friends and Influence People*. Pocket, 1998.

A. Cockburn and L. Williams. The costs and benefits of pair programming. *Extreme Programming Examined*, pages 223–248, 2001.

J. Hannay, T. Dyba, E. Arisholm, and D. Sjoberg. The effectiveness of pair programming: A meta-analysis. *Information and Software Technology*, 51(7):1110–1122, July 2009.

L. Hoffmann. Q&a: Big challenge. *Communications of the ACM (CACM)*, 56(9):112–ff, Sept. 2013.

D. Holland. *Red Zone Management*. WinHope Press, 2004. ISBN 0967140188.

J. Loeliger. *Version Control with Git: Powerful Tools and Techniques for Collaborative Software Development*. O'Reilly Media, 2009. ISBN 0596520123.

J. Moore. ipad 2 as a remote presence device? *Pivotal Blabs*, 2011. URL `http://pivotallabs.com/blabs/categories/pair-programming`.

R. Pressman. *Software Engineering: A Practitioner's Approach, Seventh Edition*. McGraw Hill, 2010. ISBN 0073375977.

K. Schwaber and M. Beedle. *Agile Software Development with Scrum (Series in Agile Software Development)*. Prentice Hall, 2001. ISBN 0130676349.

A. Shalloway. *Agile Design and Code Reviews*. 2002. URL `http://www.netobjectives.com/download/designreviews.pdf`.

I. Sommerville. *Software Engineering, Ninth Edition*. Addison-Wesley, 2010. ISBN 0137035152.

S. Teasley, L. Covi, M. S.Krishnan, and J. S. Olson. How does radical collocation help a team succeed? In *Proceedings of the 2000 ACM conference on Computer supported cooperative work*, pages 339–346, Philadelphia, Pennsylvania, December 2000.

Notas

[1]http://www.opensourcerails.com/
[2]http://github.com/ucberkeley/researchmatch
[3]http://github.com/vinsonchuong/meetinglibs
[4]http://codeclimate.com
[5]https://github.com/bbatsov/rails-style-guide
[6]http://google-styleguide.googlecode.com/svn/trunk/pyguide.html
[7]http://google-styleguide.googlecode.com/svn/trunk/javascriptguide.xml
[8]http://google-styleguide.googlecode.com/svn/trunk/cppguide.xml
[9]https://github.com/bbatsov/rails-style-guide
[10]http://google-styleguide.googlecode.com/svn/trunk/pyguide.html
[11]http://google-styleguide.googlecode.com/svn/trunk/javascriptguide.xml
[12]http://dilbert.com/strips/comic/2003-01-09/
[13]http://dilbert.com/strips/comic/2003-01-11/
[14]http://help.github.com/fork-a-repo/
[15]http://help.github.com/send-pull-requests/
[16]http://code.flickr.com/blog/2009/12/02/flipping-out/
[17]http://nvie.com/posts/a-successful-git-branching-model/
[18]http://github.com/
[19]http://fakeweb.rubyforge.org
[20]http://progit.org/2011/07/11/reset.html
[21]http://book.git-scm.com
[22]http://mozilla.org

10.11 Projetos Sugeridos

Projeto 10.1. *Selecione alguns exercícios do livro, atribua pontos a eles e, em seguida, avalie sua velocidade enquanto você trabalha neles.*

Projeto 10.2. *Pense em um website que você visite frequentemente ou em um aplicativo da web que você geralmente use; liste algumas histórias de usuário que lhe orientariam a criar um aplicativo similar a partir do zero.*

Projeto 10.3. *(Discussão) Reflita sobre o último projeto no qual trabalhou em grupo. Quais dos projetos e ideias, discutidos no capítulo foram utilizados por você e seu grupo? Das que foram usadas, quais você considera de maior utilidade? Quais dos métodos não utilizados, segundo o seu ponto de vista, teriam sido os mais adequados?*

Projeto 10.4. *(Discussão) Um projeto sugerido no Capítulo 1 era propôs uma lista dos dez aplicativos mais importantes. Diante dessa lista, quais seriam os melhores aplicativos a serem desenvolvidos e mantidos no uso de uma equipe do tamanho de duas pizzas com uma organização Scrum? Quais não seriam os mais apropriados? Explique as razões de cada escolha feita.*

Projeto 10.5. *(Discussão) Por que você acha que a Pivotal adicionou a ferramenta Epics ao Tracker? Qual era o problema que visava ser resolvido com essa nova característica?*

Projeto 10.6. *(Discussão) Encontre um(a) amigo(a) programador(a) próximo para tentar fazer programação pareada por alguns dias. Vários dos projetos sugeridos em capítulos anteriores são bons candidatos para a programação pareada. O quão difícil foi encontrar um lugar onde se pudesse sentar lado a lado? Você acredita que isso obriga ambos a se concentrarem mais em criar um código de maior qualidade, deixando as distrações de lado, ou isso lhe parece menos produtivo desde que, e essencialmente, apenas uma das pessoas esteja fazendo o trabalho?*

Projeto 10.7. *Com um(a) parceiro(a) para programação, invente um website ou um aplicativo simples que vocês possam construir. De preferência, não deverá ser mais complicado do que o RottenPotatoes! Com a ajuda dos métodos e ferramentas sugeridos nesse capítulo — programação pareada, velocidade, controle de versão — trabalhe no projeto e termine-o. Quais das ferramentas ou métodos utilizados foram mais úteis?*

Projeto 10.8. *Da próxima vez que for a uma reunião, conte quantas vezes as diretrizes SAMOSA foram violadas. Se houver muitas violações, sugira, como uma experiência, que se tente seguir a SAMOSA na reunião seguinte. O que você reparou em relação às diferenças entre os dois encontros? O uso de SAMOSA ajudou ou prejudicou a reunião?*

Projeto 10.9. *Realize, como parte de uma atividade da equipe, uma inspeção de um trecho de código de tamanho médio. Nota: O ícone da margem identifica projetos propostos pelo padrão ACM/IEEE 2013 de Engenharia de Software (ACM IEEE-Computer Society Joint Task Force 2013).*

Projeto 10.10. *(Discussão) O Subversion (SVN) foi um sistema de controle de versão desenvolvido pela CollabNet cinco anos antes da criação do git pelo Linus Torvalds. Quais foram os problemas com o SVN que Torvalds estava tentando resolver com o git? O quão bem ele foi sucedido? Quais são os prós e contras, segundo sua opinião, entre o SVN e o git?*

Projeto 10.11. *Descreva a diferença entre gerenciamento de configuração de software centralizado e distribuído.*

Projeto 10.12. *Identifique itens de configuração e use uma ferramenta de controle de código fonte, como o GitHub, em um pequeno projeto em equipe com poucas pessoas.*

Projeto 10.13. *Crie e siga uma agenda para uma reunião.*

Projeto 10.14. *Escolha e aplique um padrão de de código em um pequeno projeto de software.*

Projeto 10.15. *Identifique e justifique os papéis necessários exercidos por membros de uma equipe de desenvolvimento de software que use um processo de Planeje-e-Documente.*

Projeto 10.16. *Liste as fontes, os riscos, e os benefícios potenciais do conflito de equipe.*

Projeto 10.17. *Aplique uma estratégia de resolução de conflitos em um ambiente de equipe.*

Projeto 10.18. *Seguindo o ciclo de vida do Planeje-e-Documente, prepare um plano para um projeto de software que inclua estimativas de tamanho e esforço, um cronograma, alocação de recursos, controle de configuração, gerenciamento de mudanças e identificação dos riscos de projeto e gestão.*

Projeto 10.19. *Demonstre sua capacidade para escolher e utilizar ferramentas de software — incluindo Cucumber, RPSEC, Pivotal Tracker — para apoiar o desenvolvimento do produto de software descrito no Exercício 10.18.*

11 Padrões de projeto para Classes SaaS

William Kahan (1933–) recebeu o Prêmio Turing de 1989 por suas contribuições fundamentais à análise numérica. Kahan se dedicou a "tornar o mundo seguro para computação numérica."

As coisas são genuinamente simples quando você pode pensar corretamente sobre o que está acontecendo sem ter um monte de pensamentos estranhos e confusos para impedi-lo. Pense na máxima de Einstein, "Tudo deve ser feito da forma mais simples possível, mas não mais simples do que isso."

—"A Conversation with William Kahan," *Dr. Dobbs' Journal*, 1997

Conceitos

O grande conceito deste capítulo é que os ***padrões de projeto*** podem melhorar a qualidade das classes. Um padrão de projeto captura soluções comprovadas para problemas separando as coisas que mudam das que não mudam.

Cinco princípios de projeto orientado a objetos identificados pelo acrônimo SOLID identificam projetos robustos de interações entre as classes. Um ***antipadrão*** indica um projeto de classe pobre, que um (mau) ***cheiro de projeto*** pode identificar. Assim, usar cheiros de projeto para detectar violações aos ***princípios SOLID*** para um bom projeto de classes é análogo a usar ***cheiros de código*** para detectar violações dos ***princípios SOFA*** para um bom projeto de métodos (Section 9.7).

As cinco letras do acrônimo SOLID significam:

1. (*Single responsibility*)***Princípio da Responsabilidade Única***: uma classe deve ter uma, e apenas uma, responsabilidade; ou seja, apenas uma razão para mudar. A métrica de código ***Falta de Coesão dos Métodos*** indica o antipadrão de uma classe muito grande.

2. (*Open/Closed*)***Princípio Aberto/Fechado***: uma classe deve ser aberta para extensão, mas fechada para modificação. O cheiro de projeto ***Comando Case*** sugere uma violação.

3. (*Liskov Substitution*)***Princípio de Substituição de Liskov***: um método projetado para funcionar com um objeto do tipo T deve também funcionar com um objeto de qualquer subtipo de T. Ou seja, todos os subtipos de T devem preservar o "contrato" de T. O cheiro de projeto ***Legado rejeitado*** (*refused bequest*) frequentemente indica uma violação.

4. (*Dependency injection*)***Princípio da Injeção de Dependência***: se duas classes dependem entre si, mas suas implementações podem mudar, seria melhor para elas se ambas dependessem de uma interface abstrata separada que é "injetada" entre elas.

5. (*Law of Demeter*)***Lei de Demeter***: um método pode chamar outros métodos de sua própria classe, e métodos das classes de suas próprias variáveis de instância; todo o resto é tabu. Um cheiro de projeto que indica uma violação é a ***intimidade inapropriada***.

Para métodos ágeis, ***refatoração*** é o mecanismo para melhorar o projeto de classes e métodos; em alguns casos, refatorar pode tornar possível a aplicação de um ***padrão de projeto*** apropriado. Por outro lado, para ciclos de vida do tipo Planeje-e-Documente:

- A fase inicial de projeto torna mais fácil selecionar uma boa arquitetura de software inicial e bons projetos de classe.

- A especificação é dividida em problemas e então em subproblemas, nos quais os desenvolvedores tentam utilizar padrões para resolvê-los.

- Como o projeto antecede a codificação, ***revisões de projeto*** podem oferecer *feedback* inicial.

- Uma preocupação é se o projeto deve mudar uma vez que a codificação se iniciou.

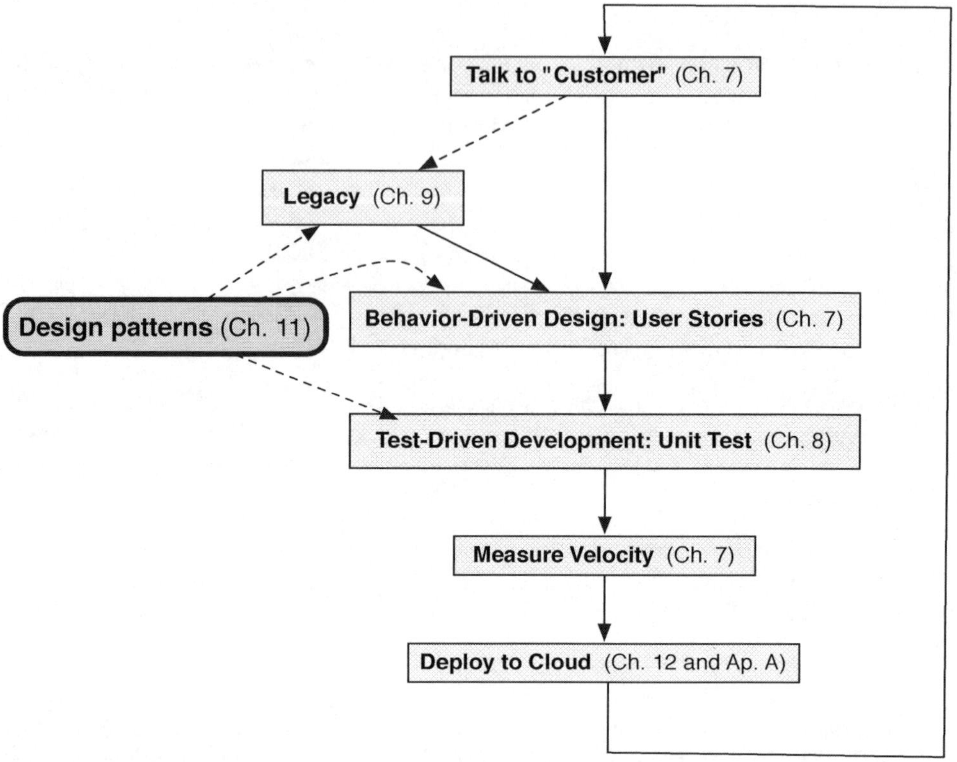

Figura 11.1: O ciclo de vida ágil e sua relação com os capítulos neste livro. Este capítulo trata de padrões de projeto, o que influencia BDD e TDD para novos aplicativos *e* para melhorar códigos legados.

11.1 Padrões, Antipadrões, e Arquitetura de Classe SOLID

No Capítulo 2, introduzimos a ideia de um padrão de projeto: uma estrutura reutilizável, comportamento, estratégia, ou técnica que captura uma solução comprovada em uma coleção de problemas semelhantes por meio da *separação das coisas que mudam das que continuam as mesmas*. Os Padrões possuem um papel importante em nos ajudar a alcançar nosso objetivo ao longo deste livro: produzir código que não só é correto (TDD) e encontra uma necessidade do cliente (BDD), mas que também é conciso, legível, DRY (não redundante), e geralmente bonito. A Figura 11.1 destaca o papel dos padrões de projeto no ciclo de vida ágil, como foi mostrado neste capítulo.

Embora já tenhamos visto padrões arquiteturais tais como Cliente–Servidor e padrões estruturais tais como Modelo–Visão–Controlador, este capítulo examina padrões de projeto que se aplicam a classes e arquiteturas de classes. Como mostra a Figura 11.2, seguiremos uma aproximação semelhante à que fizemos no Capítulo 9. Ao invés de simplesmente listar um catálogo de padrões de projeto, nós motivaremos seu uso começando a partir de algumas diretrizes sobre o que faz uma arquitetura de classe boa ou má, identificando cheiros e métricas que indicam possíveis pontos problemáticos, e mostrando como alguns destes problemas podem ser corrigidos pela refatoração – ambos com classes e movendo o código através de

Chapter 9	Chapter 11
Code smells warn of problems in methods of a class	Design smells warn of problems in relationships among classes
Many catalogs of code smells and refactorings; we use Fowler's as definitive	Many catalogs of design smells and design patterns; we use Ruby-specific versions of the Gang of Four (GoF) design patterns as definitive
ABC, Cyclomatic Complexity metrics complement code smells with quantitative warnings	LCOM (Lack of Cohesion of Methods) metric complements design smells with quantitative warnings
Refactoring by extracting methods and moving code within a class	Refactoring by extracting classes and moving code between classes
SOFA guidelines for good methods (**S**hort, do **O**ne thing, **F**ew arguments, single **A**bstraction level)	SOLID guidelines for good class architecture (**S**ingle responsibility, **O**pen/Closed, **L**iskov substitution, dependency **I**njection, **D**emeter)
Some code smells don't apply in Ruby	Some design smells don't apply in Ruby or SaaS

Figura 11.2: Os paralelos entre os sintomas de alerta e soluções introduzidas para classes individuais e métodos no Capítulo 9, e aquelas introduzidas para relações entre classes neste capítulo. Por razões explicadas no texto, enquanto a maioria dos livros utilizam o I em SOLID para Segregação de Interface (um cheiro que não surge em Ruby) e D para Injeção de Dependência, nós, ao invés, utilizamos I para Injeção de Dependência e D para Princípio de Demeter, que surge frequentemente em Ruby.

classes – para eliminar os problemas. Em alguns casos, podemos refatorar para fazer o código combinar com um padrão de projeto existente e comprovado. Em outros casos, a refatoração não resulta necessariamente em grandes mudanças estruturais para a arquitetura de classe.

Como com refatoração no nível do método, a aplicação de padrões de projeto é melhor aprendida fazendo, e o número de padrões de projeto excede o que podemos cobrir em um capítulo de um livro. De fato, existem livros inteiros apenas sobre padrões de projeto, incluindo o importante *Design Patterns: Elements of Reusable Object-Oriented Software* (Gamma et al. 1994), cujos autores ficaram conhecidos como a "Gang of Four" (Gangue dos Quatro), ou GoF, e seu catálogo conhecido como "***Padrões de projeto GoF***." Os 23 padrões de projeto GoF estão divididos em padrões de projeto de Criação, Estrutural e Comportamental, como a Figura 11.3 mostra. Como com o livro original de Fowler sobre refatoração, o livro dos padrões de projeto GoF deu origem a outros livros com exemplos adaptados a linguagens específicas, incluindo Ruby (Olsen 2007).

Desde que os padrões de projeto GoF evoluíram no contexto de linguagens de tipagem estática, alguns deles tratam de problemas que não surgem em Ruby. Por exemplo, padrões que eliminam mudanças de tipo de assinatura que provocariam recompilação são raramente utilizados em Ruby, que não é compilada e não usa tipos para impor contratos.

Os autores do GoF citam dois princípios abrangentes de bom projeto orientado a objetos que informa a maioria dos padrões:

- Preferir Composição e Delegação ao invés de Herança.
- Programar para uma Interface, não para uma Implementação.

Aprenderemos o que estas frases de efeito significam à medida que exploramos alguns padrões de projeto específicos.

Em um mundo ideal, todos os programadores utilizariam padrões de projeto com bom gosto, continuamente refatorando seu código como o Capítulo 9 sugere, e todos os códigos seriam bonitos. É desnecessário dizer, mas este não é sempre o caso. Um *antipadrão* é um pedaço de código que parece querer ser expressado em termos de um padrão de projeto célebre, mas não é – frequentemente porque o código original (bom) evoluiu para preencher novas necessidades sem refatorações ao longo do caminho. ***Cheiros de projeto***, semelhantes aos cheiros de código que vimos no Capítulo 9, são sinais de alerta de que seu código pode

Creational patterns
***Abstract Factory*, Factory Method**: Provide an interface for creating families of related or dependent objects without specifying their concrete classes **Singleton:** Ensure a class has only one instance, and provide a global point of access to it. **Prototype:** Specify the kinds of objects to create using a prototypical instance, and create new objects by copying this prototype. As we'll see in Chapter 6, prototype-based inheritance is part of the JavaScript language. **Builder:** Separate the construction of a complex object from its representation allowing the same construction process to create various representations
Structural patterns
Adapter, Proxy, Façade*, Bridge**: Convert the programming interface of a class into another (sometimes simpler) interface that clients expect, or decouple an abstraction's interface from its implementation, for dependency injection or performance ***Decorator: Attach additional responsibilities to an object dynamically, keeping the same interface. Helps with "Prefer composition or delegation over inheritance." **Composite**: Provide operations that work on both an individual object and a collection of that type of object **Flyweight:** Use sharing to support large numbers of similar objects efficiently
Behavioral patterns
Template Method, Strategy: Uniformly encapsulate multiple varying strategies for same task ***Observer:*** One or more entities need to be notified when something happens to an object ***Iterator, Visitor:*** Separate traversal of a data structure from operations performed on each element of the data structure ***Null Object:*** (Doesn't appear in GoF catalog) Provide an object with defined neutral behaviors that can be safely called, to take the place of conditionals guarding method calls **State:** Encapsulate an object whose behaviors (methods) differ depending on which of a small number of internal states the object is in **Chain of Responsibility:** Avoid coupling the sender of a request to its receiver by giving more than one object a chance to handle the request, passing request up the chain until someone handles it **Mediator:** Define an object that encapsulates how a set of objects interact without those objects having to refer to each other explicitly, allowing decoupling **Interpreter:** Define a representation for a language along with an interpreter that executes the representation **Command:** Encapsulate an operation request as an object, thereby letting you parameterize clients with different requests, queue or log requests, and support undoable operations

Figura 11.3: Os 23 *Padrões de projeto GoF*, abrangendo três categorias, com o itálico mostrando um subconjunto que encontraremos à medida que ilustramos e corrigimos violações de SOLID e com padrões intimamente relacionados agrupados em uma única entrada, como com Abstract Factory e Factory Method. Sempre que introduzirmos um padrão de projeto, nós explicaremos o objetivo do padrão, mostraremos uma representação em UML (que será introduzida na próxima seção) da arquitetura de classe antes e depois da refatoração para aquele padrão, e, quando possível, daremos um exemplo de como o padrão é utilizado "no meio" do próprio Rails ou em uma gema Ruby.

estar se direcionando a um antipadrão. Em contraste aos cheiros de código, que tipicamente se aplicam a métodos dentro de uma classe, cheiros de projeto se aplicam às relações entre classes e como responsabilidades são divididas entre elas. Portanto, enquanto refatorar um método envolve mover o código *dentro* de uma classe, refatorar um projeto envolve mover o código *entre* classes, criando novas classes ou módulos (talvez ao se extrair comunalidades de classes existentes), ou removendo classes que não têm, realmente, razão de ser.

Semelhante a SOFA no Capítulo 9, o acrônimo SOLID (creditado a Robert C. Martin) significa um conjunto de cinco princípios de projeto que um código limpo deve respeitar. Como visto no Capítulo 9, cheiros de código e métricas quantitativas podem nos dizer quando corremos perigo de violar uma ou mais diretrizes SOLID; a correção é frequentemente uma refatoração que elimina o problema ao harmonizar o código com um ou mais padrões de projeto.

"Uncle Bob" Martin, um engenheiro de software americano e consultant[1] desde 1970, é um fundador de Agile/XP e um importante membro do movimento ***Software Artesanal***, que encoraja programadores a se verem como profissionais criativos aprendendo um ofício disciplinado em um modelo de aprendizagem.

A Figura 11.4 mostra os elementos de SOLID e o que eles nos dizem sobre boa composição de classes. Em nossa discussão sobre padrões de projeto selecionados, veremos violações de cada uma destas diretrizes, e mostraremos como refatorar o código ruim (em alguns casos, com o objetivo de aplicar um padrão de projeto) pode corrigir a violação. Em geral, os princípios SOLID lutam por uma arquitetura de classes que evita vários problemas que impedem a produtividade:

1. Viscosidade: é mais fácil corrigir o problema utilizando um truque rápido, apesar de você saber que esta não é a coisa certa a fazer.

2. Imobilidade: é difícil ser DRY, porque a funcionalidade que você quer reutilizar está ligada no aplicativo de uma maneira que torna sua extração difícil.

3. Repetição desnecessária: possivelmente como consequência da imobilidade, o aplicativo possui funcionalidades semelhantes duplicadas em múltiplos locais. Como resultado, uma mudança em uma parte do aplicativo frequentemente se espalha para várias outras partes do aplicativo, de modo que uma pequena mudança em funcionalidade requer várias pequenas mudanças no código e testes, um processo por vezes chamado de ***cirurgia de espingarda***.

4. Complexidade desnecessária: o projeto do aplicativo reflete generalidade que foi inserida antes de ser necessária.

Como com refatoração e código legado, buscar cheiros de código e tratá-los por meio da refatoração com um uso judicioso de padrões de projeto é uma habilidade aprendida com a prática. Portanto, ao invés de apresentar uma "lista interminável" de cheiros de código, refatorações e padrões de projeto, focamos nossa discussão nos princípios SOLID e fornecemos alguns exemplos representativos do processo geral de identificar cheiros de código e acessar as alternativas para abordá-los. À medida que você lida com suas próprias aplicações, é essencial examinar os recursos mais detalhados listados na Seção 11.11.

Principle	**Meaning**	**Warning smells**	**Refactoring fix**
Single Responsibility	A class should have one and only one reason to change	Large class, poor LCOM (Lack of Cohesion Of Methods) score, data clumps	Extract class, move methods
Open/Closed	Classes should be open for extension but closed for modification	Conditional complexity, `case`-based dispatcher	Use Strategy or Template Method, possibly combined with Abstract Factory pattern; use Decorator to avoid explosion of subclasses
Liskov Substitution	Substituting a subclass for a class should preserve correct program behavior	Refused bequest: subclass destructively overrides an inherited method	Replace inheritance with delegation
Injection of Dependencies	Collaborating classes whose implementation may vary at runtime should depend on an intermediate "injected" dependency	Unit tests that require *ad hoc* stubbing to create seams; constructors that hardwire a call to another class's constructor, rather than allowing runtime determination of *which* other class to use	Inject a dependency on a shared interface to isolate the classes; use Adapter, Façade, or Proxy patterns as needed to make the interface uniform across variants
Demeter Principle	Speak only to your friends; treat your friends' friends as strangers	Inappropriate intimacy, feature envy, mock trainwrecks (Section 8.10)	Delegate behaviors and call the delegate methods instead

Figura 11.4: As diretrizes do projeto SOLID e alguns cheiros que sugerem que talvez seu código viole uma ou mais delas. Divergimos um pouco do uso padrão de SOLID: utilizamos I para Injeção de Dependência e D para o Princípio de Demeter, enquanto a maioria dos livros utiliza I para Segregação de Interface (que não se aplica em Ruby) e D para Injeção de Dependência.

Resumo de padrões, antipadrões e SOLID:

- Um bom código deve acomodar mudança evolutiva graciosamente. Padrões de projeto são soluções comprovadas para problemas comuns que impedem esse objetivo. Eles trabalham fornecendo uma maneira limpa de separar as coisas que talvez mudem ou evoluam daquelas que continuam as mesmas, e uma maneira limpa para acomodar essas mudanças.
- Da mesma forma que com métodos individuais, refatorar é o processo de melhorar a estrutura de uma arquitetura de classe para tornar o código mais sustentável e evolutivo ao mover o código através de classes, bem como refatorar dentro da classe. Em alguns casos, estas refatorações nos conduzem para um dos 23 padrões de projeto GoF.
- Da mesma forma que com métodos individuais, cheiros de código e métricas podem servir como alertas precoces de um *antipadrão* – uma parte de código que estaria melhor estruturada se seguisse um padrão de projeto.

■ *Elaboração: Outros tipos de padrões*

Como enfatizamos desde o início deste livro, o uso judicioso de padrões permeia a boa engenharia de software. Para complementar os padrões de projeto no nível de classes, outras profissionais desenvolveram catálogos de padrões arquiteturais para aplicações corporativos[2] (encontramos alguns no Capítulo 2), padrões de programação paralelos[3], padrões computacionais (que dão suporte a famílias de algoritmos específicas, tais como algoritmos gráficos, álgebra linear, circuitos, grades e assim por diante), ***Padrões de concorrência*** e padrões de interface do usuário[4].

Auto-avaliação 11.1.1. *Verdadeiro ou falso: uma medida da qualidade de uma parte de um software é o grau em que ele utiliza padrões de projeto.*

◇ Falso: enquanto padrões de projeto fornecem soluções comprovadas para alguns problemas comuns, um código que não exibe tais problemas talvez não precise desses padrões, mas isso não o faz ser um código mais pobre. Os autores do GoF alertam especificamente contra mensurar a qualidade de um código em termos de uso de padrão de projeto. ■

Grady Booch (1955–), reconhecido internacionalmente por seu trabalho em engenharia de software e ambientes de desenvolvimento colaborativos, desenvolveu a UML com Ivar Jacobson e James Rumbaugh.

11.2 Um pouco de UML

A Linguagem de Modelagem Unificada (***Unified Modeling Language*** ou UML) não é uma linguagem textual, mas um conjunto de técnicas de notação gráfica para "especificar, visualizar, modificar, construir e documentar os artefatos de um sistema intensivo em software orientado a objetos[5]." UML evoluiu desde 1995 até o presente por meio da unificação dos, anteriormente distintos, padrões de linguagem de modelagem e tipos de diagramas, os quais a Figura 11.5 lista.

Enquanto este livro foca em uma modelagem ágil mais leve – de fato, modelagens baseadas em UML têm sido criticadas por serem muito "inchadas" e pesadas – alguns tipos de diagramas UML são amplamente utilizados mesmo em modelagem ágil. A Figura 11.6 mostra um ***diagrama de classe*** UML, que retrata cada classe real no aplicativo, sua classe mais importante e variáveis e métodos de instância, e sua relação com outras classes, tais como associações possui-muitos ou pertence-a. Cada final de linha conectando duas classes associadas é anotado com o mínimo e máximo número de instâncias que podem participar naquele "lado" da associação, chamada de ***multiplicidade*** da associação, utilizando o símbolo ***** para "ilimitado". Por exemplo, uma multiplicidade **1..*** significa "um ou mais", **0..*** significa "zero ou mais" e **1** significa "exatamente um." UML distingue dois tipo de associações do tipo "possuir" (possui-um e possui-muitos). Em uma ***agregação***, os objetos possuídos sobrevivem à destruição do objeto que o possui. Por exemplo, *Curso tem muitos Estudantes* é uma agregação porque os estudantes felizmente não são destruídos quando o curso acaba! Em uma ***composição***, os objetos possuídos são normalmente destruídos quando o objeto que o possui é destruído. Por exemplo, *Filme tem muitos Comentários* é uma composição, uma vez que apagar um Filme pode fazer com que todos os comentários sobre ele sejam apagados.

Diagramas de classe são populares mesmo entre engenheiros de software que não usam as outras partes de UML. Com esta introdução para UML em mãos, podemos utilizar diagramas de classe para ilustrar o "antes e depois" da arquitetura de classe, quando melhoramos o código utilizando as diretrizes SOLID e padrões de projeto.

Structure diagrams	
Class	Describes the structure of a system by showing the system's classes, their attributes, and the relationships among the classes.
Component	Describes how a software system is split up into components and shows the dependencies among these components.
Composite structure	Describes the internal structure of a class and the collaborations that this structure makes possible.
Deployment	Describes the hardware used in system implementations and the execution environments and artifacts deployed on the hardware.
Object	Shows a complete or partial view of the structure of an example modeled system at a specific time.
Package	Describes how a system is split up into logical groupings by showing the dependencies among these groupings.
Profile	Describes reusable domain-specific "stereotype" objects from which specific object types can be derived for use in a particular application.

Interaction diagrams	
Communication	Shows the interactions between objects or parts in terms of sequenced messages. They represent a combination of information taken from Class, Sequence, and Use Case Diagrams describing both the static structure and dynamic behavior of a system.
Interaction overview	Provides an overview in which the nodes represent communication diagrams.
Sequence	Shows how objects communicate with each other in terms of a sequence of messages. Also indicates the lifespans of objects relative to those messages.
Timing diagrams	A specific type of interaction diagram where the focus is on timing constraints.

Behavior diagrams	
Activity	Describes the business and operational step-by-step workflows of components in a system. An activity diagram shows the overall flow of control.
State machine	Describes the states and state transitions of the system.
Use Case	Describes the functionality provided by a system in terms of actors, their goals represented as use cases, and any dependencies among those use cases.

Figura 11.5: Os catorze tipos de diagramas definidos pela UML 2.2 para descrever um sistema de software. Essas descrições são baseadas no excelente Resumo da Wikipédia sobre UML[7], que também mostra um exemplo de cada tipo de diagrama. Diagramas de caso de uso são semelhantes às histórias de usuário em métodos ágeis, mas sem o nível de detalhes que permite a ferramentas como Cucumber preencher a lacuna entre histórias de usuários e testes de integração/aceitação.

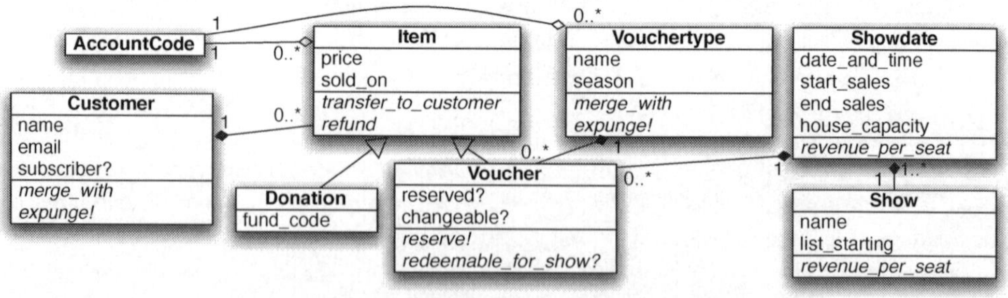

Figura 11.6: Este *diagrama de classes* em UML mostra um subconjunto das classes do aplicativo theater-ticketing, consistente com as Figuras 9.4 e 9.5. Cada caixa representa uma classe com seus mais importantes métodos e atributos (responsabilidades). A Herança está representada por uma seta. Classes com associações estão conectadas por linhas cujos finais são anotados com uma multiplicidade e, opcionalmente, um losango (aberto no caso de agregações, preenchido no caso de composições e ausente nos demais casos).

Resumo de Linguagem de Modelagem Unificada (UML):

- UML compreende uma família de tipos de diagramas para ilustrar vários aspectos de projeto (*design*) e implementação de software.
- Os diagramas de classe UML são amplamente utilizados mesmo por desenvolvedores que não utilizam outros recursos de UML. Eles mostram o nome de uma classe, seus métodos mais importantes e atributos públicos e privados e sua relação com outras classes.

■ ***Elaboração: Quando usar UML?***

Embora pesada, UML é útil para modelar aplicações muito grandes divididas em subsistemas sendo desenvolvidas por equipes amplamente distribuídas. Também, uma vez que a notação de UML é independente de línguas, ela pode ser útil para a coordenação de equipes internacionais multi-língues. Devido à maturidade de UML, muitas ferramentas dão suporte ao seu uso; o desafio é manter os diagramas "em sincronia" com o código e o projeto, e é por isso que a maioria dessas ferramentas tenta ir em ambas as direções, sintetizando esqueletos de código de UML e extraindo diagramas em UML do código. Uma dessas ferramentas úteis para se aprender UML é UMPLE[8], uma linguagem de domínio específico desenvolvida na Universidade de Ottawa para expressar relações entre classes. O sítio Try Umple[9] pode gerar diagramas de classe em UML a partir do código UMPLE, gerar código UMPLE a partir dos diagramas que você mesmo desenha, ou gerar um código executável em várias linguagens de programação correspondendo ao seu código UMPLE ou diagramas em UML. É uma ótima ferramenta para explorar UML e diagramas de classe, mas não recomendamos utilizar o código Ruby que ela gera, que é não-DRY e, de alguma forma, não-idiomático.

Auto-avaliação 11.2.1. *Em um diagrama de classes UML retratando a relação "Universidade tem muitos Departamentos", quais multiplicidades seriam admissíveis em cada lado da associação?*

◇ O lado da Universidade tem multiplicidade **1**, porque um Departamento deve pertencer a exatamente uma Universidade. O lado do Departamento tem multiplicidade **1..***, porque um ou mais Departamentos podem pertencer a uma Universidade. ■

Auto-avaliação 11.2.2. *A relação "Universidade tem muitos Departamentos" deveria ser modelada como uma agregação ou composição?*

◇ Deveria ser uma composição, uma vez que os departamentos não sobreviveriam ao fechamento de uma universidade. ■

11.3 Princípio da Responsabilidade Única

O ***Princípio da Responsabilidade Única*** (PRU) de SOLID diz que uma classe deve ter uma, e apenas uma, responsabilidade – isto é, apenas uma razão para mudar. Por exemplo, na Seção 5.2, quando adicionamos *single sign-on* ao RottenPotatoes, nós criamos um novo **SessionsController** para lidar com a interação *sign-on*. Uma estratégia alternativa seria aumentar **MoviegoersController**, uma vez que *sign-on* é uma ação associada com cinéfilos. De fato, antes da abordagem *single sign-on* descrita no Capítulo 5, essa era a maneira recomendada para implementar autenticação baseada em senhas em versões anteriores de Rails.

LCOM variant	Scores	Interpretation
Revised Henderson-Sellers LCOM	0 (best) to 1 (worst)	0 means all instance methods access all instance variables. 1 means any given instance variable is used by only one instance method, that is, the instance methods are fairly independent of each other.
LCOM-4	1 (best) to n (worst)	Estimates number of responsibilities in your class as number of connected components in a graph in related methods' nodes are connected by an edge. A score $n > 1$ suggests that up to $n - 1$ responsibilities could be extracted into their own classes.

Figura 11.7: A contagem "recomendada" de LCOM depende profundamente de qual variante de LCOM é utilizada. A tabela mostra duas das variantes mais amplamente utilizadas.

Mas tal esquema requereria mudar o modelo e administrador **Cinéfilo** sempre que quiséssemos mudar a estratégia de autenticação, mesmo que a "essência" de um Cinéfilo não dependa realmente de como ele se conecta. Segundo o padrão MVC, cada administrador deve se especializar em lidar com um recurso; uma sessão autenticada de usuário é um recurso distinto do próprio usuário e merece suas próprias ações REST e métodos de modelo. Como uma regra básica, se você não consegue descrever a responsabilidade de uma classe em 25 palavras ou menos, ela provavelmente tem mais de uma responsabilidade, e as responsabilidades novas deveriam ser movidas para suas próprias classes independentes.

Em linguagens compiladas de tipagem estática, o custo de violar o PRU é óbvio: qualquer mudança em uma classe requer recompilação e pode também provocar recompilação ou religamento de outras classes que dependam dela. Já que não pagamos este preço em linguagens dinâmicas interpretadas, é fácil deixar classes ficarem muito grandes e violarem o PRU. Uma dica é a falta de ***Coesão***, que é o grau no qual os elementos de uma única entidade lógica, neste caso uma classe, estão relacionados. Dois métodos estão relacionados se eles acessam o mesmo subconjunto de variáveis de instância ou de classe, ou se um chama o outro. A métrica ***LCOM***, para *Lack of Cohesion Of Methods*, mede a coesão de uma classe: em particular, ela o avisa se a classe consiste de múltiplos "aglomerados" em que métodos dentro de um aglomerado estão relacionados, mas métodos em um aglomerado não estão fortemente relacionados a métodos em outros aglomerados. A Figura 11.7 mostra duas das variantes mais comumente utilizadas da métrica LCOM.

Na Seção 9.6, depois de refatorar com sucesso **convert**, `reek` relatou "baixa coesão" na classe **TimeSetter** porque utilizamos variáveis de classe ao invés de variáveis de instância para manter o que era na verdade estado de instância, como aquela seção descreveu.

O cheiro de código *Moita de Dados* (*Data Clumps*) é um sinal de alerta de que uma boa classe está evoluindo em direção ao antipadrão "múltiplas responsabilidades". Uma Moita de Dados é um grupo de variáveis ou valores que são sempre passados juntos como argumentos para um método ou retornados juntos como um conjunto de resultados de um método. Esta "viagem conjunta" é um sinal de que os valores podem realmente precisar de sua própria classe. Outro sintoma é que algo que costumava ser um valor de dado "simples" adquire novos comportamentos. Por exemplo, suponha que um **Moviegoer** tenha atributos **phone_number** e **zipcode** e você quer adicionar a habilidade de checar o código postal com precisão ou padronizar o formato do número de telefone. Se você adicionar esses métodos a **Moviegoer**, eles irão reduzir sua coesão porque formam um "grupo" de métodos que apenas lida com variáveis de instância específicas. A alternativa é utilizar a refatoração *Extrair Classe* para colocar esses métodos em uma nova classe **Address**, como mostra a Figura 11.8.

http://pastebin.com/hi5175Wr

```
class Moviegoer
  attr_accessor :name, :street, :phone_number, :zipcode
  validates :phone_number, # ...
  validates :zipcode, # ...
  def format_phone_number ; ... ; end
  def verify_zipcode ; ... ; end
  def format_address(street, phone_number, zipcode) # data clump
    # do formatting, calling format_phone_number and verify_zipcode
  end
end
# After applying Extract Class:
class Moviegoer
  attr_accessor :name
  has_one :address
end
class Address
  belongs_to :moviegoer
  attr_accessor :phone_number, :zipcode
  validates :phone_number, # ...
  validates :zipcode, # ...
  def format_address ; ... ; end # no arguments - operates on 'self'
  private  # no need to expose these now:
  def format_phone_number ; ... ; end
  def verify_zipcode ; ... ; end
end
```

Figura 11.8: Para realizar a Extração de Classe, identificamos o grupo de métodos que compartilha uma responsabilidade distinta daquela do restante da classe, movemos estes métodos para uma nova classe, transformamos os itens de dados que "viajam juntos" nos quais eles operam em variáveis de instância da classe, e passamos uma instância da classe como parâmetro ao invés dos itens individuais.

Resumo do Princípio da Responsabilidade Única:

- Uma classe deve possuir uma, e apenas uma, razão para mudar, isto é, uma responsabilidade.
- Uma contagem pobre de LCOM (*Lack of Cohesion Of Methods*) e o cheiro de código Moita de Dados são ambos avisos de possíveis violações do PRU. A refatoração Extrair Classe pode ajudar a remover e encapsular responsabilidades adicionais em uma classe separada.

■ *Elaboração: Princípio da Segregação de Interface*

Relacionado ao PRU é o ***Princípio da Segregação de Interface*** (PSI, e o **I** original em SOLID), que diz que, se a interface (API) de uma classe é utilizada por múltiplos e bem diferentes tipos de clientes, a interface provavelmente deveria ser dividida em subconjuntos úteis para cada tipo de cliente. Por exemplo, a classe **Movie** pode fornecer ambos metadados do filme (classificação MPAA, data de lançamento e assim por diante) e uma interface para pesquisar TMDb, mas é improvável que um cliente utilizando um destes conjuntos de serviços se importaria com o outro. O problema resolvido pelo PSI surge em linguagens compiladas em que mudanças em uma interface requerem recompilar a classe, desse modo provocando recompilação ou religamento de classes que utilizam aquela interface. Embora documentar interfaces separadas para conjuntos distintos de funcionalidade seja bom estilo, PSI raramente surge em Ruby, uma vez que não existem classes compiladas, portanto não discutiremos mais isso.

Figura 11.9: Diagramas de classe em UML antes (esquerda) e depois (direita), extraindo a classe Address de Moviegoer.

http://pastebin.com/xxHCeLzV

```
class Report
  def output
    formatter =
      case @format
      when :html
        HtmlFormatter.new(self)
      when :pdf
        PdfFormatter.new(self)
        # ...etc
      end
  end
end
```

Figura 11.10: A classe Report depende de uma classe-base Formatter com subclasses HtmlFormatter e PdfFormatter. Devido ao despacho explícito no formato de relatório, adicionar um novo tipo de saída de relatório requer modificar Report#output, e provavelmente requer mudar outros métodos de Report que possuem lógica semelhante – a chamada *Cirurgia de espingarda*.

Auto-avaliação 11.3.1. *Desenhe os diagramas de classe em UML mostrando a arquitetura de classes antes e depois da refatoração da Figura 11.8.*
◇ A Figura 11.9 mostra os diagramas em UML. ■

11.4 Princípio Aberto/Fechado

O ***Princípio Aberto/Fechado*** (PAF) de SOLID diz que classes devem ser "abertas para extensão, mas fechadas para modificação". Isto é, deve ser possível estender o comportamento de classes sem modificar o código existente em que outras classes ou aplicativos dependem.

Embora adicionar subclasses que são herdadas de uma classe base seja uma maneira de estender classes existentes, muitas vezes isto não é suficiente por si só. A Figura 11.10 mostra porquê a presença de lógica de despacho baseada em **case** – uma variante do cheiro de código *Comando Case* – sugere uma possível violação do PAF.

Dependendo do caso específico, vários padrões de projeto podem ajudar. Um problema que o código malcheiroso da Figura 11.10 está tentando resolver é que a subclasse desejada de **Formatter** não é conhecida até o tempo de execução, quando é armazenada na variável de instância **@format**. O ***Padrão Fábrica Abstrata*** fornece uma interface comum para esclarecer um objeto cuja subclasse pode não ser conhecida até o tempo de execução. A tipagem pato e metaprogramação de Ruby permitem uma implementação particularmente elegante deste padrão, como mostra a Figura 11.11. (Em linguagens de tipagem estática, para "contornar" o sistema de tipagem, temos de criar um método fábrica para cada subclasse e fazê-las todas implementar uma interface comum – daí o nome do padrão.)

http://pastebin.com/HZsLHVcc

```
class Report
  def output
    formatter_class =
      begin
        @format.to_s.classify.constantize
      rescue NameError
        # ...handle 'invalid formatter type'
      end
    formatter = formatter_class.send(:new, self)
    # etc
  end
end
```

Figura 11.11: A metaprogramação e tipagem do pato de Ruby permitem uma implementação elegante do padrão Fábrica Abstrata. classify é fornecido por Rails para converter `snake_case` para `UpperCamelCase`. constantize é "açúcar sintático" fornecido por Rails que chama o método de introspecção em Ruby Object#const_get no destinatário. Também lidamos com o caso de um valor inválido da classe do formatador, que o código ruim não lida.

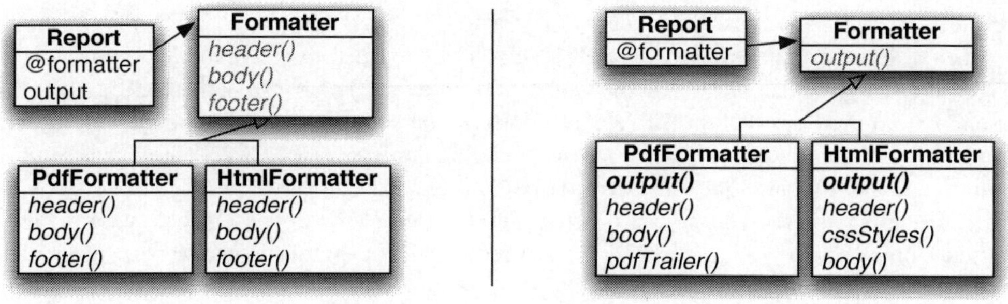

Figura 11.12: No Template Method (esquerda), os pontos de extensão são header, body, e footer, uma vez que o método Report#output chama @formatter.header, @formatter.body, e assim por diante, cada um deles delega para um complemento especializado na subclasse apropriada. (O texto cinza claro indica métodos que apenas delegam para uma subclasse.) Com o padrão Estratégia (direita), o ponto de extensão é o próprio método output, que delega toda a tarefa para uma subclasse. Delegação é um ingrediente tão comum da composição, que algumas pessoas se referem a ela como *Padrão de delegação*.

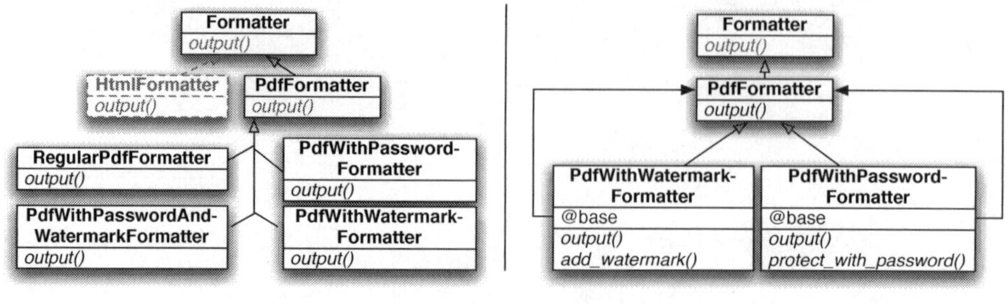

Figura 11.13: (Esquerda) A multiplicação de subclasses resultante da tentativa de resolver o problema do Formatador utilizando herança mostra por que seus padrões de classe devem "preferir composição ao invés de herança." (Direita) Uma solução mais elegante utiliza o padrão de projeto Decorador.

Outra abordagem é tirar vantagem do ***Padrão Estratégia*** ou ***Padrão Template Method***. Ambos dão suporte ao caso em que há uma abordagem geral para fazer uma tarefa, mas muitas variantes possíveis. A diferença entre os dois é o nível em que a comunalidade é capturada. Com Template Method, embora a implementação de cada passo possa divergir, o conjunto de passos é o mesmo para todas as variantes; por isso é normalmente implementado utilizando herança. Com Estratégia, a tarefa geral é a mesma, mas o conjunto de passos pode ser diferente em cada variante; por isso é normalmente implementado utilizando composição. A Figura 11.12 mostra como ambos padrões poderiam ser aplicados ao formatador de relatórios. Se todo tipo de formatador seguisse os mesmos passos de alto-nível – por exemplo, gerar o cabeçalho, gerar o corpo de relatório e, então, gerar o rodapé – poderíamos utilizar um Template Method. Por outro lado, se os próprios passos fossem diferentes, faria mais sentido utilizar Estratégia.

Um exemplo do padrão Estratégia no mundo real é OmniAuth (Section 5.2): muitos aplicativos necessitam de autenticação de terceiros e os passos são diferentes, dependendo do fornecedor de autenticação, mas o API para todos eles é o mesmo. De fato, OmniAuth até se refere a seus plug-ins como "estratégias."

Um tipo diferente de violação do PAF surge quando queremos *adicionar* comportamentos a uma classe existente e descobrir que não podemos fazer isso sem modificá-la. Por exemplo, arquivos em PDF podem ser gerados com ou sem proteção de senha e com ou sem uma marca d'água "Rascunho" em segundo plano. Ambos os recursos "adicionam" algum comportamento extra ao que **PdfFormatter** já faz. Por isso, se você já fez muita programação orientada a objetos, seu primeiro pensamento poderia ser resolver o problema utilizando herança, como mostra o diagrama UML da Figura 11.13 (esquerda); mas existem quatro permutações de recursos, então você terminaria com quatro subclasses com duplicação de código entre delas – nada DRY. Felizmente, o ***Padrão Decorador*** pode ajudar: nós "decoramos" uma classe ou método ao envolvê-los em uma versão melhorada que possui a mesma API, permitindo-nos compor múltiplas decorações conforme necessário. A Figura 11.14 mostra o código correspondendo ao projeto mais elegante baseado no Decorador do formatador PDF mostrado na Figura 11.13 (direita).

Os "decoradores"[10] **de Python** são, infelizmente, completamente não-relacionados ao padrão de projeto Decorador.

No mundo real, o módulo ActiveSupport de Rails fornece decoração em nível de método por meio do **alias_method_chain**, que é muito útil em conjunto com as classes abertas de Ruby, como a Figura 11.15 mostra. Um exemplo mais interessante de Decorator neste meio é o servidor de aplicativos Rack que nós temos utilizado desde o Capítulo 2. O coração de Rack é um módulo de "middleware" que recebe uma requisição HTTP e devolve um *http://pastebin.com/u8aYdwEL*

```
class PdfFormatter
  def initialize ; ... ; end
  def output ; ... ; end
end
class PdfWithPasswordFormatter < PdfFormatter
  def initialize(base) ; @base = base ; end
  def protect_with_password(original_output) ; ... ; end
  def output ; protect_with_password @base.output ; end
end
class PdfWithWatermarkFormatter < PdfFormatter
  def initialize(base) ; @base = base ; end
  def add_watermark(original_output) ; ... ; end
  def output ; add_watermark @base.output ; end
  end
end
# If we just want a plain PDF
formatter = PdfFormatter.new
# If we want a "draft" watermark
formatter = PdfWithWatermarkFormatter.new(PdfFormatter.new)
# Both password protection and watermark
formatter = PdfWithWatermarkFormatter.new(
  PdfWithPasswordFormatter.new(PdfFormatter.new))
```

Figura 11.14: Para aplicar o padrão Decorador em uma classe, nós "embrulhamos" a classe ao criar uma subclasse (para seguir o Princípio de Substituição de Liskov, como aprenderemos na Seção 11.5). A subclasse delega para o método ou classe original as funcionalidades que não são mudadas, e implementa os métodos extras que estendem a funcionalidade. Podemos, então, facilmente "construir" apenas a versão de PdfFormatter que precisamos ao "empilhar" decoradores.

http://pastebin.com/rdyrjyAN

```
# reopen Mailer class and decorate its send_email method.
class Mailer
  alias_method_chain :send_email, :cc
  def send_email_with_cc(recipient,body) # this is our new method
    send_email_without_cc(recipient,body) # will call original method
    copy_sender(body)
  end
end
# now we have two methods:
send_email(...)             # calls send_email_with_cc
send_email_with_cc(...)     # same thing
send_email_without_cc(...) # call (renamed) original method
```

Figura 11.15: Para decorar um método existente Mailer#send_email, reabrimos sua classe e utilizamos alias_method_chain para decorá-lo. Sem nenhuma classe que chama send_email, todas as chamadas agora utilizam a versão decorada que envia mensagens e copia o remetente.

vetor de três elementos consistindo em um código de resposta HTTP, cabeçalhos HTTP e um corpo de resposta. Uma aplicação baseada em Rack especifica uma "pilha" de componentes de middleware que todas as solicitações percorrem: para adicionar comportamento a uma requisição HTTP (por exemplo, para interceptar certas solicitações como OmniAuth faz para iniciar um fluxo de autenticação), nós decoramos o comportamento básico de requisições HTTP. Decoradores adicionais fornecem suporte para SSL (*Secure Sockets Layer*), medindo o desempenho do aplicativo e a alguns tipos de cache de HTTP.

Resumo do Princípio Aberto/Fechado (PAF):

- Para tornar uma classe aberta para extensão, mas fechada para modificação, precisamos de mecanismos que permitam ***pontos de extensão*** específicos em locais em que pensamos que extensões possam ser necessárias no futuro. O cheiro de código *Comando Case* é um sintoma de uma possível violação do PAF.
- Se o ponto de extensão tomar a forma de uma tarefa com implementações diferentes para os passos, os padrões Estratégia e Template Method podem ser aplicados. Ambos são frequentemente utilizados em conjunto com o padrão Fábrica Abstrata, uma vez que a variante a ser criada não pode ser conhecida até o tempo de execução.
- Se o ponto de extensão tomar a forma de selecionar diferentes subconjuntos de funcionalidades que "adicionam" comportamentos a classes existentes, o padrão Decorador pode ser aplicado. O servidor de aplicação Rack é projetado dessa forma.

■ ***Elaboração: Fechado contra o quê?***

"Aberto para extensão, mas fechado para modificação" pressupõe que você sabe antecipadamente quais serão os pontos de extensão úteis, para poder deixar a classe aberta para as mudanças "mais prováveis" e estrategicamente fechá-la contra mudanças que possam quebrar seus dependentes. Em nosso exemplo, uma vez que nós já temos mais de uma maneira de fazer algo (formatar um relatório), pareceu razoável permitir formatadores adicionais a serem adicionados mais tarde, mas você não sabe antecipadamente quais pontos de extensão irá querer. Faça sua melhor escolha, e lide com a mudança assim que ela vier.

Auto-avaliação 11.4.1. *Aqui estão duas afirmações sobre delegação:*

1. *Uma subclasse delega um comportamento para uma classe ancestral.*
2. *Uma classe delega um comportamento para uma classe descendente.*

Observando os exemplos dos padrões Template Method, Estratégia e Decorador (Figuras 11.12 e 11.13), qual frase melhor descreve como cada padrão utiliza delegação?

◇ Em Template Method e Estratégia, a classe ancestral fornece o "plano de jogo básico", que é especializado ao delegar comportamentos específicos para subclasses diferentes. No Decorador, cada subclasse fornece sua própria funcionalidade especial, mas delega de volta à classe ancestral para a funcionalidade "básica". ■

http://pastebin.com/hr0DqtWt

```ruby
class Rectangle
  attr_accessor :width, :height, :top_left_corner
  def new(width,height,top_left) ... ; end
  def area ... ; end
  def perimeter ... ; end
end
# A square is just a special case of rectangle...right?
class Square < Rectangle
  # ooops...a square has to have width and height equal
  attr_reader :width, :height, :side
  def width=(w)  ; @width = @height = w ; end
  def height=(w) ; @width = @height = w ; end
  def side=(w)   ; @width = @height = w ; end
end
# But is a Square really a kind of Rectangle?
class Rectangle
  def make_twice_as_wide_as_high(dim)
    self.width = 2*dim
    self.height = dim           # doesn't work!
  end
end
```

Figura 11.16: Em termos de comportamento, retângulos possuem algumas capacidades que quadrados não possuem – por exemplo, a habilidade de estabelecer os comprimentos de seus lados independentemente, como em Rectangle#make_twice_as_wide_as_high.

11.5 Princípio da Substituição de Liskov

O ***Princípio da Substituição de Liskov*** (PSL) possui esse nome em homenagem à vencedora do Prêmio Turing, Barbara Liskov, que desenvolveu um trabalho seminal sobre subtipos que influenciou profundamente a programação orientada a objetos. Informalmente, o PSL diz que um método projetado para trabalhar em um objeto de tipo T deve também trabalhar em um objeto de qualquer subtipo de T. Isto é, todos os subtipos de T devem preservar o "contrato" de T.

Isso pode parecer senso comum, mas é sutilmente fácil entender de forma errada. Considere o código na Figura 11.16, que sofre de uma violação do PSL. Você pode pensar que **Square** é apenas um caso especial de **Rectangle** e deve, portanto, herdar dele. Mas *comportamentalmente,* um quadrado *não* é como um retângulo quando se trata de definir a medida de um lado! Quando você detecta esse problema, você pode ser tentado a sobrepor **Rectangle#make_twice_as_wide_as_high** dentro de **Square**, talvez provocando uma exceção, uma vez que esse método não faz sentido em um **Square**. Mas isso seria um Legado Rejeitado – um cheiro de código que frequentemente indica uma violação do PSL. O sintoma é que uma subclasse ou sobrepõe destrutivamente um comportamento herdado de sua superclasse ou força mudanças na superclasse para evitar o problema (o que, por si só, deve indicar uma possível violação do PAF). O problema é que herança tem tudo a ver com compartilhamento de implementação, mas se uma subclasse não tirar vantagem das implementações de suas superclasses, ela talvez não mereça ser uma subclasse, de qualquer modo.

O jeito de consertar, portanto, é novamente utilizar composição e delegação ao invés de herança, como mostra a Figura 11.17. Felizmente, devido à tipagem pato de Ruby, esse uso de composição e delegação ainda nos permite passar uma instância de **Square** para o maior número de lugares onde um **Rectangle** seria esperado, apesar de já não ser mais uma subclasse; uma linguagem de tipagem estática teria que introduzir uma interface explícita capturando as operações comuns a **Square** e **Rectangle**.

http://pastebin.com/1hJ4bYsM

```
1  # LSP-compliant solution: replace inheritance with delegation
2  # Ruby's duck typing still lets you use a square in most places where
3  #  rectangle would be used - but no longer a subclass in LSP sense.
4  class Square
5    attr_accessor :rect
6    def initialize(side, top_left)
7      @rect = Rectangle.new(side, side, top_left)
8    end
9    def area      ; rect.area      ; end
10   def perimeter ; rect.perimeter ; end
11   # A more concise way to delegate, if using ActiveSupport (see text):
12   #  delegate :area, :perimeter, :to => :rectangle
13   def side=(s) ; rect.width = rect.height = s ; end
14 end
```

Figura 11.17: Como com algumas violações do PAF, o problema surge a partir de um uso indevido de herança. Como mostra a Figura 11.17, dar preferência à composição e delegação ao invés de herança corrige o problema. A Linha 12 mostra uma sintaxe concisa para delegação disponível para aplicações utilizando ActiveSupport (e todos os aplicativos Rails utilizam); funcionalidades semelhantes para aplicações não-Rails de Ruby são fornecidas pelo módulo Forwardable da biblioteca padrão de Ruby.

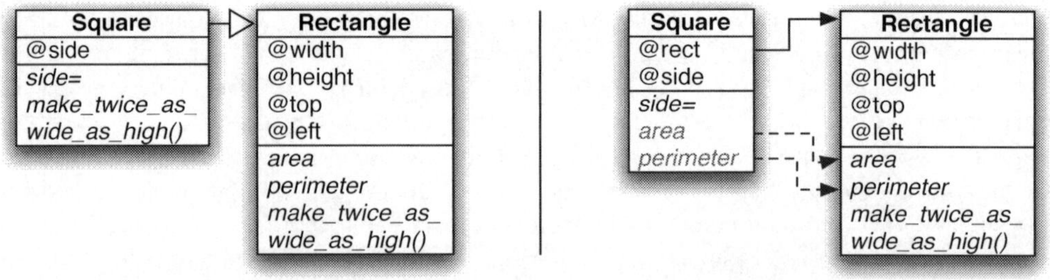

Figura 11.18: Esquerda: O diagrama de classes UML representando o código original de violação do PSL na Figura 11.16, que sobrepõe destrutivamente Rectangle#make_twice_as_wide_as_high. Direita: o diagrama de classes para o código refatorado compatível com o PSL na Figura 11.17.

Resumo do Princípio da Substituição de Liskov:

- O PSL diz que um método que opera com objetos de alguma classe também devem trabalhar corretamente com objetos de qualquer subclasse dela. Quando uma subclasse difere comportamentalmente de uma de suas superclasses, uma violação do PSL pode surgir.
- O cheiro de código Legado Rejeitado (*refused bequest*), em que uma subclasse sobrepõe destrutivamente um comportamento de uma superclasse ou força mudanças à classe ancestral, de modo que o comportamento não seja herdado – frequentemente sinaliza uma violação do PSL.
- Muitas violações do PSL podem ser corrigidas utilizando composição ao invés de herança, alcançando reutilização através da delegação ao invés de especialização por subclasse.

Auto-avaliação 11.5.1. *Por que* **Forwardable** *é fornecido na biblioteca padrão de Ruby como um módulo ao invés de uma classe?*
◇ Módulos permitem que os mecanismos de delegação sejam introduzidos em qualquer classe que queira utilizá-los, o que seria estranho se **Forwardable** fosse uma classe. Isto é, **Forwardable** é por si mesmo um exemplo de preferir composição a herança! ■

11.6 Princípio de Injeção de Dependência

O Princípio de Injeção de Dependência (PID), às vezes também chamado de inversão de dependência, diz que, se duas classes dependem uma da outra, mas suas implementações podem mudar, seria bom para ambas dependerem de uma interface abstrata separada que seja "injetada" entre elas.

Suponha que RottenPotatoes agora inclui mensagens de marketing – moviegoers interessados podem receber mensagens com descontos em seus filmes favoritos. RottenPotatoes integra com o serviço externo de mensagens de marketing MailerMonkey para fazer esse trabalho:

http://pastebin.com/ZdhcYb7w

```
class EmailList
  attr_reader :mailer
  delegate :send_email , :to => :mailer
  def initialize
    @mailer = MailerMonkey.new
  end
end
# in RottenPotatoes EmailListController:
def advertise_discount_for_movie
  moviegoers = Moviegoer.interested_in params[:movie_id]
  EmailList.new.send_email_to moviegoers
end
```

Suponha que o recurso é tão bem sucedido que você decide estender o mecanismo, para que moviegoers que estão na rede social Amiko possam optar por ter essas mensagens encaminhadas para seus amigos da Amiko também, utilizando a nova gema **Amiko** que envolve a API REST da Amiko para ver listas de amigos, postar avisos, mensagens, e assim por diante. Existem dois problemas, entretanto.

Primeiro, **EmailList#initialize** possui uma dependência forte codificada em **MailerMonkey**, mas agora nós precisaremos usar às vezes **Amiko** como alternativa. Essa variação em tempo de execução é o problema resolvido pela injeção de dependência – uma vez que não saberemos até o tempo de execução que tipo de remetente precisaremos, nós modificamos **EmailList#initialize**, assim podemos "injetar" o valor correto em tempo de execução:
http://pastebin.com/8PHBpm5k

```
1  class EmailList
2    attr_reader :mailer
3    delegate :send_email, :to => :mailer
4    def initialize(mailer_type)
5      @mailer = mailer_type.new
6    end
7  end
8  # in RottenPotatoes EmailListController:
9  def advertise_discount_for_movie
10   moviegoers = Moviegoer.interested_in params[:movie_id]
11   mailer = if Config.has_amiko? then Amiko else MailerMonkey end
12   EmailList.new(mailer).send_email_to moviegoers
13 end
```

ActiveRecord tem sido criticado por configurar o banco de dados na inicialização a partir de `database.yml` ao invés de utilizar PID. Presumivelmente, os projetistas julgaram que o banco de dados não mudaria enquanto a aplicação estava em execução. Embora as emendas induzidas pelo PID também ajudem com Stubbing e Mocking, o Capítulo 8 mostra que as classes abertas e metaprogramação de Ruby permitem inserir emendas de teste onde seja necessário.

Você pode pensar no PID como a injeção de uma emenda adicional entre duas classes e, de fato, em linguagens compiladas estaticamente, PID ajuda com testabilidade. Esse benefício é menos aparente em Ruby, uma vez que vimos que podemos criar emendas quase em qualquer lugar que quisermos em tempo de execução, utilizando Mocking ou Stubbing em conjunto com os recursos de linguagem dinâmica de Ruby.

O segundo problema é que **Amiko** expõe uma API diferente e mais complexa do que o simples método **send_email** fornecido por **MailerMonkey** (ao qual **EmailList#send_email** delega na linha 3), ainda que nosso método de controle já esteja configurado para chamar **send_email** no objeto mailer. O ***Padrão Adaptador*** pode nos ajudar aqui: ele é projetado para converter uma API existente em uma que é compatível com um chamador existente. Nesse caso, podemos definir uma nova classe **AmikoAdapter**, que converte a API mais complexa **Amiko** na mais simples que nosso controlador espera, ao fornecer o mesmo método **send_email** que **MailerMonkey** fornece:
http://pastebin.com/Eimsw8ZF

```
class AmikoAdapter
  def initialize ; @amiko = Amiko.new(...) ; end
  def send_email
    @amiko.authenticate(...)
    @amiko.send_message(...)
  end
end
# Change the controller method to use the adapter:
def advertise_discount_for_movie
  moviegoers = Moviegoer.interested_in params[:movie_id]
  mailer = if Config.has_amiko? then AmikoAdapter else MailerMonkey end
  EmailList.new(mailer).send_email_to moviegoers
end
```

Quando o Padrão Adaptador não apenas converte uma API existente, mas também a simplifica – por exemplo, a gema **Amiko** também fornece muitas outras funções de Amiko não relacionadas a correio eletrônico, mas **AmikoAdapter** apenas "adapta" a parte específica de correio eletrônico desse API – ele é às vezes chamado de ***Padrão Fachada***.

Finalmente, mesmo em casos onde a estratégia de correio eletrônico seja conhecida quando o aplicativo inicializa, e se quisermos desativar o envio de correio eletrônico completamente de vez em quando? A Figura 11.19 (Parte superior) mostra uma abordagem ingênua: nós movemos a lógica para determinar qual enviador utilizar em uma nova classe **Config**, http://pastebin.com/js6C67mJ

```
class Config
  def self.email_enabled? ; ... ; end
  def self.emailer ; if has_amiko? then Amiko else MailerMonkey end ; end
end
def advertise_discount_for_movie
  if Config.email_enabled?
    moviegoers = Moviegoer.interested_in(params[:movie_id])
    EmailList.new(Config.emailer).send_email_to(moviegoers)
  end
end
```

http://pastebin.com/avRQAgZc

```
class Config
  def self.emailer
    if email_disabled? then NullMailer else
      if has_amiko? then AmikoAdapter else MailerMonkey end
    end
  end
end
class NullMailer
  def initialize ; end
  def send_email ; true ; end
end
def advertise_discount_for_movie
  moviegoers = Moviegoer.interested_in(params[:movie_id])
  EmailList.new(Config.emailer).send_email_to(moviegoers)
  end
end
```

Figura 11.19: Topo: uma maneira ingênua de desativar um comportamento é criar uma condição em todas as vezes em que ele ocorre para verificar se ele deve ser executado ou não. Em baixo: o padrão Objeto Nulo elimina os condicionais ao fornecer métodos "nulos" que podem ser chamados com segurança, mas não fazem nada.

mas ainda temos que introduzir um condicional para remover a lógica de envio de email no método de controle se o envio está desativado. Mas se há outros lugares no aplicativo onde uma verificação semelhante deve ser realizada, a mesma lógica condicional teria que ser repetida (cirurgia de espingarda). Uma alternativa melhor é o ***Padrão Objeto Nulo***, em que criamos um objeto "nulo" que possui todos os mesmos métodos de um objeto real, mas não faz nada quando esses métodos são chamados. A Figura 11.19 (Parte inferior) aplica o padrão Objeto Nulo a esse exemplo, evitando a proliferação de condicionais por todo o código.

A Figura 11.20 mostra os diagramas de classe UML correspondendo a várias versões de nosso exemplo do PID.

Um parente interessante dos padrões Adaptador e Fachada é o ***Padrão Proxy***, em que um objeto assume o lugar de outro que possui a mesma API. O cliente fala com o procurador (*proxy*) ao invés de com o objeto original; o procurador pode enviar algumas requisições diretamente ao objeto original (isto é, delegá-las), mas pode também tomar outras ações em requisições diferentes, talvez por razões de desempenho ou eficiência.

Um exemplo clássico desse padrão são as associações ActiveRecord (Seção 5.3). Relembre que, com a relação *Movie possui muitos Reviews*, nós poderíamos escrever **r=@movie.reviews**. Que tipo de objeto é **r**? Embora tenhamos visto que podemos tratar **r** como uma coleção enumerável, ele é, na verdade, um objeto proxy que responde a todos os métodos de coleções (**length**, << e assim por diante), mas sem consultar o banco de dados, exceto quando é preciso. Outro exemplo de um uso para o Padrão Proxy seria para mandar mensagens enquanto se está desconectado da Internet. Se o serviço real baseado na Internet é acessado por meio de um método **send_email**, um objeto proxy poderia fornecer

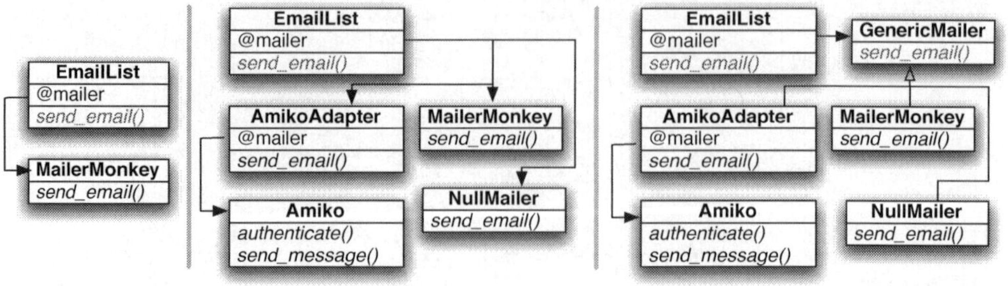

Figura 11.20: Esquerda: Sem injeção de dependência, EmailList depende diretamente de MailerMonkey. Centro: Com injeção de dependência, @mailer pode ser definido em tempo de execução para utilizar tanto MailerMonkey, NullMailer (que implementam o padrão Objeto Nulo para desabilitar email), quanto AmikoAdapter (que implementa o padrão Adaptador/Fachada sobre Amiko), todos eles possuem a mesmo API. Direita: Em linguagens de tipagem estática, a superclasse abstrata GenericMailer formaliza o fato de que todos os três remetentes têm APIs compatíveis, mas em Ruby esta superclasse é frequentemente omitida se consistir inteiramente de métodos abstratos (como nesse caso), uma vez que métodos abstratos e classes não são parte da linguagem.

um método **send_email** que apenas armazena uma mensagem no disco local até a próxima vez em que o computador esteja conectado à Internet. Esse proxy protege o cliente (GUI de email) de ter que mudar seu comportamento quando o usuário não está conectado.

Resumo de Injeção de Dependência:

- A Injeção de dependência insere uma “emenda” entre duas classes ao passar (injetar) uma dependência cujo valor não é conhecido até o tempo de execução, ao invés de incluir uma dependência estaticamente no código-fonte.
- Devido ao fato de a injeção de dependência ser frequentemente utilizada para variar qual de uma coleção de implementações é utilizada em tempo de execução, ela é frequentemente vista junto com o padrão Adaptador, em que uma classe converte uma API em outra que um cliente espera utilizar.
- Entre as variações de Adaptador temos a Fachada, cuja API é não só adaptada, mas também simplificada, e Proxy, em que a API é imitada exatamente, mas os comportamentos mudam para acomodar diferentes condições de uso sem o cliente (chamador da API) ter de mudar seu comportamento.
- O padrão Objeto Nulo é outro mecanismo para substituir o uso de condicionais pouco flexíveis e não orientados a objetos por comportamentos “neutros” como uma maneira de desativar um recurso de forma simples e segura.

■ ***Elaboração: Injetar uma dependência viola o Princípio Aberto/Fechado?***

Você pode perguntar se nossa "correção" para adicionar um segundo tipo de serviço de remetente viola o PAF, porque adicionar suporte para um terceiro remetente requereria então modificar **advertise_discount_for_movie**. Se você tinha razões para acreditar que você pode, de fato, precisar adicionar mais remetentes depois, você poderia combinar isso com o padrão Fábrica Abstrata introduzido na Seção 11.4. Esse cenário é um exemplo de fazer um julgamento sobre se a possibilidade de manejar remetentes adicionais é um ponto de extensão que você quer deixar aberto, ou uma mudança que você sente que o aplicativo não acomodaria bem e deveria, portanto, ser estrategicamente fechado contra ela.

Auto-avaliação 11.6.1. *Por que o uso próprio de PID tem maior impacto em linguagens de tipagem estática?*

◇ Em tais linguagens, você não pode criar uma emenda em tempo de execução para sobrepor um comportamento "implementado", como pode ser feito em linguagens dinâmicas como Ruby. Então a emenda deve ser fornecida antecipadamente injetando a dependência. ■

11.7 Princípio de Demeter

O nome vem do Projeto Demeter, sobre programação adaptativa e orientada a aspectos, que, por sua vez, recebe seu nome em homenagem à deusa grega da agricultura para significar uma abordagem de programação "começando do zero, de baixo para cima".

O Princípio de Princípio de Demeter, ou ***Lei de Demeter*** informalmente diz: "Converse com seus amigos – não fique íntimo de estranhos." Especificamente, um método pode chamar outros métodos em sua própria classe e métodos nas classes de suas próprias variáveis de instância; todo o resto é tabu. Demeter não faz originalmente parte da diretrizes de SOLID, como a Figura 11.4 explica, mas o incluímos aqui, uma vez que ele é altamente aplicável a Ruby e SaaS, e nós oportunisticamente roubamos o **D** em SOLID para representá-lo.

O Princípio de Demeter é facilmente ilustrado por exemplos. Suponha que RottenPotatoes fez acordos com cinemas, de modo que cinéfilos possam comprar ingressos diretamente por meio do RottenPotatoes se tiverem créditos (por exemplo, recebendo cartões de presente de cinema).

A Figura 11.21 mostra uma implementação desse comportamento que contém uma violação do Princípio de Demeter. Um problema surge se alguma vez mudarmos a implementação de **Wallet** – por exemplo, se mudarmos **credit_balance** para **cash_balance**, ou adicionarmos **points_balance** para permitir aos cinéfilos acumularem PotatoPoints ao se tornarem os melhores comentaristas. De repente, a classe **MovieTheater**, que é "removida duas vezes" de **Wallet**, teria de mudar.

Dois cheiros de código podem nos dar dicas de possíveis violações de Demeter. Um é ***intimidade inapropriada***: o método **collect_money** manipula o atributo **credit_balance** de **Wallet** diretamente, apesar de a gestão desse atributo ser de responsabilidade da classe **Wallet**. (Quando o mesmo tipo de intimidade inapropriada ocorre repetidamente através de uma classe, isso é às vezes chamado de ***inveja de funcionalidade***, porque **Moviegoer** "deseja que ele tivesse acesso" ao recursos gerenciados por **Wallet**.) Outro cheiro que surge em testes é o ***mock trainwreck***, que ocorre nas linhas 25–27 da Figura 11.21: para testar códigos que violam Demeter, acabamos criando uma "corrente" de mocks que será utilizada quando chamarmos o método em teste.

Mais uma vez, a delegação vem ao resgate. Uma melhoria simples vem da delegação do atributo **credit_balance**, como a Figura 11.22 (Parte superior) mostra. Mas a melhor delegação é a da Figura 11.22 (Parte inferior), uma vez que agora o comportamento de pagamento *http://pastebin.com/iaNeSeCJ*

```
1  # This example is adapted from Dan Manges's blog, dcmanges.com
2  class Wallet ; attr_accessor :credit_balance ; end
3  class Moviegoer
4    attr_accessor :wallet
5    def initialize
6      # ...setup wallet attribute with correct credit balance
7    end
8  end
9  class MovieTheater
10   def collect_money(moviegoer, amount)
11     # VIOLATION OF DEMETER (see text)
12     if moviegoer.wallet.credit_balance < amount
13       raise InsufficientFundsError
14     else
15       moviegoer.wallet.credit_balance -= due_amount
16       @collected_amount += due_amount
17     end
18   end
19 end
20 # Imagine testing the above code:
21 describe MovieTheater do
22   describe "collecting money" do
23     it "should raise error if moviegoer can't pay" do
24       # "Mock trainwreck" is a warning of a Demeter violation
25       wallet = mock('wallet', :credit_balance => 5.00)
26       moviegoer = mock('moviegoer', :wallet => wallet)
27       lambda { @theater.collect_money(moviegoer, 10.00) }.
28         should raise_error(...)
29     end
30   end
31 end
```

Figura 11.21: A linha 12 contém uma violação de Demeter: embora seja razoável para MovieTheater saber sobre Moviegoer, ele também sabe sobre a implementação de Wallet, uma vez que ele "chega através" do atributo wallet para manipular o credit_balance da carteira. Também, estamos lidando com o problema de "não haver dinheiro suficiente" em MovieTheater, apesar de logicamente ele parecer pertencer a Wallet.

http://pastebin.com/QtxWkUy6

```
# Better: delegate credit_balance so MovieTheater only accesses Moviegoer
class Moviegoer
  def credit_balance
    self.wallet.credit_balance  # delegation
  end
end
class MovieTheater
  def collect_money(moviegoer,amount)
    if moviegoer.credit_balance >= amount
      moviegoer.credit_balance -= due_amount
      @collected_amount += due_amount
    else
      raise InsufficientFundsError
    end
  end
end
```

http://pastebin.com/rgB4LnMk

```
class Wallet
  attr_reader :credit_balance # no longer attr_accessor!
  def withdraw(amount)
     raise InsufficientFundsError if amount > @credit_balance
     @credit_balance -= amount
     amount
  end
end
class Moviegoer
  # behavior delegation
  def pay(amount)
    wallet.withdraw(amount)
  end
end
class MovieTheater
  def collect_money(moviegoer, amount)
    @collected_amount += moviegoer.pay(amount)
  end
end
```

Figura 11.22: (Parte superior) Se Moviegoer delega credit_balance para sua wallet, MovieTheater já não precisa saber sobre a implementação de Wallet. No entanto, ainda pode ser indesejável que o *comportamento* do pagamento (subtrair o pagamento do saldo de crédito) seja exposto a MovieTheater quando deveria ser realmente a responsabilidade de Moviegoer ou Wallet apenas. (Parte inferior) Delegar o comportamento de pagamento, ao invés dos atributos através dos quais é realizado, resolve o problema e elimina a violação de Demeter.

está inteiramente encapsulado dentro de **Wallet**, assim como a decisão de quando gerar um erro para pagamentos que falharam.

Intimidade inapropriada e violações de Demeter podem surgir em qualquer situação em que você sente que está "perfurando" uma interface para que alguma tarefa mais interna seja feita, desse modo expondo você mesmo à dependência de detalhes de implementação de uma classe que não deveria, realmente, ser da sua conta. Três padrões de projeto abordam cenários comuns que poderiam, de outro modo, conduzir a violações de Demeter. Um deles é o padrão Visitor, em que uma estrutura de dados é percorrida e o programador fornece um método de *callback* para cada membro da estrutura de dados, permitindo "visitar" cada elemento enquanto desconhece a maneira na qual a estrutura de dados é organizada. De fato, a "estrutura de dados" poderia até mesmo ser materializada tardiamente à medida que o Visitor visita os diferentes nós, ao invés de ser criada inteiramente a priori. Um exemplo desse padrão no mundo real é a gema Nokogiri[11], que dá suporte à travessia de documentos HTML e XML organizados como uma árvore: além de procurar por um elemento específico em um documento, você pode fazer Nokogiri percorrer o documento e chamar um método *http://pastebin.com/zznALkdt*

```
class EmailList
  observe Review
  def after_create(review)
    moviegoers = review.moviegoers # from has_many :through, remember?
    self.email(moviegoers, "A new review for #{review.movie} is up.")
  end
  observe Moviegoer
  def after_create(moviegoer)
    self.email([moviegoer], "Welcome, #{moviegoer.name}!")
  end
  def self.email ; ... ; end
end
```

Figura 11.23: Um subsistema de lista de email observa outros modelos para poder gerar mensagens em resposta a certos eventos. O padrão Observer é um encaixe ideal, uma vez que ele agrega todo o comportamento sobre quando mandar uma mensagem em um único local.

visitor que você fornece em cada nó do documento.

Um caso especial e simples de Visitor é o ***Padrão Iterador***, que é tão comum em Ruby (você o utiliza toda vez que chama **each**) que muitos Rubyistas dificilmente pensam nele como um padrão. O Iterador separa a implementação de percorrer uma coleção do comportamento que se quer aplicar a cada elemento da coleção. Sem iteradores, o comportamento teria de "entrar dentro" da coleção, desse modo sabendo inapropriadamente detalhes íntimos de como a coleção é organizada internamente.

Observer foi primeiramente implementado no arcabouço MVC da linguagem ***Smalltalk***, de onde Ruby herdou seu modelo de objetos.

O último padrão de projeto que pode ajudar com alguns casos de violação de Demeter é o ***Padrão Observer***, que é utilizado quando uma classe (a Observer) quer se manter informada sobre o que outra classe está fazendo (a Subject) sem saber os detalhes da implementação de Subject. O padrão de projeto Observer fornece uma maneira padrão para a Subject manter uma lista de seus Observers e notificá-los automaticamente de quaisquer mudanças de estado em que indicarem interesse, utilizando uma interface específica para separar o conceito de observação dos detalhes de o que cada Observer faz com a informação.

Enquanto a biblioteca padrão de Ruby inclui um mixin[12] chamado **Observable**, o ActiveSupport de Rails fornece um Observer mais conciso, que o permite observar os eventos do ciclo de vida do ActiveRecord de qualquer modelo (**after_save** e assim por diante), introduzidos na Seção 5.1. A Figura 11.23 mostra quão fácil é adicionar uma classe **EmailList** a RottenPotatoes que se "inscrevem" para receber notificações sobre dois tipos de mudanças de estado:

1. Quando um novo comentário é adicionado, ela manda mensagens para todos os cinéfilos que já comentaram esse mesmo filme.

2. Quando um novo cinéfilo se inscreve, ela manda uma mensagem de "boas-vindas".

Além das notificações sobre o ciclo de vida de ActiveRecord, o cache de Rails, que encontraremos no Capítulo 12, é outro exemplo do padrão Observer: o cache para cada tipo de modelo ActiveRecord observa a instância de modelo a fim de saber quando elas se tornam obsoletas e devem ser removidas do cache. O observer não precisa conhecer os detalhes de implementação da classe observada – ela só é chamada na hora certa, como Iterador e Visitor.

Para fechar esta seção, vale a pena apontar um exemplo que parece violar Demeter, mas que, na realidade, não viola. É comum em visualizações Rails (por exemplo, para um **Review**) observar códigos tais como:

http://pastebin.com/s9X4Eiq3

```
%p Review of:    #{@review.movie.title}
%p Written by:   #{@review.moviegoer.name}
```

Essas não são violações de Demeter? É uma questão de opinião: rigorosamente falando, um **review** não deveria conhecer os detalhes de implementação de **movie**, mas é difícil argumentar que criar métodos delegados **Review#movie_title** e **Review#moviegoer_name** melhorariam a legibilidade nesse caso. A opinião geral na comunidade Rails é que é aceitável para visualizações, cujo propósito é exibir relações entre objetos, também expor essas relações no código de visualização, então exemplos como esse são normalmente considerados aceitáveis.

Resumo do Princípio de Demeter:

- O Princípio de Demeter diz que uma classe não deve estar ciente dos detalhes de classes colaboradoras que estão distantes de si. Isto é, você pode acessar métodos de instância em sua própria classe e nas classes correspondendo aos seus colaboradores mais próximos, mas não nos colaboradores *delas*.

- O cheiro de código Intimidade Inapropriada, que, por vezes, se manifesta como *Mock Trainwreck* em testes de unidade, pode sinalizar uma violação de Demeter. Se uma classe apresenta muitas intimidades inapropriadas com outra classe, é dito que ela tem Inveja de Funcionalidade com respeito à outra classe.

- Delegação é o mecanismo-chave para resolver essas violações.

- Padrões de projeto cobrem algumas manipulações comuns de classes sem violar Demeter, incluindo Iterador e Visitor (separando travessia de um agregado de comportamento) e Observer (separando notificações de eventos "interessantes" dos detalhes da classe sendo observada).

■ ***Elaboração: Observers, Visitors, Iteradores e Mixins***

Devido à tipagem do pato e mixins, Ruby pode expressar muitos padrões de projeto com muito menos código do que linguagens de tipagem estática, como os artigos da Wikipédia para ***Observer***, ***Iterator*** e ***Visitor*** claramente demonstram ao utilizar exemplos baseados em Java. Diferentemente dos iteradores internos de Ruby baseados em **each**, linguagens de tipagem estática normalmente fornecem iteradores externos e visitors em que você estabelece o iterador sobre uma coleção e pergunta explicitamente ao iterador se a coleção tem alguns elementos a mais, por vezes requerendo várias malabarismos para circundar o sistema de tipos. Da mesma forma, Observer normalmente requer modificar a(s) classe(s) *subject*, para estas poderem implementar uma interface **Observable**, mas as classes abertas de Ruby nos permitem pular esse passo, como a Figura 11.23 mostrou: do ponto de vista do programador, toda a lógica está na classe de observação, não nos *subjects*.

Auto-avaliação 11.7.1. *Ben Bitdiddle é um purista sobre violações Demeter e ele contesta a expressão* **@movie.reviews.average_rating** *na visão de detalhes do filme, que mostra uma nota média ao filme. Como você acalmaria Ben e corrigiria esta violação de Demeter?*

http://pastebin.com/z5zdp8MY

◇

```
# naive way:
class Movie
  has_many :reviews
  def average_rating
    self.reviews.average_rating # delegate to Review#average_rating
  end
end
# Rails shortcut:
class Movie
  has_many :reviews
  delegate :average_rating, :to => :review
end
```

■

Auto-avaliação 11.7.2. *Apesar de "delegação ser o mecanismo-chave" para resolver violações de Demeter, por que você deve ficar preocupado se se ver delegando muitos métodos da classe A para a classe B apenas para resolver violações de Demeter presentes na classe C?*
◇ Você pode perguntar a si mesmo se deve haver uma relação direta entre a classe C e a classe B, ou se a classe A tem "inveja de funcionalidade" com a classe B, indicando que a divisão de responsabilidades entre A e B pode precisar de uma reengenharia. ■

11.8 A Perspectiva Planeje-e-Documente

Um ponto forte de Planeje-e-Documente é que um planejamento inicial cuidadoso pode resultar em um produto com uma boa arquitetura de software que utiliza bem padrões de projeto. Este pré-planejamento é refletido na expressão descritiva desses processos: ***Big Design Up Front***, como mencionado no Capítulo 1.

Uma equipe de desenvolvimento de Planeje-e-Documente começa com a ***Especificação de Requisitos de Software*** (ERS) (ver a Seção 7.10), que a equipe divide em uma série de problemas. Para cada um, a equipe procura por um ou mais padrões de arquitetura que podem resolver o problema. A equipe então desce para o próximo nível de subproblemas e procura por padrões de projeto que combinam com eles. A filosofia é aprender a partir da experiência dos outros, que é capturada como padrões, de modo a evitar repetir os erros de seus antecessores. Outra maneira de conseguir experiência de engenheiros mais experientes é realizar uma ***Revisão de projeto*** (ver Seção 10.7). Note que revisões de projeto podem ser feitas antes de qualquer código ser escrito em processos do tipo Planeje-e-Documente.

Desse modo, comparado aos métodos ágeis, há consideravelmente mais esforço em começar com um bom projeto no estilo Planeje-e-Documente. Como Martin Fowler salienta em seu artigo *Is Design Dead?*[13], uma crítica frequente a desenvolvimento ágil é que ele encoraja desenvolvedores a começar e escrever código sem nenhum projeto e depender muito de refatoração para corrigir coisas mais tarde. Como os críticos por vezes dizem, você pode construir uma casinha de cachorro juntando as coisas e planejando conforme faz, mas você não pode criar um arranha-céu dessa maneira.

Os adeptos de desenvolvimento ágil rebatem que métodos Planeje-e-Documente são tão ruins quanto: ao proibir qualquer código até que o projeto esteja completo, é impossível ter confiança de que o projeto será implementável ou que ele realmente captura as necessidades dos clientes. Essa crítica vigora especialmente quando os arquitetos e projetistas não estarão escrevendo o código ou possam estar sem contato com práticas e ferramentas de codificação atuais. Como resultado, dizem os proponentes dos métodos ágeis, quando o código se inicia, o projeto terá de mudar de qualquer forma.

Ambos os lados têm alguma razão, mas a crítica pode ser redigida em uma forma mais sintetizada como: "Quanto de projeto faz sentido termos no início?". Por exemplo, os desenvolvedores ágeis planejam armazenamento persistente como parte de seus aplicativos SaaS, apesar de que os primeiros testes BDD e TDD que eles escrevem não tocarão o banco de dados. Um exemplo mais sutil é fazer uma aplicação escalar horizontalmente, ou seja, acrescentar mais servidores com balanceamento de carga entre eles. Como aludimos no Capítulo 2, e discutiremos mais plenamente no Capítulo 12, projetistas de SaaS bem sucedidos *devem* pensar sobre escalabilidade horizontal logo no início. Apesar de poder se passarem meses antes de a escalabilidade realmente importar, algumas más decisões de projeto logo no início podem estragar a escalabilidade, e pode se tornar difícil mudá-las sem grandes reescritas de código e refatorações.

Uma possível solução para o enigma é capturada por uma regra de ouro no artigo de Fowler. Se anteriormente você já desenhou um projeto que teve alguma restrição ou elemento do projeto atual, então OK planejar essa restrição ou elemento em um projeto novo que é semelhante ao antigo, porque sua experiência anterior provavelmente conduzirá a decisões razoáveis de projeto.

Resumo: Processos de Planeje-e-Documente possuem uma fase de projeto explícita que é um ajuste natural ao uso de padrões de projeto no processo de desenvolvimento de software. Uma desvantagem em potencial é a incerteza quanto a se a arquitetura inicial e padrões de projeto precisarão mudar conforme o código é escrito e o sistema evolui. Em contraste, um processo ágil depende de refatoração para incorporar padrões de projeto à medida que o código evolui, embora desenvolvedores experientes possam estabelecer inicialmente planos para a arquitetura de software e os padrões de projeto que eles esperam serem úteis baseados em projetos anteriores e semelhantes.

Auto-avaliação 11.8.1. *Verdadeiro ou Falso: Design Ágil é um paradoxo.*

◇ Falso. Embora não haja uma fase inicial concentrada apenas no projeto conceitual do sistema no desenvolvimento ágil, a refatoração, que é a norma em métodos ágeis, deve incorporar padrões de projeto ao sistema quando identificados pelos desenvolvedores. ■

11.9 Falácias e Armadilhas

⚠ ***Armadilha:* Excesso de confiança ou falta de confiança em padrões.**

Assim como com toda ferramenta e metodologia que vimos, seguir servilmente padrões de projeto é uma armadilha: eles podem ajudar a apontar o caminho quando seu problema poderia tirar vantagem de uma solução comprovada, mas eles não podem por si mesmos garantir um código bonito. De fato, os autores do GoF advertem especificamente *contra* tentar avaliar a solidez de um projeto baseado no número de padrões que ele utiliza. Além disso, se você aplicar padrões de projeto muito cedo no seu ciclo de projeto, você pode tentar implementar um padrão em sua generalidade completa, apesar de não precisar daquela generalidade toda para resolver o problema. Isso irá complicar seu projeto porque a maioria dos padrões de projeto exigem *mais* classes, métodos e níveis de indireção do que o mesmo código requereria sem esse nível adicional de generalidade. Em contraste, se você aplicar padrões de projeto tarde demais, você corre o risco de cair em antipadrões e a necessidade de extensas refatorações.

O que fazer? Desenvolver gosto e julgamento através do "aprender fazendo". Você cometerá alguns erros conforme avança, mas seu julgamento de como entregar um código que funcione e de fácil manutenção melhorará rapidamente.

⚠ *Armadilha:* **Excesso de confiança em UML ou outros diagramas.**

O propósito de um diagrama é a comunicação de um objetivo. Ler diagramas em UML não é necessariamente mais fácil do que ler histórias de usuário ou testes TDD bem redigidos. Crie um diagrama quando ele ajudar a esclarecer uma arquitetura de classe; não dependa deles como um suporte.

STOP *Falácia:* **Os princípios SOLID não são necessário em linguagens dinâmicas.**

Como vimos neste capítulo, alguns dos problemas abordados por SOLID não surgem realmente em linguagens dinamicamente tipadas como Ruby. No entanto, as diretrizes SOLID ainda representam bons designs. Em linguagens estáticas, há simplesmente um custo inicial tangível muito maior para ignorá-las. Em linguagens dinâmicas, enquanto existe a oportunidade de utilizar recursos dinâmicos para tornar seu código mais elegante e concisa (DRY) sem os mecanismos adicionais requeridos por algumas das diretrizes SOLID, o risco correspondente é que é mais fácil cair na preguiça e terminar com código feio com maus cheiros e antipadrões.

⚠ *Armadilha:* **Vários métodos privados em uma classe.**

Você já deve ter descoberto que métodos declarados **private** são difíceis de testar, porque, por definição, eles só podem ser chamados de dentro de um método de instância dessa classe – significando que eles não podem ser chamados diretamente de um teste RSpec. Embora você possa utilizar um truque para tornar temporariamente o método público (**MyClass.send(:public,:some_private_method)**), métodos privados complexos o suficiente para precisarem de seus próprios testes devem ser considerados um mau cheiro: os métodos por si só podem ser muito longos, violando a diretriz Short de SOFA, e a classe contendo esses métodos pode estar violando o ***Princípio da Responsabilidade Única***. Nesse caso, considere extrair uma classe colaboradora cujos métodos sejam públicos (e, portanto, fáceis de testar e encurtar por refatoração), mas que sejam apenas chamados pela classe original, desse modo melhorando a manutenção e testabilidade.

⚠ *Armadilha:* **Utilizando initialize para implementar padrões de fábrica.**

Na Seção 11.4, mostramos um exemplo do padrão Fábrica Abstrata em que o construtor da subclasse correta é chamado diretamente. Outro cenário comum é um em que possuímos uma classe **A** com subclasses **A1** e **A2** e queremos que chamadas para o construtor de **A** devolvam um novo objeto da subclasse correta. Normalmente, não podemos colocar a lógica de fábrica no método **initialize** de **A**, porque esse método deve, por definição, devolver uma instância da classe **A**. Em vez disso, dê ao método fábrica um nome diferente tal como **create**, torne-o um método de classe e o chame a partir do construtor de **A**:

http://pastebin.com/Xv7iY4kd

```
class A
  def self.create(subclass, *args) # subclass must be either 'A1' or 'A2'
    return Object.const_get(subclass).send(:new, *args)
  end
end
```

11.10 Considerações Finais: Arcabouços capturam Padrões de Projeto

O processo de preparação de programas para um computador digital é especialmente atraente, não apenas porque isso pode ser economicamente e cientificamente gratificante, mas também porque isso pode ser uma experiência estética bem como compor poesia ou música.

—Donald Knuth

Os 23 padrões de projeto originais da Gangue dos Quatro (GoF) têm sido ampliados dramaticamente desde que seu livro apareceu. Existem numerosos repositórios de padrões de projeto (Cunningham 2013; Noble and Johnson 2013), com alguns adaptados a domínios específicos, como interfaces de usuário (Griffiths 2013; Toxboe 2013).

Um problema para novos desenvolvedores é que, mesmo se você ler o livro GoF ou estudar esses repositórios, é difícil saber qual padrão aplicar. Se você não possui experiência anterior com um dado padrão de projeto e você tenta projetar para ele de uma maneira antecipada, é mais provável que você cometa um erro. Então, você deveria, ao invés, esperar para adicioná-lo mais tarde, quando e se for realmente necessário.

A boa notícia é que arcabouços como Rails encapsulam a experiência de projeto de outras pessoas para fornecer abstrações e restrições de projeto que foram comprovadas através do reúso. Por exemplo, pode não ocorrer a você projetar as ações de seu aplicativo em torno de REST, mas acontece que fazer isso resulta em um projeto que é mais consistente com as histórias de sucesso de escalabilidade da Web. Embora a Gangue dos Quatro tenha se esforçado para diferenciar padrões de projeto de arcabouços para tentar esclarecer o que são padrões de projeto – mais abstratos, mais restritos ao foco, e não direcionados a um domínio do problema – hoje os arcabouços são uma ótima maneira para um iniciante começar a utilizar padrões de projeto. Ao examinar os padrões em um arcabouço que são instanciados como código, você pode ganhar experiência em como criar seu próprio código baseado em padrões de projeto.

11.11 Para Aprender Mais

Padrões de Projeto (Gamma et al. 1994) é o clássico texto da Gangue dos Quatro (GoF) sobre padrões de projeto. Embora canônico, é uma leitura um pouco mais lenta do que outras fontes e os exemplos são pesadamente direcionados a C++. *Padrões de Projeto em Ruby* (Olsen 2007) trata de um subconjunto dos padrões GoF em detalhes, mostrando exemplos em Ruby. Também discute padrões que se tornaram desnecessários devido aos recursos da linguagem Ruby. *Código Limpo* (Martin 2008) apresenta uma exposição mais minuciosa das diretrizes de SOFA e SOLID que motivam o uso de padrões de projeto.

Ao invés de apresentar uma "lista interminável" de padrões, tentamos fundamentar um subconjunto de padrões ao mostrar os cheiros de código que eles corrigem. *Rails AntiPatterns* (Pytel and Saleh 2010) dá ótimos exemplos de como o código na vida real que co-

Smell	Description	Fix
Comment deodorant, inappropriate name	Obfuscated variable or method names make lots of comments necessary	Reduce need for comments through descriptive names and (as necessary) by addressing other smells within the offending code
Lazy class, data class	A class does too little, for example, providing nothing but getters and setters for some object but no other logic	Merge methods that encapsulate the data object into another class
Duplicated code, combinatorial explosion	Nearly the same code repeated with subtle changes in multiple methods, in same class	Extract common parts using DRY mechanisms like blocks and **yield** (Section 3.8), extracting helper methods (Section 9.6), using Template or Strategy design pattern (Section 11.4).
Parallel inheritance hierarchy	Nearly the same code repeated with subtle changes in different classes that inherit from different ancestors; for example, numerous pieces of code using slightly different combinations of data or behavior	Extract commonality into its own class and delegate to that class (Section 11.7). If classes with different ancestors need the functionality, try extracting it into a module that can be mixed in.

Figura 11.24: Alguns cheiros são relativamente de fácil correção por uma modificação local. Estes foram extraídos do livro de Fowler *Refactoring, Ruby Edition* (Fields et al. 2009).

meça com um bom projeto pode se tornar desordenado com o tempo, e como embelezá-lo e simplificá-lo refatorando, frequentemente utilizando um ou mais dos padrões de projeto apropriados. A Figura 11.24 mostra alguns exemplos dessas refatorações, em grande parte desenhadas a partir do catálogo online de Martin Fowler de refatorações[14] e de seu livro abrangente (Fields et al. 2009).

Finalmente, M.V. Mäntyllä e C. Lassenius criaram uma taxonomia online[15] de cheiros de código e de projeto agrupados em categorias nomeadas descritivamente, tais como "The Bloaters", "The Change Preventers", e assim por diante, resumindo seu artigo de periódico de 2006[16] sobre esse assunto.

ACM IEEE-Computer Society Joint Task Force. Computer science curricula 2013, Ironman Draft (version 1.0). Technical report, February 2013. URL `http://ai.stanford.edu/users/sahami/CS2013/`.

W. Cunningham. Portland pattern repository, 2013. URL `http://c2.com/ppr/`.

J. Fields, S. Harvie, M. Fowler, and K. Beck. *Refactoring: Ruby Edition*. Addison-Wesley Professional, 2009. ISBN 0321603508.

E. Gamma, R. Helm, R. Johnson, and J. M. Vlissides. *Design Patterns: Elements of Reusable Object-Oriented Software*. Addison-Wesley Professional, 1994. ISBN 0201633612.

R. Griffiths. HCI design patterns, 2013. URL `http://www.hcipatterns.org/patterns`.

R. C. Martin. *Clean Code: A Handbook of Agile Software Craftsmanship*. Prentice Hall, 2008. ISBN 9780132350884.

J. Noble and R. Johnson. Design patterns library, 2013. URL `http://hillside.net/patterns`.

R. Olsen. *Design Patterns in Ruby*. Addison-Wesley Professional, 2007. ISBN 9780321490452.

C. Pytel and T. Saleh. *Rails AntiPatterns: Best Practice Ruby on Rails Refactoring (Addison-Wesley Professional Ruby Series)*. Addison-Wesley Professional, 2010. ISBN 9780321604811.

A. Toxboe. UI patterns, 2013. URL `http://ui-patterns.com/`.

Notas

[1] `http://butunclebob.com`
[2] `http://martinfowler.com/eaaCatalog`
[3] `http://www.cs.uiuc.edu/homes/snir/PPP/`
[4] `http://ui-patterns.com`
[5] `http://foldoc.org/index.cgi?query=UML&action=Search`
[6] `http://en.wikipedia.org/wiki/Unified_Modeling_Language`
[7] `http://en.wikipedia.org/wiki/Unified_Modeling_Language`
[8] `http://cruise.site.uottawa.ca/umple/`
[9] `http://try.umple.org`
[10] `http://en.wikipedia.org/wiki/Python_syntax_and_semantics#Decorators`
[11] `http://nokogiri.org`
[12] `http://www.ruby-doc.org/stdlib-1.9.3/libdoc/observer/rdoc/Observable.html`
[13] `http://www.martinfowler.com/articles/designDead.html`
[14] `http://martinfowler.com/refactoring/catalog`
[15] `http://www.soberit.hut.fi/mmantyla/BadCodeSmellsTaxonomy.htm`
[16] `http://www.soberit.hut.fi/~mmantyla/ESE_2006.pdf`

11.12 Projetos sugeridos

Projeto 11.1. *Descreva um projeto que permitiria adicionar um recurso a RottenPotatoes em que clientes poderiam comprar comprovantes de ingressos online. Para simplificar, suponha que o cliente compra um comprovante para um ingresso de um filme em particular por meio de RottenPotatoes, e esse comprovante pode ser trocado em qualquer cinema que está exibindo aquele filme. (Desta forma, RottenPotatoes não precisa saber sobre cinemas específicos.) Suponha que você não sabe de antemão qual serviço de pagamento será utilizado para processar taxas de cartão de crédito, mas que haverá um RESTful API de algum tipo. Depois de criar histórias de usuários e modelos de baixa fidelidade para o novo recurso, seu projeto precisará visar, pelo menos, ao seguinte:*

- *Determinar como modelar os recursos e relações entre eles (associações) para dar suporte ao novo recurso*
- *Determinar como encapsular interação com o serviço de pagamento, apesar de você não saber ainda qual serviço será utilizado*

Para os projetos seguintes, você precisará identificar um sistema de software de legado de trabalho que você inspecionará. Para sugestões, você poderia utilizar a lista de projetos open-source de Rails em Open Source Rails[1], ou você poderia selecionar um dos dois projetos criados por estudantes que utilizaram este livro: ResearchMatch[2], que ajuda a combinar os estudantes com oportunidades de pesquisa em sua universidade, e VisitDay[3], que ajuda a organizar encontros entre estudantes e membros da faculdade.

Projeto 11.2. *Descreva um ou mais padrões de projeto que poderiam ser aplicáveis ao projeto do sistema de software. Nota: O ícone da margem identifica projetos do padrão ACM/IEEE 2013 Software Engineering (ACM IEEE-Computer Society Joint Task Force 2013).*

Projeto 11.3. *Para um sistema simples adequado para uma dada história de usuário, discuta e selecione um paradigma de projeto apropriado.*

Projeto 11.4. *Aplique exemplos simples de padrões no projeto do software.*

Projeto 11.5. *Discuta e selecione uma arquitetura de software apropriada que se adeque a uma dada história de usuário neste sistema. A implementação do sistema daquela história de usuário reflete sua própria recomendação de arquitetura?*

Projeto 11.6. *Analise o projeto de software a partir da perspectiva de um significante atributo de qualidade interno, tais como manutenção e falta de viscosidade.*

12 Requisitos não funcionais para o SaaS: Desempenho, Lançamentos, Confiança e Segurança Prática

Barbara Liskov (1939–), uma das primeiras mulheres nos Estados Unidos a receber um Ph.D. em Ciência da Computação (1968), recebeu o Prêmio Turing em 2008 por desenvolver diversas inovações fundamentais ao desenvolvimento de linguagens de programação. Algumas de suas criações incluem os tipos de dados abstratos e os iteradores, ambos fundamentais ao Ruby.

Você não precisa que o desempenho seja perfeito, você precisa que ele seja bom o suficiente. . . . Os programadores se preocupam demais com o desempenho.

—Barbara Liskov, 2011

Conceitos

O principal objetivo deste capítulo é ensinar como evitar os seguintes problemas quando o seu aplicativo for implantado: quedas do sistema, aumento no tempo de resposta causado por um crescimento inesperado de popularidade ou comprometimento dos dados do cliente. Características que podem ser mais importantes do que os recursos funcionais, uma vez que elas podem afastar os usuários.

No ciclo dos Métodos Ágeis:

- Um desafio para o **desempenho** (*performance*) de um aplicativo SaaS é a ***latência***, que pode ser melhorada com **provisionamento excessivo** em alguns casos limitados. A métrica ***Apdex*** é uma medida padrão utilizada com o intuito de analisar se o aplicativo está de acordo com os ***Objetivos de Nível de Serviço*** (***SLO***).
- Você aumenta as chances de alcançar os SLOs ao executar seu aplicativo em uma ***Plataforma como Serviço***, que realiza grande parte dos processos administrativos e garante escalabilidade para você.
- O banco de dados de *backend* é geralmente a razão que faz o aplicativo abandonar as soluções de PaaS, mas você pode continuar usando um banco de dados por mais tempo utilizando ***caching***, criando índices e evitando consultas desnecessárias e custosas ao banco de dados.
- Os **Lançamentos** (*releases*) são mais desafiadores no SaaS, uma vez que você precisa implantar novas versões sem necessariamente retirar de circulação as mais antigas. As **flags de funcionalidades** fazem com que implantar ou remover novos recursos quando necessário seja mais rápido e fácil.
- A **segurança** (*security*) pode ser melhorada se seguirmos o ***Princípio do menor privilégio*** e os **padrões a prova de falhas** (*fail-safe defaults*), que limitam o acesso aos recursos com base na necessidade, e o **princípio de aceitabilidade psicológica**, que afirma que a interface do usuário não deve se tornar mais complicada na presença das ferramentas de proteção.
- A ***programação defensiva*** antecipa as falhas que podem acontecer antes que elas ocorram de fato, o que faz o sistema mais seguro e confiável.

Para o ciclo de Planeje-e-Documente:

- O desempenho é apenas uma exigência não funcional.
- Os lançamentos são menos frequentes, pois são considerados mais importantes do que nos Métodos Ágeis.
- O ***Tempo Médio de Falha (MTTF)*** é uma medida holística, que engloba os erros do hardware, do software e dos operadores. Reduzir o ***Tempo Médio para o Reparo*** pode ser tão efetivo quanto melhorar o MTTF. O Tempo Médio de Reparo é também mais fácil de medir do que o MTTF.
- A segurança pode ser melhorada ao fazer o sistema resistente a falhas que o deixam vulnerável a ataques, como a ***estouro do buffer***, ***estouro aritmético*** e ***condições de corrida***.

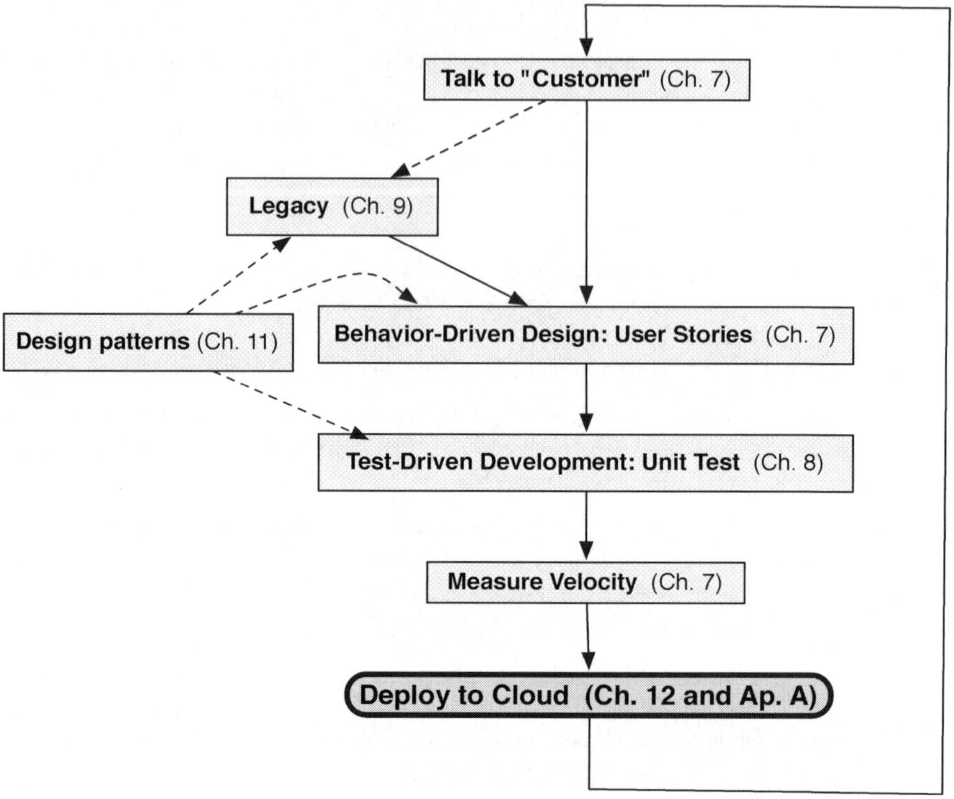

Figura 12.1: O ciclo de vida de um software desenvolvido com os Métodos Ágeis e sua relação com os capítulos neste livro. Este capítulo aborda a implantação do aplicativo na nuvem, para que o cliente possa avaliar essa iteração dos Métodos Ágeis.

12.1 Do Desenvolvimento a Implantação

Os usuários são terríveis. Os sistemas seriam muito mais estáveis sem eles.

—Michael Nygard, *Release It!* (Nygard 2007)

O comportamento de um aplicativo SaaS é alterado no momento em que o mesmo é implantado porque, a partir daí, ele passa a ser utilizado por usuários reais. Se ele é um aplicativo público significa que ele está vulnerável a ataques maliciosos, como também ao sucesso inesperado, mas mesmo aplicativos particulares, como os sistemas de cobrança interna, devem ser *desenvolvidos para ser facilmente implantados e monitorados* de modo a garantir que a implantação e as operações ocorram facilmente. Felizmente, como a Figura 12.1 nos lembra, a implantação é parte de toda a interações nos processos dos Métodos Ágeis — de fato, muitas empresas que utilizam os Métodos Ágeis e SaaS fazem implantações várias vezes *ao dia* — por isso, logo você vai se tornar um especialista em implantações de "rotina".

A implantação no SaaS é muito mais simples do que costumava ser. Há alguns anos, os desenvolvedores que utilizavam o SaaS tinham que aprender um pouco sobre administração de sistemas para gerenciar a produção de seus próprios servidores. Sites pequenos eram quase sempre hospedados Provedores de Serviços de Internet compartilhados ("managed-hosting ISP"), em máquinas virtuais que funcionavam através de hardwares compartilhados — Servidor Virtual Privado ou *Virtual Private Server* (VPS) —, ou através de um ou mais computadores dedicados, localizados no *data center* do ISP ("serviço de hospedagem"). Hoje, a escalabilidade horizontal permitida pela computação de nuvem (Seção 2.4) permite o crescimento de empresas como o Heroku, que fornecem uma ***Plataforma como Serviço*** (PaaS): uma pilha de software curada pronta para você implantar seu aplicativo, com muitas das responsabilidades de administração e escalabilidade gerenciadas para você, tornando a implantação muito mais fácil para o desenvolvedor. Os provedores de PaaS podem tanto executar seus próprios *data centers*, como podem se apoiar em provedores de Infraestrutura como Serviço (IaaS) como a nuvem pública da Amazon, que é o que Heroku faz. Outras PaaS emergentes são o CloudFoundry, uma camada de software PaaS pode ser implantada tanto nos servidores existentes das empresas, quanto nas nuvens públicas; e o Microsoft Azure, um conjunto de serviços de gerenciamento baseados no Servidor do Windows e executados na nuvem da Microsoft.

Para muitos aplicativos SaaS mais antigos, bem como para os que estão em estado inicial, o PaaS é o método mais utilizado para implantação atualmente: problemas básicos de escalabilidade e ajuste de desempenho são resolvidos para você por administradores de SaaS profissionais, que possuem mais experiência com as operações do que a maioria dos desenvolvedores. É claro que quando um site cresce muito, ou se torna muito popular, suas necessidades técnicas podem se tornar maiores que aquelas que o PaaS pode oferecer, assim como quando as operações começam a ser realizadas internamente por questões econômicas, que como veremos, é um empreendimento importante. Portanto um dos objetivos deste capítulo é ajudar o seu aplicativo a se manter utilizável no PaaS pelo maior tempo possível. De fato, se o seu aplicativo foi desenvolvido para uso interno, de modo que sua base máxima de usuários é muito limitada e ela funciona em um ambiente mais protegido e menos hostil do que aplicativos destinados ao público, você pode ter a sorte de continuar com um aplicativo fácil de utilizar.

Como veremos, um ponto chave para gerenciar o crescimento do seu aplicativo é controlar as necessidades do banco de dados, que são mais difíceis de escalar. Uma ideia importante neste capítulo é que os problemas de segurança e desempenho que você pode encontrar são os mesmos, tanto nos aplicativos SaaS de grande escala, quanto nos de pequena escala, mas as soluções diferem porque os provedores de SaaS podem ser muito úteis em resolver alguns destes problemas, poupando-lhe o trabalho de pensar em uma solução específica.

Não obstante o título deste capítulo, os termos **desempenho** e **segurança** são definidos de forma vaga e usados em demasia. A seguir temos uma lista com critérios operacionais importantes que iremos abordar.

- Responsividade: Qual o tempo médio que o aplicativo leva para responder o comando de um usuário? (Seção 12.2)

- Gerenciamento de Lançamento: como você pode implantar ou atualizar seu aplicativo sem reduzir a disponibilidade e a capacidade de resposta dele? (Seções 12.3 e 12.4)

- Disponibilidade: qual a porcentagem de tempo em que seu aplicativo responde às requisições corretamente? (Seção 12.5)

- Escalabilidade: o seu aplicativo consegue manter sua disponibilidade estável e a capacidade de resposta conforme o número de usuários vai aumentando, seja esse crescimento gradual e permanente, ou resultado de um aumento de popularidade inesperado, sem que ocorra o aumento dos custos operacionais por usuário? O Capítulo 2 indicou que aplicativos de três camadas na computação de nuvem tem uma grande chance de possuir escalabilidade horizontal, mas apenas um bom projeto não garante que seu projeto vá escalar (embora um projeto ruim garanta que não vá). Utilizar *cache* (Seção 12.7) e evitar o abuso do banco de dados (Seção 12.8) pode ajudar.

- Privacidade: os dados importantes do cliente estão disponíveis apenas para pessoas autorizadas, como o dono dos dados, e talvez os administradores do aplicativo?
- Autenticação: o aplicativo consegue garantir que um determinado usuário é quem ele (ou ela) diz ser, através do uso de uma senha, ou usando uma forma de autenticação por terceiros, como o Facebook Connect ou o OpenID, de modo que um impostor não possa se passar por outra pessoa sem possuir as credenciais dos usuários?
- Integridade dos Dados: o aplicativo consegue impedir que os dados do cliente sejam alterados, ou pelo menos consegue identificar quando alterações foram feitas, ou quando os dados foram comprometidos?

Os três primeiros itens nessa lista, podem ser relacionados a *estabilidade do desempenho*, enquanto os últimos três são relacionadas a *segurança*, assunto que discutimos na Seção 12.9.

Resumo

- Alta disponibilidade e a capacidade de resposta, gerenciamento de lançamento sem um período de inatividade e escalabilidade sem aumento dos custos por usuários são três preocupações da *estabilidade do desempenho* para os aplicativos SaaS; defender os dados do cliente é a maior preocupação do aplicativo relacionada a segurança.
- Bons provedores de PaaS podem fornecer mecanismos de infraestrutura para lidar automaticamente com alguns detalhes da manutenção da estabilidade de performance e segurança mas, como desenvolvedor, você deve também ter essas preocupações com a segurança para vários outros aspectos do projeto de seu aplicativo, e na implantação dele, usando mecanismos que discutiremos neste capítulo.
- Comparados com os softwares de prateleira, os desenvolvedores operacionais de SaaS são geralmente mais envolvidos com a implantação, lançamento e e em melhorar o aplicativo e monitorá-lo em busca de problemas no desempenho ou segurança.

Auto-avaliação 12.1.1. *Quais aspectos da escalabilidade de aplicação* não *são automaticamente realizadas para você no ambiente de PaaS?*

◇ Se o seu aplicativo chegar a um ponto em que supera a capacidade máxima do maior banco de dados oferecido pelo provedor PaaS, você terá que dividi-lo manualmente em múltiplos bancos de dados distintos. Essa tarefa é bem específica do aplicativo, de modo que os provedores de PaaS não podem fornecer um mecanismo genérico pra fazer isso. ■

12.2 Quantificando a Responsividade

O desempenho é um funcionalidade.

—Jeff Atwood, cofundador do StackOverflow

Velocidade é uma funcionalidade.

—Adam De Boor, engenheiro de software do Gmail, Google

Responsividade é o tempo percebido entre o momento no qual um usuário realiza alguma ação, como clicar em um link, e o momento no qual o usuário percebe uma resposta, como um novo conteúdo aparecendo na página. Tecnicamente, a responsividade tem 2 componentes: a ***latência*** (*latency*), o tempo inicial necessário para começar a receber um novo conteúdo, e a ***vazão*** (*throughput*), que é o tempo que leva para todo o conteúdo ser apresentado. Em meados dos anos 1990, muitos usuários conectados a internet usavam modens telefônicos que levavam 100 ms (milissegundos) para entregar a primeira parte da informação. Eles podiam manter no máximo a velocidade de 56 Kbps (56×10^3 bits por segundo) enquanto transferiam o resto da informação, isso significa que uma página da internet ou imagem, com tamanho de 50 KBytes ou 400 Kbits poderiam levar mais de oito segundo para serem carregadas. Contudo, os usuários atuais tem usado cada vez mais conexões de banda larga, cuja vazão é de 1 a 20 Mbps, então a responsividade das páginas de internet tem uma relação mais próxima com a latência do que com a vazão.

Uma vez que a responsividade tem um efeito tão amplo no comportamento do usuário, os operadores de SaaS monitoram cuidadosamente a responsividade de seus sites. É claro que, na prática, cada interação com o site leva uma determinada quantidade de tempo, de modo que avaliar o desempenho requer caracterizar apropriadamente a distribuição do tempo de resposta. Considere um site no qual 8 de 10 tarefas são terminadas em 100 ms, 1 das 10 é terminada em 250 ms, e a tarefa restante é terminada em 850 ms. Se a velocidade aceitável T desse site para o usuário, é é de 200 ms, é verdade que o tempo de resposta *médio* de $(8(100) + 1(250) + 1(850))/10 = 190$ ms está dentro do limite aceitável. Por outro lado, 20% das solicitações (e portanto 20% dos usuários) estão recebendo um serviço não satisfatório. Duas definições são utilizadas para medir a latência de modo que se faz impossível ignorar as experiências ruins, mesmo que elas tenham ocorrido com um pequeno número de usuários:

- Um ***objetivo de nível de serviço*** (SLO) geralmente tem a forma de uma análise quantitativa dos quantis da distribuição da latência em um determinado período de tempo. Por exemplo, "95% dos pedidos em um período de 5 minutos devem ter uma latência abaixo de 100 ms." Usando termos estatísticos, o 95º quantil da distribuição de latência não deve passar de 100 ms.

SLA vs. SLO: Um ***acordo de nível de serviço*** (SLA) é um contrato entre o provedor do serviço e seu cliente, que fornece ao cliente um parecer sobre o SLO, indicando se ele está dentro do padrão.

- A pontuação ***Apdex*** (Application Performance Index) é uma norma pública[4] que caracteriza um SLO simplificado como um número entre 0 e 1, representando a fração de usuários satisfeitos. Dado um limite de latência T selecionado pelo operador da aplicação, uma resposta é considerada *satisfatória* quando ocorre no período de tempo T, *tolerável* se demora mais que T mas menos que $4T$, e *insatisfatória* em outras situações. A pontuação Apdex é então (Satisfatória +0,5(Tolerável)) / (Número de amostras). No exemplo acima, a pontuação Apdex seria de $(8 + 0,5(1))/10 = 0,85$.

É claro que no tempo de resposta total percebido pelos usuários se incluem muitos fatores que estão além do controle do seu aplicativo SaaS. Ele inclui a resolução do DNS, tempo para estabelecer a conexão TCP e enviar a solicitação HTTP para o servidor e a latência induzida pela internet para receber uma resposta com conteúdo suficiente para que o navegador possa começar a renderizar alguma coisa. (em inglês, esse tempo é conhecido como "time to glass"). Desenvolvedores de SaaS, especialmente quando utilizam um PaaS curado, tem maior controle sobre os caminhos de código em seus próprios aplicativos: roteamento e despacho, ações do controlador, métodos do modelo e acesso ao banco de dados. Nós iremos focar portanto, em medir e melhorar a capacidade de resposta nesses componentes.

Google acredita[5] que esse fato os coloca sob maior pressão para que tenham um bom tempo de resposta, de modo que conseguir uma resposta de qualquer serviço do Google não demore mais que acessar o serviço para começar o trabalho.

Para sites menores, uma maneira razoável de atenuar a latência é utilizar a ***provisionamento excessivo*** (fornecer recursos em excesso se comparado ao necessário no estado de equilíbrio) em uma ou mais camadas, como a Seção 2.4 sugere para as camadas lógicas e de apresentação. Há alguns anos atrás, o provisionamento excessivo significava a compra de um hardware adicional que poderia ficar inativo, mas a computação de nuvem permite que você "alugue" os servidores extra por um preço baixo, apenas quando necessário. O RightScale[6] oferece esse serviço no Amazon EC2.

Como veremos, uma ideia que nos ajuda é que *os mesmos problemas que fazem o aplicativo se tornar "não amigável ao PaaS" são aqueles que impediram a escalabilidade das soluções implantadas após o PaaS*, de modo que entender quais tipos de problemas eles são e como resolvê-los, vai ser útil em qualquer dessas situações.

Quais são os padrões de satisfação do cliente relacionado à capacidade de resposta? Um estudo clássico feito em 1968, sobre a interação das pessoas com os computadores (Miller 1968) encontrou três padrões interessantes: se um sistema de computador responde ao comando de um usuário em até 100 ms, a resposta é considerada instantânea; em até um segundo, o usuário ainda perceberá uma relação de causa e efeito entre o momento em que executou seu comando e a resposta do sistema, mas irá considerar o sistema lento; e depois de em média oito segundos, a atenção do usuário será desviada do comando, enquanto espera por uma resposta. Surpreendentemente, mais de trinta anos depois, um estudo acadêmico de 2000 (Bhatti et al. 2000) e outro estudo realizado pela empresa independente Zona Research em 2001, comprovaram a "regra dos oito segundos". Enquanto muitos acreditavam que a a Internet e os computadores mais velozes teriam aumentado as expectativas do cliente, a regra dos oito segundos é utilizada ainda como uma diretriz geral. O New Relic, cujo serviço de monitoramento será introduzido mais tarde, relatou em Março de 2012 que o tempo médio para uma página de internet carregar, levando em consideração todas as páginas que eles monitoram ao redor do mundo, é de 5,3 segundos e que a pontuação Apdex média é de 0,86.

Resumo

- A capacidade de resposta mede o quão "ríspido" um aplicativo interativo parece aos usuários. Devido às conexões de internet de alta velocidade e dos computadores rápidos, a capacidade de resposta é dominada pela latência. Objetivos de Nível de Serviços (SLOs) quantificam as metas da capacidade de resposta com regras como: "99% das solicitações em um período de 5 minutos devem ter uma latência menor de 100 ms."
- A pontuação Apdex é uma simples medida do SLO entre 0,0 e 1,0 na qual um site recebe "nota máxima" quando os comandos são respondidos em um limite de latência específico para o site de T, "nota média" para respostas em até $4T$, e "nota zero" para respostas que demoram mais do que isso para ser realizadas.
- Os problemas que ameaçam a disponibilidade e a capacidade de resposta são iguais, usando o PaaS ou não, mas pode valer a pena tentar permanecer na camada de PaaS porque ele fornece ferramentas que ajudam a atenuar esses problemas.

Auto-avaliação 12.2.1. *Verdadeiro ou Falso: Do ponto de vista da capacidade de resposta, quanto mais rápido melhor.*

◇ Falso. Uma resposta do sistema mais rápida que 100 ms não é perceptível aos usuários, que tendem a abandonar um site apenas quando ele demora oito segundos ou mais para responder a um comando. ■

12.3 Integração e Implantação Contínua

Como discutimos na Seção 1.2, antes do SaaS os lançamentos de software eram acontecimentos raros e importantes, depois dos quais, a responsabilidade da manutenção do produto passava para o Controle de Qualidade ou para o Departamento de Atendimento ao Cliente. Ao contrário, as empresas que utilizam os Métodos Ágeis implantam novas versões frequentemente (às vezes várias *por dia*) e os desenvolvedores se mantém próximos das necessidades da operação e dos clientes.

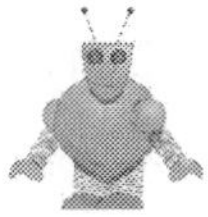

No desenvolvimento dos Métodos Ágeis, fazer da implantação um acontecimento *menos* importante precisava de automação completa, de modo que digitar um comando desencadeasse todas as ações necessárias para implantar uma nova versão do software, incluindo a capacidade de abortar a implantação sem modificar a versão lançada se algo desse errado. Como nas iterações baseadas em TDD e BDD, quanto mais você pratica as implantações, mais hábil você se torna, e ao automatizar a implantação você garante que ela está sendo feita corretamente todas as vezes. Como você viu, o Heroku fornece suporte para a automação da implantação , embora ferramentas de automação como Capistrano[7] ajudem a automatizar as implantações do Rails em um ambiente que não utiliza o PaaS.

É claro que a implantação só pode ser bem sucedida se o aplicativo foi bem testado e se manteve estável no desenvolvimento. Embora já tenhamos focado intensamente em testes neste livro, duas coisas mudam na implantação. Primeiro, diferenças no comportamento ou no desempenho entre a versão implantada e a versão de desenvolvimento do seu aplicativo podem surgir devido a diferenças entre os ambientes de desenvolvimento e produção ou diferenças entre os navegadores dos usuários (especialmente para aplicativos que se baseiam em grande parte em JavaScript). Segundo, a implantação também necessita que o aplicativo seja testado ao realizar tarefas que ele *não* tenha sido criado para fazer — usuários inserindo dados sem sentido, o navegador desabilitando os cookies ou o JavaScript, usuários maliciosos tentando transformar seu site em uma fonte de ***malware*** (como iremos descrever na Seção 12.9) — e garantir que ele supere essas condições sem comprometer os dados do cliente ou a capacidade de resposta.

Em linguagens compiladas como com o Java, integração contínua significa compilar a aplicação e então testá-la.

Uma tecnologia extremamente útil para melhorar a segurança no código implantado é a ***integração contínua*** (Continuous Integration, CI), na qual cada mudança feita na base do código desencadeia uma série de testes de integração para garantir que tudo está funcionando corretamente. A ideia é similar a como usamos o `autotest` no Capítulo 8, exceto que a suíte de testes de integração completa podem incluir testes que o desenvolvedor não aplicaria normalmente, tais como:

- Compatibilidade de navegador: comportamento correto em diversos navegadores, que possuem diferenças nas implantações do CSS ou no JavaScript.
- Compatibilidade de versão: comportamento correto em diferentes versões dos interpretadores de Ruby (Ruby 1.9, JRuby, e assim por diante), no servidor de aplicação do Rack , ou em softwares que podem estar hospedados em ambientes variados, diferentes versões das ferramentas do Ruby.
- Integração da arquitetura orientada à serviço: comportamento correto quando os serviços externos, dos quais o aplicativo depende, se comportam de modo inesperado (conexão muito lenta, aparecimento de muitas informações inúteis, e assim por diante)
- Estresse: testes de desempenho e estresse como os descritos na Seção 12.6
- Fortalecimento (*hardening*): testes da proteção contra ataques maliciosos como os descritos na Seção 12.9

Os sistemas CI geralmente são integrados aos processos de implantação ao invés de simplesmente executar testes passivamente. Por exemplo, o sistema CI do Salesforce executa mais de 150.000 testes paralelos em várias máquinas, e se algum teste falhar, são realizadas buscas binárias em checkins para identificar o problema e abrir automaticamente um relatório de erro de programação para o desenvolvedor responsável pelo checkin (Hansma 2011). Travis[8], um sistema CI hospedado em um ambiente público para aplicativos do Ruby que executa testes de integração toda vez que ocorre um novo *push* do código através do ***post-receive URI*** repositório do GitHub; depois ele usa o OAuth (que estudamos na Seção 5.2) para avaliar a execução do código usando `rake test`, outra demonstração de usar tarefas do `rake` para automação. SauceLabs[9] fornece um CI hospedado, focado em testes entre navegadores: os cenários Cucumber baseados na internet do seu aplicativo, são executados em vários navegadores e sistemas operacionais, com cada teste capturado como um *screencast*, para que você consiga inspecionar como o navegador se comportou nos testes que falharam.

Embora a implantação não seja um evento, ainda existe uma função para marcos de lançamento: eles reafirmam ao cliente que novos trabalhos estão sendo implantados. Por exemplo, um recurso solicitado pelo cliente pode precisar de vários *commits* para implantar, cada um dos quais pode requerer uma nova implantação, mas os recursos gerais continuam "escondidos" na interface do usuário até que todas as mudanças sejam finalizadas. "Ligar" o recurso poderia ser um marco de lançamento útil. Por essa razão, muitos implantações contínuas de trabalhos produzidos atribuem rótulos distintos e muitas vezes caprichosos, para um ponto de lançamento específico (como o "Bamboo" e o "Cedar" na pilha softwares do Heroku), mas é só usar o *commit-id* do Git para identificar implantações que não incluem mudanças perceptíveis ao cliente.

Resumo da Integração Contínua (CI):

- A CI consiste em executar uma série de testes de integração antes da implantação, o que é geralmente mais difícil para um desenvolvedor fazer sozinho.
- A CI depende muito da automação. Os fluxos de trabalho podem ser construídos de modo a executar automaticamente o CI quando os *commits* são direcionados a um repositório específico ou a um ramo.
- A implantação contínua (implantação automática para produção quando todos os testes de CI tenham sido realizados) pode resultar em várias implantações por dia, muitas das quais incluem mudanças que não são perceptíveis para o cliente que "constroem" um recurso que será revelado no marco de lançamento.

■ *Elaboração: Staging*

Muitas empresas mantém um ambiente adicional além do de desenvolvimento e o de produção chamado de ***staging site***. O *staging* é praticamente igual ao ambiente de produção exceto por ser menor em escala, por usar um banco de dados separado com dados de teste (possivelmente extraídos de dados reais do cliente) e por ser fechado para usuários externos. A análise racional é que fazer testes de estresse e integração em uma versão de *staging* é a experiência mais próxima do site de produção. Outra função é testar a migração dos dados no banco de dados que tem uma aparência bem semelhante ao banco de dados de produção antes da implantação dos dados na produção propriamente dita. O Rails e as suas ferramentas permitem definir um ambiente de `staging:` adicional nos arquivos `config/environments/staging.rb` e `config/database.yml`.

Auto-avaliação 12.3.1. *Considerando a prevalência da implantação contínua nas empresas de software que usam Métodos Ágeis, como você poderia caracterizar a diferença entre a implantação e o lançamento?*

◇ Um lançamento normalmente contém novos componentes disponíveis ao cliente, enquanto uma implantação pode conter novo código que constrói esses componentes de forma incremental. ■

12.4 Lançamentos e as *Flags* de Funcionalidade

Como vimos no Capítulo 4, mudanças no aplicativo precisam algumas vezes de migrações para mudar a estrutura do banco de dados. O problema é quando o novo código não funciona com o esquema antigo e vice-versa. Como exemplo, suponha que o RottenPotatoes possua atualmente uma tabela de `moviegoers` e uma coluna de `name`, mas ao invés disso, nós queremos mudar o esquema para termos uma coluna com o `first_name` e outra com o `last_name`. Se mudarmos o esquema antes de mudar o código, o aplicativo para de funci-

http://pastebin.com/T32gfwVL

```
class ChangeNameToFirstAndLast < ActiveRecord::Migration
  def up
    add_column 'moviegoers', 'first_name', :string
    add_column 'moviegoers', 'last_name', :string
    Moviegoer.all.each do |m|
      m.update_attributes(:first => $1, :last => $2) if
        m.name =~ /^(.*)\s+(.*)$/
    end
    remove_column 'moviegoers', 'name'
  end
end
```

Figura 12.2: Uma migração que muda o esquema e modifica os dados para acomodar a mudança. Na Seção 12.4 explicamos porque não existem métodos para desfazer uma migração. (Use o Pastebin para copiar e colar esse código.)

http://pastebin.com/NsarhWSE

```
1 class SplitName1 < ActiveRecord::Migration
2   def up
3     add_column 'moviegoers', 'first_name', :string
4     add_column 'moviegoers', 'last_name', :string
5     add_column 'moviegoers', 'migrated', :boolean
6     add_index 'moviegoers', 'migrated'
7   end
8 end
```

Figura 12.3: Um migração parcial que apenas adiciona colunas, mas não muda ou remove nenhuma. A Seção 12.8 explica porque o uso de índice (linha 6) é uma boa ideia.

onar porque os métodos que esperam encontrar a coluna de `name` vão falhar. Se mudarmos o código antes de mudar o esquema, o aplicativo vai parar de funcionar porque os novos métodos vão procurar pelas colunas de `first_name` e de `last_name` que ainda não existem.

Nós podemos tentar resolver esse problema ao implantar o código e a migração ***atomicamente***: deixe o serviço *offline*, aplique a migração da Figura 12.2 para executar a mudança no esquema e copie os dados em uma nova coluna, e coloque o serviço na rede novamente. Essa abordagem é a solução mais simples, mas a indisponibilidade pode incomodar os usuários: uma migração complexa em um banco de dados com centenas ou milhares de linhas pode levar vários minutos ou mesmo horas para ser terminada.

A segunda opção é dividir a mudança em múltiplas implantações usando uma ***flag de funcionalidade*** — uma variável de configuração cujo valor pode ser mudado *enquanto o aplicativo permanece em funcionamento* para controlar quais caminhos de código no aplicativo são executados. Perceba que cada passo a seguir não é prejudicial ao funcionamento do aplicativo: como fizemos com a refatoração no Capítulo 9, se algo dá errado em um determinado passo, o aplicativo continuará funcionando em um estado intermediário.

1. Crie uma migração que *apenas* faça mudanças no esquema que *adicionem* novas tabelas ou colunas, incluindo uma coluna indicando se o registro atual foi migrado para o novo esquema ou não, como na Figura 12.3.

2. Crie uma versão $n+1$ do aplicativo, na qual cada caminho de código afetado pela mudança no esquema é dividido em dois caminhos, sendo um deles executado de acordo com o valor da ***flag de funcionalidade***. É fundamental para este passo que o código correto seja executado independentemente do valor da *flag* de funcionalidade em qualquer momento, portanto, o valor da *flag* de funcionalidade pode ser alterado sem parar

http://pastebin.com/5B8KcNze

```
1  class Moviegoer < ActiveRecord::Base
2    # here's version n+1, using Setler gem for feature flag:
3    scope :old_schema, where :migrated => false
4    scope :new_schema, where :migrated => true
5    def self.find_matching_names(string)
6      if Featureflags.new_name_schema
7        Moviegoer.new_schema.where('last_name LIKE :s OR first_name LIKE :s',
8          :s => "%#{string}%") +
9        Moviegoer.old_schema.where('name like ?', "%#{string}%")
10     else # use only old schema
11       Moviegoer.where('name like ?', "%#{string}%")
12     end
13   end
14   # automatically update records to new schema when they are saved
15   before_save :update_schema, :unless => lambda { |m| m.migrated? }
16   def update_schema
17     if name =~ /^(.*)\s+(.*)$/
18       self.first_name = $1
19       self.last_name = $2
20     end
21     self.migrated = true
22   end
23 end
```

Figura 12.4: *Flag* de funcionalidade envolvendo um método do modelo que encontra espectadores (*movigoers*) ao comparar uma cadeia de caracteres com seu primeiro nome ou com o sobrenome. As linhas 15 a 22 instalam uma função de *callback* que vai atualizar automaticamente um registro ao novo esquema sempre que ele for salvo, de modo que o uso do aplicativo vai efetuar a migração dos registros aos poucos.

e reiniciar o aplicativo; tipicamente, isto é feito ao armazenar a *flag* de funcionalidade em uma tabela especial no banco de dados. A Figura 12.4 mostra um exemplo.

3. Implante a versão $n + 1$, que pode necessitar que você insira o código em múltiplos servidores, um processo que pode levar alguns minutos.

4. Uma vez que a implantação esteja completa (todos os servidores atualizados para a versão $n + 1$ do código), defina como verdadeiro o valor da *flag* de funcionalidade enquanto o aplicativo está sendo executado. No exemplo da Figura 12.4, cada registro será migrado para o novo esquema na próxima vez que for alterado por qualquer razão. Se você quiser, você pode também acelerar uma tarefa de segundo plano que possua baixo nível de tráfego para que ela oportunamente migre alguns registros ao mesmo tempo para minimizar a carga adicional no aplicativo, ou migre muitos registros de cada vez, durante períodos quando o aplicativo possui pouca carga, se for o caso. Se algo de errado acontecer durante esse passo, desligue a *flag* de funcionalidade; o código voltará a ter o comportamento da versão n, uma vez que o novo esquema é um superconjunto próprio do esquema antigo e o comando **before_save** não é destrutível (ou seja, ele atualiza corretamente o nome do usuário tanto no novo esquema quanto no antigo).

5. Se tudo der certo, uma vez que todos os registros tenham sido migrados, implante a versão $n + 2$ do código, no qual a *flag* de funcionalidade é removida e apenas o caminho de código associado ao novo esquema permanece.

6. Finalmente, aplique uma nova migração que remova a coluna `name` antiga e a coluna `migrated` temporária (e portanto, o índice nessa coluna).

E uma mudança no esquema que modifica a coluna ou o formato dos nomes, ao invés de adicionar ou remover colunas? A estratégia é a mesma: adicione uma nova coluna, remova as colunas antigas e, se necessário, renomeie a nova coluna, usando *flags* de funcionalidade durante cada transição, de modo que toda versão implantada do código funcione em ambas as versões do esquema.

Quando introduzimos as migrações no Capítulo 4, notamos que elas podem incluir os métodos **up** e **down**, mesmo que o exemplo na Figura 12.3 não tenha um método **down**. Não deveríamos incluir um caso no qual a atualização deu errado? Surpreendentemente, não. Migrações de reversão (*down-migrations*) são úteis durante o desenvolvimento, mas são uma ação arriscada na produção. Por serem usadas raramente, eles não são testados o suficiente, e no momento do pânico inevitável resultante da descoberta de que algo deu errado, é difícil estar confiante de que eles vão realmente funcionar sem causar ainda mais dano.

Mesmo que você acredite que uma migração de reversão funcione corretamente, outros desenvolvedores podem ter realizado migrações irreversíveis na parte do código que você está tentando migrar. E em algum momento você terá que criar uma migração irreversível, e você precisará descobrir uma maneira de se recuperar dos problemas quando aplicá-los. As *flags* de funcionalidade podem ajudar: se algo der errado, reverta o valor da *flag* para que o código retorne ao seu comportamento anterior, para que então você possa depurar o problema.

Resumo

- Para realizar uma atualização complexa, que muda tanto o código do aplicativo quanto o esquema dele, use uma *flag* de funcionalidade cujo valor pode ser alterado enquanto o aplicativo está sendo executado. Comece com a migração e o *push* de código que incluam tanto a versão nova quanto a versão antiga, e quando essa versão intermediária estiver sendo executada, mude o valor da *flag* de funcionalidade para habilitar os novos caminhos de código que usam o esquema novo.

- Uma vez que todos os dados tenham sido migrados, de maneira incremental como resultado da alteração do valor da *flag* de funcionalidade, você pode implantar a nova migração e o *push* do código que eliminem os caminhos de código e o esquema antigos. Por outro lado, se qualquer coisa der errado durante o lançamento, você pode mudar o valor da *flag* de funcionalidade de volta, a fim de continuar a utilizar o esquema e o código antigo até determinar o que deu errado.

- Aplicativos implantados sempre evoluem: se algo der errado, arrume o problema com outra migração, que desfaça o dano, ao invés de tentar aplicar uma migração de reversão, que não foi testada na produção e pode piorar as coisas se for aplicada.

■ ***Elaboração: Outras funções das flags de funcionalidade***

Além de cuidar de migrações destrutivas, as *flags* de funcionalidade têm outras funções também:

- Verificação de comprovação (*preflight checking*): implanta um recurso apenas para uma pequena porcentagem dos usuários, com o objetivo de garantir que o recurso não estrague nada ou tenha um efeito negativo no desempenho geral do site.
- Testes A/B (A/B *testing*): implanta duas versões diferentes de um recurso para dois grupos diferentes de usuários, para observar qual versão mantém mais usuários, aumenta o número de compras, e assim por diante.
- Recurso complexo: algumas vezes a funcionalidade completa, relacionada com um recurso, pode precisar de vários ciclos de implantações incrementais como descrito acima. Nesse caso, uma flag separada pode ser usada para manter a funcionalidade escondida da interface dos usuários até que 100% do código do recurso tenha sido implantado.

A ferramenta rollout[10] aceita o uso de flags de funcionalidade em todos esses casos.

Auto-avaliação 12.4.1. *Indique quais das alternativas a seguir indicam os lugares apropriados para armazenar o valor de uma flag de funcionalidade booleana simples, e porquê: (a) um arquivo YAML no diretório do* `config` *do aplicativo, (b) uma coluna em um banco de dados existente, (c) uma tabela separada da banco de dados.*

◇ A função principal da *flag* de funcionalidade é permitir que seu valor seja alterado enquanto o aplicativo está sendo executado, sem modificá-lo. Portanto (a) é uma má escolha porque o arquivo YAML não pode ser alterado sem acessar os servidores de produção enquanto o aplicativo está sendo executado. ■

12.5 Quantificando a Disponibilidade

A melhora mais significativa do desempenho é a transição do estado inativo para o estado ativo.

—John Ousterhout, desenvolvedor do *Magic* e do Tcl/Tk

Como aprendemos no Capítulo 1, a ***disponibilidade*** se refere a fração de tempo que seu site está disponível e funcionando corretamente. Por exemplo, os aplicativos do Google garantem[11] a seus clientes corporativos uma disponibilidade de no mínimo "três noves", ou seja, de 99,9% do tempo, embora Nygard indique ironicamente que (Nygard 2007) sites menos estruturados fornecem uma disponibilidade próxima de "dois oitos" (88,0%).

O provisionamento excessivo, não apenas ajuda a latência, como mencionado acima, mas também te ajuda a lidar facilmente com quedas no sistema: perder temporariamente um servidor diminui o desempenho em $1/n$, de modo que uma solução simples seja utilizar o provisionamento excessivo ao implantar os servidores $n+1$. No entanto, em grande escala, o provisionamento excessivo sistemático é inviável: serviços que usam mil computadores não podem se dar ao luxo de manter duzentos servidores adicionais ligados apenas para realizarem provisionamento excessivo.

Uma maneira de melhorar a confiança no aplicativo é torná-lo mais robusto. A ***programação defensiva*** é uma filosofia que tenta antecipar potenciais falhas do software e cria códigos para cuidar dessas falhas. A seguir damos três exemplos:

- *Conferir os valores de entrada.* Uma causa comum de problemas é quando os usuários adicionam valores de entrada que o desenvolvedor não espera. Checar se o valor de entrada está em um intervalo razoável de valores individuais, que não seja muito elevado para uma série de dados, e que os dados de entrada gerais são consistentes, podem reduzir a chance de interrupção.
- *Conferir o tipo dos valores de entrada.* Outro erro que os usuários podem fazer é adicionar um tipo inesperado de dados como resposta a uma consulta. Garantir que o usuário adicione um tipo de dado válido aumenta as chances de o aplicativo ser bem sucedido.
- *Capturar exceções.* Linguagens de programação moderna oferecem a habilidade de executar um código guando uma exceção (um estouro aritmético, por exemplo) ocorre. Oferecer um código que pode capturar qualquer exceção aumenta as chances do aplicativo continuar a ser executado corretamente, mesmo quando algo inesperado acontecer.

Outro desafio para garantir disponibilidade são os erros de programação que causam interrupções, mas apenas se manifestam depois de muito tempo ou quando são expostos a um fluxo de dados muito intenso. Um exemplo clássico é um vazamento de recurso: um processo de longa duração que perde, eventualmente, seus recursos, como a memória, porque ele não pode recuperar 100% dos recursos não utilizados devido à um erro de programação na aplicação, ou a concepção inerente de uma linguagem ou arcabouço. O***rejuvenescimento de software***é uma maneira bem conhecida para aliviar o vazamento de recursos: o servidor Web Apache executa alguns processos de trabalho idênticos, e quando um determinado processo de trabalho "envelheceu" o suficiente, esse processo para de receber solicitações e é removido, para ser substituído por um novo. Uma vez que apenas um processo ($1/n$ da capacidade total) é "rejuvenecido" por vez, esse processo é chamado algumas vezes de ***reinicialização rotativa*** (*rolling reboot*), e grande parte das plataformas PaaS empregam alguma variante desse processo. Outro exemplo é o esgotamento do espaço de armazenamento das sessões, que ocorre quando as sessões são armazenadas em uma tabela no banco de dados, que é a razão pela qual o comportamento padrão do Rails é serializar o objeto de cada sessão dos usuários em um cookie, localizado no navegador do usuário, embora isso limite cada objeto da sessão dos usuários para um tamanho de 4KiB.

Resumo

- A disponibilidade mede a quantidade de tempo, em um período específico, que o seu aplicativo está respondendo corretamente as solicitações do cliente. A disponibilidade é, geralmente, "medida em noves", com a meta ideal de 99,999% ("cinco noves", correspondendo a cinco minutos de inatividade do sistema por ano), estabelecido pela rede de telefone dos Estados Unidos e raramente alcançada pelos aplicativos SaaS.
- A ***[***programação defensiva] melhora a disponibilidade ao adicionar código que corrige falhas em potencial antes que elas sejam descobertas.
- O ***rejuvenescimento de software*** melhora a disponibilidade reiniciando membros de um conjunto idêntico de processos em um cronograma rotativo, para neutralizar o vazamento de recursos.

Auto-avaliação 12.5.1. *Para um aplicativo SaaS ser escalado para um grande número de usuários, ele deve manter seu ____ e ____ conforme o número de usuários aumenta, sem aumentar o ____.*

◇ Disponibilidade; capacidade de resposta; custo por usuário. ■

12.6 Monitorando e Encontrando Gargalos

Se você não está monitorando o sistema, ele provavelmente não está funcionando corretamente.

—atribuído a vários autores

Dada a importância da capacidade de resposta e da disponibilidade, como podemos avaliá-los? E se eles apresentarem um desempenho insatisfatório, como podemos identificar as partes do nosso aplicativo que necessitam de atenção? O ***Monitoramento*** consiste em coletar dados do desempenho do aplicativo para análise e observação. No caso da SaaS, o monitoramento do desempenho de aplicativos (em inglês, *Application Performance Monitoring* ou APM) analisa os Indicadores Chave de Desempenho (*Key Performance Indicators* ou KPIs) que *influenciam diretamente o valor de negócio*. Os KPIs são em sua natureza específicos ao aplicativo — por exemplo, os KPIs de um varejista virtual devem incluir a capacidade de resposta de adicionar um item a um carrinho de compra, e a porcentagem dos usuários que, após realizarem uma busca no site, selecionam um item que está nos cinco primeiros da lista de resultados.

Aplicativos SaaS podem ser monitorados internamente ou externamente. O monitoramento interno ou passivo funciona através da instrumentação dos aplicativos, adicionando código da coleta de dados no próprio aplicativo, no ambiente no qual ele está sendo executado, ou nesses dois lugares. Para que esse tipo de monitoramento fosse realizado, antes da computação em nuvem, da proeminência do SaaS e das estruturas de suporte altamente produtivas, eram necessários programas que coletavam métricas periodicamente, inserindo dados no código fonte de seu aplicativo. Hoje, a combinação do PaaS hospedado, dos recursos de linguagem dinâmica do Ruby, e das estruturas de suporte bem fatoradas, como o Rails, permite a realização do monitoramento interno, sem que o código fonte do software seja modificado ou que seja necessário instalar programas específicos. Por exemplo, o New Relic[12] coleta, de forma não intrusiva, dados sobre as ações do controlador do aplicativo, consulta o banco de dados, e assim por diante. Essa estrutura é chamada algumas vezes de Monitoramento Remoto do Desempenho (*Remote Performance Monitoring* ou (RPM)), porque os dados são enviados de volta ao site de SaaS do NewRelic onde você pode visualizá-los e analisá-los. O nível gratuito do RPM da New Relic está disponível como uma ferramenta do Heroku ou como uma ferramenta individual, que você pode implantar em seu ambiente de produção próprio.

O monitoramento interno pode ocorrer também durante o desenvolvimento, quando é geralmente chamado de ***profiling***. O New Relic e outras soluções de monitoramento podem ser instaladas durante o desenvolvimento também. Quanto *profiling* você precisa fazer? Se você seguiu as boas práticas enquanto escrevia e testava o seu aplicativo, seria mais produtivo apenas implantar e observar como o aplicativo se comporta quando possui grande tráfego de dados, considerando especialmente as diferenças inevitáveis entre os ambientes de desenvolvimento e produção, como a falta de atividade de usuários reais e o uso de uma banco dados exclusivo ao desenvolvimento, como o SQLite3 ao invés de uma banco de dados de produção

What is monitored	Focus	Example tool
What is my site's availability and average response time, as seen by users around the world?	business-level	Pingdom[13], SiteScope[14]
What pages (views) in my app are most popular and what paths do customers follow through the app?	business-level	Google Analytics[15]
What controller actions or database queries are slowest?	app-level	New Relic[16], Scout[17]
What unexpected exceptions or errors did customers experience and what were they doing at the moment the error occurred?	app-level	Exceptional[18], AirBrake[19]
What is the health and resource usage of the OS-level processes that support my app (Apache web server, MySQL DB server, and so on)?	infrastructure/ process-level	god[20], ***monit***

Figura 12.5: Diferentes tipos de monitoramentos e exemplos de ferramentas que as fornecem para os aplicativos de Rails e SaaS. Todas elas, com exceção da última linha (monitoramento no nível de processo), são apresentadas como pertencentes a SaaS e oferecem uma camada de serviço grátis que fornece monitoramento básico.

altamente ajustado como o PostgreSQL. Afinal, com o desenvolvimento ágil, é fácil implantar correções incrementais e caching básico, (Seção 12.7) bem como corrigir abusos no banco de dados (Seção 12.8).

O segundo tipo é o monitoramento externo (conhecido também como inspeção ou monitoramento ativo), no qual um site independe faz solicitações em tempo real ao seu aplicativo, para avaliar a disponibilidade e o tempo de resposta. Porque precisaríamos de monitoramento externo, uma vez que possuímos informações detalhadas disponibilizadas pelo monitoramento interno, que tem acesso ao seu código? Porque o monitoramento interno pode ser incapaz de revelar que seu aplicativo está lento ou sem funcionar, especialmente se o problema for causado por fatores externos e não por erros no código — por exemplo, problemas de desempenho na camada de apresentação ou em outras partes da pilha de software além dos limites do seu aplicativo. O monitoramento externo, como um teste de integração, é um teste completo de um número limitado de caminhos de código de seu aplicativo, e como eles são vistos por usuários "de fora". A Figura 12.5 indica os diferentes tipos de monitoramento e algumas ferramentas para utilizá-los, muitos disponíveis no SaaS.

Uma vez que uma ferramenta de monitoramento tenha identificado a requisição mais custosa ou mais demorada, um ***teste de estresse*** ou um ***teste de longevidade*** podem quantificar, em um servidor de testes, o nível da demanda para que essas requisições se tornem gargalos. A ferramenta gratuita mais utilizada de linha de comando, a ***httperf***, é mantida pela HP Labs[21] e pode simular um número específico de usuários, pedindo sequências simples de URIs de um aplicativo e gravando métricas sobre os tempos de resposta. Enquanto que ferramentas como o Cucumber permitem que você escreva cenários expressivos e verifique arbitrariamente condições complexas, a ferramenta `httperf` consegue apenas seguir sequências simples de URI e apenas verifica se uma resposta HTTP bem sucedida foi recebida do servidor. Em um típico teste de estresse, o engenheiro de testes vai programar vários computadores para que eles executem a ferramenta `httperf` no site de teste, e vai gradualmente aumentar o número simulado de usuários até que algum recurso se torne o gargalo.

Resumo

- Como nos testes, não é apenas um tipo de monitoramento que vai te alertar sobre todos os problemas: use uma combinação de monitoramentos (ponto a ponto) internos e externos.
- Monitoramentos hospedados, como o Pingdom, e os monitoramentos integrados ao PaaS, como o New Relic, tornam o monitoramento mais simples do que era no início do SaaS.
- Os testes de estresse e longevidade podem revelar os gargalos no seu aplicativo SaaS e frequentemente encontram erros de programação, que de outra forma ficariam escondidos.

Auto-avaliação 12.6.1. *Quais dos indicadores chave de desempenho (KPIs) a seguir seriam relevantes para o Monitoramento do Desempenho do Aplicativo: utilização de CPU em um computador particular; o tempo de conclusão de consultas em um banco de dados lento; visualizar o tempo para a renderização das cinco visões mais lentas.*
◇ Consultar o tempo de conclusão e verificar o tempo de renderização são ações relevantes, porque elas tem um impacto direto na capacidade de resposta, que é geralmente um Indicador Chave de Desempenho, atrelado ao valor do negócio entregue ao cliente. A utilização do CPU não nos diz nada diretamente sobre a experiência do cliente, mesmo que seja importante conhecê-la. ■

12.7 Utilizando Caching para Melhorar a Renderização e o Desempenho do Banco de Dados

Existem apenas dois problemas difíceis na Ciência da Computação: invalidação do cache e nomear as coisas.

—Phil Karlton, atribuído por Martin Fowler, que não sabe exatamente a referência

A ideia por trás do caching é simples: a informação que não mudou desde a última vez que foi solicitada, pode ser simplesmente ser devolvida como estava, ao invés de ser computada novamente. Em SaaS, o caching pode ajudar em dois tipos de computação. Primeiro, se uma informação do banco de dados que é necessária para completar uma ação não mudou, então não precisamos consultar o banco de dados. Segundo, se a informação subjacente a uma visão em particular ou um fragmento da visão não mudou, então nós não precisamos renderizar novamente a visão (se lembre que a renderização é o processo de transformar o Haml com código e variáveis Ruby em HTML). Em qualquer cenário de caching, nós devemos nos preocupar com dois problemas:

1. **Nomear:** como especificar que o resultado de determinada computação pode ser colocado em cache para ser utilizada novamente, e como ele deve ser nomeado de maneira que garanta que ele será usado apenas quando aquela computação exata for requisitada?
2. **Expiração:** como fazemos para perceber que a versão em cache está obsoleta (velha), porque a informação que ela depende mudou? E como nós a removemos do cache?

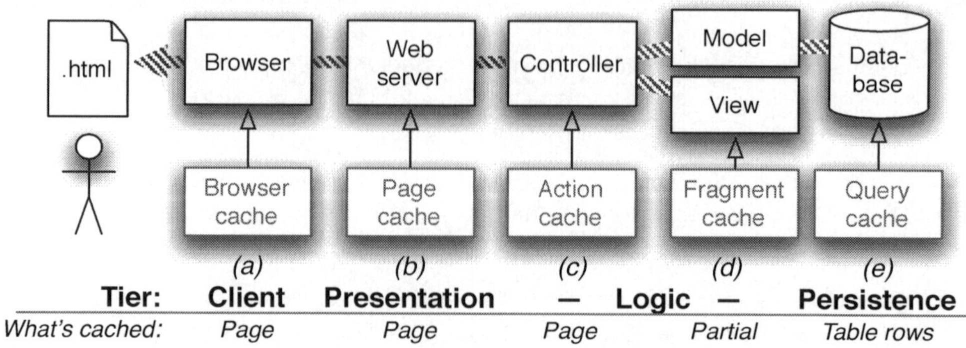

Figura 12.6: A meta dos múltiplos níveis de caching é satisfazer o melhor possível cada solicitação HTTP do usuário. (a) Um navegador de internet que antes acessou uma página, pode reutilizar a cópia em seu cache depois de verificar com o servidor que a página não mudou. (b) De outra forma, o servidor de internet pode conseguir mostrar a página à partir da página no cache, ignorando o Rails por completo. Caso contrário, se a página é gerada por uma ação protegida por um before-filter, o Rails pode ser capaz de apresentar a página a partir do cache de ação, sem consultar o banco de dados ou renderizar qualquer *template*. De outro modo, alguns dos fragmentos que compõem o *template* de visão podem estar no cache de fragmentos. (e) Como um último recurso, a consulta ao cache de consultas ao banco de dados apresenta os resultados de consultas recentes que não mudaram, como o Movie.all.

A variante desse problema que surge no desenvolvimento de microprocessadores é geralmente chamada de *invalidação de cache*.

A Figura 12.6 mostra como o caching pode ser utilizado em cada camada na arquitetura de três camadas do SaaS e quais as entidades do Rails são armazenadas em cache em cada nível. A coisa mais simples que poderíamos fazer é armazenar em cache a página HTML resultante da renderização de uma ação em particular do controlador. Por exemplo, a ação **MoviesController#show** e sua visão correspondente, dependem apenas dos atributos do filme sendo exibido (a variável **@movie** no método do controlador e no *template* do Haml). A Figura 12.7 mostra como armazenar em cache a página HTML de um filme, para que solicitações futuras para essa página não precisem acessar o banco de dados nem reexecutar o renderizador do Haml, como na Figura 12.6(b).

É claro que isso é inadequado para as ações do controlador protegidas por *before-filters*, como as páginas que exigem que o usuário esteja logado e portanto, precisa executar o filtro do controlador. Em casos como esse, mudar as **caches_page** para **caches_action** continuará a executar qualquer filtro, mas permite que o aplicativo Rails mostre uma página armazenada em cache, sem precisar consultar o banco de dados ou renderizar as visões novamente, como na Figura 12.6(c). A Figura 12.9 mostra os benefícios do caching de página e de ação para esse exemplo simples. Perceba que no caching da página de Rails, o nome do objeto armazenado em cache *ignora* parâmetros existentes no URI, como os `/movies?ratings=PG+G`, de modo que parâmetros que afetam a maneira como a página seria apresentada, deveriam ser na verdade parte do RESTful, como em `/movies/ratings/PG+G`.

Um caso intermediário envolve *caching* de ação no qual a maior parte do conteúdo da página não muda, mas o layout sim. Por exemplo, seu `app/views/layouts/application.html.haml` pode incluir uma mensagem como "Bem vinda, Alice" contendo o nome do usuário logado. Para permitir que o caching de ação funcione corretamente nesse caso, transformando o **:layout=>false** para **caches_action**, o layout precisará ser renderizado novamente, mas a ação (parte do conteúdo na página) será beneficiado pelo *http://pastebin.com/7PycU0MK*

```
1 class MoviesController < ApplicationController
2   caches_page :show
3   cache_sweeper :movie_sweeper
4   def show
5     @movie = Movie.find(params[:id])
6   end
7 end
```

http://pastebin.com/UzJHx6As

```
1  class MovieSweeper < ActionController::Caching::Sweeper
2    observe Movie
3    # if a movie is created or deleted, movie list becomes invalid
4    #   and rendered partials become invalid
5    def after_save(movie)    ; invalidate ; end
6    def after_destroy(movie) ; invalidate ; end
7    private
8    def invalidate
9      expire_action :action => ['index', 'show']
10     expire_fragment 'movie'
11   end
12 end
```

Figura 12.7: (Topo) A Linha 2 especifica que o aplicativo Rails deve armazenar em cache o resultado da ação show. O caching de ação é implantado como um filtro que verifica se uma versão armazenada em cache deve ser utilizada e um filtro que captura e armazena em cache a saída renderizada, tornando-a um exemplo do padrão do projeto Decorator (Seção 11.4). (Em baixo) Esse "varredor", mencionado pela linha 3 do controlador, utiliza o padrão do projeto do Observer (Seção 11.7) para adicionar ações do ciclo do ActiveRecord (Seção 5.1) para expirar qualquer componente que possa se tornar obsoleto, como resultado da atualização de um determinado filme.

http://pastebin.com/XxPdsdQf

```
1 -# A single row of the All Movies table
2   - cache(movie) do
3     %tr
4       %td= movie.title
5       %td= movie.rating
6       %td= movie.release_date
7       %td= link_to "More about #{movie.title}", movie_path(movie)
```

Figura 12.8: Comparado com a Figura 5.2 na Seção 5.1, apenas a linha 2 foi adicionada. O aplicativo Rails vai gerar um nome para o fragmento armazenado em cache, baseado no nome do recurso pluralizado e em uma chave primária, por exemplo, `movies/23`.

cache de ação. Lembre-se que, uma vez que a ação do controlador não vai executar nenhum conteúdo dinâmico que aparece no layout, ele deve ser configurado em um *before-filter*.

O caching no nível das páginas não é útil para páginas que mudam o conteúdo muitas vezes. Por exemplo, a lista da página de filmes, (**MoviesController#index** action) que muda quando novos filmes são adicionados ou quando o usuário filtra a lista utilizando a classificação MPAA. Mas ainda podemos nos beneficiar do caching, ao observar que a página índice consiste amplamente de uma série de linhas de tabelas, onde cada uma delas depende apenas dos atributos de um filme específico, como a Figura 5.2 na Seção 5.1 mostra. A Figura 12.8 mostra como adicionar uma linha à tabela parcial da Figura 5.2 armazenando em cache o fragmento HTML renderizado correspondente a cada filme.

Se o argumento que queremos manter em **cache** for um objeto de ActiveRecord cuja tabela inclui uma coluna `updated_at` ou `updated_on`, o cache será invalidado automaticamente se a sua linha da tabela tiver sido atualizada desde a última vez que o fragmento foi armazenado em cache. No entanto, para garantir a clareza da explicação, a linha 10 do "varredor" na Figura 12.7 mostra como expirar um fragmento cujo nome é igual ao argumento do **cache**, sempre que o **movie** objeto subjacente é gravado ou destruído.

Diferente do caching de ações, que evita a execução de ações do controlador, a verificação do cache de fragmentos ocorre *depois* que a ação do controlador tenha sido executada. Por essa razão, você deve estar se perguntando como o caching de fragmentos ajuda a reduzir a carga sobre a banco de dados. Por exemplo, suponha que tenhamos adicionado na lista na página de filmes uma cadeia parcial para apresentar o **@top_5** de filmes, baseado na pontuação média das críticas, e nós adicionamos uma linha à ação do controlador **index** para configurar a variável:

http://pastebin.com/3Ba360Vt

```
1 -# a cacheable partial for top movies
2 - cache('top_moviegoers') do
3   %ul#topmovies
4     - @top_5.each do |movie|
5       %li= moviegoer.name
```

http://pastebin.com/x88niV53

```
1 class MoviegoersController < ApplicationController
2   def index
3     @movies = Movie.all
4     @top_5 = Movie.joins(:reviews).group('movie_id').
5       order("AVG(potatoes) DESC").limit(5)
6   end
7 end
```

O caching de ações se torna menos útil, porque a visão **index** pode mudar quando um filme novo for adicionado *ou* quando uma crítica for adicionada (o que pode mudar quais são os cinco filmes com melhor pontuação dos críticos). Não estamos desperdiçando os benefício do caching, se a ação do controlador for executada antes que o fragmento de cache seja verificado, uma vez que definir o valor de **@top_5** nas linhas 4 e 5 do método do controlador causa uma consulta no banco de dados?

Surpreendentemente, não. De fato, as linhas 4 e 5 *não* causam uma consulta: elas constroem um objeto que *pode* fazer a consulta se ele receber um comando pedindo um resultado! Isso é chamado de ***avaliação tardia*** (*lazy evaluation*), uma técnica de linguagem de programação extremamente eficaz, que vem de ***cálculo lambda***, que é a base de linguagem de programação funcionais. A avaliação tardia é utilizada no subsistema ActiveRelation (ARel) do Rails que é utilizado pelo ActiveRecord. A consulta ao banco de dados propriamente dito não acontece até o método **each** seja chamado na linha 5 do *template* Haml, porque esse é a primeira vez que o objeto do ActiveRelation recebe um comando para produzir um valor. Mas estando essa linha no bloco de **cache** que começa na linha 2, se o cache de fragmento for atingido, a cadeia nunca será executada e, portanto, o banco de dados nunca será consultado. É claro que você deve continuar a usar a lógica em seu varredor de cache para atualizar corretamente o fragmento com os cinco filmes melhor avaliados quando uma nova critica for adicionada.

> As versões anteriores do Rails não faziam avaliação tardia das consulta, de modo que as ações do controlador tinham que verificar explicitamente o cache de fragmentos para evitar consultas inúteis — isso não é nada DRY.

Resumindo, tanto o caching de páginas, quanto o caching de fragmentos recompensa nossa habilidade de separar as coisas que mudam (unidades que não podem ser armazenadas em cache) para aquelas que continuam iguais (unidades que podem ser armazenadas em cache). Em caching de página ou ação, separar as ações do controlador protegidas por *before-filters* em uma ação "desprotegida" que pode utilizar o caching de página, e uma ação filtrada que possa utilizar o caching de ações. (Em casos extremos, você pode usar um ***rede de entrega de conteúdo*** (CDN) como o Amazon CloudFront para copiar a página em centenas de servidores ao redor do mundo.) No caching de fragmentos, use *partials* para isolar cada

No cache	Action cache	Speedup vs. no cache	Page cache	Speedup vs. no cache	Speedup vs. action cache
449 ms	57 ms	**8x**	21ms	**21x**	**3x**

Figura 12.9: Para um banco de dados compartilhado PostgreSQL no site Heroku, que possui mil filmes e mais de cem críticas por filme, a tabela mostra o tempo em milésimos de segundo para recuperar as cem primeiras críticas pela data de criação, podendo utilizar ou não o caching de ações e de página. Os números são retirados dos arquivos log mostrados pelo comando `heroku logs`.

entidade que não pode ser armazenada em cache, como uma instância de modelo único, em seu próprio *partial* que possa ser armazenado em um cache de fragmentos.

Resumo de caching:
Para aumentar os benefícios do caching, separe as unidades que podem ser armazenadas em cache, das unidades que não podem: as ações do controlador podem dos dois tipos, dependo da necessidade de executar um filtro *before-filter*, e *partials* podem ser usados pra separar as visões em fragmentos que podem ser armazenados em cache.

■ ***Elaboração: Onde os objetos do cache são armazenados?***

No desenvolvimento, objetos em cache são armazenados geralmente no sistema de arquivos local. No site Heroku, a extensão *Memcachier* armazena o conteúdo do cache no banco de dados em memória chamado `memcached` (lê-se *mem-cash-dee*; o sufixo *-d* reflete a convenção Unix para nomear processos ***daemon*** que são constantemente executados em segundo plano). O armazenamento de cache no Rails deve implantar um API comum para que diferentes dispositivos de armazenamento possam ser usados em ambientes diferentes — um bom exemplo de Injeção de Dependências, que nós vimos na Seção 11.6.

Auto-avaliação 12.7.1. *Nós mencionamos que transformar* **:layout=>false** *para* **caches_action** *fornece grande parte dos benefícios do caching de ações mesmo que o layout da página contenha elementos dinâmicos como o nome do usuário logado. Por que o método* **caches_page** *também permite essa opção?*
◇ Uma vez que caching de página é feito pela camada de apresentação, não pela camada lógica, um acesso a página em cache significa que o Rails está sendo ignorado totalmente. A camada de apresentação tem uma cópia da página toda, mas apenas a camada lógica sabe qual parte da página veio do layout e que parte veio das ações renderizadas. ■

12.8 Evitando Consultas Abusivas ao Banco de Dados

Como vimos na Seção 2.4, o banco de dados vai em última análise, limitar a escalabilidade horizontal — não porque você ficou sem espaço para armazenar novos dados à tabela, mas porque um único computador não consegue mais manter o número necessário de consultas por segundo enquanto mantém a capacidade de resposta. Quando isso acontece, você precisará utilizar técnicas como o *sharding* e replicação, que estão além dos conceitos que apresentaremos neste livro (mas leia a seção "Para Aprender Mais" para algumas sugestões).

Mesmo em um único computador, o ajuste de desempenho do banco de dados é extremamente complicado. O MySQL, um banco de dados de código aberto e bastante utilizado, tem dezenas de parâmetros de configurações, e a maior parte dos administradores de banco de dados (DBAs) irão afirmar que apenas metade deles são "essenciais" para se conseguir um *http://pastebin.com/kN8Fdz2H*

```
1  # assumes class Moviegoer with has_many :movies, :through => :reviews
2
3  # in controller method:
4  @fans = Moviegoer.where("zip = ?", code) # table scan if no index!
5
6  # in view:
7  - @fans.each do |fan|
8    - fan.movies.each do |movie|
9      // BAD: each time thru this loop causes a new database query!
10     %p= movie.title
11
12 # better: eager loading of the association in controller.
13 # Rails automatically traverses the through-association between
14 # Moviegoers and Movies through Reviews
15 @fans = Moviegoer.where("zip = ?", code).includes(:movies)
16 # GOOD: preloading movies reviewed by fans avoids N queries in view.
17
18 # BAD: preload association but don't use it in view:
19 - @fans.each do |fan|
20   %p= @fan.name
21   // BAD: we never used the :movies that were preloaded!
```

Figura 12.10: A consulta na ação do controlador (linha 4) acessa o banco de dados uma vez para estabelecer as linhas de @fans, mas cada passo no laço das linhas 8–10 faz com que outro acesso separado ocorra no banco de dados, resultando em $n + 1$ acessos para um fã que avaliou n filmes. A linha 15, ao contrário, executa uma única *busca antecipada* (*eager load*) que também recupera todos os filmes, que é quase tão rápida quanto a linha 4 uma vez que grande parte da sobrecarga nas pequenas consultas ocorre durante o acesso ao banco de dados.

bom desempenho. Portanto, focamos em como manter seu banco de dados utilizável dentro de um limite que permitirá que ela seja hospedado por um provedor PaaS: Heroku, Amazon Web Services, o Microsoft Azure e todos os outros provedores que oferecem bancos de dados relacionais gerenciados por DBAs profissionais, responsáveis pelas otimizações básicas. Muitos aplicativos SaaS úteis podem ser construídos por esse método — por exemplo, todo o Pivotal Tracker[22] cabe em um banco de dados de um único computador.

Uma maneira de aliviar a pressão da seu banco de dados é evitar consultas inúteis e abusivas. Dois erros comuns para desenvolvedores de SaaS com menos experiência surgem na presença de associações:

1. A *consulta n+1* é um problema que ocorre quando percorrer uma associação causa a execução de mais consultas do que o necessário.

2. A *varredura da tabela* é um problema que ocorre quando sua tabela não possui os ***índices*** apropriados para acelerar determinadas consultas.

As linhas 1 a 17 da Figura 12.10 ilustram o problema chamado consulta n+1, que acontece quando é necessário percorrer uma associação; e também mostra a razão pela qual o problema acontece mais facilmente quando o código está discretamente presente nas suas visões: não existiria uma maneira para a visão saber o dano que estava causando. É claro, que sendo tão ruim, você não usará busca antecipada como nas linhas 18 a 21 da Figura 12.10. A ferramenta `bullet`[23] ajuda a detectar os dois problemas.

Outro abuso da banco de dados que deve ser evitado são as consultas que resultam em uma ***varredura completa da tabela***. Considere a linha 4 da Figura 12.10: no pior caso, o banco de dados teria que examinar cada linha da tabela do `moviegoers` para encontrar uma correspondência na coluna dos `emails`, de modo que a consulta vai ser executada cada vez mais lentamente conforme a tabela cresce, consumindo tempo $O(n)$ para uma tabela com n linhas.

http://pastebin.com/zrGFXsbt

```
class AddEmailIndexToMoviegoers < ActiveRecord::Migration
  def up
    add_index 'moviegoers', 'email', :unique => true
    # :unique is optional - see text for important warning!
    add_index 'moviegoers', 'zip'
  end
end
```

Figura 12.11: Adicionar um índice em uma coluna acelera as consultas nesta coluna. O índice é ainda mais rápido se você especificar :unique, que é uma garantia de que não existirão duas linhas com o mesmo valor atribuído aos valores do índice; para evitar erros se por acaso houverem valores duplicados, utilize-o conjuntamente com a validação de unicidade (*uniqueness*), como descrito na Seção 5.1).

# of reviews:	2000	20,000	200,000		200,000
Read 100, no indices	0.94	1.33	5.28	Create 1K, no indices	9.69
Read 100, FK indices	0.57	0.63	0.65	Create 1K, all indices	11.30
Performance	166%	212%	808%	Performance	–17%

Figura 12.12: Para uma banco de dados PostgreSQL compartilhado do Heroku contendo mil filmes, mil espectadores, e entre dois mil a duzentos mil críticas, essa tabela mostra os benefícios e as desvantagens da indexação. A primeira parte compara o tempo, em segundos, que se leva para ler cem críticas sem índices vs. com índices de chave estrangeira (FK) nas colunas `movie_id` e `moviegoer_id` na tabela de `reviews`. A segunda parte compara o tempo necessário para criar mil críticas na ausência de índices e na presença de índices, sobre *cada par possível* de colunas de `reviews`, mostrando que mesmo nesse caso, as desvantagens de usar os índices são poucas.

A solução é adicionar um ***índice de banco de dados*** na coluna `moviegoers.email`, como a Figura 12.11 mostra. Um índice é uma estrutura de dados separada, mantida pelo banco de dados que utiliza as técnicas de ***hashing*** nos valores de uma coluna para garantir acesso constante a qualquer linha quando essa determinada coluna é usada como limite. Você pode ter mais de um índice em cada tabela, como também índices baseados nos valores de várias colunas. Além dos atributos óbvios, nomeados explicitamente nas consultas com **where**, ***chave estrangeira*** (o assunto da associação) deve ser colocado no índice. Por exemplo, na Figura 12.10, o campo **moviegoer_id** na tabela de `reviews` precisaria de um índice para acelerar a consulta implícita causada por **fan.movies**.

É claro que a utilização dos índices podem causar alguns problemas: cada índice ocupa um espaço proporcional ao número de linhas na tabela, e cada índice em uma tabela deve ser atualizado quando novas linhas são adicionadas à tabela, ou alteradas, só que fazer essa atualização em tabelas que foram muito indexadas pode ser um processo lento. Contudo, devido ao comportamento mais voltado a leitura dos aplicativos SaaS comuns, e suas consultas relativamente simples, se comparadas a outros sistemas baseados em banco de dados tais como o Processamento de Transações Online (OLTP), seu aplicativo irá provavelmente sofrer com muitos outros gargalos antes que os índices comecem a limitar o desempenho deles. A Figura 12.12 mostra um exemplo da melhora absurda no desempenho causada pelo uso de índices.

Resumo sobre o uso abusivo de consultas:

- O problema da consulta $n+1$, no qual percorrer uma associação 1-para-*n* resulta em $n+1$ pequenas consultas, ao invés de uma única grande consulta, pode ser evitado pelo uso criterioso de busca antecipada (*eager load*).
- Varreduras completas na tabela em consultas podem ser evitadas pelo uso criterioso de índices no banco de dados, mas cada índice ocupa espaço e diminui o desempenho das atualizações. Um bom ponto de partida é criar índices para todas as colunas de chaves estrangeiras e todas as colunas referenciadas na cláusula **where** das consultas frequentes.

■ *Elaboração: SQL EXPLAIN*

Muitos bancos de dados SQL, incluindo o MySQL e o PostgreSQL (mas não o SQLite), oferecem o comando `EXPLAIN` que descreve o ***plano de consulta***: quais tabelas serão acessadas para realizar uma consulta e quais dessas tabelas possuem índices que vão acelerar essas consultas. Infelizmente, o formato de saída do `EXPLAIN` é específico a cada banco de dados. Começando com o Rails 3.2, EXPLAIN é executado automaticamente[24] nas consultas que levam mais tempo que o limite especificado pelo desenvolvimento durante o desenvolvimento, e o plano de consulta é escrito em `development.log`. A ferramenta query_reviewer[25], que funciona atualmente apenas com o MySQL, executa `EXPLAIN` em todas as consultas geradas pelo ActiveRecord e insere o resultado em um `div` no topo de toda página no modo de desenvolvimento.

Auto-avaliação 12.8.1. *Um índice em uma tabela de banco de dados geralmente acelera ____ com o custo de ____ e ____.*

◇ Desempenho de consulta, a custa de espaço e desempenho da atualização da tabela. ■

12.9 Segurança: Protegendo os Dados do Cliente no seu Aplicativo

Ronald Rivest (1947–), Adi Shamir (1952–), e Leonard Adleman (1945–) receberam o Prêmio Turing de 2002 por fazerem a criptografia de chave pública ser útil na prática. No algorítmo homônimo RSA, as propriedades de segurança das chaves são baseadas na dificuldade de fatorar inteiros muito grandes e realizar exponenciação modular, ou seja, determinar m tal que $C = m^E \bmod N$.

Minha resposta foi "Parabéns Ron, isso deve funcionar."

—Len Adleman, reagindo ao novo algoritmo de criptografia proposto por Ron Rivest, 1977

Como a segurança é um campo de estudo tradicional em computação, não existe falta de material para revisar ou tópicos para estudar. Talvez por essa razão, especialistas em segurança resumem seus conhecimentos em princípios que desenvolvedores podem seguir. À seguir apresentamos três deles:

- O ***princípio do menor privilégio*** (*principle of least privilege*) declara que o usuário ou o componente de software não deve possuir privilégios irrestritos, ou seja, acesso a mais informações e fontes, do que o necessário para realizar suas tarefas. Isso é análogo ao princípio da "necessidade de conhecer" para informações confidenciais. Um exemplo desse princípio no aplicativo Rails, é que os processos Unix correspondentes ao seu aplicativo Rails, seu banco de dados e o servidor de internet (camada de apresentação) devem ser executados com poucos privilégios e em um ambiente onde eles não consigam criar novos arquivos no sistema. Bons provedores PaaS, incluindo o site

Heroku, oferecem um ambiente de desenvolvimento configurado apenas para realizar essas tarefas.

- O ***princípio de padrões à prova de falhas*** (*principle of fail-safe defaults*) afirma que, a menos que o usuário ou componente de software receba acesso explícito a um objeto, o acesso deve ser negado a esse objeto. Ou seja, o padrão deve ser negar o acesso. O uso adequado do **attr_accessible**, como descrito na Seção 5.2 segue esse princípio.

- O ***princípio de aceitabilidade psicológica*** (*principle of psychological acceptability*) declara que o mecanismo de proteção não deve fazer o aplicativo se tornar mais difícil de se utilizar. Ou seja, a interface do usuário precisa ser fácil de usar para que o mecanismo de segurança possa ser testado rotineiramente.

O resto desta seção indica cinco vulnerabilidades da segurança que são relevantes para as aplicações do SaaS: proteção de dados usando criptografia, falsificação de pedidos entre sites, injeção de SQL e *cross-site scripting*, proibição de chamadas à métodos privados do controlador e a auto negação de serviço.

Protegendo os Dados Usando Criptografia. Uma vez que o trabalho de um provedor de PaaS competente é estar a par dos problemas relacionados a segurança na própria estrutura, desenvolvedores que usam PaaS podem focar primariamente em ataques que podem ser frustrados por boas práticas de programação. Ataques feitos aos dados do SaaS tem a intenção de comprometer um ou mais dentre os três elementos básicos de segurança: privacidade, autenticidade e integridade dos dados. A meta do ***Transport Layer Security*** (TLS ou Segurança da Camada de Transporte) e do seu antecessor, o Secure Sockets Layer (SSL) onde todo o tráfego HTTP é ***criptografado***, transformando-o através de técnicas de criptografia que usam um ***segredo*** (como uma senha), conhecido apenas pelas duas partes que estão se comunicando. O HTTP utilizado sobre uma conexão segura é chamado HTTPS.

Estabelecer um segredo compartilhado com um site que você não conhece é um problema desafiador cuja solução prática, a ***criptografia de chave pública***, foi inventada por Ron Rivest, Adi Shamir e Len Adleman (por isso ***RSA***). Uma entidade ***sujeito*** ou comunicativa gera um ***par de chaves*** que consiste de duas partes correspondentes, uma delas se torna pública (acessível a qualquer pessoa no mundo) e a outra parte é mantida em segredo.

Um par de chaves tem duas propriedades importantes:

1. Uma mensagem criptografada usando a chave privada pode ser decriptografada usando a chave pública, e vice-versa.

2. A chave privada não pode ser descoberta a partir da chave pública, e vice-versa.

A Seção A.5 introduz as ferramentas do `ssh` (Secure Shell) incluídas no material de estudos.

A primeira propriedade fornece a fundação do SSL: se você receber uma mensagem que pode ser decriptografada com a chave pública do Bob, significa que apenas a pessoa em posse da chave privada do Bob poderia ter criado essa mensagem. Uma variação é a assinatura digital: para atestar uma mensagem, Bob gera um *one-way digest* (um resumo de mão única, ou seja, uma pequena "impressão digital" que mudaria se a mensagem fosse alterada) e criptografaria o resumo usando sua chave privada para confirmar "Eu, Bob, atesto as informações desta mensagem representadas por esse resumo."

Alice e Bob são os ***arquétipos principais*** que aparecem nos cenários de segurança, junto com o bisbilhoteiro Eve, a maliciosa Mallory e outros personagens.

Para oferecer acesso ao seu site `rottenpotatoes.com` com segurança SSL, Bob cria um par de chaves que consiste de uma parte pública *KU* e uma parte privada *KP*. Ele prova sua identidade usando meios convencionais (um documento emitido pelo governo, por exemplo) para uma ***autoridade certificadora*** (CA) como o VeriSign. A CA então usa sua própria chave privada *CP* para assinar um ***certificado SSL*** que afirma que, na realidade, o "`rottenpotatoes.com` possui a chave pública *KU*." Bob instala o certificado em seu servidor e permite que sua pilha SaaS aceite as conexões SSL — geralmente irrelevantes no ambiente PaaS. Finalmente, ele habilita o SSL no seu aplicativo de Rails ao adicionar **force_ssl**[26] a qualquer controlador, para que todas suas ações utilizem o SSL, ou usando as opções de filtro **:only** e **:except** para limitar quais ações são afetadas.

force_ssl é implementado como um filtro que causa um redirecionamento de `http://`*site/action* para `https://`*site/action.*

A chave pública do CA *CU* é distribuída junto com a maioria dos navegadores de internet, então, assim que o navegador da Alice se conecta a `https://rottenpotatoes.com` e solicita o certificado, ele pode verificar a assinatura do CA e obtém a chave pública do Bob *KU* deste certificado. O navegador da Alice, então, escolhe uma cadeia aleatória de caracteres como segredo, a criptografa utilizando o *KU*, e a envia ao `rottenpotatoes.com`, que sozinho consegue descriptografá-la usando a *KP*. Esse segredo compartilhado é então utilizado para criptografar o tráfego HTTP usando ***criptografia de chaves simétricas***, que é muito mais rápida, durante a sessão. Nesse momento, qualquer conteúdo enviado via HTTPS é razoavelmente seguro de bisbilhoteiros e o navegador de Alice acredita que o servidor está conectado ao servidor genuíno do RottenPotatoes, uma vez que apenas um servidor que possui o *KP* poderia ter completado a etapa de troca de chaves.

É importante reconhecer que esse é o máximo que o SSL pode fazer. Em particular, o servidor não sabe nada sobre a identidade de Alice e nenhuma garantia pode ser feita sobre os dados dela, a não ser sobre sua privacidade durante à transmissão para o RottenPotatoes.

Falsificação de pedidos entre sites (*Cross-site request forgery*). Um ataque CSRF (também pronunciado como "sea-surf") envolve enganar o navegador do usuário para fazê-lo visitar um site diferente daquele que o usuário possuiu um *cookie* válido e executa uma ação ilícita nesse site como se fosse o usuário. Por exemplo, suponha que Alice tenha logado em sua conta no MeuBanco.com, de modo que agora o seu navegador possui um *cookie* válido para o MeuBanco, mostrando que ela está logada nele. Agora Alice visita um site de bate-papo, onde a maliciosa Mallory postou uma mensagem com a seguinte "imagem" anexada:

http://pastebin.com/rtzYtTmj

```
<p>Here's a risque picture of me:
  <img src="http://mybank.com/transfer/mallory/5000">
</p>
```

Quando Alice ver o *post* no bate-papo, ou se ela receber um e-mail com esse link anexado nele, o seu navegador vai tentar "buscar" a imagem desse URI do RESTful, o que transfere $5000 para a conta de Mallory. Alice verá um ícone indicando uma "imagem quebrada" sem perceber o dano. O CSRF é geralmente combinado com o *cross-site scripting* (veja abaixo) para realizar ataques mais sofisticados.

Existem dois passos para frustrar ataques como esse. O primeiro é garantir que as ações do RESTful realizadas através do método `GET` no HTTP não tenham nenhum efeito colateral. Uma ação como um saque bancário, ou completar uma compra deve ser feita por um POST. Esse cuidado faz com que seja mais difícil para que o invasor entregue o arquivo malicioso usando um ativo anexado como o `IMG`, que os navegadores *sempre* obtêm usando `GET`. O segundo passo é gerar uma cadeia de caracteres aleatoriamente, baseada na sessão atual em todas as páginas de visão e se organizar para incluir esses valores em um campo oculto em todos os formulários. Essa linha vai ser diferente para Alice do que será para Bob, uma vez que suas sessões são diferentes. Quando um formulário é submetida sem a cadeia aleatória correta, a submissão é rejeitada. Rails automatiza essa defesa: tudo que *http://pastebin.com/h1spRdpd*

```
1 class MoviesController
2   def search
3     movies = Movie.where("name = '#{params[:title]}'") # UNSAFE!
4     # movies = Movie.where("name = ?", params[:title])   # safe
5   end
6 end
```

Figura 12.13: Código que é vulnerável a um ataque de Injeção de SQL. Mudar o comentário na linha 4 e apagar a linha 3 poderia impedir o ataque usando uma *instrução preparada* (*prepared statement*), que faz o ActiveRecord "desinfetar" entradas maliciosas antes que elas sejam inseridas na consulta.

params[:title]	SQL statement
`Aladdin`	`SELECT "movies".* FROM "movies"WHERE (title='Aladdin')`
`'); DROP TABLE "movies"; --`	`SELECT "movies".* FROM "movies"WHERE (title=''); DROP TABLE "movies"; --`

Figura 12.14: Se Mallory adicionar algum texto na segunda linha da tabela, como um nome de filme, a linha 3 da Figura 12.13 se torna um comando SQL perigoso que apaga a tabela inteira. (O último `--`, o caractere de comentário SQL, evita a execução de qualquer código SQL que possa vir depois do `DROP TABLE`.) A injeção de SQL foi muitas vezes bem sucedida contra alguns arcabouços mais antigos, como o PHP, no qual as consultas eram codificadas a mão pelos programadores.

você precisa fazer é adicionar o **csrf_meta_tags** em todas as visões relevantes e adicionar **protect_from_forgery** a qualquer controlador que possa manipular uma submissão de formulário. De fato, quando você usa a ferramenta `rails new` para gerar um novo aplicativo, essas defesas já estão presentes no `app/views/layouts/application.html.haml` e no `app/controllers/application_controller.rb`, respectivamente.

Injeção de SQL e *cross-site scripting*. Esses dois ataques exploram os aplicativos SaaS que lidam de maneira descuidada com conteúdos fornecidos pelo invasor. Na ***Injeção de SQL*** (*SQL injection*), Mallory envia no formulário alguns dados que ele espera que sejam intercalados diretamente em um comando de consulta do SQL executado pelo aplicativo. A Figura 12.14 mostra um exemplo e a sua defesa — usando instruções preparadas. No ***cross-site scripting*** (XSS), Mallory prepara um fragmento de código JavaScript que desempenha uma ação prejudicial; sua meta é fazer com que o RottenPotatoes renderize esse fragmento como parte de uma página HTML exibida, desencadeando a execução do *script*. A Figura 12.15 mostra um exemplo e a defesa utilizada; exemplos reais geralmente incluem códigos do JavaScript que roubam os *cookies* válidos de Alice e os transmite para Mallory, que pode agora "sequestrar" a sessão de Alice, utilizando os *cookies* roubados como se fossem dele. Pior, mesmo que o ataque XSS apenas consiga ler o conteúdo da página a partir de outro site, mas não o cookie, o conteúdo da página poderá conter o *token* de prevenção contra CSRF gerado pelo **csrf_meta_tags** correspondente a sessão de Alice, por isso o XSS é bastante usado para desabilitar o CSRF.

A empresa de segurança Symantec revelou[27] que o XSS era responsável por mais de 80% das vulnerabilidades na segurança em 2007

JavaScript é a linguagem escolhida para o XSS, mas qualquer tecnologia que misture código nas páginas HTML é vulnerável, incluindo o ActiveX, o VBScript e o Flash.

Proibição de acesso aos métodos privados do controlador. Não é incomum que os controladores incluam métodos auxiliares "sensíveis", que não são feitos com a intensão de serem utilizados pelo o consumidor final, mas apenas para realizar ações internas. Utilize o **protected** para qualquer método de controlador que não é o alvo de uma ação inicializada pelo usuário, e avalie os `rake routes` para se certificar que não existem ações, inclusive curingas, que podem ser iguais a uma ação de controlador particular.

Auto negação de serviço (*self-denial-of-service*) Um ataque de negação de serviço tem como objetivo manter um servidor ocupado fazendo trabalhos inúteis, impedindo o acesso de *http://pastebin.com/rxwYGwB6*

```
<h2><%= movie.title %></h2>
<p>Released on <%= movie.release_date %>. Rated <%= movie.rating %>.</p>
```

http://pastebin.com/ytYnC2h6

```
<h2><script>alert("Danger!");</script></h2>
<p>Released on 1992-11-25 00:00:00 UTC. Rated G.</p>
```

http://pastebin.com/QN5KcdTy

```
<h2>&lt;script&gt;alert("Danger!");&lt;/script&gt;</h2>
<p> Released on 1992-11-25 00:00:00 UTC. Rated G.</p>
```

Figura 12.15: Topo: um fragmento de um *template* para visão que usa o renderizador ERB do Rail ao invés do Haml. Meio: Mallory adiciona manualmente um novo filme cujo título é a cadeia `<script>alert("Danger!");</script>`. Quando a ação Show for renderizada, o "título" será inserido diretamente na visualização do HTML, fazendo com que o código do JavaScript seja executado quando o navegador de Alice renderiza a página. Inferior: a defesa é "desinfectar" qualquer entrada que será mesclada ao HTML. Felizmente, o operador = do Haml faz isso automaticamente, resultando em um código impotente onde os colchetes foram convertidos corretamente para HTML.

O site Amazon colocou 1000 unidades do Xbox 360 à venda por apenas $100, embora seu preço de comercialização fosse de $399. Nos primeiros cinco minutos, o site foi derrubado pelos milhares de usuários clicando o botão "Recarregar" para conseguirem realizar a compra.

usuários legítimos. Você pode ficar vulnerável acidentalmente a esses ataques se você permitir que usuários desconhecidos efetuem ações que resultem em muito trabalho ao servidor, como permitir que o sistema faça o upload de um arquivo muito pesado, ou criar um relatório muito custoso. (Existem outros riscos quando fazemos o upload de arquivos, por isso você deve "terceirizar" essa responsabilidade para outros serviços, como a ferramenta Progstr-Filer do Heroku[28].) Uma tática defensiva é utilizar uma tarefa de segundo plano, separada como um Heroku worker[29] para atribuir trabalhos que gastam muito tempo do aplicativo principal para serem realizados.

Temos ainda um último alerta sobre a segurança. As "quedas de braço" entre os desenvolvedores SaaS e usuários maliciosos é constante, ou seja, mesmo um site conservado cuidadosamente não está 100% seguro. Além de defender o site de ataques aos dados do cliente, você deve *também* ser cuidadoso ao manipular dados sensíveis. Não armazene senhas em arquivos texto comum; os armazene criptografados, ou melhor ainda, utilize uma autenticação de três partes como descrito na Seção 5.2, para evitar incidentes[30] embaraçosos[31] de[32] roubo de[33] senhas[34]

Nem *pense* em armazenar números de cartão de crédito, mesmo criptografados. A Associação Americana da Indústria de Pagamento com Cartões impõe taxas de auditoria que custam dezenas de dólares ao ano, a qualquer site que realize essa prática (para evitar fraudes de[35]) cartão[36] de crédito[37], o valor das taxas é um pouco menos severo se seu código apenas manipular um número de cartão de crédito, mesmo se você não armazená-lo. Ao invés disso, delegue essa tarefa para sites como PayPal[38] ou Stripe[39] que são especializados em atender as regras severas da associação.

Attack	**Rails Defenses**
Eavesdropping	Install SSL certificate and use **force_ssl** in controllers (optional: **:only=>** or **:except=>** specific actions) to encrypt traffic using SSL
Cross-site request forgery (CSRF)	Render **csrf_meta_tags** in all views (for example, by including it in main layout) and specify **protect_from_forgery** in **ApplicationController**
Cross-site scripting (XSS)	Use Haml's = to sanitize HTML during rendering
SQL injection	Use prepared queries with placeholders, rather than interpolating strings directly into queries
Mass assignment of sensitive attributes	Use **attr_protected** or **attr_accessible** to protect sensitive attributes from user assignment (Section 5.2)
Executing protected actions	Use **before_filter** to guard sensitive public methods in controllers; declare non-public controller methods as **private** or **protected**
Self-denial-of-service, pathologically slow clients	Use separate background workers to perform long-running tasks, rather than tying up the app server

Figura 12.16: Alguns ataques comuns contra os aplicativos SaaS e os mecanismos do Rails que são usados para proteger o aplicativo desses ataques.

Resumo da defesa de dados do cliente:

- Seguir os princípios do ***menor privilégio***, ***padrões a prova de falhas*** e ***aceitabilidade psicológica*** pode ajudar na criação de sistemas mais seguros.
- O SSL e o TLS mantém os dados privados enquanto eles são transmitidos na conexão HTTP, mas não fornecem nenhuma outra garantia de privacidade. Eles também asseguram ao navegador a identidade do servidor (a menos que o Certificado de Autoridade, que originalmente atestou a identidade do servidor tenha sido comprometido), mas não faz o contrário.
- Desenvolvedores que implementam um aplicativo PaaS bem curado devem focar principalmente nos ataques que que podem ser impedidos por boas práticas de codificação. A Figura 12.16 lista alguns ataques comuns aos aplicativos SaaS e os mecanismos do Rails que podem os impedir.
- Além de implantar defesas para os aplicativos, dados particularmente sensíveis do cliente devem ser armazenados criptografados ou entregues aos cuidados de serviços especializados.

Auto-avaliação 12.9.1. *Verdadeiro ou Falso: Se um site tem um certificado SSL válido, ataques de Falsificação de Pedidos Entre Sites (CSRF) e Injeção de SQL são mais difíceis de impedir.*

◇ Falso. A segurança do canal HTTP é irrelevante nos dois ataques. CSRF se baseia apenas em um site aceitar erroneamente uma solicitação que tem um cookie válido, porém originado de uma outra fonte. A injeção de SQL se baseia apenas no código do servidor de SaaS, que intercalou cadeias adicionadas pelo cliente em uma consulta do SQL. ■

Auto-avaliação 12.9.2. *Porque os ataques CSRF não podem ser evitados pela análise do cabeçalho `Referer:` de uma solicitação do HTTP?*

◇ Porque o cabeçalho pode ser facilmente forjado. ■

12.10 A Perspectiva dos Planeje-e-Documente

Requisitos não funcionais podem ser mais importantes do que adicionar novas funcionalidades, uma vez que violações podem causar a perda de milhões de dólares, milhões de usuários, ou as duas coisas. Por exemplo, as vendas da Amazon.com no quarto quadrimestre de 2012 foi de US$ 23,3B, ou seja, a perda de rendimento causada pela queda do sistema da Amazon, por apenas uma hora, seria mais ou menos de US$ 10M. Nesse mesmo ano, uma invasão no Sistema de Informação dos Estudantes do Nebraska[40] revelou o número dos documentos de todas as pessoas que se inscreveram para a Universidade de Nebraska desde 1985, um número estimado de 650.000 pessoas. Se os clientes não podem confiar em um aplicativo SaaS, eles vão parar de utilizá-lo, não importando a quantidade de funcionalidades que ele possua.

Desempenho. O desempenho não é uma questão principal na engenharia de software convencional, em parte porque essa tem sido uma desculpa para as más práticas e em parte porque ele é bastante abordado em outros campos. O desempenho pode ser parte dos requisitos não funcionais e então ser avaliado nos testes de nível de aceitação, para garantir que o desempenho está correspondendo às exigências.

Gerenciamento de Lançamento. Os processos do Planeje-e-Documente frequentemente produzem softwares que possuem lançamentos mais importantes e lançamentos menos importantes. Usando o Rails como um exemplo, o último número da versão 3.2.12 é um lançamento menos importante, o número do meio é o lançamento mais importante, e o primeiro número representa uma mudança tão representativa que causaria um erro no API, de modo que o aplicativo precisa ser transferido novamente para essa versão. Um lançamento inclui: código, configuração dos arquivos e qualquer tipo de dados e documentação. O gerenciamento de lançamento inclui escolher datas para o lançamento, pensar em como será feita a distribuição do aplicativo e documentar tudo, de modo que você saiba exatamente o que compõe o lançamento e como lançá-lo novamente para que seja mais fácil alterá-lo quando você tiver um novo lançamento. O gerenciamento de lançamento é considerado um tipo de gerenciamento de configurações nos processo de Planeje-e-Documente, que revisamos na Seção 10.7.

Robustez. A ferramenta principal que dispomos para tornar um sistema robusto é redundância. Por possuir mais hardware do que o mínimo necessário para executar o aplicativo e armazenar data, o sistema tem a capacidade de continuar a funcionar mesmo se um componente falhar. Como todos os hardwares físicos possuem uma taxa de falha não nula, uma diretriz de redundância é garantir que não exista *nenhum ponto único de falha*, que pode ser o calcanhar de Aquiles de um sistema. Geralmente, quanto mais redundantes, menor a chance de que algo dê errado. Como possuir um sistema com essas características pode ser caro, é importante ter uma conversa com o cliente, para descobrir quão robusto o aplicativo deve ser.

A robustez é holística, e envolve o software, os operadores, bem como o hardware. Não importa quão robusto o sistema é, erros no software e enganos dos operadores podem levar a falhas que reduzem o ***tempo médio entre falhas*** (***MTTF***) . Como a robustez é definido em função do elo mais fraco da corrente, pode ser mais efetivo ensinar aos operadores como executar o aplicativo ou reduzir o número de falhas no software, do que comprar mais hardware para executar o aplicativo. Considerando que "errar é humano", os sistemas deveriam incluir salvaguardas para tolerar e prevenir erros dos operadores e do hardware.

Um pressuposto fundamental dos processos Planeje-e-Documente é que uma organização pode tornar a produção do software previsível e repetitiva ao aperfeiçoar seus processos de desenvolvimento de software, que podem também levar a um aplicativo mais confiável. Por isso, nas organizações é comum que seja gravado tudo que seja possível, dos projetos ao que pode ser feito para melhorar os processos do aplicativo. Por exemplo, a norma ISO 9001 é reconhecida se a empresa possui processos bem estabelecidos, um método para observar se os processos estão sendo seguidos, e gravar os resultados de cada projeto, de modo a fazer melhorias no processo. Surpreendentemente, a aprovação padronizada não é relacionada a qualidade do código, mas sim ao processo de desenvolvimento.

Finalmente, tal como o desempenho, a robustez pode ser medida. Nós podemos melhorar a disponibilidade ao diminuir a frequência com que erros aconteçam (MTTF) ou ao fazer o aplicativo ser reinicializado mais rápido — ***tempo médio entre reparos***(***MTTR***) — como essa equação mostra:

$$\text{indisponibilidade} \approx \frac{\text{MTTR}}{\text{MTTF}} \tag{12.1}$$

Enquanto que é difícil medir a melhora no MTTF, uma vez que leva mais tempo para gravar as falhas, nós podemos facilmente medir o MTTR. Nós podemos simplesmente desligar um computador e observar quanto tempo leva para o aplicativo reiniciar. E o que conseguimos medir, nós conseguimos melhorar. Por isso, pode ser muito mais efetivo tentar melhorar o MTTR do que o MTTF, porque é mais fácil avaliar o progresso. Entretanto, eles não são mutuamente exclusivos, de modo que os desenvolvedores podem tentar melhorar a robustez seguindo os dois caminhos.

Segurança. Enquanto a robustez depende da probabilidade para calcular a disponibilidade — é pouco provável que vários discos falhem simultaneamente se o sistema de armazenamento é desenvolvido sem dependências ocultas — a medida da segurança é feita de modo diferente. No âmbito da segurança temos um adversário que sonda os limites do seu projeto para encontrar fraquezas para então tirar proveito delas para invadir o seu sistema. O Banco de Dados de Vulnerabilidades Comuns[41] enumera alguns ataques comuns para ajudar os desenvolvedores a ter uma ideia dos desafios da segurança de um aplicativo.

Felizmente, utilizar a programação defensiva para fortalecer o seu sistema contra falhas pode ajudar a deixar o seu aplicativo mais seguro. Por exemplo, no ***ataque de estouro do buffer***, o usuário malicioso envia muitos dados para o *buffer* para inserir na memória seu próprio código oculto dentro dos dados. Checar a entrada para garantir que o usuário não está enviando dados demais pode evitar esse ataque. Similarmente, a base do ***ataque de estouro aritmético*** fornece um número tão grande de dados que quando adicionado a outro número, ele irá parecer menor devido a natureza do estouro com aritmética de 32-bits. Checar os valores de entrada, ou se capturar as exceções pode prevenir esse tipo de ataque. Como os computadores hoje normalmente possuem diversos processadores ("multicore"), um ataque cada vez mais comum é o ***ataque de condição de corrida*** que faz o programa apresentar um comportamento não-determinístico dependendo dos dados de entrada. Essas falhas de programação concorrente são muito mais difíceis de detectar e corrigir.

Fazer testes é muito mais desafiador para a segurança, mas uma alternativa útil é utilizar um ***time de especialistas de segurança*** (*tiger team*) como adversários que fazem os ***testes de invasão***. O time faz relatórios para os desenvolvedores com as vulnerabilidades descobertas.

Resumo Como manter a confiança dos usuários é muito importante, recursos não funcionais podem ser mais importantes do que os funcionais, especialmente para os aplicativos SaaS.

- Os processos de Planeje-e-Documente lida com a segurança de modo um pouco superficial, com exceção da parte das Especificações de Requisitos do Sistema, que é depois validado como parte do Plano de Teste Mestre.
- Os lançamentos, considerados parte do Gerenciamento de Configurações, são eventos significantes nos processos de Planeje-e-Documente. Um lançamento envolve tudo sobre o projeto, incluindo a documentação de como o lançamento foi feito, como também o código, a configuração dos arquivos, dados e a documentação do produto.
- Redundância é a chave de um sistema robusto, ou seja, sistemas que se mantém funcionando sem nenhum ponto único de falha. O ***Tempo Médio entre Falhas*** é uma função do sistema como um todo, incluindo hardware, os operadores e o software. Outra maneira de melhorar a disponibilidade, que é mais simples de medir que o MTTF, é se concentrar em reduzir o ***Tempo Médio de Reparo***.
- Ao contrário da base probabilística para falhas na análise de confiabilidade, a segurança é baseada em um usuário que, propositalmente, realiza ações inesperadas, como o estouro de *buffer*.

Auto-avaliação 12.10.1. *Além da estouro do buffer, o estouro aritmético e as condições de corrida, liste outros erros de programação potenciais que podem levar a problemas de segurança por violar um dos três princípios de segurança listados acima.*
◇ Um exemplo é a inicialização inapropriada, que pode violar o princípio de padrões a prova de falhas. ■

12.11 Falácias e Armadilhas

***Falácia:* Todo o esforço extra utilizado para testar cada condição rara nos testes de Integração Contínua trás mais problemas do que benefícios.**

Com com um milhão de acessos por dia, um acontecimento "raro" é estatisticamente possível todos os dias. Um milhão de acessos foi o volume do site Slashdot em 2010. Com 8 *bilhões* (8×10^9) de acessos por dia, que foi o volume de acessos do Facebook em 2010[42], 8.000 "acontecimentos raros" podem ser esperados por dia. Essa é a razão pela qual as revisões de código em companhias grandes como o Google, geralmente, focam em casos especiais: em grande escala, acontecimentos extremamente improváveis acontecem todo tempo (Brewer 2012). A resiliência extra provida por um código de tratamento de erros, irá te ajudar a dormir melhor a noite.

***Falácia:* O aplicativo ainda está na fase de desenvolvimento, então podemos ignorar o desempenho.**

Activity	**Added latency**	**Measured effect**
Amazon.com page view	100 ms	1% drop in sales
Yahoo.com page view	400 ms	5–9% drop in full-page traffic
Google.com search results	500 ms	20% fewer searches performed
Bing.com search results	2000 ms	4.3% lower revenue per user

Figura 12.17: Os efeitos causados pela latência adicional nas interações do usuário com grandes aplicativos SaaS, retirados da apresentação "Projetando Sites Velozes", da engenheira de desempenho do Yahoo, Nicole Sullivan[45] e da apresentação conjunta na conferência Velocity em 2009[46] de Jake Brutlag do Google e Eric Schurman da Amazon.

É verdade que Knuth disse que otimização prematura é a fonte de todo mal "...em 97% do tempo." Mas a citação continua: "Mesmo assim nós não devemos ignorar as oportunidades nestes 3% mais críticos". Ignorar problemas no projeto como a falta de índices ou consultas repetidas sem necessidade é tão ruim quanto focar pouco no desempenho em um estágio inicial. Evite erros determinantes no desempenho e você será capaz de ficar em caminho seguro entre os dois extremos.

***Armadilha:* Pensar que você não precisa se preocupar com o desempenho, porque aplicativos de três camadas que utilizam computação de nuvem irão escalar "magicamente".**

Essa não é uma falácia propriamente dita, porque se você está usando um aplicativo PaaS bem curado, essa informação é uma meia verdade. No entanto, se seu aplicativo "crescer mais" que o do PaaS, os problemas fundamentais de escalabilidade e balanceamento de carga serão sua responsabilidade. Em outras palavras, com o PaaS você *não* será poupado de ter que entender e evitar esses problemas, mas você é poupado temporariamente de solucioná-los. Quando você começar a configurar o seu sistema do zero, não vai demorar muito tempo para você apreciar o valor do PaaS.

***Falácia:* Ciclos de processamento são grátis agora já que os computadores se tornaram tão rápidos e baratos.**

No Capítulo 1 nós defendemos trocar o poder extra dos computadores modernos por ferramentas e linguagens de programação mais produtivas. Contudo, é fácil exagerar esse argumento. Em 2008, a engenheira de desempenho Nicole Sullivan revelou a existência de experimentos conduzidos por grandes operadores SaaS sobre como a latência adicional afetou seus sites. A Figura 12.17 mostra claramente que quando o tempo extra para o processamento se torna latência extra (e portanto, redução da capacidade de resposta) para o usuário final, o ciclo do processamento não é de forma nenhuma livre de pontos negativos.

***Armadilha:* Otimizar sem medir.**

Alguns clientes ficam surpresos ao saber que o site Heroku não adiciona automaticamente capacidade ao servidor Web, quando o aplicativo de um cliente está devagar (van Hardenberg 2012). A razão é que sem monitorar o desempenho e outros aspectos do seu aplicativo, você não saberá *o que fez* o sistema ficar lento, e adicionar servidores da internet pode piorar o problema. Por exemplo, se o seu aplicativo sofre com um problema no banco de dados, como a falta de índices, as consultas $n + 1$, ou se ele depende de um serviço separado, como o Google Mapas, que está temporariamente lento, faz com que adicionar servidores para aceitar as solicitações de *mais* usuários vai apenas piorar as coisas. Sem o monitoramento, você não saberá o que consertar.

⚠ ***Armadilha:*** **Abusar da implantação contínua, levando à acumulação de vestígios.**

Como já vimos, melhorar um aplicativo pode levar a um ponto onde mudar o projeto ou a construção, poderia ser a maneira mais limpa para dar suporte a novas funcionalidades. Uma vez que a implantação contínua é baseada em fases graduais e sugere que evitemos nos preocupar com qualquer funcionalidade que não precisemos imediatamente, o aplicativo tem o potencial para acumular vários vestígios (***cruft***) quanto mais código for adicionado em um projeto obsoleto. A crescente presença de cheiros de código (Capítulo 9) é frequentemente um sintoma prematuro desse engano, que pode ser evitado através da análise periódica do projeto e da arquitetura do programa quando os cheiros de código começarem a aparecer.

⚠ ***Armadilha:*** **Erros nos nomes ou na lógica de expiração, levando a um comportamento errôneo e silencioso do cache.**

Como percebemos, os dois problemas que você deve combater com qualquer tipo de caching são os nomes e a expiração. Reutilizar, por acidente, o mesmo nome para diferentes objetos — por exemplo, uma ação não RESTful, que apresenta um conteúdo diferente dependendo do usuário logado ao site, mas que é sempre nomeado usando o mesmo URI — vai fazer com que um objeto no cache seja apresentado incorretamente. Se você não identificar corretamente todas as situações nas quais os seus objetos no *cache* deveriam ser invalidados, pode acontecer que os usuários possam ver dados obsoletos, que não refletem os resultados feitos por mudanças recentes, como por exemplo, uma lista de filmes que não contém os filmes adicionados recentemente. Os testes de unidade devem cobrir essas situações ("Sistemas de *caching* devem mostrar novos filmes na página principal, imediatamente depois que um filme seja adicionado"). Siga os passos no Guia de Caching do Rails[47] para ativar o armazenamento em cache durante os testes e nos ambientes de desenvolvimento, uma vez que o armazenamento é desativado por padrão para simplificar a depuração.

⚠ ***Armadilha:*** **Servidores externos lentos em uma SOA podem afetar negativamente o desempenho de sua aplicação.**

Se o seu aplicativo se conecta com servidores externos em uma SOA, você deve estar preparado para a possibilidade de que esses servidores externos possam estar lentos ou não estar respondendo. O mais fácil é lidar com um servidor que não responde aos comandos, uma vez que uma conexão HTTP recusada resultará em uma exceção do Ruby que você pode capturar. O que pode ser complicado é um servidor que está funcionando, mas muito devagar: por padrão, a conexão com o servidor será bloqueada (espere até que a operação esteja completa ou que a lentidão do TCP acabe, o que pode levar até três minutos), fazendo com o que *seu* aplicativo tenha a velocidade reduzida. Pior ainda, uma vez que a maioria dos *front-ends* dos aplicativos Rails (`thin`, `webrick`, `mongrel`) usam uma única *thread*, se você estiver executando N *front-ends* como esses ("dynos" na terminologia do site Heroku) são necessárias apenas N requisições simultâneas para paralisar sua aplicação completamente. A solução é usar a biblioteca **timeout** do Ruby para "proteger" a conexão, como o código na Figura 12.18 mostra.

STOP ***Falácia:*** **Meu aplicativo é seguro porque ele é executado em uma plataforma segura e usa *firewalls* e HTTPS.**

http://pastebin.com/tsvAfTzE

```
require 'timeout'
# call external service, but abort if no answer in 3 seconds:
Timeout::timeout(3.0) do
  begin
    # potentially slow operation here
  rescue Timeout::Error
    # what to do if timeout occurs
  end
end
```

Figura 12.18: Usar um tempo limite durante a conexão com um serviço externo protege o seu aplicativo de uma redução de velocidade se o serviço externo estiver lento.

Uma "plataforma segura" não existe na verdade. Há, certamente, plataformas que *não são seguras*, mas nenhuma plataforma pode garantir sozinha a segurança do seu aplicativo. Segurança é uma preocupação grande e constante do sistema: Todo sistema tem um elo mais fraco, e conforme novos *exploits* e erros de programação são encontrados, o elo mais fraco pode mudar de uma parte do sistema, para outra. A "queda de braço" entre os usuários mal intensionados e os desenvolvedores legítimos torna cada vez mais atraente a ideia de usar uma infraestrutura de PaaS criada por profissionais, para que você possa focar em deixar seu aplicativo mais seguro.

***Falácia:* Meu aplicativo não é um alvo em potencial de ataques porque ele é dirigido a uma determinada audiência, possui pouco volume de acessos e não armazena informações valiosas.**

Usuários maliciosos não tem necessariamente o intuito de atacar o seu aplicativo; eles podem querer comprometê-lo por outra razão. Por exemplo, se o seu aplicativo aceita comentários de blogs, ele se tornará alvo de spam de blogs, no qual agentes automáticos (*bots*) postam comentários com *spams* que contém links que, a pessoa que os inseriu, espera que os usuários acessem, seja para comprar algo ou para instalar um *malware* no computador deles. Ataques de injeção de SQL podem ser feitos com o intuito de influenciar o código que é apresentado aos seus usuários para incorporar um ataque de *cross-site scripting*, para fazer com que um *malware* seja baixado em um computador de um usuário desavisado. Mesmo sem ataques maliciosos, se qualquer aspecto do seu aplicativo se tornar popular de repente, por causa dos sites Slashdot ou Digg, você terá que lidar com um aumento repentino substancial do número de acessos. A lição é que: *Se seu aplicativo foi lançado ao público, ele é um alvo.*

12.12 Considerações Finais: Desempenho, Robustez, Segurança e Vazamento de Abstrações

Desempenho, robustez e segurança são grandes preocupações do sistema, que devem ser constantemente revistas e não devem ser consideradas como problemas que devem ser resolvidos uma vez e deixados de lado. Além disso, os abusos dos bancos de dados descritos na Seção 12.8 revelam que o aplicativo de Rails e o ActiveRecord, como grande parte das abstrações, possuem *vazamentos*: eles tentam esconder detalhes de implantação para facilitar a produtividade, mas as preocupações sobre segurança e desempenho, por vezes, exigem que você como desenvolvedor tenha algum conhecimento de como as abstrações funcionam. Por exemplo, o problema de consulta $n + 1$ não se faz óbvio através da leitura do código Rails, assim como a solução não é simplesmente encontrada com dicas como **:include** para consultas a associações, nem com o uso de **attr_accessible** ou **attr_protected** para proteger os atributos sensíveis que poderiam ser modificados em massa por um usuário malicioso.

No Capítulo 4 enfatizamos a importância de manter o ambientes de desenvolvimento e produção o mais parecidos possíveis. Esse ainda é um bom conselho, mas é óbvio que se o seu ambiente de produção envolve servidores múltiplos e pode ser impraticável duplicar um grande banco de dados em seu ambiente de desenvolvimento. De fato, neste livro nós começamos o desenvolvimento de nossos aplicativos usando o banco de dados SQLite3 mas os implantamos no Heroku com PostgreSQL. Levando em consideração essas diferenças, as melhorias no desempenho feitas durante o desenvolvimento (redução do número de consultas, adição de índices e *caching*) ainda se aplicam na produção? Absolutamente, o Heroku e outros sites de PaaS fazem um excelente trabalho em ajustar o desempenho básico de suas bases de dados e pilha de software, mas nenhum ajuste pode compensar estratégias de consultas ineficientes como o problema de consulta $n+1$ ou por não implementar o *caching* para diminuir a carga em um banco de dados.

12.13 Para Aprender Mais

Por causa do espaço limitado, nós focamos em aspectos de operações que todo desenvolvedor de SaaS deveria conhecer, mesmo considerando a disponibilidade do PaaS. Um excelente livro, bem mais detalhado, que foca nos desafios específicos do SaaS e possui também histórias reais de clientes é o *Release It!* de Michael Nygard (Nygard 2007), que foca principalmente nos problemas causados pelo "sucesso inesperado" (sobrecarga repentina do tráfego, problemas de estabilidade, e assim por diante).

Nossos exemplos de monitoração são baseados na adição de métricas como a latência em muitas solicitações. Uma abordagem contrastante é o rastreamento de requisições, que é usado em conjunto com a agregação de métricas para identificar e diagnosticar solicitações lentas. Você pode ver uma versão simplificada do rastreamento de requisição no modo de desenvolvimento dos logs do Rails, que por padrão vão relatar o tempo de consulta do banco de dados, o tempo de execução das acções de controlador e o tempo de renderização de cada requisição. O rastreamento de requisições é muito mais refinado, ele segue a requisição através de todos os componentes do software, em todas as camadas e faz a validação cronológica dela durante o processo. Empresas que comandam grandes sites frequentemente constroem rastreadores de requisição próprios, como o Big Brother Bird do Twitter e o Dapper do Google. Em um artigo recente (Barroso and Dean 2012), dois programadores do Google discutem sobre como o rastreamento de requisições identificaram os obstáculos para manter os sistemas maciçamente paralelos do Google com alta capacidade de resposta. James Hamilton, um engenheiro e programador nos Serviços Online da Amazon Web Services que durante muitos anos trabalhou construindo e melhorando o Servidor do Microsoft SQL, escreve um blog[48] excelente que inclui um artigo sobre o preço da latência[49], coletando os resultados medidos por vários profissionais da indústria que se dedicaram ao assunto.

Embora tenhamos focado no monitoramento para problemas de desempenho, ele também pode ajudar você a entender o comportamento do cliente:

- Séries de cliques: quais as sequências de páginas mais visitadas pelos seus usuários?

- Tempo de permanência: quanto tempo um usuário comum permanece em determinada página?
- Abandono: se o seu site possui uma sequência de páginas com um término bem definido, por exemplo, a sequência termina com a realização de uma venda, qual a porcentagem de usuários que "abandonam" a ação em vez de completá-la e até que ponto da sequência eles chegam?

O Google Analytics fornece um serviço de análise básico e grátis: você adiciona um pequeno código JavaScript em todas as páginas do site (por exemplo, você o adiciona no *template* padrão) que envia informações ao Google Analytics toda vez que a página é carregada. Para te ajudar a utilizar essa informação, o site do Google "Make the Web Faster"[50] indica uma incrível coleção de artigos sobre todas as diferentes formas para você acelerar seus aplicativos SaaS, incluindo muitas otimizações para reduzir o tamanho geral de suas página e melhorar a velocidade com a qual os navegadores de internet podem renderizá-los. O blog do RailsLab[51], mantido pelo New Relic, também lista as melhores práticas e técnicas para melhorar os aplicativos Rails, incluindo *screencasts* de melhorias do Rails e de como usar o New Relic no modo de desenvolvimento para uma análise dinâmica do programa[52]. Esteja ciente que alguns dos exemplos específicos de código, especialmente os sobre *caching*, não são mais válidos devido as mudanças entre Rails 2 e o Rails 3.

Entender o que acontece durante a implantação e as operações (especialmente a implantação automatizada) é um pré-requisito para depurar problemas de desempenho complexos. A grande maioria dos aplicativos SaaS atuais, incluindo aqueles hospedados nos servidores do Windows, são executados em um ambiente baseado no modelo original de processos e entrada/saída do Unix, de modo que o entendimento desse ambiente é crucial para depurar qualquer problema de desempenho que apareça. O livro *The Unix Programming Environment* (Kernighan and Pike 1984), co-escrito por um dos criadores do Unix, oferece muita informação e ensina na prática (usando C!) a arquitetura e a filosofia do Unix.

Sharding e ***replicação*** são poderosas técnicas para obter escalabilidade em um banco de dados que necessitam ser planejadas com antecedência e com muito cuidado. Mesmo que existam ferramentas de Rails para ajudar nessas duas tarefas, essas técnicas geralmente precisam de mudanças na configuração do banco de dados, e muitos provedores PaaS não as permitem. Sharding e replicação se tornaram particularmente importantes com a emergência das bancos de dados "NoSQL", uma vez que utilizam a expressividade e o formato de independência dos dados do SQL para melhorar a escala. O capítulo *The NoSQL Ecosystem*, elaborado com a contribuição de Adam Marcus para o livro *The Architecture of Open Source Applications* Marcus 2012, faz uma boa análise desses tópicos.

Segurança é um tema muito amplo; nossa meta tem sido ajudá-lo a evitar erros simples ao usar mecanismos internos para evitar ataques constantes contra seu aplicativo e os dados de seus clientes. É claro que, mesmo que um invasor não tenha a capacidade de comprometer os dados internos do seu aplicativo, ele ainda pode causar danos ao atacar a infraestrutura da qual seu aplicativo depende. Ataques de ***negação de serviço*** distribuídos (*Distributed denial of service*, DDoS) inundam o site com tanto tráfego de dados que o faz parar de responder para os seus usuários. Um cliente malicioso pode deixar o servidor do seu aplicativo ou o servidor da Web "esperando na linha" degradando o seu desempenho lentamente, a menos que o seu servidor Web (camada de apresentação) tenha sistemas internos que estabeleçam um tempo limite (*timeout*). ***Falsificação de DNS*** (*DNS spoofing*) tenta te encaminhar para um site impostor, fornecendo um endereço de IP incorreto quando o navegador resolve o nome de um *host* e é, geralmente, combinado com o ***ataque de man-in-the-middle*** que falsifica o certificado que comprova a identidade do servidor. O site impostor parece e se comporta como site real, mas coleta informações importantes do usuário. (Em Setembro de 2011, hackers falsificaram os sites da CIA, do MI6 e do Mossad[53] ao comprometer o DigiNotar, a empresa que assinou os certificados de autenticidade para esses sites, levando a empresa a falência.) Mesmo softwares que existem a mais tempo como o *Secure Shell* e o Apache são vulneráveis: o Banco de Dados Americano de Vulnerabilidades[54] dos Estados Unidos, lista dez novos erros de programação relacionados a segurança no Apache apenas no período entre Março e Maio de 2012, dois deles sendo considerados de "alta gravidade", o que significa que eles poderiam permitir um ataque que controlasse totalmente o servidor. No entanto, apesar de vulnerabilidades ocasionais[55], sites PaaS curados são mais propensos a empregar administradores de sistemas experientes que se mantém a par das últimas técnicas para prevenir esse tipo de vulnerabilidade, fazendo-os a melhor medida inicial de defesa do seu aplicativo SaaS. O Guia Básico de Segurança do Rails[56] do site do Ruby on Rails, avalia muitos recursos que tem como função impedir ataques mais comuns aos aplicativos SaaS, e esse artigo do CodeClimate[57] (uma empresa que fornece métricas de código) enumera uma série de armadilhas de segurança nos aplicativos Rails.

Finalmente, em algum momento, algo inesperado acontecerá: o sistema que você está produzindo chegará a um estado onde todos os clientes, ou grande parte deles, ficam sem serviço. Um aplicativo parado ou "em espera" (incapaz de continuar uma ação), são duas condições iguais da perspectiva dos negócios, porque o aplicativo não está gerando lucro. Nesse cenário, a prioridade é restaurar o serviço, o que pode exigir reinicialização dos servidores ou fazer outras operações que acabem com a parte do aplicativo que apresentou problemas, para que você possa identificar quais foras as causas desse problema em primeiro lugar. Utilizar o *logging* constantemente pode ajudar, uma vez que os logs fornecem um arquivo semi permanente que você pode examinar atentamente depois que o serviço for restaurado.

No livro *The Evolution of Useful Things* (Petroski 1994), o engenheiro Henry Petroski propõe mudar a máxima "A forma segue a função" (originalmente do âmbito da arquitetura) para "A forma leva à falha" depois de demonstrar que o projeto de muitos produtos bem sucedidos foram influenciados em sua maioria pelas falhas em projetos antigos que levaram a uma revisão do mesmo. Para um exemplo de um bom projeto, leia o post técnico[58] do Netflix sobre como o projeto deles sobreviveu ao apagão do Amazon Web Services em 2011, que prejudicou muitos outros sites baseados no AWS.

ACM IEEE-Computer Society Joint Task Force. Computer science curricula 2013, Ironman Draft (version 1.0). Technical report, February 2013. URL `http://ai.stanford.edu/users/sahami/CS2013/`.

L. Barroso and J. Dean. The tail at scale: Tolerating variability in large-scale online services. *Communications of the ACM*, 2012.

N. Bhatti, A. Bouch, and A. Kuchinsky. Integrating user-perceived quality into web server design. In *9th International World Wide Web Conference (WWW–9)*, pages 1–16, 2000.

E. Brewer. Personal communication, May 2012.

S. Hansma. Go fast and don't break things: Ensuring quality in the cloud. In *Workshop on High Performance Transaction Systems (HPTS 2011)*, Asilomar, CA, Oct 2011. Summarized in Conference Reports column of USENIX ;login 37(1), February 2012.

B. W. Kernighan and R. Pike. *Unix Programming Environment (Prentice-Hall Software Series)*. Prentice Hall Ptr, 1984. ISBN 013937681X.

A. Marcus. The NoSQL ecosystem. In A. Brown, editor, *The Architecture of Open Source Applications*. lulu.com, 2012. ISBN 1257638017. URL `http://www.aosabook.org/en/nosql.html`.

R. B. Miller. Response time in man-computer conversational transactions. In *Proceedings of the December 9-11, 1968, fall joint computer conference, part I*, AFIPS '68 (Fall, part I), pages 267–277, New York, NY, USA, 1968. ACM. doi: 10.1145/1476589.1476628. URL `http://doi.acm.org/10.1145/1476589.1476628`.

M. T. Nygard. *Release It!: Design and Deploy Production-Ready Software (Pragmatic Programmers)*. Pragmatic Bookshelf, 2007. ISBN 0978739213.

H. Petroski. *The Evolution of Useful Things: How Everyday Artifacts-From Forks and Pins to Paper Clips and Zippers-Came to be as They are*. Vintage, 1994. ISBN 0679740392.

P. van Hardenberg. Personal communication, April 2012.

Notas

[1] http://www.opensourcerails.com/
[2] http://github.com/ucberkeley/researchmatch
[3] http://github.com/vinsonchuong/meetinglibs
[4] http://apdex.org
[5] http://code.google.com/speed
[6] http://rightscale.com
[7] http://github.com/capistrano
[8] http://travis-ci.org
[9] http://saucelabs.com
[10] https://github.com/jamesgolick/rollout
[11] http://www.google.com/apps/intl/en/business/details.html
[12] http://newrelic.com
[13] http://pingdom.com
[14] http://sitescope.com
[15] http://analytics.google.com
[16] http://newrelic.com
[17] http://scoutapp.com
[18] http://exceptional.io
[19] http://airbrake.io
[20] http://godrb.com
[21] http://www.hpl.hp.com/research/linux/httperf
[22] http://pivotaltracker.com
[23] https://github.com/flyerhzm/bullet
[24] http://weblog.rubyonrails.org/2011/12/6/what-s-new-in-edge-rails-explain
[25] http://github.com/nesquena/query_reviewer
[26] http://apidock.com/rails/ActionController/ForceSSL/ClassMethods/force_ssl
[27] http://eval.symantec.com/mktginfo/enterprise/white_papers/b-whitepaper_exec_summary_internet_security_threat_report_xiii_04-2008.en-us.pdf
[28] https://devcenter.heroku.com/articles/progstr-filer
[29] https://devcenter.heroku.com/articles/background-jobs-queueing
[30] http://www.huffingtonpost.co.uk/2012/06/08/lastfm-hit-by-password-leak_n_1580012.html?ref=uk
[31] http://www.huffingtonpost.com/2012/06/07/eharmony-passwords-leaked-linkedin_n_1577175.html

[32]http://www.zdnet.com/blog/btl/26000-email-addresses-and-passwords-leaked-check-this-list-to-see-if-youre-included/50424
[33]http://hothardware.com/News/55000-Twitter-Accounts-Hacked-You-Should-Probably-Change-Your-Password/
[34]http://www.neowin.net/news/main/09/10/05/thousands-of-hotmail-passwords-leaked-online
[35]http://redtape.msnbc.msn.com/_news/2012/03/30/10940640-global-payments-under-15-million-account-numbers-hacked?lite
[36]http://www.msnbc.msn.com/id/17853440/#.T9JsqxztEmY
[37]http://www.businessweek.com/technology/content/jul2009/tc2009076_891369.htm
[38]http://paypal.com
[39]http://stripe.com
[40]http://nebraska.edu/security
[41]http://cvedetails.com/
[42]http://royal.pingdom.com/2010/01/05/facebook-twitter-myspace-page-views
[43]http://www.slideshare.net/stubbornella/designing-fast-websites-presentation
[44]http://velocityconf.com/velocity2009/public/schedule/detail/8523
[45]http://www.slideshare.net/stubbornella/designing-fast-websites-presentation
[46]http://velocityconf.com/velocity2009/public/schedule/detail/8523
[47]http://guides.rubyonrails.org/caching_with_rails.html
[48]http://perspectives.mvdirona.com
[49]http://perspectives.mvdirona.com/2009/10/31/TheCostOfLatency.aspx
[50]https://developers.google.com/speed/
[51]http://railslab.newrelic.com
[52]http://newrelic.com/demos/developer-mode.html
[53]http://catless.ncl.ac.uk/Risks/26.56.html#subj6
[54]http://nvd.nist.gov
[55]http://daverecycles.tumblr.com/post/2858880862/heroku-hacked-dissecting-herokus-critical
[56]http://guides.rubyonrails.org/security.html
[57]http://blog.codeclimate.com/blog/2013/03/27/rails-insecure-defaults
[58]http://techblog.netflix.com/2011/04

12.14 Projetos Sugeridos

Nestes exercícios, será útil para você criar uma tarefa `rake` que crie um grande número de instâncias, geradas aleatoriamente a partir de um determinado tipo de modelo. Uma outra sugestão é que você implante uma cópia de *staging* do seu aplicativo no Heroku, para que você possa usar o banco de dados de *staging* para fazer os experimentos sem modificar o banco de dados da produção.

Desempenho SaaS e Escalabilidade:

Projeto 12.1. *Adicione ao banco de dados quinhentos filmes (que podem ter sido gerados aleatoriamente) e envie ao RottenPotatoes. Faça o profiling do desempenho do aplicativo implantado no Heroku usando o New Relic. Adicione caching de fragmentos no partial* **movie** *utilizado pela visão* **index** *e então refaça o profiling do aplicativo. Uma vez que o cache estiver funcionando, qual a melhora na responsividade da visão* **index** *que você consegue perceber no aplicativo?*

Projeto 12.2. *Continuando o exercício anterior, use o* `httperf` *para comparar a vazão (throughput) de uma única cópia do seu aplicativo na ação* **index** *com o caching de fragmento e sem ele. (No Heroku, todos os aplicativos que tem uma conta grátis recebem um "dyno" ou uma unidade de paralelismo de tarefas, que faz as solicitações serem realizadas em sequência.)*

Projeto 12.3. *Use o monitoramento externo para analisar o projeto do software da perspectiva de um atributo de qualidade externa significativa, como a funcionalidade, desempenho ou disponibilidade. Nota: O ícone na margem identifica projetos da norma ACM/IEEE 2013 da Engenharia de Software (ACM IEEE-Computer Society Joint Task Force 2013).*

Projeto 12.4. *Continuando o exercício anterior, adicione o caching ativo para a visão do índice, de modo que nenhum tipo de ordenação ou filtro seja especificado, a ação* **index** *apenas devolverá todos os filmes. Compare a latência e a vazão com o uso do caching ativo, e sem utilizá-lo. Coloque todos os resultados destes três exercícios em uma tabela.*

Lançamentos e flags de funcionalidades:

Projeto 12.5. *Investigue o impacto na disponibilidade ao se fazer uma atualização de esquema "atômica" e migração como descrito na Seção 12.4. Para fazer isso, repita o passo a passo à seguir para* $N = 2^{10}, 2^{12}, 2^{14}$*:*

1. *Adicione ao banco de dados cenário N filmes gerados aleatóriamente com pontuações também aleatórias.*

2. *Execute uma migração no banco de dados cenário que mude a coluna* `rating` *na tabela de* `movies` *de uma cadeia de caracteres para um inteiro (1=G, 2=PG, e assim por diante).*

3. *Se atente ao tempo apresentado pelo* `rake db:migrate`.

Suponha que o seu objetivo seja ficar disponível em 99,9% do tempo durante um período de trinta dias. Quantifique o efeito na disponibilidade de fazer as migrações acima sem fazer o serviço parar de funcionar.

Projeto 12.6. *Esboce o processo do teste de regressão e seu papel no gerenciamento de lançamento.*

Robustez:

Projeto 12.7. *Enumere abordagens que possam ser aplicadas para minimizar o número de falhas em cada estágio do ciclo de Planeje-e-Documente.*

Projeto 12.8. *Na Seção 5.2 nós integramos a autenticação por terceiros no RottenPotatoes ao adicionar ao modelo* **Moviegoer** *o nome de um provedor de autenticação e um UID específico ao provedor.*

Agora gostaríamos de ir além e permitir que o mesmo espectador acesse a mesma conta com um dentre vários provedores de autenticação. Isto é, se Alice possuir uma conta no Twitter e no Facebook, ela deve ser capaz de acessar a mesma conta do RottenPotatoes com qualquer um dos dois IDs.

1. *Descreva as mudanças em modelos e tabelas existentes que são necessárias para dar suporte a esse esquema.*
2. *Descreva a sequência de implantações e migrações que utilizem flags de funcionalidade para criar o novo esquema sem que a aplicação pare de funcionar.*

Segurança:

Projeto 12.9. *A Coluna "Nível de ameaça" da Revista Wired de julho 2012*[1] *relatou que 453.000 senhas dos usuários do Yahoo! Voice, foram roubadas por hackers. Os hackers declararam, em uma nota postada na internet, que as senhas foram armazenadas em texto comum nos servidores do Yahoo, e que eles utilizaram a injeção de SQL para chegar até elas. Discuta esse fato.*

Projeto 12.10. *Descreva as práticas de codificação defensiva e de segurança em geral.*

Para os os próximos projetos, você vai precisar identificar um sistema de software legado em funcionamento para você inspecionar. Você pode usar a lista de projetos públicos do Rails no Open Source Rails[2], ou você pode selecionar um dos dois projetos criados por estudantes que utilizaram esse livro: o ResearchMatch[3], que ajuda estudantes a encontrar oportunidades de pesquisa em suas universidades, e o MeetingLibs[4], que ajuda a organizar reuniões entre alunos e funcionários da faculdade.

Projeto 12.11. *Da perspectiva do uso de um sistema de gerenciamento de banco de dados relacional, descreva as práticas de programação defensiva e de segurança. O sistema que você está examinando segue essas práticas?*

Projeto 12.12. *Da perspectiva da criação de um aplicativo SaaS usando um arcabouço como o Rails, descreva algumas práticas de codificação defensiva. Tomando como base as regras de segurança do Rails, blogs como o Guia básico de segurança do Rails*[5]*, esse artigo do CodeClimate*[6]*, e utilizando o Google para procurar por incidentes de segurança em aplicativos SaaS do Rails, descreva quais problemas de segurança são causados quando as práticas de codificação e segurança não são seguidas?*

Projeto 12.13. *Reescreva um programa simples para remover vulnerabilidades comuns, como o estouro de buffer, estouro de inteiros e a condição de corrida.*

Projeto 12.14. *Indique e aplique os princípios de menor privilégio e as configurações padrões à prova de falhas. Como eles estão aplicados no nosso aplicativo RottenPotatoes?*

13 Posfácio

A melhor maneira de prever o futuro é inventá-lo.

—Alan Kay

Alan Kay (1940–) recebeu o Prêmio Turing em 2003 pelo pioneirismo de muitas das ideias que são raízes de linguagens de programação contemporâneas orientadas a objetos. Ele conduziu o grupo que desenvolveu a linguagem Smalltalk, da qual Ruby herda sua abordagem de orientação a objetos. Também inventou o conceito "Dynabook", o precursor dos tablets e laptops dos dias de hoje, que ele concebeu como uma plataforma educacional para ensinar programação.

13.1 Perspectivas sobre SaaS, SOA, Ruby e Rails

Neste livro, você foi principalmente um usuário de uma arquitetura distribuída de sucesso (a Web, SOA) e de um *framework* (Rails). Como um engenheiro de software bem-sucedido, você provavelmente precisará criar tais *frameworks*, ou estender os existentes. Prestar muita atenção aos princípios que tornaram estes *frameworks* bem sucedidos irá ajudá-lo.

No Capítulo 2 nós assinalamos que, ao escolher construir um SaaS, algumas opções arquiteturais foram feitas para você. Ao se construir diferentes tipos de sistemas, outras opções podem ser apropriadas, mas por razões de escopo, focamos neste conjunto de opções. Mas vale a pena salientar que alguns dos princípios arquiteturais importantes que são base de SaaS e SOA se aplicam também a outras arquiteturas, e, como a citação de Jim Gray no início do Capítulo 3 sugere, grandes ideias levam tempo para amadurecer.

O próprio Rails levantou voo com a mudança na indústria de software em direção a Software as a Service (SaaS) utilizando desenvolvimento Ágil e implantado por computação em nuvem. Hoje em dia virtualmente todo programa tradicional de prateleira é oferecido como um serviço, incluindo porta-estandartes do PC como o Office (ver Office 365) e TurboTax (ver TurboTax Online). Ferramentas como Rails tornaram métodos Ágeis muito mais fácil de utilizar e praticar do que os métodos de desenvolvimento de software anteriores. Extraordinariamente, não apenas o futuro do software foi revolucionado, mas agora desenvolvimento de software é mais fácil de aprender!

13.2 Olhando Para Trás

A Figura 13.1, vista anteriormente no Capítulo 1, mostra as três "joias de coroa" nas quais o material deste livro é baseado. Para entender este triângulo virtuoso você precisou aprender muitos termos novos; a Figura 13.2 lista aproximadamente 120 termos apenas dos três primeiros capítulos!

Cada par de "joias" forma vínculos sinérgicos que dão suporte um ao outro, como a Figura 13.1 mostra. Em particular, as ferramentas e serviços relacionados ao Rails fazem com que seja muito mais fácil seguir o ciclo de vida Ágil. A Figura 13.3 mostra (nossa

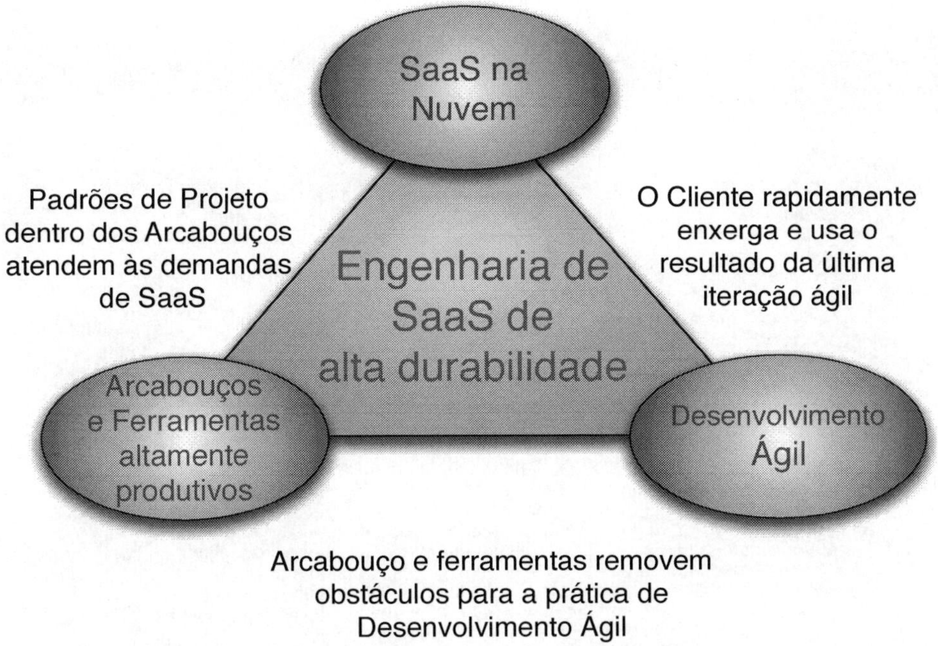

Figura 13.1: O Triângulo Virtuoso da Engenharia SaaS é formado pelas três joias de coroa da engenharia de software (1) SaaS em Computação em Nuvem, (2) Frameworks e Ferramentas Altamente Produtivas, e (3) Desenvolvimento Ágil.

muitas vezes repetida) iteração Ágil, mas desta vez decorada com as ferramentas e serviços que utilizamos neste livro. Estas 14 ferramentas e serviços dão suporte *tanto* para seguir o ciclo de vida Ágil *quanto* para desenvolver aplicativos SaaS. Do mesmo modo, a Figura 13.4 resume a relação entre fases do ciclo de vida de Planeje-e-Documente e seus equivalentes Ágeis, mostrando como as técnicas descritas em detalhe neste livro desempenham papéis semelhantes a aquelas em modelos de processo de software anteriores.

Rails é muito poderoso, mas evoluiu tremendamente desde a versão 1.0, que foi originalmente *extraído* de um aplicativo específico. De fato, a própria Web evoluiu de detalhes específicos para padrões arquiteturais mais gerais:

- De documentos estáticos em 1990 para conteúdo dinâmico em 1995;
- De URIs opacas no início dos anos 1990 para REST no início dos 2000;
- De "hacks" de sessões (grandes URIs, campos ocultos, e assim por diante) no início dos anos 1990 para cookies e sessões reais em meados dos anos 1990; e
- De criação e administração de seus próprios servidores ad-hoc em 1990 para implantação em plataformas de nuvem "selecionadas", nos anos 2000.

As linguagens de programação Java e Ruby oferecem outra demonstração de que grandes ideias incrementais podem ser adotadas rapidamente, mas grandes ideias radicais levam tempo até serem aceitas.

Chapter 1

acceptance test
agile development process
automatic theorem proving
cloud computing
cluster
DRY(Don't Repeat Yourself)
formal methods
functional test
integration test
legacy code
lifecycle
model checking
module test
object oriented programming
public cloud service
regression test
SaaS (Software as a Service)
SOA (Service Oriented Arch.)
system test
test coverage
unit test
utility computing
validation
verification
virtual machine
warehouse scale computer
waterfall development process

Chapter 2

action
application server
client-server architecture
controller
CSS (Cascading Style Sheet)
CRUD (Create, Read, Update, Delete)
data consistency
design pattern
DNS (Domain Name System)
HAML (HTML Abstraction Markup Language)
hostnames
HTML (HyperText Markup Language)
HTTP (HyperText Transfer Protocol)

Chapter 2 (cont'd)

HTTP cookie
HTTP method
HTTP server
interpolated
IP address
load balancer
logic tier
markup language
master-slave
middleware
model
multi-homed
MVC (Model-View-Controller)
network interface
network protocol
peer-to-peer architecture
persistence tier
primary key
public-key cryptography
push-based
RDBMS (relational database management system)
relational algebra
relational database
request-reply protocol
route
selector notation
session
SGML (Standard Generalized Markup Language)
sharding
shared-nothing architecture
stateless protocol
structured storage
TCP port number
TCP/IP (Transmission Control Protocol/Internet Protocol)
URI (Uniform Resource Identifier)
view
web application framework
Web server
XHTML (eXtended HyperText Markup Language)
XML (eXtensible Markup Language)

Chapter 3

accessor method
anonymous lambda expression
app root
backtrace
block
class variable
closure
duck typing
dynamically typed
encapsulation
functional programming
gem
generator
getter method
idempotent
instance variable
instrumentation
iterator
lexical scoping
looking up a method
metaprogramming
method chaining
migration
mix-ins
mutator method
poetry mode
receiver
reflection
regex
regular expressions
root class
setter method
static variable
symbol
syntactic sugar
type casting
yield

Figura 13.2: Termos introduzidos nos três primeiros capítulos deste livro.

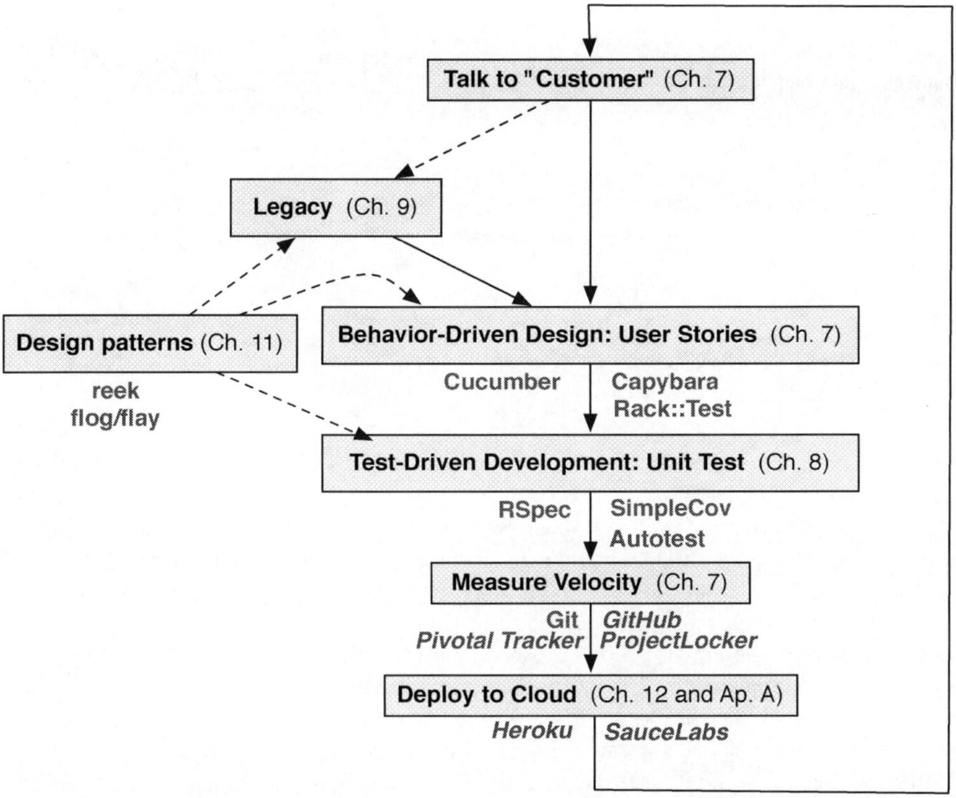

Figura 13.3: Uma iteração do ciclo de vida Ágil de software e sua relação com os capítulos deste livro, com as ferramentas de suporte (letras vermelhas/em negrito) e serviços de suporte (letras azuis/itálicas) identificadas com cada passo.

Java e Ruby têm a mesma idade, ambas aparecendo em 1995. Dentro de alguns anos, Java se tornou uma das mais populares linguagens de programação, enquanto Ruby permaneceu primeiramente como interesse dos literatos das linguagens de programação. A popularidade de Ruby veio uma década depois, com o lançamento de Rails. Ruby e Rails demonstram que grandes ideias em linguagens de programação podem realmente transmitir produtividade por meio de uma extensiva reutilização de software. Comparando Java e seus frameworks com Ruby e Rails, (Stella et al. 2008) e (Ji and Sedano 2011) encontraram fatores de redução de 3 a 5 no número de linhas do código, o que é uma indicação de produtividade.

13.3 Olhando Para a Frente

Eu sempre estive mais interessado no futuro do que no passado.

—Grace Murray Hopper

Dada esta história de ferramentas de rápida evolução, padrões, e metodologias de desenvolvimento, o que os engenheiros de software podem esperar para os próximos anos?

Waterfall/Spiral	Agile	Chapter
Requirements gathering and analysis	BDD with short iterations so customer participates in design	7
Periodic code reviews	Pair programming (pairs constantly reviewing each others' code)	10
Periodic design reviews	Pull requests drive discussions about design changes	10
Test entire design after building	TDD to test continuously as you design	8
Post-implementation Integration Testing	Continuous integration testing	12
Infrequent major releases	Continuous deployment	12

Figura 13.4: Embora os métodos Ágeis não sejam apropriados para todos os projetos, o ciclo de vida Ágil abrange os mesmos passos do processo como os modelos tradicionais, tais como cascata e espiral, mas reduz cada passo no âmbito de uma única iteração, de forma que possam ser feitas repetidamente e muitas vezes, constantemente aperfeiçoando uma versão em funcionamento do produto.

Uma técnica de engenharia de software que esperamos se tornar popular nos próximos anos é a ***Depuração Delta*** (Zeller 2002). Ela utiliza Divisão e Conquista para encontrar automaticamente a menor variação de entrada que causará o aparecimento de um *bug*. Depuradores normalmente utilizam análise de programa para detectar falhas no próprio código. Em contrapartida, a depuração delta identifica mudanças no *estado* do programa que conduzem ao erro. Ele requer duas execuções, uma com a falha e outra sem ela, e olha para as diferenças entre o conjunto de estados. Ao mudar repetidamente as entradas e e re-executar o programa utilizando uma estratégia de busca binária e testes automatizados, a depuração de delta metodicamente limita as diferenças entre as duas execuções. A depuração delta descobre dependências que formam uma corrente de causa e efeito, que ela expande até que identifique o menor conjunto de mudanças para as variáveis de entrada que causam o aparecimento do erro. Apesar de isto requerer muitas execuções do programa, esta análise é feita na velocidade máxima do programa e sem a intervenção do programador, então, poupa o tempo de desenvolvimento.

Uma ***Síntese de programa*** pode estar pronta para causar uma ruptura. O estado da arte atualmente é que, para determinados segmentos incompletos de programas, as ferramentas da síntese de programa podem frequentemente fornecer o código ausente. Um dos usos mais interessantes desta tecnologia está no Microsoft Office Excel 2013, chamado de ***Preenchimento Relâmpago***, que faz programação por exemplo (Gulwani et al. 2012). Você dá o exemplo do que quer fazer com as linhas ou colunas de código, e o Excel tentará repetir e generalizar o que você faz. Além disso, você pode corrigir as tentativas dele para conduzi-las ao que você realmente quer (Gantenbein 2012).

Esta divisão entre desenvolvimento em planeje-e-documente e Ágil pode se tornar mais pronunciada com os avanços em praticidade de métodos formais. A extensão de programas que podem ser verificados formalmente está crescendo ao longo do tempo, com melhorias em ferramentas, computadores mais rápidos, e entendimento mais amplo de como se escrever especificações formais. Se o trabalho de especificação cuidadosa antes da codificação pudesse ser recompensada por eliminar-se a necessidade de testes e ainda assim ter o programa exaustivamente verificado, então as compensações seriam nítidas na mudança. Para que os métodos formais funcionem, a mudanças precisam ser raras. Quando a mudança é algo comum, ser Ágil é a resposta, porque mudança é a essência de Ágil.

Embora a metodologia Ágil funcione melhor do que outras metodologias de software para alguns tipos de aplicativos, ela não é, certamente, a resposta final em desenvolvimento de software. Se uma nova metodologia pudesse simplificar o desenvolvimento e, ao mesmo tempo, incluísse uma boa arquitetura de software e bons padrões de projeto enquanto mantém a facilidade de mudança de Ágil, ela se tornaria mais popular. Historicamente, uma nova metodologia surge a cada uma ou duas décadas, por isso, talvez em breve será o momento de aparecer uma nova.

Este livro foi desenvolvido durante o despontar do movimento ***Curso Online Aberto e Maciço*** (MOOC, em inglês), que é outra tendência que prevemos que se tornará mais significativa nos próximos anos. Assim como muitos outros avanços neste mundo moderno, nós não teríamos MOOCs sem SaaS e computação em nuvem. Os componentes que permitiram isto foram:

- Distribuição escalável de vídeos por meio de serviços como o YouTube.
- Programas de correção sofisticados, que utilizam computação em nuvem e avaliam listas de exercícios imediatamente e que ainda podem escalar para dezenas de milhares de estudantes.
- Fóruns de discussão como uma solução escalável para fazer perguntas e obter respostas de ambos estudantes e funcionários.

Estes componentes combinados formam um meio de comunicação maravilhoso e de baixo custo para estudantes ao redor do mundo. Por exemplo, ele certamente irá melhorar a educação continuada de profissionais nessa nossa área que vive em constante mudança, permitirá que estudantes pré-universitários talentosos possam ir além do que suas escolas podem ensinar, e permitirá estudantes dedicados ao redor do mundo que não possuem acesso a grandes universidades a terem, ainda assim, uma boa educação. MOOCs podem até ter o efeito colateral de aumentar o nível de qualidade de cursos tradicionais ao fornecer alternativas viáveis para professores ineficazes. Mesmo que MOOCs conseguam realizar apenas metade destas oportunidades, ainda assim terão uma força poderosa no ensino superior.

13.4 Últimas Palavras

> *Ultimamente, tudo se resume a gosto. Se resume a expor você mesmo às melhores coisas que os humanos fizeram, e então tentar trazer essas coisas para o que você está fazendo.*
>
> —Steve Jobs

Sistemas de software ajudaram a colocar humanos na lua, conduziram à invenção das tomografias computadorizadas e permitem o jornalismo cidadão. Ao trabalhar como um desenvolvedor de software, você se torna parte de uma comunidade que possui o poder de mudar o mundo.

Mas com grandes poderes vêm grandes responsabilidades. Sistemas de software defeituosos causaram a perda do foguete Ariane V[7] e do Mars Observer[8], além de causar as mortes de vários pacientes devido a overdoses de radiação da Máquina Therac-25[9].

Embora as primeiras histórias de computadores e sistemas de software sejam dominadas por "narrativas das fronteiras da computação", de gênios solitários trabalhando em garagens ou em *startups*, software atualmente é algo muito importante para ser deixado como responsabilidade de apenas um indivíduo, mesmo que ele seja talentoso. Como dissemos no Capítulo 10, desenvolvimento de software agora é um esporte de equipe.

Acreditamos que os conceitos neste livro aumentam as chances de você ser um desenvolvedor de software responsável e, *ao mesmo tempo*, parte de um time vencedor. Não há livro didático para chegar lá; apenas continue escrevendo, aprendendo, e refatorando, para aplicar suas lições à medida que você avança.

E, como dissemos no primeiro capítulo, esperamos nos tornar fãs apaixonados do código bonito e duradouro que você e sua equipe criarem!

13.5 Para Aprender Mais

D. Gantenbein. Flash fill gives Excel a smart charge, Feb 2012. URL `http://research.microsoft.com/en-us/news/features/flashfill-020613.aspx`.

S. Gulwani, W. R. Harris, and R. Singh. Spreadsheet data manipulation using examples. *Communications of the ACM*, 55(8):97–105, 2012.

F. Ji and T. Sedano. Comparing extreme programming and waterfall project results. *Conference on Software Engineering Education and Training*, pages 482–486, 2011.

L. Stella, S. Jarzabek, and B. Wadhwa. A comparative study of maintainability of web applications on J2EE, .NET and Ruby on Rails. *10th International Symposium on Web Site Evolution*, pages 93–99, October 2008.

A. Zeller. Isolating cause-effect chains from computer programs. In *Proceedings of the 10th ACM SIGSOFT symposium on Foundations of software engineering*, pages 1–10, New York, NY, USA, Nov 2002. ACM. doi: 10.1145/587051.587053. URL `http://www.st.cs.uni-saarland.de/papers/fse2002/p201-zeller.pdf`.

Notas

[1] `http://www.wired.com/threatlevel/2012/07/yahoo-breach`
[2] `http://www.opensourcerails.com/`
[3] `http://github.com/ucberkeley/researchmatch`
[4] `http://github.com/vinsonchuong/meetinglibs`
[5] `http://guides.rubyonrails.org/security.html`
[6] `http://blog.codeclimate.com/blog/2013/03/27/rails-insecure-defaults`
[7] `http://en.wikipedia.org/wiki/Ariane_5_Flight_501`
[8] `http://en.wikipedia.org/wiki/Mars_Observer`
[9] `http://en.wikipedia.org/wiki/Therac-25`

A Usando o Apêndice

Frances Allen (1932–) recebeu o Prêmio Turing em 2006 por suas contribuições pioneiras na teoria e prática de técnicas de otimização de compilação que são a base para os compiladores atuais e para a execução paralela automática.

Tudo que faço é único. Eu exploro todas as possibilidades, procurando novas formas para criar coisas. Isso me mantém muito, muito comprometida com o trabalho.

—Fran Allen, da placa do *Fellow Award* no Museu da História do Computador, 2000

Conceitos

Este livro não aborda apenas a criação de software usando o SaaS: ele também trata do SaaS, do IaaS (***Infraestrutura como serviço***), e do PaaS (***Plataforma como serviço***), sendo todos eles modelos de ***computação em nuvem***. Este apêndice descreve as tecnologias de nuvem que não apenas simplificam sua vida como estudante, mas que também são partes essenciais do ecossistema que você utilizará quando implantar seus aplicativos SaaS reais.

No momento da escrita deste texto, todos esses serviços de computação em nuvem oferecem um nível de utilização gratuita que é suficiente para realizar as atividades propostas neste livro.

- Todos os ***softwares livres*** utilizados neste livro foram instalados previamente em uma ***imagem de uma máquina virtual*** — uma representação completa do conteúdo do disco rígido de um computador que teria esse software instalado previamente.

- Para usar a imagem de uma máquina virtual, você precisa implantá-la em um ***hypervisor***. Nós damos instruções para implantá-la em seu computador usando o *hypevisor* de código aberto VirtualBox[1] ou implantá-la no Elastic Compute Cloud (EC2), uma ***infraestrutura como serviço*** de computação de nuvem da Amazon Web Services.

- O ***Secure Shell*** é um protocolo amplamente utilizado que permite acesso seguro aos serviços remotos, utilizando a criptografia de par de chaves ao invés de uma senha. Nós o utilizamos para acessar grande parte dos serviços de SaaS, incluindo o GitHub e o Heroku.

- O GitHub[2] é um site SaaS que permite armazenar o ***histórico das versões*** de seus projetos e permite que outros desenvolvedores possam colaborar no projeto.

- O Heroku[3] é um fornecedor de ***plataforma como serviço*** onde você pode implantar seus aplicativos Rails.

A.1 Instruções Gerais: Leia, Pergunte, Procure e Publique

Embora tenhamos indicado neste livro, caminhos para evitar problemas, como utilizar o Desenvolvimento Dirigido a Testes (Capítulo 8) para descobrir falhas rapidamente e fornecer uma imagem de VM em um ambiente consistente, os erros *irão* ocorrer. Você pode reagir de forma mais produtiva ao se lembrar do acrônimo **LPPP**: Leia, Pergunte, Procure, Publique.

Leia a mensagem de erro. As mensagens podem parecer muito grandes, mas uma mensagem de erro assim é sua aliada porque fornece uma pista importante do problema. Haverão lugares para procurar informações online dependendo da mensagem de erro que aparece.

Pergunte a um colega. Se você tem colegas de classe, ou o recurso de mensagem instantânea ativado, faça perguntas.

Procure pela mensagem de erro. Você ficaria surpreso com a frequência que desenvolvedores experientes lidam com um erro através do uso de uma ferramenta de busca como o Google, ou de um fórum de programadores como o StackOverflow[4] para procurar por palavras-chave e frases da mensagem de erro.

Publique uma pergunta em um site como o StackOverflow[5] (*depois* de checar se questões similares já foram feitas!), sites que são especializados em ajudar desenvolvedores e permitem que você vote na resposta mais útil para determinada questão, de modo que essa resposta passe a aparecer no topo da lista de respostas.

A.2 Visão geral do Apêndice

O apêndice consiste em três partes.

A primeira é um ambiente de desenvolvimento uniforme que já possui todas as ferramentas citadas no livro. Por conveniência e para manter a uniformidade, esse ambiente é fornecido como uma ***imagem de máquina virtual***.

A segunda parte compreende uma série de excelentes sites de SaaS para desenvolvedores: o GitHub[6], o Heroku[7], e o Pivotal Tracker[8]. **Aviso:** Enquanto escrevíamos esse livro, as ferramentas *grátis* oferecidas pelos sites acima foram suficientes para realizar os exercícios deste livro. Entretanto, esses serviços ou ferramentas podem mudar a qualquer momento, algo que está fora do nosso controle.

A terceira parte contém material complementar relacionado aos assuntos abordados no livro. Essa parte é grátis se você comprar o livro ou não:

- A página do livro na Internet (`http://saasbook.info`[9]) contém a errata atualizada para cada versão do livro, links para materiais complementares online, um mecanismo para reportar erros caso você encontre algum, e renderizações de alta definição das figuras e tabelas, para o caso de você ter problemas para as ler no leitor de e-books.

- Pastebin O site (`http://pastebin.com/u/saasbook`[10]) contém excertos de códigos (com realce de sintaxe) de todos os exemplos do livro, que podem ser copiados e colados.

- Vimeo O site (`http://vimeo.com/saasbook`[11]) hospeda todos os screencasts mencionados no livro.

A.3 Usando a VM com as aplicações-exemplo

A tecnologia das Máquinas Virtuais (VM) permite que um único computador execute um ou mais ***sistemas operacionais (SO) convidados*** "ao invés" de usar um SO de um computar convencional, de modo que o usuário acredita que ele está sendo executado no hardware real. Essas máquinas virtuais podem ser "ligadas" e "desligadas" facilmente, sem interferir com o SO do computador físico que faz a hospedagem (o ***SO hospedeiro***). Uma imagem de máquina virtual é um arquivo que contém o SO e uma série de softwares pré-instalados. O ***hypervisor*** é uma aplicação que facilita a execução das máquinas virtuais ao "instanciar" uma imagem de máquina virtual. Nós reunimos os softwares necessários para realizar os trabalhos deste livro como uma imagem de máquina virtual cujo SO convidado é o GNU/Linux. O Linux é uma implementação livre do ***kernel*** (núcleo) do Unix, um dos sistemas operacionais mais influentes já criados e o ambiente mais utilizado para o desenvolvimento e implantação. O GNU (um acrônimo recursivo para *GNU's Not Unix*) é uma coleção de implementações de código-livre de quase todas as aplicações importantes do Unix, especialmente aquelas utilizadas pelos desenvolvedores.

A imagem de uma máquina virtual pode ser utilizada de duas maneiras:

1. Em seu próprio computador: O *hypervisor* grátis do VirtualBox[12] foi desenvolvido originalmente pelo Sun Microsystems (agora parte do Oracle). Você pode baixar e executar o VirtualBox em um computador hospedeiro com Linux, Windows, ou Mac OS X, desde que o computador tenha um processador compatível com o Intel. Depois você baixa o arquivo da imagem de máquina virtual e o implanta no VirtualBox.

2. Na nuvem da Amazon: com este método, você não precisa fazer o download de nada — você inicia uma máquina virtual Amazon EC2 (Elastic Compute Cloud) baseada em uma imagem do tipo Amazon Machine Image (AMI) que contém as aplicações-exemplo.

Você pode encontrar instruções sobre como utilizar esses dois métodos de implantação em VMs no site http://www.saasbook.info/bookware-vm-instructions[13].

Se você quiser instalar o software você mesmo, esteja ciente que as explicações e exemplos em cada versão do livro foram testadas em versões *específicas* do Ruby, do Rails, e de outros softwares presentes na VM. Diferenças entre as versões são significativas, e executar os exemplos do livro com versões diferentes de um software pode causar erros de sintaxe, comportamento incorreto, diferença entre dados, ou outros problemas. Para evitar que você se confunda, recomendamos que você utilize a VM até se familiarizar com o ambiente e até conseguir distinguir os erros em seu próprio código de erros causados pela incompatibilidade de versões dos componentes de software. Nós preparamos a VM com o *script* `vm-setup` do *shell* que está em nosso repositório público do GitHub[14] para configurar e instalar tudo em uma imagem original do Ubuntu. Você precisa ter familiaridade com os utilitários de linha de comando do Unix para tentar realizar esse processo; não há nenhuma interface gráfica para ele.

■ *Elaboração: Software Livre e de Código Aberto*

O Linux foi criado pelo programador finlandês Linus Torvalds, que queria criar uma versão livre e gratuita que possuísse todas as funcionalidades do famoso sistema operacional Unix, para uso próprio. O projeto GNU foi iniciado por Richard Stallman, criador do editor Emacs e fundador da *Free Software Foundation* (que administra o GNU), um desenvolvedor ilustre com opiniões bem fortes sobre o papel do software livre. Tanto o Linux quanto o GNU estão sendo constantemente melhorados através da contribuição de milhares de colaboradores ao redor do mundo; de fato, Torvalds criou mais tarde o Git para administrar essa colaboração em larga escala. Apesar da aparente falta de uma autoridade centralizada nesse desenvolvimento, a robustez do GNU e do Linux se compara com a de softwares proprietários, desenvolvidos sob o modelo centralizado tradicional. Esse fenômeno é estudado no texto de Eric Raymond chamado *A Catedral e o Bazar*[15], que é considerado por alguns como o manifesto seminal do movimento de Software livre e de código aberto (em inglês, FOSS).

A.4 Trabalhando com Código: Editores e um Guia de Sobrevivência ao Unix

Você evitará muita preocupação ao trabalhar com um editor que suporte realce de sintaxe e indentação automática para a linguagem de programação que você usa. Você poderá editar arquivos diretamente na VM ou utilizar a função de "pastas compartilhadas" do VirtualBox para criar diretórios na sua VM que serão disponibilizadas como pastas no seu Mac ou PC. Com as pastas compartilhadas você pode editar código usando um editor nativo do seu Mac ou PC.

Muitos ***Ambientes de Desenvolvimento Integrado***(em inglês, IDE) possuem suporte ao Ruby — como, por exemplo, Aptana[16], o NetBeans,e o RubyMine,— executam realce de sintaxe, indentação e outras tarefas úteis. Mesmo sabendo que essas IDEs oferecem GUI para outras tarefas relativas a desenvolvimento, como a execução de testes, neste livro nós usamos ferramentas de linha de comando para essas tarefas, por três razões. Em primeiro lugar, diferentemente de uma IDE, as ferramentas de linha de comando são as mesmas em todas as plataformas. Em segundo lugar, enfatizamos muito no livro a automatização como forma de evitar erros e melhorar a produtividade de tarefas. Tarefas de uma GUI com frequência não podem ser automatizadas. Já a execução de ferramentas de linha de comando podem ser agrupadas em *scripts* mais complexos, que é parte fundamental da filosofia Unix. Em terceiro, entender quais ferramentas estão envolvidas em cada aspecto do desenvolvimento ajuda a desmistificar as interfaces das IDEs. Nós acreditamos que isso ajuda no aprendizado de novos sistemas porque, se algo der errado durante a execução da interface, você precisará saber o que realmente a interface estava executando para poder encontrar o problema.

vim Vim significa "*vi improved*," visto que inicialmente foi uma versão muito-melhorada da versão inicial do editor de Unix ***vi***, escrito em 1976 pela co-fundador da Sun e ex-aluno da Berkeley, ***Bill Joy***.

Tendo isso em mente, existem duas maneiras de editar arquivos na VM. A primeira é executar um editor na própria VM. Deixamos pré-instalados na VM dois editores bastantes populares. O primeiro é o `vim`, um editor leve e personalizável que fornece realce de sintaxe e auto-indentação. No link[17] é possível encontrar diversos tutoriais e *screencasts* que explicam o funcionamento deste editor popular. O outro editor é o ***Emacs***, o ancestral dos editores customizáveis, criado pelo ilustre ***Richard Stallman***. O tutorial[18] é fornecido pela Free Software Foundation. Muitos outros editores estão disponíveis, mas na VM optamos por incluir suporte automático para edição de aplicativos Ruby e Rails, tanto para o Vim quanto para o Emacs.

A segunda maneira de editar arquivos é diretamente no seu Mac ou PC, o que requer configurar o recurso de pastas compartilhadas no VirtualBox, como explicado no link `http://www.saasbook.info/bookware-vm-instructions`[19]. Dentre os editores gratuitos que suportam Ruby temos o TextWrangler[20] para o Mac OS e o Notepad++[21] para o Windows.

Não copie e cole linhas de códigos em um processador de texto, tal como o Microsoft Word ou o Pages. Diversos processadores de texto convertem as aspas normais (") em "*aspas inglesas*", sequências de hifens (`--`) em travessões (—) e outras conversões que resultarão em códigos incorretos, gerando erros de sintaxe e lhe causando problemas. Não faça isso.

A.5 Primeiros passos com o Secure Shell (ssh)

O ***shell*** é o programa do Unix que lhe permite digitar comandos e escrever *scripts* para automatizar tarefas. Antes da ampla adoção das *Interfaces Gráficas de Usuários*, o *shell* era a única maneira de interagir com um Sistema Unix. O Quando o Unix foi criado não existia a Internet. Usuários tinham como única opção executar o shell logando-se em um ***terminal burro*** conectado fisicamente ao computador. Em 1983, a Internet já havia chegado a diversas universidades e empresas, e dessa forma, uma nova ferramenta chamada ***Remote Shell*** apareceu e permitiu ao usuário logar ou executar comandos em um computador remoto conectado à Internet, desde que o usuário possuísse uma conta. Aqui está um exemplo do uso de `rsh` a partir da linha de comando:

`sh` foi escrito por Steve Bourne, em 1977, para substituir o shell criado por Ken Thompson, co-criador original do shell do Unix. O `Bash` é um substituto do sh portátil e compatível com o GNU, cujo nome significa ***Bourne-Again Shell***.

http://pastebin.com/eLDdcDrz

```
rsh -l fox eecs.berkeley.edu ps -ef
```

Este comando tentaria logar como um usuário o `fox` no computador `eecs.berkeley.edu`, executar o comando `ps -ef` (que dá informações sobre quais aplicações estão sendo executadas naquele computador), e imprimir a saída localmente. Omitir o `ps -ef` estabeleceria uma sessão interativa do Shell no computador remoto. O

rsh apareceu primeiramente na versão 4.2 da Berkeley Software Distribution (BSD), a versão livre do Unix criada na Universidade da Califórnia em Berkeley.

Mas o `rsh` não é seguro: acessar o computador remoto normalmente requeria transmitir sua senha sem criptografia ou "em claro" pela Internet, deixando-a vulnerável a programas do tipo *sniffers* ("farejadores"), que espionam a rede para coletar senhas. Em 1995, Tatu Ylönen desenvolveu, na Universidade de Tecnologia de Helsinki, o ***Secure Shell*** ou SSH como um "substituto imperceptível" e seguro para o `rsh`. Como com o `rsh`, uma vez que a conexão com o computador remoto é estabelecida você pode executar um Shell interativo ou comandos arbitrários, onde a saída é enviada de forma segura para o seu computador por meio de uma conexão criptografada. Muitas vezes nos referimos a uma conexão criptografada como sendo um ***túnel*** sobre o `ssh`. Mas ao invés de confiar em uma senha, o `ssh` confia em um par de chuvas e em troca de chaves, usando as mesmas técnicas e algoritmos que o SSL/TLS (Seção 12.9), de modo que sua chave privada nunca é transmitida para fora do seu computador.

OpenSSL é uma biblioteca de código aberto mantida voluntariamente, utilizada pelo `ssh` e por muitas implantações SSL/TLS. Felizmente, o `ssh` não utiliza a parte do OpenSSL que contém o terrível erro de programação ***Heartbleed***, descoberto em 2014.

Devido ao fato do `ssh` ser seguro, onipresente, e não requerer a exposição de sua senha ou qualquer outro segredo, muitos serviços confiam nele para garantir o acesso remoto, seja como sendo o método padrão (GitHub) dentre outros métodos, ou como o único método de acesso (Heroku). Chaves públicas e privadas existem em pares, e ambas as metades são importantes. Se você perder a chave privada que faz par com uma determinada chave pública, quaisquer recursos que dependiam da sua possessão daquela chave se tornarão *irrevogavelmente inacessíveis para sempre*. Se você perder a chave pública que faz par com uma chave privada, você *talvez* seja capaz de recuperar uma cópia dela a partir de um dos outros serviços

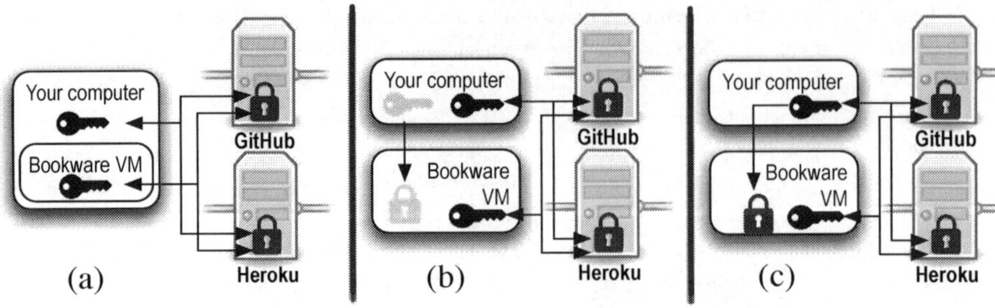

Figura A.1: Sua chave pública é copiada para os serviços que você quiser acessar, enquanto sua chave privada é armazenada apenas no(s) computador(es) em que você quiser acessar. Chaves públicas e privadas, para cada par, são mostradas nas mesmas cores, com um cadeado indicando a chave pública. (a) Quando executar a Máquina Virtual do apêndice no VirtualBox, você deve copiar a chave privada que criou no seu computador para a Máquina Virtual do VirtualBox. (b) Executar a VM do apêndice na Amazon EC2[24] também requer uma conexão para a instância EC2 a partir de seu computador, via `ssh`. Uma maneira de fazer isso no processo de configuração da instância EC2 é fazer com que a Amazon gere um novo par de chaves para este propósito, mostrado em cinza. (c) Outra opção para o EC2 é fazer o upload de seu par de chaves existente para o AWS[25], para que você possa usar a mesma chave tanto para acessar sua instância AWS como todos os outros serviços. Neste último cenário, ambas as chaves *privada e pública* acabam sendo copiadas para a Máquina Virtual.

dos quais você ainda tem acesso — apesar de alguns serviços, por motivos de segurança, nem sequer darem permissão para você ver as chaves públicas que você fez upload. Então, trate seu par de chaves como um passaporte: pessoal, valioso e duradouro.

Portanto, um passo fundamental na preparação de seu ambiente de desenvolvimento é gerar um par de chaves (se você ainda não possuir um), assegurando-se de que a chave privada esteja em todos os computadores que você usa para desenvolvimento e que a chave pública seja adicionada a todos os serviços que dão suporte ao acesso seguro via `ssh`. Como mostra a Figura A.1, no contexto deste livro isso significa manter a chave privada tanto no seu computador quanto na Máquina Virtual do Apêndice, independentemente se a VM foi implantada localmente usando o VirtualBox, ou na Amazon EC2.

O `ssh` vem do mundo do Unix, então ele espera um ambiente de linha de comando parecido com o do Unix. Tanto o Mac OS X (via o aplicativo Terminal) quanto o Linux (via `xterm`) possuem um, mas o Windows não. Portanto, recomendamos o uso da ferramenta gratuita Git for Windows[26], que fornece não apenas um suporte melhor para o sistema de controle de versão do Git (que veremos em breve) no Windows, mas também fornece uma versão do `bash` para Windows, o shell do Unix, que fornece um ambiente semelhante ao Unix e que dá suporte ao `ssh` e a outros comandos comumente usados. O restante desta seção, e os tutoriais e recursos *online* aos quais nos referimos, assumem que usuários do Windows utilizam essa ferramenta.

Algumas pessoas usam pares de chave distintas `ssh` para cada serviço, para evitar que o acesso a todos os serviços seja prejudicado de uma só vez no caso de uma das chaves privadas ter sua segurança comprometida.

Se você ainda não possui um par de chaves em seu computador, recomendamos as excelentes instruções do GitHub[27] para gerar um novo par de chaves, que inclui instruções para o Mac OS, Linux e Windows (com o Git for Windows instalado), e para adicionar sua chave pública na sua conta no GitHub. Veremos o básico sobre o GitHub na Seção A.7.

■ ***Elaboração: O que dizer sobre o par de chaves Amazon AWS?***

AWSlsee Amazon Web Services
Se você está implantando a Máquina Virtual do apêndice na Amazon Web Services (AWS) (como descrito no site[28] do livro), você verá que o console de configuração do AWS pergunta se você deseja gerar um novo par de chaves, ou usar sua chave pública existente. Em ambos os casos, o AWS coloca a chave pública na máquina virtual da Amazon (AMI) antes de instanciá-la, permitindo que você possa acessá-la via `ssh` com a chave privada correspondente. Se você usar a interface de rede AWS para gerar um novo par de chaves, saiba que tudo o que ela realmente está fazendo é executar o comando `ssh-keygen` para você.

A.6 Introdução ao Controle de Versões usando Git

Controle de versão, também conhecido como gerência de controle de código-fonte ou gerência de configuração de software (em inglês, SCM), é o processo de manter o registro do histórico de mudanças em um conjunto de arquivos. Esse registro pode indicar quem e quando uma mudança foi feita, reconstruir um ou mais arquivos tal como eles existiram em algum instante do passado, ou combinar mudanças feitas por pessoas diferentes. Um sistema de controle de versão (em inglês, VCS) é uma ferramenta que ajuda a gerenciar esse processo. Para desenvolvedores individuais, o SCM fornece o histórico anotado das mudanças ocorridas no projeto, além de uma maneira simples de desfazer as mudanças que introduziram bugs. O Capítulo 10 discute os benefícios adicionais do SCM para times menores.

SCM ou VCS? Infelizmente, as abreviações SCM e VCS são frequentemente usadas como sinônimos.

Utilizaremos o Git para realizar o controle de versões. Serviços de hospedagem em nuvem para o Git, como o GitHub, não são estritamente necessários para a utilização do Git, mas são muito interessantes porque permitem que pequenos grupos colaborem de forma bem simples e conveniente (como descreve o Capítulo 10) e fornece aos desenvolvedores individuais um lugar para backup de seus códigos. Esta seção descreve as características básicas do Git. A próxima seção descreve as instruções de programação básicas do GitHub, embora outros serviços de hospedagem em nuvem para Git também estejam disponíveis.

Linus Torvalds inventou o Git para auxiliar no controle de versão do projeto Linux. Você deve ler esta seção mesmo se você já tiver utilizado outros VCSs como o Subversion, uma vez que o modelo conceitual do Git é bem diferente.

Como todos os sistemas de controle de versão, um conceito chave do Git é o ***repositório***, também chamado de ***repo***, que mantém o histórico completo das mudanças nos arquivos que compõem o projeto. Para começar a utilizar o Git para rastrear um projeto, primeiro você entra (usando `cd`) no diretório principal do projeto e então executa o comando `git init`, que cria um repositório vazio com base nesse diretório. Os ***arquivos rastreados*** são aqueles que farão parte permanentemente do repositório. Seu histórico será gravado e uma cópia de backup do arquivo será sempre mantida; o `git add` é usado para adicionar um arquivo à lista de arquivos rastreados. Nem todos os arquivos do projeto precisam ser rastreados — por exemplo, arquivos intermediários criados automaticamente como parte do processo de desenvolvimento, tais como arquivos de log, não são rastreados normalmente.

O screencast A.6.1 ilustra o fluxo de trabalho básico do Git. Quando você inicia um novo projeto, o `git init` configura o diretório raiz do projeto como sendo um repositório do Git. Conforme você vai criando arquivos em seu projeto, para cada novo arquivo você deve usar o `git add` *nome_do_arquivo* para que o Git comece a rastrear o novo arquivo. Quando você estiver satisfeito com o estado atual do projeto, você pode fazer o ***commit*** das mudanças: o Git cria uma lista com todas as mudanças que irão compor esse commit e, então, abre essa lista em um editor de texto para que você possa adicionar comentários. O editor utilizado é determinado pelas ***configurações***, como descrito abaixo. Fazer o *commit* cria um "fotografia" (*snapshot*) dos arquivos rastreados que será armazenada permanentemente, junto com os comentários. Esse *snapshot* recebe um um número de identificação (o ***commit ID***), um número hexadecimal de quarenta dígitos que, surpreendentemente, é único (não apenas nesse repositório do Git, mas em todos os repositórios); um exemplo poderia ser `1623f899bda026eb9273cd93c359326b47201f62`. Esse ***commit ID*** é a maneira canônica de se referir ao estado do projeto naquele momento, mas como veremos, o Git fornece outras maneiras mais convenientes de se referir a um *commit* além do número de identificação do mesmo. Uma maneira bastante utilizada é especificar o prefixo do *commit*, que é único dentro de um mesmo repositório. O prefixo `1623f8` identifica o *commit* do exemplo acima.

O algoritmo *SHA-1* é usado para calcular um valor de hash unidirecional com quarenta dígitos que representa o estado da árvore de diretórios inteira do projeto em um determinado instante de tempo.

Para especificar que o Git deve usar o editor `vim` para fazer sua alterações, você deve executar o comando `git config --global core.editor 'vim'`. Não importa qual o diretório que você está quando você faz isso, uma vez que o `--global` especifica que essa opção deve ser aplicada em *todas* as suas operações no Git em *todos* os repositórios. (A maior parte das variáveis de configuração do Git também podem ser definidas para um único repositório.) Outros valores úteis para essa configuração específica são o `'mate -w'` para o editor de texto TextMate no MacOS, `'edit -w'` para o TextWrangler no MacOS, e `"'C:/Program Files/Notepad++/notepad++.exe' -multiInst -notabbar -nosession -noPlugin"` para o Windows. Em todos esses casos, os diversos pontos de interrogação são necessários para prevenir que o nome do editor se divida em múltiplos argumentos de linha de comando.

Ao contrário do MacOS, o *shell* do Windows (*prompt* de comando) difere das convenções do Unix, que faz com que muitas ferramentas do Unix não funcionam corretamente. Recomendamos que você desenvolva o seu software usando a VM baseada no Linux ao invés de utilizar o Windows.

Screencast A.6.1: Fluxo de trabalho básico do Git para um único desenvolvedor.
`http://vimeo.com/34754947`
Para esse fluxo de trabalho simples, o `git init` é utilizado para inicializar o rastreamento de um projeto com o Git, o `git add` e o `git commit` são usados para adicionar e realizar o *commit* dos dois arquivos. Um arquivo é então modificado e, quando o `git status` mostra que um arquivo rastreado sofreu alguma alteração, o comando `git diff` pode ser utilizado para visualizar as mudanças que poderão ser consolidadas no próximo *commit*. O comando `git commit` é utilizado novamente para fazer o commit das novas modificações, e o `git diff` é usado para mostrar as diferenças entre duas versões diferentes de um dos arquivos, mostrando que o `git diff` pode tanto comparar dois *commits* de um arquivo, quanto pode comparar o estado atual de um arquivo com o estado dele no último commit.

É importante lembrar que embora o `git commit` registre permanentemente um *snapshot* do estado atual do repositório que pode ser reconstituído a qualquer momento no futuro, isso *não* cria uma cópia extra do repositório em nenhum outro lugar, nem tornam suas mudanças acessíveis aos seus colegas. A próxima seção descreve como utilizar um serviço de hospedagem do Git mantido em nuvem para esses propósitos.

■ *Elaboração: Add, commit e o índice do Git*

A explicação simplificada do Git omite a discussão sobre o *índice*, uma área de preparo temporária (chamada de *staging area*) que armazena as mudanças que serão consolidadas no próximo *commit*. O `git add` é utilizado não só para adicionar um novo arquivo ao projeto, mas também para colocar o arquivo nessa área de preparo (*stage*) antes do *commit*. Portanto, para que Alice modificasse um arquivo *existente* `foo.rb`, ela precisaria do `git add foo.rb` para permitir que suas alterações sejam consideradas no próximo `git commit`. O motivo de separar as etapas é que o `git add` faz um *snapshot* do arquivo imediatamente, de modo que mesmo que o `commit` aconteça depois, a versão que será consolidada corresponde ao estado do arquivo *no momento do* `git add`. (Se você fizer alterações consecutivas no arquivo, você deve utilizar o `git add` novamente para adicionar essas alterações no índice.) Simplificamos a discussão ao utilizar a opção `-a` para o `git commit`, o que significa "fazer o commit de *todas* as alterações atuais nos arquivos rastreados, sem se importar se o `git add` foi utilizado para adicioná-las." (O `git add` continua sendo necessário para adicionar um novo arquivo.)

A.7 Introdução ao GitHub

Existe uma enorme variedade de serviços de hospedagem Git baseados em nuvem. Nós recomendamos e daremos instruções sobre como utilizar o GitHub. O plano gratuito do GitHub permite que você crie quantos projetos quiser, mas todos eles devem ser públicos (qualquer pessoa pode lê-los). Planos pagos permitem que você tenha repositórios privados. Se você é um estudante ou professor, você pode receber um número limitado de repositórios privados se solicitar uma conta educacional[29] gratuita.

Para se comunicar com a maioria dos serviços Git baseados em nuvem, você precisa adicionar sua chave pública ao serviço, geralmente através de uma que utiliza um navegador. A chave privada correspondente armazenada no seu computador de desenvolvimento permite que você crie uma cópia remota do repositório no GitHub e envie (*push*) as mudanças à partir do repositório local. Outros desenvolvedores podem, com a sua permissão, tanto enviar (*push*) suas próprias mudanças quanto receber (*pull*) as mudanças feitas por você, ou por outro desenvolvedor.

Você vai precisar seguir os seguintes passos para configurar o GitHub. Esta seção pressupõe que você já configurou um par de chaves `ssh` como foi ensinado na Seção A.5; você deve seguir esses passos em qualquer computador que possua a chave privada à partir da qual você quer acessar o GitHub.

1. Usando o Terminal Mac ou Linux, ou o terminal Git Bash no Windows, configure o Git com seu seu nome e endereço de e-mail para que em seus commits possam ser associados à você em um projeto do qual participam múltiplos desenvolvedores:

   http://pastebin.com/24VYTKR5

```
git config --global user.name 'Andy Yao'
git config --global user.email 'yao@acm.org'
```

2. Para criar um repositório GitHub (que será a versão remota do repositório do seu projeto), preencha e envie o formulário de criação de Novo Repositório[30] e anote o nome do repositório que você escolheu. Uma boa escolha é um nome que combine com o nome do diretório principal do seu projeto, como por exemplo `myrottenpotatoes`.

3. De volta ao seu computador de desenvolvimento, em uma janela do terminal `cd` para o diretório de nível mais alto do seu projeto (onde você digitou anteriormente o comando `git init`) e troque o `myusername` pelo seu nome de usuário do GitHub e o `myreponame` com o nome do repositório que você escolheu no passo anterior:

   http://pastebin.com/K8q7KiYy

```
git remote add origin git@github.com:myusername/myreponame.git
git push origin master
```

   Nota: Se você está acessando o GitHub de dentro de uma empresa cujo ***firewall*** bloqueia conexões `ssh` para a porta de entrada TCP 22 — sintomas possíveis incluem mensagens de erro como "Conexão expirou" ou "Conexão recusada" quando você executa os comandos de acesso do GitHub abaixo — este artigo[31] explica como você pode executar essas operações usando os protocolos HTTP ou no HTTPS, que não são bloqueados pela maioria dos firewalls. A desvantagem é que você terá que digitar a sua senha do GitHub para cada operação, ao invés de depender da troca de chaves do `ssh`. Se você achar necessário usar esse método alternativo, você pode substituir o primeiro comando acima pelo apresentado a seguir:

   http://pastebin.com/ySXXUG80

```
git remote add origin https://github.com/myusername/myreponame.git
```

O primeiro comando indica ao Git que você está adicionando um nova fonte remota (*remote*) para o seu repositório localizado no GitHub, e que a abreviação `origin` será usada a partir de agora para se referir a essa fonte remota. (Esse nome é uma convenção entre os usuários do Git, como explicado no Capítulo 10.) O segundo comando programa o Git para *enviar* (*push*) quaisquer mudanças no seu repositório local (que ainda não tenham sidos enviadas) para o repositório remoto `origin`.

Essas configurações de conta e o gerenciamento de chaves só precisam ser feitos uma vez. O processo de criação de um novo repositório e do uso do `git remote` para adicioná-lo deve ser feito em cada novo projeto. Cada vez que você usar o `git push` em um determinado repositório, você estará propagando para o repositório remoto todas as alterações no repositório local desde o seu último *push*, o que tem como um bom efeito colateral o fato de que assim você mantém um *backup* atualizado do seu projeto.

A Figura A.2 resume os comandos básicos do Git introduzidos neste capítulo, o que deve ser o suficiente para que você possa começar como um desenvolvedor *solo*. Quando você trabalhar em equipe, você vai precisar usar funcionalidades adicionais do Git e comandos introduzidos no Capítulo 10.

A.8 Implantando na Nuvem Usando o Heroku

Os conceitos no Capítulo 4 são muito importantes nessa discussão, portanto, leia aquele capítulo primeiro se você ainda não o fez.

Novas tecnologias de computação em nuvem como o Heroku tornam a implantação SaaS mais fácil do que nunca. Crie uma conta grátis no Heroku[32] caso você ainda não tenha feito isso; a conta grátis fornece funcionalidades suficientes para os projetos neste livro. O Heroku suporta aplicativos em várias linguagens e *frameworks*. Para implantar aplicativos Rails, o Heroku fornece uma ferramenta chamada `heroku`, que foi pré-instalada na VM do apêndice. Uma vez que você tenha criado uma conta no Heroku, instale o Heroku Toolbelt[33], uma coleção de ferramentas de linhas de comando que simplificam o acesso ao Heroku.

Command	What it does	When to use it
`git pull`	Fetch latest changes from other developers and merge into your repo	Each time you sit down to edit files in a team project
`git add` *file*	Stage *file* for commit	When you add a new file that is not yet tracked
`git status`	See what changes are pending commit and what files are untracked	Before committing, to make sure no important files are listed as "untracked" (if so, use `git add` to track them)
`git diff` *filename*	See the differences between the current version of a file and the last committed version	To see what you've changed, in case you break something. This command has many more options, some described in Chapter 10.
`git commit -a`	Commit changes to *all* (`-a`) tracked files; an editor window will open where you can type a commit message describing the changes being committed	When you're at a stable point and want to snapshot the project state, in case you need to roll back to this point later
`git checkout` *filename*	Reverts a file to the way it looked after its last commit. **Warning:** any changes you've made since that commit will be lost. This command has many more options, some described in Chapter 10.	When you need to "roll back" one or more files to a known-good version
`git push` *remote-name*	Push changes in your repo to the remote named *remote-name*, which if omitted will default to `origin` if you set up your repo according to instructions in Section A.7	When you want your latest changes to become available to other developers, or to back up your changes to the cloud

Figura A.2: Comandos mais utilizados do Git. Alguns deles podem parecer um pouco mágicos por tratarem de casos muito específicos de outros comandos que são muito mais gerais e poderosos. Muitos deles só vão fazer sentido quando você aprender mais sobre os recursos do Git.

Você precisa primeiramente adicionar sua chave pública do `ssh` ao Heroku para permitir a implantação nesse local. As instruções do Heroku[34] explicam como fazer isso depois que você tiver instalado o *Toolbelt*. Você precisa fazer isso apenas uma vez.

Os *branches* (ramos) do Git são discutidos no Capítulo 10.

Essencialmente, o Heroku se comporta como um repositório remoto do Git (Section A.7) que conhece um único *branch* chamado `master`. Um *push* nesse repositório remoto tem como efeito colateral a implantação do seu aplicativo. Quando você realiza o *push*, o Heroku detecta qual o *framework* que seu aplicativo está usando para determinar qual a melhor forma de implantar o aplicativo. Para aplicativos em Rails, o Heroku executa o `bundle` para instalar as *gems* necessárias para o seu aplicativo, compila seus *assets* (ativos, descritos abaixo) e inicializa o aplicativo.

O Capítulo 4 descreve os três ambientes (de desenvolvimento, de produção e de teste) definidos pelo Rails; quando você implanta no Heroku ou em qualquer plataforma, seu aplicativo implantado será executado no ambiente de produção. Há três passos que você precisa realizar para adaptar as diferenças entre o ambiente de desenvolvimento e o ambiente de produção do Heroku.

Primeiro, o Heroku utiliza o banco de dados PostgreSQL ao invés do SQLite. Segundo, o Heroku precisa de algumas configurações específicas para o ambiente de produção do seu aplicativo, que são capturadas com uma *gem* chamada **rails_12factor**[35]. O excerto de código à seguir mostra como mudar o `Gemfile` do seu aplicativo para adaptar essas duas diferenças. Você deve repetir esse passo para *cada* novo aplicativo que você criar e que será implantado no Heroku. Como sempre, não se esqueça de executar o `bundle` depois de alterar o seu Gemfile, e de fazer o commit e aplicar suas mudanças ao `Gemfile` e ao `Gemfile.lock`.

http://pastebin.com/bfjxEq5r

```
# making your Gemfile safe for Heroku
ruby '1.9.3'   # just in case - tell Heroku which Ruby version we need
group :development, :test do
  # make sure sqlite3 gem ONLY occurs inside development & test groups
  gem 'sqlite3' # use SQLite only in development and testing
end
group :production do
  # make sure the following gems are in your production group:
  gem 'pg'              # use PostgreSQL in production (Heroku)
  gem 'rails_12factor'  # Heroku-specific production settings
end
```

Segundo, depois de instalar todas as *gems* necessárias, a próxima ação realizada pelo Heroku para a implantação é lidar com os ativos estáticos, tais como os arquivos CSS (Seção 2.3) e JavaScript (Capítulo 6). A partir do Rails 3.1, o Rails suporta a linguagem de alto nível ***SCSS*** para a criação de folhas de estilo CSS e a linguagem ***CoffeeScript*** para a redução de código (DRYing) do JavaScript. Como os navegadores leem o CSS e o JavaScript, mas não o SCSS ou o CoffeeScript, uma sequência de passos chamados de asset pipeline[36] executam as seguintes tarefas de criação de código:

1. Todos os arquivos CoffeeScript em `app/assets`, se existir algum, são convertidos para JavaScript.

2. Todos os arquivos JavaScript são concatenados em um arquivo JavaScript grande que é então ***minificado*** (reduzido), para ocupar menos espaço, ao remover espaços em branco e comentários, e possivelmente renomeando variáveis com nomes mais curtos. O arquivo JavaScript resultante é armazenado em `public/assets`.

3. Todos os arquivos SCSS no `app/assets`, se existir algum, são transformados em CSS.

4. Todos os arquivos CSS são concatenados em um arquivo CSS maior que é então minificado e colocado em `public/assets`.

5. O Rails faz com que o nome de cada um desses arquivos maiores incluam uma "marca" que identifica de maneira única o conteúdo do arquivo, permitindo que os arquivos estáticos sejam colocados em cache tanto no navegador quanto no servidor (Seção 12.7) contanto que o conteúdo do arquivo não mude, o que em um ambiente de produção acontece apenas quando uma nova versão do aplicativo é implantada.

6. O comportamento dos *view helpers* do Rails `javascript_include_tag` e `stylesheet_link_tag`, que geralmente aparecem em um layout como o do `app/views/application.html.haml` (Seção 4.4), são modificados para carregar esses arquivos criados automaticamente à partir do diretório `public` o que, em alguns ambientes de produção, pode ser redirecionado para um outro servidor de recursos estáticos ou mesmo para uma ***Rede de Distribuição de Conteúdo***.

A terceira mudança que você deve fazer no seu aplicativo, portanto, é especificar como o Heroku deve gerenciar o *asset pipeline*. Existem três maneiras pelas quais o Heroku pode executar essa tarefa. A primeira maneira é você mesmo *pré-compilar* os ativos (*assets*), executando o *asset pipeline* diretamente no seu computador e fazer o versionamento dos arquivos JavaScript e CSS com o Git. A segunda maneira é deixar que o Heroku prepare e compile os recursos em tempo de execução, na primeira vez que cada tipo de recurso for solicitado. Este método pode fazer o desempenho se tornar imprevisível quando aplicado, e nem nós nem o Heroku o recomendamos. O terceiro método, que é o que recomendamos, é deixar o Heroku compilar os arquivos estáticos apenas uma vez, no momento da implantação. Este método é o que mais se aproxima do DRY: uma vez que você mantém apenas os seus arquivos originais (JavaScript e/ou CoffeeScript, CSS e/ou SCSS) sobre o controle de versão e existe apenas um único lugar onde as informações desses *assets* podem ser modificadas. Esse método também simplifica a configuração se você estiver utilizando o Jasmine para testar seu código JavaScript ou CoffeeScript.

Para permitir que o Heroku possa pré-compilar os recursos no momento da implantação, adicione a linha a seguir no `config/environments/production.rb`:

http://pastebin.com/7PDq3tid

```
# in config/environments/application.rb:
config.assets.initialize_on_precompile = false
```

Essa linha impede que o Heroku tente inicializar o ambiente do Rails antes de pré-compilar os seus *assets*: no Heroku, algumas ***variáveis de ambiente*** das quais o Rails depende não são inicializadas logo de início, e sua falta pode causar um erro durante a implantação. Este artigo[37] dá algumas dicas sobre como resolver problemas com o *asset pipeline* durante a implantação, incluindo dicas sobre como compilar o *asset pipeline* localmente para evitar problemas. **Tenha Cuidado:** se você compilar o *asset pipeline* localmente, o arquivo `public/assets/manifest.yml` será criado; certifique-se de que esse arquivo *não* seja incluído no repositório Git, pois sua presença irá indicar ao Heroku que você mesmo irá compilar os seus próprios recursos e que não quer que o Heroku faça isso por você!

Uma vez que você tenha feito essas alterações no seu aplicativo (e tenha se lembrado de fazer o *commit* e de fazer o *push*), a implantação de cada nova versão do aplicativo seguirá uma receita bem simples. De dentro do diretório raiz do seu aplicativo:

Local (development)	Heroku (production)
`rails server`	`git push heroku master`
`rails console`	`heroku run console`
`rake db:migrate`	`heroku run rake db:migrate`
`more log/development.log`	`heroku logs`

Figura A.3: Como conseguir a funcionalidade de alguns comandos do modo de desenvolvimento para a versão implantada do seu aplicativo no Heroku.

1. **Garanta que seu aplicativo está rodando corretamente e passando em todos os seus testes localmente.** A depuração remota sempre é mais difícil. Antes que você realize a implantação, maximize sua confiança de que o código esteja funcionando corretamente no seu computador!

2. Se você adicionou ou alterou qualquer *gem*, garanta que você executou o `bundle` com sucesso, para que as dependências do seu aplicativo estejam satisfeitas, e que você fez o *commit* e *push* de quaisquer mudanças no `Gemfile` e no `Gemfile.lock`.

3. A *primeira* vez que você implanta um aplicativo, o comando `heroku apps:create` *appname* cria um novo contêiner para a aplicação chamado *appname*; omitir o nome fará com que um nome seja criado e pré-atribuído, como por exemplo `luminous-coconut-237`. De qualquer jeito, seu aplicativo será implantado em `http://`*appname*`.herokuapp.com`. Você pode mudar o nome do seu aplicativo depois ao se conectar em sua conta Heroku e clicar em *My Apps*.

4. Depois que você fizer o commit das últimas mudanças,
   o `git push heroku master`
   irá implantar a última versão do *branch master* do seu repositório local no Heroku. (Veja este artigo[38] para aprender a fazer a implantação a partir de um outro *branch* que não seja o *master*, útil no caso de você seguir o esquema de "um *branch* por versão" da Seção 10.5.)

5. O `heroku ps`
   verifica o status do projeto (`ps`) do aplicativo implantado. A coluna **Status** deve conter a mensagem "Up for 10s", que significa que o seu aplicativo já está disponível há 10 segundos. Você também pode usar os `heroku logs` para mostrar o arquivo log do seu aplicativo, uma técnica útil se algo que estava funcionando bem em desenvolvimento começar a dar problemas na produção.

6. `heroku run rake db:migrate`
   Em qualquer implantação que tenha alterado o esquema do banco de dados (Seções 4.2 e 12.4), incluindo a primeira implantação, esse comando fará com que o banco de dados do aplicativo seja criado ou atualizado. Se não houverem migrações pendentes, o comando não vai fazer nada. O Heroku também possui instruções sobre como importar os dados à partir do banco de dados de desenvolvimento[39] para o banco de dados de produção em sua primeira implantação.

A Figura A.3 resume alguns dos comandos úteis que você está usando no modo de desenvolvimento e que podem ser aplicados em um aplicativo implantado no Heroku.

■ ***Elaboração: Boas Práticas em Produção***

Nesta introdução resumida, estamos omitindo duas boas práticas que o Heroku recomenda[40] para "fortalecer" seu aplicativo em produção. Primeiro, nossa implantação no Heroku ainda utiliza o WEBrick como a camada de apresentação; o Heroku recomenda o uso de um servidor web `leve` para obter melhor desempenho. Segundo, diferenças sutis entre as funcionalidades do SQLite3 e do PostgreSQL podem causar problemas relacionados a migração a medida que os esquemas do banco de dados se tornam mais complexos, o Heroku aconselha o uso do PostgreSQL tanto no desenvolvimento quanto na produção, o que pode exigir a instalação e configuração do PostgreSQL em seu VM ou outro computador de desenvolvimento. Em geral, é uma boa ideia manter os ambientes de desenvolvimento e produção o mais semelhantes possível para evitar os problemas de difícil depuração que ocorrem quando algo funciona no ambiente de desenvolvimento, mas falha no ambiente de produção.

A.9 Checklist: Começando um Novo App Rails

Ao longo do livro recomendamos várias ferramentas para o desenvolvimento, testes, implantação e monitoramento da qualidade do código do seu aplicativo. Nesta seção, juntamos em um mesmo lugar uma lista com o passo-a-passo para a criação de um novo aplicativo que se beneficie de todas essas ferramentas. Esta seção vai fazer sentido apenas depois que você ler todas as seções relacionadas, por isso a utilize como uma referência e não se preocupe se você não entender todos os passos agora. Os passos são marcados com o(s) número(s) da(s) seção(ões) que introduz a ferramenta ou conceito pela primeira vez.

Configure o seu aplicativo: (§4.1)

1. Use `rails -v` para garantir que você está executando a versão correta do Rails. Se não for a versão correta, atualize-a usando o comando `gem update rails --version=`*x.x.x*.

2. Use o `rails new` *appname* `-T` para criar o novo aplicativo. O `-T` pula a criação do subdiretório `test` usado pela estrutura de teste **Test::Unit**, já que nós recomendamos a utilização do RSpec.

3. Use `cd` *appname* para navegar no diretório raiz do seu novo aplicativo. De agora em diante, todos os comandos shell devem ser executados dentro desse diretório.

4. Edite o `Gemfile` para fixar as versões do Ruby e do Rails, por exemplo:

   http://pastebin.com/6NxFRNrM

   ```
   # in Gemfile:
   ruby '1.9.3'     # Ruby version you're running
   rails '3.2.19'   # Rails version for this app
   ```

   Se você acabar mudando a(s) versão(ões) que já estiverem presentes no Gemfile, execute o `bundle install --without production` para garantir que você tenha versões compatíveis do Rails e das outras ferramentas.

5. Garanta que seu aplicativo esteja em execução com o `rails server` e acesse a página `http://localhost:3000`. Você deve ver a página de boas vindas do Rails.

6. Use o `git init` para configurar o diretório raiz do aplicativo como um repositório do GitHub. (§A.6, Screencast A.6.1)

Conecte seu aplicativo ao GitHub, ao CodeClimate e ao Heroku:

1. Crie um repositório GitHub, através da interface online do GitHub, e faça o *commit* e *push* inicial do seu novo aplicativo. (§A.7)

2. Faça o CodeClimate apontar para o repositório GitHub do seu aplicativo. (§9.5)

3. Faça as alterações necessárias para fazer a implantação no ambiente de produção no Heroku. (§A.8)

4. Execute o `bundle install --without production` se você alterou o seu `Gemfile`. Realize o *commit* das alterações no `Gemfile` e no `Gemfile.lock`. Em alterações futuras no Gemfile, você pode apenas digitar o comando `bundle` sem argumentos, uma vez que o *Bundler* irá se lembrar da opção de ignorar as *gems* de produção. (§4.1)

5. Use o `heroku apps:create` *appname* para criar seu novo aplicativo no Heroku (§A.8)

6. Use o `git push heroku master` para garantir que o aplicativo seja implantado corretamente. Você deve então ser capaz de visitar a página inicial do seu aplicativo Rails em `http://`*appname*`.herokuapp.com`. Neste momento você pode remover com segurança a página inicial que vem por padrão: `git rm public/index.html`. (§A.8)

Configurando seu ambiente de teste:

1. Adicione em seu Gemfile suporte para o Cucumber (§7.6), o RSpec (§8.2), a depuração interativa (§4.1), o SimpleCov (§8.7), o Autotest (§8.2), o FactoryGirl (§8.5), o Jasmine, se você planeja utilizar JavaScript (§6.7), e para o Metric-Fu, para acompanhar métricas de código:

   http://pastebin.com/y4MaVP72

```
# debugger is useful in development mode too
group :development, :test do
  gem 'debugger'
  gem 'jasmine-rails' # if you plan to use JavaScript/CoffeeScript
end
# setup Cucumber, RSpec, autotest support
group :test do
  gem 'rspec-rails', '2.14'
  gem 'simplecov', :require => false
  gem 'cucumber-rails', :require => false
  gem 'cucumber-rails-training-wheels' # basic imperative step defs
  gem 'database_cleaner' # required by Cucumber
  gem 'autotest-rails'
  gem 'factory_girl_rails' # if using FactoryGirl
  gem 'metric_fu'         # collect code metrics
end
```

   (Veja a Seção 6.7 para *gems* adicionais que permitem *fixtures* e *AJAX stubbing* em seus testes de JavaScript.)

2. Execute `bundle` assim que você tiver alterado o seu `Gemfile`. Faça o *commit* das alterações no `Gemfile` e no `Gemfile.lock`.

3. Se tudo estiver certo, crie os subdiretórios e os arquivos utilizados pelo RSpec, Cucumber, Jasmine e, se você os estiver utilizando, para dos passos básicos do Cucumber:

http://pastebin.com/BvJvHezi

```
rails generate rspec:install
rails generate cucumber:install
rails generate cucumber_rails_training_wheels:install
rails generate jasmine_rails:install
```

4. Se você está utilizando o SimpleCov, coisa que recomendamos, coloque as linhas à seguir no *início* do `spec/spec_helper.rb` para habilitá-lo:

http://pastebin.com/G5BV1efA

```
# at TOP of spec/spec_helper.rb:
require 'simplecov'
SimpleCov.start
```

5. Se você está usando o FactoryGirl para gerenciar fábricas (§8.5), adicione esse código de configuração:

http://pastebin.com/VDnhECsQ

```
# For RSpec, create this file as spec/support/factory_girl.rb
RSpec.configure do |config|
  config.include FactoryGirl::Syntax::Methods
end
```

http://pastebin.com/Wx7veG8E

```
# For Cucumber, add at the end of features/support/env.rb:
World(FactoryGirl::Syntax::Methods)
```

6. Use o `git add` e então faça o *commit* em todos os arquivos criados ou modificados por esses passos.

7. Garanta que a implantação do Heroku ainda funciona: `git push heroku master`

Você está pronto agora para criar e aplicar a primeira migração (§4.2), e então fazer a implantação novamente no Heroku e aplicar a migração na produção (`heroku run rake db:migrate`).

Adicione outras *Gems* Úteis:

Dentre algumas *gems* que recomendamos, podemos citar:

- `railroady`, que cria diagramas das relações entre as suas classes, tais como *has-many*, *belongs-to*, entre outras (§5.3)
- `omniauth`, que adiciona a autenticação usando serviços de terceiros (§5.2)
- `devise`, que adiciona páginas para que usuários possam se inscrever, além de trabalhar conjuntamente com o `omniauth`

A.10 Falácias e Armadilhas

Armadilha: **Fazer *commits* muito grandes.**

O Git o *commit* uma ação rápida e fácil, portanto você deveria fazer isso frequentemente e tornar cada um deles menores, para que se algum *commit* indicar um problema, você não precise também desfazer todas as outras alterações. Por exemplo, se você modificou dois arquivos para trabalhar em um recurso A, e três outros arquivos para trabalhar no recurso B, faça dois *commits* separados caso uma série de alterações precisem ser desfeitas depois. Usuários avançados do Git usam o `git add` para "escolher" um subconjunto de arquivos alterados para fazer o *commit*: adicione os arquivos específicos que você queira e *omita* a opção `-a` do `git commit`.

***Armadilha:* Se esquecer de adicionar arquivos ao repositório.**

Se você cria um novo arquivo, mas se esquece de adicioná-lo ao repositório, sua cópia do código continuará funcionando, mas os seus arquivos não serão rastreados nem terão seus backups realizados. Antes de realizar um *commit* ou um *push*, use o `git status` para ver a lista dos arquivos não rastreados, e `git add` qualquer arquivo dessa lista que *deva* ser rastreado. Você pode usar o arquivo `.gitignore`[41] para evitar avisos sobre arquivos que você nunca vai querer rastrear, como arquivos binários ou arquivos temporários.

***Armadilha:* Confundir *commit* com *push*.**

O `git commit` captura um *snapshot* das alterações realizadas na *sua* cópia de um repositório, mais ninguém verá essas alterações até que você use o `git push` para propagar as alterações para outros repositórios como, por exemplo, o repositório *origin*.

***Armadilha:* Esquecer de reiniciar a rede da VM quando o seu computador hospedeiro for movido.**

Lembre-se que a sua VM depende das instalações de rede do computador hospedeiro. Se o seu computador hospedeiro mudar para uma nova rede, por exemplo se você o suspende em casa e o liga no trabalho, isso é equivalente a retirar e colocar novamente o cabo de rede no seu computador hospedeiro. A VM deve, portanto, ter o seu cabo de rede (virtual) desconectado e reconectado, o que você pode fazer usando o menu Dispositivos do VirtualBox.

***Armadilha:* Suposições ocultas que diferem entre os ambientes de produção e desenvolvimento.**

O Capítulo 4 explica como o Bundler e o Gemfile automatizam o gerenciamento das dependências do seu aplicativo com bibliotecas externas e como as migrações automatizam as alterações no banco de dados. O Heroku depende desses mecanismos para implantar com sucesso o seu aplicativo. Se você instalar as *gems* manualmente ao invés de listá-las em seu Gemfile, essas *gems* podem estar indisponíveis ou serem incompatíveis com a versão que está no Heroku. Se você alterar manualmente seu banco de dados, sem utilizar as migrações, o Heroku não conseguirá fazer o banco de dados da produção se equiparar com o banco de dados do desenvolvimento. Outras dependências do seu aplicativo incluem o tipo de banco de dados (o Heroku usa o PostgreSQL), as versões do Ruby e Rails, o servidor web usado como camada de apresentação, etc. *Frameworks* como o Rails e plataformas de implantação como o Heroku realizam diversas tarefas para proteger seu aplicativo de variações nessas áreas, usando ferramentas de automação como as migrações e o Bundler, ao invés de fazer mudanças manuais no ambiente de desenvolvimento, maximizando a probabilidade de você tenha documentado as suas dependências, de modo que você possa manter o ambiente de desenvolvimento e de produção em sincronia. Se algo pode ser automatizado e registrado, faça-o!

A.11 Para Aprender Mais

- O Livro da Comunidade Git[42] é uma boa referência online que também pode ser baixada como um arquivo no formato PDF.

Notas

[1]http://virtualbox.org
[2]http://github.com
[3]http://heroku.com
[4]http://stackoverflow.com
[5]http://stackoverflow.com
[6]http://github.com
[7]http://heroku.com
[8]http://pivotaltracker.com
[9]http://saasbook.info
[10]http://pastebin.com/u/saasbook
[11]http://vimeo.com/saasbook
[12]http://virtualbox.org
[13]http://www.saasbook.info/bookware-vm-instructions
[14]http://github.com/saasbook/courseware
[15]http://catb.org/~esr/writings/homesteading/cathedral-bazaar/
[16]http://aptana.com/
[17]http://code.tutsplus.com/articles/25-vim-tutorials-screencasts-and-resources--net-14631
[18]http://www.gnu.org/software/emacs/tour/
[19]http://www.saasbook.info/bookware-vm-instructions
[20]http://www.barebones.com/products/textwrangler/
[21]http://notepad-plus-plus.org/
[22]http://www.saasbook.info/bookware-vm-instructions/ec2
[23]http://docs.aws.amazon.com/AWSEC2/latest/UserGuide/ec2-key-pairs.html#how-to-generate-your-own-key-and-import-it-to-aws
[24]http://www.saasbook.info/bookware-vm-instructions/ec2
[25]http://docs.aws.amazon.com/AWSEC2/latest/UserGuide/ec2-key-pairs.html#how-to-generate-your-own-key-and-import-it-to-aws
[26]http://msysgit.github.io/
[27]https://help.github.com/articles/generating-ssh-keys
[28]http://www.saasbook.info/bookware-vm-instructions
[29]http://github.com/edu
[30]https://github.com/repositories/new
[31]https://help.github.com/articles/which-remote-url-should-i-use
[32]http://heroku.com
[33]https://toolbelt.heroku.com/
[34]https://devcenter.heroku.com/articles/keys
[35]https://github.com/heroku/rails_12factor
[36]http://guides.rubyonrails.org/asset_pipeline.html
[37]https://devcenter.heroku.com/articles/rails-asset-pipeline
[38]https://devcenter.heroku.com/articles/git#deploying-code
[39]http://devcenter.heroku.com/articles/taps
[40]http://devcenter.heroku.com/articles/rails3
[41]http://book.git-scm.com/4_ignoring_files.html
[42]http://book.git-scm.com/

Índice Remissivo

Made in United States
Orlando, FL
04 November 2026

90200299R10304